江戸の科学大図鑑

【監修】
太田浩司
勝盛典子
酒井シヅ
鈴木一義

リユクトスロープ之圖

はじめに

江戸時代は慶長から慶応まで、西暦では一六〇三年から一八六八年で、ヨーロッパではケプラー、ガリレオなどによる近代科学の黎明期に相当し、この時期から日本と西洋との交通が始まった。ポルトガル人が種子島に漂着し鉄砲を伝えたのが天文十二年（一五四三）、フランシスコ・ザビエルがその後に布教のために来日すると西欧科学と西洋器物の急激な移入が始まった。

種子島銃は金属の加工技術を発展させ、鉄砲鍛冶《かじ》という職業集団を育てた。宣教師が伝えた西洋の天文学、地理学、医学は人々に新しい考え方を芽生えさせ、もたらされた眼鏡、望遠鏡、顕微鏡などの光学機器、時計などの精密機器、印刷術には眼を見張るものがあった。

幕府は、鎖国令（寛永十年・一六三三）を発し、キリスト教の禁教を継続的に行ない、宗教書ばかりでなく科学書までも禁書目録に加え、同十六年（一六三九）のポルトガル船来航禁止令により鎖国が完成した。その結果、それまでポルトガル人を主としていたものから、長崎を通じてオランダ人と貿易を行なうこととなり、それはまた南蛮学から蘭学への移行のきっかけとなった。長崎のオランダ人と一般人とは直接交渉することはなく、常に通詞《つうじ》を通じて行なわれたので、蘭学の発達にとって通詞の役割は重要なものであり見逃すことはできない。

その後、将軍徳川吉宗の享保の改革（一七一六〜四五）による殖産興業の方針で、洋学受容の傾向が進み、医薬の採集や調査、研究がさかんとなり、物産会（博覧会の旧称）が江戸を中心に各地に流行するなど、新しい西洋の技術や知識への欲求は高まっていった。

長崎の出島を唯一の窓口とし、和蘭通詞の中からは天文学を学ぶ者

「江戸図屛風」（左隻・部分）国立歴史民俗博物館蔵

も現れ、また遠く長崎まで蘭学修業を試みた者もいた。そのような時代の流れの中で、明和八年（一七七一）三月、江戸千住小塚原で死刑囚の腑分けがあり、オランダの解剖書を携行し見学した前野良沢《りょうたく》・杉田玄白《げんぱく》・中川淳庵《じゅんあん》らは蘭語を学びながら、安永三年（一七七四）八月『解体新書』の訳述を刊行したことはよく知られていることである。

この頃から、西洋医学、天文学、地理学（測量、地図作成法）、舎《セイ》密《ミ》（化学）、窮理《きゅうり》（物理）などの学問がさらに発達し、『紅毛談』、『西洋度量考』、『泰西七金訳説』、『天気計儀訳説』、『硝子製法集説』、『彗星問答訳説』などの解説書がさかんに刊行され、とくに窮理学では「自然学」の重要性が説かれるようになる。電気学では平賀《ひらが》源内《げんない》、橋《はし》本曇斎《もとどんさい》の「エレキテル」に関する研究があり、また帆《ほ》足万里《あしばんり》は地球が球形であることを説明し、ようやく人々に理解されるようになっていった。

博物学については、シーボルトやツンベルクの果たした功績が大きい。よく知られているようにシーボルトは西洋の医術だけではなく、リンネの分類法や博物学を多くの弟子に伝え、宇田川榕庵《うだがわようあん》は本草学に西洋の植物学の発想を加えた『植学啓原』を著している。

技術については、エレキテルに加え、司馬《しば》江漢《こうかん》の銅版画、大島高任《おおしまたかとう》、江川太郎左衛門《えがわたろうざえもん》の製鉄、鋳砲、造船、繊維、ガラス製造技術などがあったが、その進歩はそれらの技術を必要とする社会的基盤が未だ整っていなかったために初期には遅々としていたが、幕末になると防衛上あるいは藩財政上の必要から急速に発達して明治に受け継がれていった。

目次

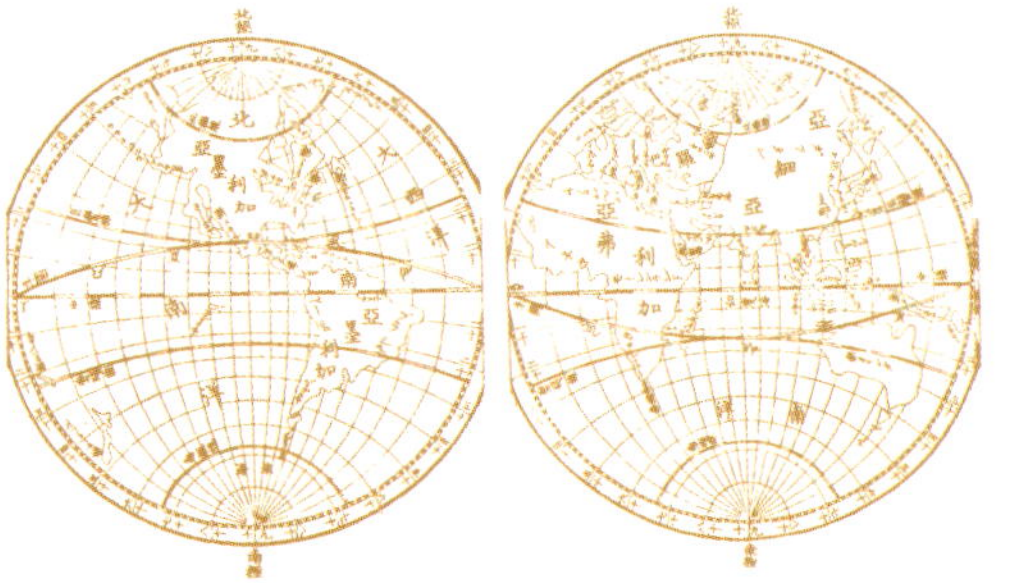

第五章　江戸の本草学・博物学　99

第六章　江戸の医学　149

第十章　江戸のからくり　221

第十一章　江戸絵画と科学の眼　241

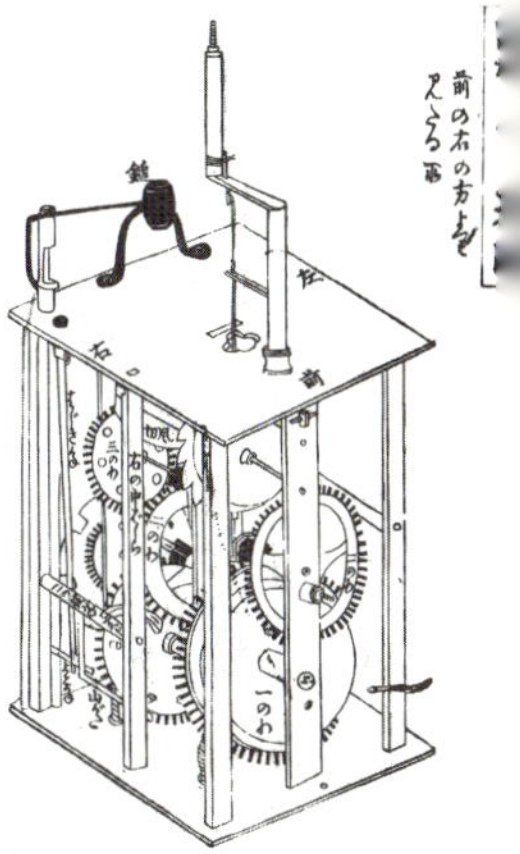

第七圖

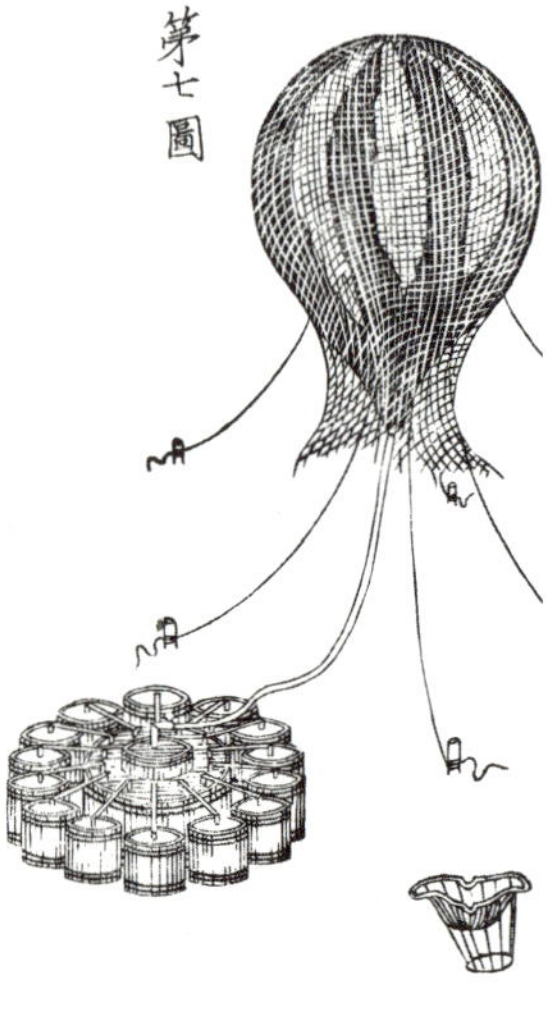

第一章

西洋へのまなざし

十六世紀後半から十九世紀半ばにわたる「近世」という時代には海外諸国を旅することは難しく、また厳しく禁じられていたが、一方で、相手国は清とオランダの二国に限られ、交易の地も長崎と決められていたものの、海外との接触は維持されていた。海に面して扇形に「出島」がつくられ、その中に唐館や蘭館が建てられ、滞在する唐人・和蘭人は集中的に住まわせられることになった。その結果この地は、一躍先進文明の根拠地となり、海外事情を知るためには長崎詣でをしなければならなかった。海の彼方からもたらされる様々な品物や伝聞は、人々の海外への憧れを大いに刺激し、見ることのできない異国の景観が様々な絵画作品や工芸品に描かれた。

荒波に行き交うオランダ船の出船と入船の情景

「蘭船図絵馬《らんせんずえま》」
若杉《わかすぎ》五十八《いそはち》・筆
寛政三年（一七九一）布地油彩・額装絵馬一面　京都・今宮神社蔵

長崎の洋風画家である若杉五十八（一七五九～一八〇五）が描いた荒波に行き交うオランダ船。海上で礼砲を交わしながらすれ違う二隻のうち一隻の、長くはためく旗は帰国のしるし。出船と入船の動的な情景が目を引く。京都の今宮神社に奉納された懸額《かけがく》である。

オランダ船を描いた精巧で見事なガラス絵

「オランダ船図入り硯屏《けんびょう》（ガラス絵）」

一個 浜松市美術館蔵

硯屏とは、硯《すずり》の先に立てて風塵を防ぐ衝立《ついたて》仕立ての置物。この作品はオランダ船を描いた精巧なガラス絵（板ガラスの裏面から左右逆向きに描いた絵）を嵌め込んだもので、非常に凝った造りに仕上げられている。

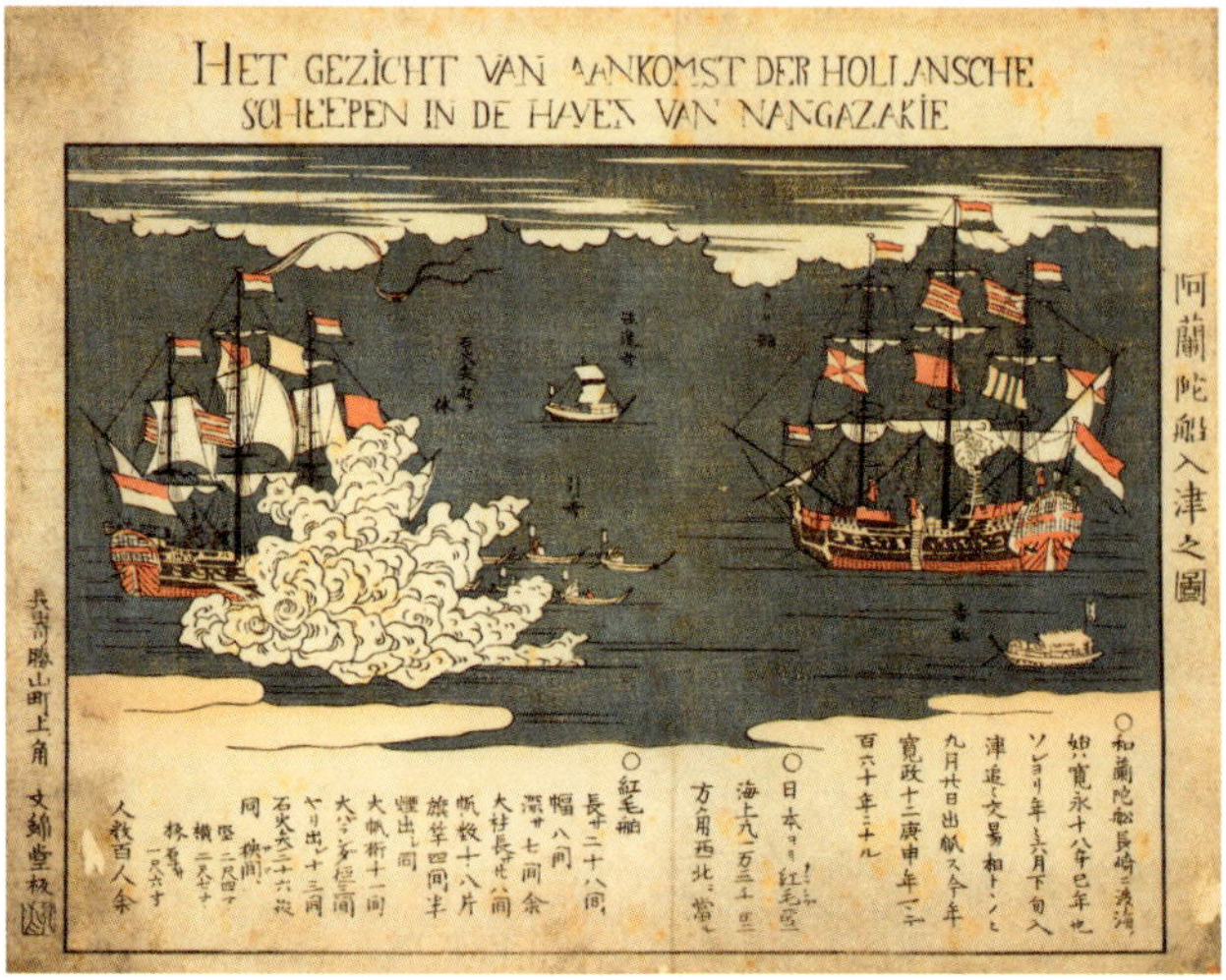

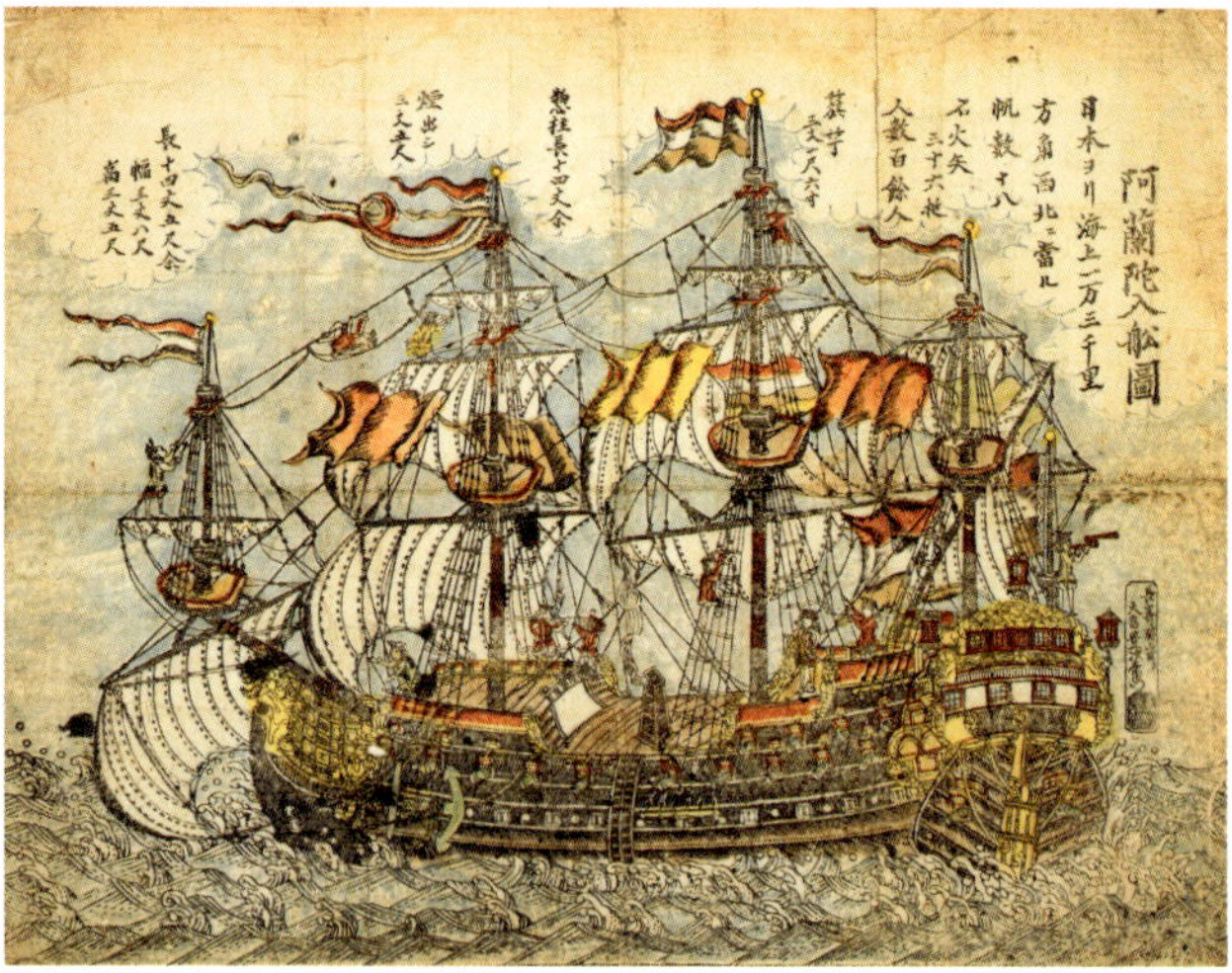

長崎へのオランダ船到着の図

上 「阿蘭陀《おらんだ》船《せん》入津《にゅうしん》之《の》図《ず》」

寛政十二年（一八〇〇）文錦堂版 木版色摺 一枚 国立国会図書館デジタルコレクション

オランダ船入港を描いたもので、右側に碇泊中の船、左側に引き舟に引かれて入港する船を描いている。礼砲を打つオランダ船の周囲には注進船や番船が見え、当時の様子がよくわかる。

オランダ船を写実的に描いた長崎版画

下 「阿蘭陀《おらんだ》入船《にゅうせん》図《ず》」

大畠豊次右衛門版 木版色摺 一枚 国立国会図書館デジタルコレクション

この当時の主な輸入品としては、中国産の生糸、絹織物、砂糖、香木、胡椒、鮫皮、薬品などがあり、輸出品として初期は銀（一六六八年以降は輸出禁止）、金（おもに小

判、（一七六三年輸出禁止）であった。その後は銅（棹銅《さおどう》）が主体で、陶磁器、漆器などの工芸品もあった。

長崎港を鳥瞰した文政年代の湾内風景

「長崎港図《ながさきこうず》」 川原慶賀・筆

文政年間（一八一八〜三〇）頃　絹本着色
一面　千葉市美術館蔵

長崎の市街地と出島を画面左に描き、右には稲佐山から港外を望んだ鳥瞰図である。街中を行き交う人々や港湾の三色旗を翻すオランダ船など、長崎港の様々なようすがどこまでも緻密に描かれている。川原慶賀《かわはらけいが》（一七八六〜？）は幕末の長崎の洋風画家。出島オランダ商館の出入り絵師となり、文政六年（一八二三）来日したドイツ人医師シーボルトの日本研究を手伝い、「シーボルトの絵師」として知られる。洋風手法による写生画を描いた。

ポルトガル船と乗組員たちを描いた豪華な南蛮屏風

上
「南蛮屏風《なんばんびょうぶ》」
重文　狩野内膳・筆
安土桃山時代（十六世紀末期～十七世紀初期）
紙本金地着色　六曲一双屏風　神戸市立博物館蔵
Photo：Kobe City Museum / DNPartcom

左隻には南蛮船が帆を広げ、異国の港を出港するようすが描かれ、右隻には異国からの航海を経て日本へ到着した南蛮船と貿易品の荷揚げが描かれている。上陸したカピタン・モール（船隊の司令官）一行を出迎えるのは、イエズス会宣教師、フランシスコ会修道士、日本人信者たちである。

慶長十七年（一六一二）のキリスト教禁止令以降に描かれたものでは南蛮風俗としての写実性の面白味が薄れ、交易図としての描写

が強調された屏風が多い。「南蛮」という言葉は、スペイン、ポルトガルなどのカトリック教国の西洋人全般を指していた。

下

「南蛮屏風」 重文

筆者不詳　江戸時代初期（十七世紀前期）
紙本金地着色　六曲一双屏風　堺市博物館蔵

「南蛮屏風」は近世初期風俗画の一主題で、桃山時代から江戸時代初期にかけて日本人の異国趣味のひとつであった。日本の港に来航したポルトガル船と乗組員たちの荷揚げ作業や、提督（カピタン）の上陸場面が主なモチーフとして描かれている。現在確認される南蛮屏風だけでも約八十件が現存する。これは山形県で発見された、もと原三渓コレクションに収められていたものである。筆者は不明だが漢画系の絵師の手になる粉本使用の作として注視されるものである。

近世初期洋風画の代表作

上 「泰西風俗図屏風《たいせいふうぞくずびょうぶ》」 重文

筆者不詳 桃山時代～江戸時代初期（十七世紀前半） 紙本着色 六曲一双屏風 福岡市美術館蔵 画像提供：福岡市博物館／DNPartcom

右隻には春から夏にかけての情景に、楽器を演奏する婦人、水辺で憩う人物や釣り人たちを描き、左隻では聖母子を想わせる母と子の姿や収穫する人々、雪山を背に巡礼する人々を秋から冬の風景の中に描いている。右隻は享楽的に生きる人々を、左隻にはキリストの教えに則った敬虔な生き方をする人々を描き、キリスト教の教えを説いた近世初期洋風画の代表作である。

下 「唐蘭風俗図屏風《とうらんふうぞくずびょうぶ》」 谷鵬紫溟《こくほうしめい》・筆

江戸時代（十九世紀前半） 紙本着色 六曲一双屏風 福岡市博物館蔵 画像提供：福岡市博物館／DNPartcom

右隻には中国人、左隻はオランダ人風の人物が描かれている。左隻のオランダの風景は西洋風であるが、手前の建物は瓦葺《かわらぶき》で日本的である。そして室内のテーブルに出された料理は山羊の頭丸ごとと、何か奇異なものを感じてしまう。作品全体は祝祭をテーマに描かれているのかもしれない。谷鵬紫溟は江戸時代後期に活躍した長崎派の画家。想像力を働かせ見たことのない異国の風俗を描いたのだろう。普通は布地が貼られる屏風の縁や、何も描かない蝶番《ちょうつがい》の内側まで筆で文様を描く「描き表装」が施されている。

異国の風景と人物画

「異《い》国《こく》風《ふう》景《けい》人《じん》物《ぶつ》図《ず》」

司馬江漢・筆
江戸時代後期（十八世紀後半～十九世紀前半）絹本油彩 双幅 神戸市立博物館蔵
Photo : Kobe City Museum / DNPartcom

右幅には、樹木を背に女性が右手を広げ遠方を仰いでおり、遠景には異国の建物が見える。左幅には、腰に手を当てて海を見る男性が描かれている。

色鮮やかな衣装、的確に描かれた服の襞からは力強い筆致が伝わってくる。舶載されて来た銅版画や書籍から司馬江漢が模写したものの一つで、この作品は十六～十八世紀にヨーロッパで流行した教戒書『人間の職業』をもとにして描かれている。男性図はその中の一図で、女性図は同書の扉絵を参考にしている。

「西《せい》洋《よう》婦《ふ》人《じん》図《ず》」

筆者不詳 江戸時代後期（十八世紀後半～十九世紀前半）紙本油彩 一面
鷹見家歴史資料（古河歴史博物館保管）

この作品は、蘭学者や和蘭陀通詞《つうじ》などとも交友のあった下総国古河藩士鷹見《たかみ》泉石《せんせき》（一七八五～一八五八）が入手した長崎系洋風画である。彼は洋学に強い関心を持ち、書籍や地図をはじめとする舶載品や洋学関係の資料を精力的に蒐集した。

「花籠《はなかご》と蝶図《ちょうず》・花鳥《かちょう》の阿蘭陀風景図《おらんだふうけいず》」

若杉五十八《わかすぎいそはち》・筆

江戸時代後期（十八世紀後半〜十九世紀前半）紙本油彩　二面
神戸市立博物館蔵　Photo : Kobe City Museum / DNPartcom

「花籠と蝶図」（左）は、生命力にあふれる花としおれていく花が豪華に飾りつけられたバスケットに生けられている。そして空中には二頭の蝶が舞っている。「花鳥の阿蘭陀風景図」（右）は、右に仏手柑《ぶっしゅかん》に似た果樹と赤いインコ、遠景に海浜風景が描かれている。右図には若杉五十八の欧字サインが記され洋風味を強めている。舶載された西洋絵画（版画やガラス絵）から着想したと推定され、もとは軸装による双幅であった。

「西洋人物図《せいようじんぶつず》」

若杉五十八《わかすぎいそはち》・筆

江戸時代後期（十八世紀後半〜十九世紀前半）
布地油彩　五面　住友史料館蔵

江戸時代に長崎貿易と深い関わりを持っていた住友家の旧蔵品で、若杉五十八の五点の連作である。

五点のう[illegible]狩猟図に[illegible]

「西洋人物図」部分

ーマで、共通する技術と表現方法が見られることから、もとは六曲の押絵貼り屏風であった可能性が高い。前景から徐々に色調を薄くして遠近感を出し、地平線からグラデーションをつけ濃いブルーで描かれた空の深みが美しい。

江漢の眼がとらえた叙情的な日本の原風景

上 「駿河湾富士遠望図《するがわんふじえんぼうず》」
司馬江漢《しばこうかん》・画
寛政十一年（一七九九）絹本油彩
静岡県立美術館蔵

横長の画面右方には駿河湾と遠景の富士山、眼下には小高い丘と田園風景、そしてその先に三保の松原が広がっている。遠景に見える富士山や山並みの青色が特徴的で、爽快な空間の広がりが心地よく響いてくる。この作品は滞在先の京都で描いたとの款記がある。この年に江漢は和歌山や京都を巡る旅に出ている。

江漢は天明八年（一七八八）長崎遊学のため東海道を旅し、駿河で富士山を見ている。その時のことは後の自筆本『西遊日記《さいゆうにっき》』や版本『西遊旅譚《りょだん》』に挿図入りで紹介されている。

下
「犬《いぬ》のいる風景図《ふうけいず》」

司馬江漢・筆
寛政後半頃（一七八九〜一八〇一） 絹本油彩 一面 千葉市美術館蔵

横長の画面構成で明るく静かな入り江を描いているが、どこか寂寥感が漂う風景である。どこかの漁港の風景のようにも見えるが、正確にはどこの場所を描いたものかはわかっていない。中央に一本の細い樹木が生え、その手前には犬と桶や石材などの日常品が配されている。

「犬のいる風景図」（部分）

「江戸《えど》城《じょう》辺《へん》風景《ふうけい》図《ず》」
亜欧堂田善《あおうどうでんぜん》・筆
寛政年間後半〜文化年間（一七八九〜一八一八）頃
絹本着色 一幅 東京藝術大学大学美術館蔵

並木の緑も鮮やかなこの場所は、江戸城外の北西に位置した護持院《ごじいん》ケ《が》原《はら》の風景とみなされている。五万坪に及ぶ護持院という大寺院の焼け跡地で、将軍の猟場として使用されたほか、一般に開放されて庶民の憩いの場ともなっていた。画面中央には男性の後ろ姿、左手には城の石垣が描かれ、多くの人々が散策しているようだ。画面奥へと抜けるような遠近感が心地よい。

「江戸橋《えどばし》より中洲《なかす》を望《のぞ》む図《ず》」
司馬江漢《しばこうかん》・画
安永末期（一七七六）頃
紙本着色 一面
奈良県立美術館蔵

中洲は隅田川西岸にできた埋立地で、寛政年間にさびれるまでは茶屋などが軒を並べ盛況であった。左右反転した図版であることから、おそらく眼鏡絵として描かれている。小田野直武《おだのなおたけ》の眼鏡絵に触発された作品と思われる。

「療《りょう》病《びょう》院《いん》図《ず》」 司馬江漢・画
天明五〜六年（一七八五〜八六）頃
銅版着色・紙 一枚
秋田市立千秋美術館蔵

天明三年（一七八三）司馬江漢は日本で初の銅版画による作品を完成させると、「三囲景《みめぐりのけい》」をはじめとして、江戸名所風景を銅版眼鏡絵として次々と制作していった。

「不《しの》忍《ばず》之《の》池《いけ》図《ず》」 司馬江漢・画
天明四年（一七八四）銅版着色・紙
一枚 秋田市立千秋美術館蔵

上野の不忍池は江戸の浮世絵師や秋田蘭画の画題として取り上げられてきた。目新しいものではないが銅版画らしい細やかな線の表現が目を引く。江漢は天明八年（一七八八）の長崎旅行中に反射式の覗き眼鏡を持ち歩き、旅先で出会った人々に自作の眼鏡絵を見せている。レンズを覗くと見知らぬ江戸の風景が奥行きを伴って眼前に現れるという演出は、人々を驚かせるに十分であった。

「三囲景」 司馬江漢・画
天明三年（一七八三）
銅版着色・紙 一枚
国立国会図書館デジタルコレクション

三囲稲荷付近の風景で遠くに筑波山が描かれている。日本で初めて銅版画の技法に成功した司馬江漢の第一作目である。上部の題字が左右逆なのは眼鏡絵であったためで、上空からの俯瞰構図でパノラマ写真を見るような楽しみが盛り込まれている。

浮世絵師が描く西洋風錦絵

「英泉《えいせん》江戸《えど》名所《めいしょ》」より

渓斎英泉《けいさいえいせん》・画

江崎屋吉兵衛版 大判錦絵 一枚

国立国会図書館デジタルコレクション

渓斎英泉（一七九一～一八四八）による錦絵揃物。枠にアルファベットやオランダ東インド会社のVOCを組み合わせたマークを入れ、西洋風にカラフルに仕上げている。山並みの陰影や雲の背景に銅版画風の表現が見える。

上「江戸日本橋ヨリ富士ヲ見ル図」

下「江戸金竜山浅草寺観世音境内図」

「紅毛《こうもう》油《あぶら》画《え》名所《めいしょ》尽《づくし》 真崎《まさき》」

歌川国貞《うたがわくにさだ》・画

山口屋藤兵衛版 大判錦絵 一枚

第二章

蘭学事始め

江戸幕府八代将軍・徳川吉宗は、西洋科学に並々ならぬ関心を示し、本草学の振興やオランダ文物の輸入が奨励された。青《あお》木昆陽《きこんよう》、野呂元丈《のろげんじょう》は吉宗からオランダ語の学習を命ぜられ、それにより蘭学発展の機運が高まることになる。また、杉田玄《すぎたげん》白《ぱく》、前野良沢《まえのりょうたく》、中川淳庵《なかがわじゅんあん》、桂川甫周《かつらがわほしゅう》らはクルムスの人体解剖書の翻訳を開始。安永三年（一七七四）、ついに日本で最初の西洋医学書の翻訳である『解体新書』が出版された。これが蘭学そのものにとっても大きな推進力となり、それまで江戸が中心であった蘭学は、宇田川榕庵《うだがわようあん》や大槻玄沢《おおつきげんたく》らのもとで学んだ人々によって、しだいに京都や大坂をはじめ各地方へと広がっていった。

江戸時代の蘭学者たち

江戸時代中期から後期の画家で蘭学者。わが国初の銅版画を制作した

「司馬江漢像《しばこうかんぞう》」 高橋由一《たかはしゆいち》・筆

明治八～九年（一八七五～七六）頃
布地油彩 一面 東京藝術大学大学美術館蔵

司馬江漢は狩野派や南蘋《なんぴん》派の画法を学び、後に平賀源内らの影響をうけ洋風画を研究した。天明三年（一七八三）、わが国初の銅版画を制作した。また油彩の風景画を描き、西洋の天文学や理学も紹介した。

「平賀源内肖像《ひらがげんないしょうぞう》」

（『戯作者考補遺』木村黙老・著より）自筆写本
江戸時代 二冊 慶應義塾図書館蔵

この肖像画は高松藩家老木村黙老が、源内没後の弘化二年（一八四五）に本人をよく知る老人の話をもとに描いたものである。懐から覗いているのは、源内が開発した金唐革紙製の紙入れ。平賀源内（一七二八～七九）は江戸時代中期の本草家・戯作者で長崎に遊学後、江戸に出て活躍した。西洋技術を取り入れて寒暖計、エレキテル（摩擦起電器）などを自作し、火浣布、源内焼（三彩の陶磁器）などを考案して産業開発に貢献した。

江戸時代中期の本草家で戯作者。火浣布《かかんぷ》（石綿耐火布）や寒暖計、エレキテル（摩擦起電器）を製作した

江戸時代後期の蘭方医《らんぽうい》で蘭学者。『蘭学階梯』『重訂解体新書』などを著す

『蘭学事始』に掲載の肖像原画。オランダの外科医書『ターヘル・アナトミア』を翻訳し『解体新書』として刊行した

「大槻玄沢肖像」

重文　小田百谷《おだひゃっこく》・画　大槻玄沢（磐水）・賛
文政十年（一八二七）絹本着色　一軸
早稲田大学図書館特別資料室蔵

緑色の道服《どうふく》姿で脇息《きょうそく》に寄りかかり蘭書を読む玄沢の肖像画。上部に「早春感懐」の詩が貼付されている。大槻玄沢（一七五七〜一八二七）は江戸時代後期の蘭方医。杉田玄白や前野良沢について学ぶ。学塾芝蘭堂《しらんどう》を江戸に開き蘭書の翻訳に従う。『重訂解体新書』、『蘭学階梯』の他、三百余種の著・訳書を残した。

「杉田玄白肖像《すぎたげんぱくしょうぞう》」

重文　石川大浪・筆　杉田玄白・賛
文化九年（一八一二）絹本着色　一軸
早稲田大学図書館特別資料室蔵

『蘭学事始』に掲載の玄白八十歳の肖像原画である。賛は杉田玄白、「荏苒《じんぜん》太平の世に、無事天真を保つ、復《また》是れ烟霞《えんか》改まり、閑《しず》かに八十の春を迎う」と寄せている。『解体新書』の翻訳や『蘭学事始』で知られる蘭学興隆の祖となった。

ドイツの医者で博物学者。オランダ商館の医師として来日した

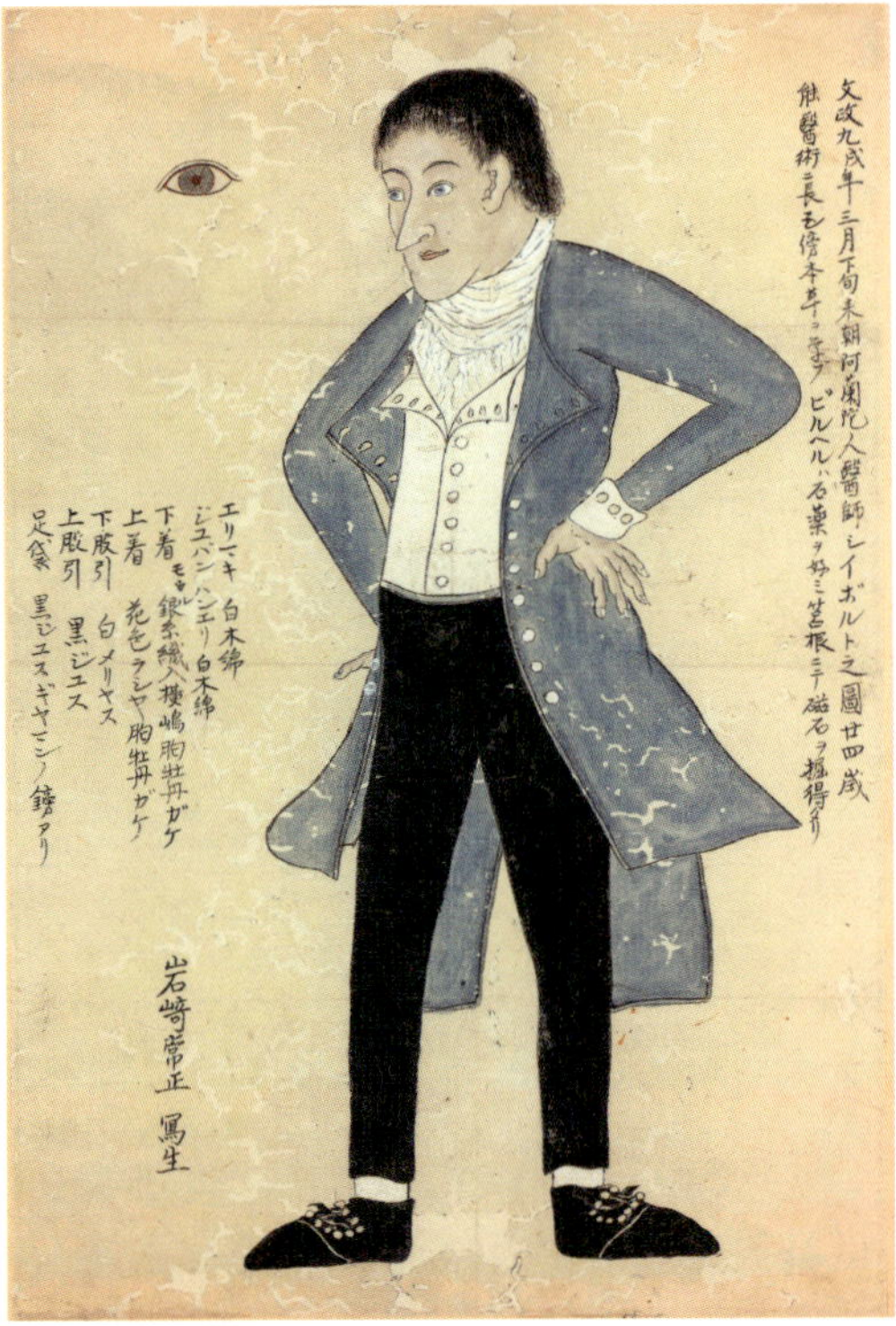

「シイボルト肖像《しょうぞう》」岩崎常正《いわさきつねまさ》・筆

文政九年（一八二六）紙本着色　一面
国立国会図書館デジタルコレクション

フィリップ・フランツ・フォン・シーボルト（Philipp Franz Balthasar von Siebold 一七九六〜一八六六）はヴュルツブルク生まれのドイツ人。オランダ商館付医官として文政六年（一八二三）来日し、長崎の鳴滝塾で多くの門人に西洋医学や博物学を伝授した。

参府旅行の帰途、シーボルトの大坂での観劇風景図

「シイボルト観劇図《かんげきず》」鶴岱・筆

文政九年（一八二六）紙本着色　一軸
国立国会図書館デジタルコレクション

シーボルトが参府旅行の帰途、大坂で芝居を見た際のもので、左側の黒い服を着た人物がシーボルト。これを描いた鶴岱の経歴は未詳である。

寛政六年閏十一月十一日、大槻玄沢の学塾芝蘭堂に集まり太陽暦の元日を祝った

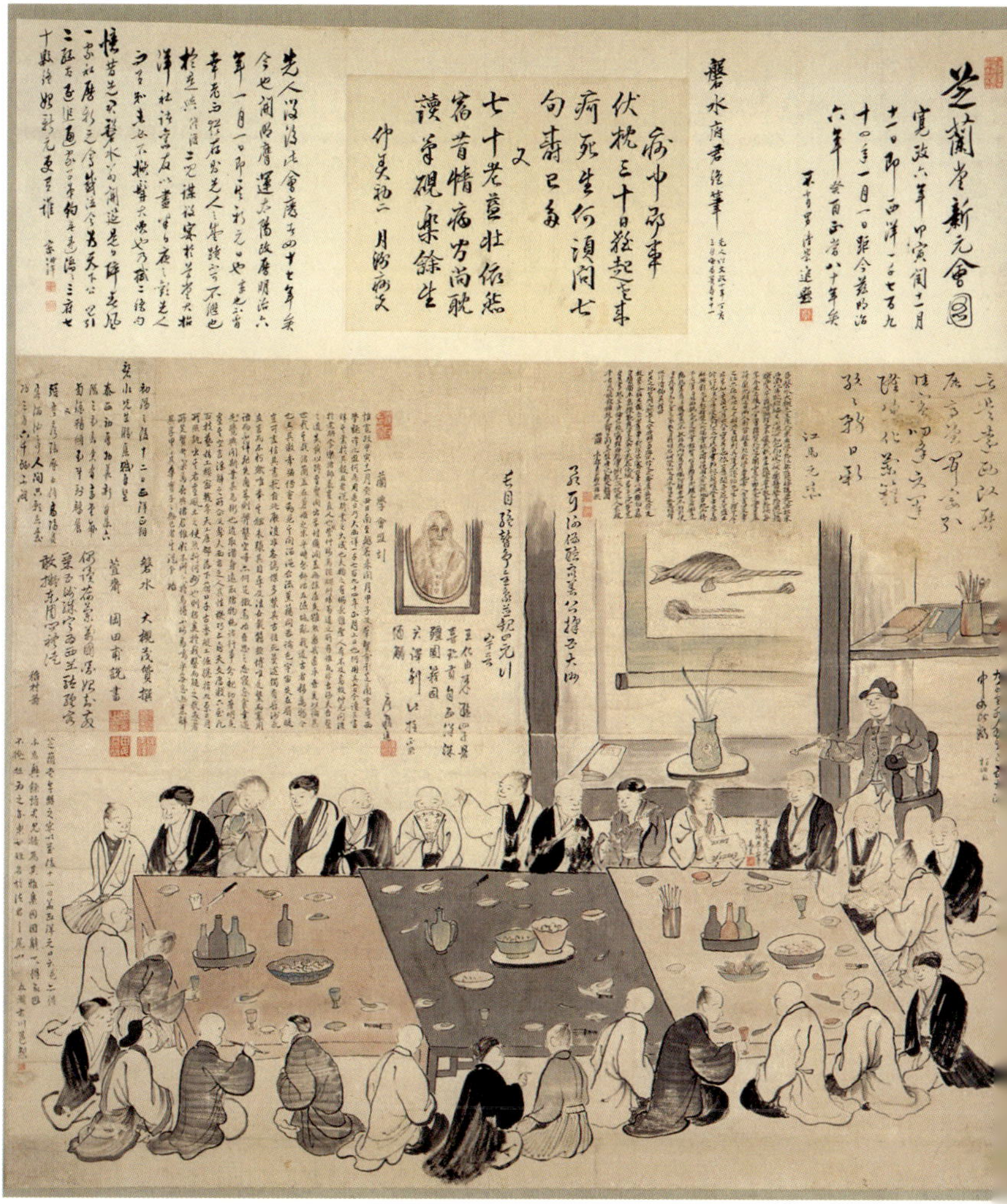

「芝蘭堂新元会図」
市川岳山《いちかわがくさん》・筆　大槻玄沢他賛
寛政六年（一七九四）紙本着色
一軸　早稲田大学図書館特別資料室蔵

蘭学者の大槻玄沢が、江戸参府のオランダ人と最初の対談をもった年が寛政六年（一七九四）閏十一月十一日、洋暦の一七九五年一月一日元日にあたるところから、玄沢の芝蘭堂に蘭学の同志を招いて芝蘭堂新元会を開いた。これが江戸におけるオランダ正月の始まりである。これはその時の様子を市川岳山が描いた。寄書きから当日の顔ぶれは、杉田玄白の養子となった杉田伯元、オランダの内科書『西説内科撰要』を翻訳した宇田川玄随、『解体新書』翻訳事業に終始参加した桂川甫周、『蛮語箋』を著した森島中良、玄沢の師匠の前野良沢、わが国最初の蘭日辞書『波留麻和解』を刊行した稲村伯、そして銅版画での表現に成功した司馬江漢たちであった。

オランダ商人たちの出島での日常の楽しみと生活風俗

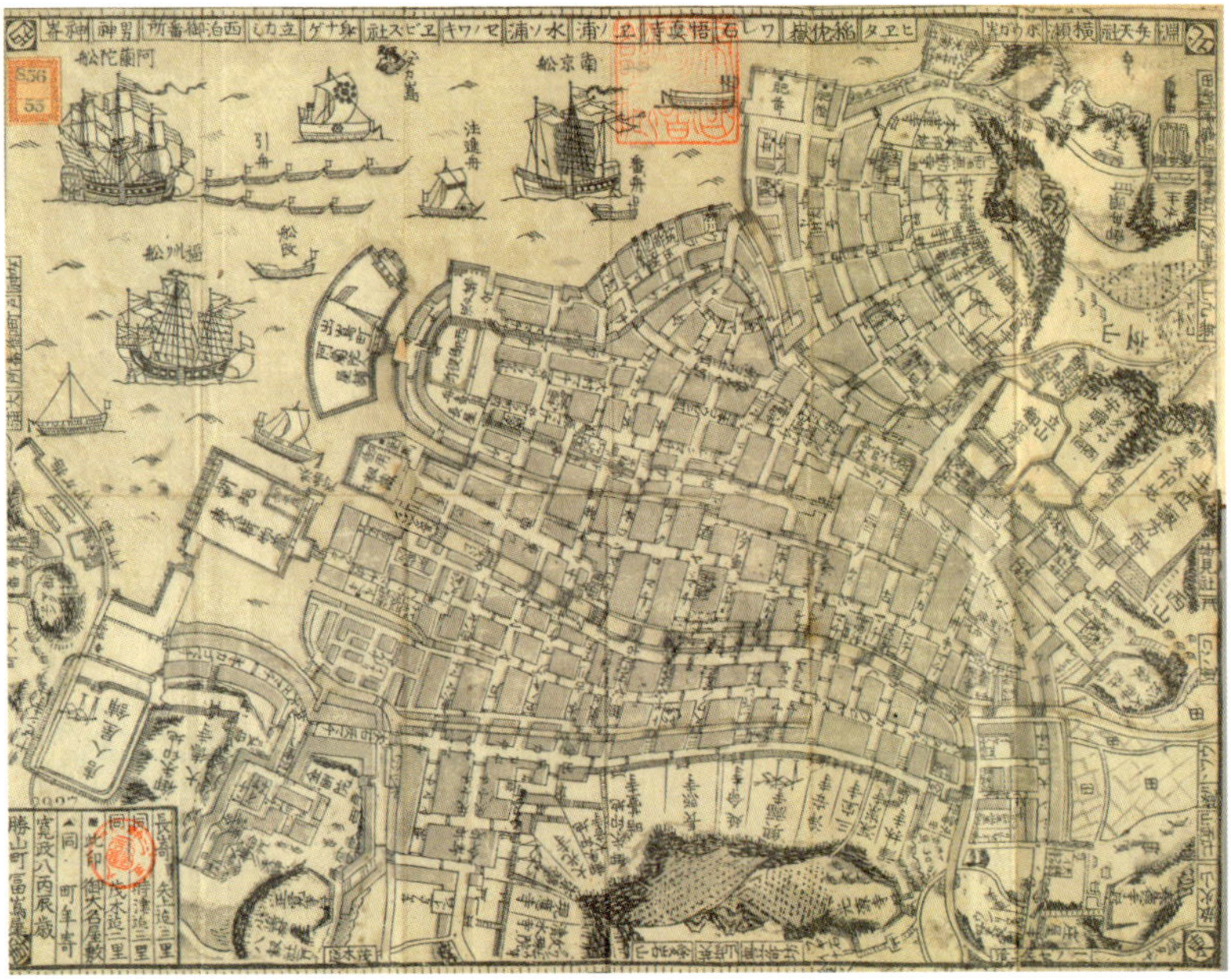

出島やオランダ船が描かれた長崎地図

「長崎図《ながさきず》」

寛政八年（一七九六）刊 冨嶌屋版 一枚 国立国会図書館デジタルコレクション

「長崎図」は幾つもの種類が公刊されていて、それらの図には湾内に停泊したオランダ船や唐船が描かれていることが多い。現在の携帯用の地図と同じで折り畳んだものに表紙を付け、冊子状に仕立てられている。オランダ商館員たちはわずか一万五千平方メートルの出島に押し込まれ、本土とは一つの石橋でつながっていた。島内には六十棟余の建物が建てられ、菜園などもあった。オランダ人たちは自由に島外へ出られず、日本人の出入りも厳しく制限されていた。

「長崎居留《ながさききょりゅう》図《ず》巻《かん》」（部分）

紙本着色 一巻 長崎歴史文化博物館蔵

寛永十八年（一六四一）、オランダ東インド会社の商館は長崎の出島に移され幕末まで存続した。そして出島のオランダ人たちは、江戸参府の時を除いて出島から外出することすら許されない生活であった。こうした日常生活に潤いを持たせるため色々と楽しみをつくり出した。町屋の二階ではオランダ人たちがチェロ、ハープ、バイオリンの演奏を楽しみ、通りではその音色に耳を傾ける武士、はたまた鹿や駝鳥が歩いている風景は異国情緒満載の絵巻である。この図巻にはその様子が描き出されている。

オランダ商人たちの日常の楽しみ

「蘭館絵巻《らんかんえまき》」（部分）
（「唐蘭館絵巻」のうち）重美
川原慶賀《かわはらけいが》・筆
江戸時代（十九世紀初期）紙本着色
一巻 長崎歴史文化博物館蔵

上図（宴会図）には畳敷きの室内に椅子とテーブルが置かれ、食事が始まった。ホークとナイフ、ワイングラスも並んでいる。日本髪の若い娘が給仕役なのだろう。食事を運ぶ男性はインド更紗を着て、足元には洋犬が跳ねている。和洋折衷の不思議な光景である。

下図（蘭船入港図）煉瓦造りの物見台から望遠鏡を片手にオランダ船の入港の様子を眺めている。出島の外へ出ることを禁じられていたオランダ商人にとって、望遠鏡は長崎の市街地など外界の情報を得る上で不可欠な道具だったと思われる。

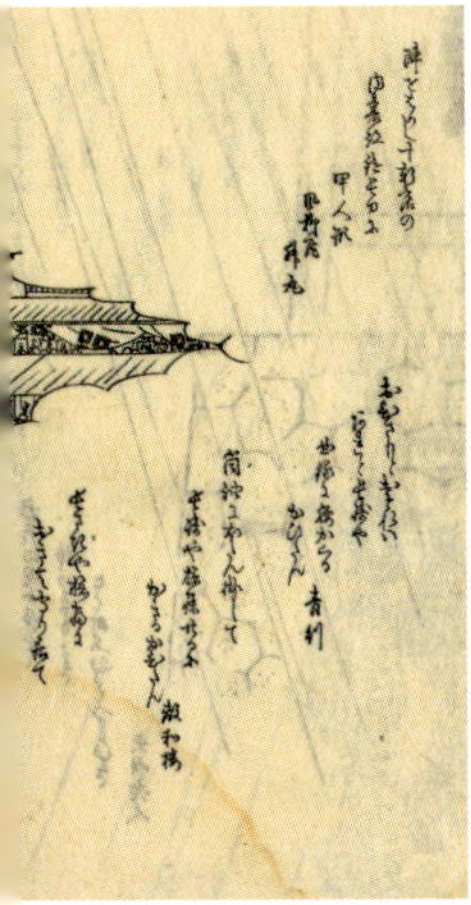

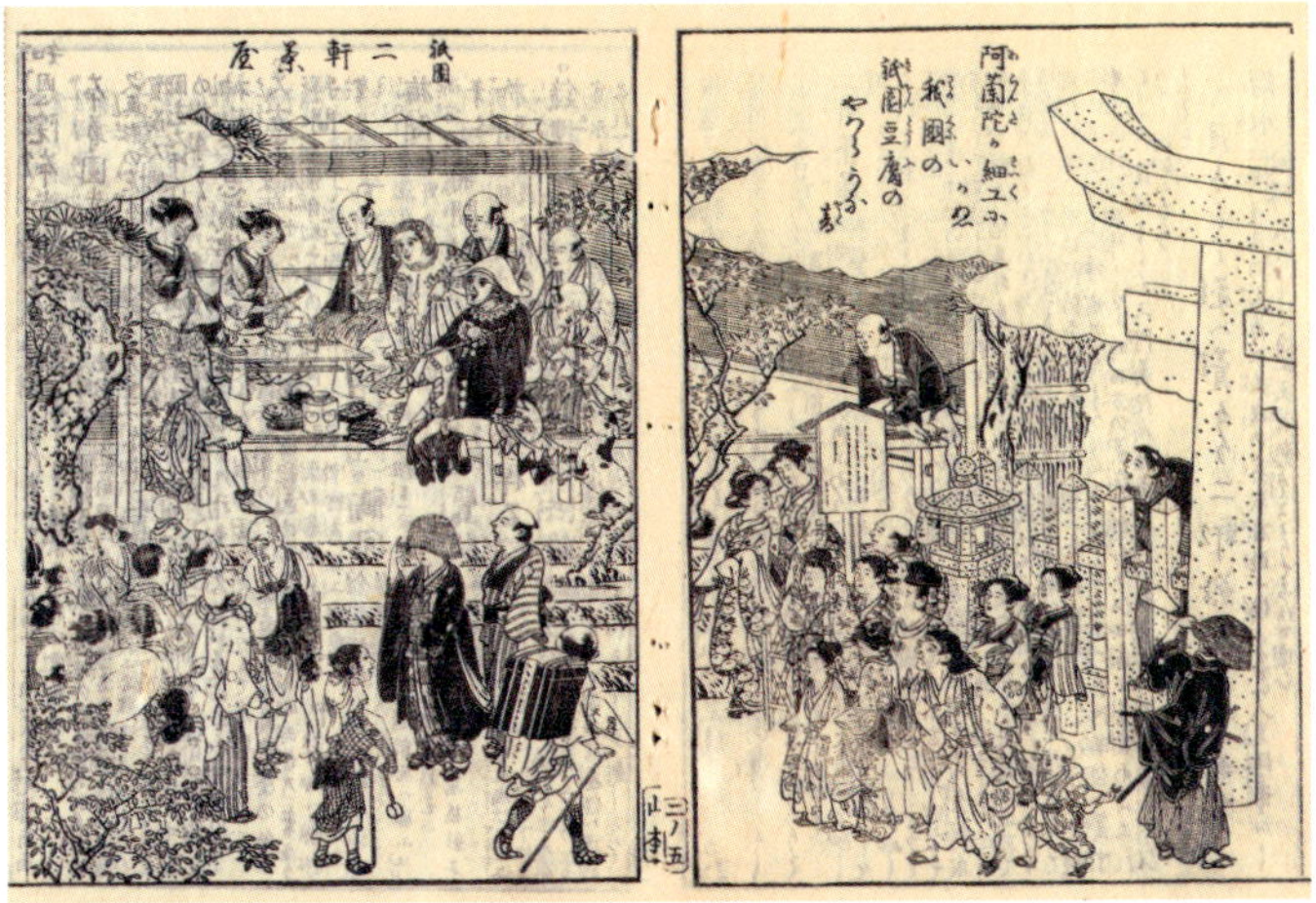

大坂道頓堀でからくりを**見る**オランダ**人**

上 **『拾遺《しゅうい》都《みやこ》名所図会《めいしょずえ》』** 秋里籬嶌《あきさとりとう》・著

天明七年（一七八七）河内屋太助版
五冊　国立国会図書館デジタルコレクション

『拾遺都名所図会』は『都名所図会』を補う目的で編まれ、前書で紹介されなかった寺社、名所旧跡をとりあげ、絵がついていなかった部分には絵を入れている。京都の俳諧師秋里籬島が著し、図版は大坂の絵師竹原春朝斎が描いた。

下 **『摂津名所図会《せっつめいしょずえ》』** 秋里籬嶌・著

寛政八～十年（一七九六～九八）森本太助版　九巻十二冊
国立国会図書館デジタルコレクション

摂津国の名所を絵と文章で紹介した地誌。秋里籬島が著し、絵は竹原春朝斎が描いている。日本にやってきたオランダのカピタンたちが竹田からくりを見学、驚嘆している様子が描かれている。竹田からくりは、竹田近江という人物が子供の砂遊びにヒントを得て作ったからくり人形に始まり、万治元年（一六五八）に宮中に献上し、寛文二年（一六六二）大

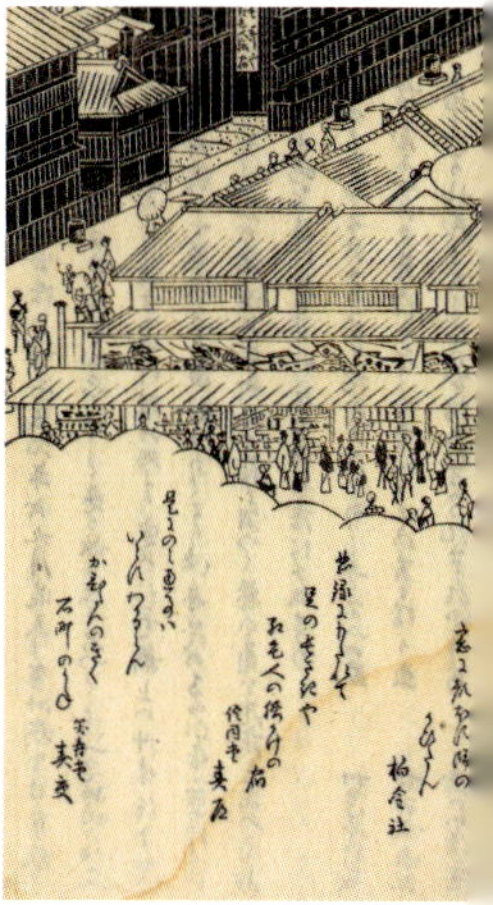

広重が描いた長崎屋の外観

北斎が描く江戸での宿舎、長崎屋の情景

坂道頓堀でこの機械ノ形を使ってからくり芝居が初興行された。

『狂歌江都名所図会《きょうかえどめいしょずえ》』

歌川広重・画　天明老人内匠・編

安政三年（一八五六）序刊　十四冊（合七冊）
国立国会図書館デジタルコレクション

オランダ商館長（カピタン）が定期的に江戸へ参府する際の定宿となっていた長崎屋の外観が描かれている。画中左上に「長崎や紅毛人旅宿」と書かれ、狂歌にも、カピタンや紅毛人が詠みこまれている。商館長一行の江戸参府は嘉永三年（一八五〇）が最後で、和親条約の締結により長崎屋はその使命を終えた。

『画本東都遊《えほんあずまあそび》』

葛飾北斎・画　浅草庵・作

享和二年（一八〇二）序刊　三冊（合一冊）
国立国会図書館デジタルコレクション

洋風表現を取り入れて独自の画風で表した浮世絵師葛飾北斎の版本の一つ。当時の江戸の風俗を題材としたもので、江戸参府のオランダ商館長一行の宿舎である長崎屋の様子を描いている。

阿蘭陀船帆を揚る圖
阿蘭陀船を
シキップと云
通ひ舟をバツテラと云
HOLLANDERSC

マタロス
綱《ツナ》階子《バシゴ》よ
登る圖
ルウプル
阿蘭陀人
ヘトル

オランダ船や唐船の乗組員の日常を描いた遊覧図絵

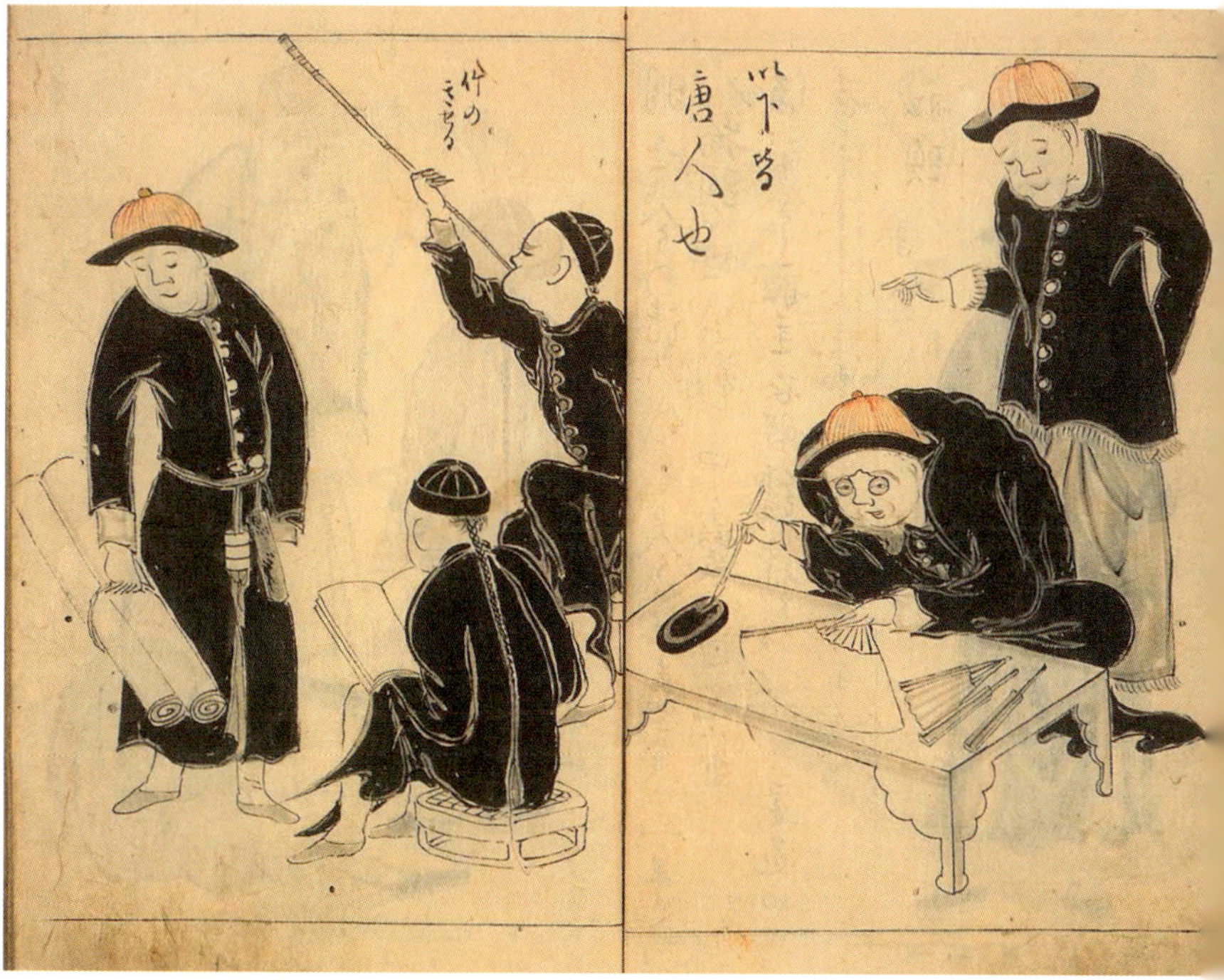

『長崎雑覧』（『長崎遊観図絵』より）
一冊　京都大学附属図書館蔵

『長崎遊観図絵』にはオランダ船や唐船の様子や、乗組員の服装まで事細かに描かれている。右上段の「阿蘭陀舩帆を揚げる図」の説明には、「阿蘭船をシキツプといい、小舟のことをバッテラと云う」と記されている。しめ鯖の押し鮨のバッテラは、明治二十五年（一八九三）頃、大阪の鮨屋がコノシロの片身を鮨に乗せた形が似ていたため名付けられた。

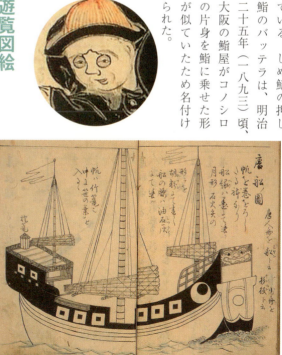

さまざまな蘭学文献の翻訳が始まる

『西遊旅譚《さいゆうりょだん》』　司馬江漢《しばこうかん》・著

天明七年（一七八七）河内屋仁助版　五冊
国立国会図書館デジタルコレクション

司馬江漢が天明八年（一七八八）四月二十三日から翌年の四月十三日までの約一年かけて、江戸から長崎、平戸へ旅をしたときの旅日記である。その中でも長崎と平戸生月島の記録を多く残している。長崎ではオランダ商館長の屋敷内の様子などが描かれているが、当時の民間人が簡単に出島蘭館に出入りできるわけでなく、江漢も商人に扮装するなどあれこれ苦心したようだ。

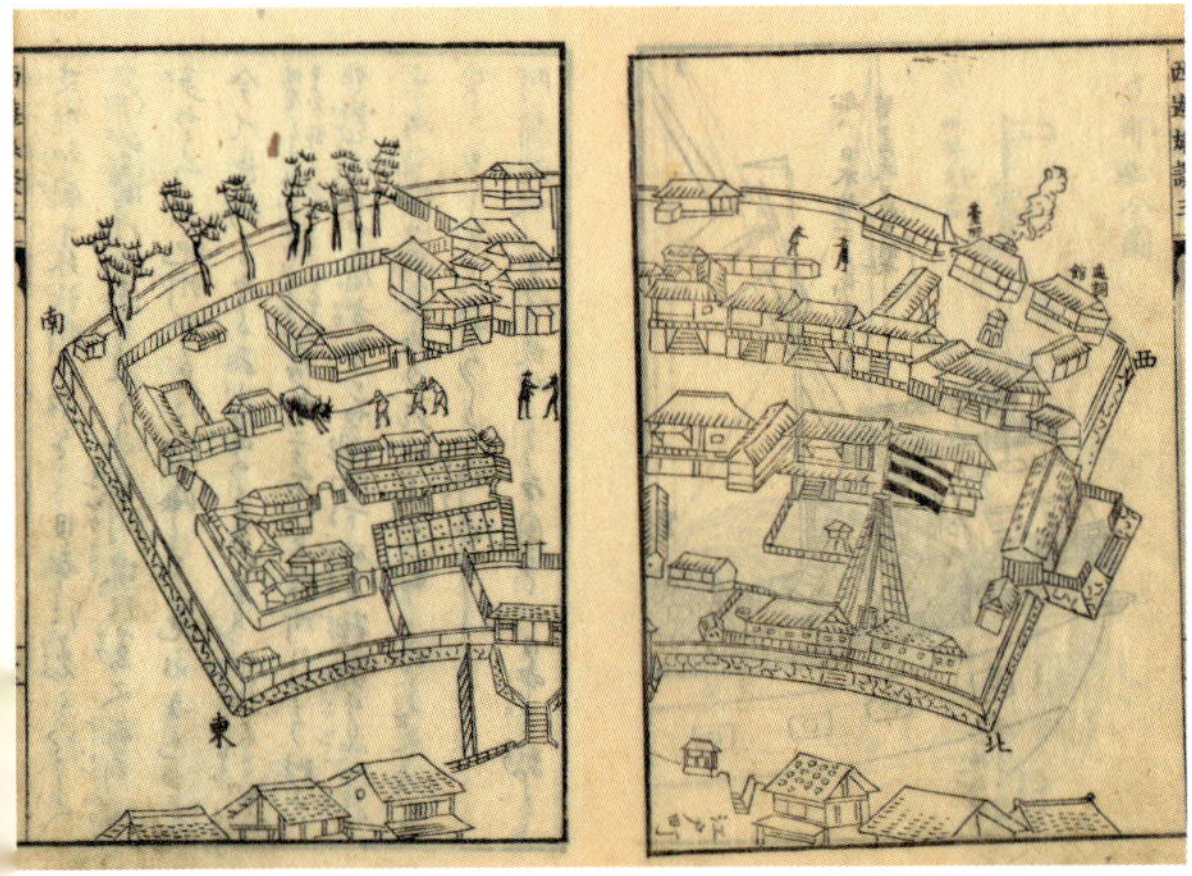

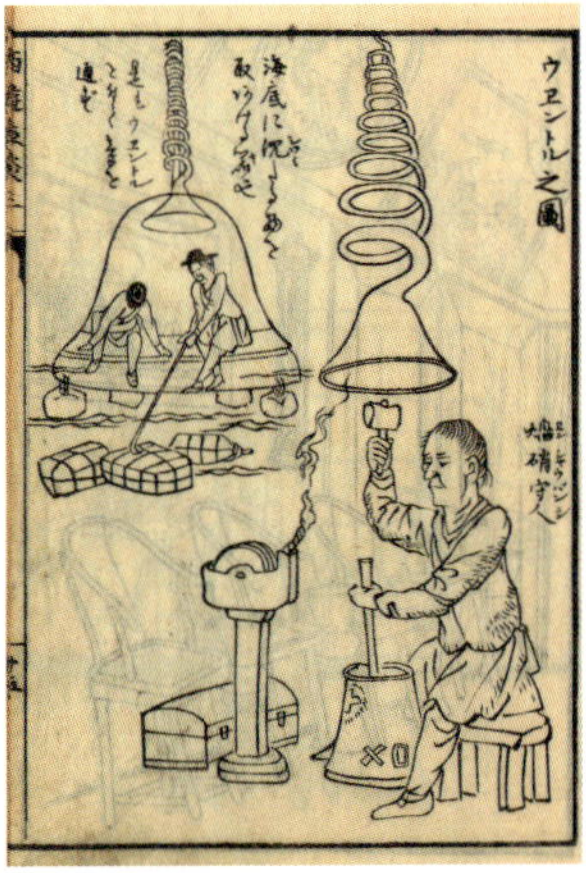

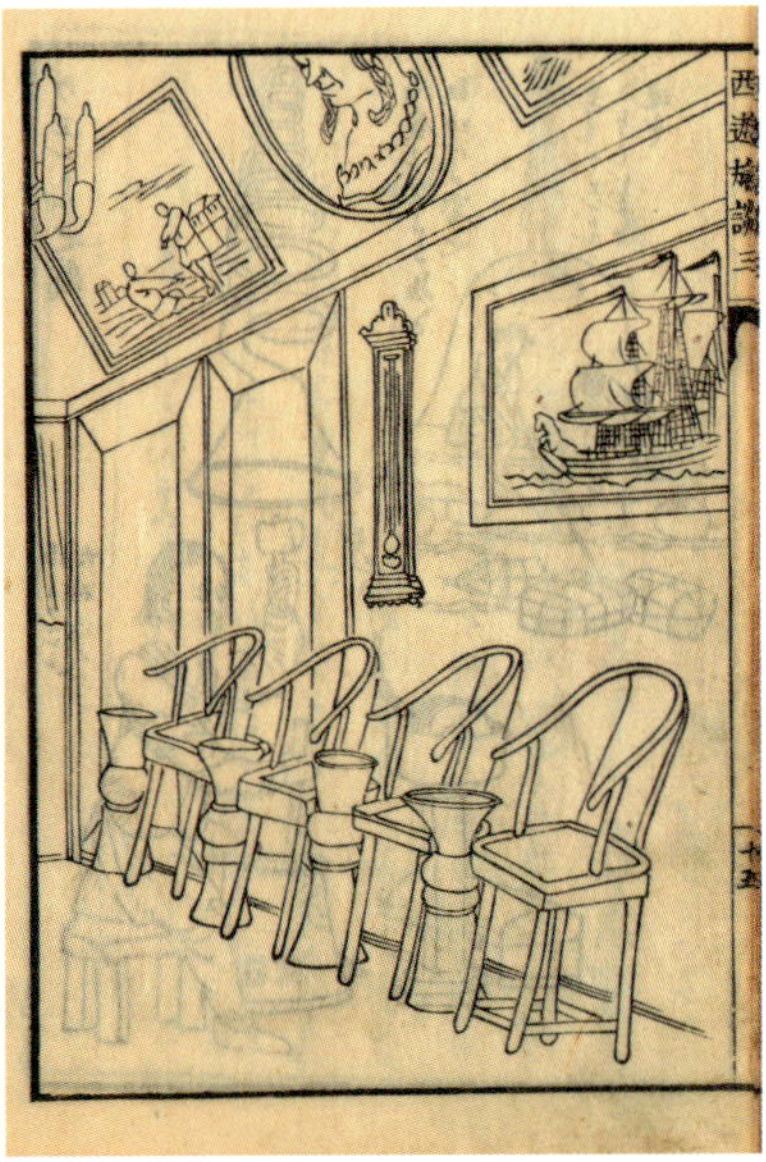

司馬江漢の江戸から長崎・平戸への旅日記

『紅毛雑話《こうもうざつわ》』 森島中良《もりしまちゅうりょう》・編

天明七年（一七八七）序刊
河内屋仁助版 五冊（合一冊）
国立国会図書館デジタルコレクション

『紅毛雑話』はオランダ人に聞いた話、オランダの書物にあった話という意味で、内容はオランダの歴史、風俗をはじめ、病院や飛行船のこと。トルコの都城の話やジャワの地理的事情。日本へ至る海路や通過する国々の事情を述べ、さらに顕微鏡の話にまで及んでいる。

オランダ人から見聞きした西洋の情報

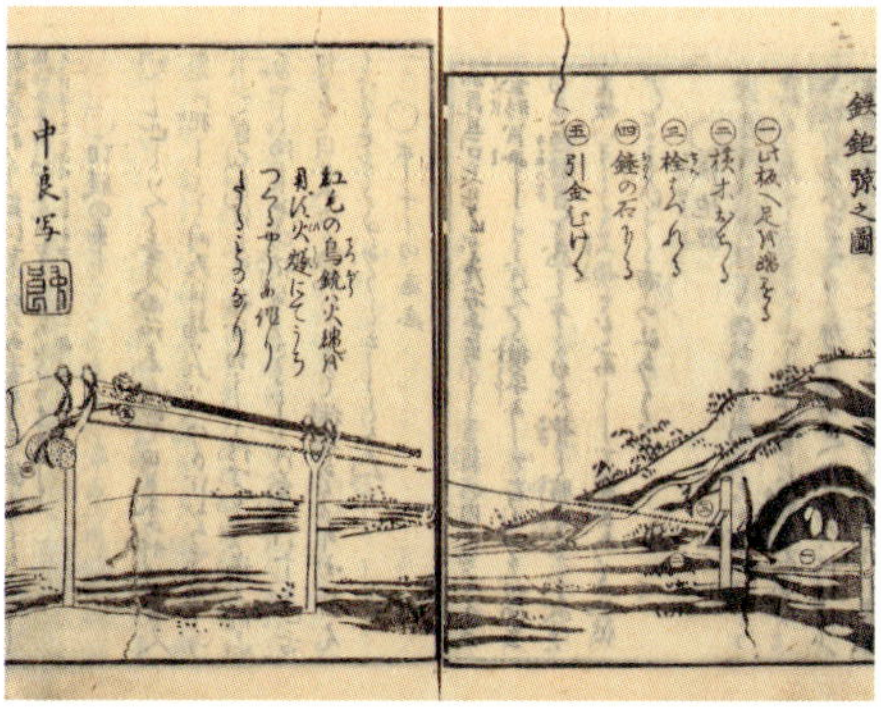

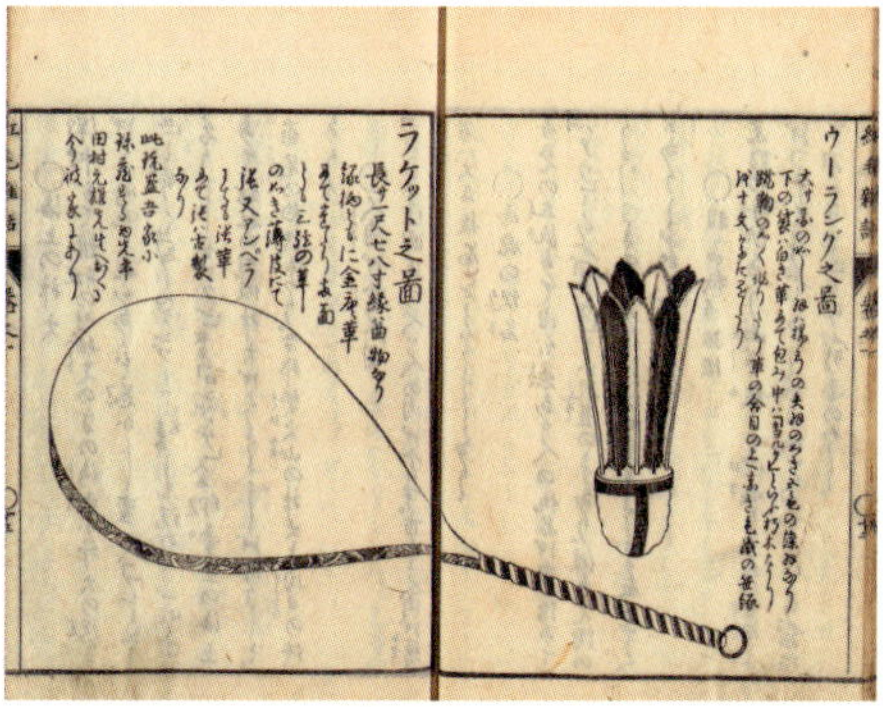

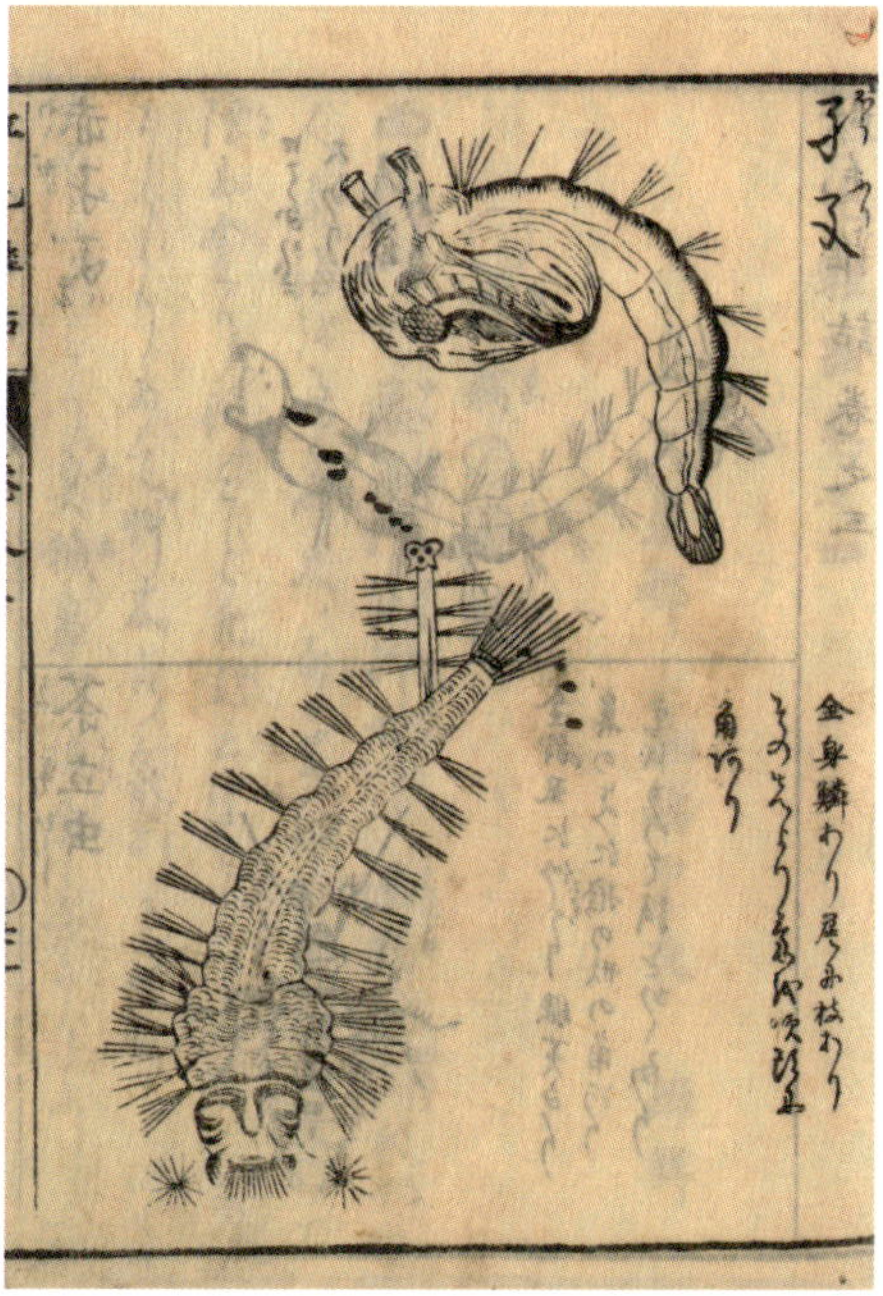

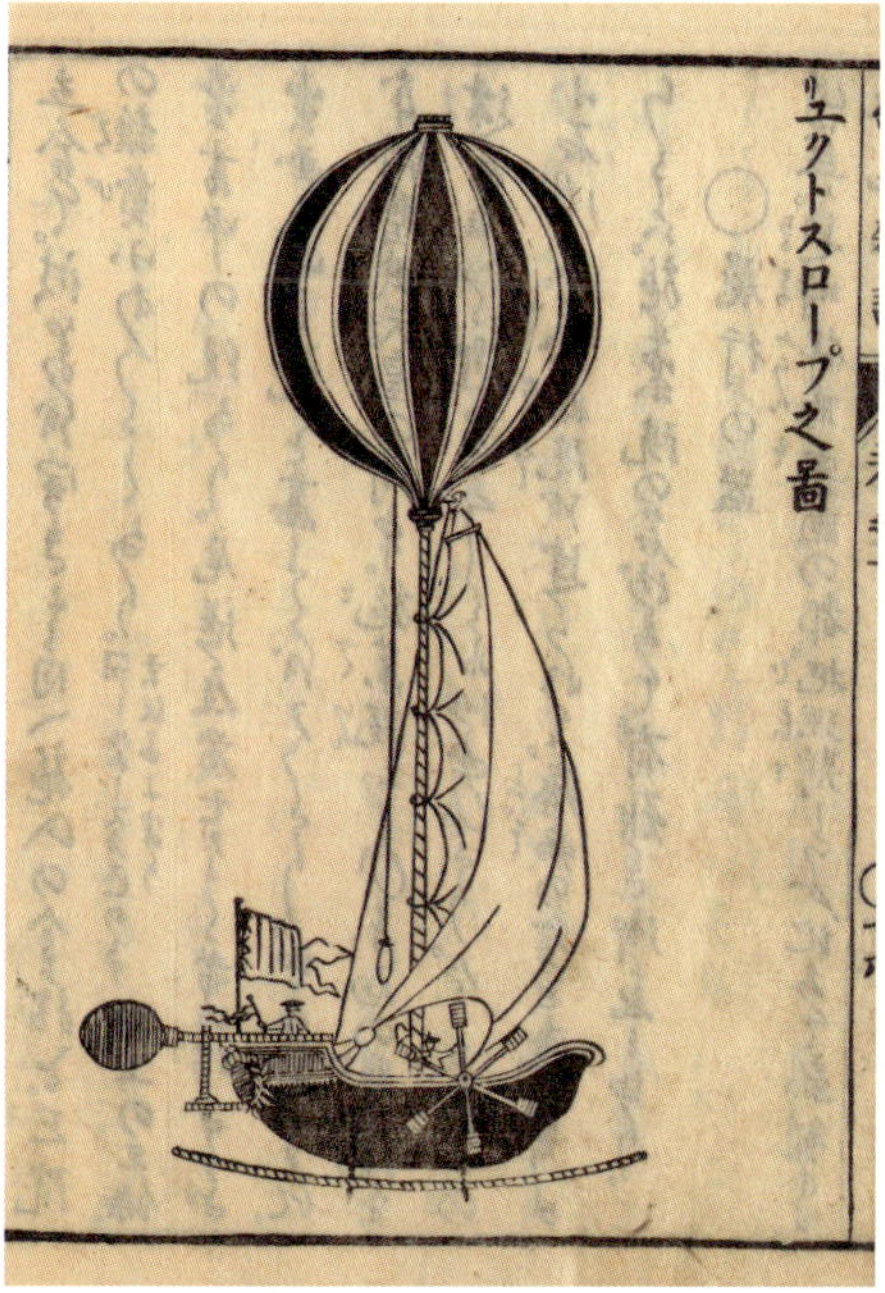

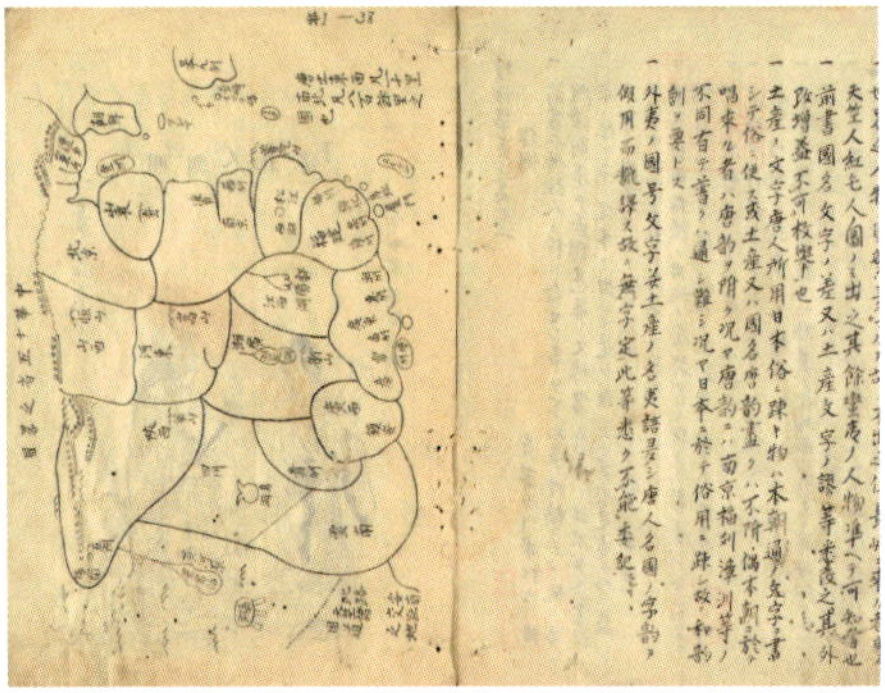

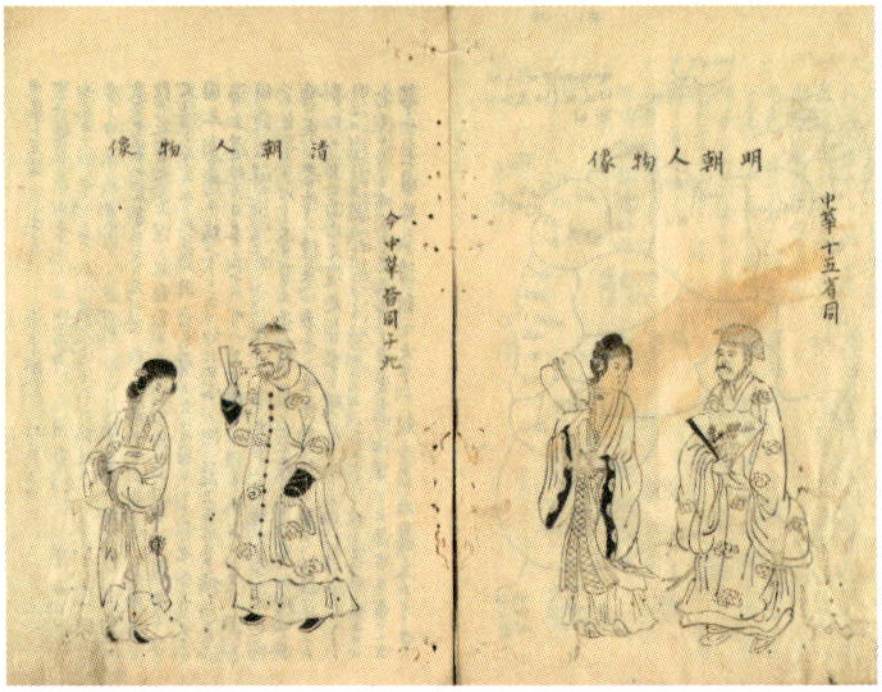

江戸時代中期の地理書

『華《か》夷《い》通商考《つうしょうこう》』　西川如見《にしかわじょけん》・著

元禄八年（一六九五）刊　二冊
国立国会図書館デジタルコレクション

中国をはじめ、東南アジア、西洋諸国に関しての位置や風土、人口、産物、風俗などを記した海外一般の地理書である。長崎通詞であった西川如見（一六四八〜一七二四）が接触して得られた外国事情に関する知識によって書かれた。西川如見は長崎出身の江戸時代中期の天文学者、地理学者であった。

江戸時代中期の蘭学入門書

『蘭学階梯《らんがくかいてい》』　大槻玄沢《おおつきげんたく》・撰

天明八年（一七八八）刊
松本善兵衛版　二冊
国立国会図書館デジタルコレクション

大槻玄沢（一七五七〜一八二七）が編纂した蘭学入門書。日蘭通商と蘭学勃興の由来を述べ、オランダ語の文字や数字についても書かれている。蘭学全般の入門書としては日本で初めて刊行されたもので、その後の日本における蘭学の普及と発展に大いに貢献した書籍である。

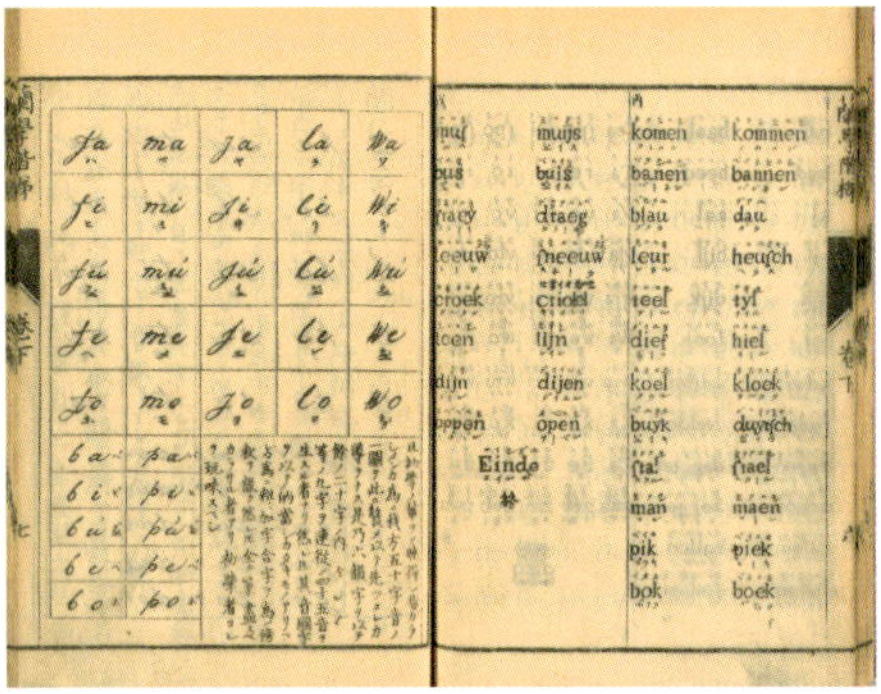

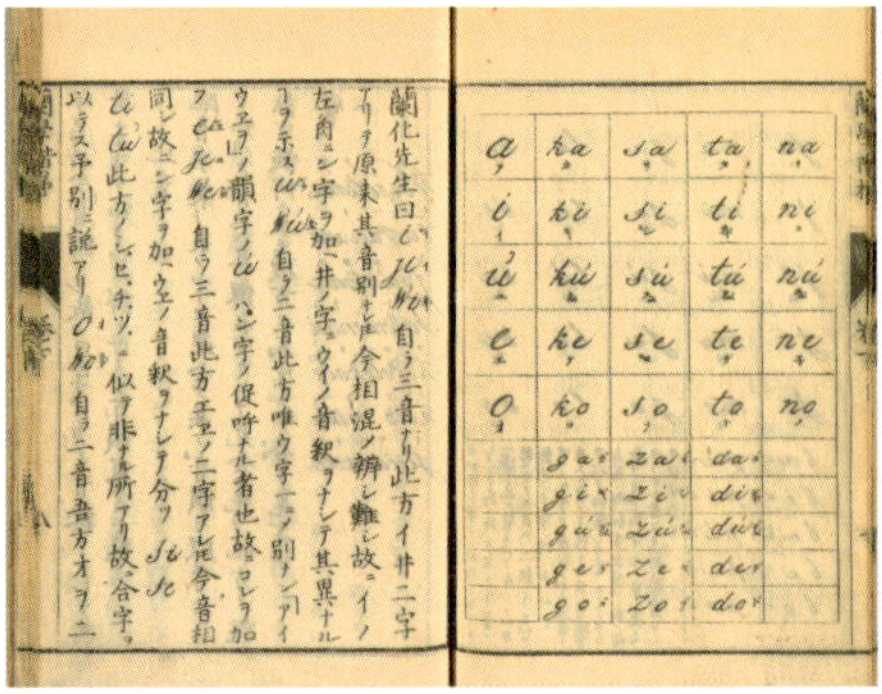

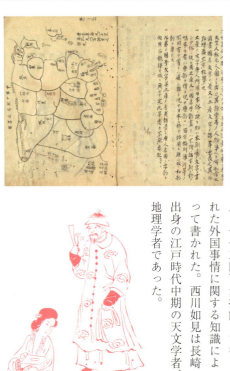

『訳鍵《やっけん》』

藤林元紀《ふじばやしもとのり》（普山）・編

文化七年（一八一〇）刊 三冊
国立国会図書館デジタルコレクション

日本で刊行された二番目に古い蘭日辞典

正式書名は『Nederduitsche Taal 訳鍵』で、冒頭に凡例の附録がついていたが本書では欠落している。稲村三伯《さんぱく》（一七五八〜一八一一）の弟子である藤林元紀（一七八一〜一八三六）が編纂し刊行した『波留麻《ハルマ》和《わ》解《げ》』（通称『江戸ハルマ』収録八万語）を要約して三万語に切り詰め、『波留麻和解』にもれていた要語を補って編集したものである。蘭学研究者には極めて重宝された。

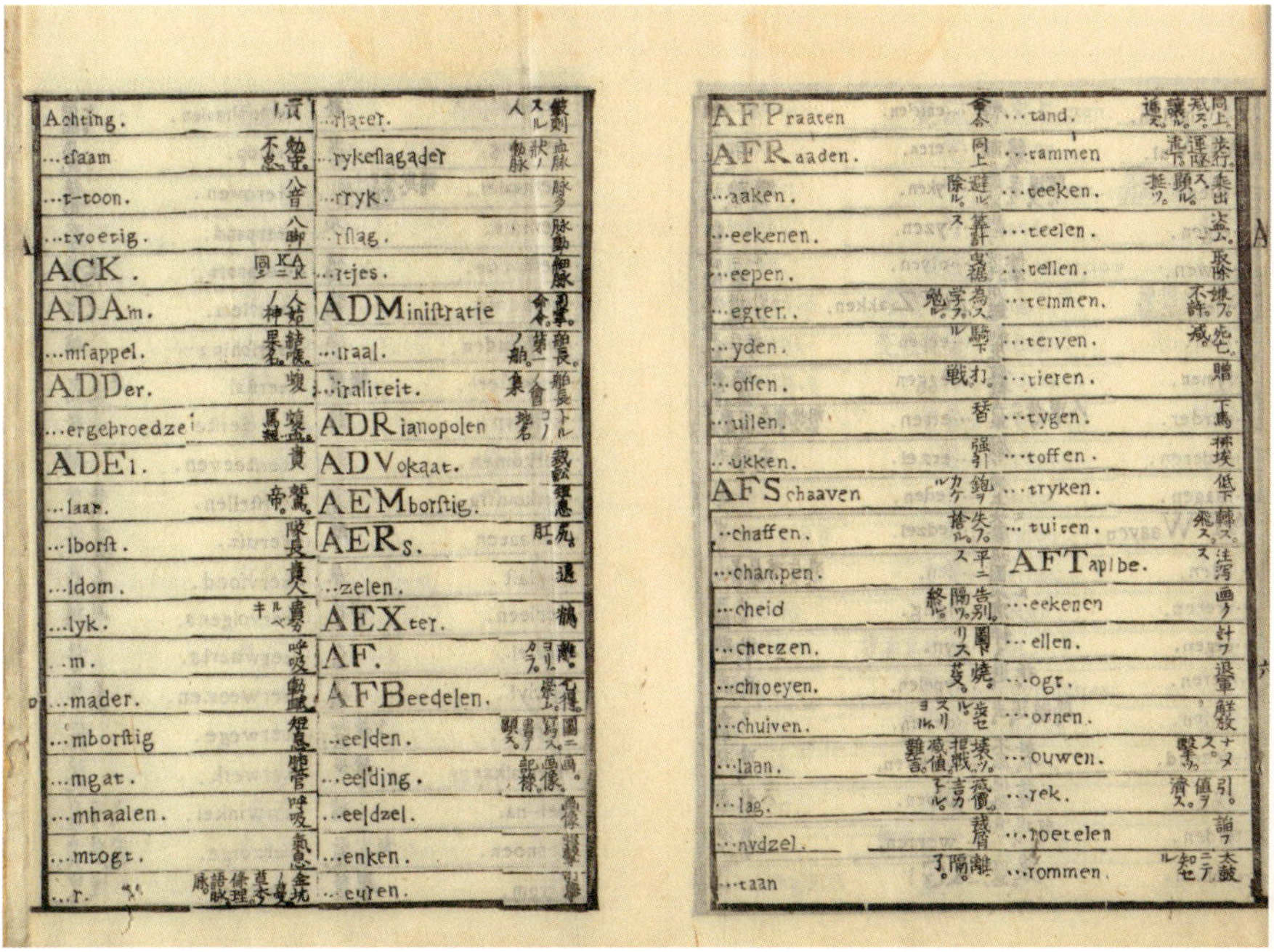

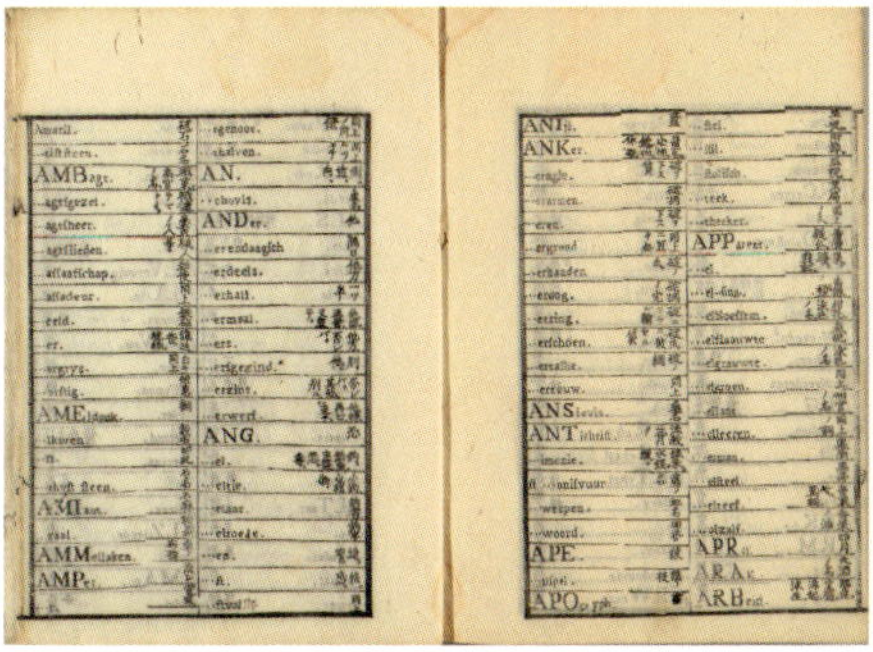

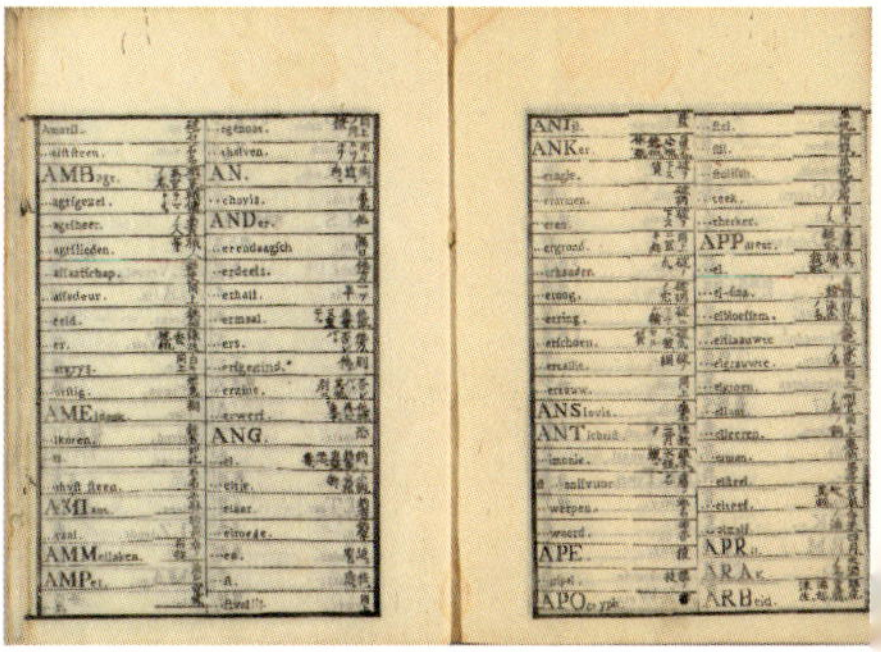

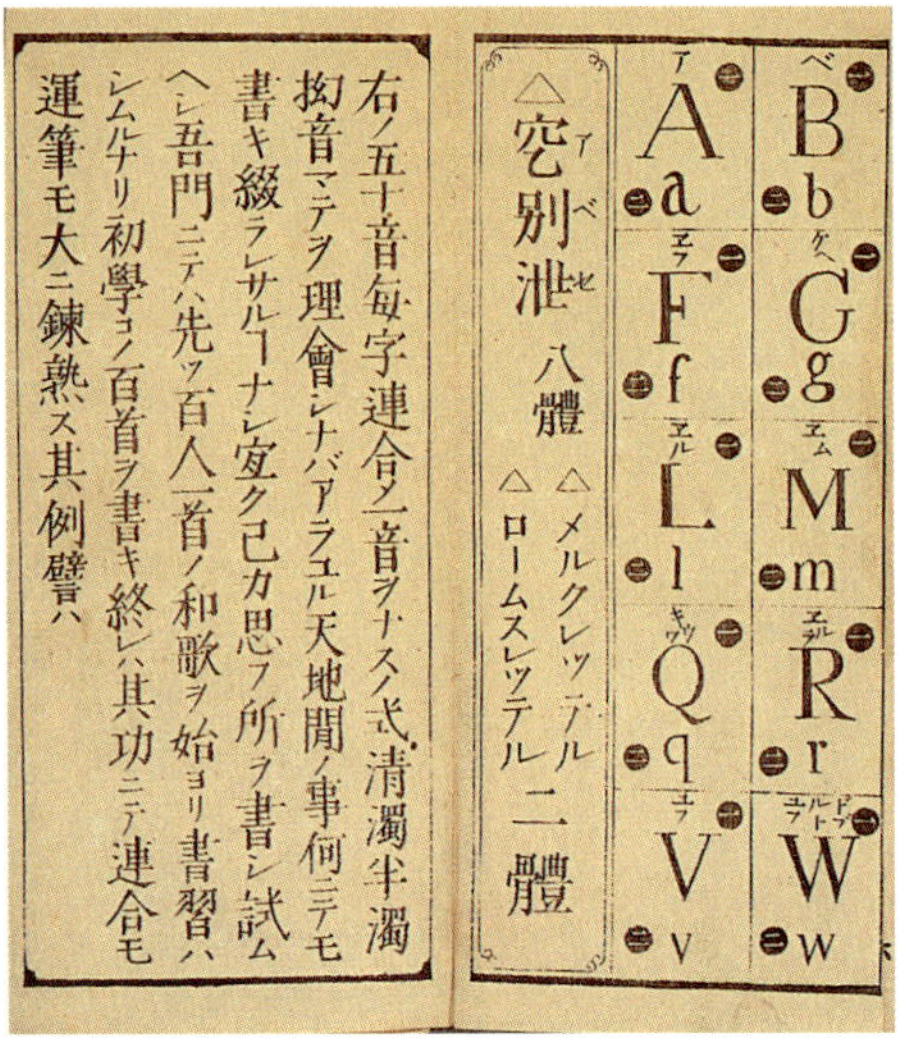

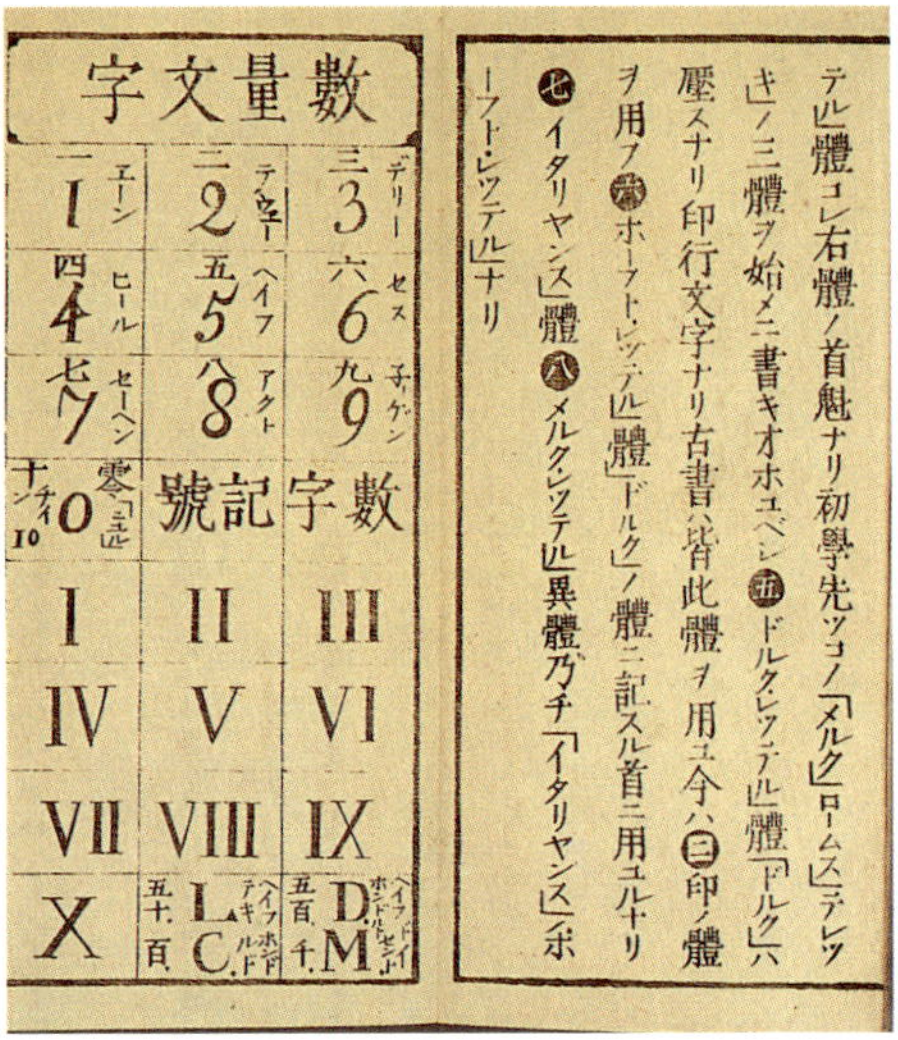

オランダ語のアルファベット表

『蘭学佩觽《らんがくはいけい》』 吉川良祐《よしかわりょうゆう》・編

文化八年（一八一一）刊　芝蘭家塾蔵版　折本一帖　国立国会図書館デジタルコレクション

吉川良祐は芝蘭堂門人で、本書は芝蘭堂の初学者のために製作したされたオランダ語のアルファベット表。折本状の一葉両面に書かれた袖珍本《しゅうちんぼん》仕立てである。本書は大槻玄幹が「附説」を加えて再刻したもの。

『和蘭文字早読伝授《おらんだもじはやよみでんじゅ》』 田宮仲宣《たみやちゅうせん》・著

秋田屋太右衛門版　文化十一年（一八一四）刊　一帖　国立国会図書館デジタルコレクション

折本状のオランダ語の入門書。著者の田宮仲宣（一七五三?～一八一五）は蘭学者ではなく、京都の呉服商に育つが、大坂に出て洒落《しゃれ》本『粋《くろ》宇瑠璃《うるり》』、『郭中掃除』など多数の作品をかいて生計をたてた。大田南畝《なんぽ》や曲亭馬琴とも親交をむすんでいる。

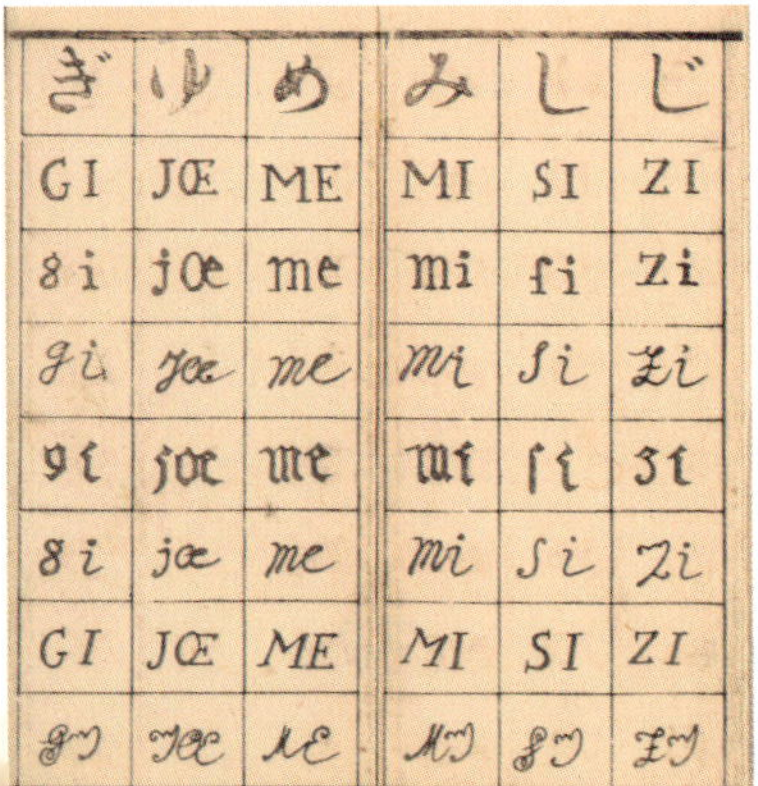

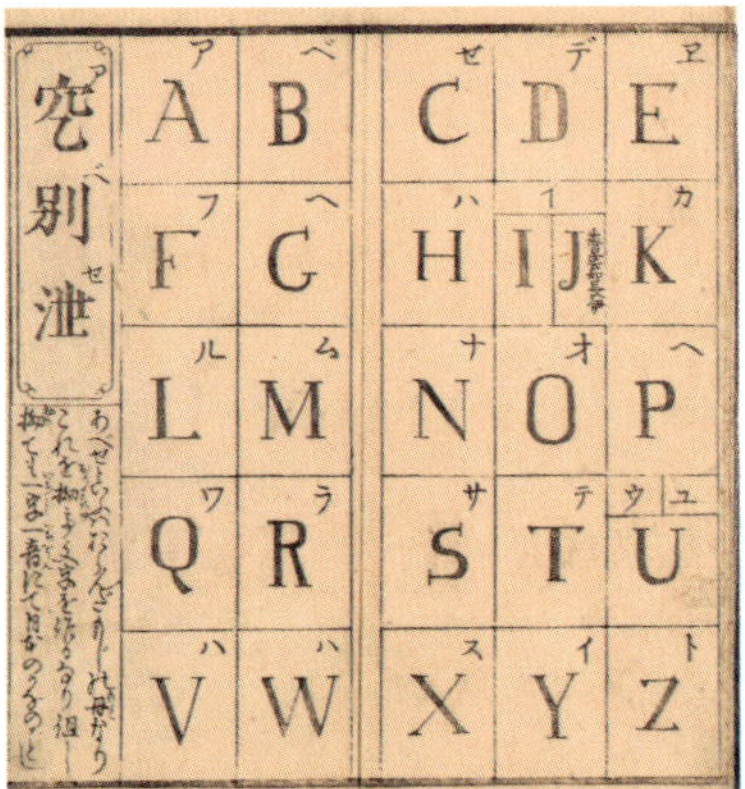

オランダ語の入門書

『和蘭翻訳書目録《おらんだほんやくしょもくろく》』

天保十二年（一八四一）吉田治兵衛版　一冊
国立国会図書館デジタルコレクション

オランダ語からの翻訳書、蘭学書の販売のため、京都の書肆吉田治兵衛が出した目録。『解体新書』（五巻）、『重訂解体新書』（十三巻）に始まり、療病書、内科書、外科書、産科書、方書など医学書からオランダ語辞典まで、約百点が掲載されている。江戸時代の書籍の流通状況を示す資料としても貴重なものである。

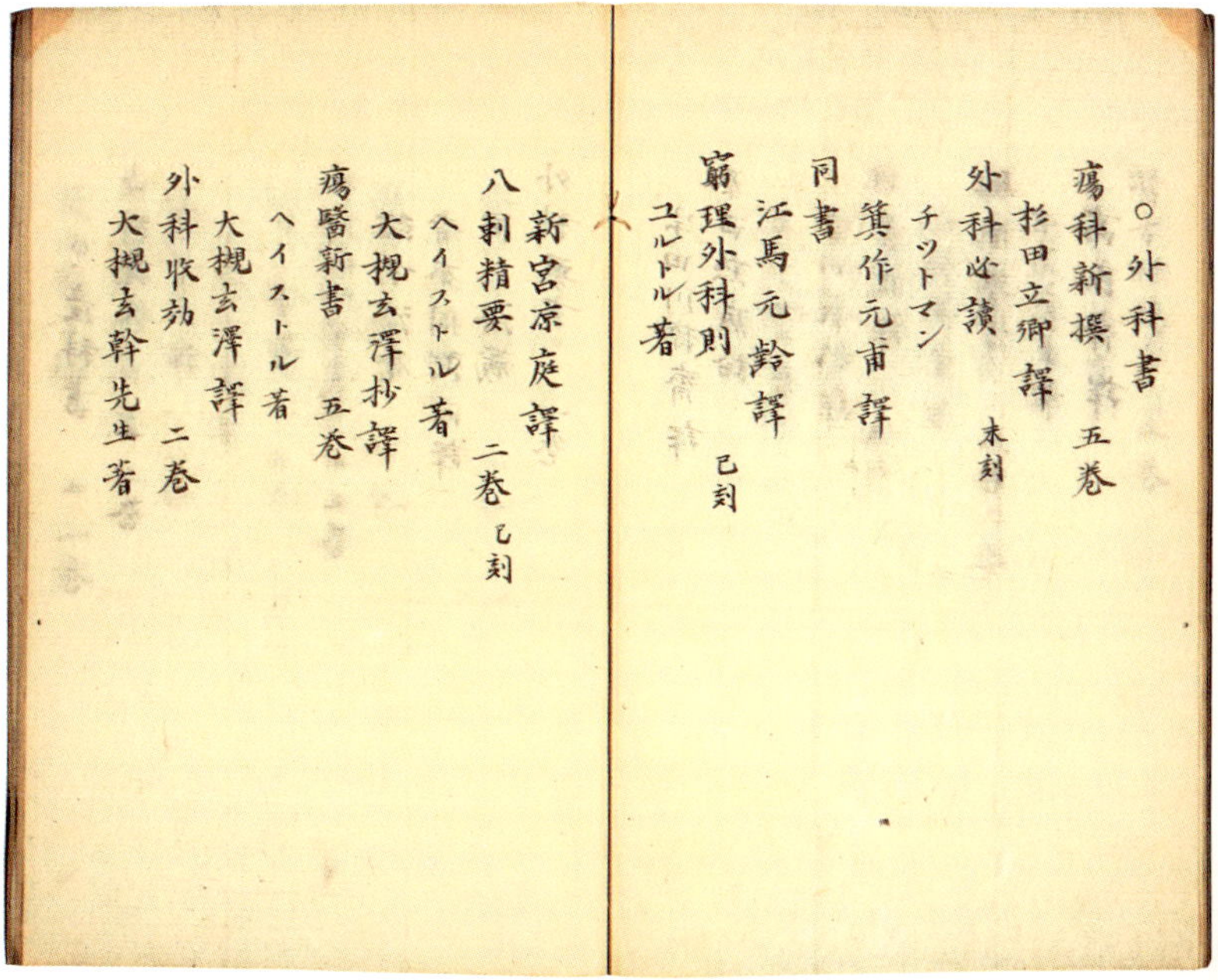

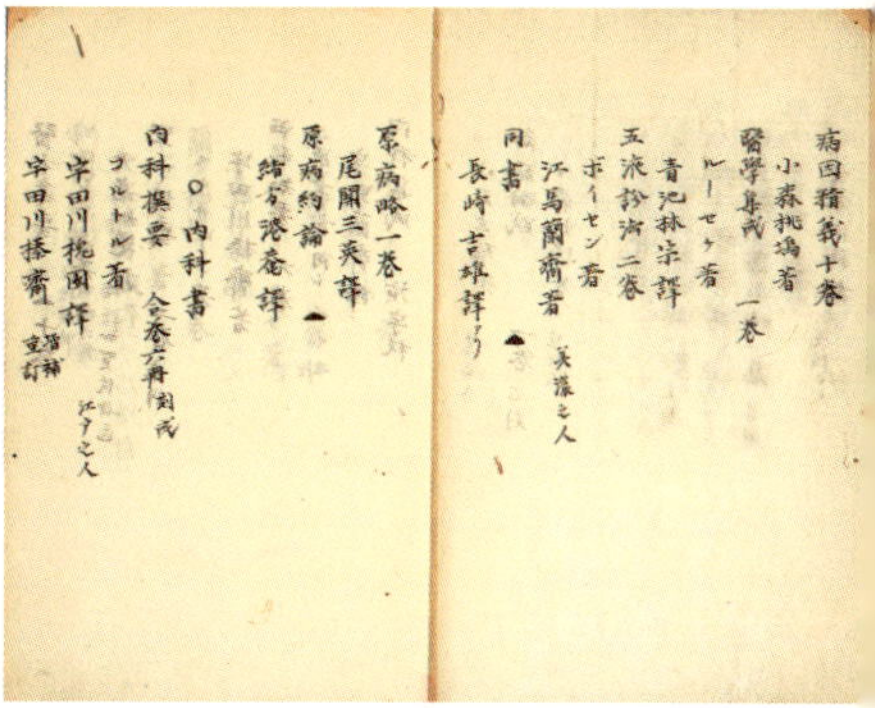

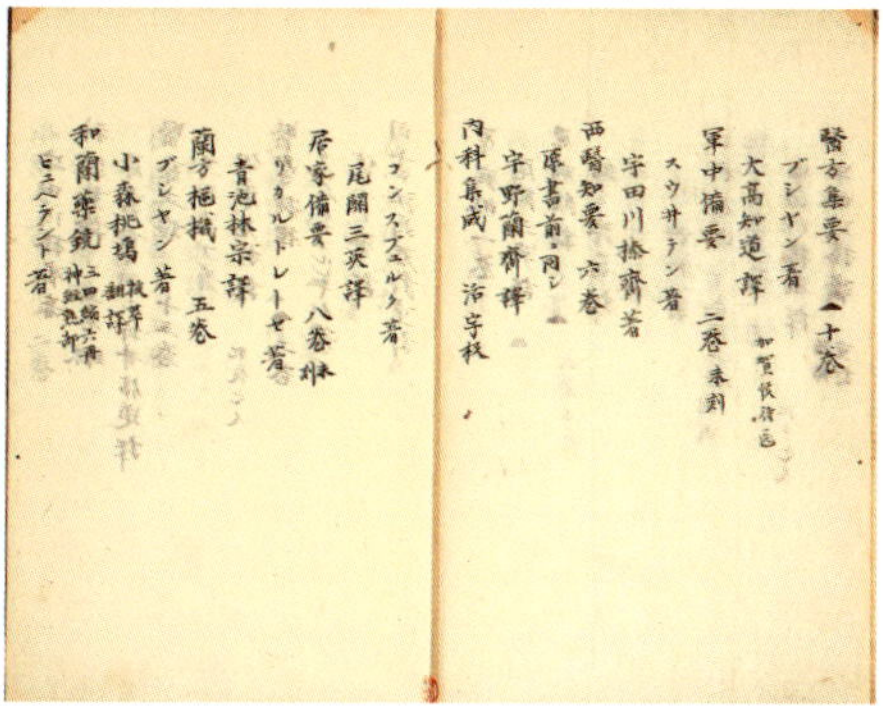

京都の書肆吉田治兵衛が出した、オランダ語からの翻訳書、蘭学書の販売目録

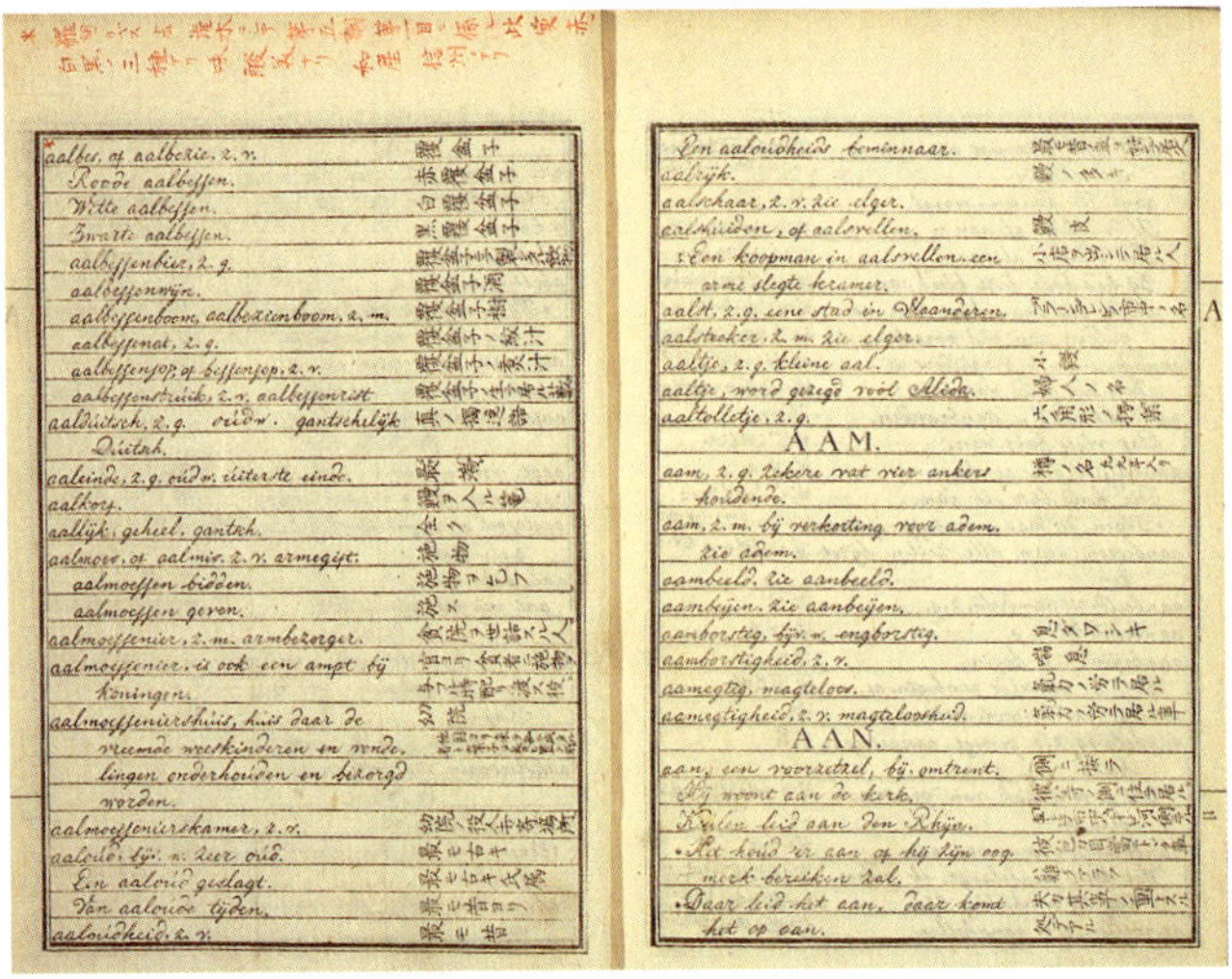

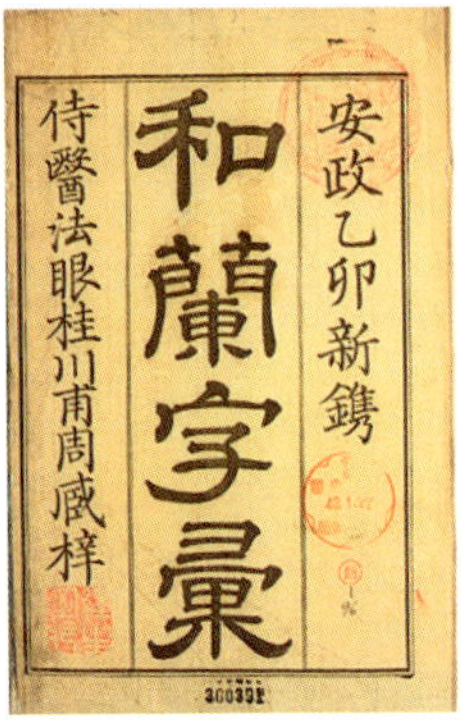

オランダ語から日本語への辞典

『和蘭字彙《おらんだじい》』

道氏・訳　桂川甫周《かつらがわほしゅう》・校
安政二～五年（一八五五～五八）刊
山城屋佐兵衛版　十二冊
国立国会図書館デジタルコレクション

江戸時代に刊行された蘭日辞書。長崎のオランダ商館長ドゥーフが通詞《つうじ》数人と編纂し、天保四年（一八三三）に完成させた『道訳法爾馬（ドゥーフ・ハルマ）』を、幕命により桂川甫周が校訂した後に官許を得て出版したもので、その辞典としての内容は十分なものであった。

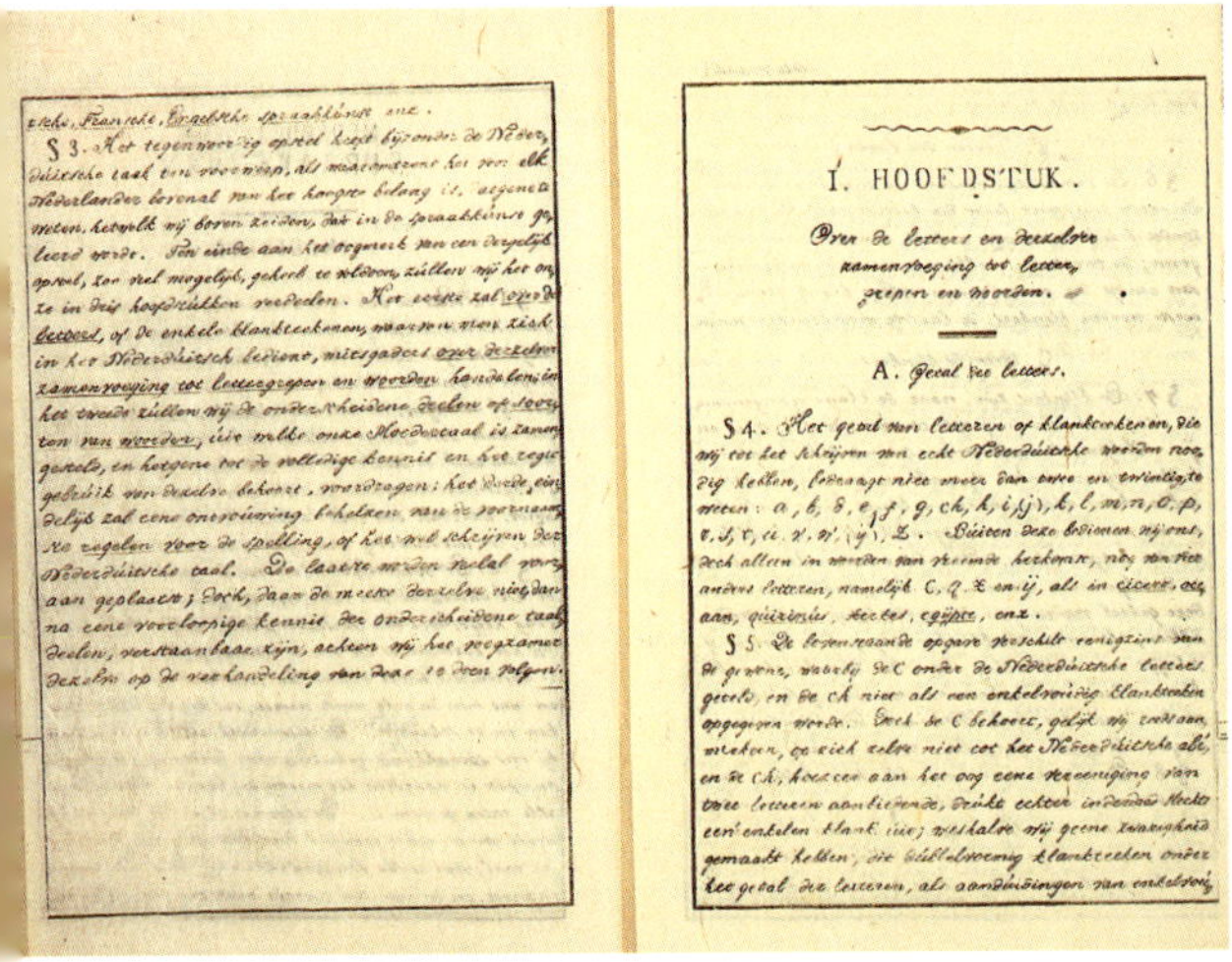

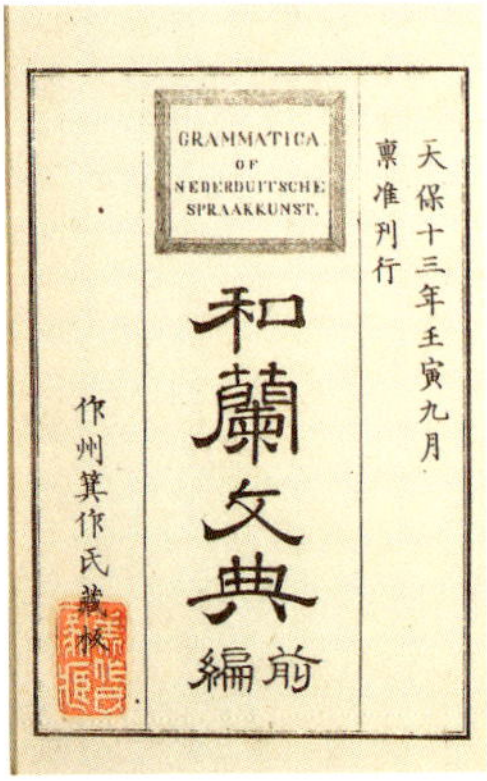

『西洋学家訳述目録《せいようがくかやくじゅつもくろく》』

穂亭主人《すいていしゅじん》・編

安政元年（一八五四）序刊 一冊
国立国会図書館デジタルコレクション

穂亭主人（経歴未詳）が見聞した、延享年間（一七四四～四七）以降に活躍した西洋学者一二五名の翻訳書目録。訳者名をイロハ順に収録し、雅号や出身地などの簡単な説明がある。医学書を中心に、本草学書や天文地理書、暦学算術、内外医療、軍学雑録などの写本も含め幅広く収められている。

延享年間（一七四四～四七）以降の西洋学者一二五名の著作目録

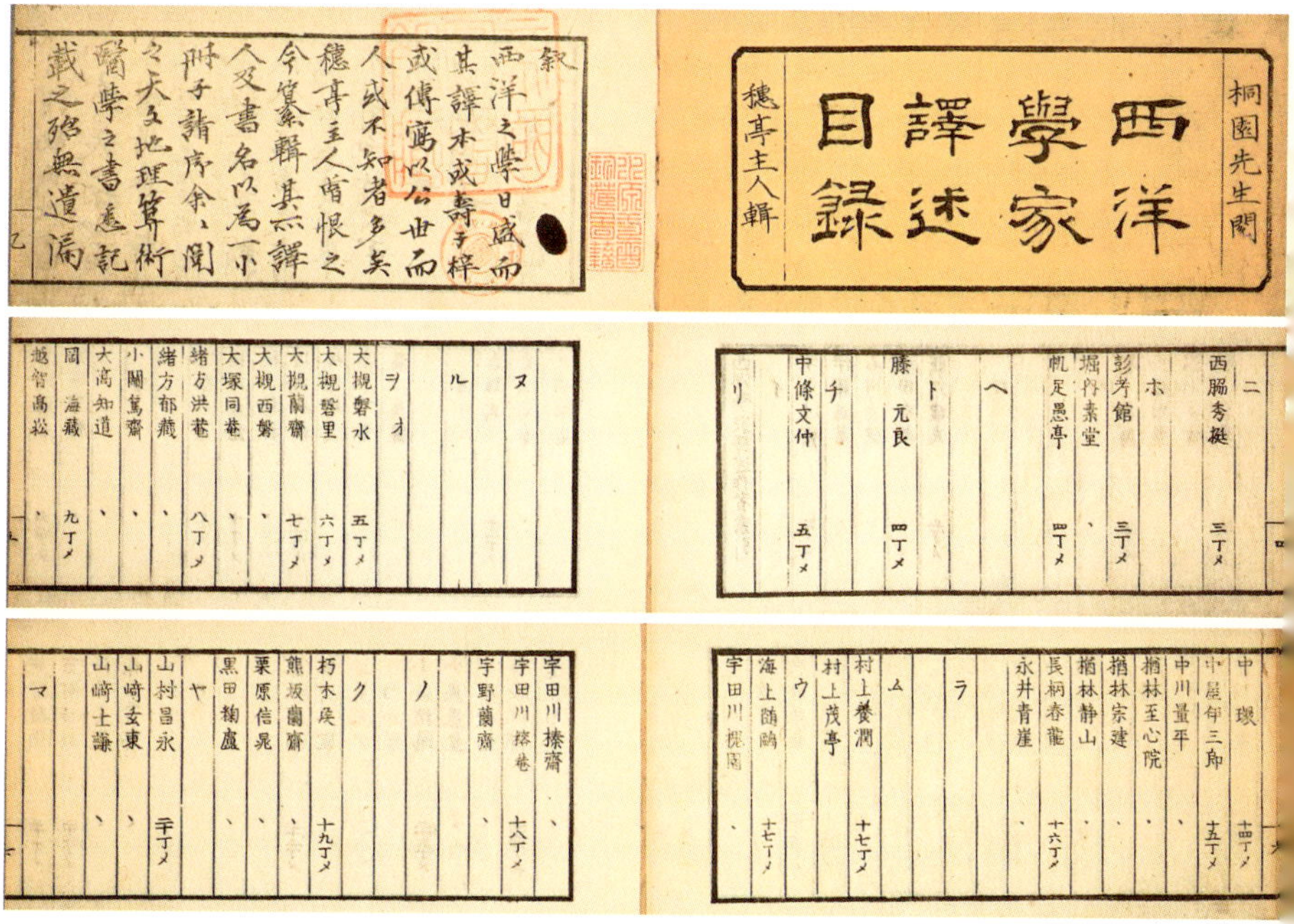

オランダで刊行されたオランダ語文法の教科書の翻訳本

右頁・下

『和蘭文典《おらんだぶんてん》 前編』

箕作《みつくり》 阮甫《げんぽ》・編訳

安政四年（一八五七）刊
須原屋伊八版 一冊
国立国会図書館デジタルコレクション

オランダで出版されたオランダ語の文法を解説した教科書で、天保十三年（一八四二）に箕作阮甫（一七九九～一八六三）が筆記体による整版で翻刻したものの再版本である。宇田川榛斎《しんさい》につき蘭学を学んだ阮甫は、蘭医学、技術書などの翻訳に専念、幕府天文台の翻訳方などを勤めた。

日本初の図解百科事典

『訓蒙図彙《きんもうずい》』

中村惕斎《なかむらてきさい》・編　下河辺拾水《しもこうべしゅうすい》・画
寛文六年（一六六六）序刊
山形屋版　十四冊
国立国会図書館デジタルコレクション

京都の儒学者である中村惕斎（一六二九〜一七〇一）の編集による日本最初の図解百科事典である。子どもや初学者でも理解しやすいように、大きな図版に和名、漢名と説明を付けている。寛文六年（一六六六）に初版が出て以来、増補改訂を加え増刷を続けた。

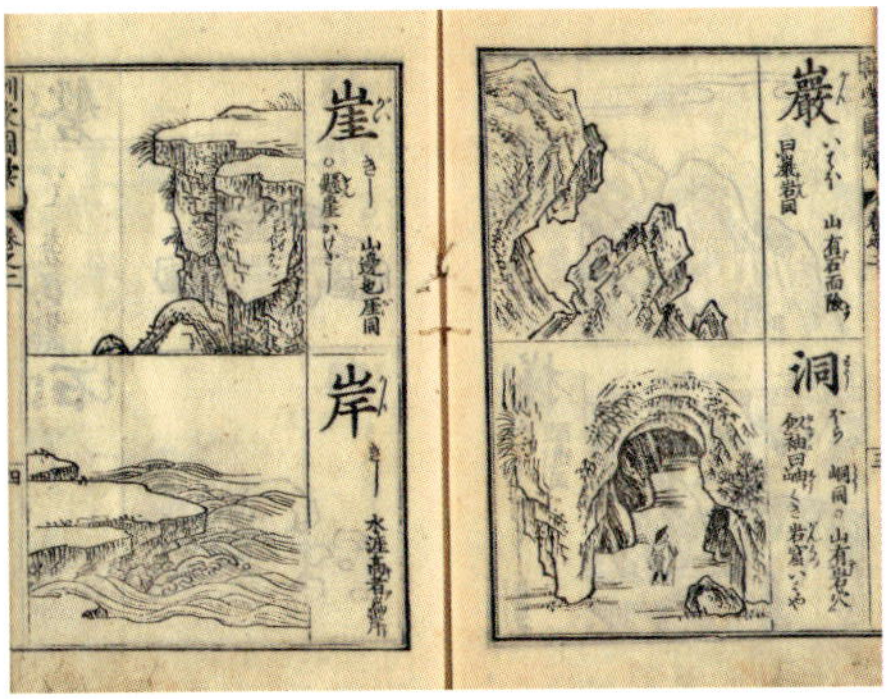

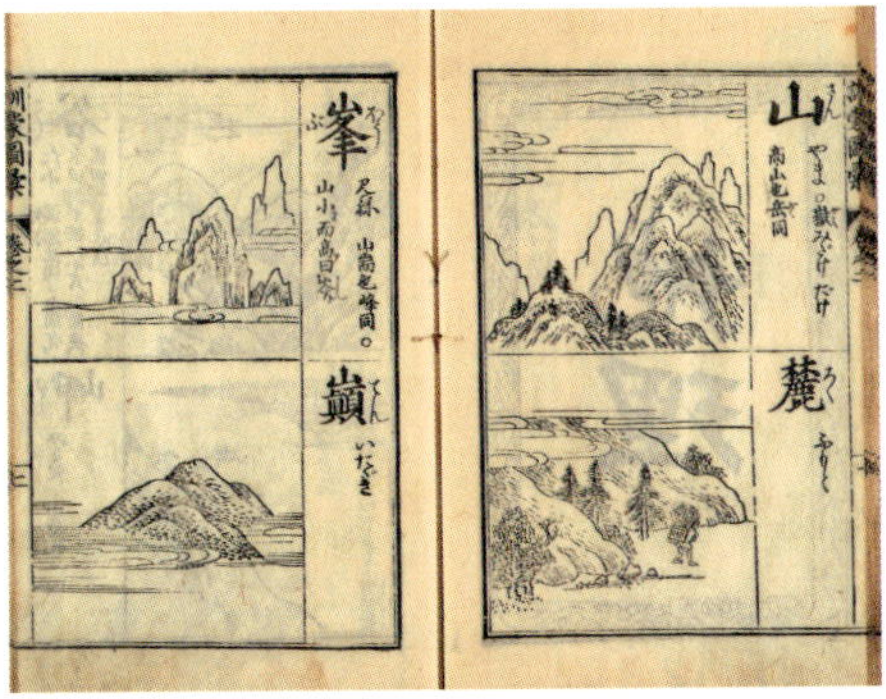

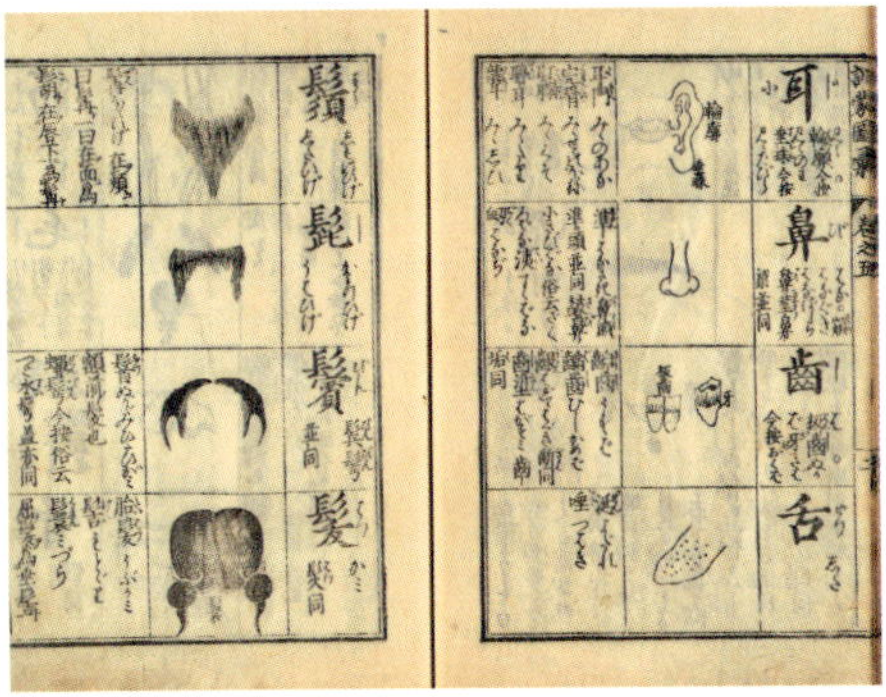

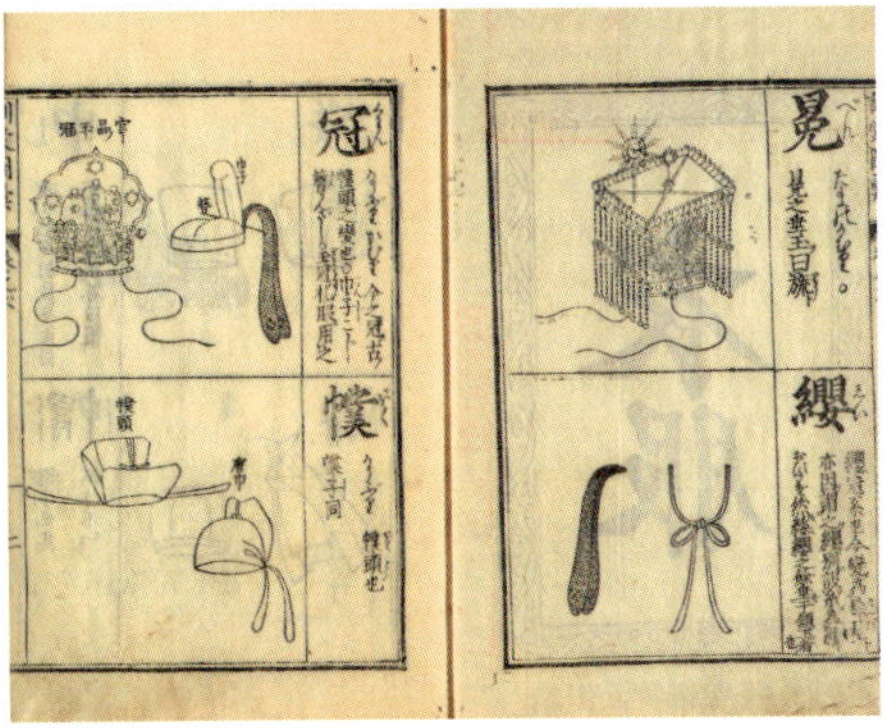

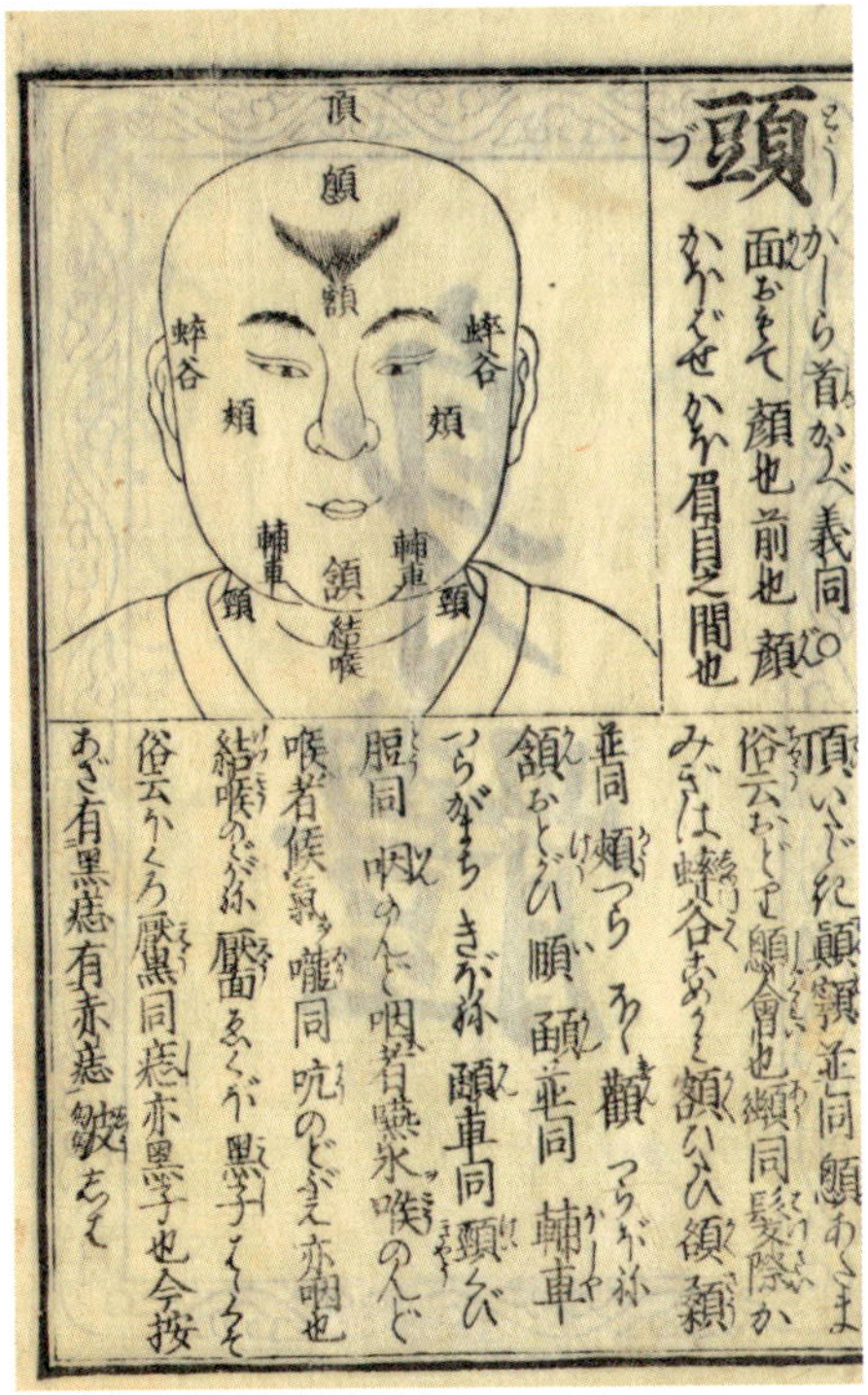

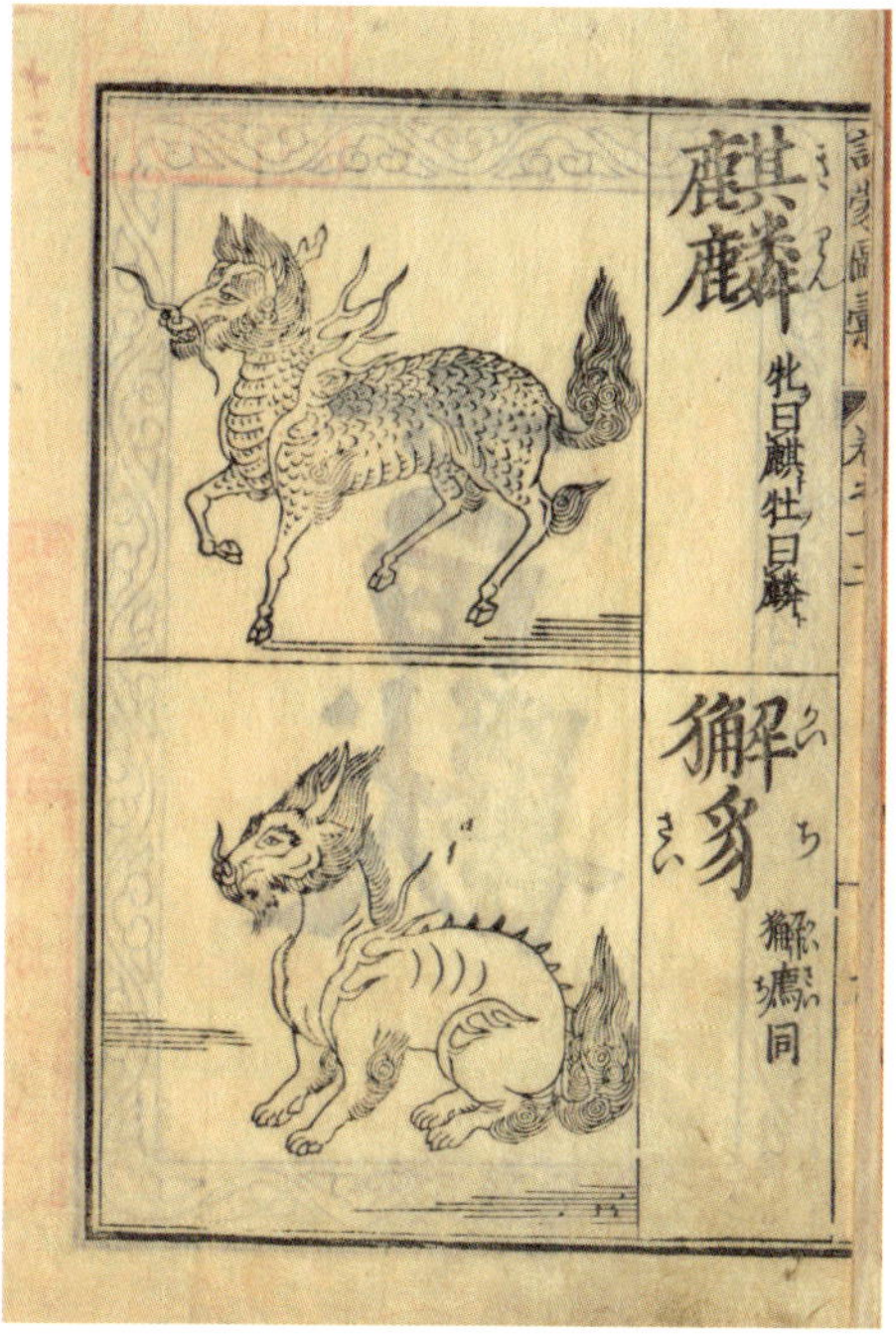
麒麟
牡曰麒牡曰麟
獬豸

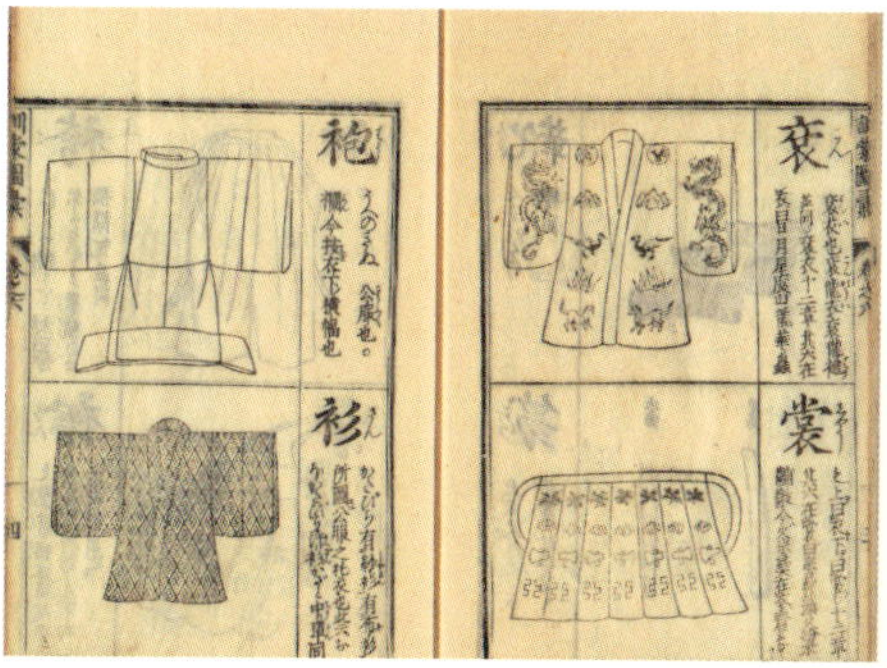
袍
衫
衮
裳

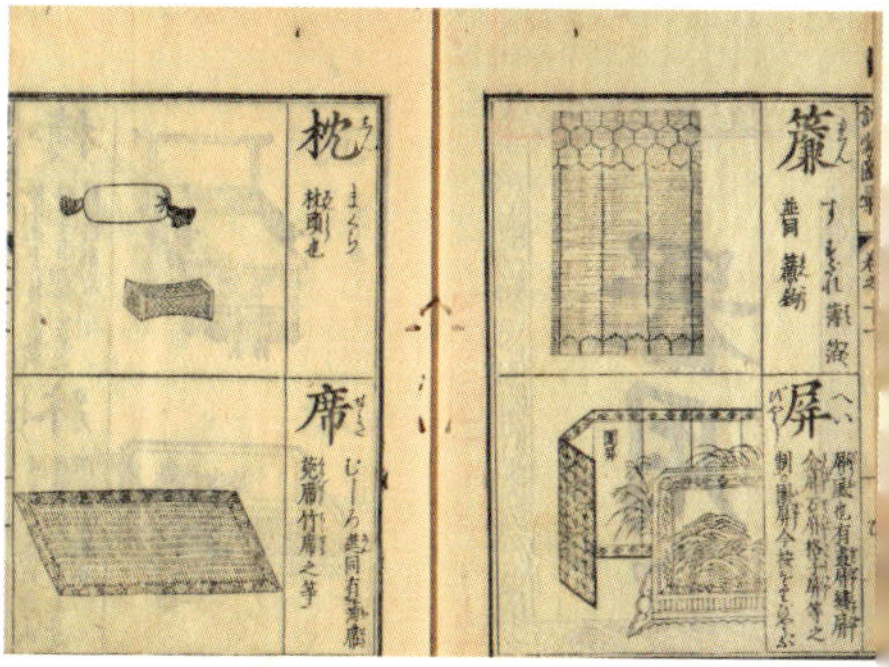
枕
席
簾
屏

鷹
鷲
鶴
鸛

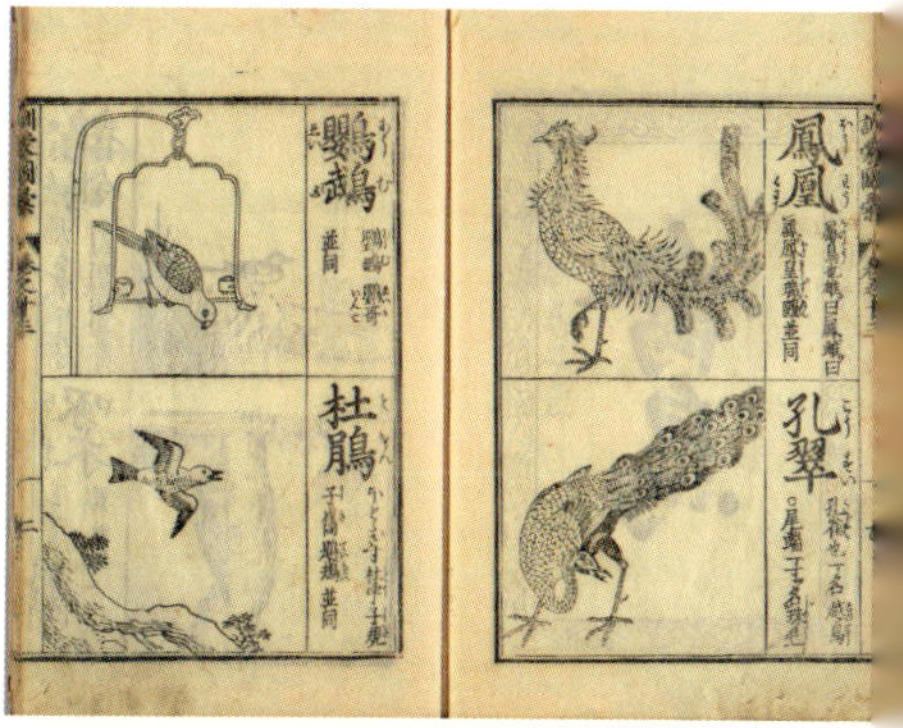
鸚鵡
杜鵑
鳳凰
孔雀

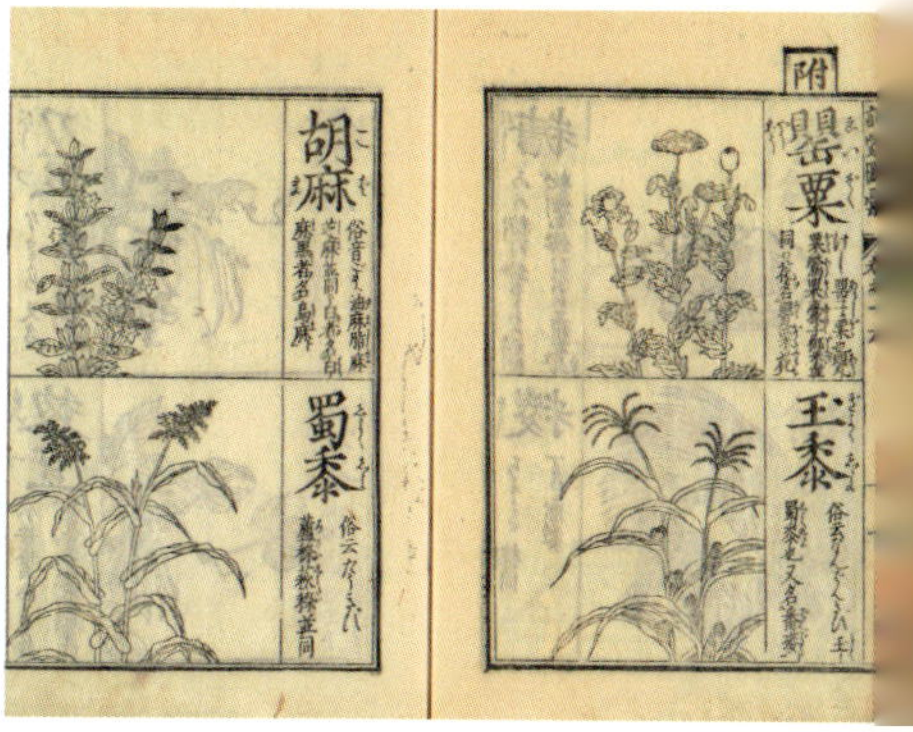
胡麻
蜀黍
附
罌粟
玉黍

『海外人物輯《かいがいじんぶつしゅう》』

永田南渓《ながたなんけい》・編　一光齊・画
嘉永七年（一八五四）序刊　二冊
国文学研究資料館蔵

江戸時代末期に刊行された世界人種図説の一つで、アジア・アフリカ・ヨーロッパ・南アメリカ・北アメリカの各地の概要と人物像が描かれている。挿絵は多色刷りで各地の服装の特徴をよく捉えている。

江戸時代末期に刊行された世界人種図説

第三章

江戸の天文暦術

十七世紀に始まる西洋の「科学革命」が日本に波及したのは十八世紀後半のことである。そしてこの近代の科学的認識の洗礼をいち早く受けたのが天文学者たちであった。それまでは六世紀以来の中国の天文学の影響を受けていた日本が、キリシタン時代、蘭学を通してまったく異質の近代天文学を受容していった。本家の中国でもイエズス会士の暦法を採用したと知ったこともあり、中国よりも西洋を優位と考えるようになる。暦算天文学者である渋川春海《しぶかわはるみ》は中国の天文学書『天経或問《てんけいわくもん》』の数値のいい加減さを指摘し、また、コペルニクス説に初めて接した長崎通詞である本木良永《もときよしなが》の弟子・志筑忠雄《しづきただお》は、地動説の概念を持ち込んでニュートンやケプラーの諸法則、地動説などを紹介した。

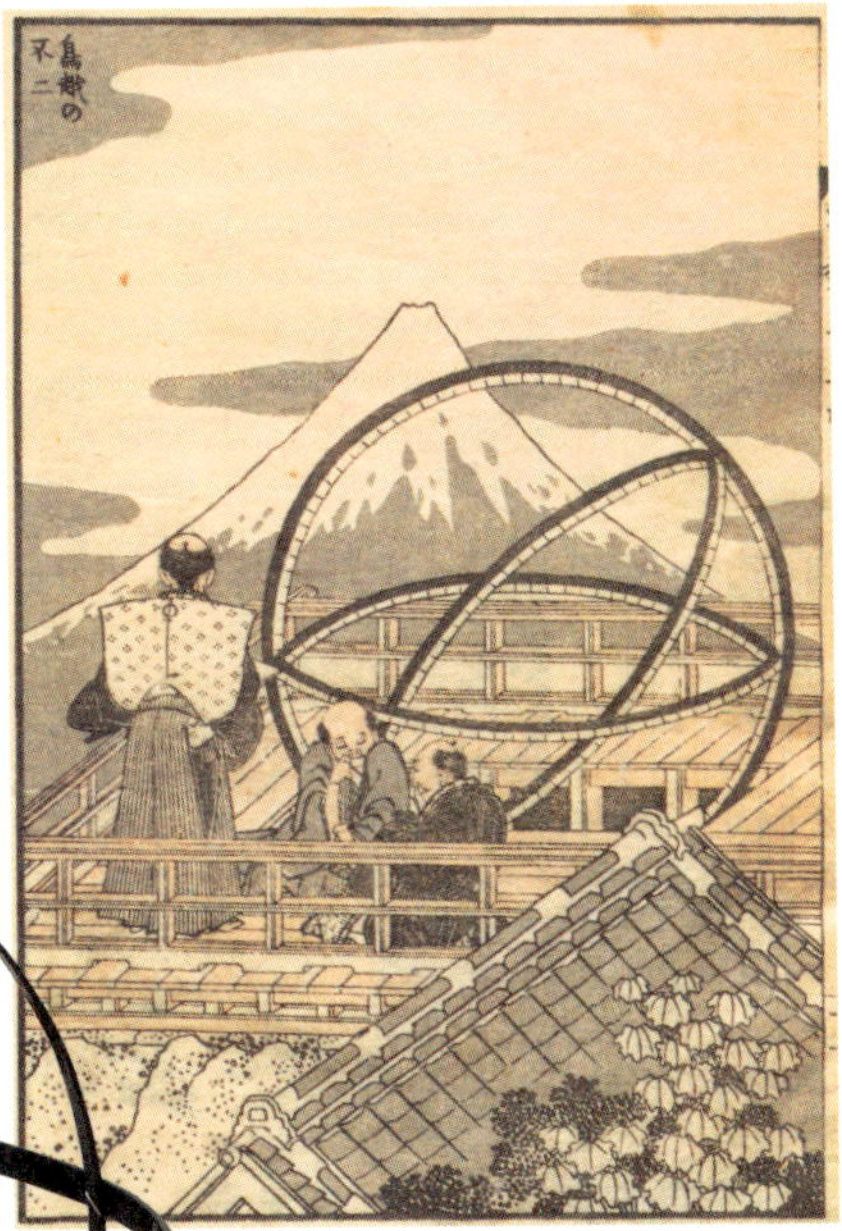

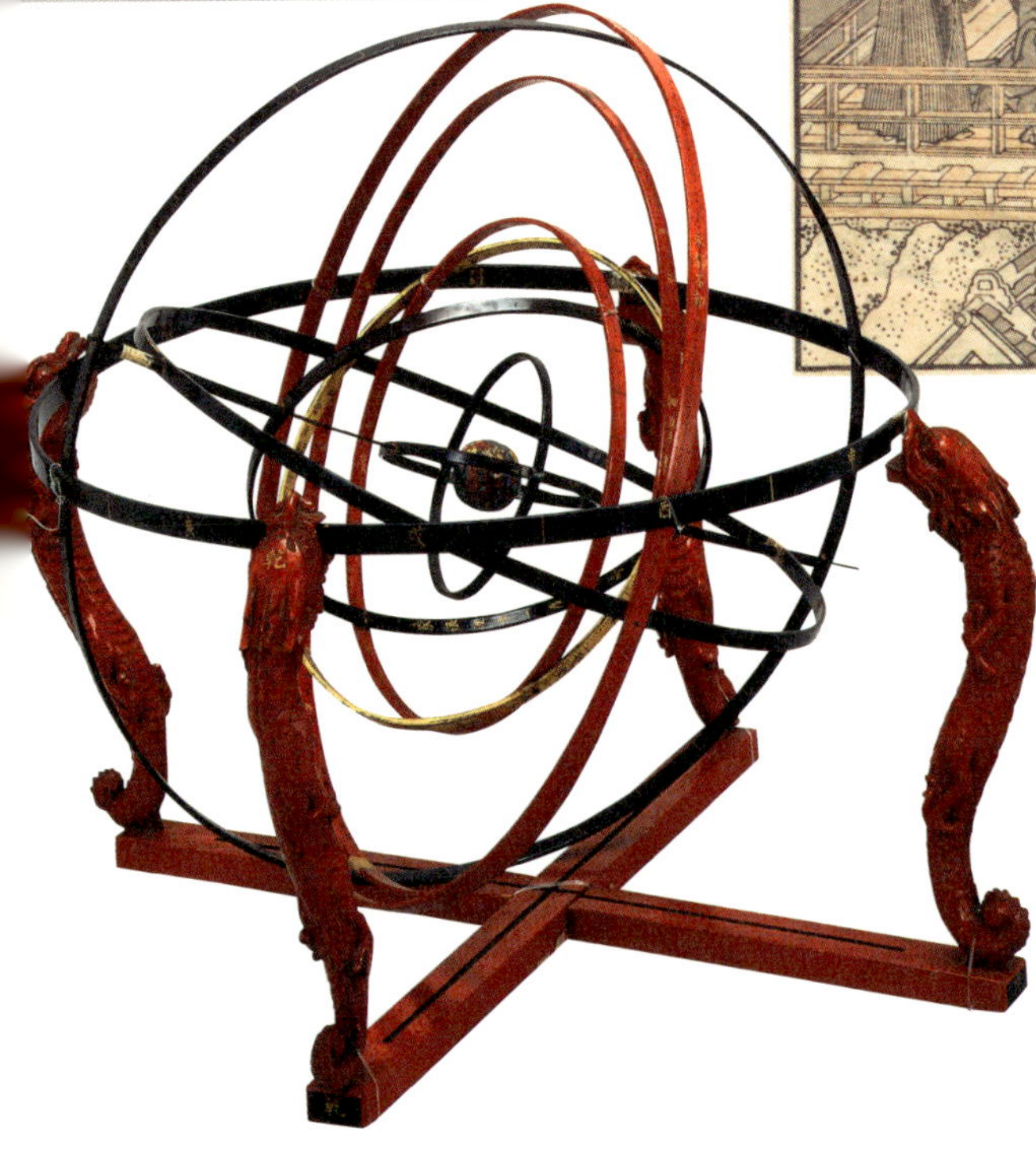

天体の位置を測り、星や星座の高度や方位を読み取る

上右
「鳥越《とりごえ》の不二《ふじ》」 葛飾北斎・画
(『富嶽百景《ふがくひゃっけい》』三編より)
天保五〜六年（一八三四〜三五）序刊
永楽屋東四郎版　半紙本　一冊
国立国会図書館デジタルコレクション

天文観測をしている図。渾天儀越しに富士を見る。

上左
「天球儀《てんきゅうぎ》」
天保年間（一八三〇〜四四）
トヨタ産業技術記念館蔵

「地球儀」が地球の水陸分布や地形、経緯度線などを表すように、「天球儀」は天空を一つの球に見立て、星や星座、天の赤道や黄道《こうどう》、時圏などを描き表し、天体の出没、高度や方位を読み取れるようにした装置である。しかし球の内側から見るようには作れないので、天球の外から見た天球の状況を球面に描いている。

「天球図《てんきゅうず》」 司馬江漢・作（『天地球図説』五帖のうち）

寛政八年（一七九六）銅版筆彩・紙
玉川大学教育博物館蔵

寛政八年（一七九六）の春に制作されたこの「天球図」は、ギリシア神話による星座図である。上が北天、下が南天の図にあたる。基になった原図は、十七世紀後半のオランダの地図製作者デ・ウィットによる天球図と考えられている。「日本創製銅版天球全図」という題簽《だいせん》が貼られた、「地球図」、「天球図」、「天球図説」、「諸説図」、「地球全図略図」の五帖からなる銅版画帖で、江漢が制作した風景銅版画に比べると、刷った枚数は少なかったと思われ、現存するものも少数である。

「渾天儀《こんてんぎ》」

江戸時代後期（十八世紀）
上田市立博物館蔵

太陽や月などの天体の位置を測定する観測用として、またその運行を説明する天空の模型として使用された装置である。水平の黒い環を地平線に見立て、それに天の子午線を示す黒い環が垂直に交わっている。赤い環は天の赤道、金色の環は地球から見た太陽の軌道（黄道）である。また内側の鉛色の環は月の軌道である白道《はくどう》を示している。

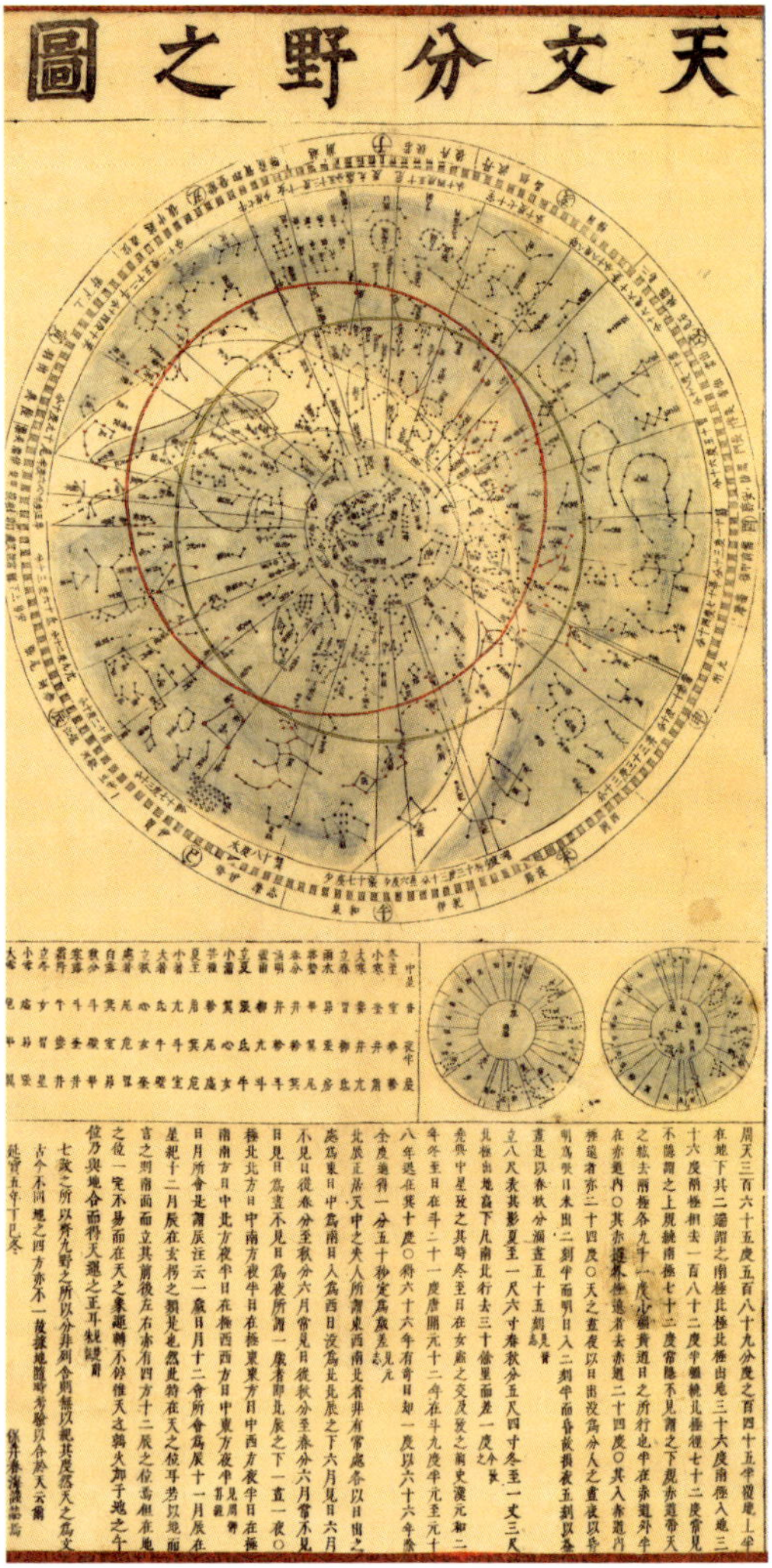

「天文分野之図《てんもんぶんやのず》」

渋川春海《しぶかわはるみ》（別名・安井春海、安井算哲）・作
延宝五年（一六七七）一枚　国立天文台蔵

星と地名を関連付けた星図で、この星の付近で流れ星があるとこの地方で何かあるというふうに、中国で国家や王の運命を占う一種の星占いに用いられた。地名を日本の地名に変えただけで、星座は中国で作られたものである。

天体と太陽・月の観測

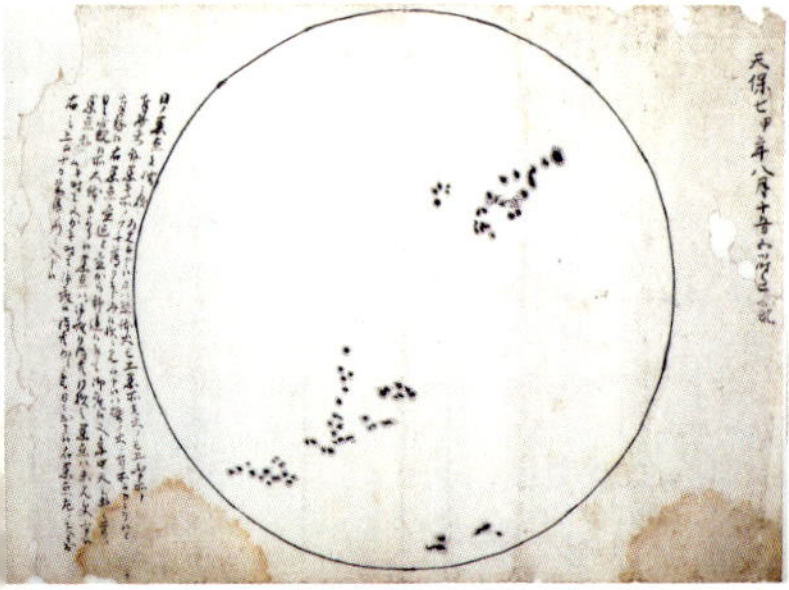

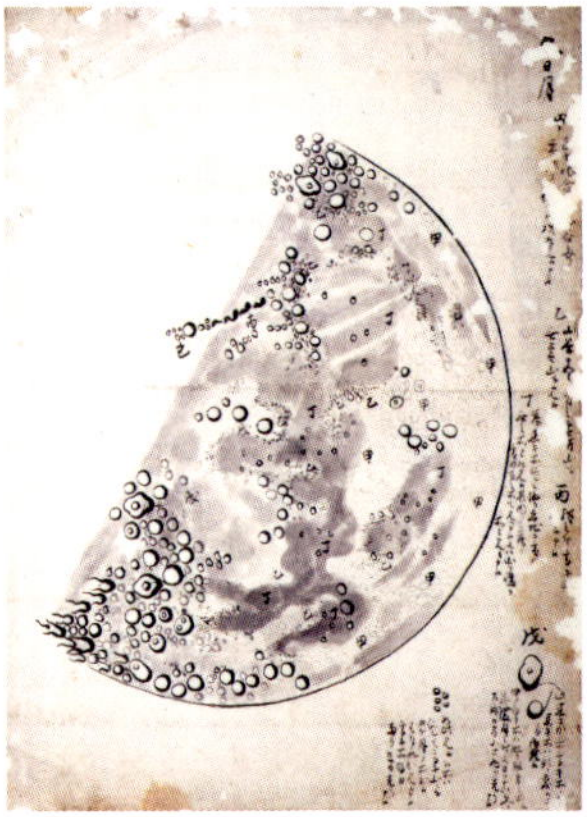

上　「太陽黒点観測図《たいようこくてんかんそくず》」
国友一貫斎家関連資料

下　「月面観測図《げつめんかんそくず》」
国友一貫斎家関連資料

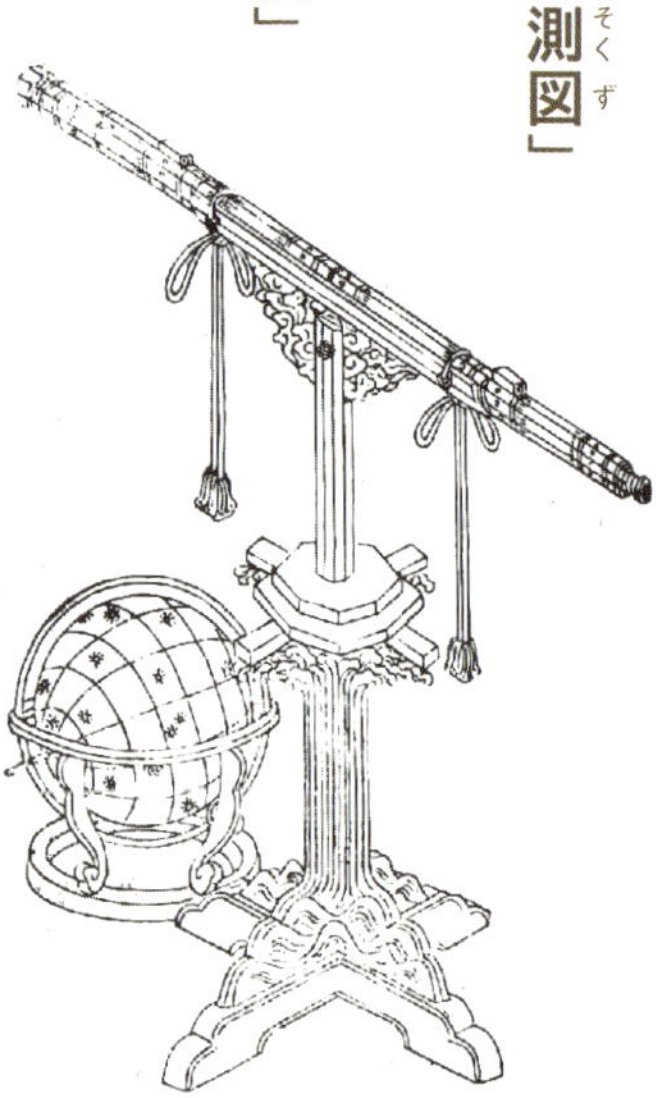

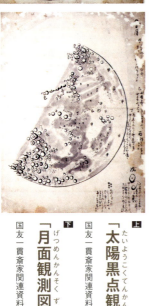

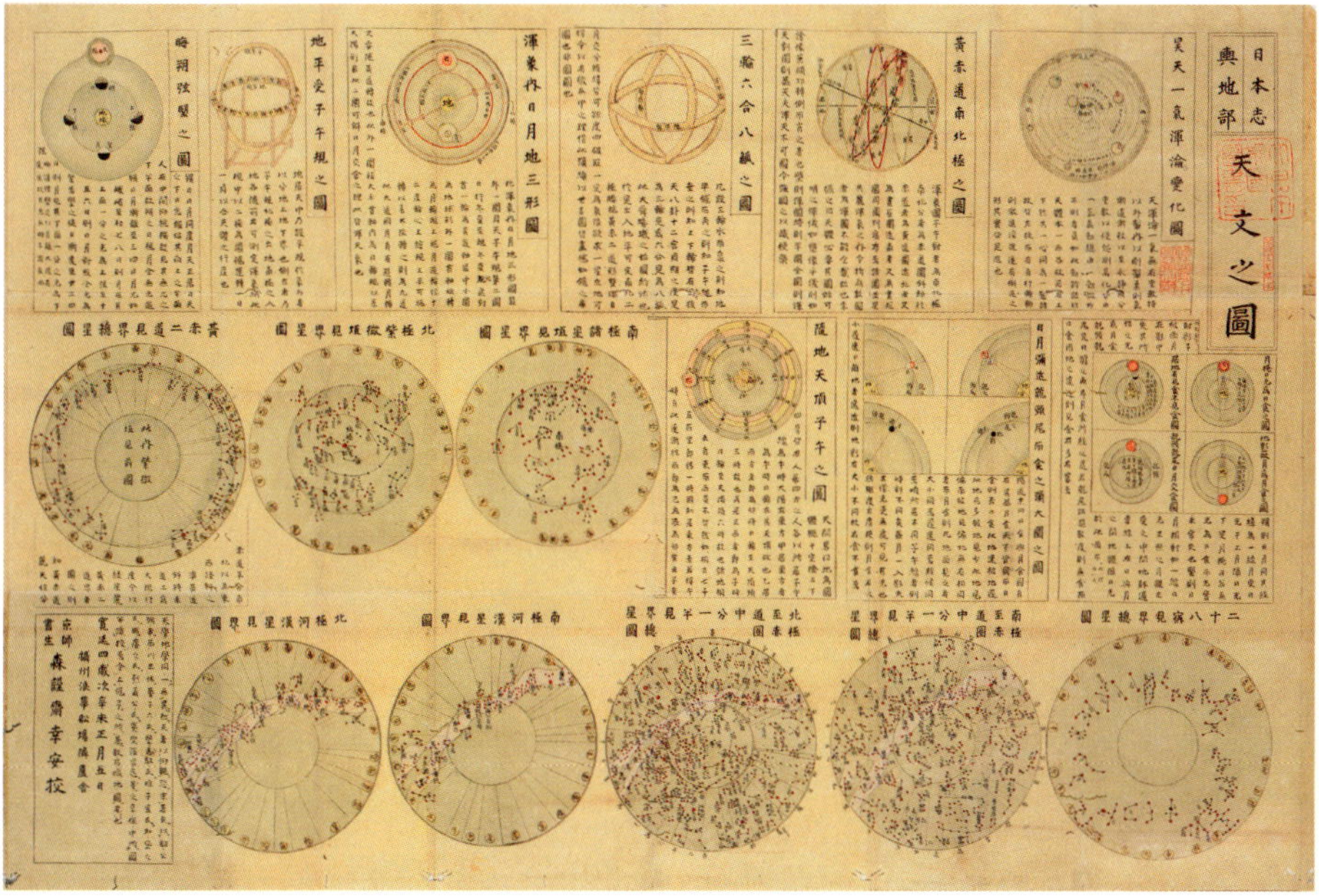

「天文之図《てんもんのず》」 森幸安・作

寛延～宝暦年間（一七四八～六四） 一枚
国立公文書館蔵

森幸安が書写し収集した地図類。収集の範囲は日本各地の地図にとどまらず、日本全図や世界地図までに及んでいる。地図の余白には、その地図に関わる情報が漢文で細かく書きこまれている。

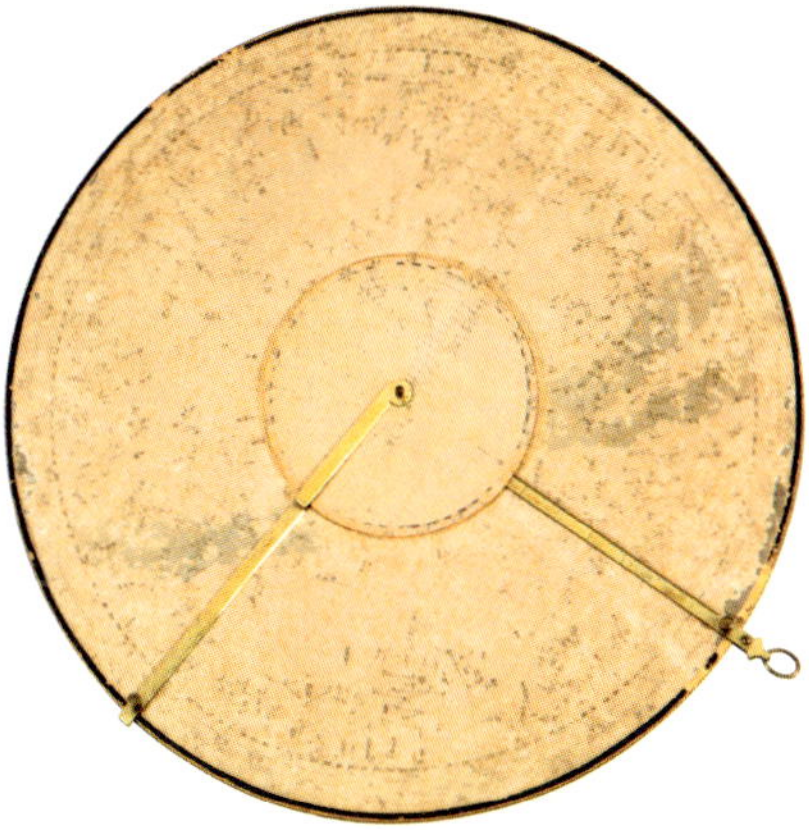

「窺天鏡之図《きてんきょうのず》」 （『天文捷径 平天儀図解』より）

岩橋善兵衛（岩橋嘉孝）・著
享和二年（一八〇二）序刊 一冊
貝塚市立善兵衛ランド蔵

『平天儀図解』は享和二年（一八〇二）に出版された天文学早わかりの入門書である。その中の「窺天鏡之図」は天体観測用の望遠鏡の図。岩橋善兵衛が作った最初の望遠鏡は丸筒でなく、「形八稜《かたちはちりょう》」であったというから、このような筒でなかったかもしれない。

「天体中星儀《てんたいちゅうせいぎ》」 足立信頼・作

真田宝物館蔵

信州松代《まつしろ》藩真田家に伝来した星座の早見板である。星座は両面に記されている。早見板には「東堂 足立信頼作」のラベルが貼られている。

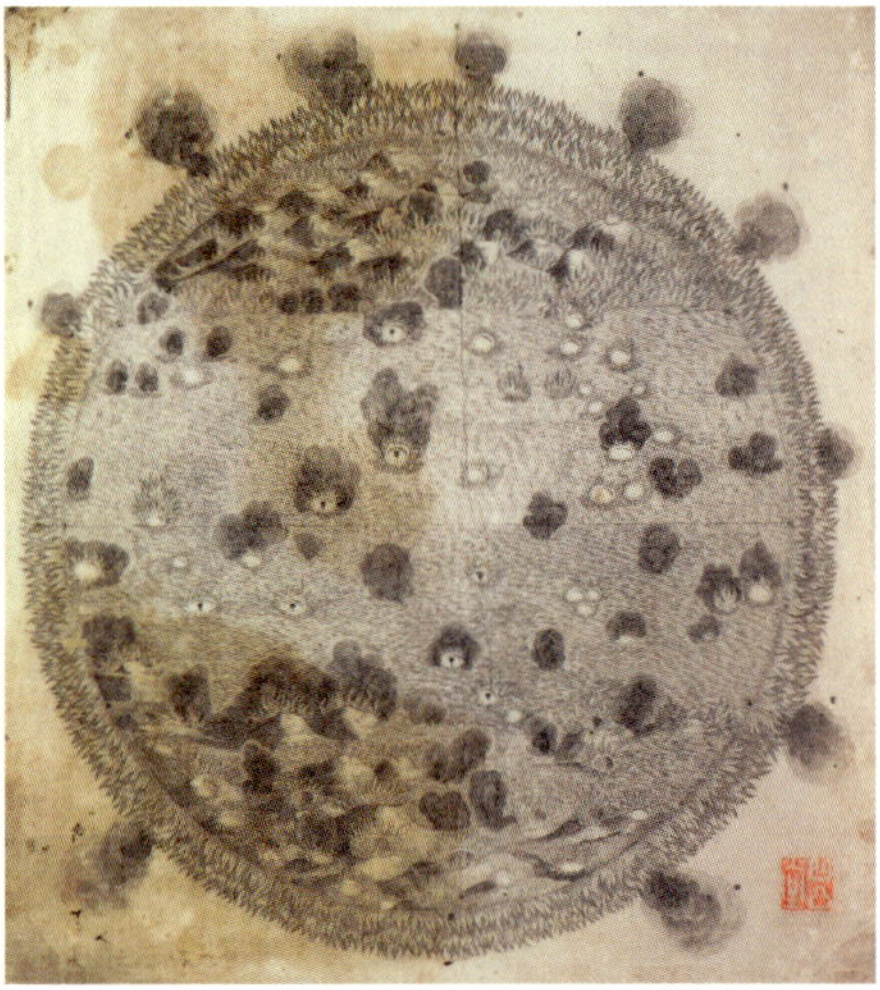

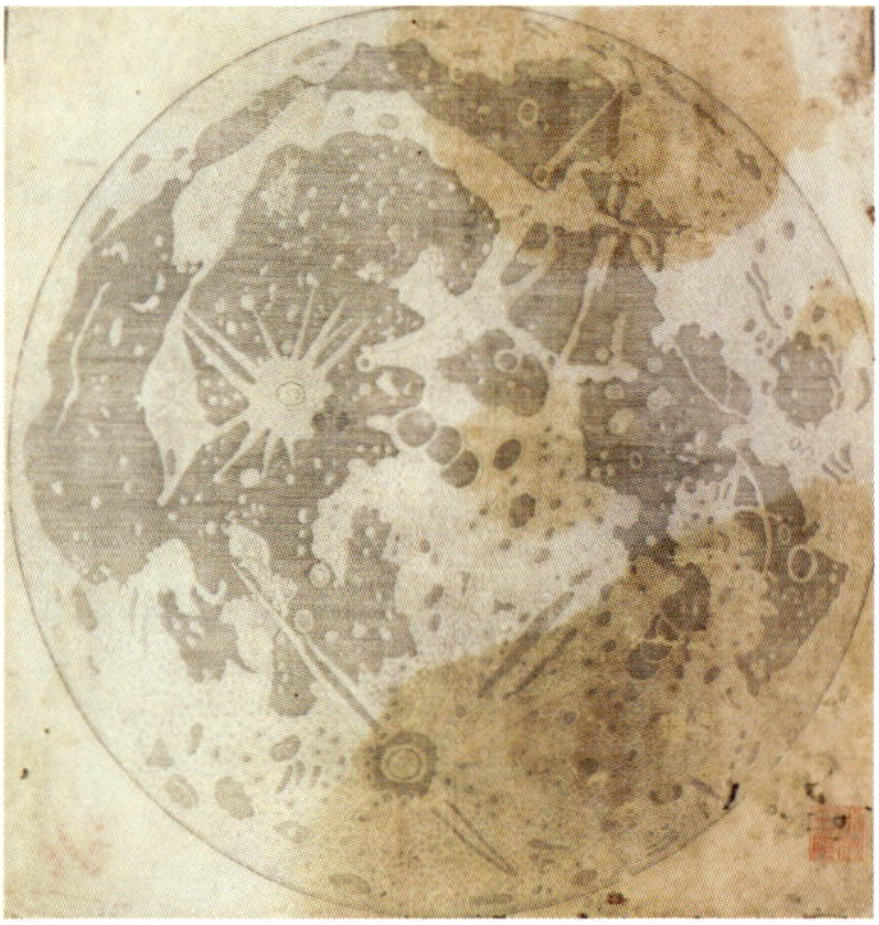

上

「太陽図」 中伊三郎・作 国友一貫斎家関連資料

国友一貫斎家に伝わった太陽図。銅版画の台紙に貼られている。図の右下に「凹凸堂」、「中伊三郎」の朱文方印が押されている。中伊三郎は江戸時代後期の銅版画家で、大槻玄沢《げんたく》の『重訂解体新書』などで原著の挿図を銅版で模刻した。

下

「月図《つきず》」 中伊三郎・作 国友一貫斎家関連資料

キルヒャーの『地下世界』にこれとよく似た図が描かれており、そこからの模写と思われる。

左頁・下

「測量台《そくりょうだい》」（『寛政暦書』より）

国立国会図書館デジタルコレクション

江戸時代中期になり西洋天文学の知識が広まるにつれ、太陽と月、星の動きを精密に観測することが盛んに行なわれるようになった。

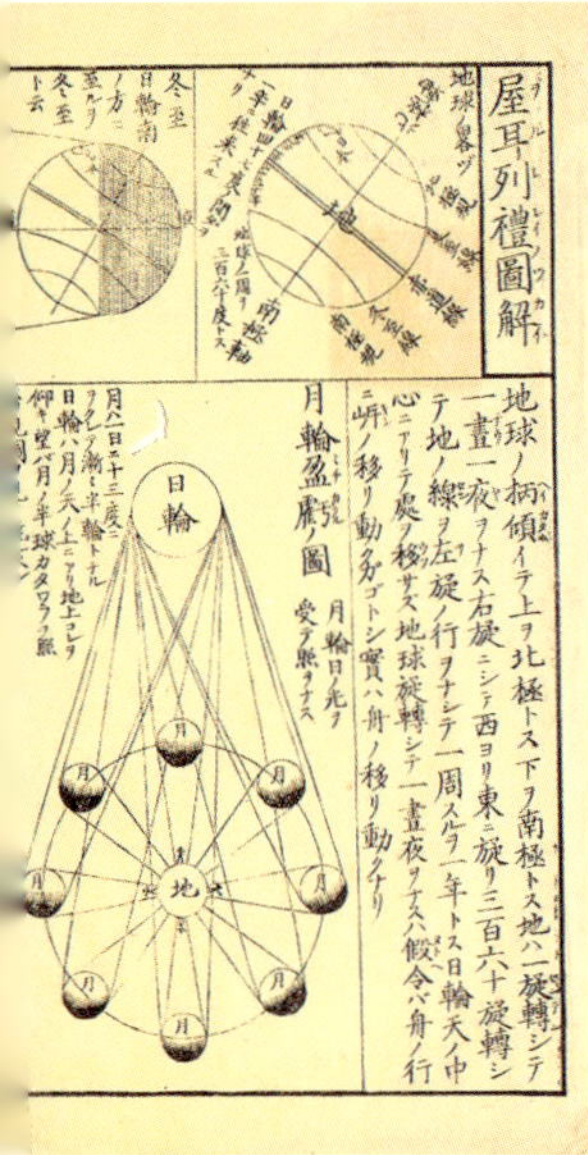

上

「屋耳列礼図解《おるれれいずかい》」

司馬江漢《しばこうかん》・銅版画 京都大学附属図書館蔵

「屋耳列礼図解」はその名の通り、「屋耳列礼」の動作や構造についての解説書に見えるが、実際の内容は地球の地軸の傾きや

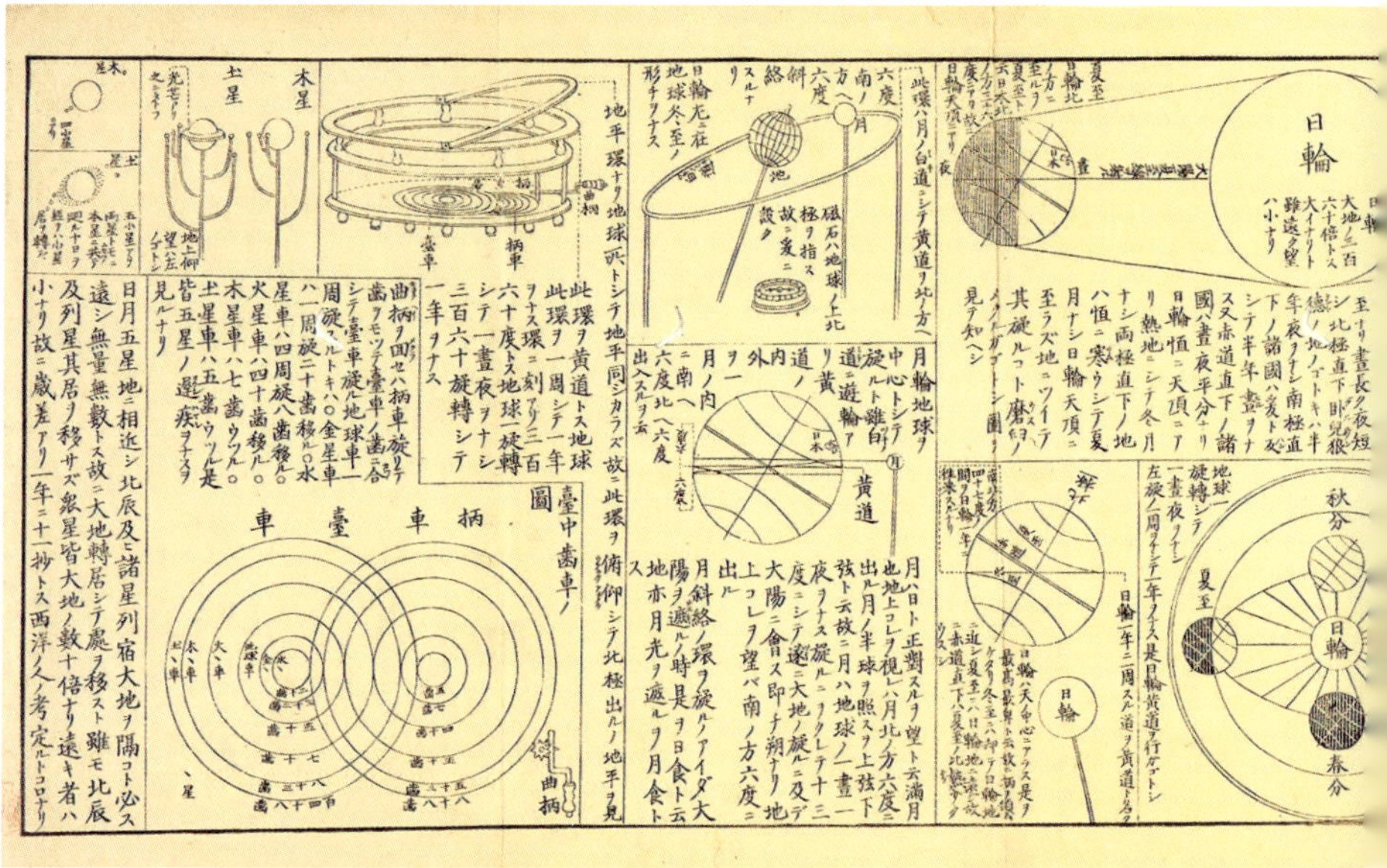

四季の変化や月の満ち欠けについての説明が大半を占める。「屋耳列礼」は「ORRERY（オーラリ）」のことであり、この機器を作らせたイギリスのオーラリ伯チャールズ・ボイルの称号名に由来するらしい。

下 「天球全図《てんきゅうぜんず》 屋耳列礼図《おるれれいず》」
司馬江漢・銅版画　京都大学附属図書館蔵

太陽系の天体の運行を説明するために描かれたもので、台座は十二角形でそれぞれの面に十二宮を描いている。上面には太陽を中心とする水星から土星までの六つの惑星とその周りの衛星を表している。これを覆うように描かれているのが、地球から見た太陽の動き方などを示す、「夏至環」、「赤道環」、「地平環」などである。

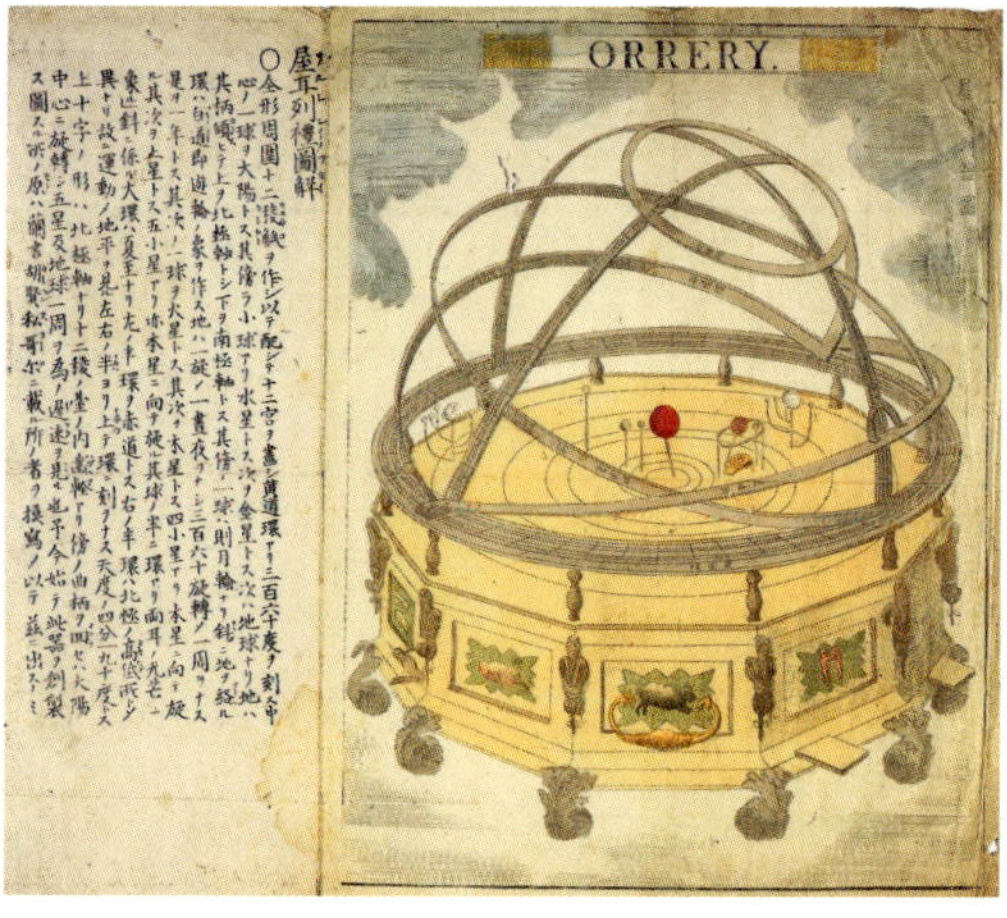

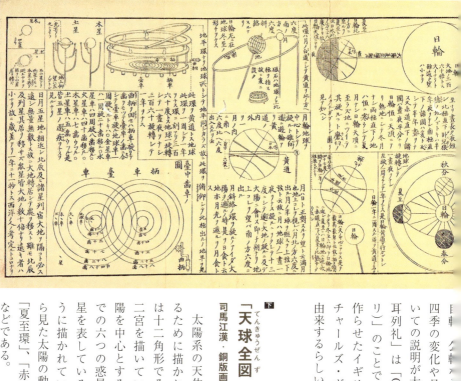

「天体望遠鏡《てんたいぼうえんきょう》」

国友一貫斎《くにともいっかんさい》（国友藤兵衛）・作
天保五年（一八三四）上田市立博物館蔵

　信州高島藩が購入したといわれる一貫斎のグレゴリー式反射望遠鏡で、鏡胴の下に、「天保五甲午歳初夏始而造之江州国友眠龍能当（花押）」と銘文が陰刻されている。現存する一貫斎の反射望遠鏡では最も古く、雲台がボールヘッドである点など、他の望遠鏡と形状が相違する点が多い。藤兵衛の望遠鏡は、オランダ製のものよりはるかに大きく鮮明に見えると幕府の天文方の役人からも評価された。

「反射望遠鏡《はんしゃぼうえんきょう》」

トヨタ産業技術記念館蔵

　オランダ政府が幕府に献上したタイプと同型の反射望遠鏡である。国友一貫斎の反射望遠鏡は幕府の天文方の役人から絶賛され、天文方が所持したのはこのタイプのものとみられる。副鏡の調節つまみが鏡胴の側面についている点が一貫斎型とは相違する。

望遠鏡で発見した天体の魅力

「反射望遠鏡《はんしゃぼうえんきょう》」

国友一貫斎・作
天保七年（一八三六）
長浜市立長浜城歴史博物館蔵

反射望遠鏡は対物鏡に凹面鏡を用いて接眼レンズで拡大して見る望遠鏡のことで、屈折望遠鏡よりも大型にできることから、主に天体望遠鏡に用いられる。鏡胴下に、「天保七丙申歳中秋日一貫斎眠龍能当（花押）」と銘文が陰刻されている。雲台が縦型円盤形式になるなど、右の「反射望遠鏡」と比べ改良が加えられている。

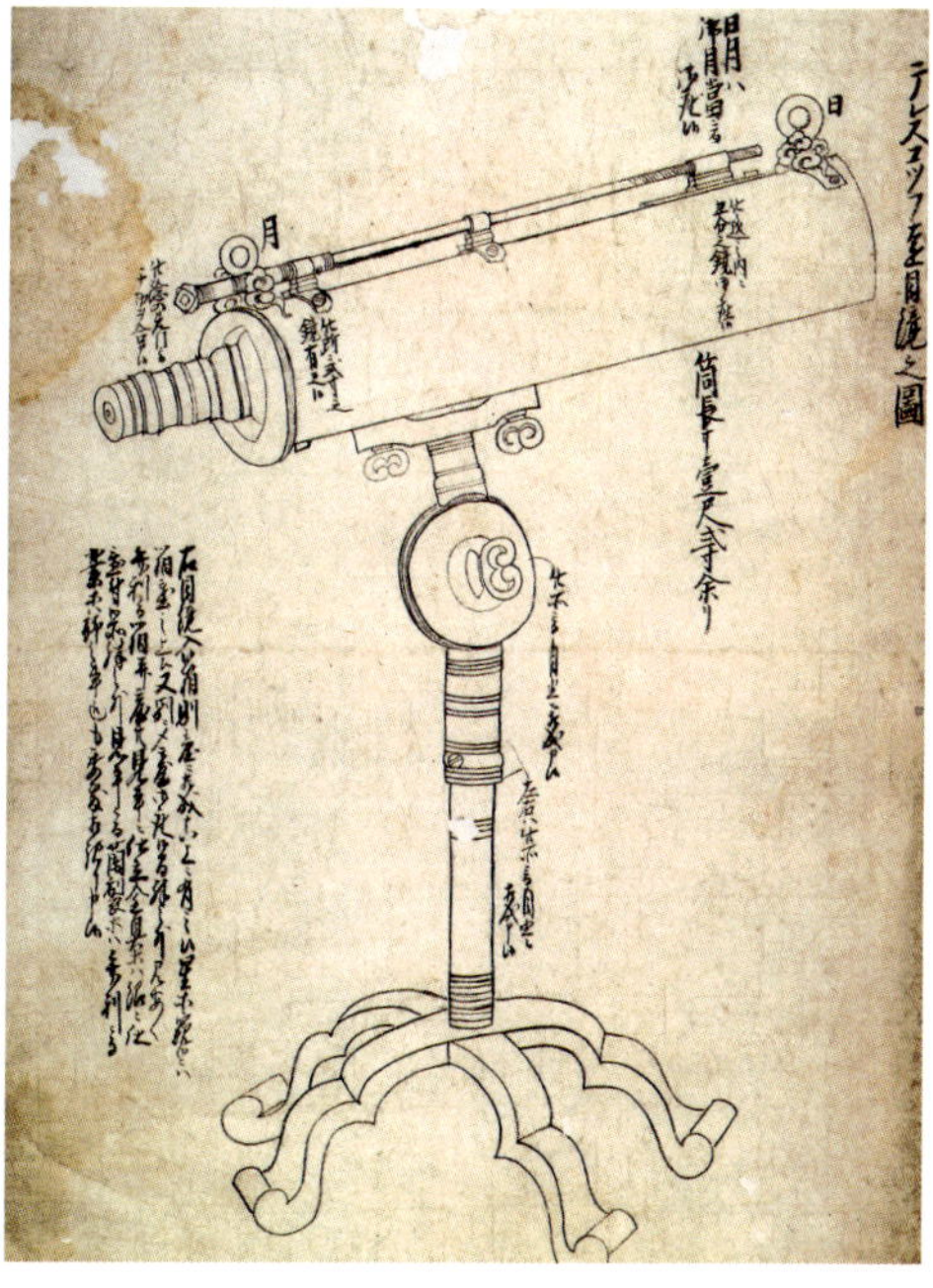

「テレスコツフ遠目鏡之図」

国友一貫斎家関連資料

一貫斎製作の反射望遠鏡の使用方法などが書かれた解説書。

「風流無《ふうりゅうな》くてなゝくせ　遠眼鏡《とおめがね》」

葛飾北斎・画

享和期（一八〇一〜〇三）頃　大判錦絵
一枚　山口県立萩美術館・浦上記念館蔵

日傘を手にしたお歯黒の武家の妻と島田髷《まげ》の娘が描かれている。物見遊山に出かけて、和製と思われる朱塗りの遠眼鏡を使って何か熱心に眺めている。

「無くて七癖」はどんな癖の無い人でも七つくらいは癖があるということで、女性にみられる七癖を描いたシリーズである。

「一閑張望遠鏡《いっかんばりぼうえんきょう》」

岩橋善兵衛《いわはしぜんべえ》・作
貝塚市立善兵衛ランド蔵

紙を幾重にも巻き漆を塗った一閑張望遠鏡。竹筒の望遠鏡なども製作し、舶来品に優るとも劣らぬ望遠鏡を作った。善兵衛は眼鏡職人として眼鏡のレンズを磨いて販売して生計をたてながら、オランダからの渡来品の望遠鏡を見て研究を重ねた。また月の満ち欠けや星の位置や大阪湾の潮の干満を読み取るオリジナル星座早見盤である「平天儀」を作成し江戸時代の日本の自然科学や天文学の発展に貢献した。

対物レンズを木か紙の枠で支え、その前を真鍮の金具で固定している

「グラヴュール花卉文《かきもん》ガラス絵望遠鏡《えぼうえんきょう》」

江戸時代後期（十八世紀）
トヨタ産業技術記念館蔵

グラヴュール技法でガラス製の筒に豪華な装飾を施した望遠鏡である。江戸時代には国産の望遠鏡も多く作られたが、当時は大口径のレンズを製造する技術がなく、実用性よりは華麗な工芸的装飾品といった役割のものであった。

『天文図解《てんもんずかい》』

井口常範《つねのり》・編

元禄二年（一六八九）刊　梅雲堂版
国文学研究資料館蔵

井口常範によって著された江戸時代の一般向けの天文書・暦学書で、日本で「地球」という語が使われた最古の例ともいわれている。日本人の天体観や地球観の変遷を探る上で重要な資料である。

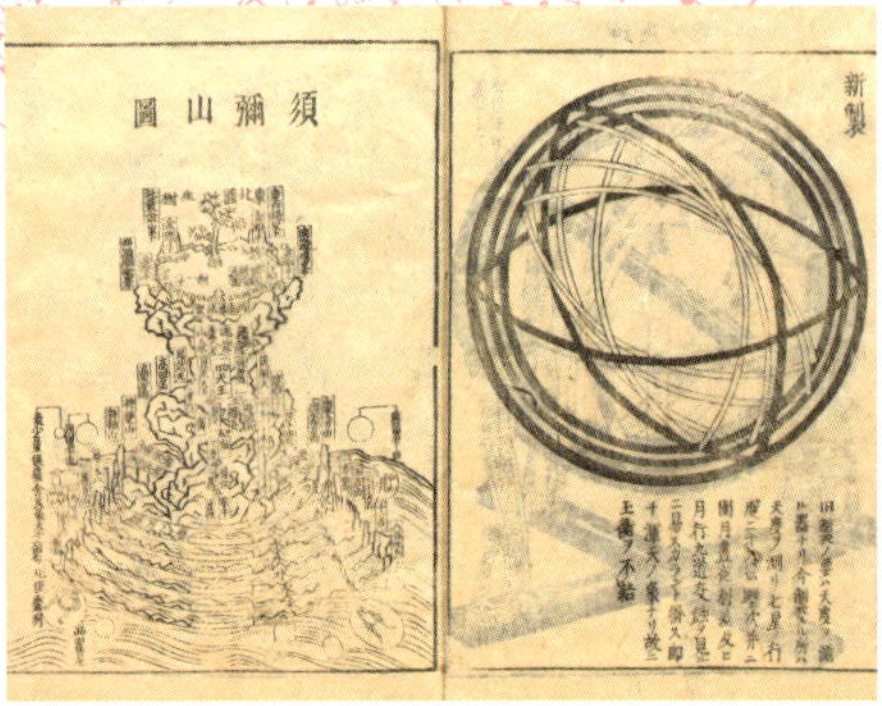

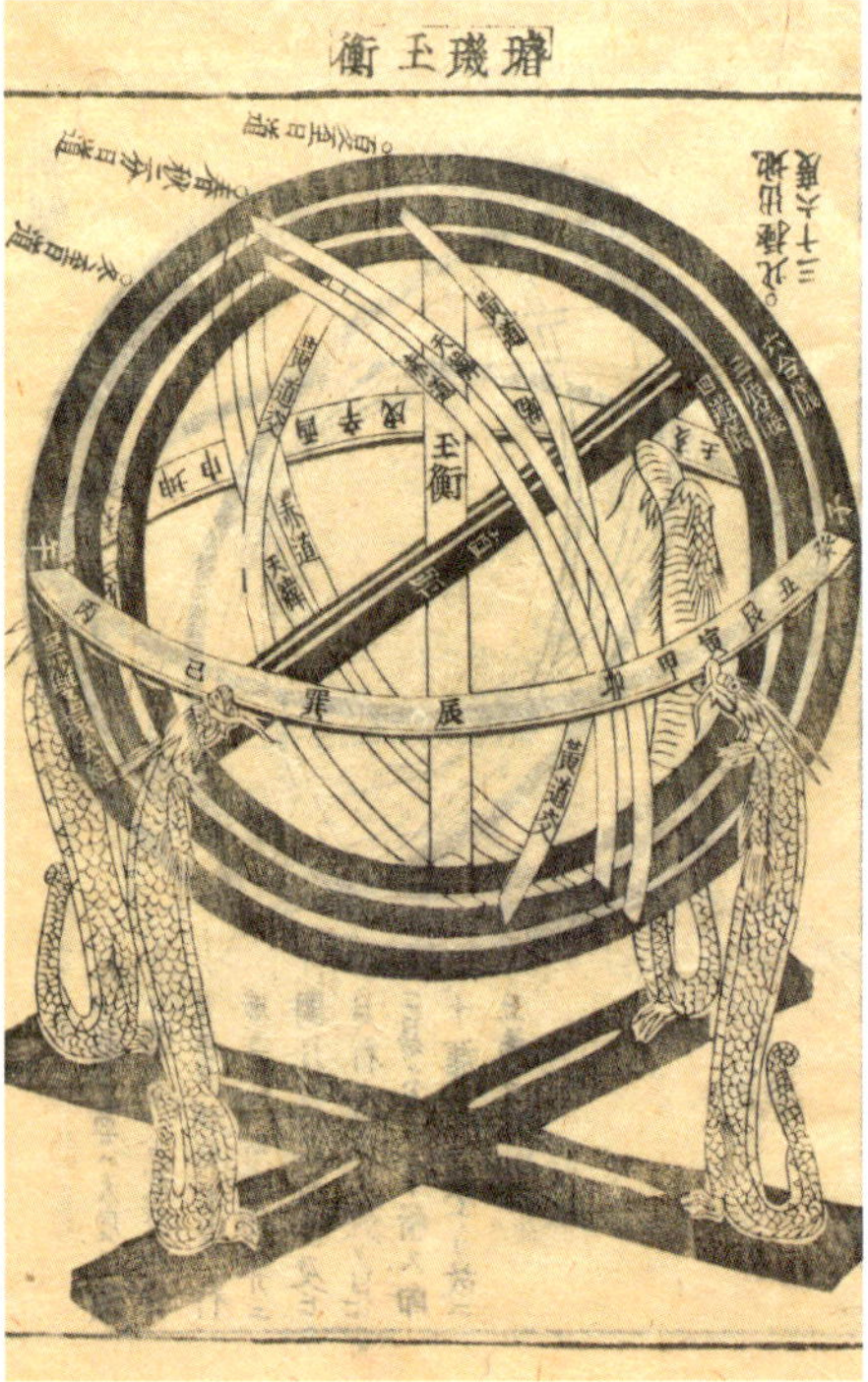

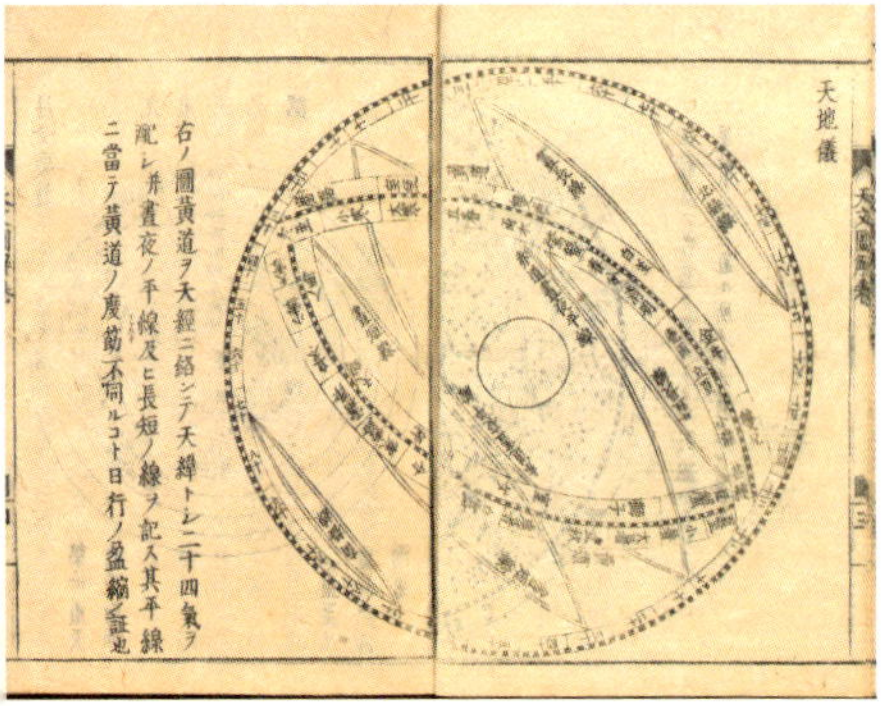

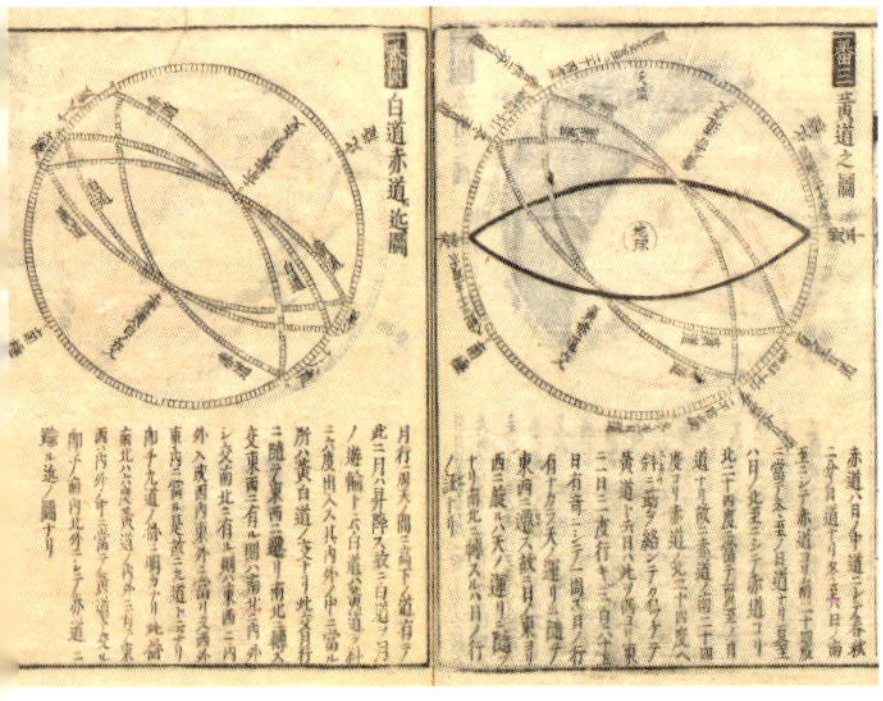

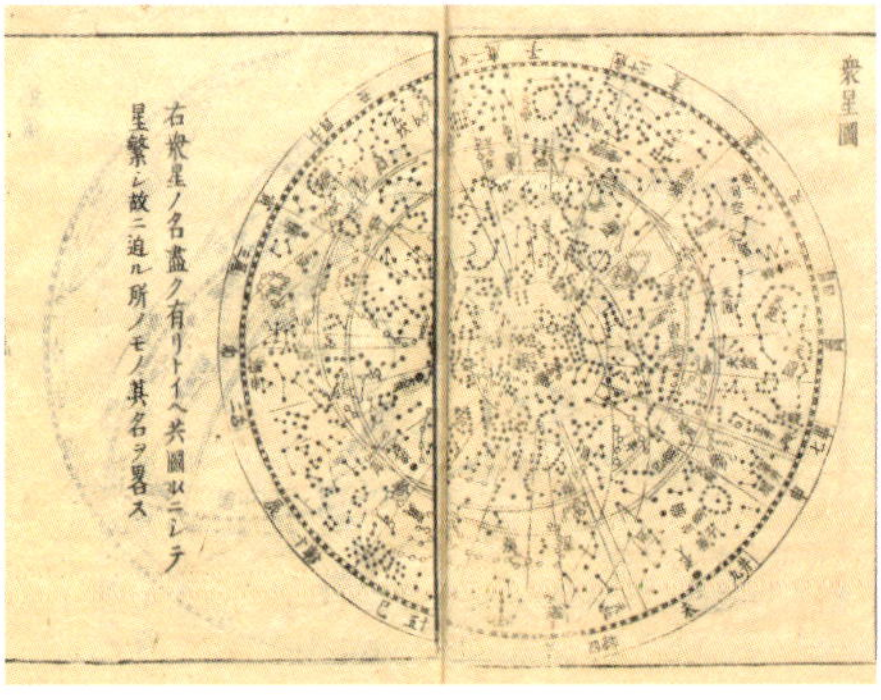

我が国最初の一般向け天文学の解説書

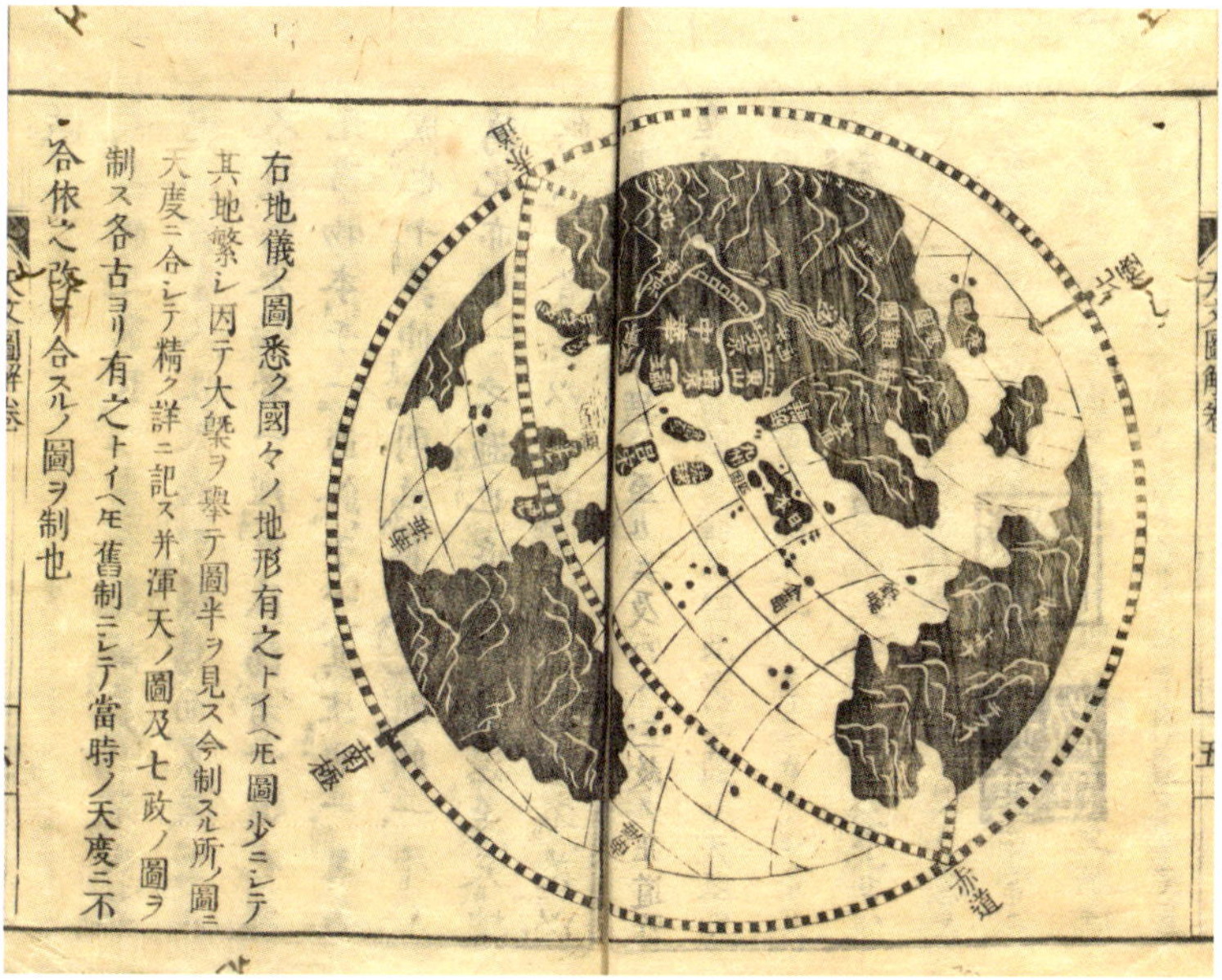

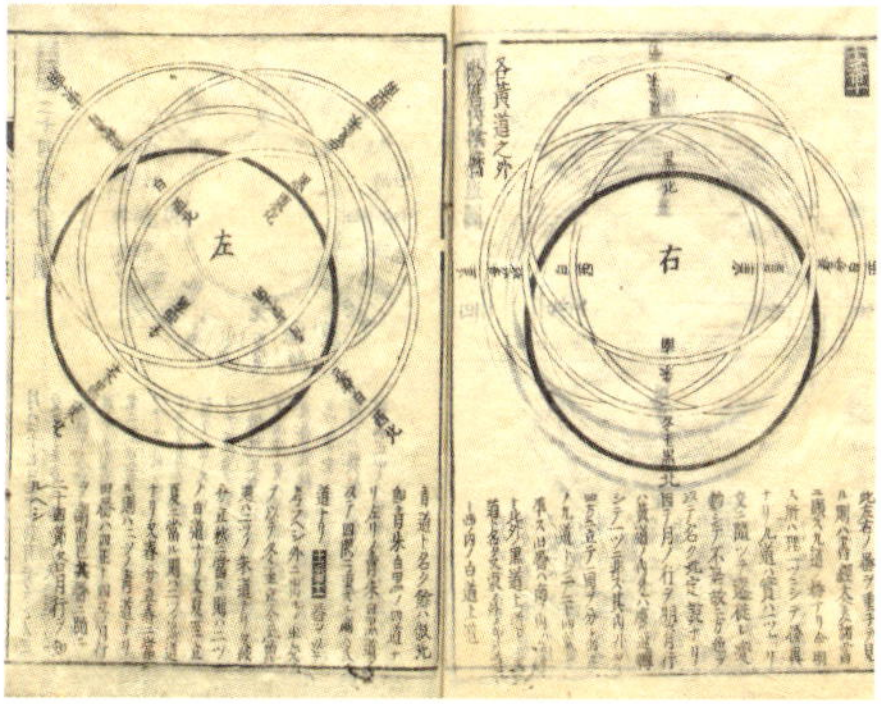

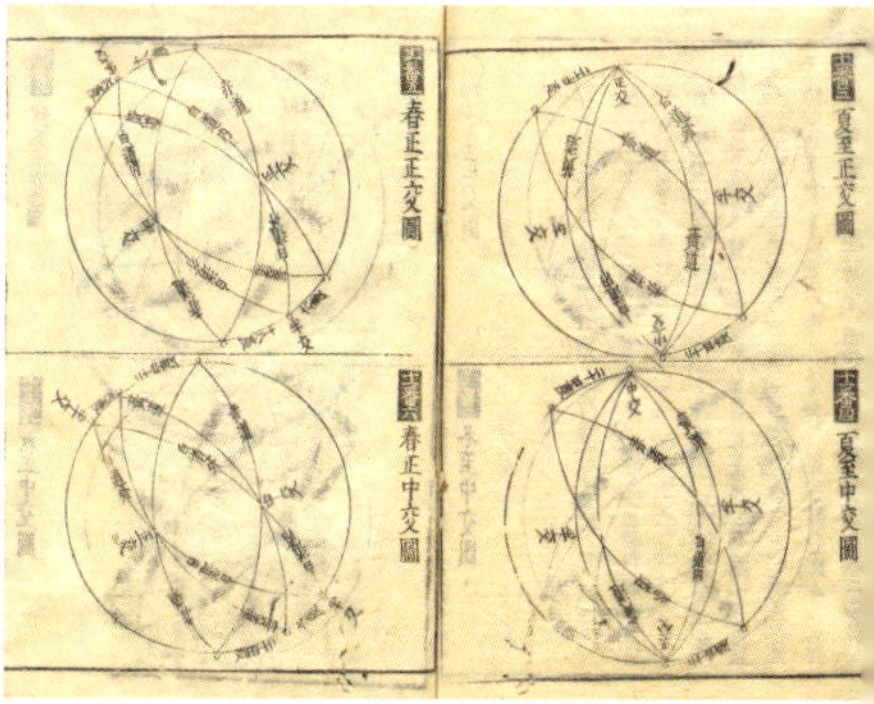

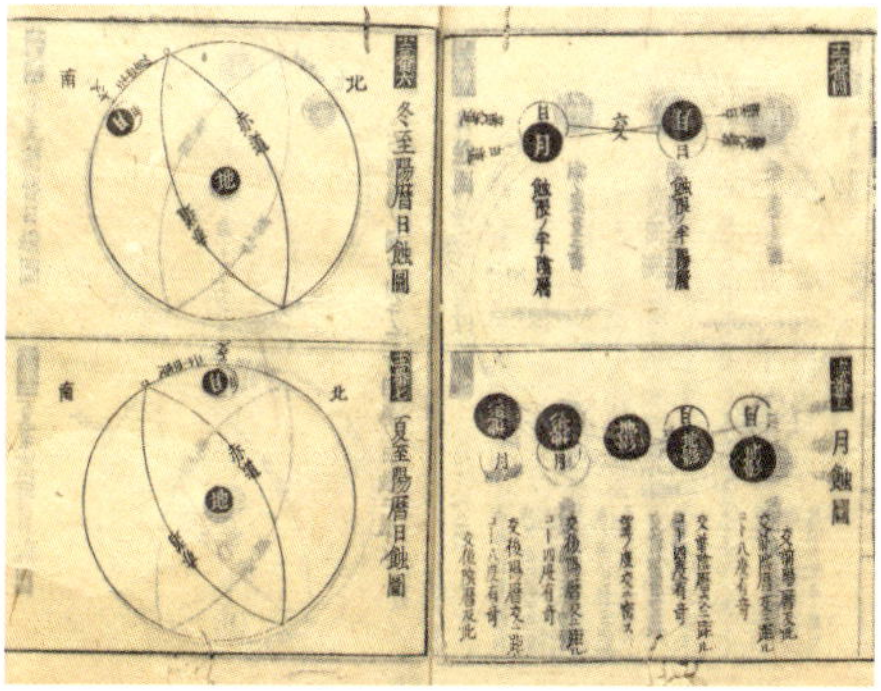

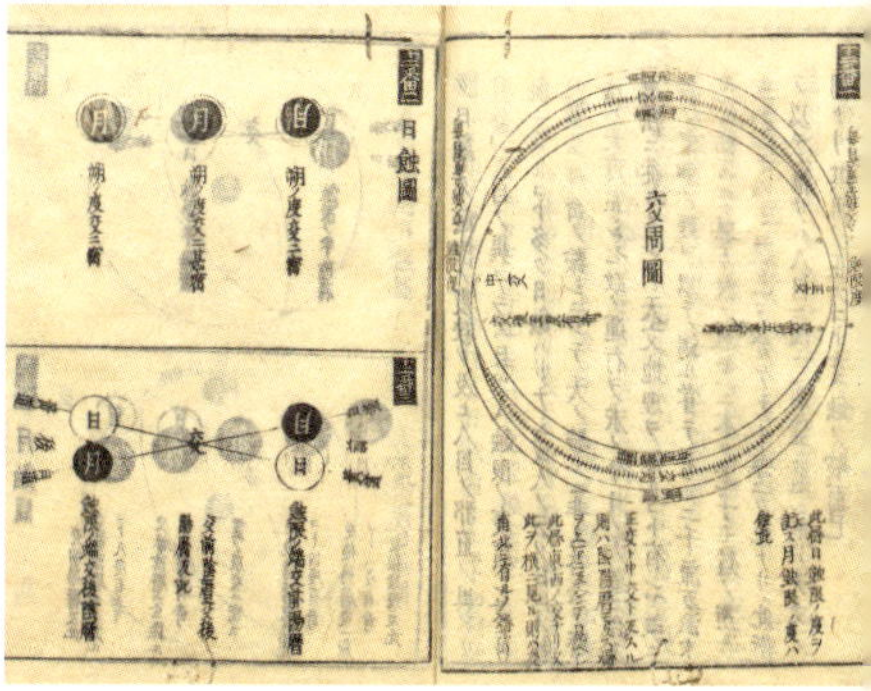

『天地二球用法《てんちにきゅうようほう》』

ウィルレム・ヨーハン・ブラーウ・著
本木良永(本木仁太夫)・訳 松村元綱・校
安永三年(一七七四)写 四冊
国立国会図書館デジタルコレクション

オランダの地図製作者であるウィルレム・ヨーハン・ブラーウが、寛永十年(一六三三)に製作した天球、地球儀にはオランダ語の手引書が付いており、この手引書を本木良永《もときよしなが》が翻訳したものが本書である。原書を蘭訳した一六六六年版が長崎に舶載された、その版が翻訳されている。良永のこの翻訳は、コペルニクスによる「地動説」をわが国に紹介した最初の著作であった。ブラーウの序文には、ギリシアのプトレマイオス以来の宇宙体系と、コペルニクスによる太陽中心説を比較すると書かれている。

コペルニクスの「地動説」をわが国に最初に紹介

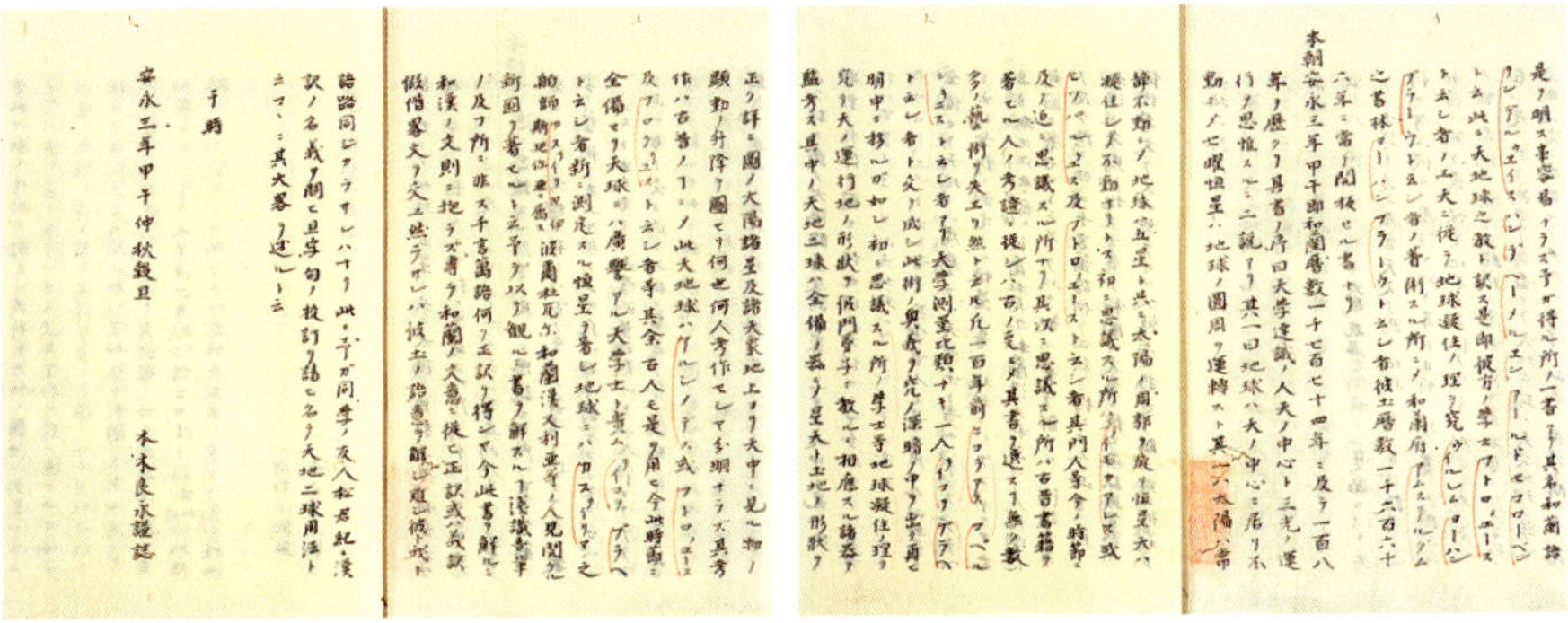

『新制天地二球用法記《しんせいてんちにきゅうようほうき》』

ジョージ・アダムス・原著
J・プロース・蘭訳
本木良永(本木仁太夫)・訳
寛政五年(一七九三)七冊
早稲田大学図書館特別資料室蔵

『天地二球用法』と書名が似ているので紛らわしいが、この原著は、英国王室御用達の数理機器商だったジョージ・アダムスが天球儀、地球儀を販売した際に添付した説明書で、正式な表題は「星術本原太陽窮理了解新制天地二球用法記」であり「太陽窮理」とは太陽系のことを表している。この表題からわかるように「地動説」、つまり太陽を中心とした惑星系(太陽系)という概念が確立した後の天文学について解説した内容になっている。

イギリスの数理機器商が天球儀、地球儀を販売するために付けた説明書

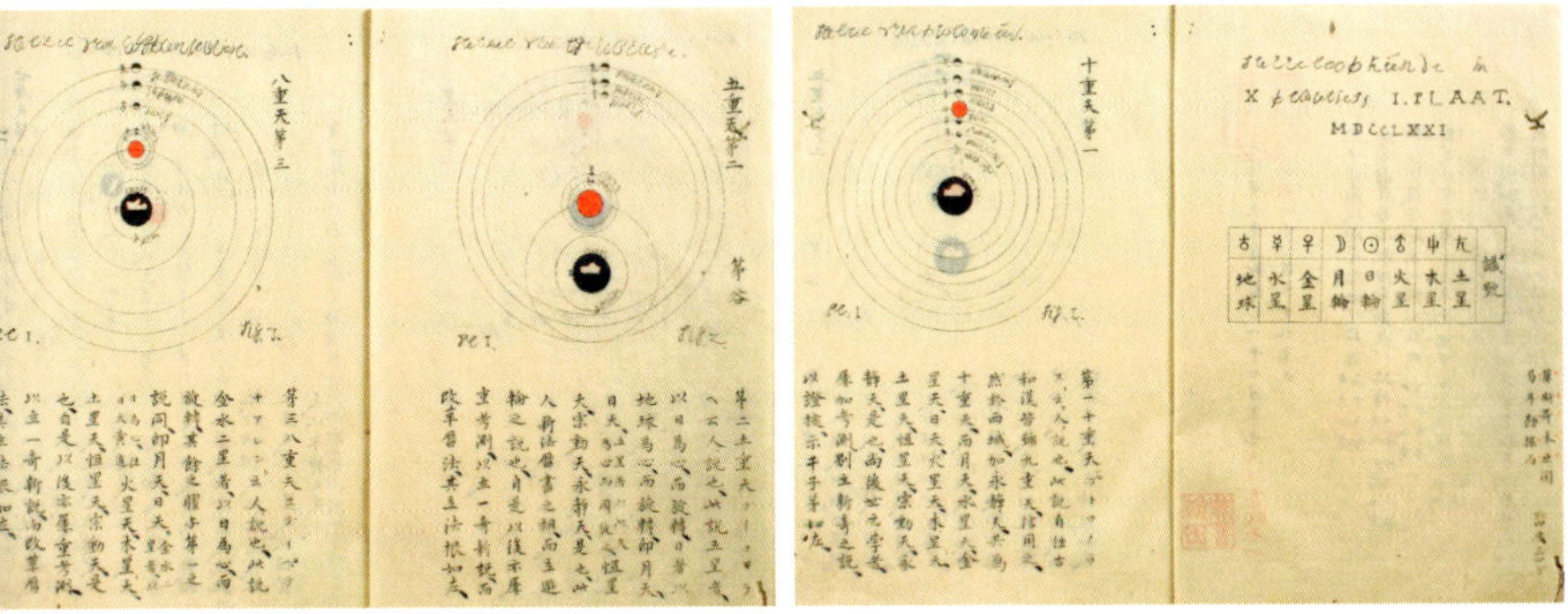

日本で初めて腐蝕銅版画（エッチング）の制作に成功した司馬江漢の、銅版画に筆彩された「地球全図」

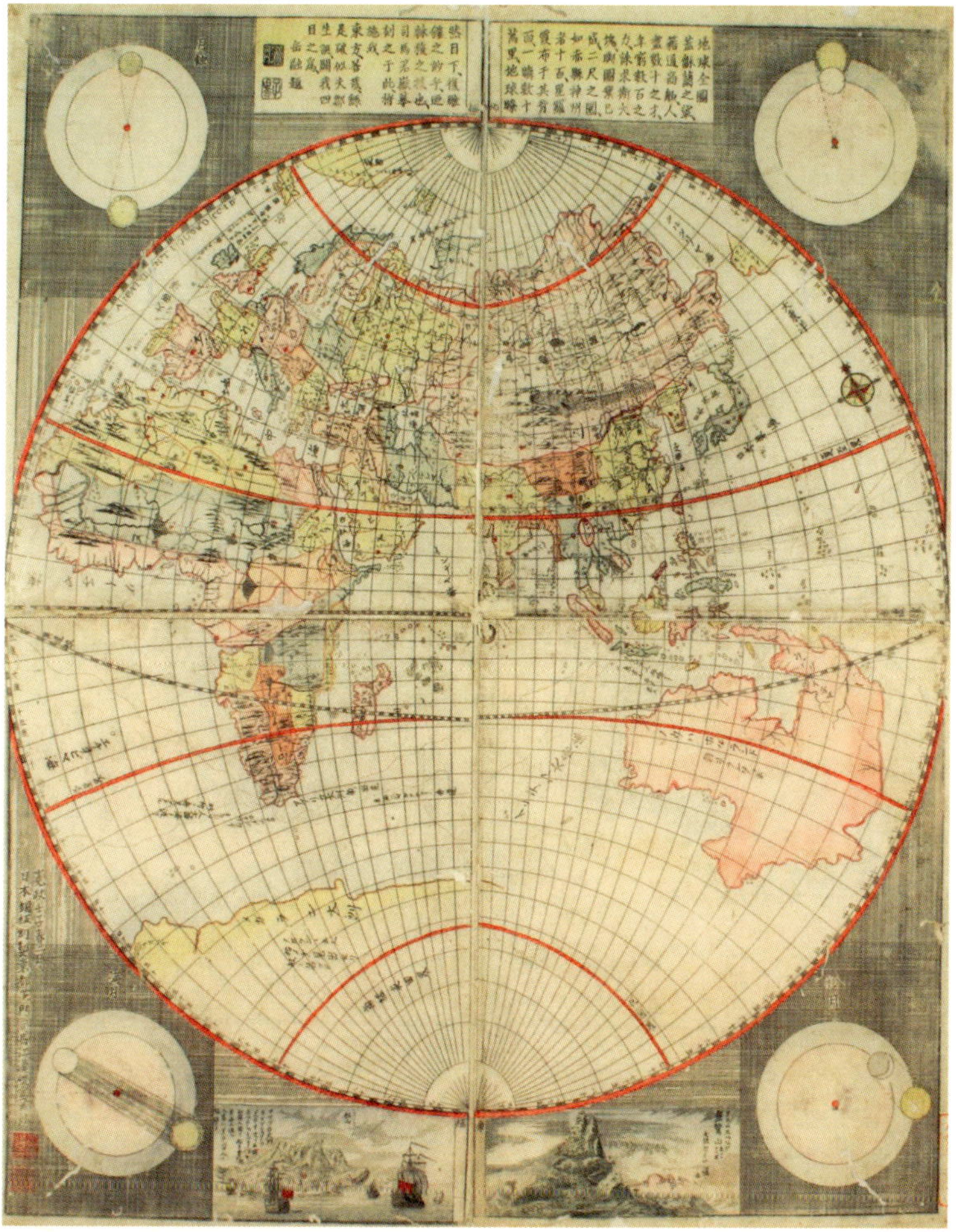

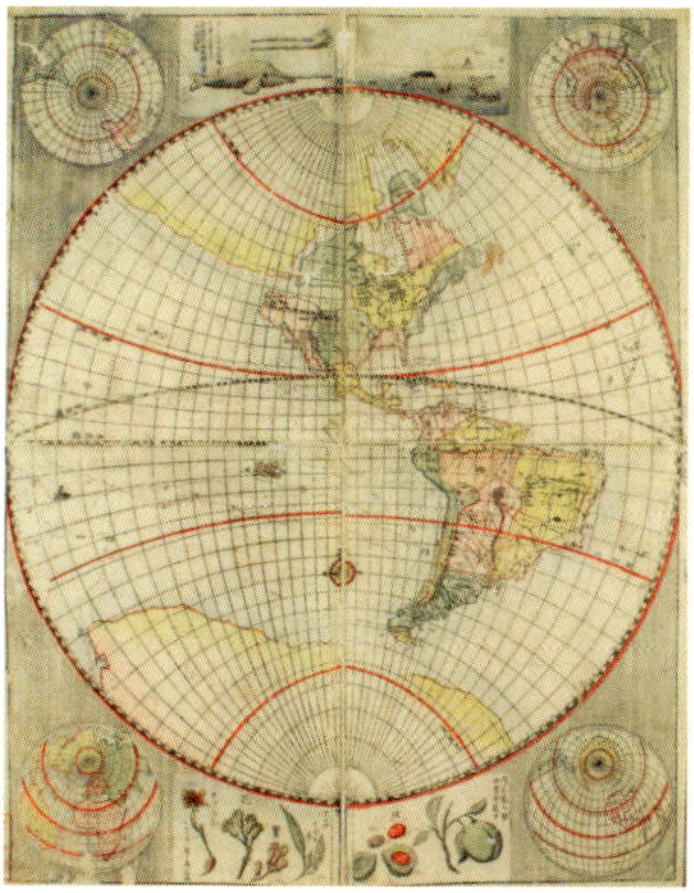

「地球全図《ちきゅうぜんず》」
司馬江漢・写并刻
寛政四年（一七九二）芝門版　二枚
早稲田大学図書館特別資料室蔵

司馬江漢は蘭学者の前野良沢についてオランダ語を学び、N・ショーメルの『家庭百科事』やE・ボイスの『学芸辞典』に掲載された銅版画から刺激をうけて日本で初めて腐蝕銅版画の制作に成功し、多くの銅版画による作品を制作した。この「地球全図」は銅版画に筆彩されたものである。

『地球全図略説《ちきゅうぜんずりゃくせつ》』

司馬江漢《しばこうかん》・著

寛政五年（一七九三）国文学研究資料館蔵

『輿地《よち》全図』の解説書として江漢は『輿地略説』を刊行したが、本書は、後にこれを増補した『銅版地球全図』の解説書というべきもので、世界各地の風俗や産物などを絵入りで紹介している。冒頭で日食、月食、天動説、地動説の解説があり、天動説を主としていながらも、この頃から地動説に関する記述も行なっている。大槻玄沢の「題地球全図」が序文になっている。

司馬江漢『銅版地球全図』の解説書というべきもの

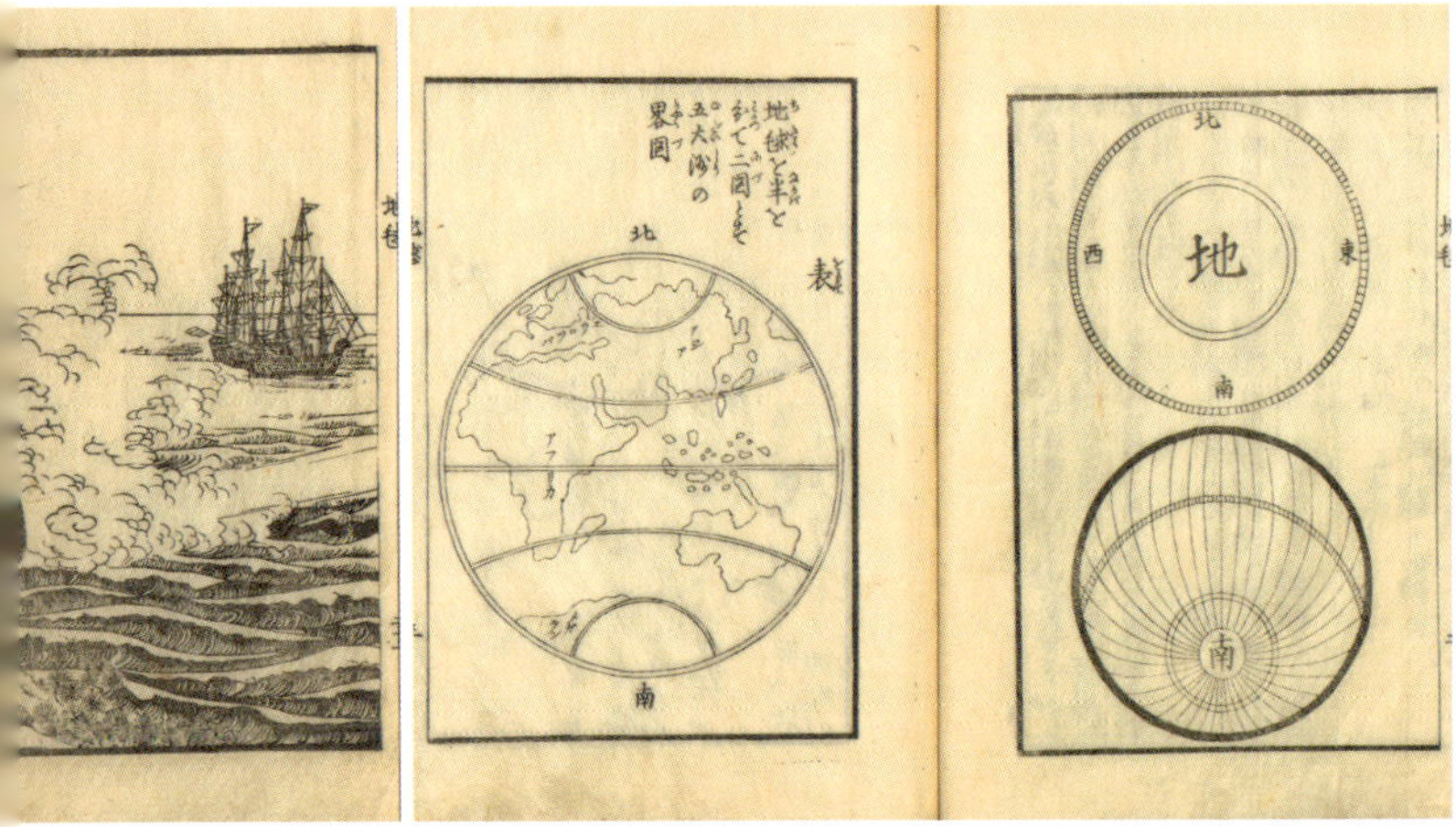

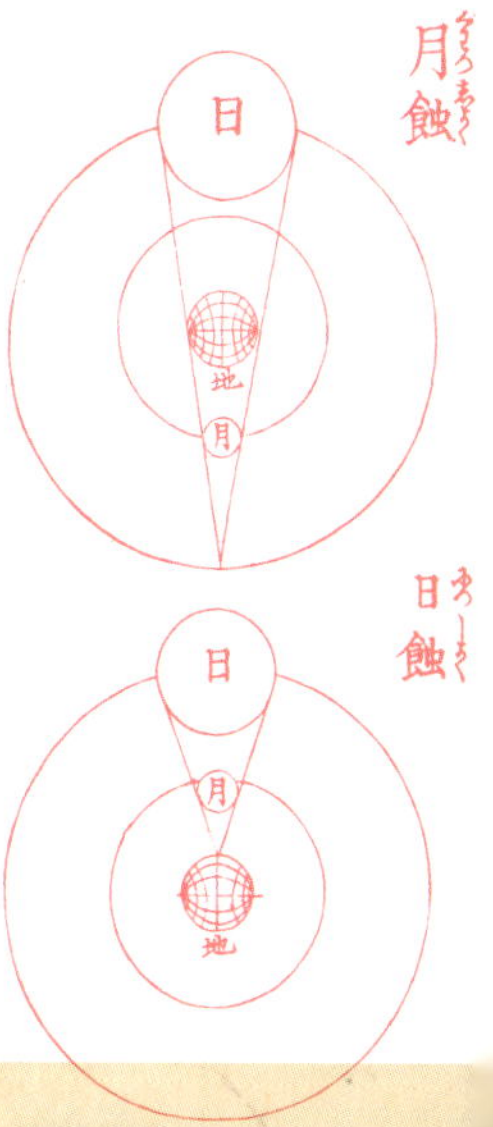
月蝕
日
地
月
日蝕
日
月
地

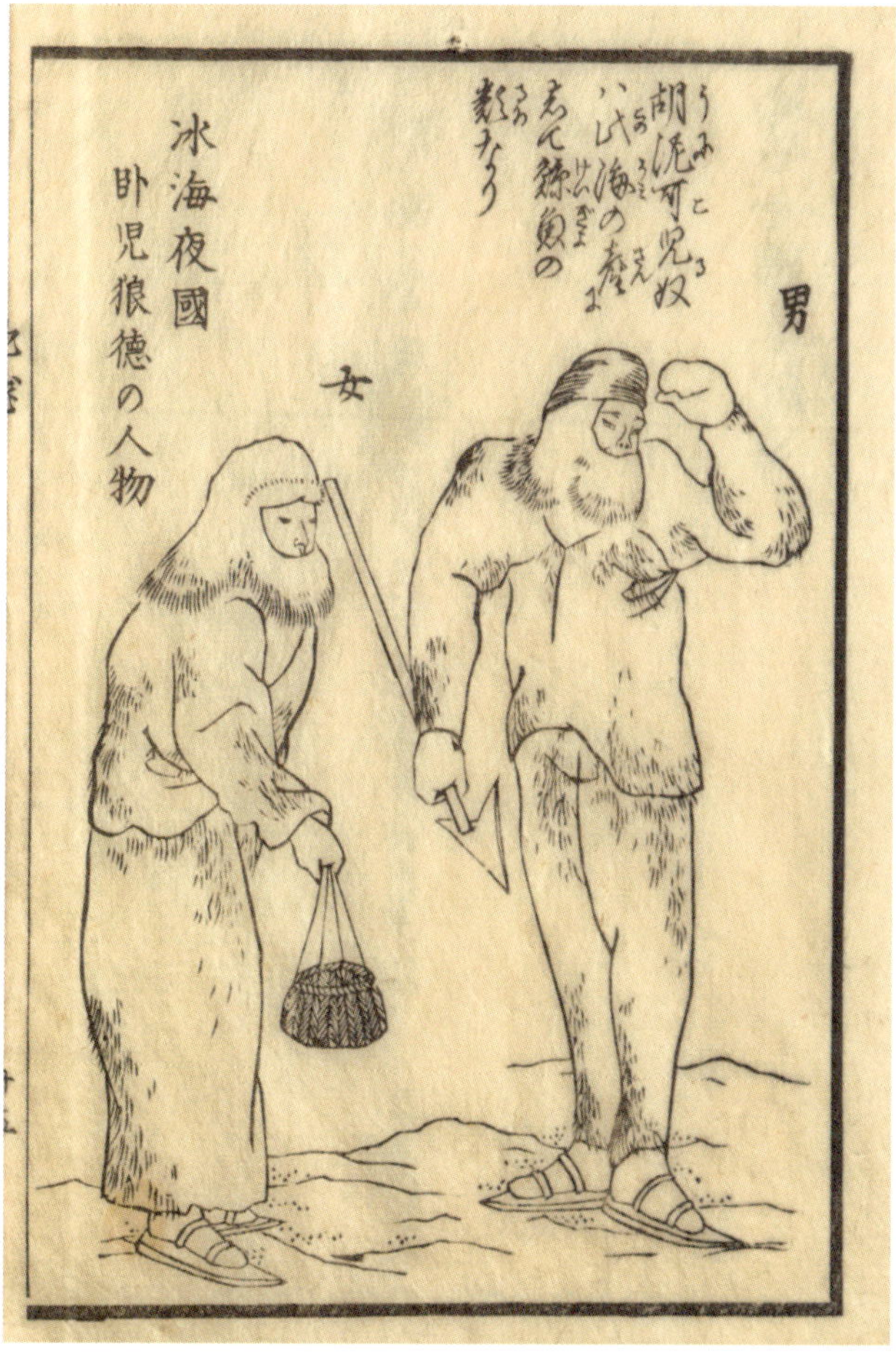
冰海夜國
卧児狼徳の人物
男
女

月と太陽、潮汐の干満などの関係がわかる早見盤

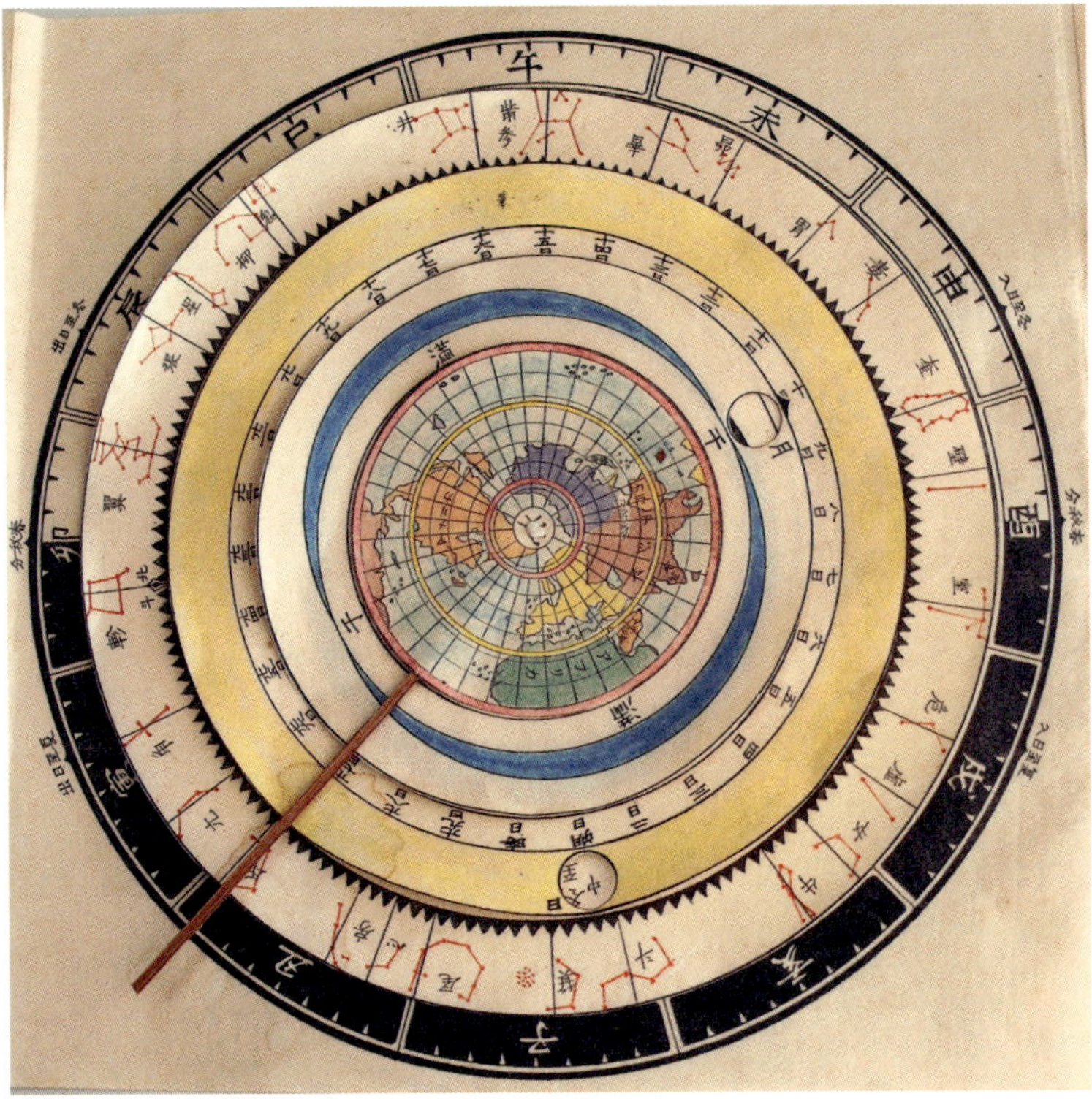

『平天儀《へいてんぎ》』 岩橋嘉孝《いわはしよしたか》・作
岩橋耕珋堂（嘉孝）・著
享和元（一八〇一）序刊 岩橋耕珋堂版 紙本着色 一冊 貝塚市立善兵衛ランド蔵・国立国会図書館デジタルコレクション

平天儀は星の位置を地図のように平面上に記した星図のことで、大阪泉南の岩橋善兵衛（筆名巌橋耕珋堂）がこの装置を製作した。五層の薄板の円盤を中心で留めて回転できるようにしたもので、現在の星座早見盤に構造が似ている。中央一番上の盤には地球が描かれ、次に月や太陽、黄道の描かれている盤などに分かれている。これで地球上の各地での、月・太陽・潮汐の干満などの関係がわかるようになっている。

『平天儀図解《へいてんぎずかい》』

岩橋嘉孝・著

享和元年（一八〇一）序 巌橋耕堂版
一冊 貝塚市立善兵衛ランド蔵

岩橋嘉孝（善兵衛・一七五六〜一八一一）は江戸時代の望遠鏡の製作者で、江戸時代の天文学の発達を背景に自らレンズを磨いて望遠鏡を製作し、本格的な望遠鏡師となった。天文学にも造詣が深く、日・月・星の運行、季節の変化や潮汐などの早見盤である「平天儀」を作り、その解説書である『平天儀図解』を刊行した。

日・月・星の運行や季節の変化を知るための平天儀の解説書

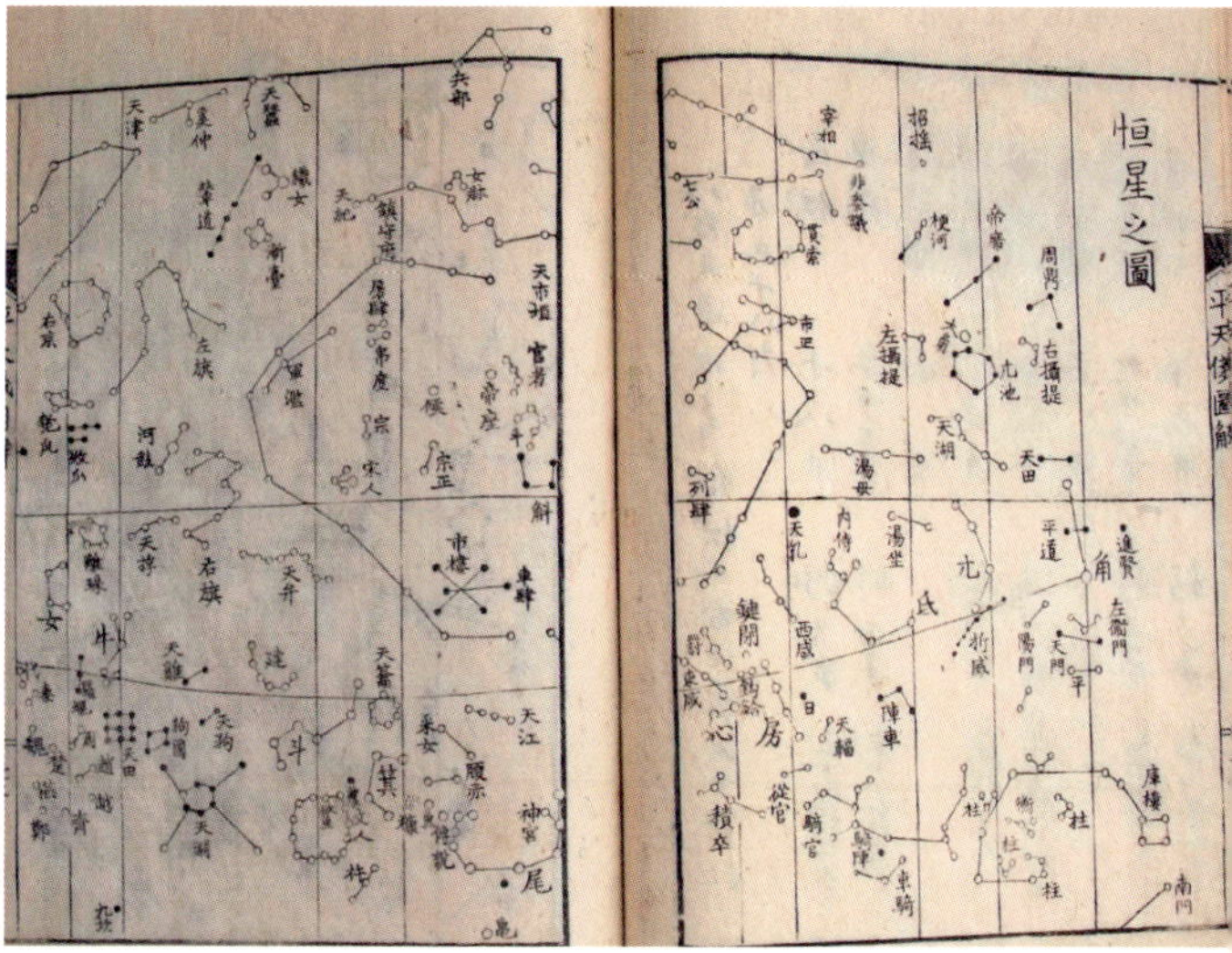

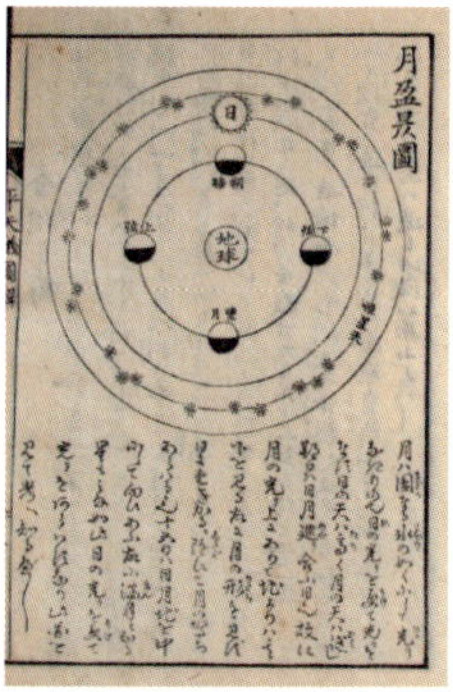

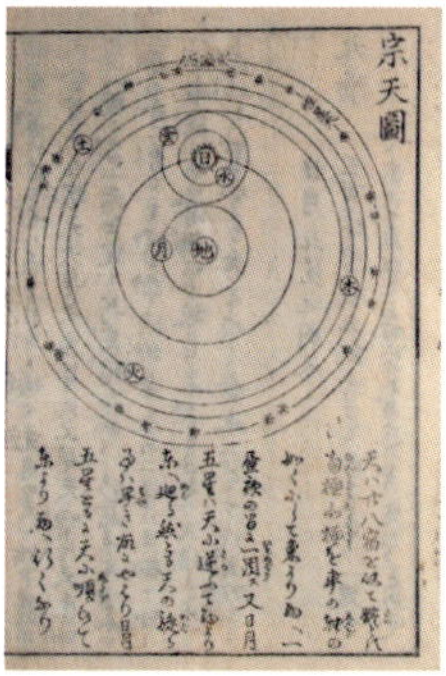

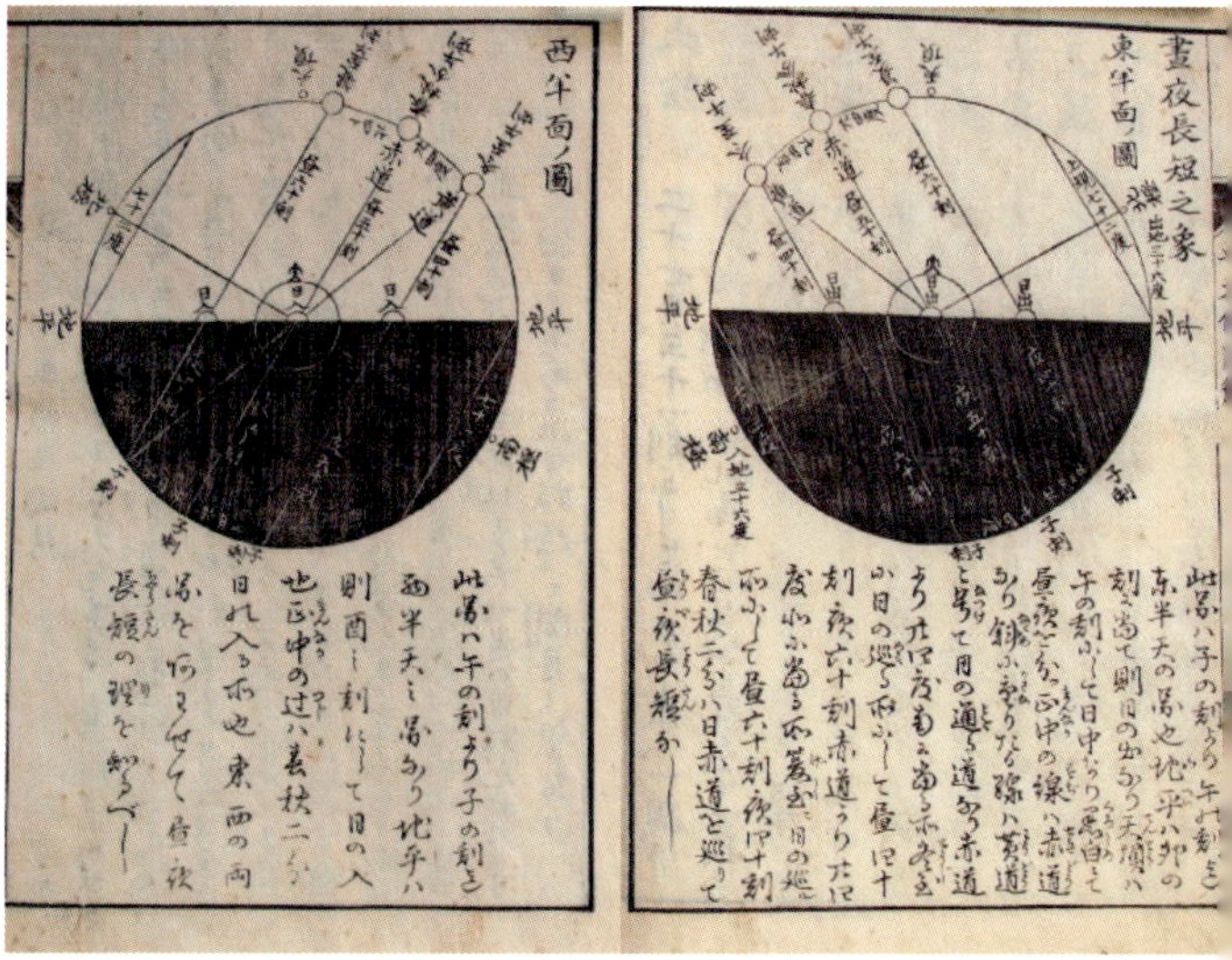

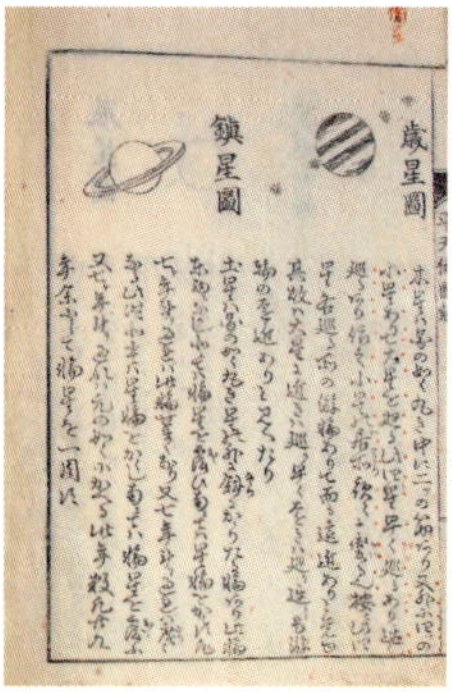

地動説の提唱者であるコペルニクスを紹介

『刻白爾《こっぺる》天文《てんもん》図解《ずかい》』

司馬江漢《しばこうかん》・訳

文化五年（一八〇八）刊 春波楼版 一冊
国立国会図書館デジタルコレクション

江漢は天文学にも関心を寄せ、地動説の提唱者コペルニクス（Nicolaus Copernicus 一四七三〜一五四三）を紹介している。地動説は日本では本木良永が最初に紹介しているが、『天地二球用法』などの著書は写本でしか伝わっていない。「刻白爾」は、楕円軌道、不等速運動などの惑星の運動に関する法則を発見したドイツの天文学者ヨハネス・ケプラー（Johannes Kepler 一五七一〜一六三〇）に対する中国での呼称であったが、江漢は誤ってコペルニクスの当て字として使っている。

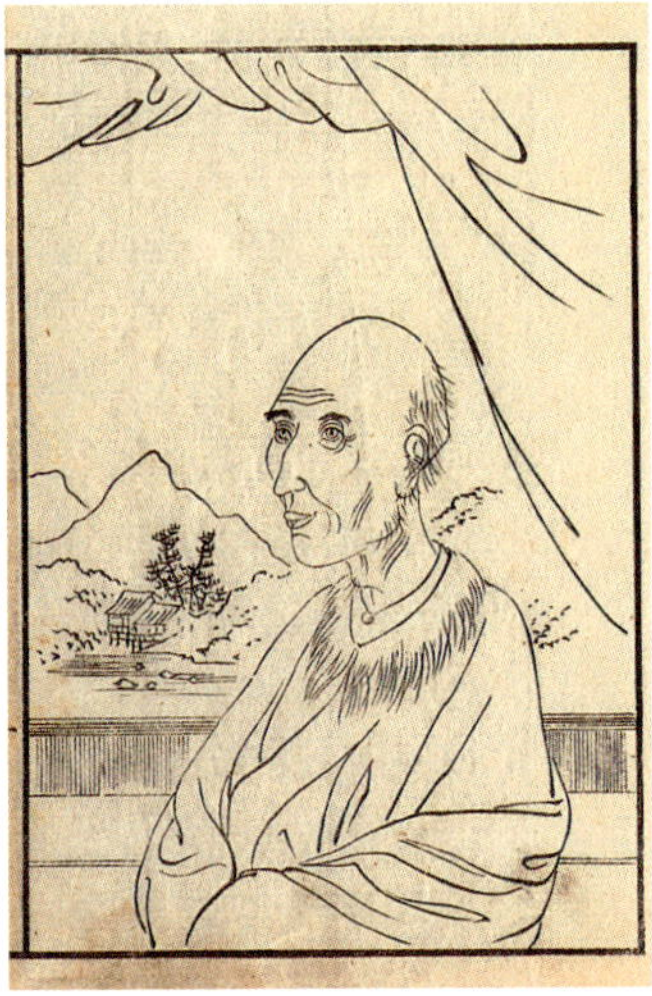

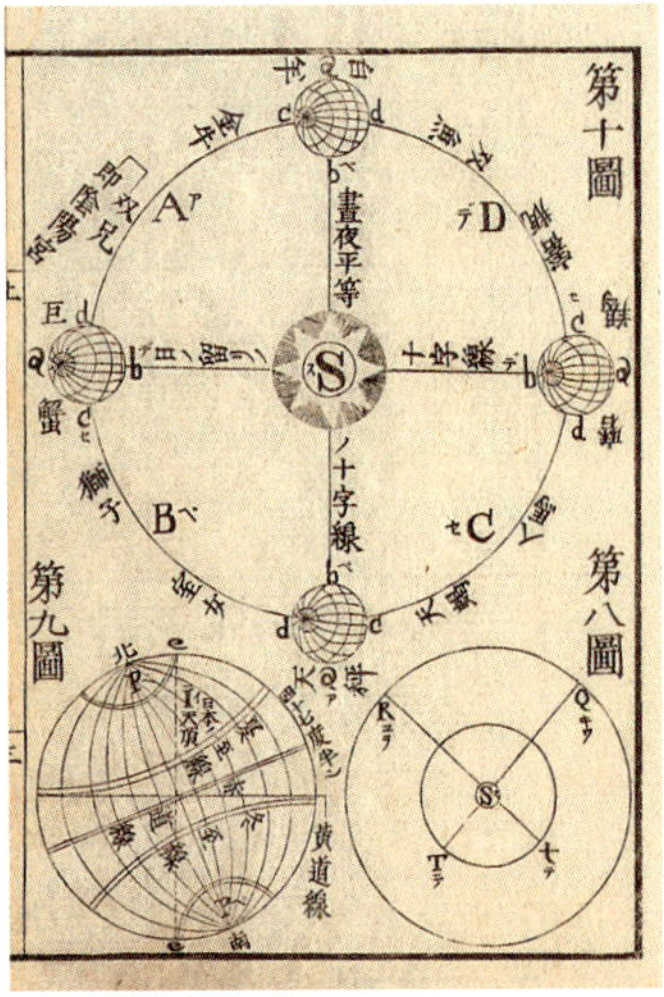

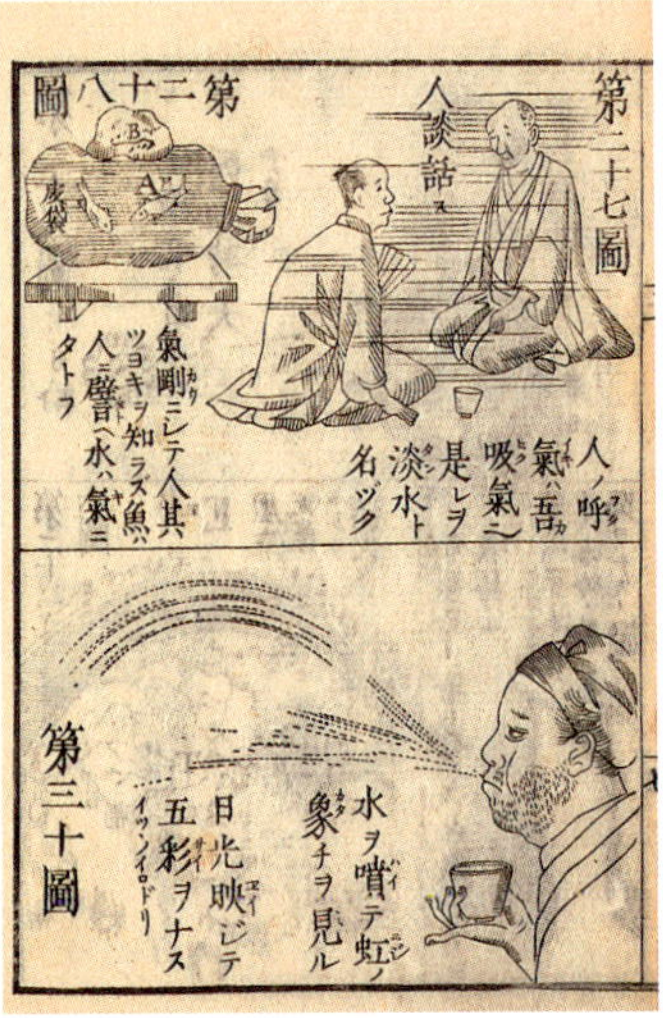

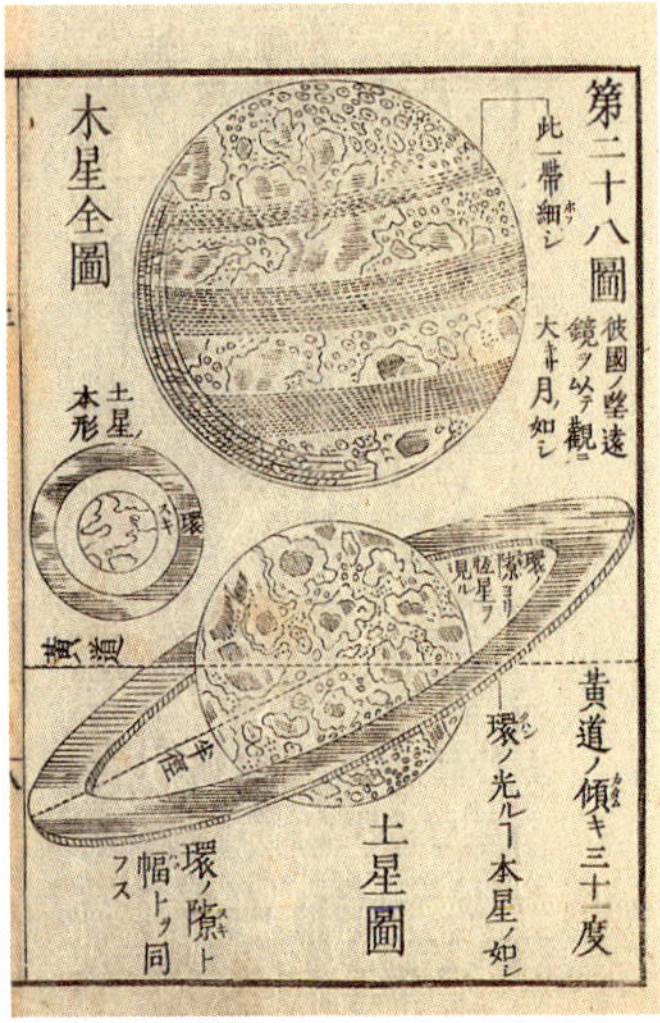

『遠西観象図説《えんせいかんしょうずせつ》』

吉雄俊蔵《よしおしゅんぞう》（南皐）口授
草野実・筆記
文政八年（一八二五）加賀屋善蔵版
三冊 早稲田大学図書館特別資料室蔵

西洋天文学の入門書で、附録として地動説を説明した「地動或問」が付いている。長崎の吉《よし》雄《お》耕牛《こうぎゅう》の孫で、尾張藩に仕えた蘭学者吉雄南皐《なんこう》の言説を、草野養準《ようじゅん》が筆記し刊行しようとしたが、果たさずじまいに没したため南皐が遺稿に訂正を加え、さらに旧著「地動或問」に添削を加えて附録とし刊行したものである。

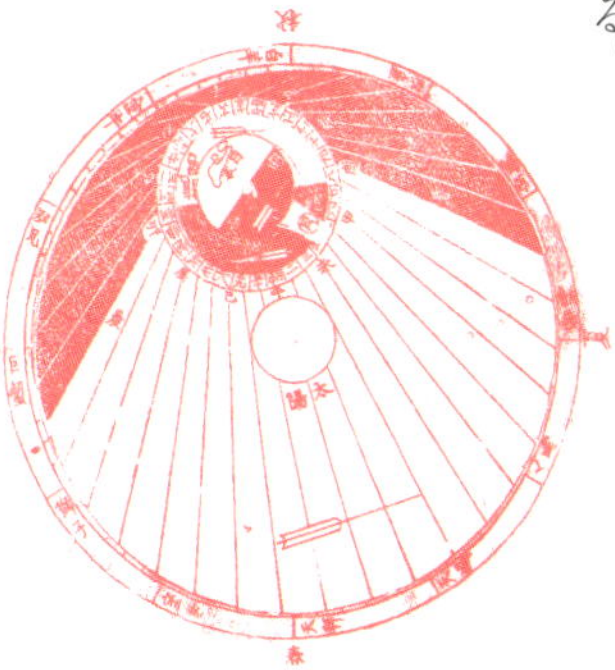

西洋天文学の入門書

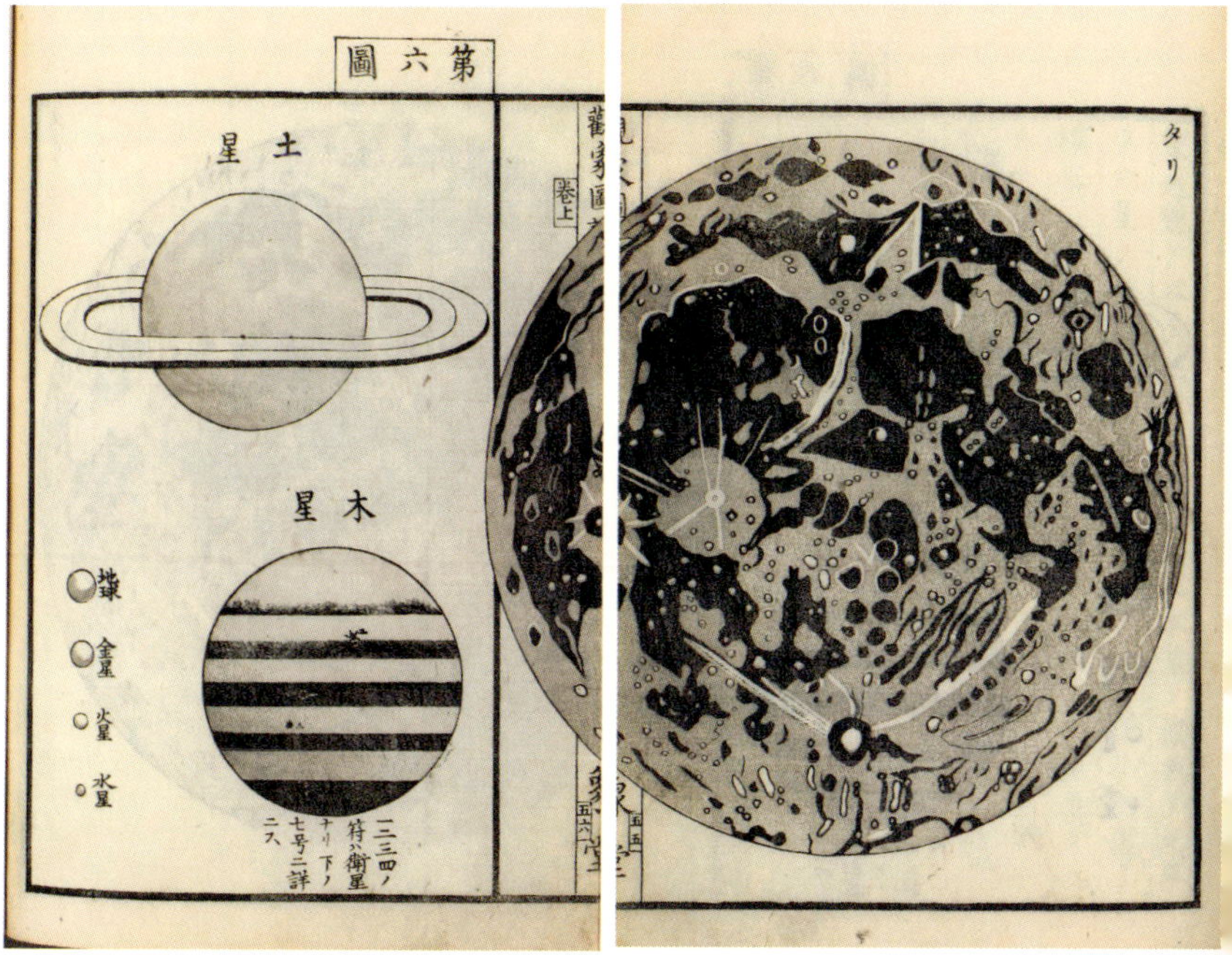

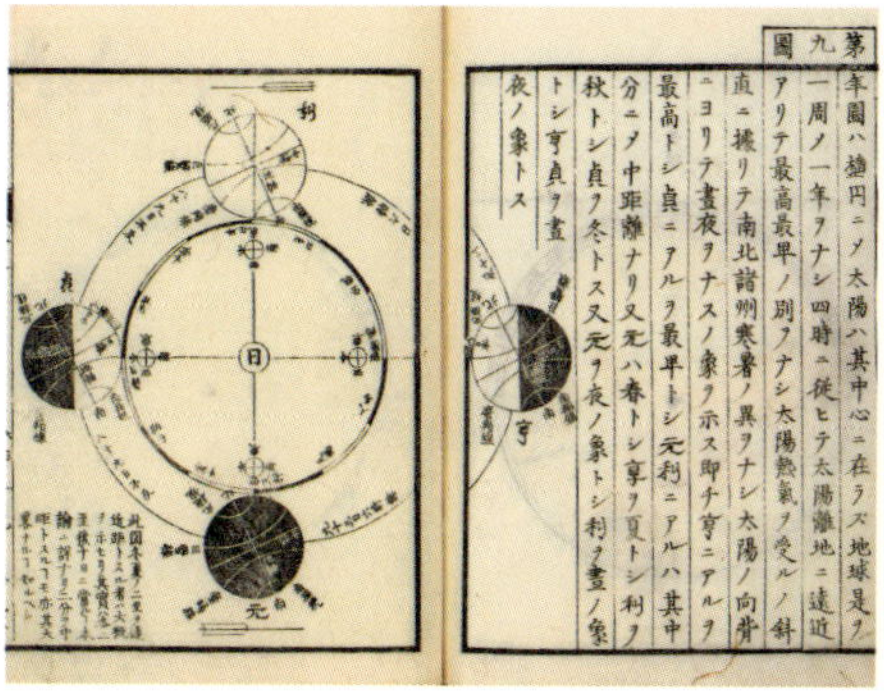

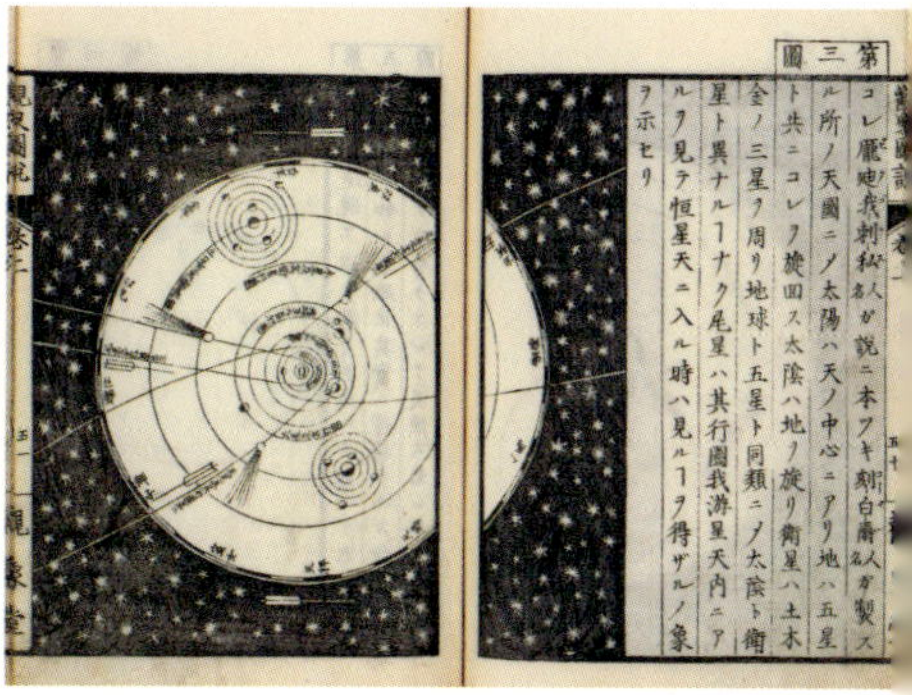

『寛政暦書《かんせいれきしょ》』

渋川景佑《しぶかわかげすけ》、山路諧孝《やまじゆきたか》、
足立信頭《あだちしんとう》、吉田秀茂《よしだひでしげ》・編著
弘化元年（一八四四）三十五巻
国立国会図書館デジタルコレクション

『寛政暦書』全三十五巻の構成は、巻十五までが太陽と月の運動と日月食、および恒星についての暦理について。巻十六〜十八は、天文定数が時代とともにゆっくり変化するという「消長法」の解説。巻十九〜二十五が天文儀器の図とその解説で、巻二十六〜三十五は、寛政暦と過去の暦および観測とを比較した諸暦合考にあてられている。本書では「天文儀器の図」を掲載した。星の位置を測る渾天儀や象限儀《しょうげんぎ》、観測時刻を測る機械式時計、南中時の太陽の影を測る圭表儀《けいひょうぎ》のほか、オランダ製の天体望遠鏡など様々な機器の図があり、それぞれに説明も付けられている。

寛政七年（一七九五）、天文方に任命された高橋至時《よしとき》は他の天文方や間《はざま》重富《しげとみ》と協力して、『暦象考成後編』

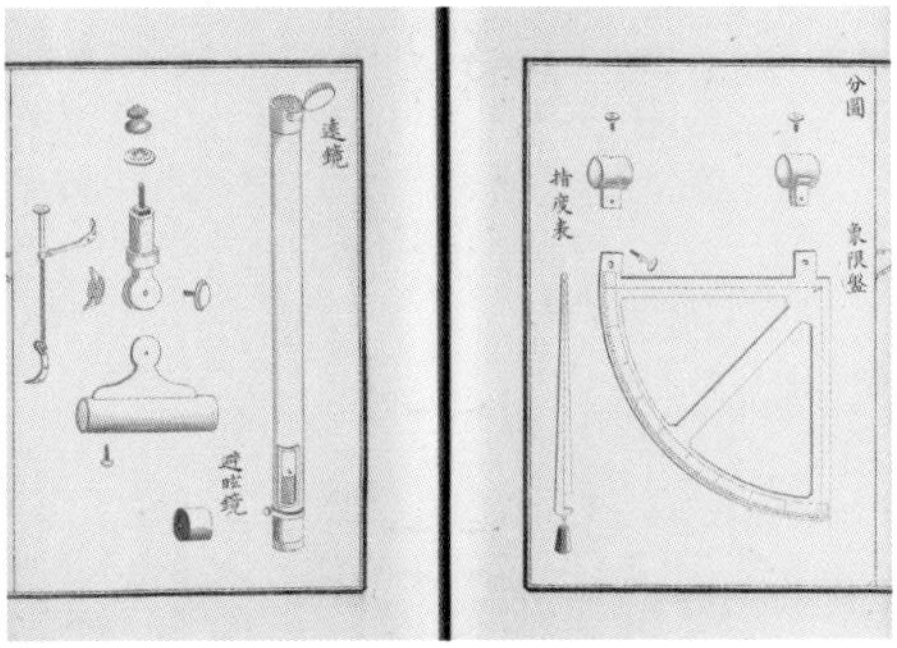

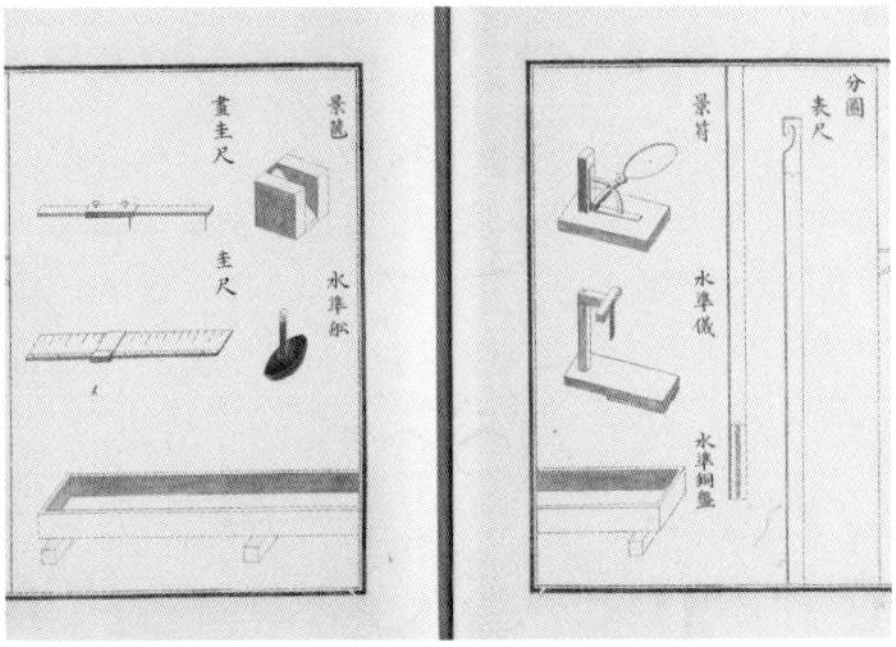

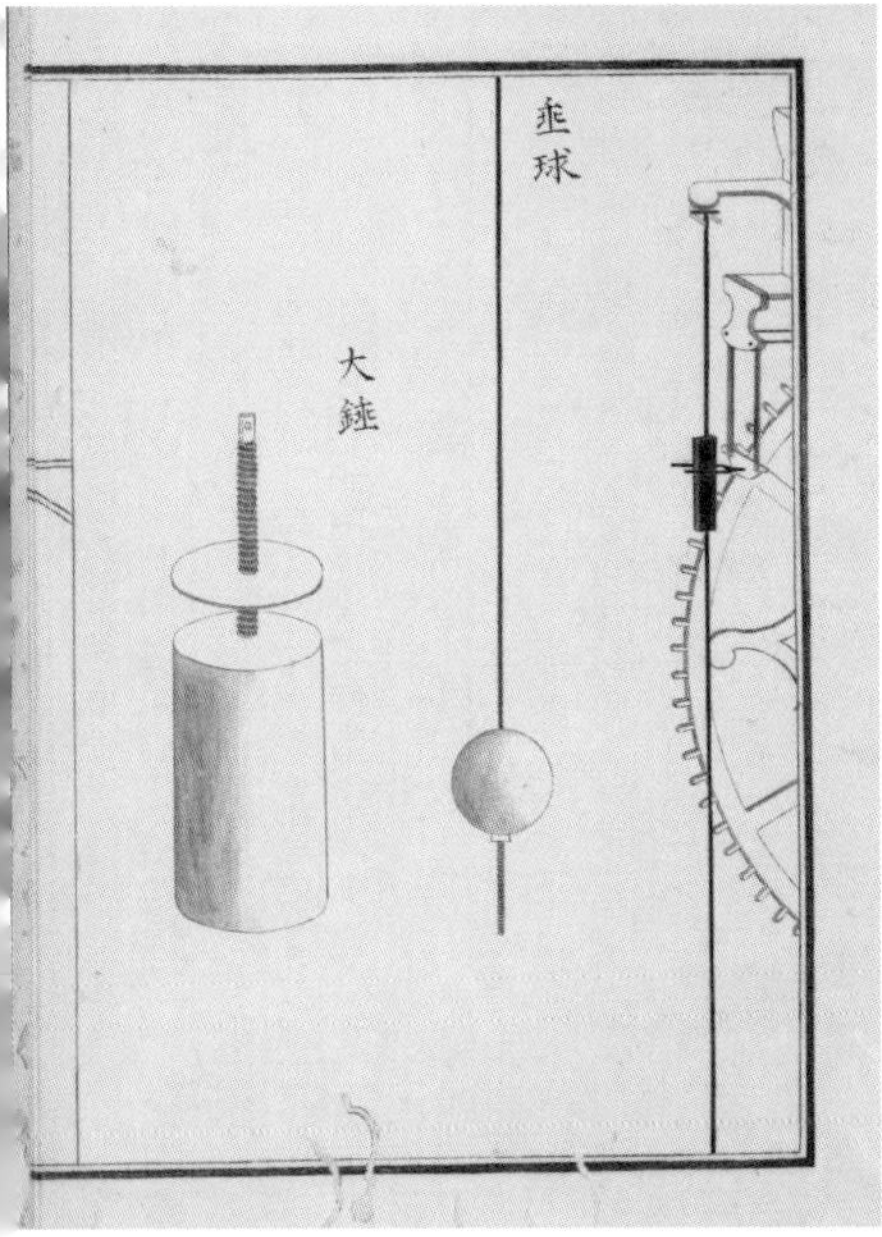

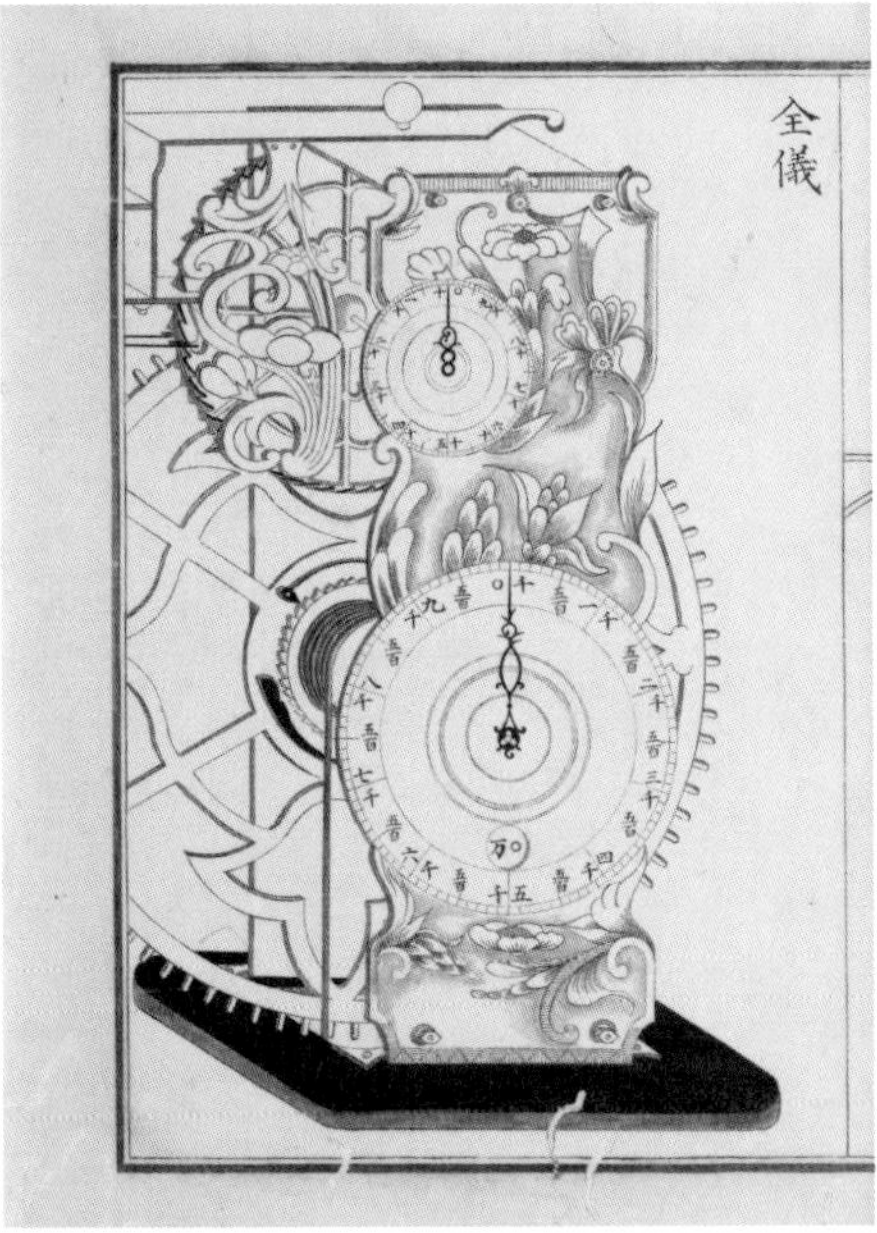

に基づき「寛政の改暦」を完成させた。当時の天文方である渋川景佑、山路諧孝、足立左内、吉田秀茂が執筆しているが、本来の著者は至時であるといってよいだろう。

天文儀器の図とその解説

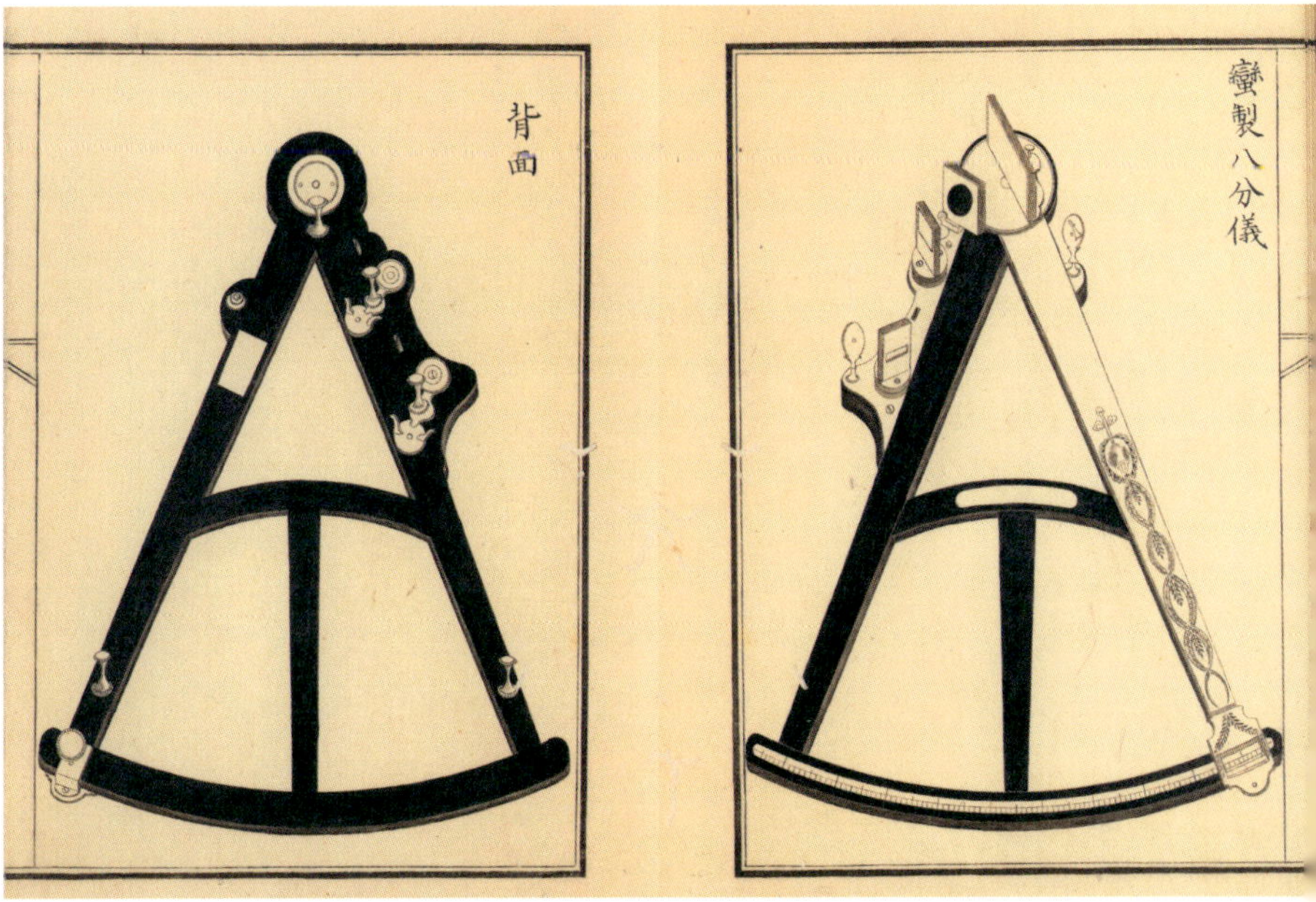

『雪華図説《せっかずせつ》』 土井利位《どいとしつら》・著

天保三年（一八三二）刊 一冊
国立国会図書館デジタルコレクション

下総国古河（現茨城県）の藩主土井利位が二十年余にわたって雪の結晶を観察し、顕微鏡を使って描いた結晶図として出版したものである。正編には八十六種の結晶図とともに、「雪の生成の物理」と「雪の功用」が著されている。

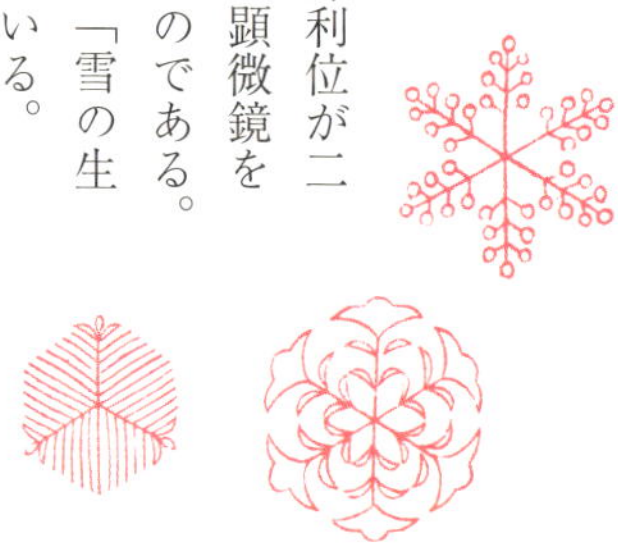

顕微鏡で観察した雪の結晶

「雪華文蒔絵印籠《せっかもんまきえいんろう》」 重文 原羊遊斎《はらようゆうさい》・作

天保三年〜十一年（一八三二〜四〇） 一合 古河歴史博物館蔵

原羊遊斎（一七六九〜一八四五）は江戸時代後期の蒔絵師。琳《りん》派《ぱ》の画家酒井抱一の下絵で製作することが多く、江戸趣味をあらわした装飾的な意匠と精細な表現で知られる。六角形の雪華文の図柄は、日本の伝統的文様である雪輪文様とは異なり、そのモダンさが人気を呼んだ。

「百人一首絵抄《ひゃくにんいっしゅえしょう》 十五 光孝天皇《こうこうてんのう》」 歌川国貞・画

佐野屋喜兵衛版 大判錦絵 一枚
国立国会図書館デジタルコレクション

雪の結晶を図案化した雪華模様は、土井利位が大炊頭だったことから大炊模様ともいい、錦絵の中にも見ることができる。

コラム❶

顕微鏡で覗く微小世界

顕微鏡は対物レンズと接眼レンズの組み合わせで物体を拡大してみる装置で、十六世紀末から十七世紀初めにかけてオランダの眼鏡師ヤンセン父子によって発明されたといわれる。のちに天文学を飛躍的に発達させた望遠鏡と深く関連して進歩し、また生物学をも画期的に発展させた。わが国に入ってきたのは十八世紀中頃で、後藤光生《ごとうみつお》の『紅毛談《おらんだばなし》』によると、近年もたらされた「虫目がね」で蜘蛛の足を見たところ子供の肘ほどに見えたとの記述がある。当時の顕微鏡の倍率はあまり高くなかったが、植物の種や昆虫を観察してミクロの世界を楽しんでいたようだ。

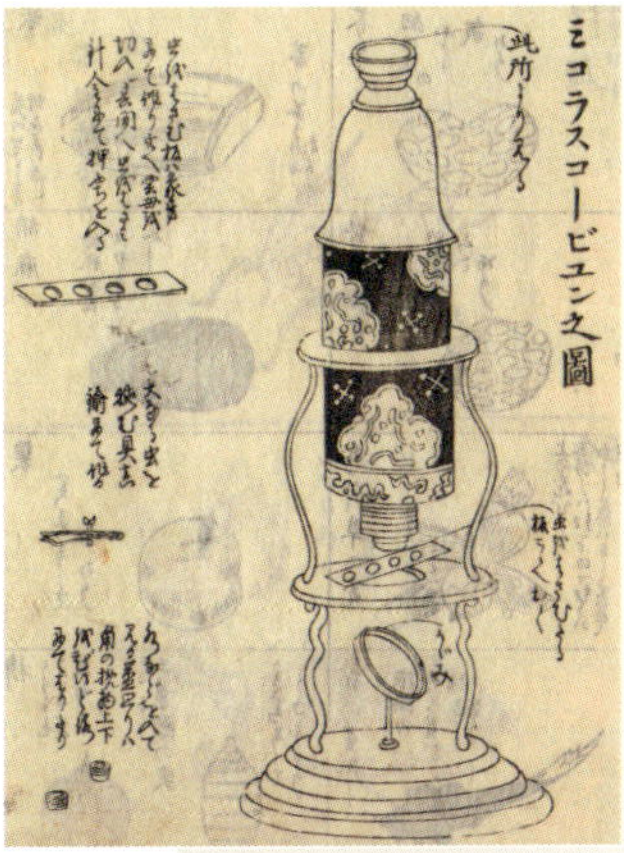

「顕微鏡《むしめがね》」（『紅毛雑話』森島中良・編より）

国立国会図書館デジタルコレクション

「近頃舶来『ミコラスコーピユン』という顕微鏡あり。形図の如し。種々のものをうつし見るに、その微細なる事凡慮《ぼんりょ》の外なり」と説明されている。「ミコラスコーピユン」とは顕微鏡のことである。

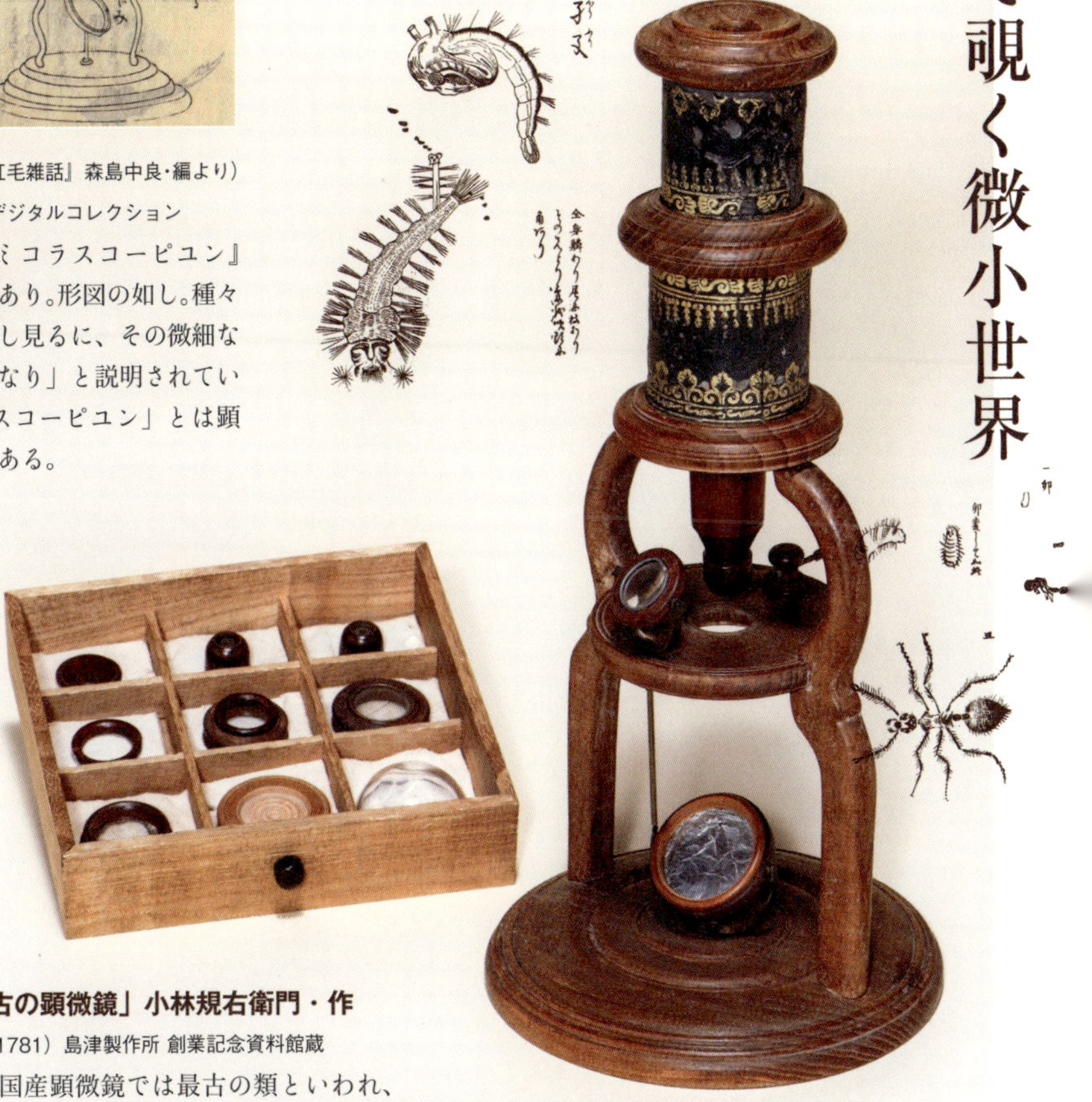

「国産最古の顕微鏡」小林規右衛門・作

天明元年（1781）島津製作所 創業記念資料館蔵

現存する国産顕微鏡では最古の類といわれ、本体は木製、鏡筒は紙製で、対物レンズが三種ついていて高級な玩具として使用された。

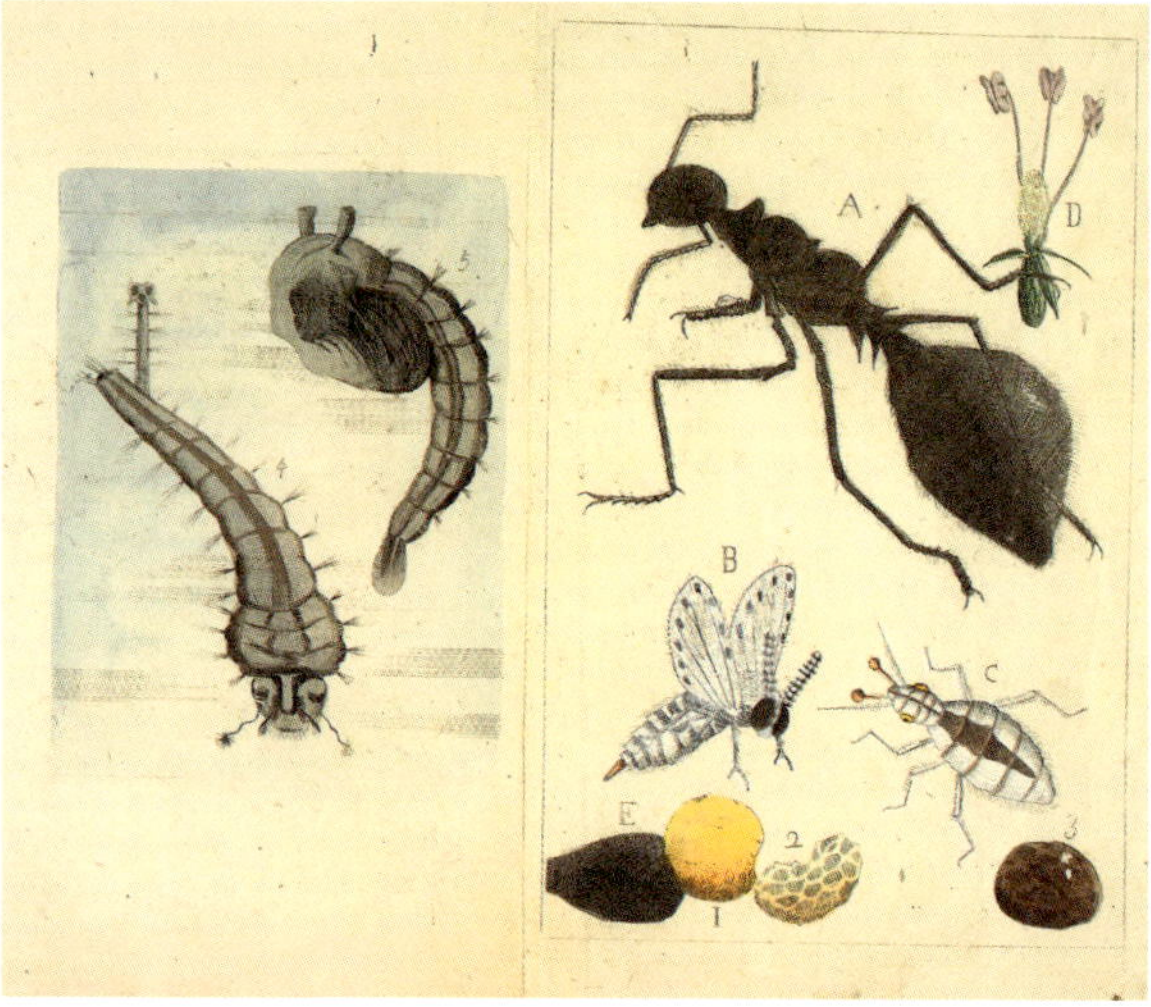

「似顕微鏡観虫類図（蟻・子孑・ぼうふら）」 京都大学附属図書館蔵

顕微鏡で観察した蟻とボウフラ、ブヨ、茶たて虫、胡麻、芥子の実が描かれている。これによく似た図が、ヤン・スワンメルダム（1637 ～ 80）の『昆虫学総論』にある。

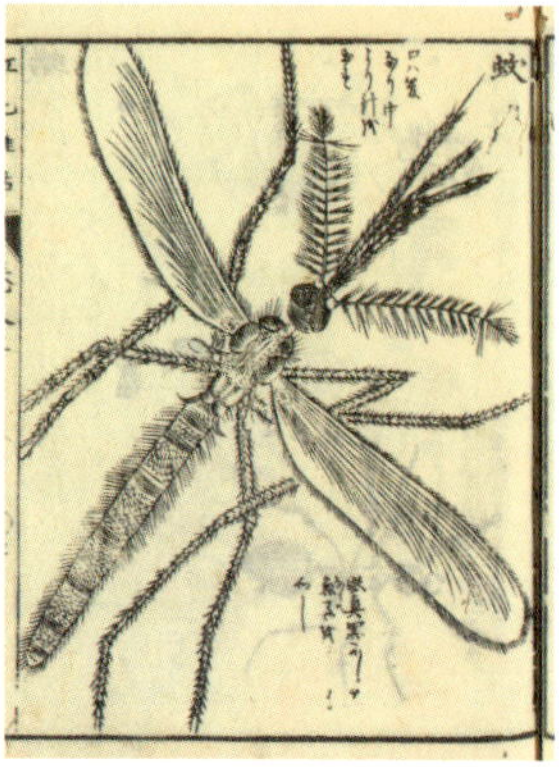

「蝿・蚊」（『紅毛雑話』森島中良・編より）

国立国会図書館デジタルコレクション

虫類の拡大図は江漢自身が顕微鏡の観察で描いていると説明しているが、ヤン・スワンメルダムの『昆虫学総論』の挿図からとられたものと思われる。

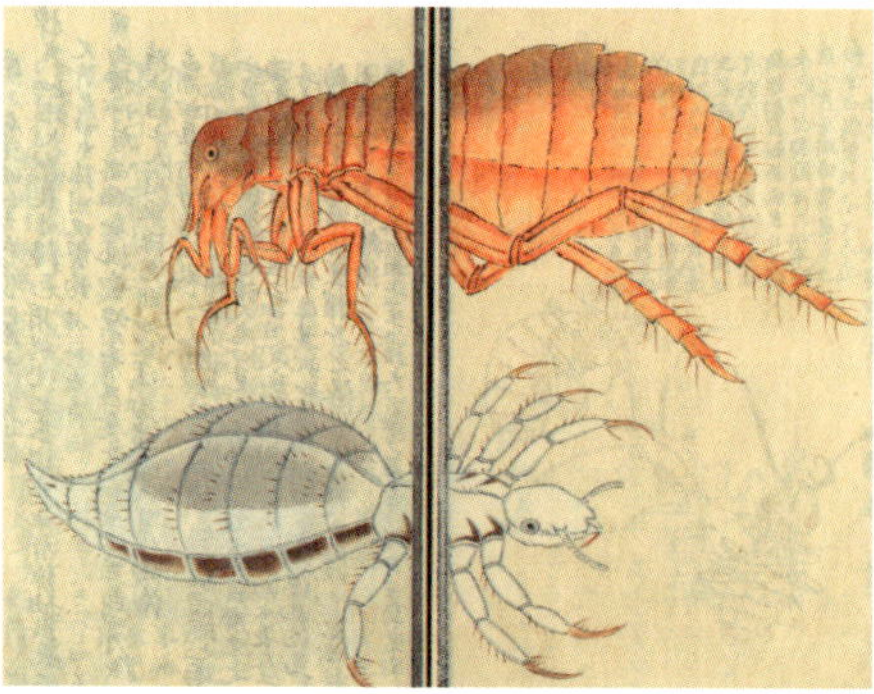

「蚤・虱」（『千蟲譜』栗本丹洲・著／服部雪斎・写より）

国立国会図書館デジタルコレクション

幕府の奥医師であった栗本丹洲の昆虫図譜である『千蟲譜』にも、顕微鏡で観察された昆虫の拡大図がいくつか収載されている。

**「七つ伊呂波東都富士尽　に
盗賊児雷也　実は大橋之不二」**

歌川国芳　寛永５年（1852）　大判錦絵

国立国会図書館デジタルコレクション

歌舞伎役者の衣装には顕微鏡で拡大された蚊が描かれている。よく見ると眼には瞳が描き加えられたユーモラスな姿である。

第四章

江戸の地理学

鎖国時代、出島でかろうじて西洋の情報が得られたが、宗教や政治に関するものは厳禁されていたため、最初に入ってきた情報は天文や地理に関するものであった。新井白石《あらいはくせき》の著した、北海道およびアイヌの研究書『蝦夷志《えぞし》』、沖縄についての『南島志《なんとうし》』が日本最初の地誌として高く評価され、またイタリア人宣教師シドッチの尋問から得た西洋の知識を口述筆記した『西洋紀聞』、『采覧異言《さいらんいげん》』は洋学興隆の端緒となった。それに続く測量家の伊能忠敬《いのうただたか》は、当時、正確な暦をつくるために必要な緯度一度の里程数が決まっていないことから南北距離の測量を企て、蝦夷地東南沿岸を測量して地図を幕府に献上、その後全国の測量へと進んでいった。そして十七年間の実測をもとに「大日本沿海輿地全図」を完成させた。

地球儀と地図で知る世界

右上
「大輿地球儀《だいよちきゅうぎ》」 沼尻墨僊《ぬまじりぼくせん》・作
安政二年（一八五五）木版筆彩 一基 神戸市立博物館蔵 Photo : Kobe City Museum / DNPartcom

木版刷りの地球儀としてはわが国最初のもので、折りたたみ式であるのが特徴である。ひごの骨の上に木版刷りされた世界図の舟形断片図を貼り合わせ、膨らませた状態で折りたたみ式地球儀にするという発想は突飛だ。イギリスにもベッツ社ポータブル地球儀があり、その伝来品を見て墨僊はヒントを得たのかもしれない。木版印刷で大量生産の販売をめざし、江戸や京・大坂へ数多く出荷したことが知られる。

右下
「地球儀《ちきゅうぎ》」
天保年間（一八三〇～四四）一基
トヨタ産業技術記念館蔵

一般に地球儀は天球儀と対になっている。現存する最古のものは製のものがある。日本では天正十九年（一五九一）、遣欧使節が秀吉にヨーロッパ製地球儀を献上している。この地球儀の表面は胡粉で仕上げられている。福井県大野町の寺院で発見されたものである。

中

「地《ち》球《きゅう》儀《ぎ》」ヘラルト＆レオナルド・ファルク父子・作

江戸時代（十八世紀中期）頃　一基
武雄鍋島家資料　武雄市蔵

本儀は、アムステルダムのファルク工房で製作されたもので、地球儀と天球儀が一対として残る貴重なものである。球面にはファルク父子の名前とともに、地球儀には一七四五年製、天球儀には一七五〇年製と記名されている。江戸時代、ファルク工房で製作された地球儀は十八世紀中ごろから国内で作られる地球儀の手本となった。

左

「紙張《かみはり》子《こ》製《せい》地《ち》球《きゅう》儀《ぎ》」重文　渋川春海・作

元禄八年（一六九五）一基　国立科学博物館蔵

イエズス会の中国宣教師マテオ・リッチ（Matteo Ricci　一五五二～一六一〇）が刊行した大型世界地図に基づいて元禄八年（一六九五）に製作され、現存する地球儀としては日本最古のものである。金色で経線、緯線が引かれ、赤道は赤と黒の縞線で表され、また南北の回帰線も描かれている。海は水色、島や大陸はその輪郭を薄い赤線で描かれ、その中が、赤、白緑、灰色などの様々な色で塗り分けられている。

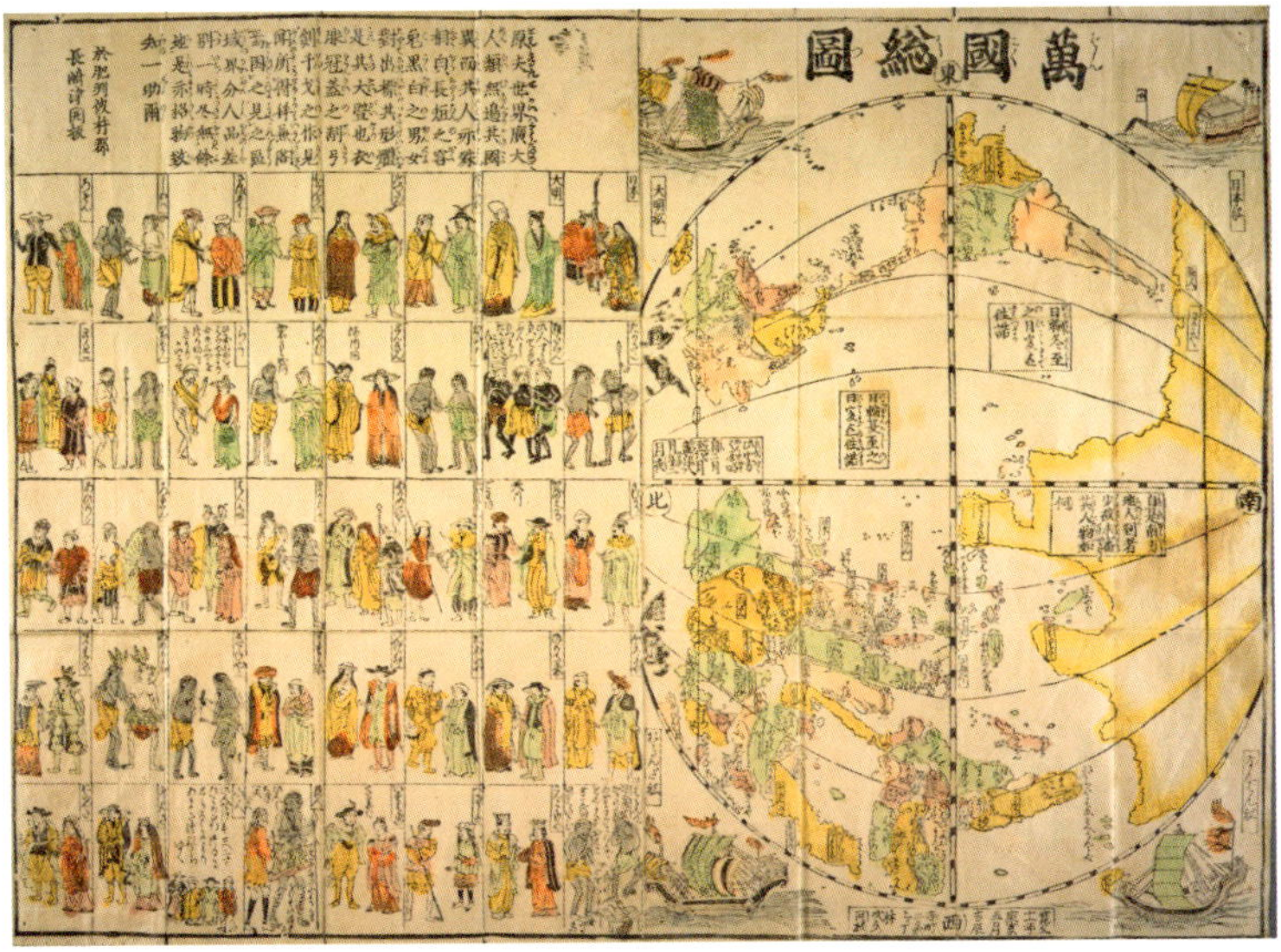

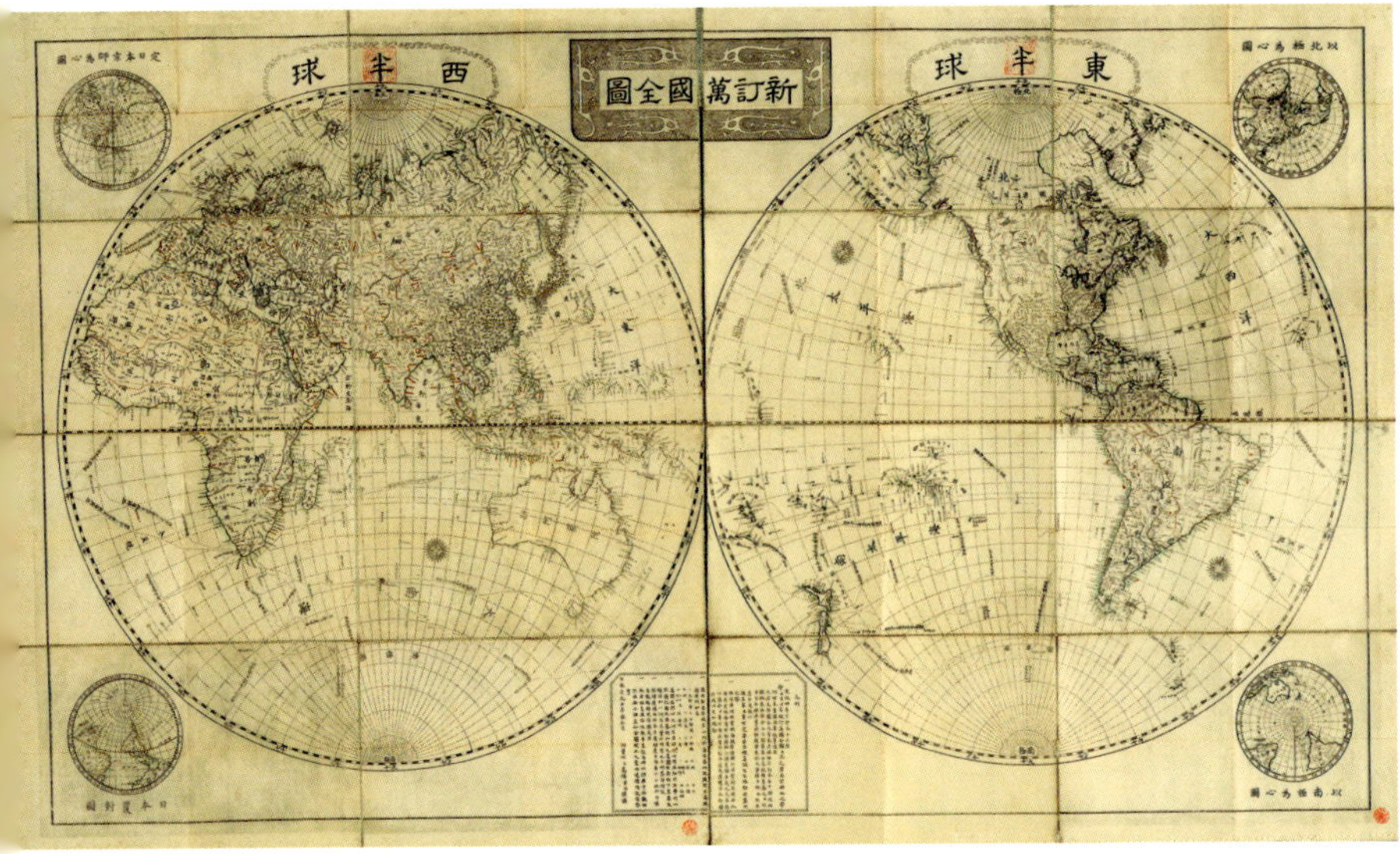

上
「万国総図《ばんこくそうず》」
寛文十一年（一六七一）刊
林次左衛門版 一舗 国立国会図書館デジタルコレクション

このような世界地図と民族図譜の図像はオランダ伝来のブラーウの世界地図よりも、その前のポルトガルとの交易時代の西洋地図や中国からもたらされたマテオ・リッチの世界図に由来するものと考えられる。

下
「新訂万国全図《しんていばんこくぜんず》」
高橋景保《たかはしかげやす》・作
文化十三年（一八一六）刊 二舗
国立国会図書館デジタルコレクション

幕府の天文方であった高橋景保が間重富、馬場佐十郎らの協力を得て、一七八〇年刊行のイギリスのアロー・スミスの世界図をもと

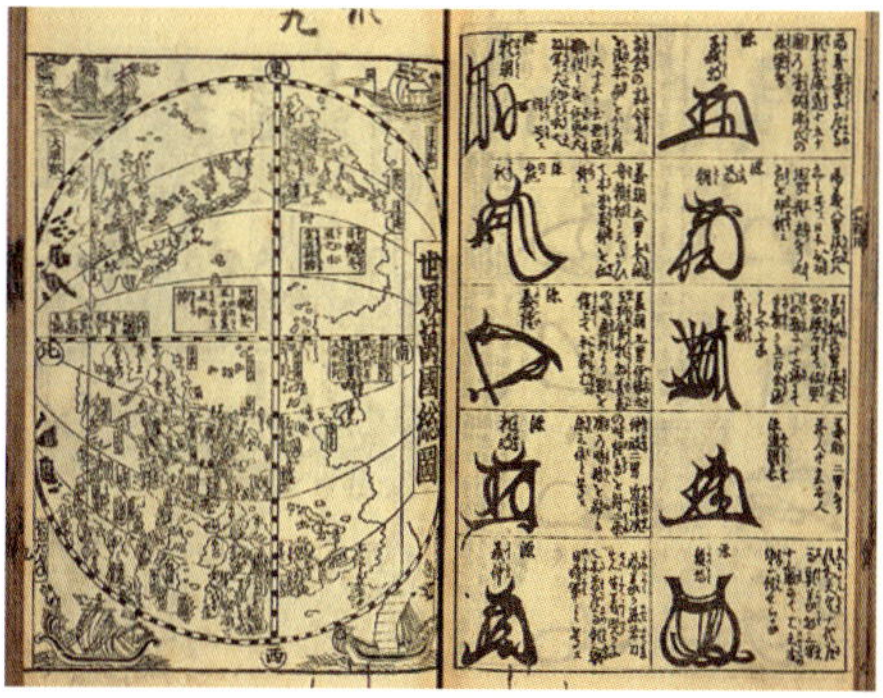

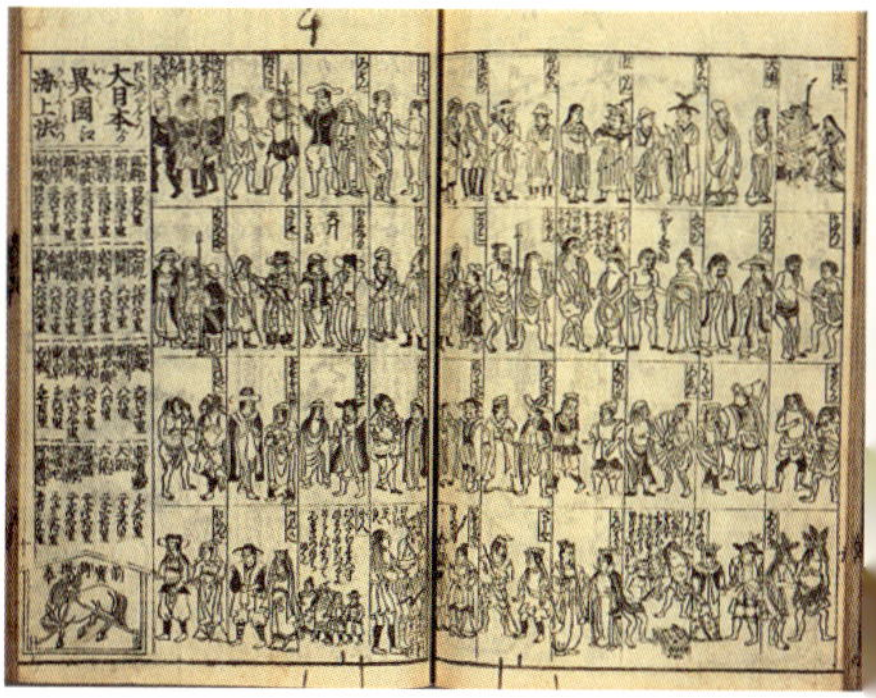

「大福節用集大蔵宝鑑」
宝暦十一年（一七六一）刊
梅村市兵衛版 一冊
国立国会図書館デジタルコレクション

室町時代に刊行された国語辞書で、家庭の百科事典として広く用いられたため、江戸時代に入ると各版元が内容に工夫をこらした増補改訂版を出した。辞書以外に年中行事や家紋などの日常の実用知識も収録されており、また日本之図、京之図など「万国総図」を参考にしたと思われる世界地図や民族図譜も収められている。

ながら作成された。間宮林蔵の樺太《からふと》調査などの情報を得て作成されているので、世界にさきがけてカラフト（サハリン）島、間宮（サハリン）海峡を正確に図示したことが高く評価される。

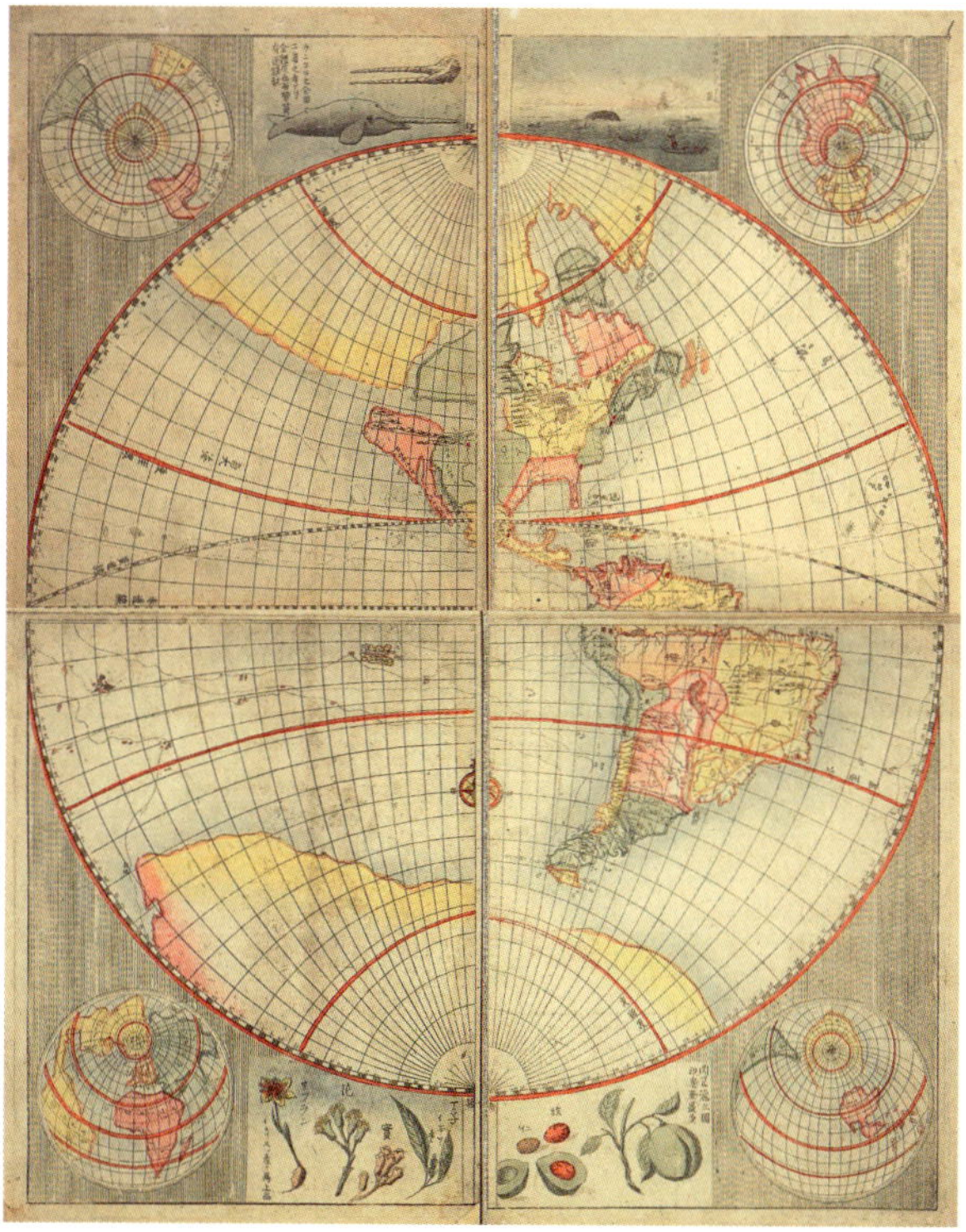

「地球全図《ちきゅうぜんず》」
司馬江漢《しばこうかん》・写幷刻
寛政六年（一七九四）頃刊
銅版筆彩・紙 一舗 国立国会図書館デジタルコレクション

江漢の手になるわが国最初の銅版画で製作された世界図として知られるもので、地球が球体であることがはっきりわかるように描かれている。この「世界全図」は欄外に風景や動植物図が追加された第三版である。

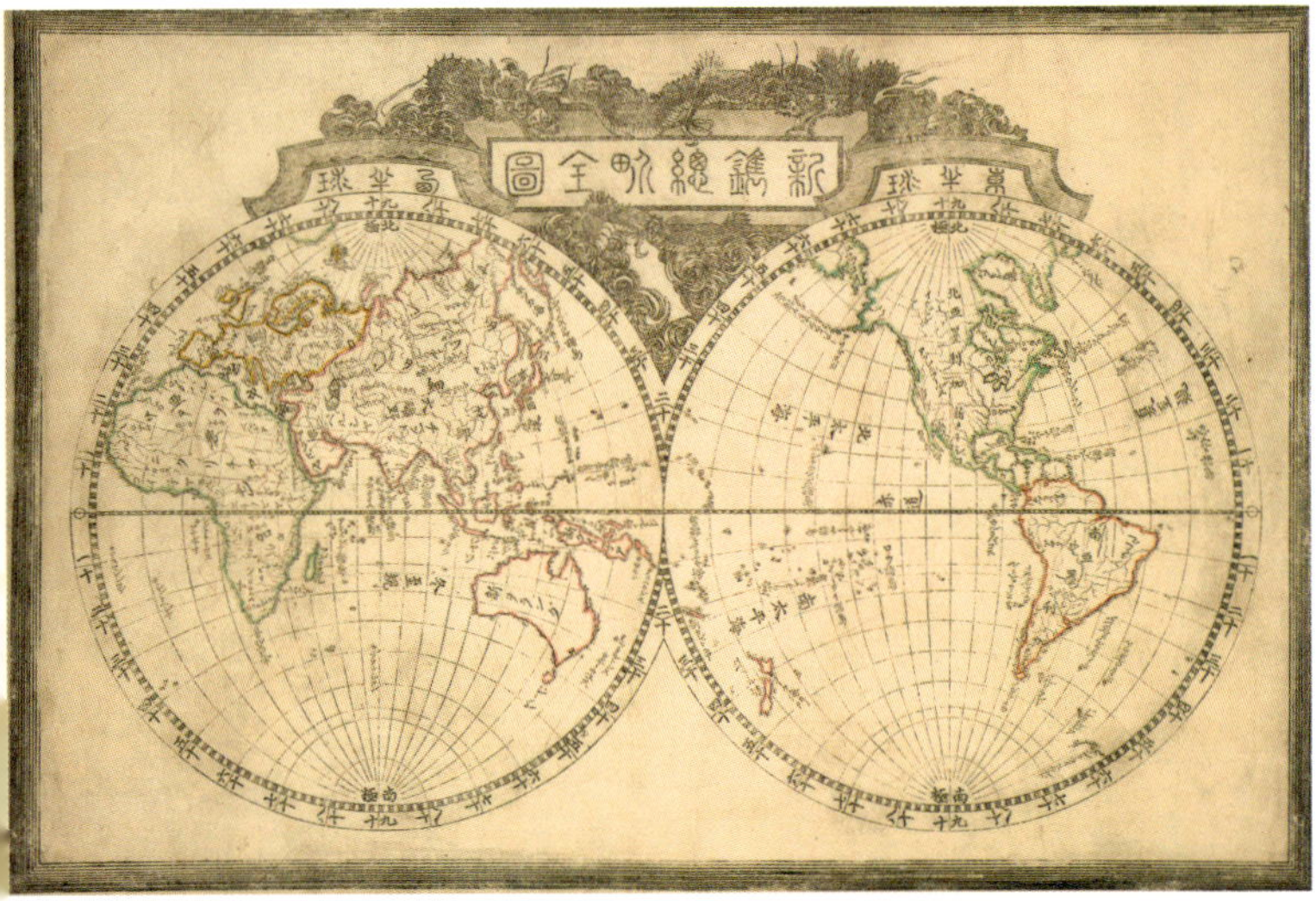

「総界全図《そうかいぜんず》」

高橋景保《たかはしかげやす》・作
亜欧堂田善《あおうどうでんぜん》・銅版筆彩
文化六年（一八〇九）序　一舗
国立公文書館蔵

『新訂万国全図』の試作品として制作された東西両半球形式の世界地図である。亜欧堂田善が銅版画の上に手彩色を施している。また日本の部分を拡大した「日本辺界略図」も添えられ、間宮林蔵の未踏査地帯である樺太北岸は点線で描かれている。文化六年（一八〇九）の序文がある。

「銅版万国輿地方図」

永井《ながい》則《のり》・編　安田《やすだ》雷洲《らいしゅう》・銅版筆彩

弘化三年（一八四六）刊　一舗
国立国会図書館デジタルコレクション

儒学者安積《あさか》艮斎《ごんさい》（一七九〇～一八六〇）の序文と関流和算家である内田《うちだ》五《いつ》観《み》（一八〇五～八二）の跋文とを合わせ、一軸に仕立てた世界図である。従来の東西の両円球に分けた世界図ではなく、現在見られる平面化した長方形の方角世界図。銅版画の地図には地域別に境界が色分けして筆彩されている。江戸時代後期の画家である安田雷洲は、葛飾北斎に学んだといわれ、洋風画や銅版画、読み本の挿絵などを多く描いている。

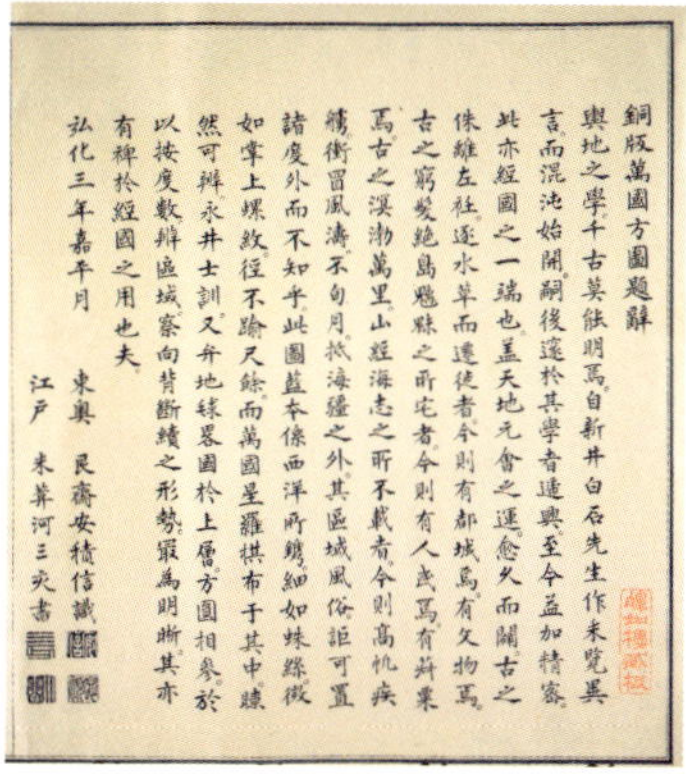
銅版萬國方圖題辭
輿地之學千古莫能明焉自新井白石先生作采覧異言而混沌始開嗣後遂於其學者連興至今益加精審然亦經國之一端也蓋天地元會之運愈久而闢古之侏離左衽逐水草而遷徙者今則有都城焉有文物焉古之窮髮絶島魑魅之所宅者今則有人民焉有耕稼焉古之溟渤萬里山經海志之所不載者今則高帆疾艣衝冒風濤不旬月抵海疆之外其區域風俗詎可置諸度外而不知乎此圖蓋本係西洋所鏤細如蛛絲微如掌上螺紋徑不踰尺餘而萬國星羅棊布于其中瞭然可辨永井士訓又弁地球畧圖於上層方圓相參於以按度數辨區域察向背斷續之形勢最為明晰其亦有裨於經國之用也夫
弘化三年嘉平月　東奥　艮齋安積信識
江戸　東華河三亥書

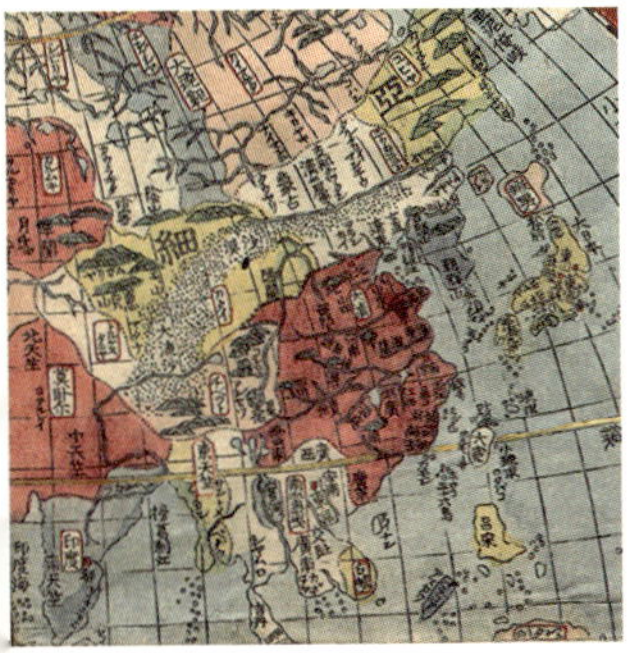

「和蘭《おらんだ》新譯《しんやく》地《ち》球《きゅう》全圖《ぜんず》」

橋本直政《はしもとなおまさ》・作
寛政八年（一七九六）
神戸大学附属図書館 住田文庫

東西が半球形式で描かれた世界地図で、寛政八年（一七九六）に刊行された。オーストラリア大陸の東側がわからなかった時代の世界地図がもととなっている。地図の周囲には地誌的な記述がなされており、この図だけでさまざまな地理情報を得ることができる。

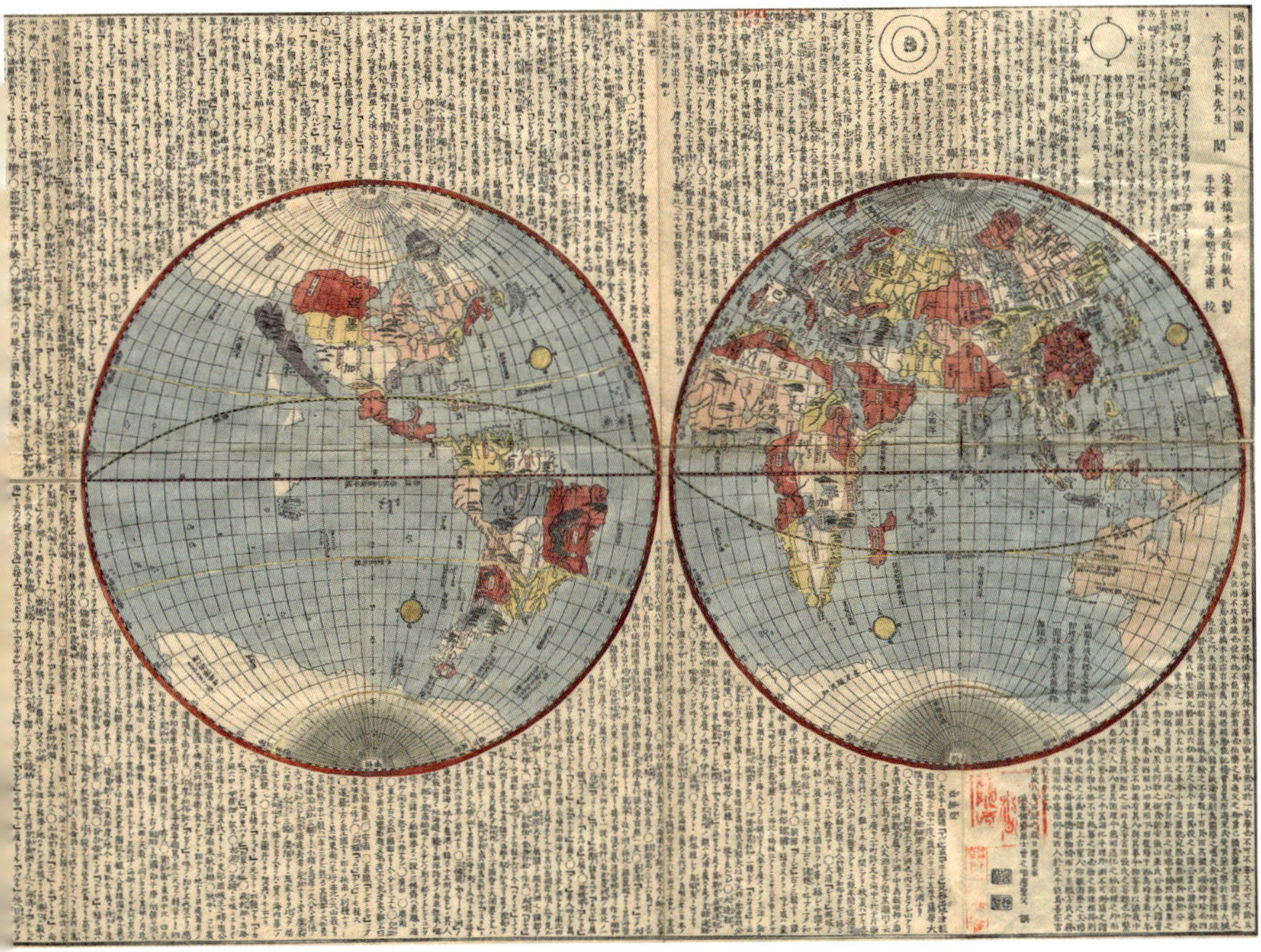

左頁

『萬國地球分圖』

橋本玉蘭《はしもときょくらん》・著
安政三年（一八五六）近藤蔵板 一帖
神戸大学附属図書館 住田文庫

橋本玉蘭は幕末浮世絵師歌川貞秀のことで、歌川国芳に私淑した。西洋銅版画を多く所持しており、濃密で写実的な作風で知られる。橋本玉蘭の名で、江戸図、国絵図、世界地図なども多く手がけ、地図製作者としても活躍した。「万国地球分図」には、「大日本國ヲ上天置タルノ圖」、「東西二球圖」、「亞細亞州之圖」、「亞細亞其二」、「歐邏巴州圖」、「亞弗利加州圖」、「北亞墨利加州圖」、「南亞墨利加州圖」、「豪斯多剌里亞州圖」、「海發記」などが収録されている。

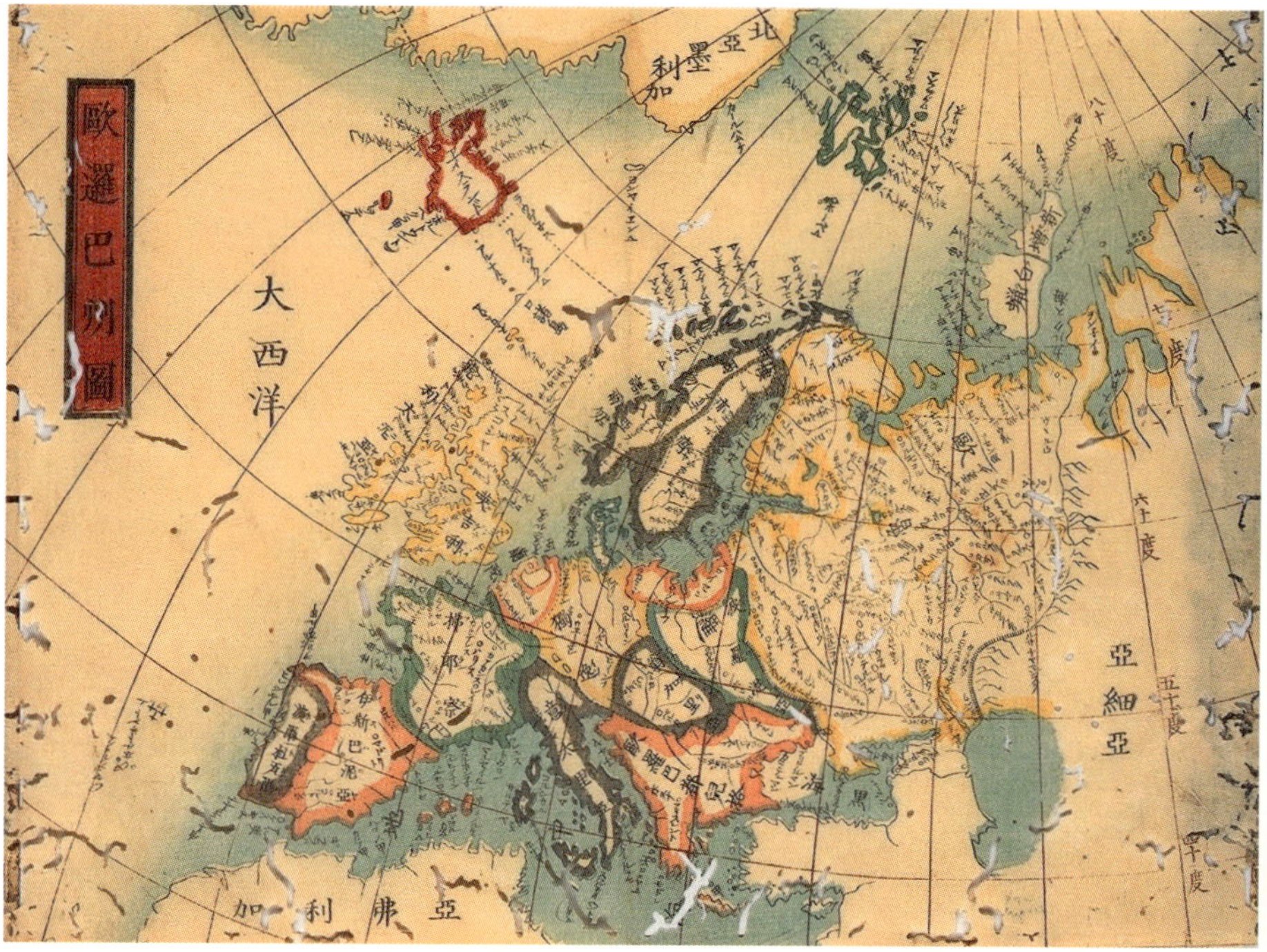

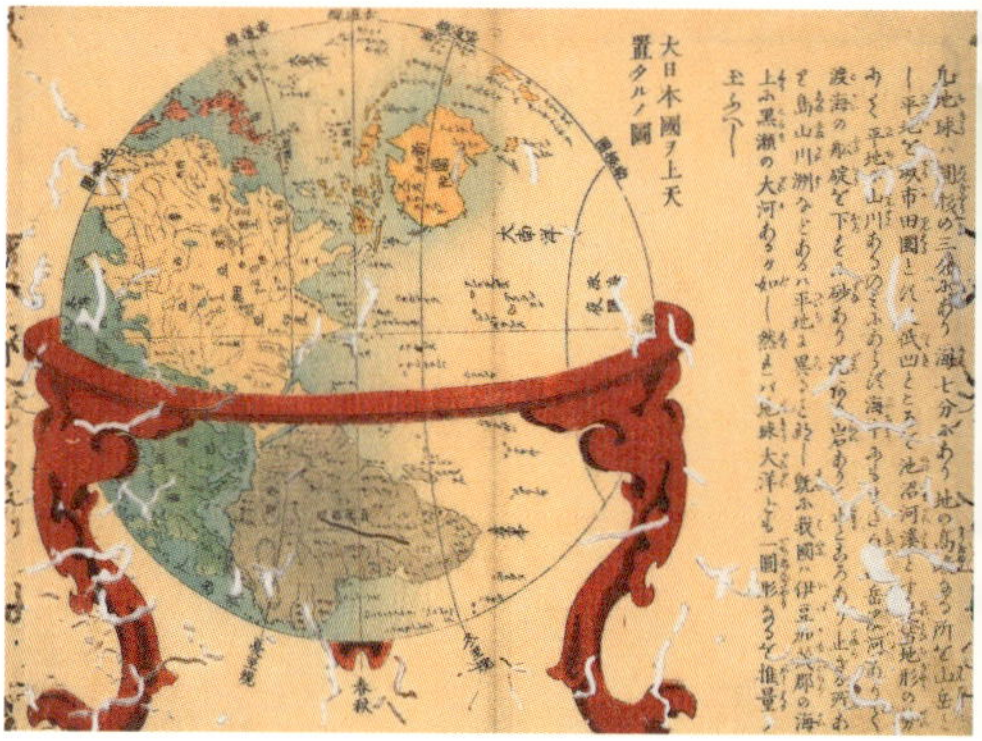

日本をはじめ、アジア、ヨーロッパ各国、アメリカなどの各地図が収録されている

右

「象《しょう》限《げん》儀《き》」

一基　伊能忠敬記念館蔵

天体観測器具。測量地の緯度を求めるために、北極星などの高度を観測した器具。

左

「小方儀《こほうぎ》（逆盤《ぎゃくばん》）」

江戸時代後期　トヨタ産業技術記念館蔵

文字盤の東西南北の位置を逆にした「逆盤」と呼ばれるタイプ。磁針の指し示す目盛りが、そのまま測量地点から見た目標の方位となる。

「測量用台付磁石《そくりょうようだいつきじしゃく》」
（真鍮製の羅針盤型磁石）

一基　象山記念館蔵

測量用に使用する磁石で、中央の半球部が回転して方位を示す。「天保十四癸卯春 江府住 大野規行（花押）同源蔵造之」と刻まれている。

「中方儀 丸分度器」

江戸時代後期
トヨタ産業技術記念館蔵

目標の方位、および仰角を測る器械。

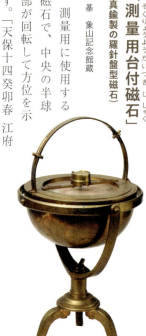

天体観測と測量用の器具

「測食定分儀《そくしょくていぶんぎ》」

一基 伊能忠敬記念館蔵

天体観測用の器具で、日食や月食の欠ける様子を観測するために用いられた。

「垂揺球儀《すいようきゅうぎ》」

一具 伊能忠敬記念館蔵

振子のふれた数を記録する器具。経度を求める目的で、日食・月食の時刻を測るために用いられた。忠敬の孫の忠誨《ただのり》が使用したものである。

「半円方位盤」（地上測量器具）

一基 伊能忠敬記念館蔵

遠くの山や島への方位を測るための方位磁石盤。

「量程車《りょうていしゃ》」

一基 伊能忠敬記念館蔵

地上測量用の器具。この道具を曳いて歩くと下に付いている車が回ることで、数字のついている歯車が回って距離を表示できる。

伊能忠敬の日本地図

「日本図」

伊能忠敬・原図　高橋景保・編

文政十年（一八二七）頃写　三舗
国立国会図書館デジタルコレクション

忠敬の測量は五十六歳から七十二歳までの間にわたり、その測量日数は三七三七日、測量距離は四万キロメートル近く、天体観測地点数一二〇三に達した。測量に用いた測器機は、高橋至時や間重富が漢籍から示唆を得て製作し、そのため精密工まで養成していた。忠敬の業績は「忠敬図」と呼ばれる地図や「輿地実測録」として編纂された。

「中図 富士山付近《ふじさんふきん》」

縮尺 216,000 分の 1　文化元年（1804）作　伊能忠敬記念館蔵

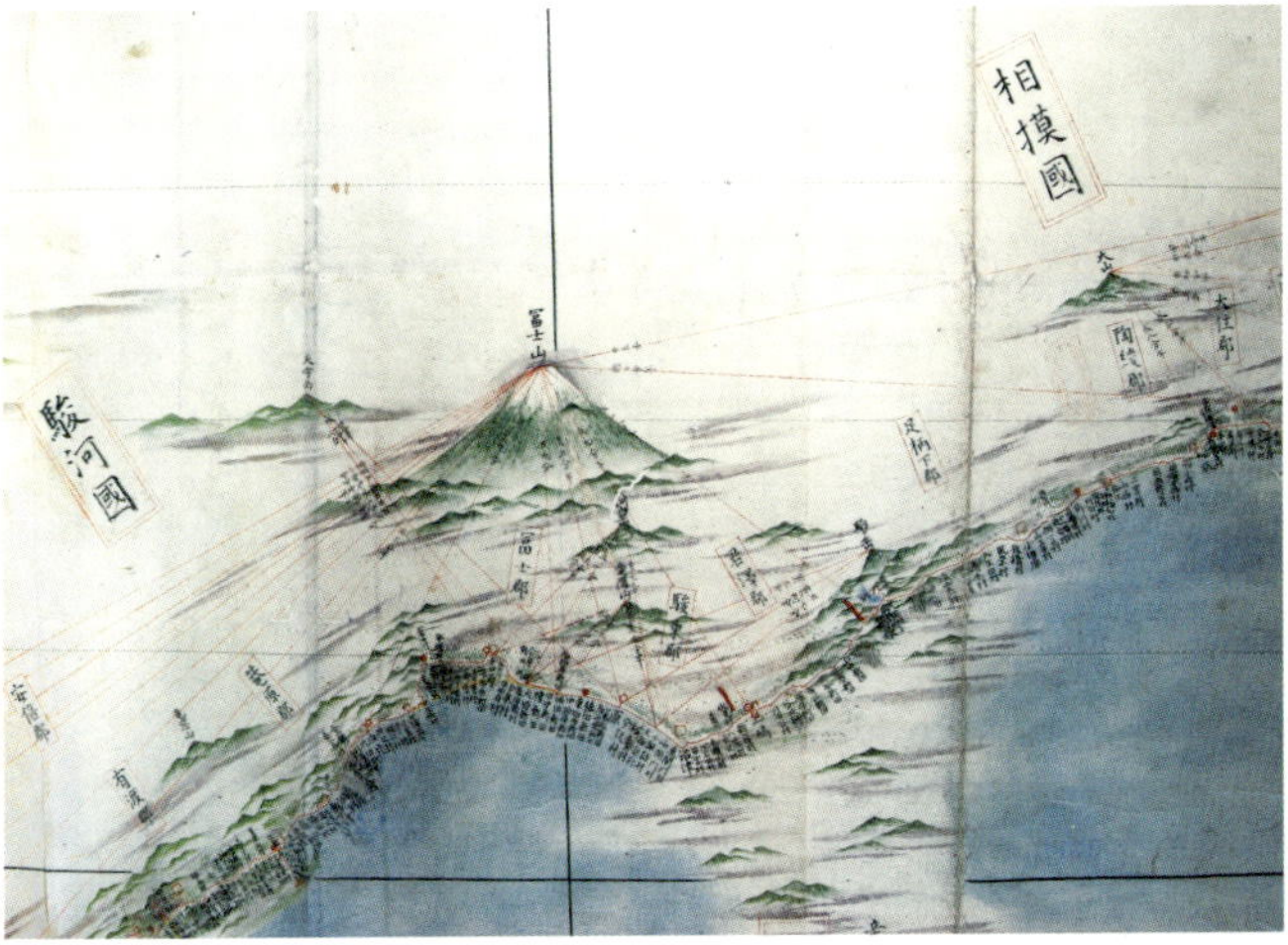

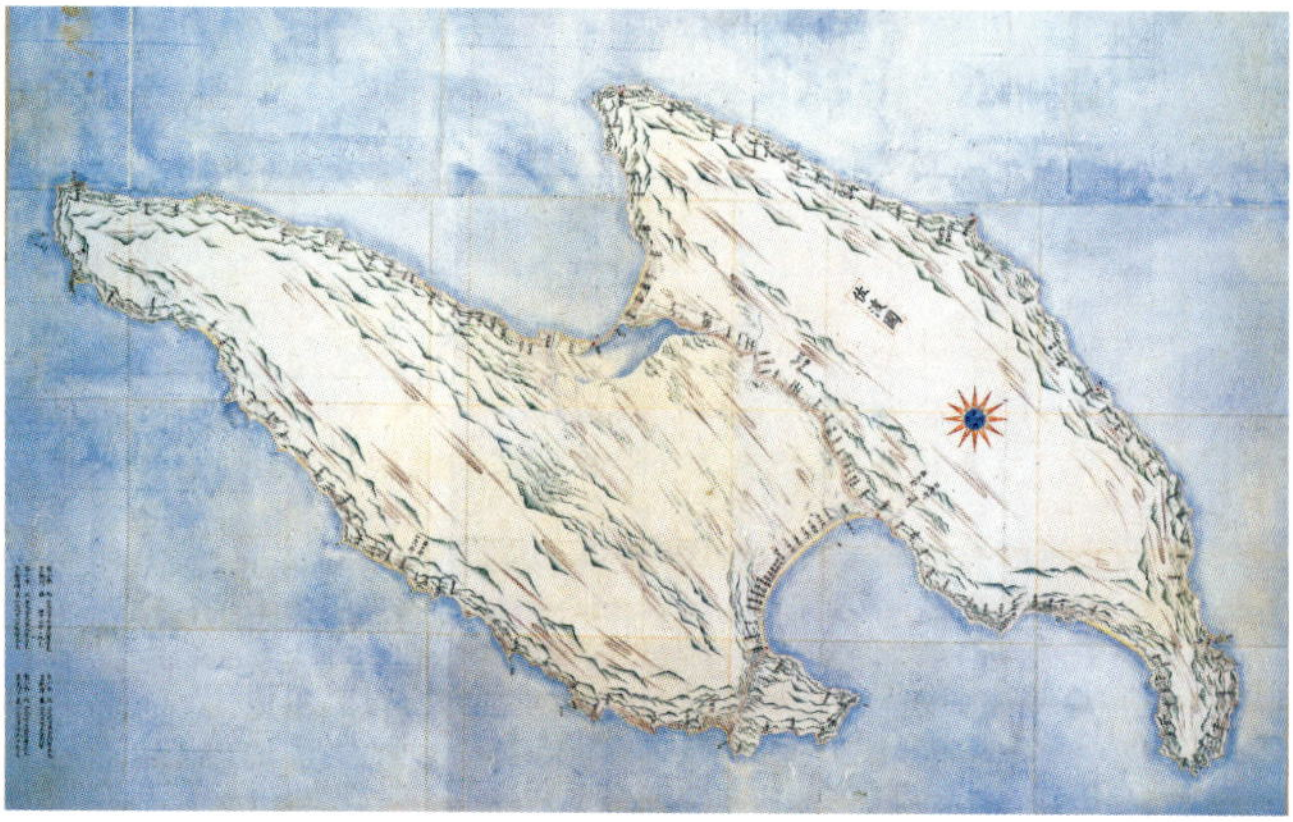

「大図 佐渡《さど》」
縮尺三六、〇〇〇分の一
文化元年（一八〇四）作
伊能忠敬記念館蔵

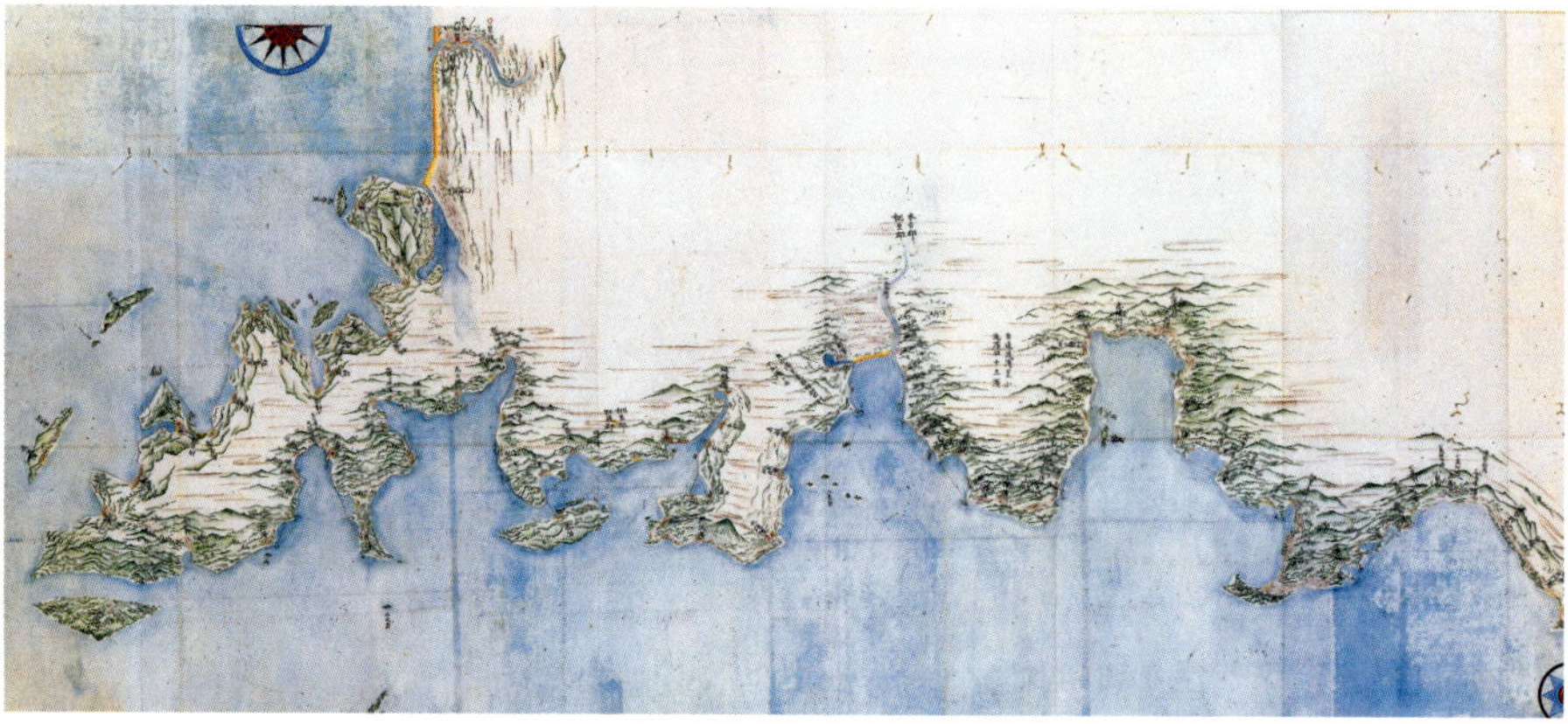

「大図 牡鹿半島《おじかはんとう》付近《ふきん》」 縮尺 36,000 分の 1 文化元年（1804）作 伊能忠敬記念館蔵

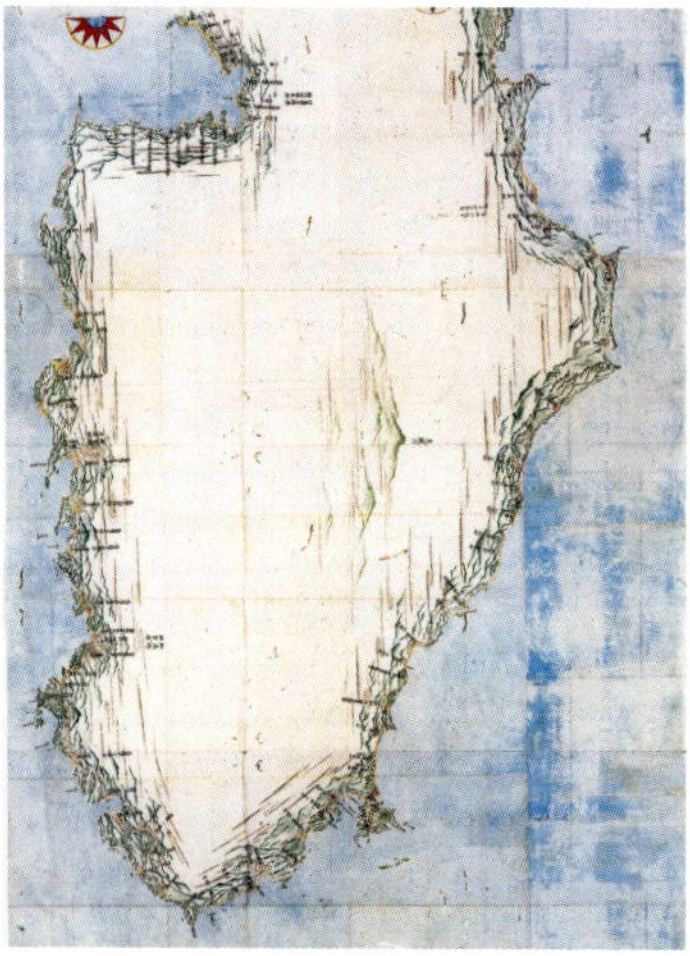

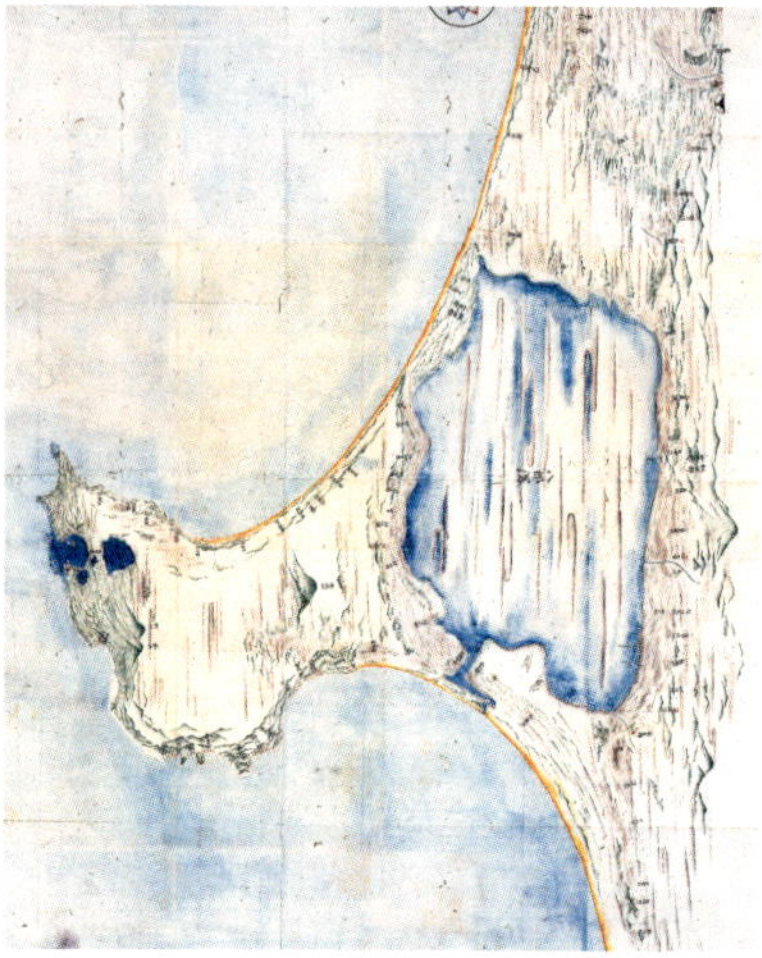

「大図 八郎潟《はちろうがた》付近《ふきん》」
「大図 伊豆半島《いずはんとう》」
縮尺三六、〇〇〇分の一
文化元年（一八〇四）作 伊能忠敬記念館蔵

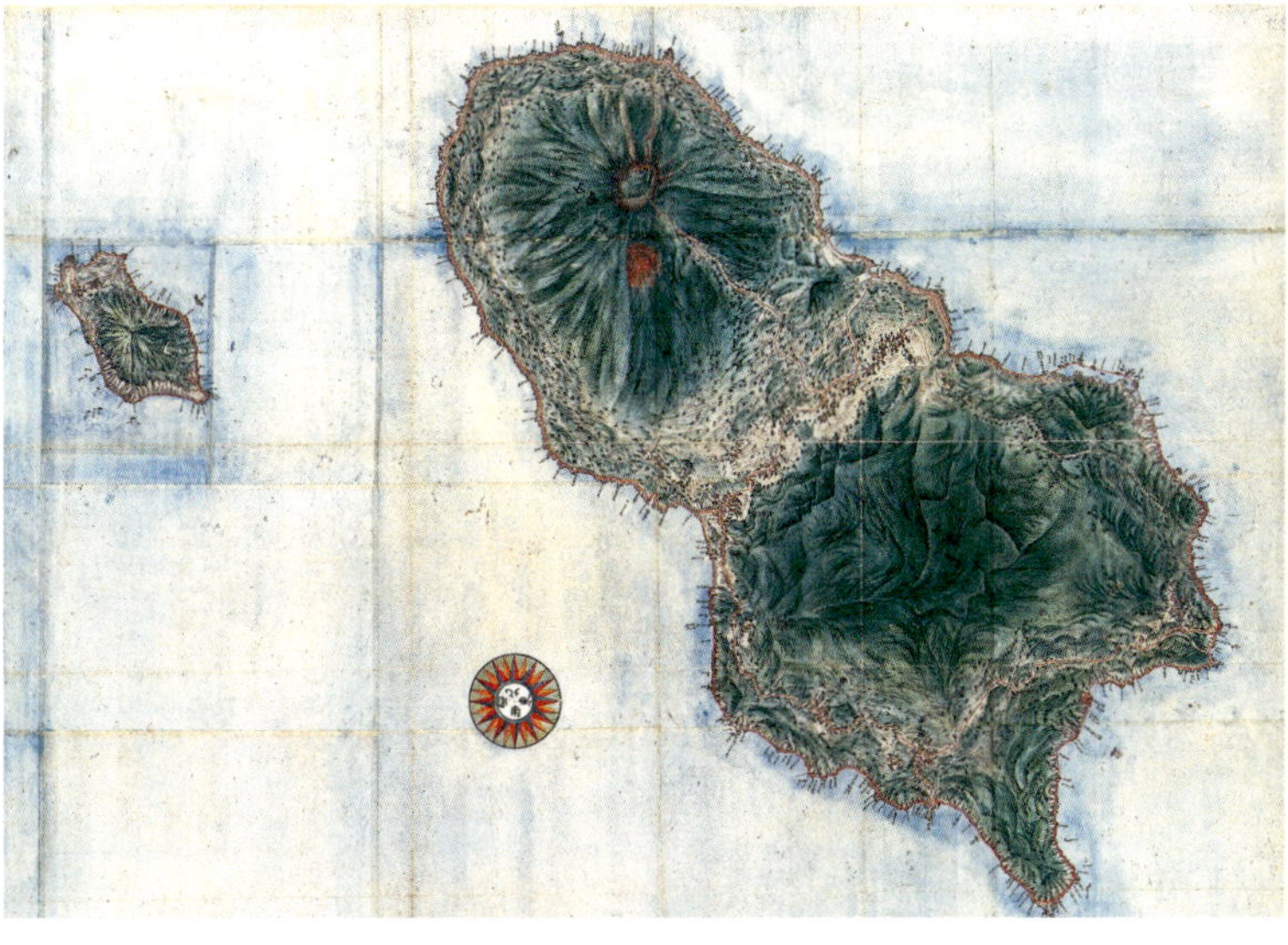

「特別大図 八丈島《はちじょうじま》」

縮尺一二、〇〇〇分の一
文化十三年（一八一六）頃作
伊能忠敬記念館蔵

「蝦夷図《えぞず》」高橋景保《たかはしかげやす》・編
文政九年（一八二六）頃写　一枚
国立国会図書館デジタルコレクション

当時の蝦夷地一帯はヨーロッパ諸国の探検航海からも取り残されており、文化六年（一八〇九）の間宮林蔵による間宮海峡の発見は世界地図の空白を埋める重要な一歩であった。幕府天文方の高橋景保は、伊能忠敬の日本列島沿海測量の成果とイギリスのアロー・スミスの世界図を原図として最新の世界図を完成させた。

測量技術を生かした地理調査

『四神地名録《ししんちめいろく》』

古川古松軒《ふるかわこしょうけん》（古川辰）・著

寛政六年（一七九四）五冊（合三冊）
国立国会図書館デジタルコレクション

古川古松軒は、天明三年（一七八三）山陽道から九州を一巡し、瀬戸内を航行した旅行記『西遊雑記』と、奥州から蝦夷地に渡った旅行記『東遊雑記』で知られる。寛政五年（一七九三）には老中松平定信に招かれて出府、翌年武蔵国の地理調査を命ぜられ、半年余の調査結果を『四神地名録』としてまとめた。

老中松平定信《さだのぶ》に地理調査を命ぜられ、江戸付近を調査して作成

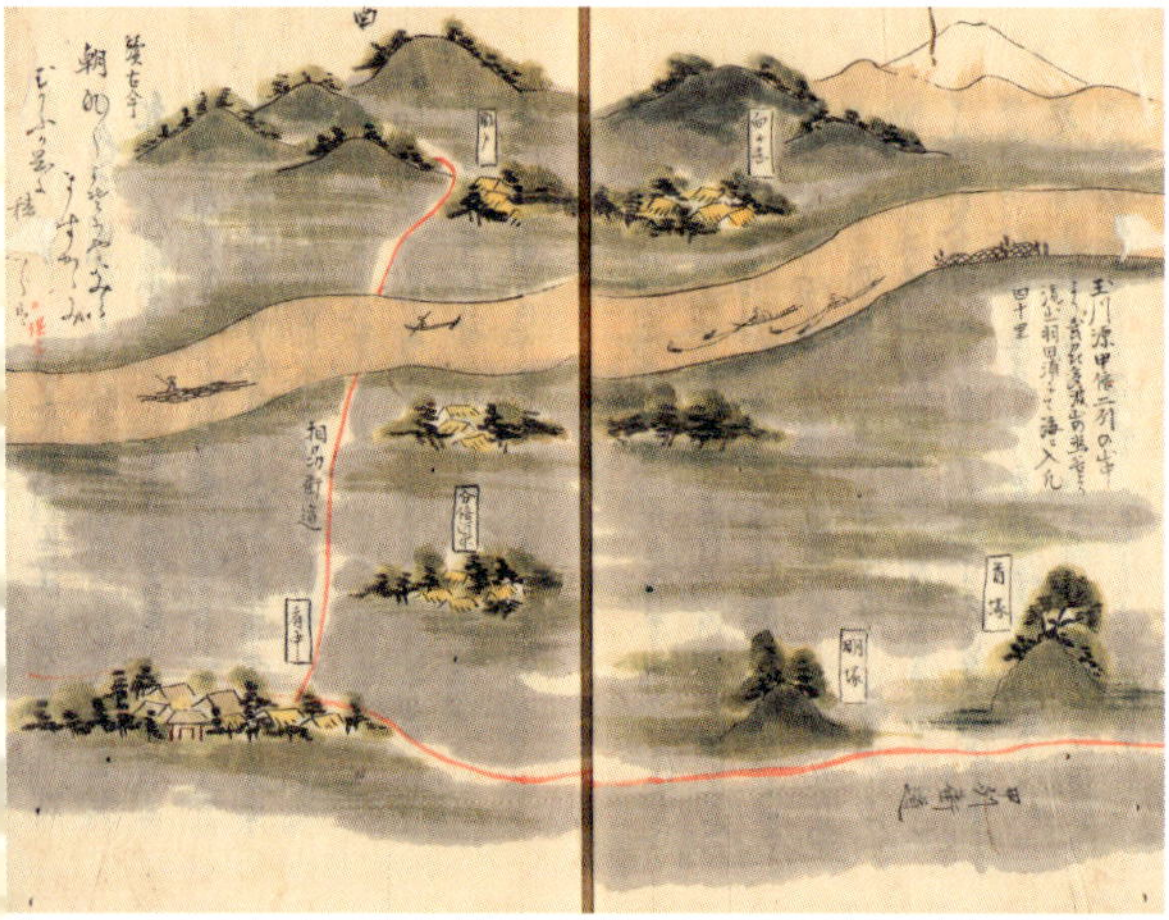

『訂正《ていせい》増訳《ぞうやく》采覧《さいらん》異言《いげん》』

新井《あらい》白石《はくせき》・著　山村昌永《やまむらまさなが》・増訳
杉田勤・校正　大槻茂質・参閲

享和二年（一八〇二）　十二巻
国立国会図書館デジタルコレクション

新井白石の『采覧異言』はイタリア人宣教師シドッチの取調べやオランダ人からの聴取、中国の地理書を参照して著されたもので、地理、風俗、産物、政治など海外事情が紹介されている。その後、山村昌永（山村才助）によって内外参考書から多数の誤りを訂正した上で、オランダ語地理書から訳出して大幅に増補されたのが本書である。

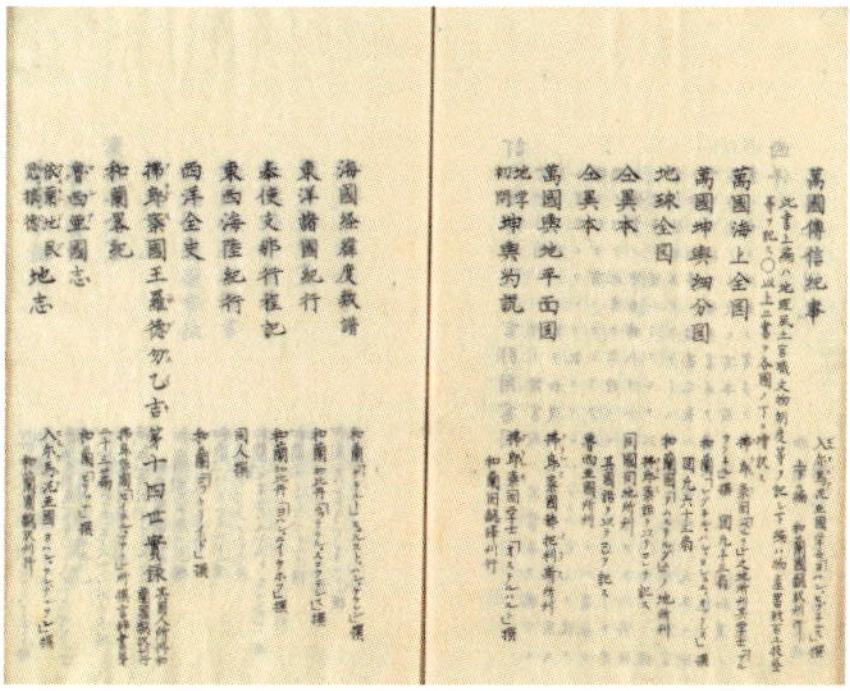
萬國傳信紀事
萬國海上全図
萬國坤輿細分図
地球全図
仝異本
仝異本
萬國輿地平面図
東洋諸國紀行
東西海陸紀行
西洋全史

『量《りょう》地《ち》図《ず》説《せつ》』

甲斐広永《かいこうえい》・編　小野広胖《おのこうはん》・校
葛飾為斎《かつしかいさい》・画

嘉永五年（一八五二）刊　山崎屋清七版
二冊　東北大学附属図書館蔵

本書では農業を行う者に必要な技術として、現在行われている平面測量にあたる図面上に測量結果をあらわす方法について解説をしている。使用する測器は木製の簡単なもので、算法を知らない初学の者にも測量の入門を教える書であると記述している。甲斐広永は長谷川派の和算家で、洋算家としては友五郎と呼ばれることが多い。

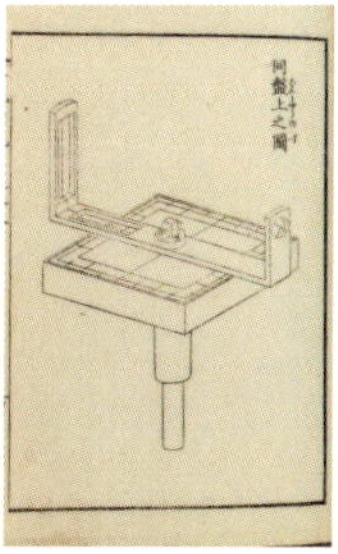

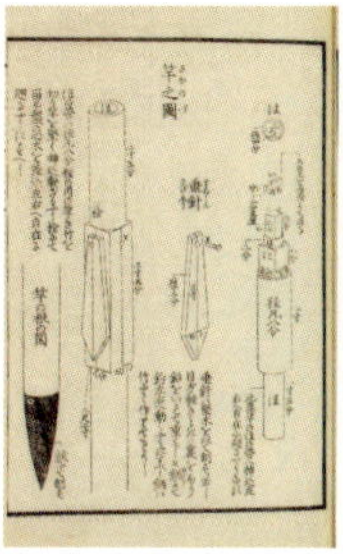

間宮林蔵のサハリン探検見聞記

『北蝦夷図説《きたえぞずせつ》』
間宮倫宗《まみやともむね》（間宮林蔵）・口述
秦貞廉・編
橋本玉蘭斎、重探斎・画
安政二年（一八五五）刊
国文学研究資料館蔵

間宮林蔵が文化五年（一八〇八）から二年間にわたり樺太（サハリン）の北端近くまで探検したおりの見聞を記録したものであり、樺太先住民の風俗誌としてまとまった最初のものである。樺太の地勢、産業、交易、住居、冠婚葬祭など風俗万般を図絵入りで説明している。

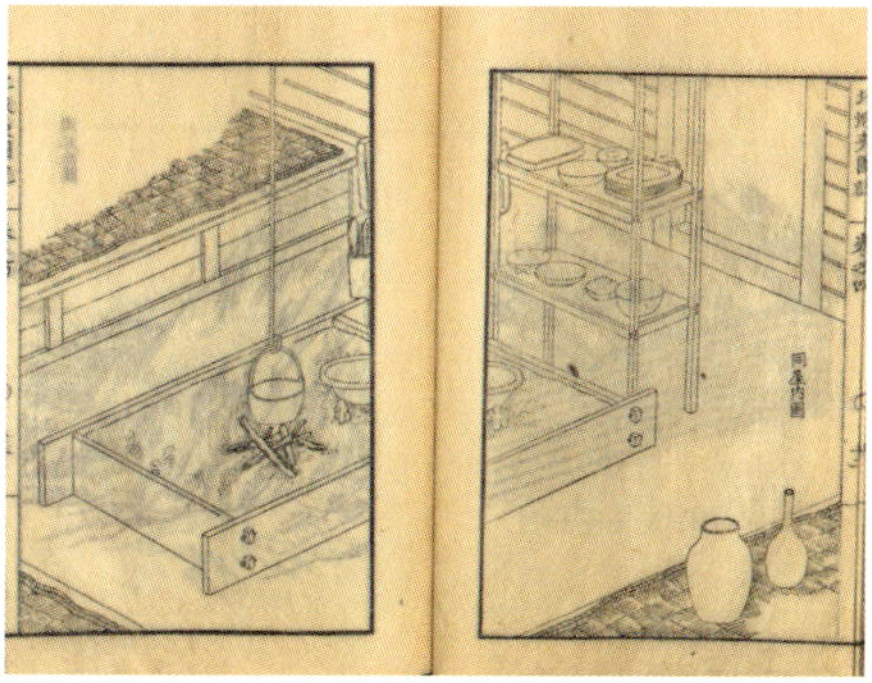

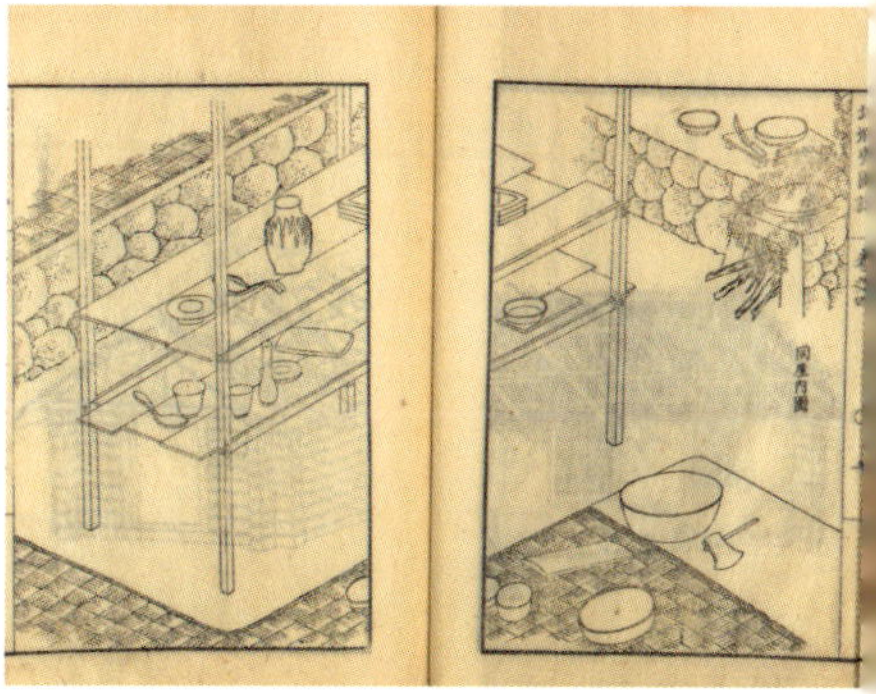

トカイ圖

『北《きた》蝦《え》夷《ぞ》図《ず》説《せつ》 附《ふ》図《ず》 坤《こん》』

間宮倫宗（間宮林蔵）・著　秦貞廉・編

安政二年（一八五五）刊　折本一冊
函館市中央図書館蔵

一名『銅柱餘録』と称されるもので、間宮林蔵の口述をもとに秦貞廉が編纂して、安政二年（一八五五）刊行された図絵入りの地誌である。これは林蔵が行なった文化六年（一八〇九）の樺太西海岸調査に基づいて作成されたものである。

樺太先住民の風俗誌

第五章

江戸の本草学・博物学

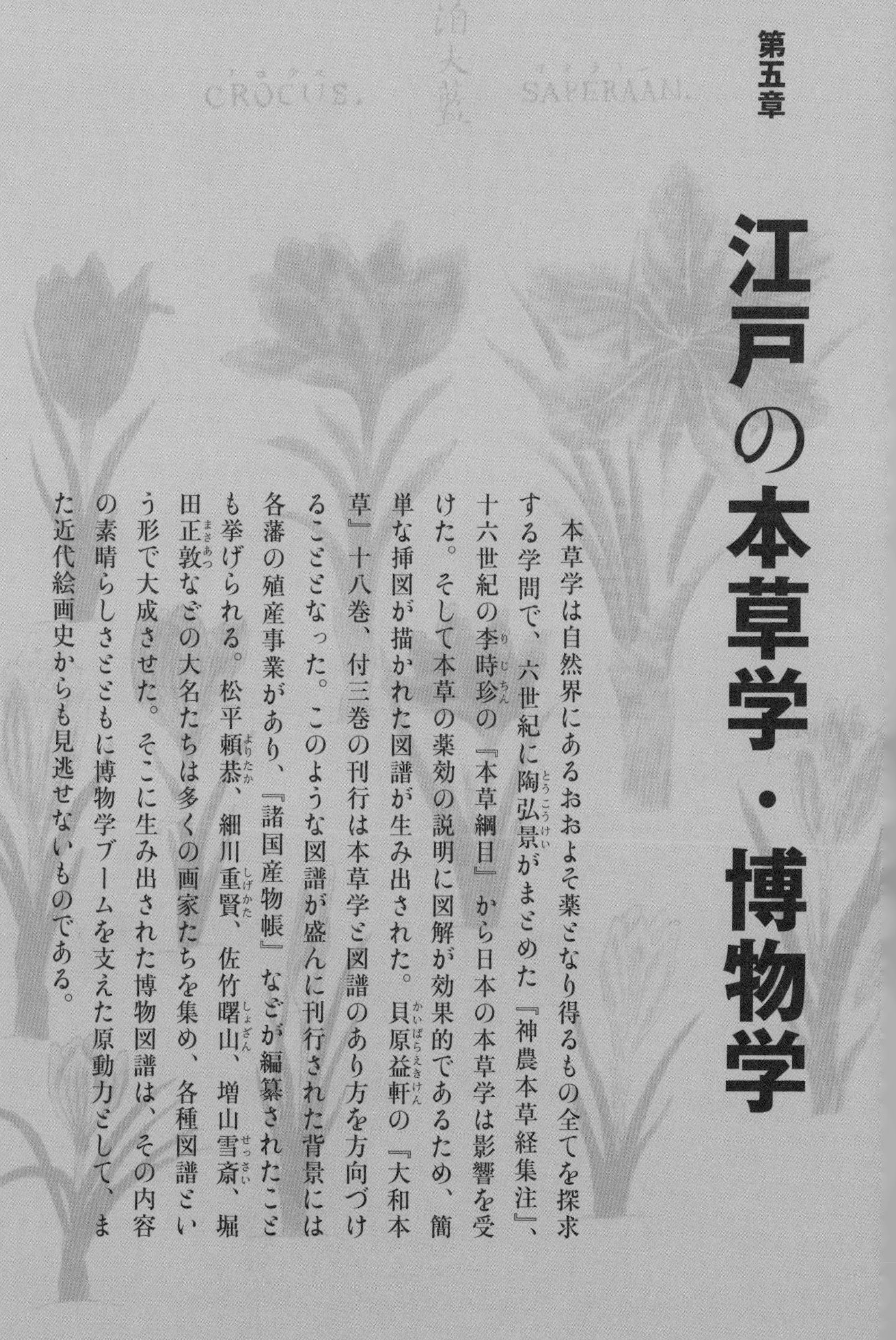

本草学は自然界にあるおおよそ薬となり得るもの全てを探求する学問で、六世紀に陶弘景《とうこうけい》がまとめた『神農本草経集注』、十六世紀の李時珍《りじちん》の『本草綱目』から日本の本草学は影響を受けた。そして本草の薬効の説明に図解が効果的であるため、簡単な挿図が描かれた図譜が生み出された。貝原益軒《かいばらえきけん》の『大和本草』十八巻、付三巻の刊行は本草学と図譜のあり方を方向づけることとなった。このような図譜が盛んに刊行された背景には各藩の殖産事業があり、『諸国産物帳』などが編纂されたことも挙げられる。松平頼恭《よりたか》、細川重賢《しげかた》、佐竹曙山《しょざん》、増山雪斎《せっさい》、堀田正敦《まさあつ》などの大名たちは多くの画家たちを集め、各種図譜という形で大成させた。そこに生み出された博物図譜は、その内容の素晴らしさとともに博物学ブームを支えた原動力として、また近代絵画史からも見逃せないものである。

エッセイ❶

赤い鸚哥《いんこ》の意味するもの
——博物学大名・佐竹曙山と秋田蘭画

今橋理子

今橋理子（いまはし りこ）
1964 年生まれ。学習院女子大学教授。日本美術史・比較日本文化論専攻。主な著作に、『江戸の花鳥画』、『江戸絵画と文学』、『秋田蘭画の近代』、『桜狂の譜』などがある。

日本の博物学発展の根底には、五～六世紀頃に伝来した中国の本草学がある。特に明時代の李時珍《りじちん》が一五九六年に著した『本草綱目』が慶長十二年（一六〇七）に伝わったことで、日本の本格的な博物学研究が始まった。そうしたなか十八世紀を迎えると、外国からの影響とは関係なく、日本は独自の博物学隆盛の時代を迎えることになる。

実は十八世紀に入ると、鎖国下の日本経済は徐々に下降線を辿っていた。これに対し八代将軍徳川吉宗は、キリスト教以外の洋書輸入の解禁（一七二〇年）をするなど、新たな殖産興業政策を試みる。その一つとして諸藩に対し、各領地内に存在する動植物や農産物に関する徹底的調査を行い、記録（文字と絵図の両方）にまとめて幕府に提出することを求めた。これがいわゆる「産物帳」の編纂である。産物帳は、基本は各藩大名の直接的命によって、領内の役人や学者らが記録を行ったが、次第に絵図などは専門の画家によっても描かれるようになる。そして十八世紀末になると、政治・経済的な意味合いを超えて、純粋な科学的興味から自然をつぶさに観察し、時にそれを芸術的な一枚の絵画にとして成立させようとする志向が、学者や絵師たちだけでなく、「博物学大名」といわれる、極めて学者肌の大名たち自身の中から生まれてくることになる。秋田八代目藩主・佐竹義敦こと曙山《しょざん》（一七四八〜八五）もそうした大名の一人で、彼は画家としての技術や感性もずば抜けて高い、まさにアーティストと呼べる殿様だった。

佐竹曙山を語るときに、まず触れるべきは「秋田蘭画派」の誕生とその経緯についてである。一七七三年夏、曙山は秋田（久保田）藩大名として藩内阿仁銅山の開発調査のため、元讃岐藩士で博物学者の平賀源内（一七二八〜七九）を江戸より招聘する。源内は久保田へ向かう旅の途中、佐竹北家が治める支藩・角館に宿泊のために立ち寄り、そこで偶然に絵師としても有能な一人の青年武士を見出すことになる。それが後に、秋田蘭画派の実質的な指導者となる小田野《おだの》直武《なおたけ》（一七四九〜八〇）である。伝説によれば、源内は出会ったばかりの直武の画技の高さに感心し、「鏡餅を真上から見た図」を描くように求めたという。しかし大小の二つの丸を重ねて描いただけの直武の絵に、源内は「それでは餅なのか丸なのかわからないであろう」と言って筆を執り、墨で「影」を描き足し、直武に初めて西洋画法の「陰影・明暗法」そして「遠近法」を教えたと言う。その後江戸に戻った源内のあとを追うように、おそらくは曙山の命を受けて直武は「銅山方産物吟味役」という役職名のもと江戸へと向

【図2】**「緋鸚哥（ヒインコ）図」**

「佐竹曙山写生帖」第二冊より　秋田市立千秋美術館蔵

かい、源内の元で本格的に洋画修行を開始する。そしてやがて直武、藩主曙山を中心に、角館城代・佐《さ》竹義《たけよし》躬《み》（一七四九〜一八〇〇）、秋田藩士・田代忠国（一七五六〜一八三〇）、荻津勝孝（一七四六〜一八〇九）らも巻き込んで、藩内において「蘭画熱」が一挙に高まったのである。これが秋田蘭画派の誕生である。彼らはいまだ鎖国下の当時の日本において、在来の伝統的画材で独特の洋風画表現を独自に確立した、極めて前衛的な芸術家集団であった。また秋田蘭画派の特徴として、実物写生をもとにした花鳥画や風景画制作を行い、特に直武と曙山は多くの優品を遺している。ここで紹介する佐竹曙山の代表作「松に唐鳥図」【図1】も、彼自身によって描かれた博物画「緋鸚哥（ヒインコ）図」【図2】を元に創作された、かなり大振りの掛軸作品である。竪長の画面の下方には、奇抜にも小さく三次元的に湖水風景が配されているが、これこそが秋田蘭画派特有の〈花鳥山水画〉の魅力と言えよう。

　画面の中央対角線上に近接的に大きく捉えられた松の表現は、花鳥画の構図としては狩野派以来の伝統的なものであるが、よく見ると光の在り処が陰影法により示され、木肌の乾いた触感の描写と共にきわめてリアルである。その松の枝先に止まる一羽の異国鳥——オランダや中国から輸入された鸚鵡《おうむ》や鸚哥のような唐鳥は、十七世紀以来、高価な飼鳥として将軍や大名、富裕な商人たちに非常に喜ばれ、競ってコレクションとされた。佐竹曙山は、熊本藩細川家や讃岐藩松平家の藩主たちが所持する豪華な博物図譜を借り出しては、大量の模写を（おそらくは小田野直武などの手も借りて）行っていたが、曙山自身もまた異国鳥たちを身近に収集し、熱心にスケッチしていたことが、今日遺されている写生帖から窺われるのである。写生帖に描かれた止まり木で休む緋色のインコの愛らしい姿は、政務の合間にひととき絵筆を執る、曙山の穏やかな日常のひとコマを彷彿とさせるものがある。

　ところで東洋の花鳥画題は、伝統的に吉祥の意をしばしば導くものであるが、鸚鵡や鸚哥（ただし伝統的

「松に唐鳥図」（部分）

には白鸚鵡）と松を組み合わせる構図は、如何なる意味を暗示するのだろうか――答えは、鸚鵡《おうむ》の古語表記「あふむ」にある。江戸時代「あふむ」は「逢夢《あふむ》」という言葉（「逢ふ」とは男女が契りを結ぶという意味）に通ずるとされ、そこから派生して「男女の相愛」を祈念する意味となった。そしてこれに「松」が付加する意味はもちろん「永遠」の暗示である。つまりそこから推測されるのは、曙山筆「松に唐鳥図」は、おそらくは親しい誰かの婚礼（婚約）祝いを目的に描かれた可能性がある。しかも時代の先端をゆく高価な「異国の籠の鳥」を、空想の自然景のなかに遊ばせ、さらには、本来「白鸚鵡」であるべきところを「緋色の鸚哥」に変えるという、実に斬新な発想が織り重ねられた洋風画となっている。江戸博物学がもたらした創造力とは、ただの記録絵図だけでは決して終わらない、このような絵画芸術の中にこそ息づいているのである。

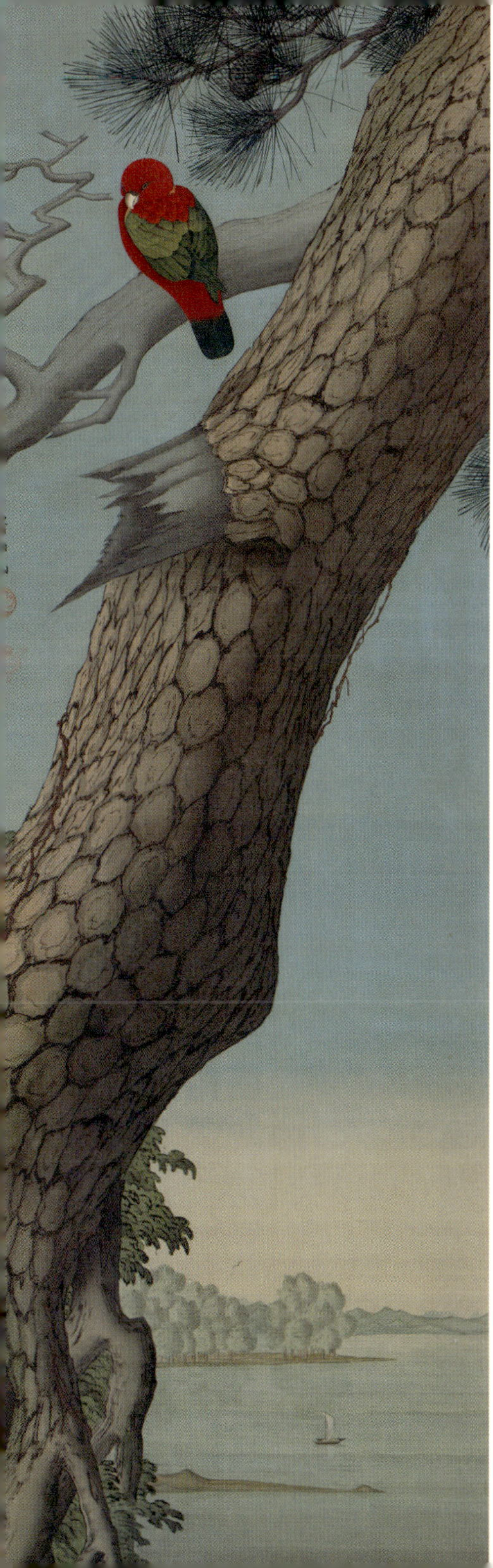

【図1】**「松に唐鳥図」**

絹本著色　173.0 × 58.0㎝　重要文化財　個人蔵

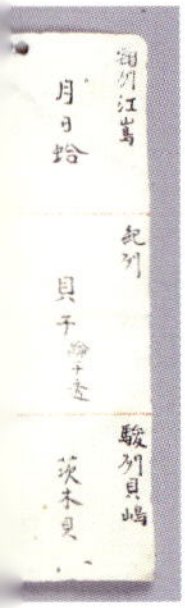

本草学者たちの標本コレクション

「木《き》村《むら》蒹《けん》葭《か》堂《どう》貝《かい》石《せき》標《ひょう》本《ほん》」

木村蒹葭堂・収集

江戸時代（十八世紀）螺鈿漆塗七段重箱（提げ台付）入り　大阪市立自然史博物館蔵

木村蒹葭堂は通称坪井屋吉右衛門、大坂北堀江の酒造家で、本草学や博物学などあらゆる分野に精通した存在として知られる。写真は漆塗りの重箱に納められた外国産を含む貝の標本。

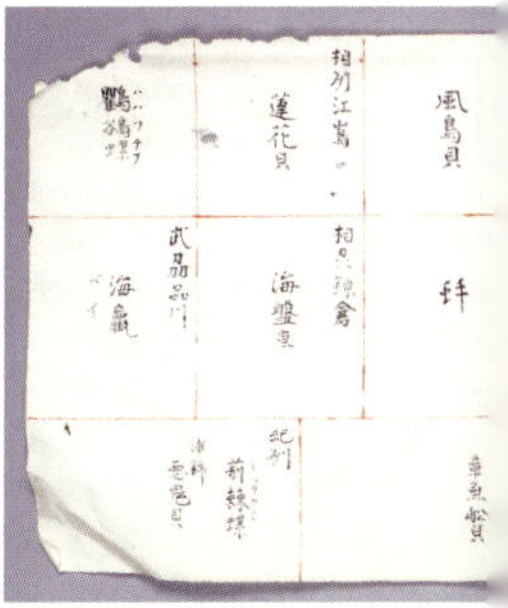

「貝類標本《かいるいひょうほん》」
市岡智寛《ともひろ》・収集
江戸時代後期（十八世紀）一箱五段
飯田市立中央図書館蔵

江戸時代後期の博物学者である市岡智寛は信濃飯田の代官所手代で、京都で村瀬栲亭《こうてい》に儒学を、白隠慧《え》鶴《かく》に禅を学んでいる。貝類、鉱物、化石、石鏃《せきぞく》、勾玉《まがたま》など考古学的遺物などの実物標本を収集し、『信陽菌譜』や『鉱物図譜』などを著した。

「木村蒹葭堂貝石標本」（部分）

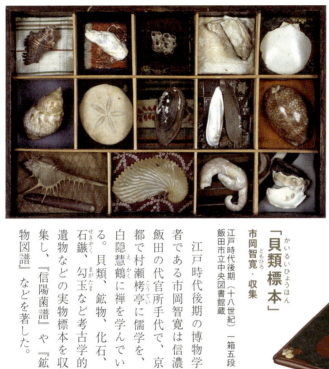

「鉱物標本《こうぶつひょうほん》」

市岡智寛・収集

江戸時代後期（十八世紀）一箱七段
飯田市立中央図書館蔵

市岡家の自然標本のほとんどは、「鉱物標本」（七段、市岡智寛集、寛政十二年頃）、「貝類標本」（七段、智寛蒐集か、年代不明）、「標本　甲」（七段、智寛蒐集か、年代不明）、「標本　乙」（七段、智寛蒐集か、年代不明）及び「標本　丁」（三段、智寛蒐集か、年代不明）という五つのシンプルな木箱に収納されている。

「昆虫《こんちゅう》標本《ひょうほん》」

武蔵石寿《むさしせきじゅ》・収集

天保年間（一八三〇〜四四）
桐製標本箱七段　東京大学総合研究博物館蔵（撮影・矢後勝也）

武蔵石寿の昆虫標本の製作年代は、天保年間（一八三〇〜四四）頃といわれる。この標本箱は桐製の外箱のなかに浅箱が七段重ねで収容されている。標本は綿の上に虫体を載せ、これをまんじゅう型の透明なガラス皿で被い、その底にほぼ同大の厚手和紙を貼って密閉したものである。この底紙には、名称、採集地などを記したものもある。

外国産の植物も収載した植物図譜

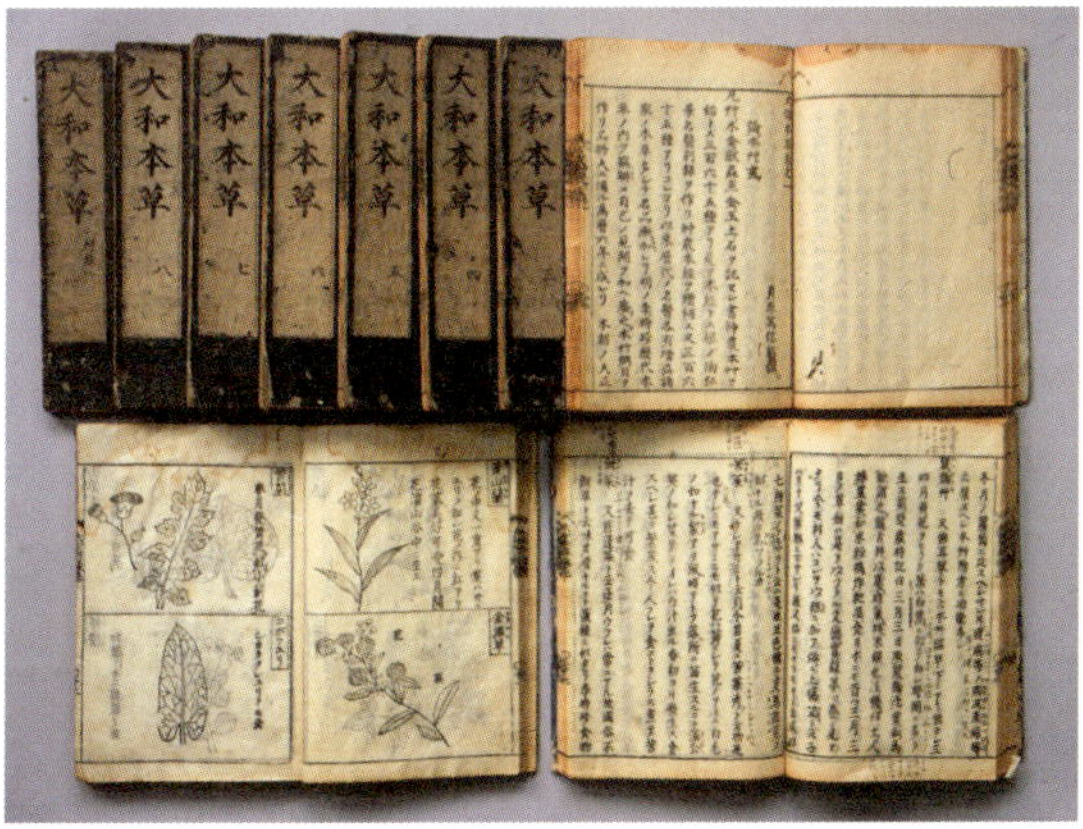

『大和本草《やまとほんぞう》』 貝原益軒《かいばらえきけん》・著

宝永六年～正徳五年（一七〇九～一五）刊 十六冊・附録二冊・諸品図二冊 内藤記念くすり博物館蔵

本書は『本草綱目』から日本に産しないものや薬効的に疑わしいものを除いて七七二種を取り上げ、他書からの引用や日本特産品、西洋からの渡来品などを加えた一三六二種の薬物を収載している。

『本草図彙《ほんぞうずい》』 市岡嶢智《いちおかたかとも》・著

文政五年（一八二二）十八巻 飯田市美術博物館蔵

父である市岡智寛の稿本や標本をもとに、自らが採集し、あるいは移植や栽培した植物を写生してまとめた植物図鑑。

『本草図譜』 岩崎灌園《いわさきかんえん》・著

天保五年～弘化元年（一八三四～四四） 九十六冊 飯田市立中央図書館蔵

岩崎灌園の実見にかかる本草約二千種を写生、彩色し、山草、湿草、毒草などに分類したもので、外国産も加えた植物を収載する江戸時代最大の彩色植物図鑑である。

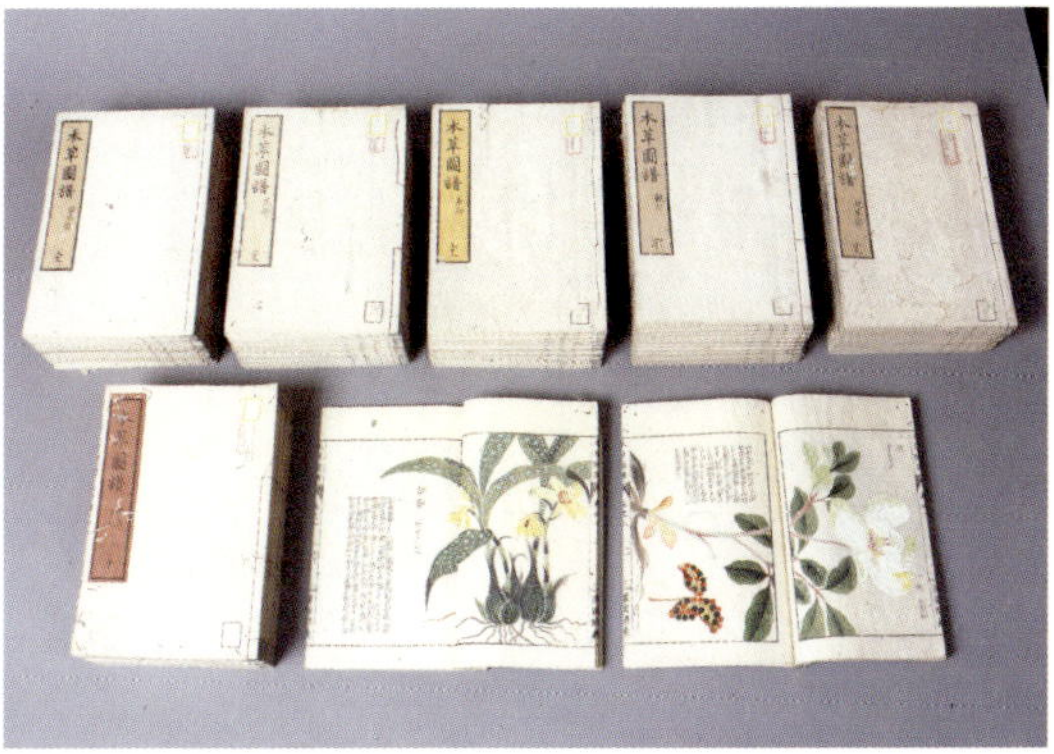

『大和本草《やまとほんぞう》』

貝原益軒・著

宝永六年～正徳五年（一七〇九～一五）刊
十六冊・附録二冊・諸品図二冊
国立国会図書館デジタルコレクション

和漢洋の動物、植物、鉱物一三六二種（うち国産品は三五八種）を中国の『本草綱目』にみられる分類法に準じながらも独自の立場で分類した。品目の選定や記述に薬用の範囲を超えた博物学的な要素を加え、日本の本草学研究の博物学化を示す最初の書である。薬草を含め薬になる天然自然の産物を研究する学問を「本草学」といった。

日本の本草学研究の博物学化を示す最初の書

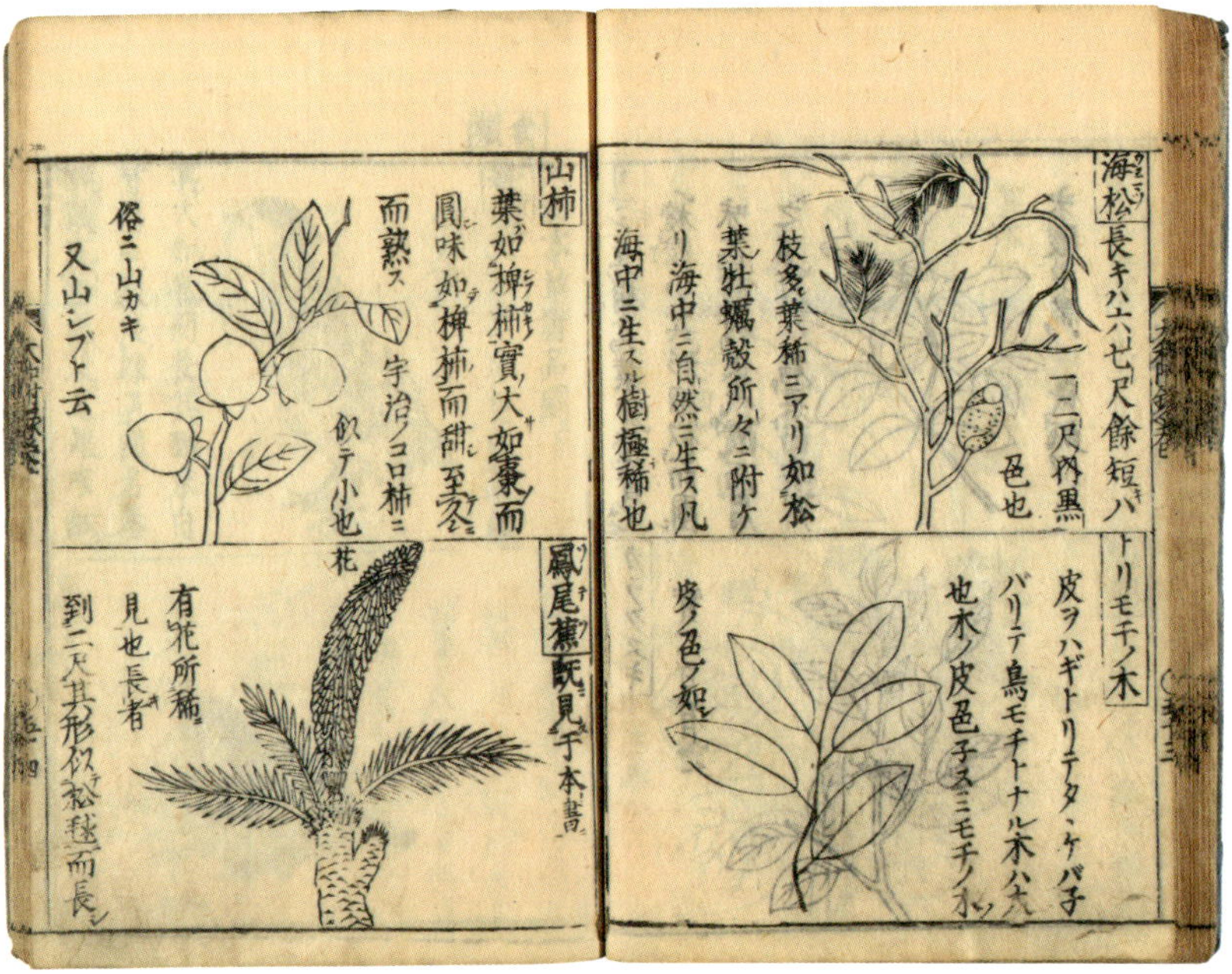

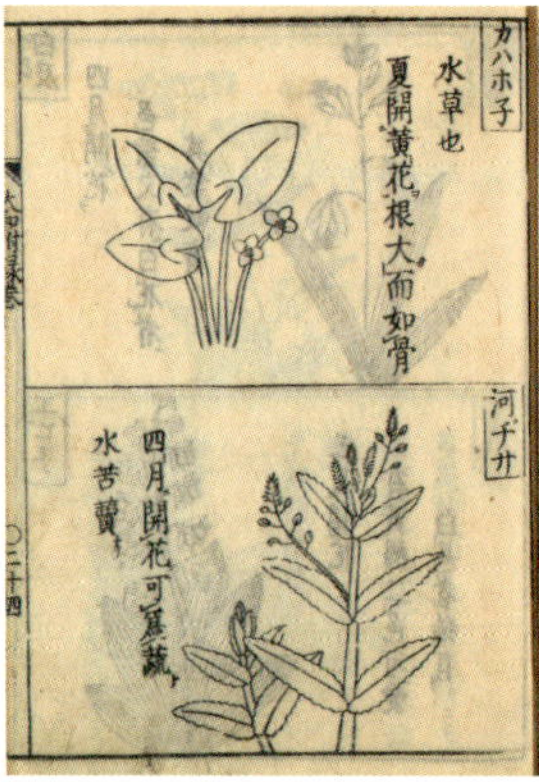

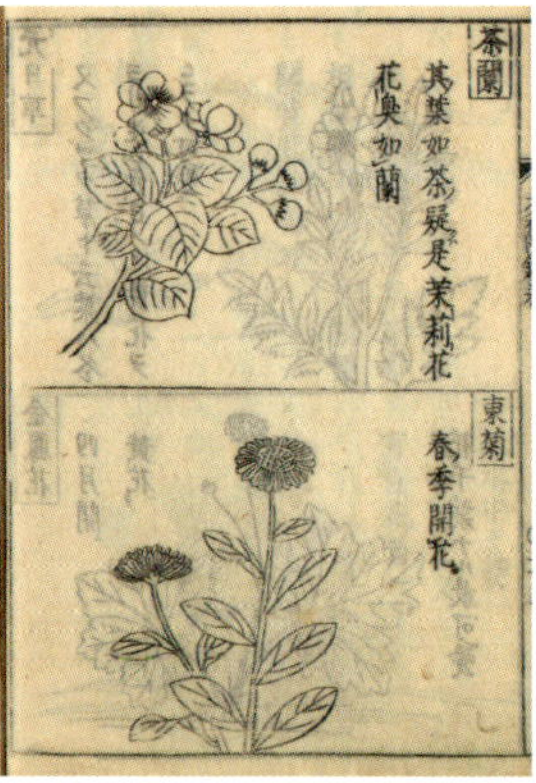

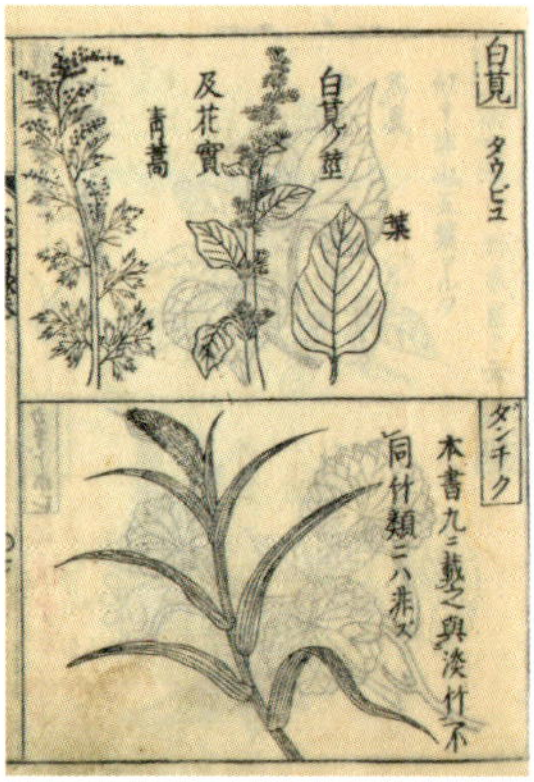

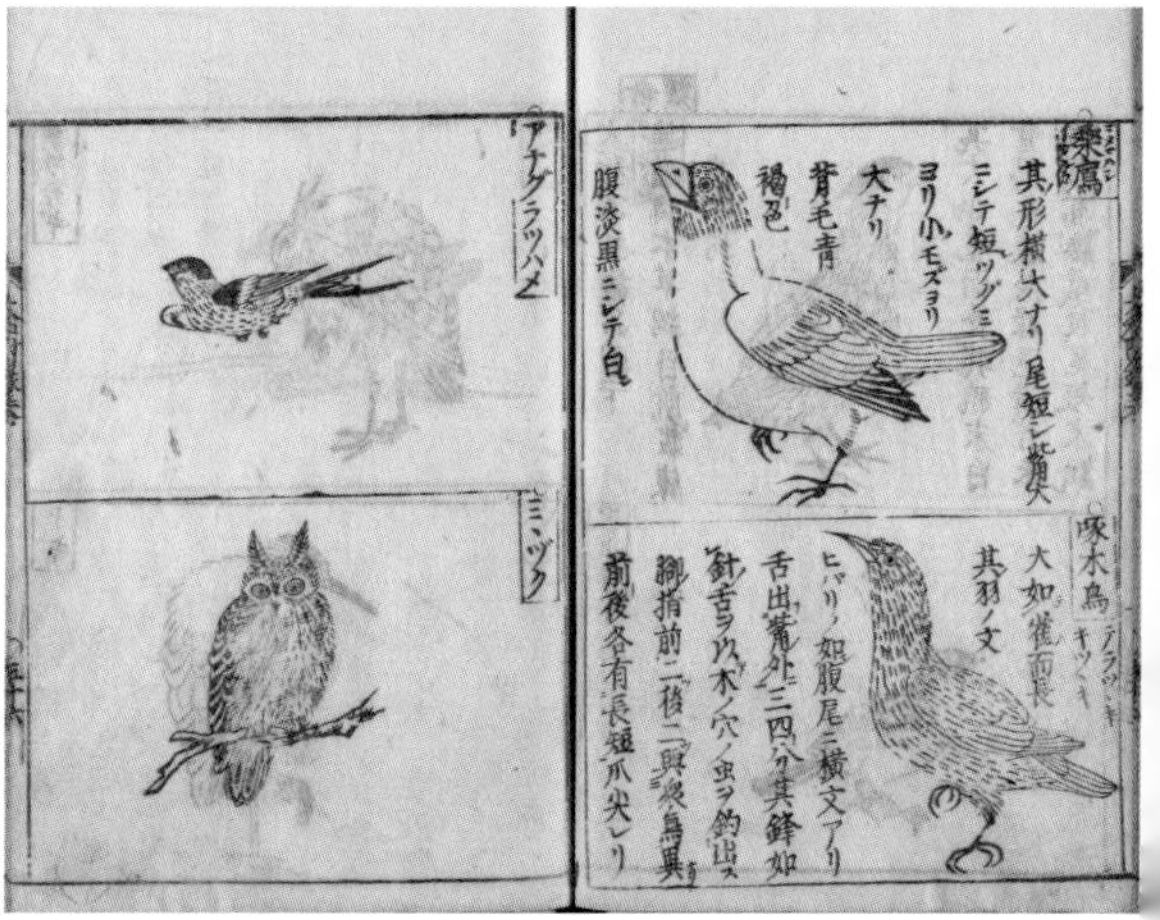
桑鳲
啄木鳥
アナグラツバメ
ミミヅク

アヲサギ
トキ

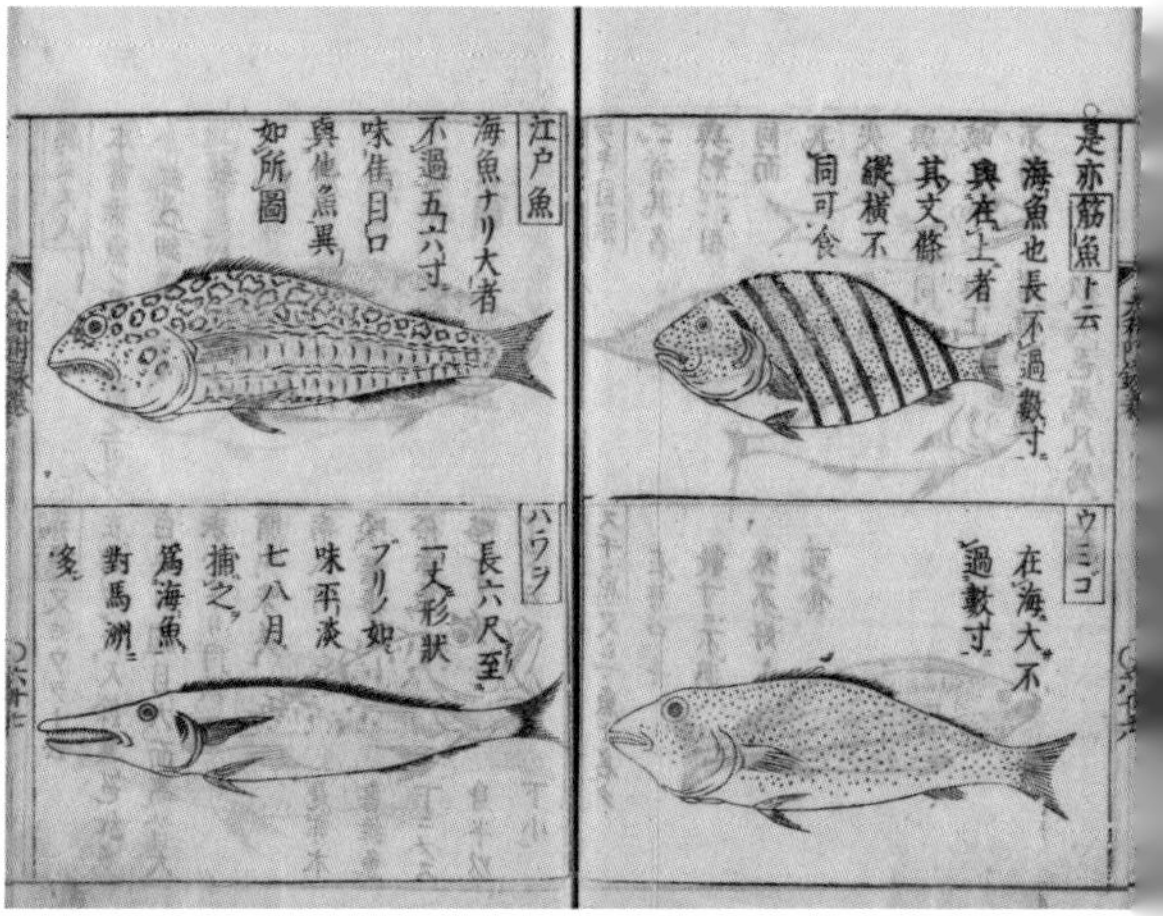
是亦筋魚ト云
江戸魚

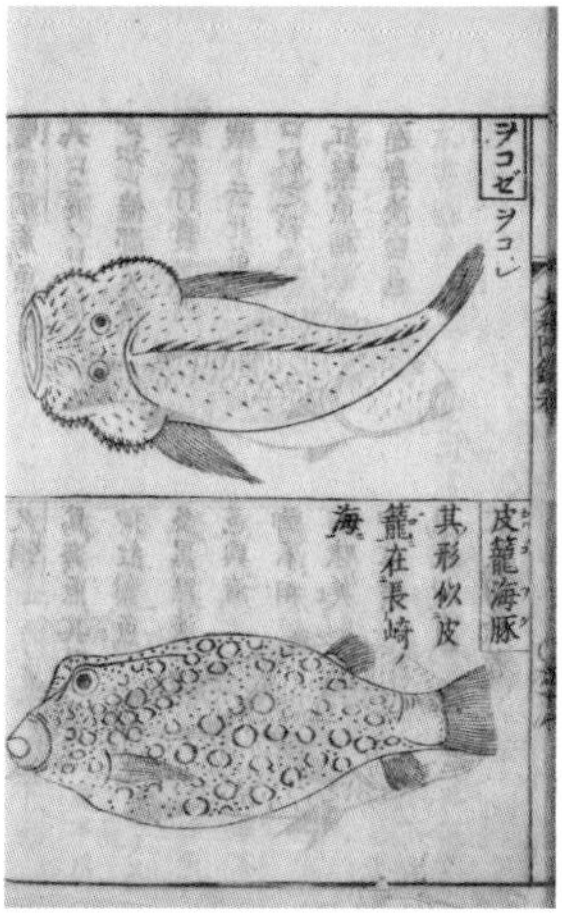
ヲコゼ
皮籠海豚

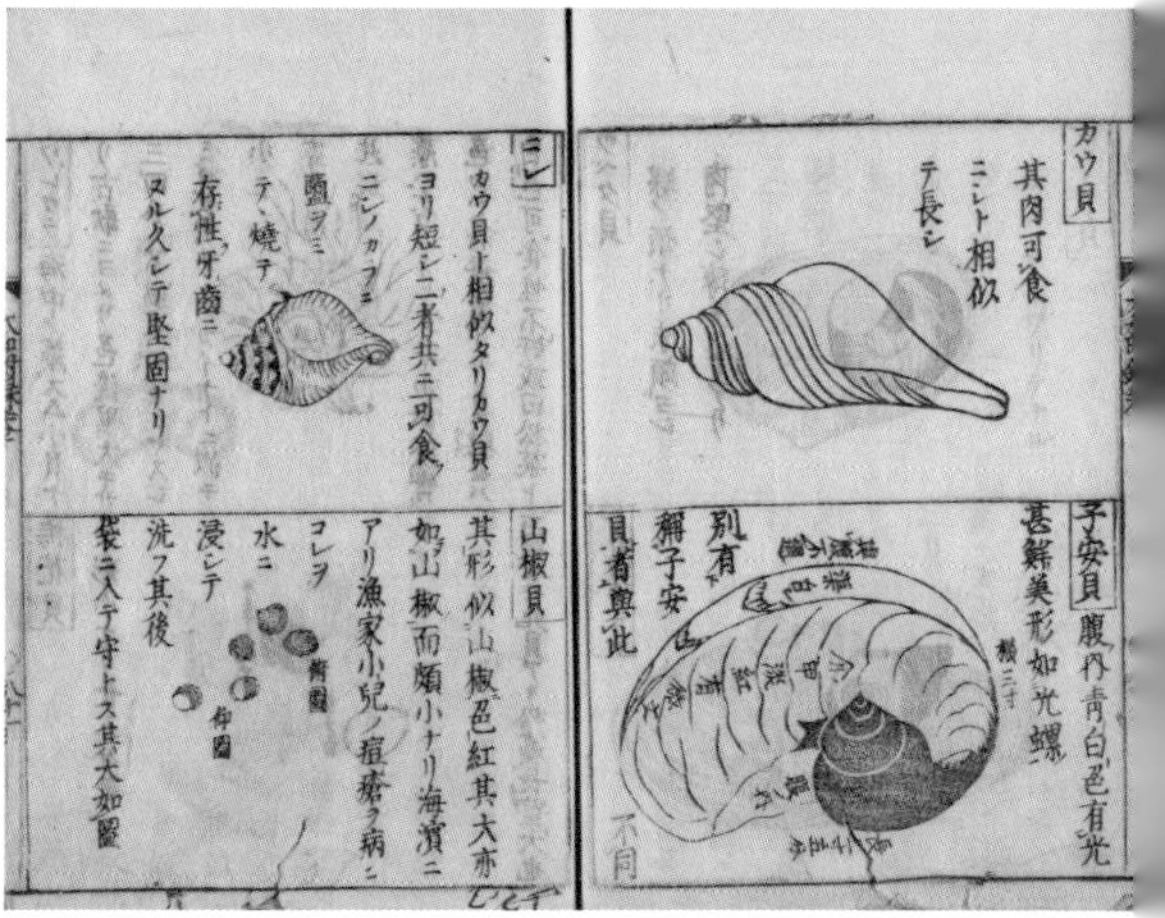
カウ貝
子安貝
ニシ
山椒貝

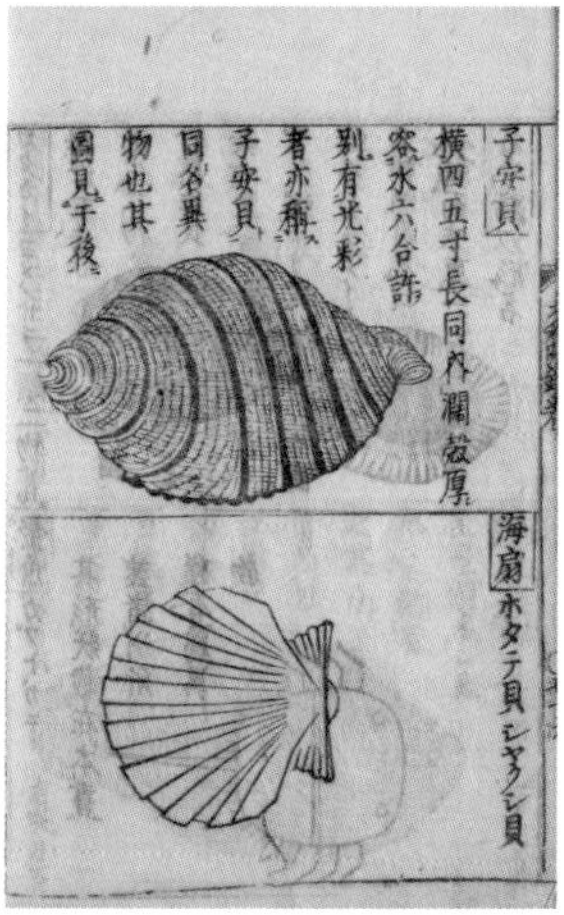
子安貝
海扇

『朝鮮人参耕作記《ちょうせんにんじんこうさくき》』

田村藍水《たむららんすい》・編
延享四年（一七四七）序
国立国会図書館デジタルコレクション

江戸時代中期の本草学者で、通称元雄、名は登、藍水は号。阿部将翁《あべしょうおう》に本草を学び、諸国を採薬してその栽培に従事した。幕命で朝鮮人参の国産化を図り、種子栽培に努め、各地での移植に成功した。二十歳でその方法を記述した『人参譜』、三十歳のときに栽培や調製法を記述した『人参耕作記』を著した。

朝鮮人参の**国産化**を図り、**種子栽培**に**努**め**移植**に**成功**した

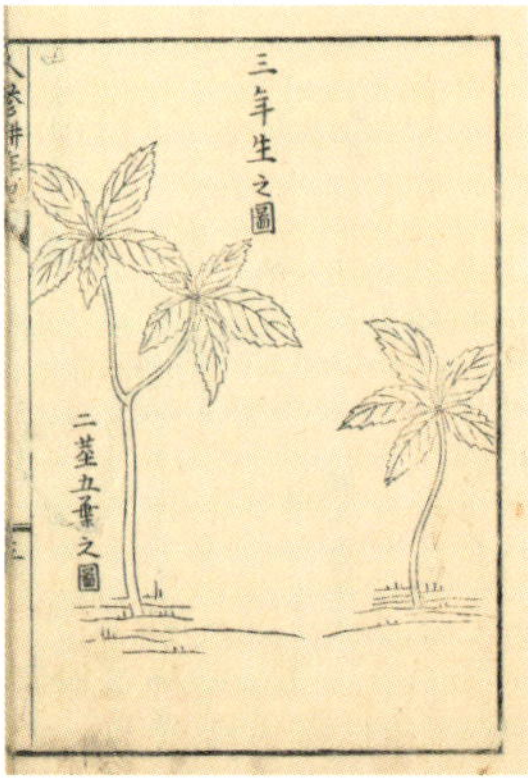

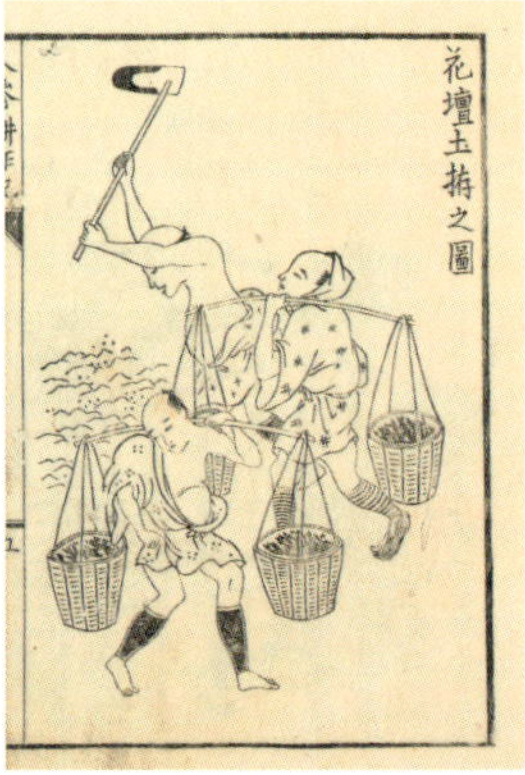

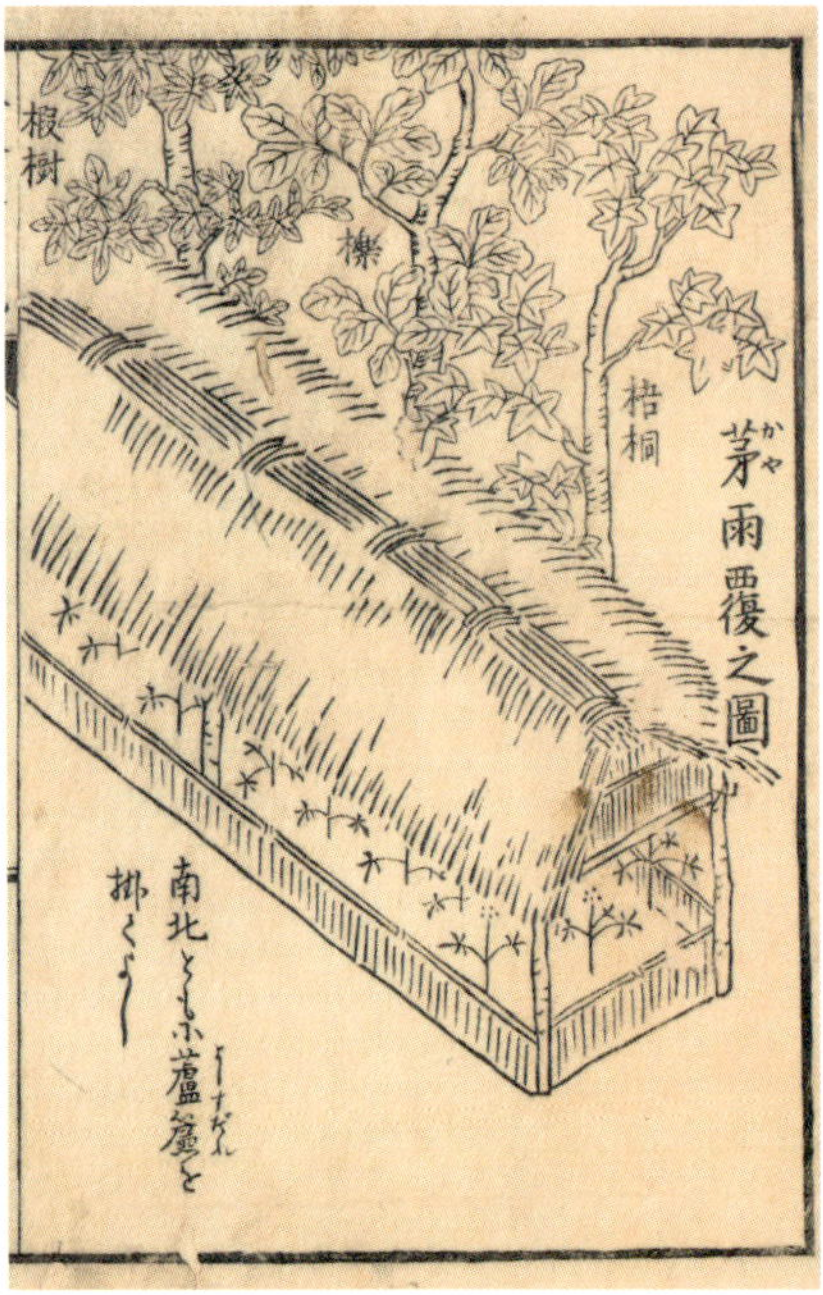

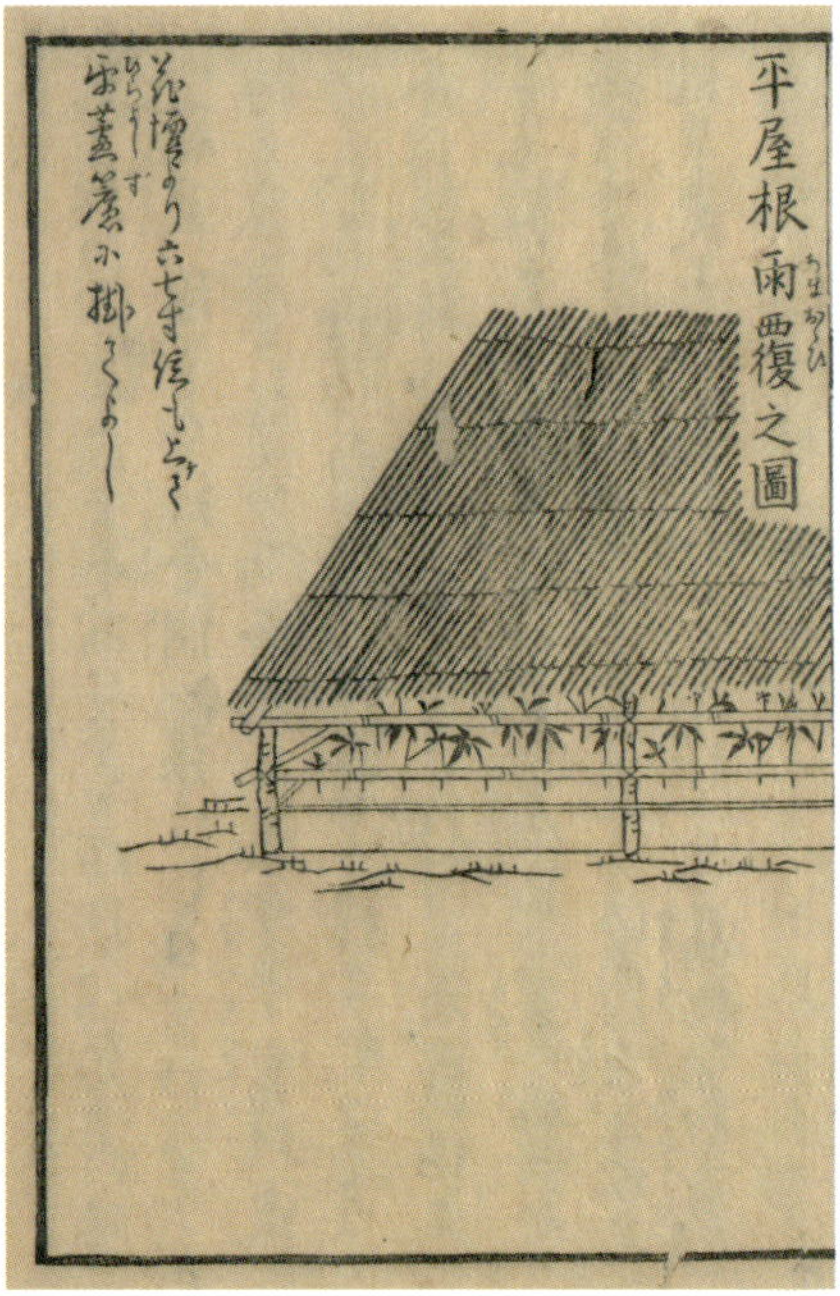

琉球や外国産の動植物図譜

「阿蘭陀《おらんだ》貝尽《かいづくし》」

曽我《そが》二直庵《にちょくあん》・画

一軸　国立国会図書館デジタルコレクション

宝永二年（一七〇五）、アムステルダムで刊行された『アンボイナ珍品集成』（ルンフィウス著）の中の図版を転写したものである。アンボイナはイモガイ科に分類される巻貝の一種。本図はモルッカ諸島（ニューギニアの西）で採集された海産無脊椎動物と鉱物の研究報告で六十図版を収録している。

モルッカ諸島の海産無脊椎動物と鉱物を紹介

N.º XIX
N.º 1
A
B
N.º 4
C
E
N.º 6
D
N.º 3
N.º 7
N.º 2
N.º 5
N.º XXI.

『中山《ちゅうざん》伝信録《でんしんろく》物産考《ぶっさんこう》』

田村藍水《たむららんすい》・著

明和六年（一七六九）四冊
国立国会図書館デジタルコレクション

江戸時代には薩摩藩を通して琉球や薩南諸島の産物が流入し、それを紹介する著作が現れはじめる。本書もその一冊で、植物をはじめ、鳥類、貝類、動物、爬虫類などが収められている。藍水の著作には『人参譜』などがある。「中山」は琉球の異称である。

琉球固有の植物、鳥類、貝類、動物、爬虫類など紹介

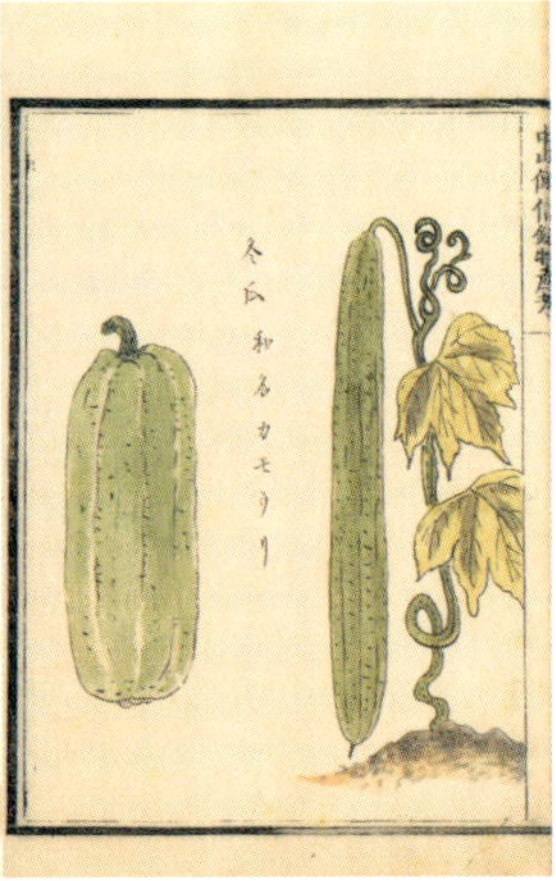

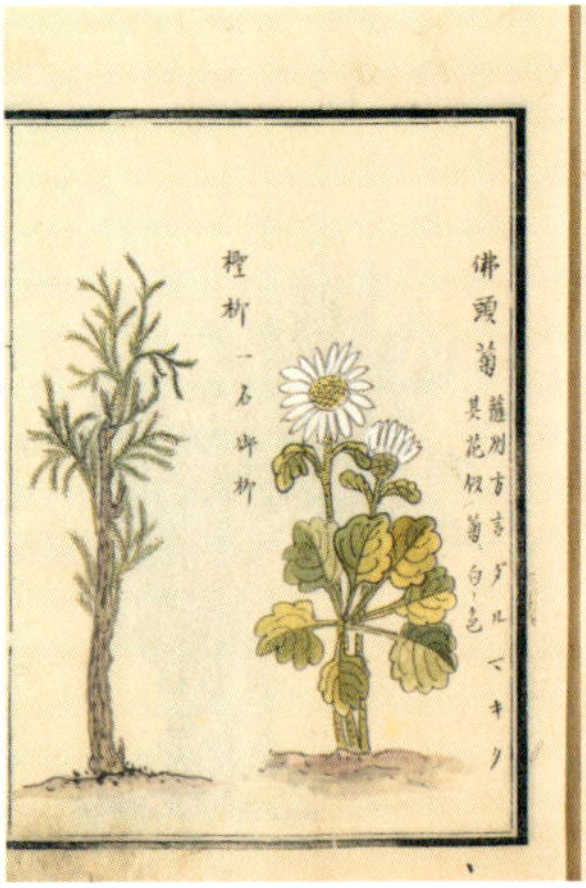

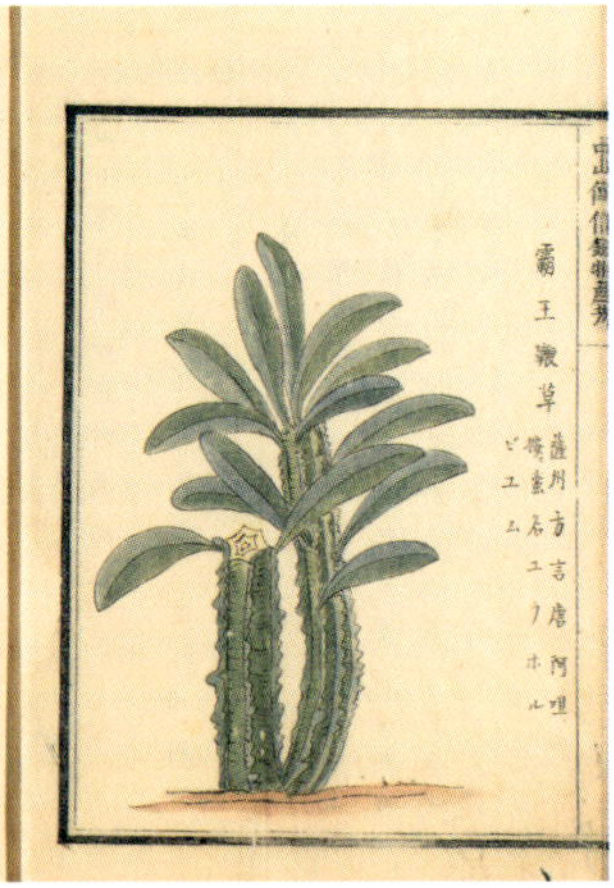

琉球に生息する七二〇品ほどの植物を紹介

『琉球産物志《りゅうきゅうさんぶつし》』

坂上登（田村藍水）・著
坂上善之（田村西湖）・撰 林懋・校正
明和七年（一七七〇）十五冊
国立国会図書館デジタルコレクション

『琉球産物志』には七二〇品ほどの植物が収められている。坂上登は田村藍水の別称で、幕府の医官となり、薬用人参の研究に従事した。また宝暦七年（一七五七）江戸で日本最初の物産会を平賀源内らと開いた。坂上善之は藍水の長男で、同じく医師で博物学者である。

当代随一の蘭学者が描いた外国産の動物絵

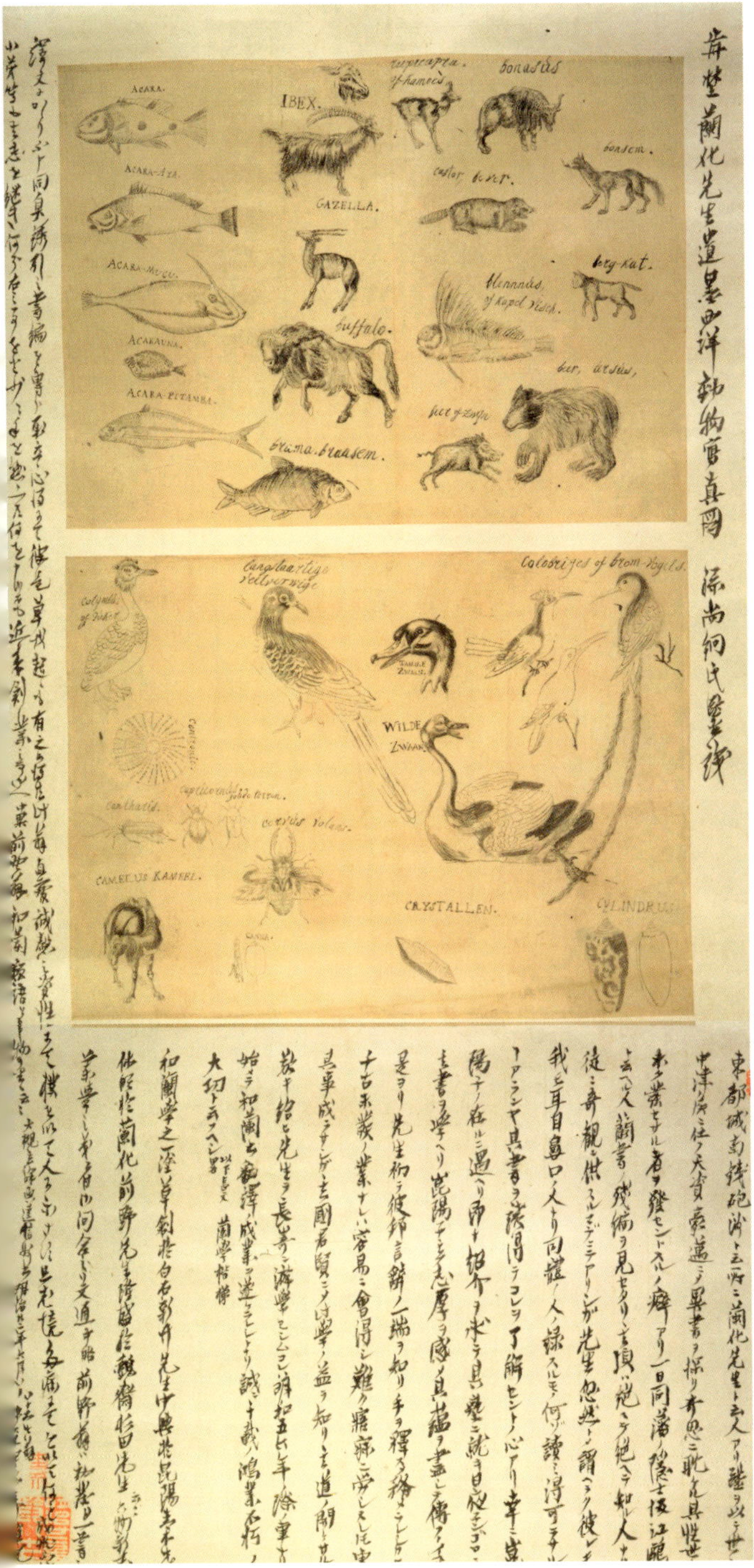

「外祖前埜蘭化先生《がいそまえのらんかせんせい》西洋禽獣写真《せいようきんじゅうしゃしん》」
前野蘭化（良沢）・画
江戸時代中期（十八世紀）一軸
国立国会図書館デジタルコレクション

江戸時代中期の蘭学者である前野良沢《りょうたく》が描いた外国の動物の絵二面を軸装に仕立てたもの。良沢は当代随一の蘭学者であり、医学ばかりでなく動物学にも関心を寄せ、オランダ語の動物学文献にも通じていた。別号の蘭化は、藩侯が良沢のオランダ語研究の熱心さを庇護し戯れに和蘭の化け物と称したことによるもの。

平賀源内が著した江戸時代中期の博物学書

『物類品隲《ぶつるいひんしつ》』

平賀国倫《ひらがくにとも》(平賀源内)・編

柏原屋清右衛門版 宝暦十三年(一七六三) 六冊 国立国会図書館デジタルコレクション

平賀源内が師の田村元雄とともに宝暦七年(一七五七)以来、五度にわたって開いた薬品会(物産会)の出品物を編纂したもので、本文四巻、産物絵と付録の全六巻からなる。二千余の産物の中から主要な三六〇種を取り上げて解説を加えている。付録には珍しい朝鮮人参の栽培方法や砂《さ》糖黍《とうきび》からの砂糖の製法などが図入りで紹介されている。

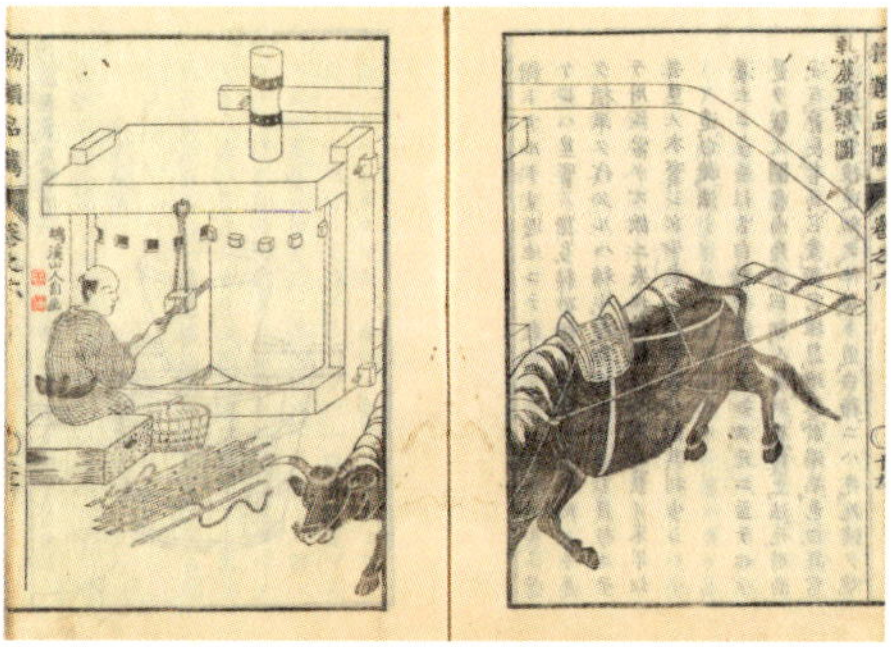

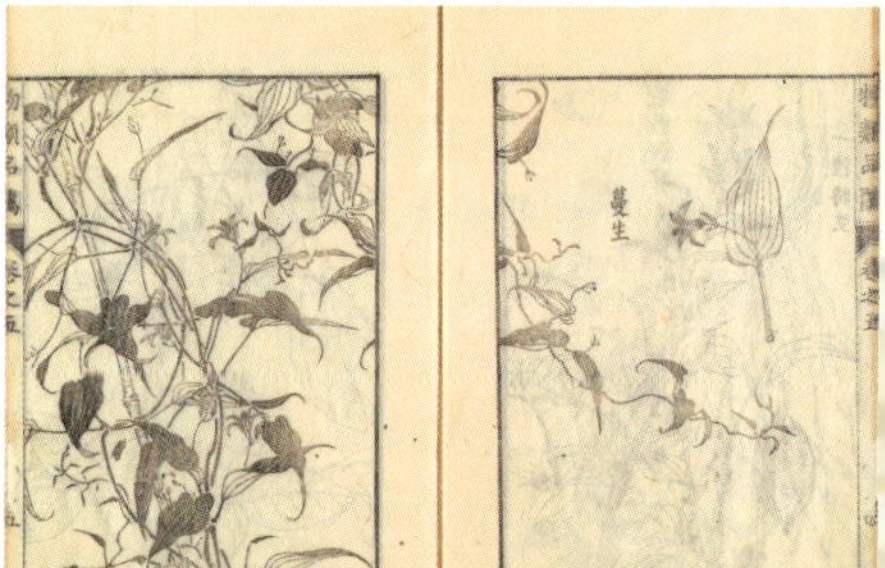

外国産鳥類と日本初の魚譜

『外国産《がいこくさん》鳥《とり》之《の》図《ず》』

編者不詳　写本　一軸
国立国会図書館デジタルコレクション

長崎に輸入された外国産鳥類を長崎の御用絵師が写生し、記録として残したものの模写と思われる。三十四種の鳥類が描かれているが、なかでも天明七年（一七八七）に輸入されたものが二種で、他は文化九年（一八一二）から天保三年（一八三二）にかけて輸入された。その目的は、将軍や大名、豪商の愛玩用として、あるいは見世物用にするためであった。なかでも人気だったのはインコやオウムなどの色鮮やかな禽類であった。

将軍や大名、豪商の愛玩用に数多くの外国産鳥類が輸入された

『日東魚譜《にっとうぎょふ》』

神田玄泉《かんだげんせん》・著
元文六年（一七四一）序　五冊
国立国会図書館デジタルコレクション

『日東魚譜』は日本で最初に刊行された魚譜で、享保四年（一七一九）の作成であるが、後に三回改訂されているが内容がみな異なっている。本書は元文六年（一七四一）序の最終改訂本で、魚介類三三八品を図説している。神田玄泉は江戸の町医者で城南に住んでいたらしいが、詳しい経歴などは不明である。

魚介類三三八品を図説した本邦最初の魚譜

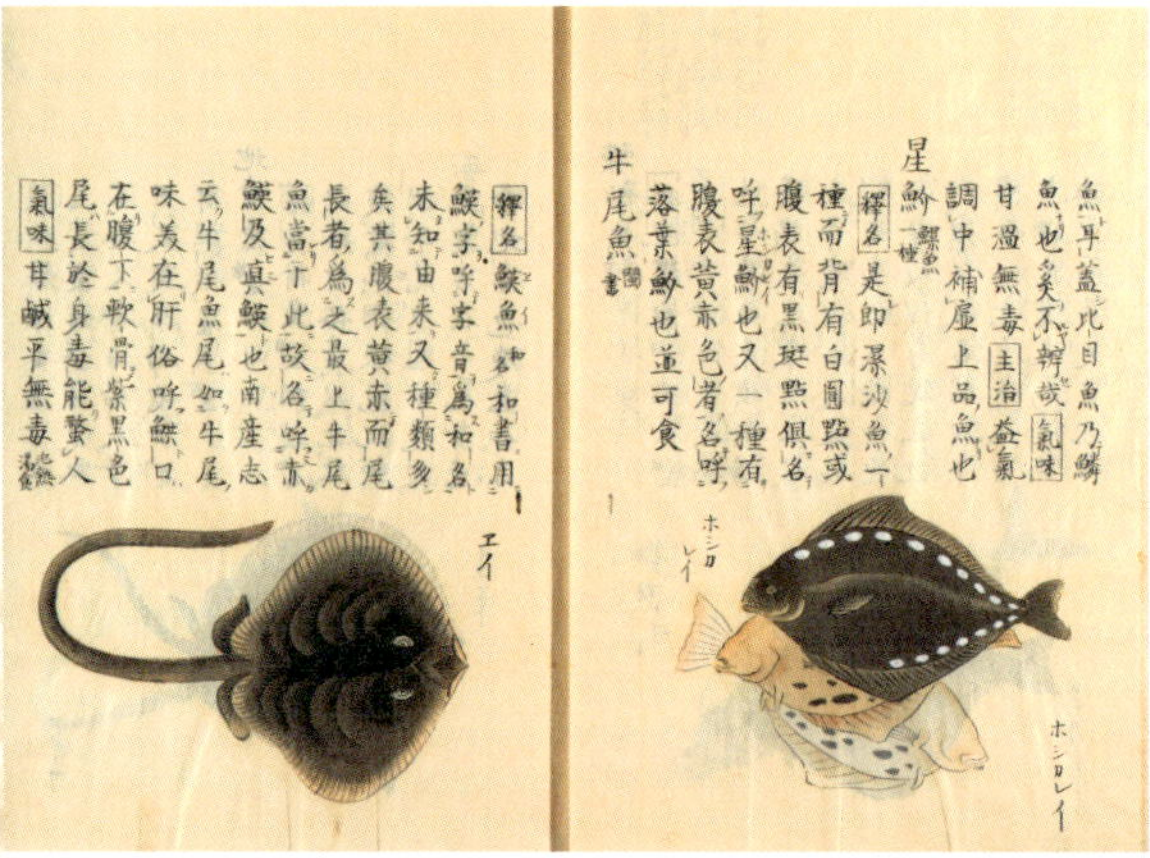

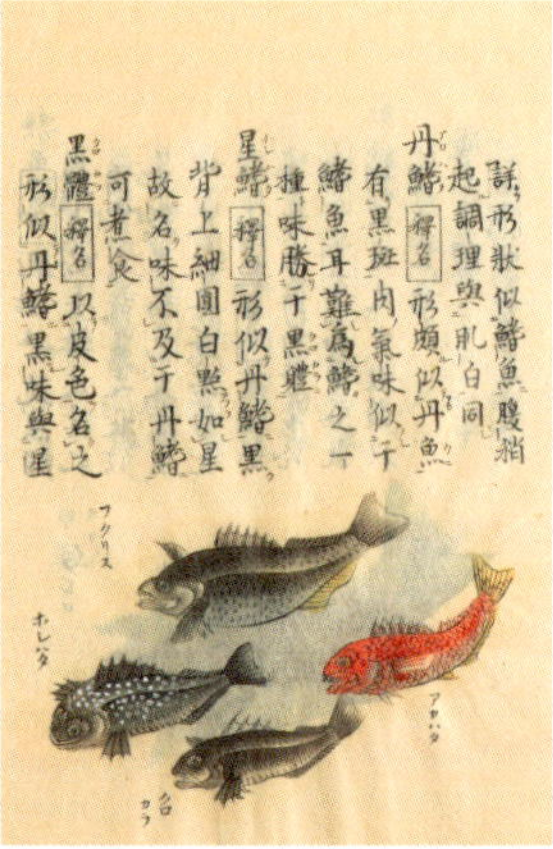

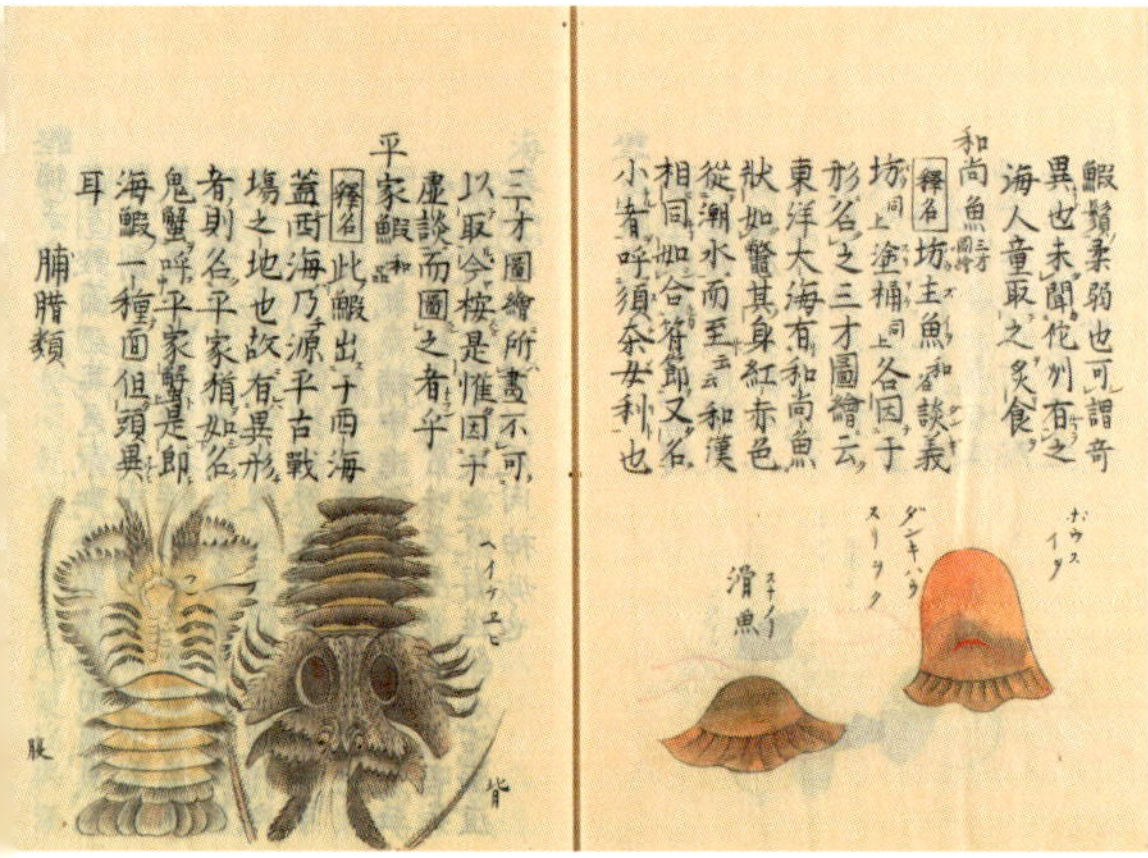

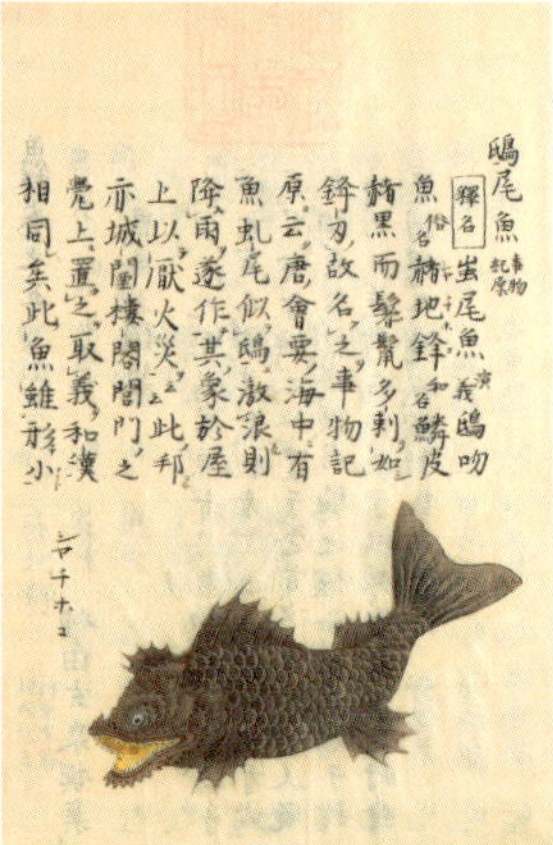

木村蒹葭堂の動植物図譜

『一角纂考《いっかくさんこう》』

木村孔恭《きむらこうきょう》（木村蒹葭堂）・著
寛政七年（一七九五）刊　蔦屋重三郎版
一冊　国立国会図書館デジタルコレクション

本書は大坂の酒造家でアマチュア本草研究者として知られる木村蒹葭《けんか》堂《どう》が著したイッカククジラの専門書。「一角」はNarwhal、またはUnicorn、日本では通称「イッカク」と呼ばれるクジラで、北極圏にのみ生息し体長約五メートル。雄は左の上顎歯が三メートルにも伸び、角に見えるところからこの名がある。この牙が陸生の「一角獣」（想像上の生物）の角とされ、強い解毒作用があると信じられていた。

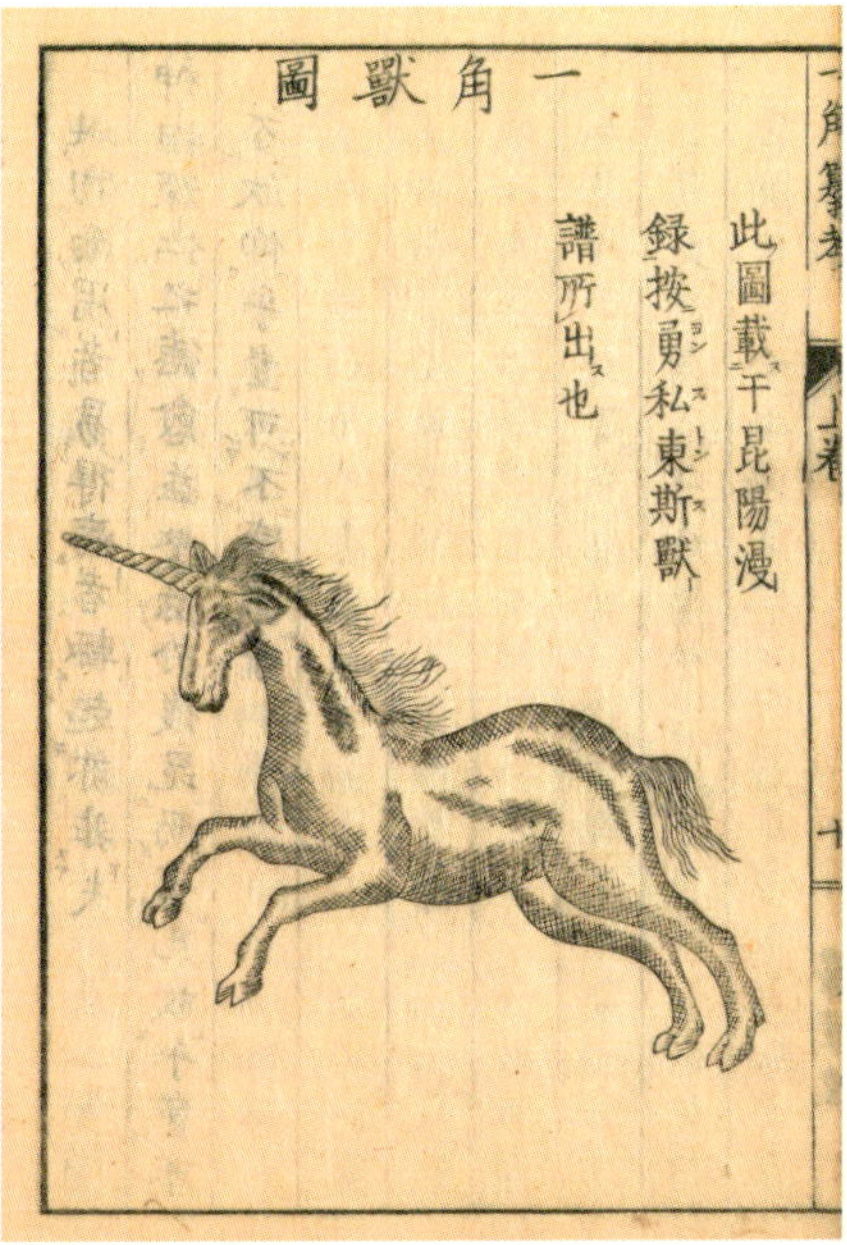

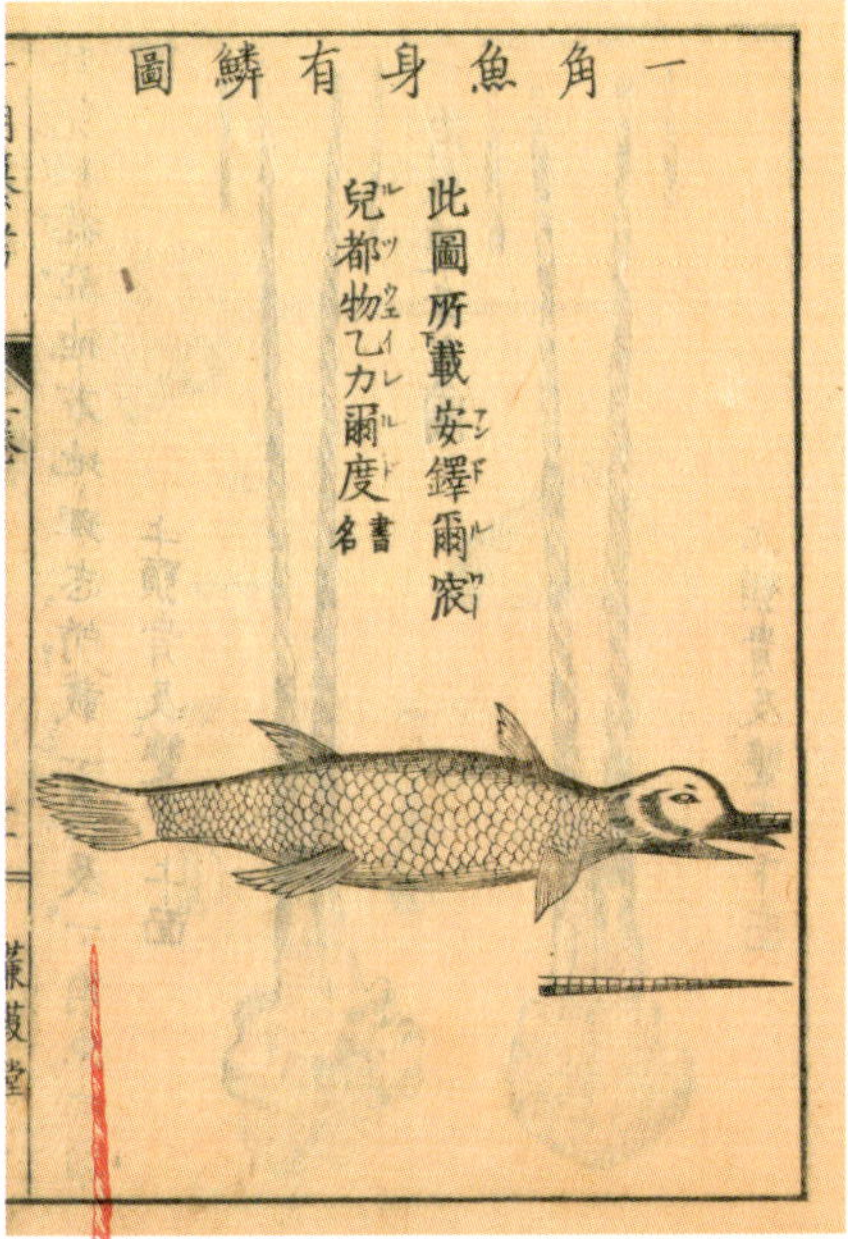

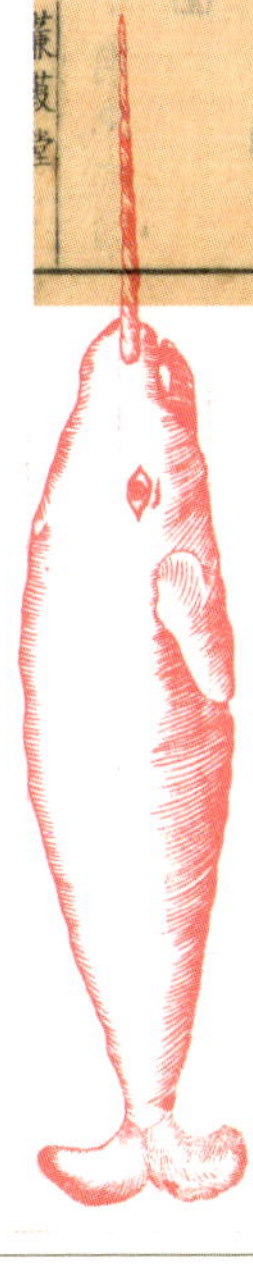

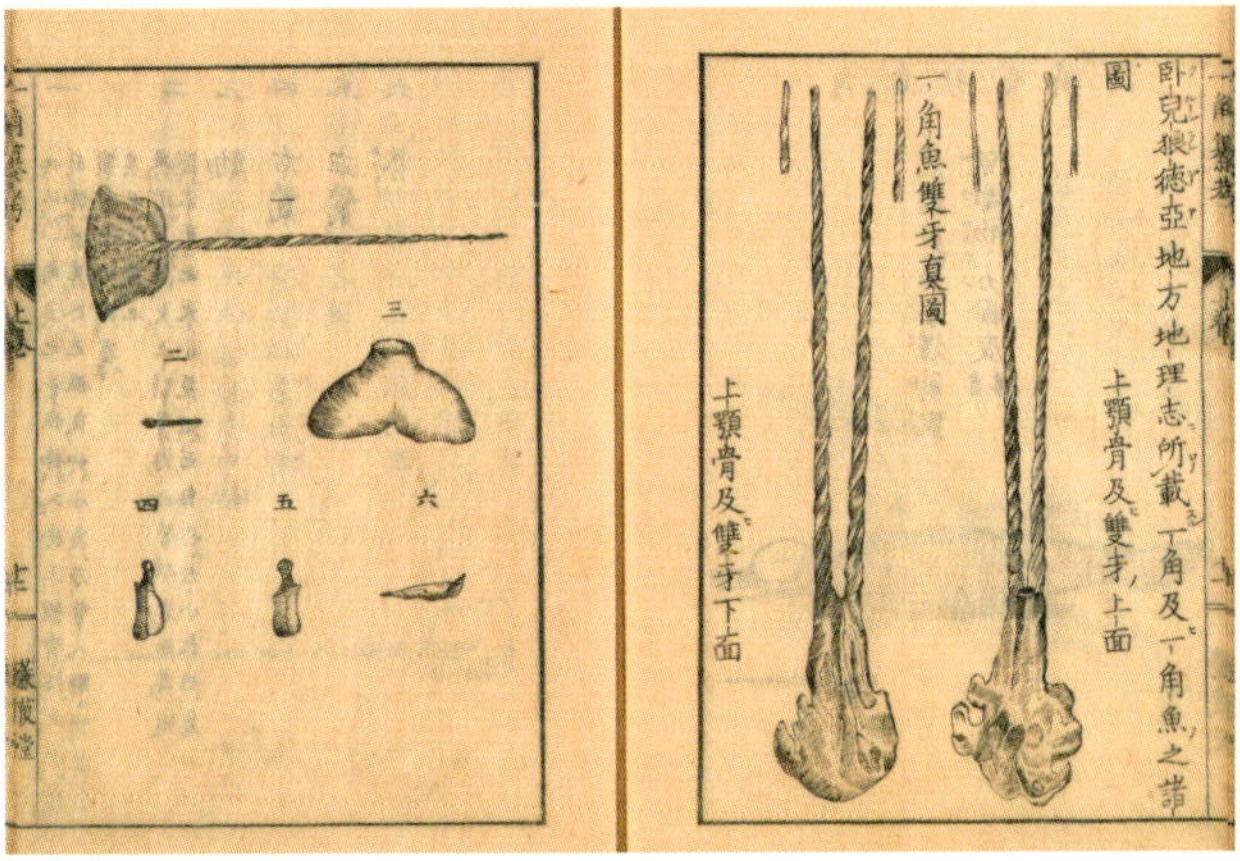

木村蒹葭堂が著したイッカククジラの専門書

『蒹葭堂遺物《けんかどういぶつ》 植物図《しょくぶつず》』

木村蒹葭堂・写

昭和元年（一九二六）蒹葭堂会 一冊
国立国会図書館デジタルコレクション

本書には、植物学、本草学者でもあり日本の植物病理学の開拓者である白井光太郎が序文を寄せている。大正十五年の序には、蒹葭堂没後百二十五年紀念会に際し同翁の遺稿数種を出すにあたり一言を求められたとあり、「出版する中に植物写生図十数葉あり、その描写の精密謹厳なる驚きを覚え」と書かれている。また欧州植物図譜中の版画の模写は、蒹葭堂蔵書の物印《ウェイン》満《マン》植物図からのものと説明している。

日本の植物病理学の開拓者である白井光太郎が序文を寄せる

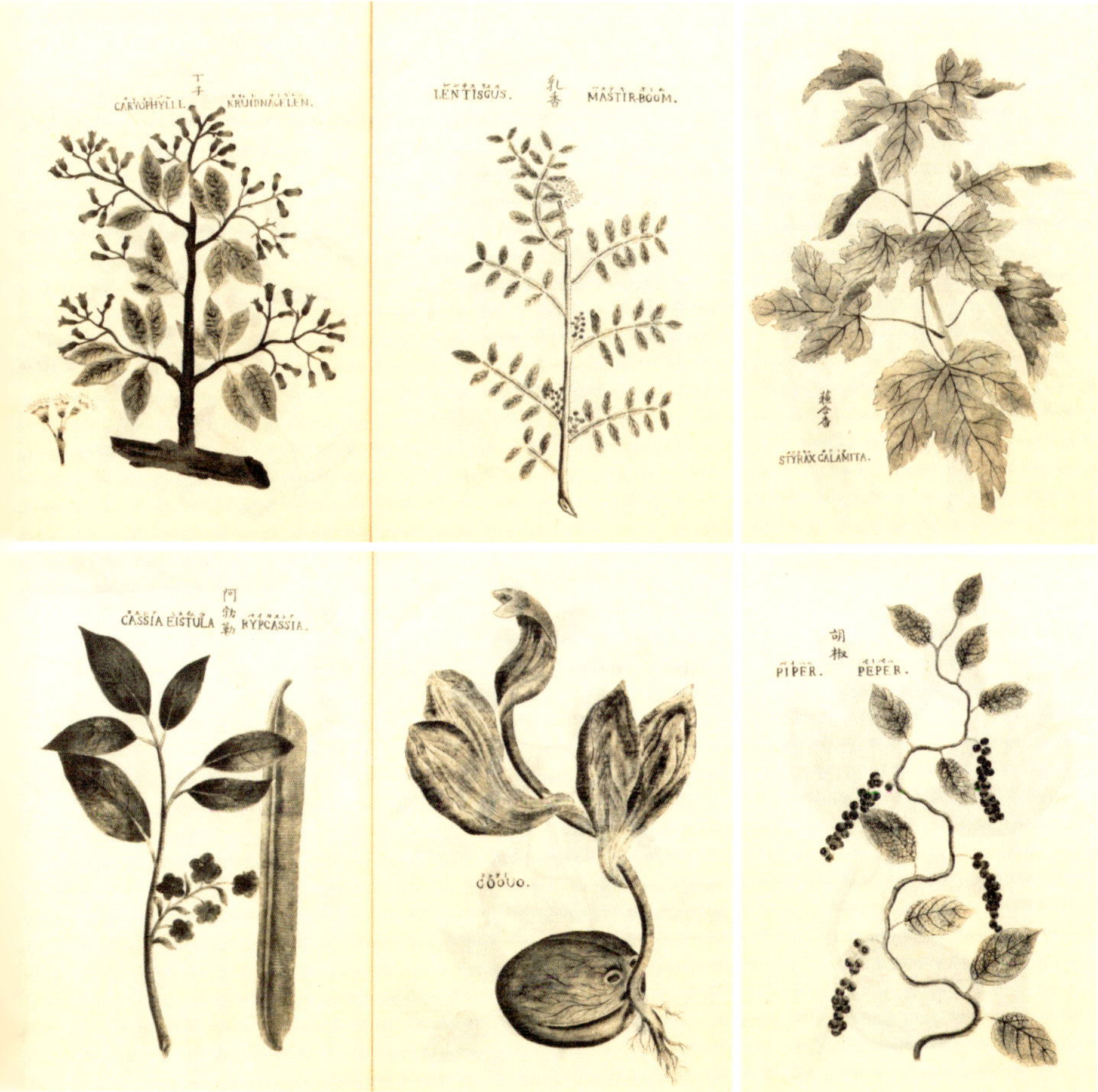

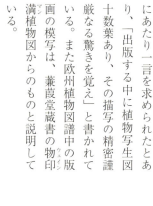

『蒹《けん》葭《か》堂《どう》菌《きん》譜《ふ》』

木村蒹葭堂・撰　近藤光寛・画

文化六年（一八〇九）一冊
国立国会図書館デジタルコレクション

本書は、門人森川竹窓《ちくそう》所蔵の「蒹葭堂所撰菌譜百余種」の写しである。森川竹窓は江戸時代後期の書家で、書を岳玉淵《おかぎょくえん》に学び、日本の古名筆を臨模し、『集古浪華《なにわ》帖《じょう》』を刊行した。蒹葭堂の交友関係の広さがうかがえる。

蒹葭堂が選定した菌類百餘種を紹介

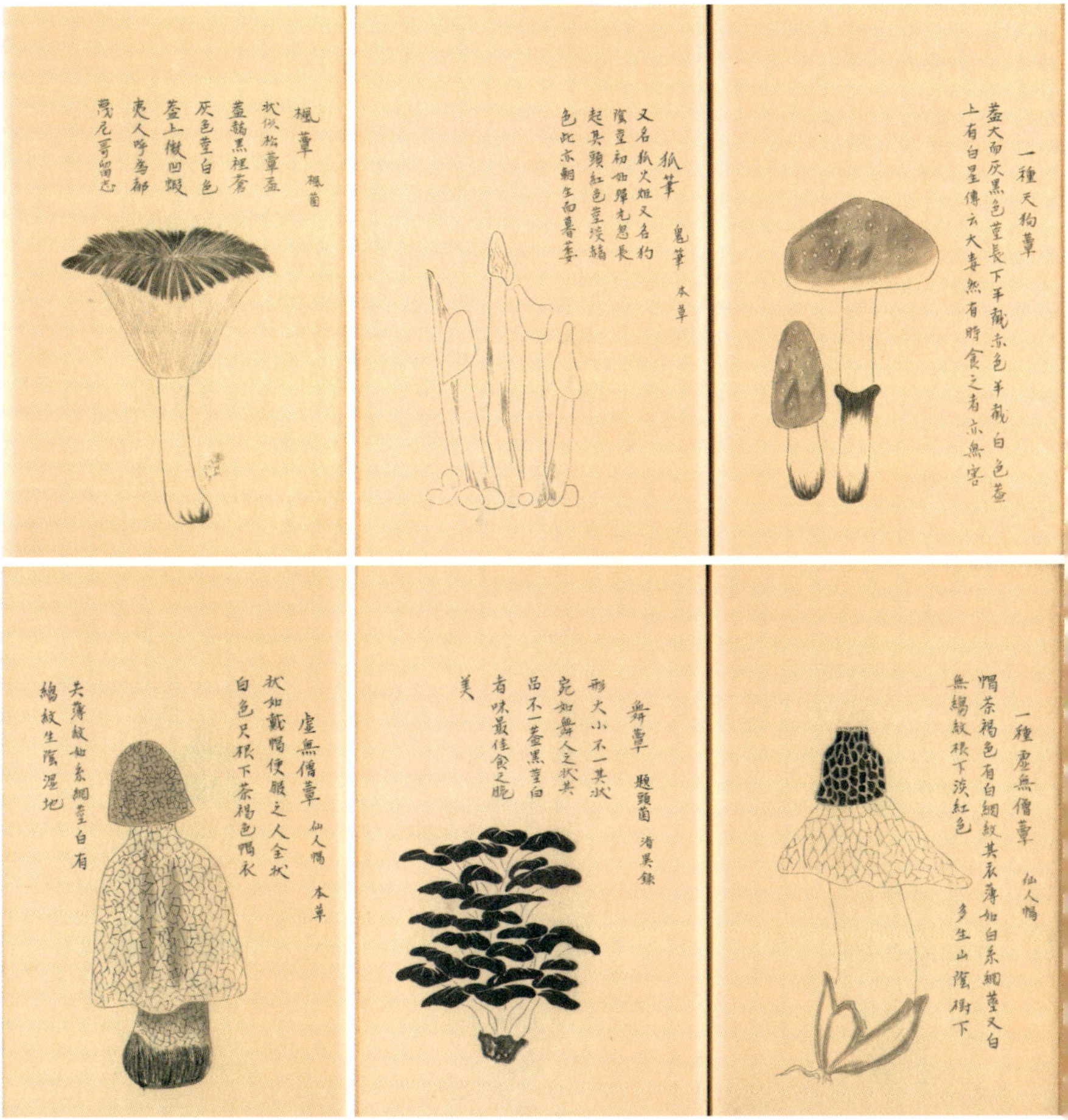

『蒹葭堂《けんかどう》遺物《いぶつ》 禽譜《きんぷ》』

木村蒹葭堂・写

昭和元年（一九二六）蒹葭堂会 一冊
国立国会図書館デジタルコレクション

本書に序を寄せた鷹司信輔《たかつかさのぶすけ》によると、蒹葭堂翁没後百二十五年にあたり、大坂の高島屋呉服店において遺墨を展観し、もって翁の描いた「禽譜」、「貝譜」を上梓することを託されたとある。華族の動物学者である鷹司信輔は日本鳥学会を創立し、日本鳥類保護連盟の会長を務め、「小鳥の公爵」といわれた。蒹葭堂の学殖高雅にして当時知名の文人墨客との交遊関係がうかがわれる。

「小鳥の公爵」といわれた
鷹司信輔が推薦する鳥類図譜

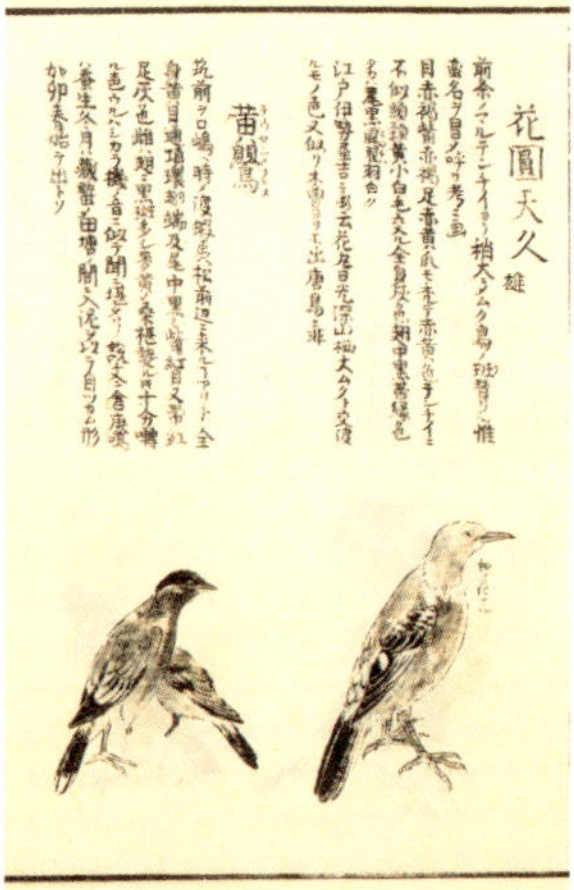

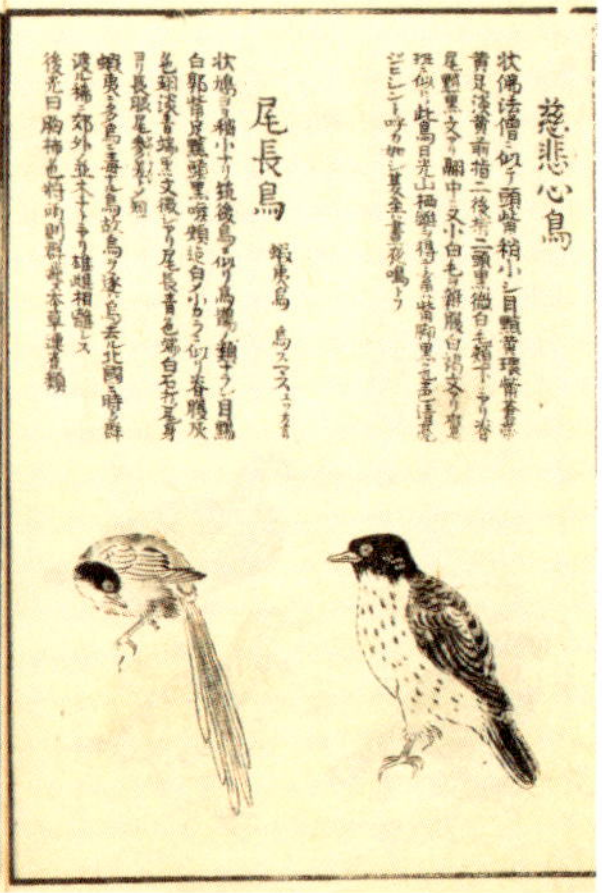

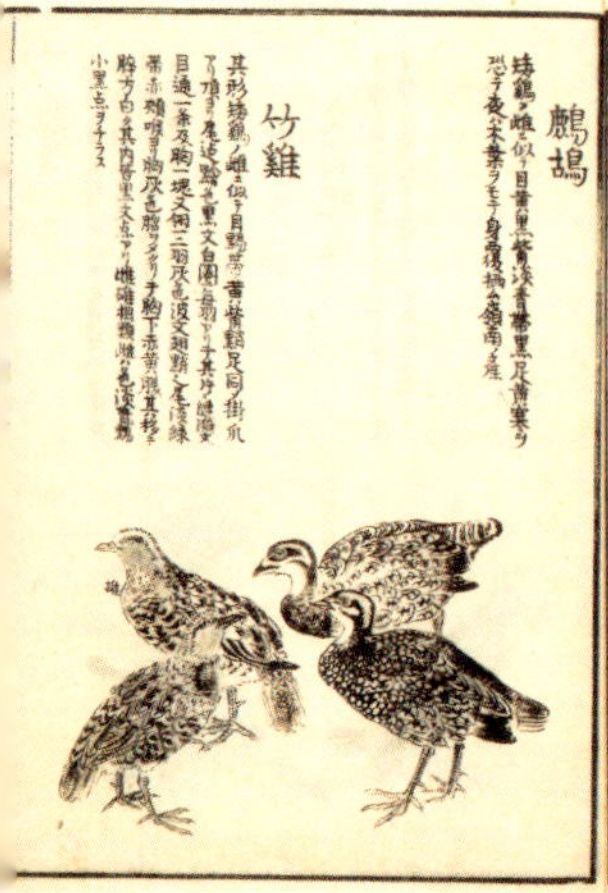

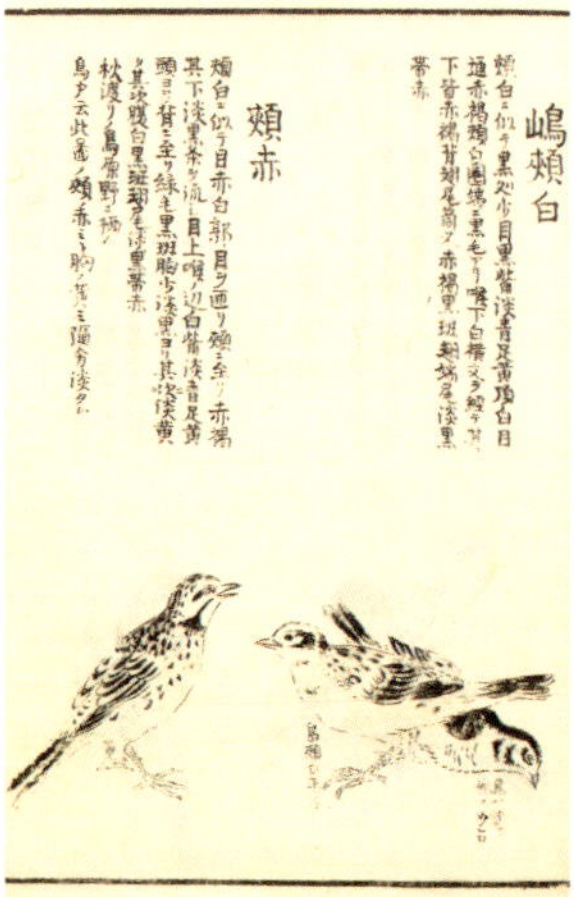

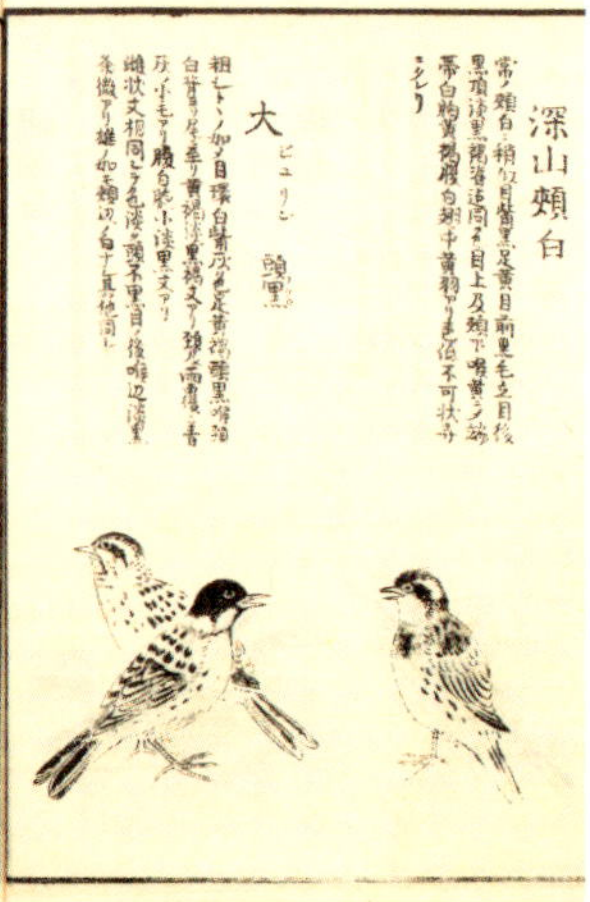

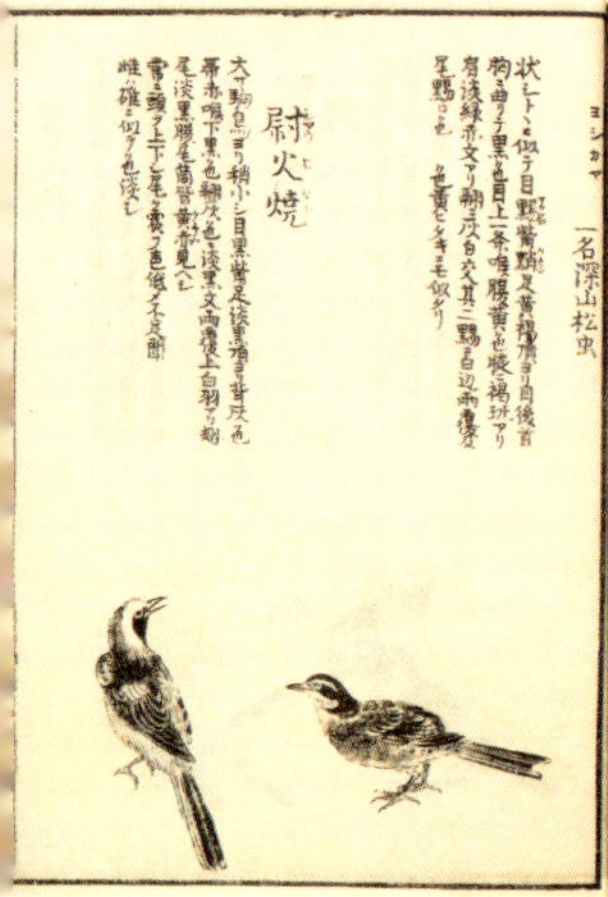

『蒹葭堂雑録《けんかどうざつろく》』

木村蒹葭堂・著
安政六年（一八五九）河内屋藤兵衛版
五冊　国立国会図書館デジタルコレクション

全五冊からなる本書には、各地の社寺が所蔵する書画や工芸品、また採集された珍しい動植物についての考証、また人から聞いた珍談や奇説などを書き残したものを、蒹葭堂没後に子孫からの依頼を受けた大坂の著述家暁鐘成《あかつきかねなり》が整理して紹介したものである。動物では、豪猪《ごうちょ》（やまあらし）、食火鶏《くいひとり》、海獺《うみうそ》（かわうそ）などの珍しい動物も紹介されている。

書画器物から珍しい動植物についての考証、人から聞いた珍談奇説と盛りだくさん

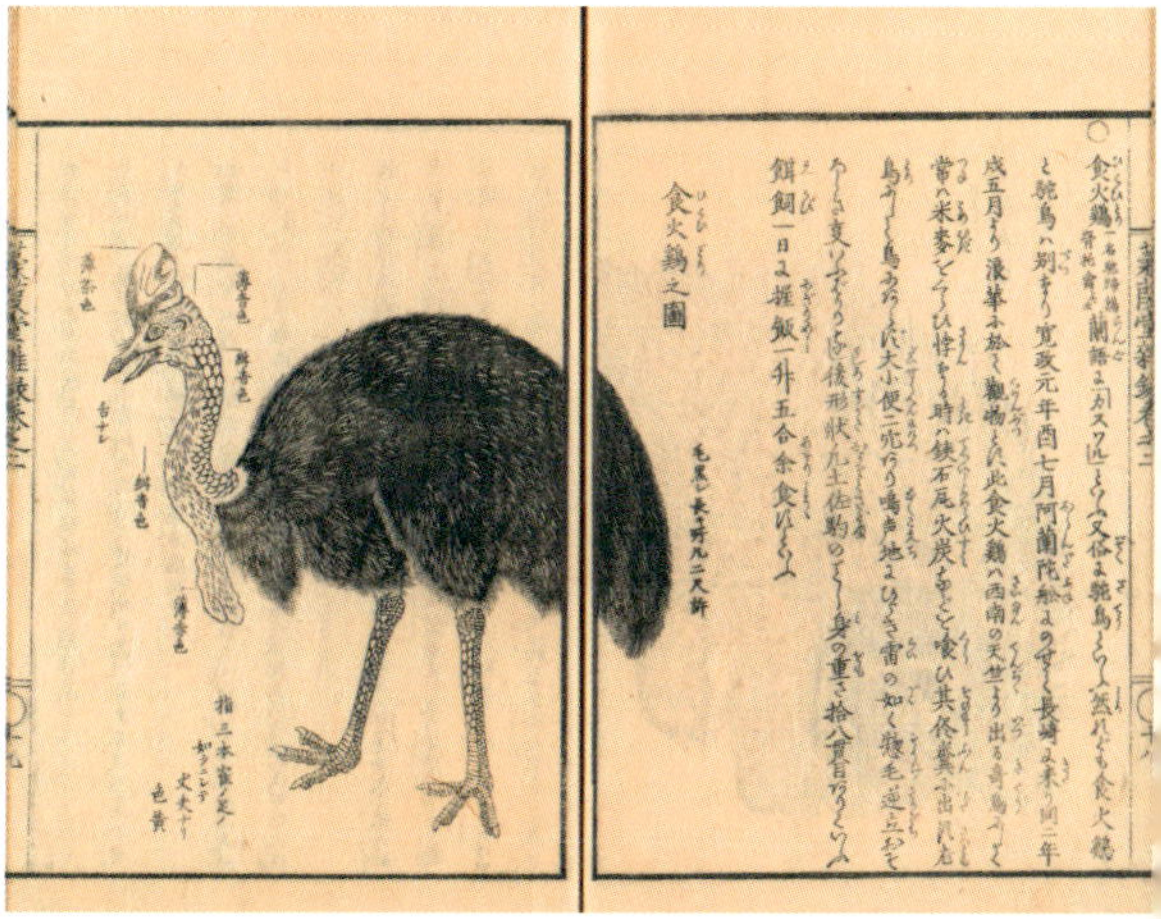

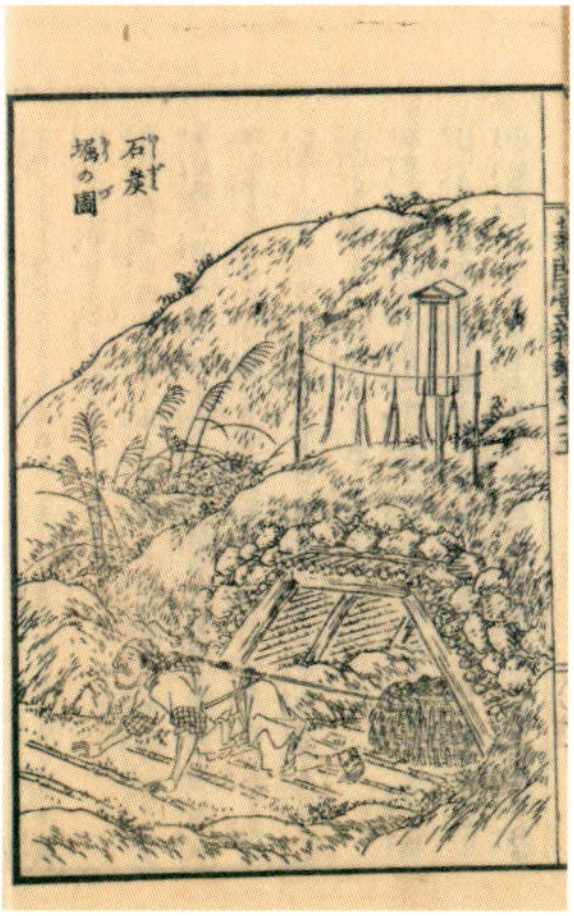

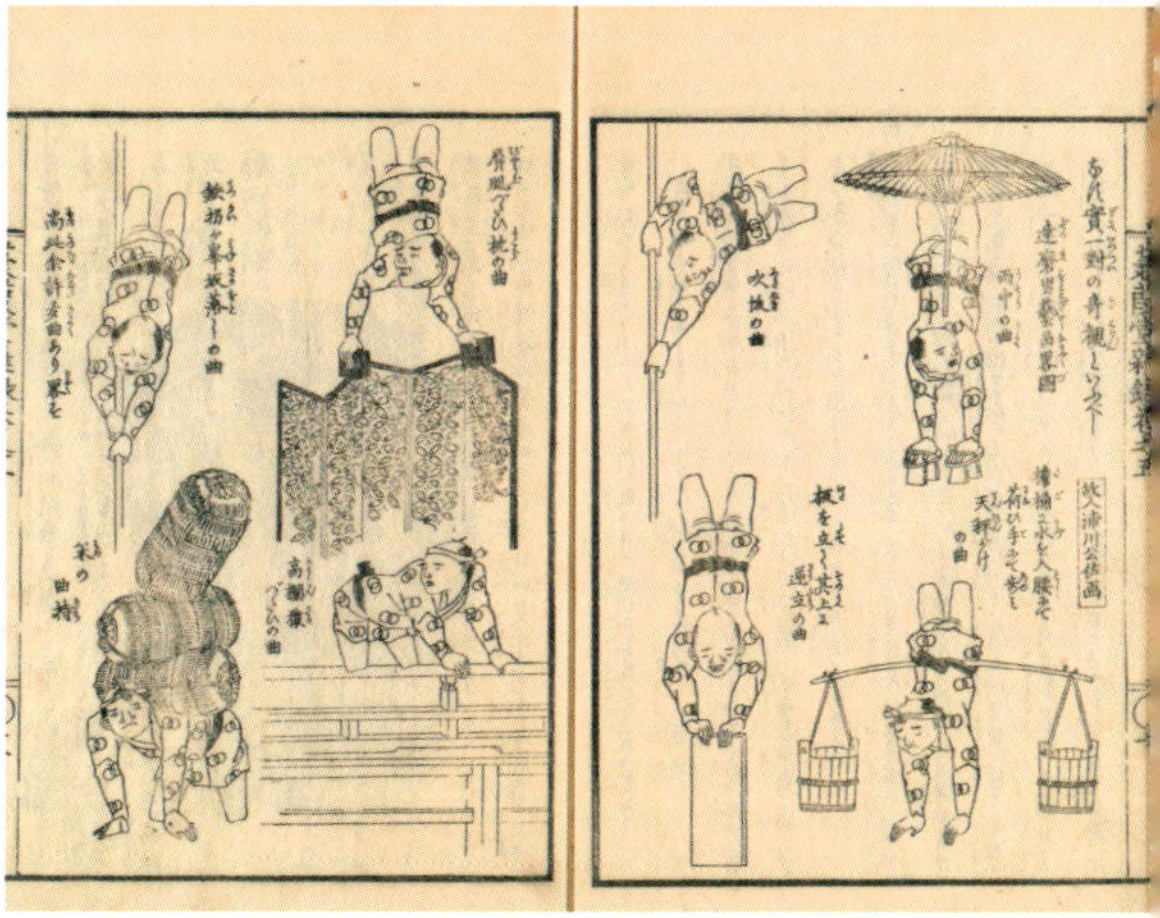

『蒹葭堂《けんかどう》遺物《いぶつ》 奇貝図譜《きばいずふ》』

木村蒹葭堂・写

昭和元年（一九二六） 蒹葭堂会 一冊
国立国会図書館デジタルコレクション

本書も木村蒹葭堂没後百二十五年紀念会を機に複製再刊されたもの。序文の岩川友太郎によると、最初に掲載している紀州田辺の玉置氏所蔵の「子ジヌキ」という貝は、北海道方面にある貝で、現今でも珍しい貝であり、また「糸掛介」などは世界的に稀なもので外国では一時高額な値がついたこともあると紹介している。岩川友太郎は明治・大正時代の動物学者で、貝類の研究で知られ、『日本産貝類標本目録』を編集した。

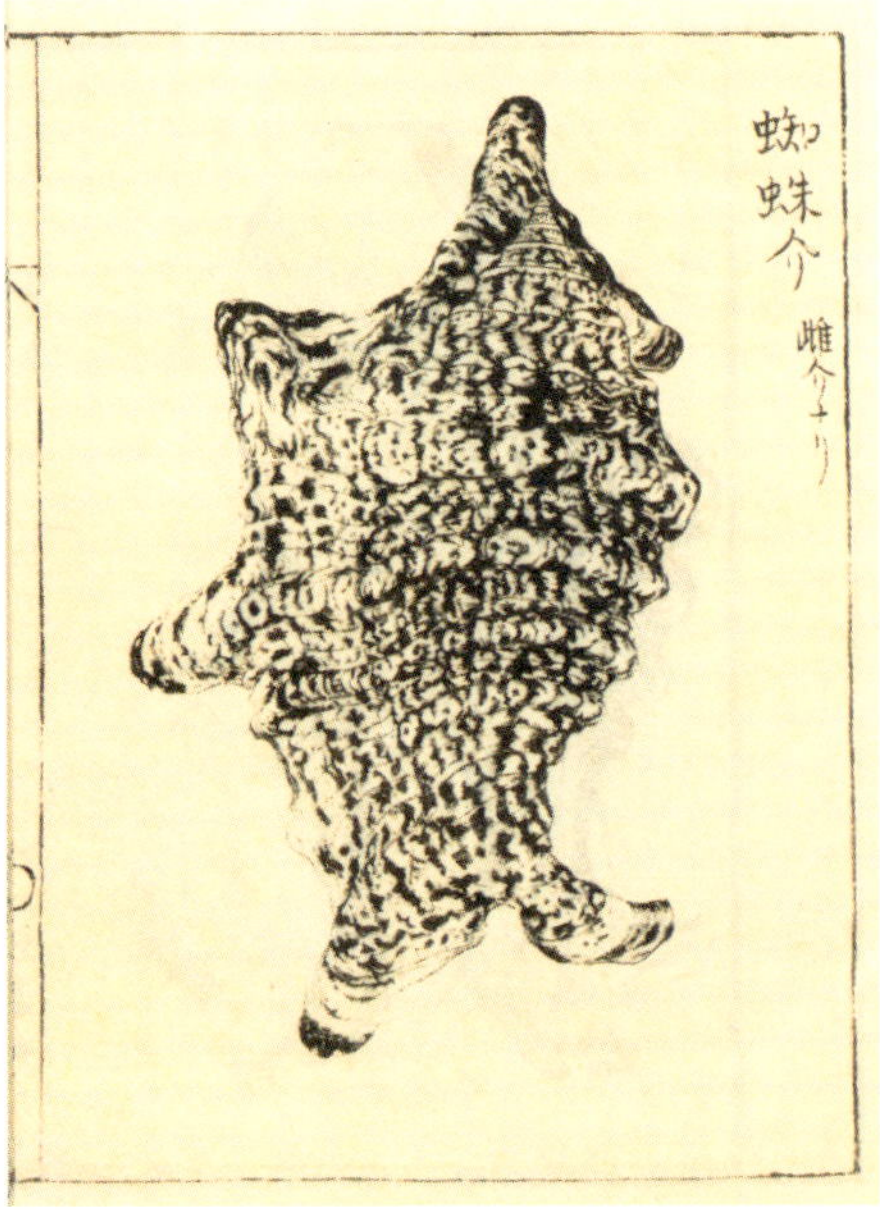

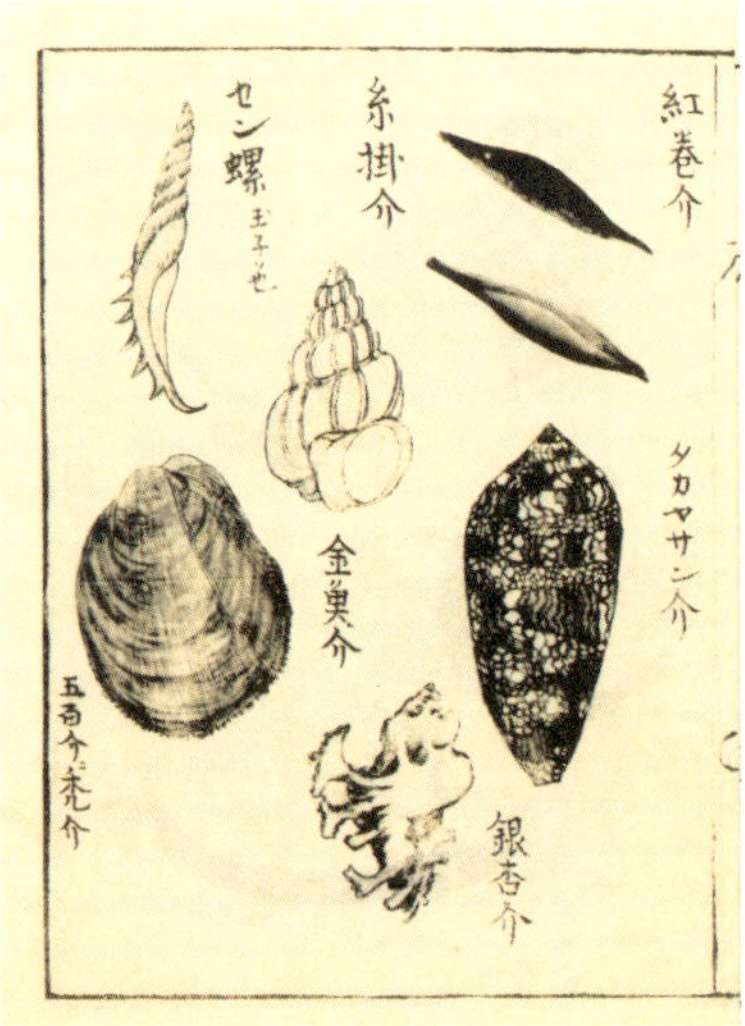

木村蒹葭堂の真骨頂、珍しい貝類のコレクション

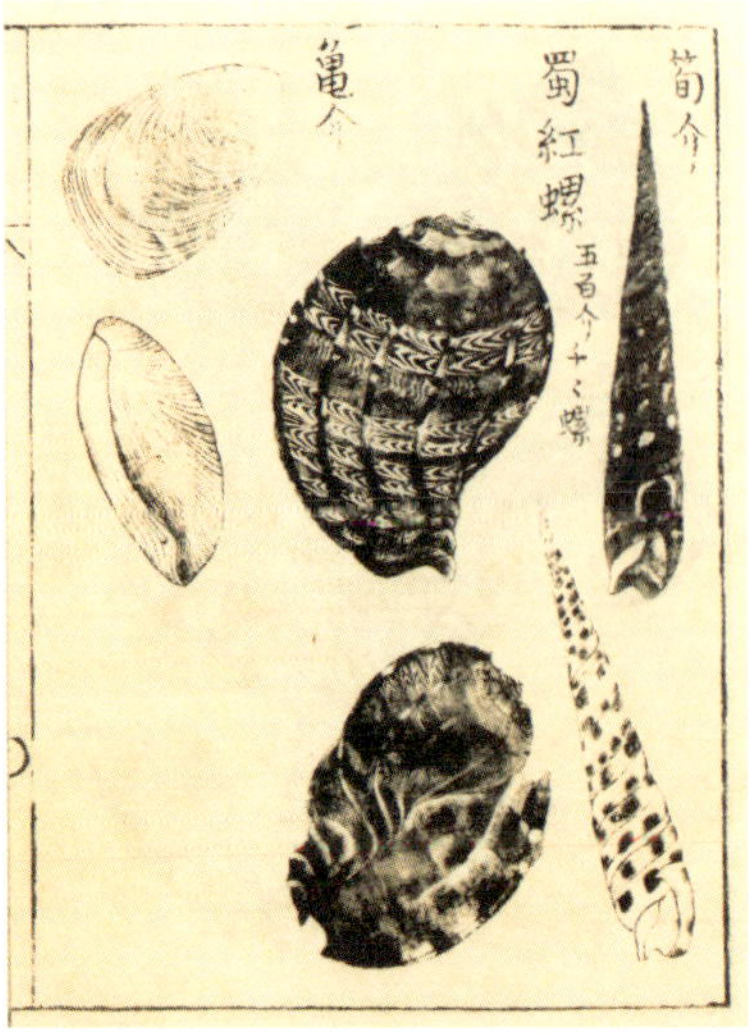

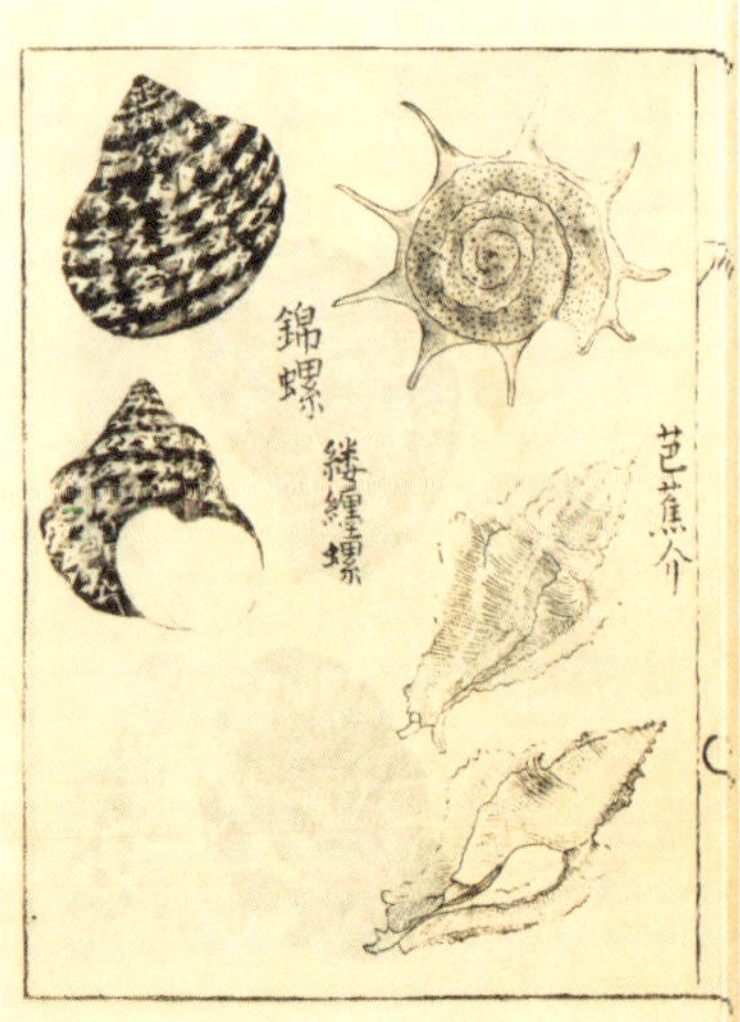

動植物を生写した画家たちの図譜

『千蟲《せんちゅう》譜《ふ》』

栗本丹洲《くりもとたんしゅう》・著　服部雪斎《はっとりせっさい》・画

文化八年（一八一一）序　一巻三冊
国立国会図書館デジタルコレクション

日本で最初の虫類図譜として知られている。描かれた図は正確かつ科学的であり、江戸時代の博物学がすでに動物学まで進歩していることをこの図譜は示している。写本によって異なるが、昆虫や蛙、蜥蜴《とかげ》など六四五品が掲載され図説されている。江戸時代には多くの動植物図譜がつくられたが、昆虫の図譜は比較的少ない。『千蟲譜』はそのなかでも貴重な博物学資料の図譜である。

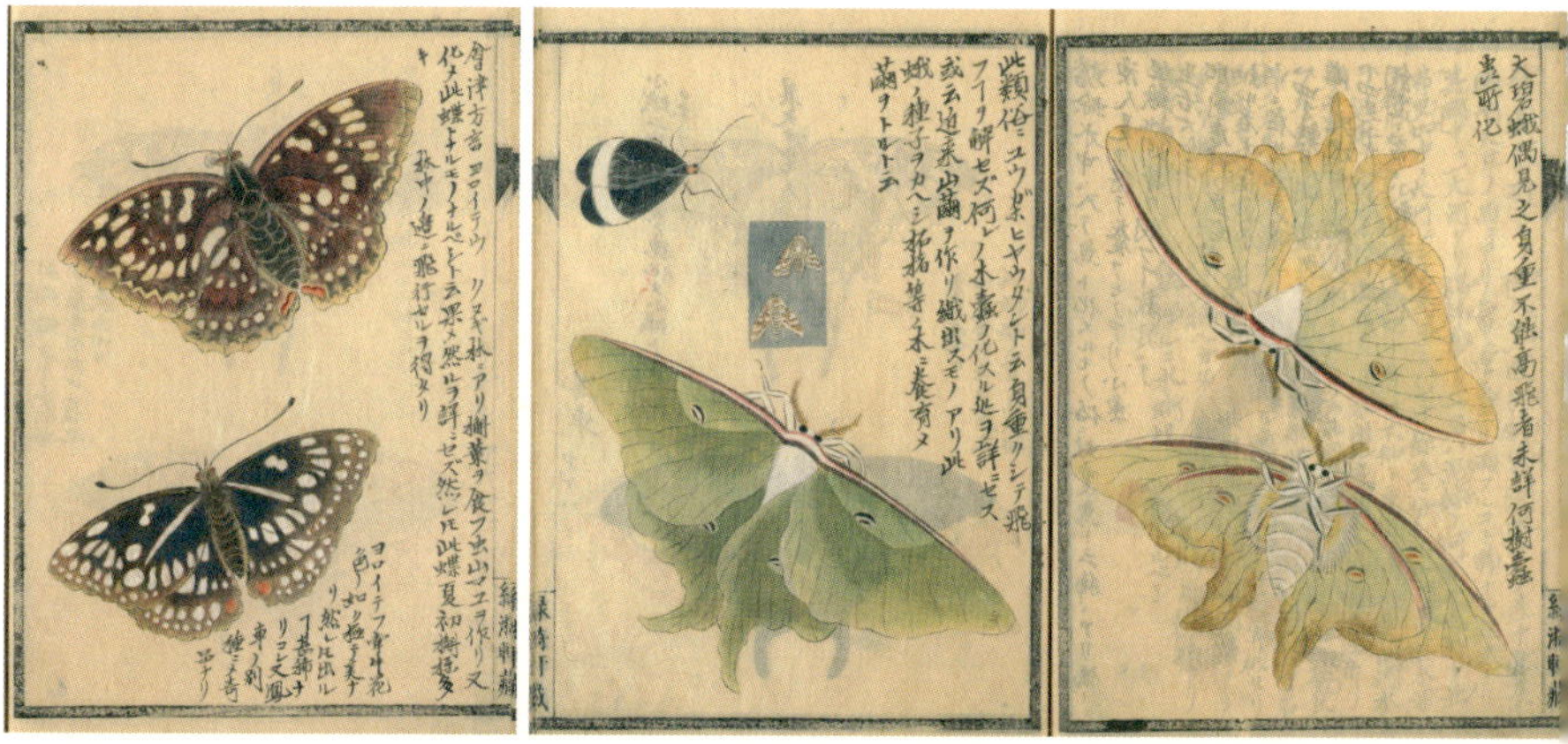

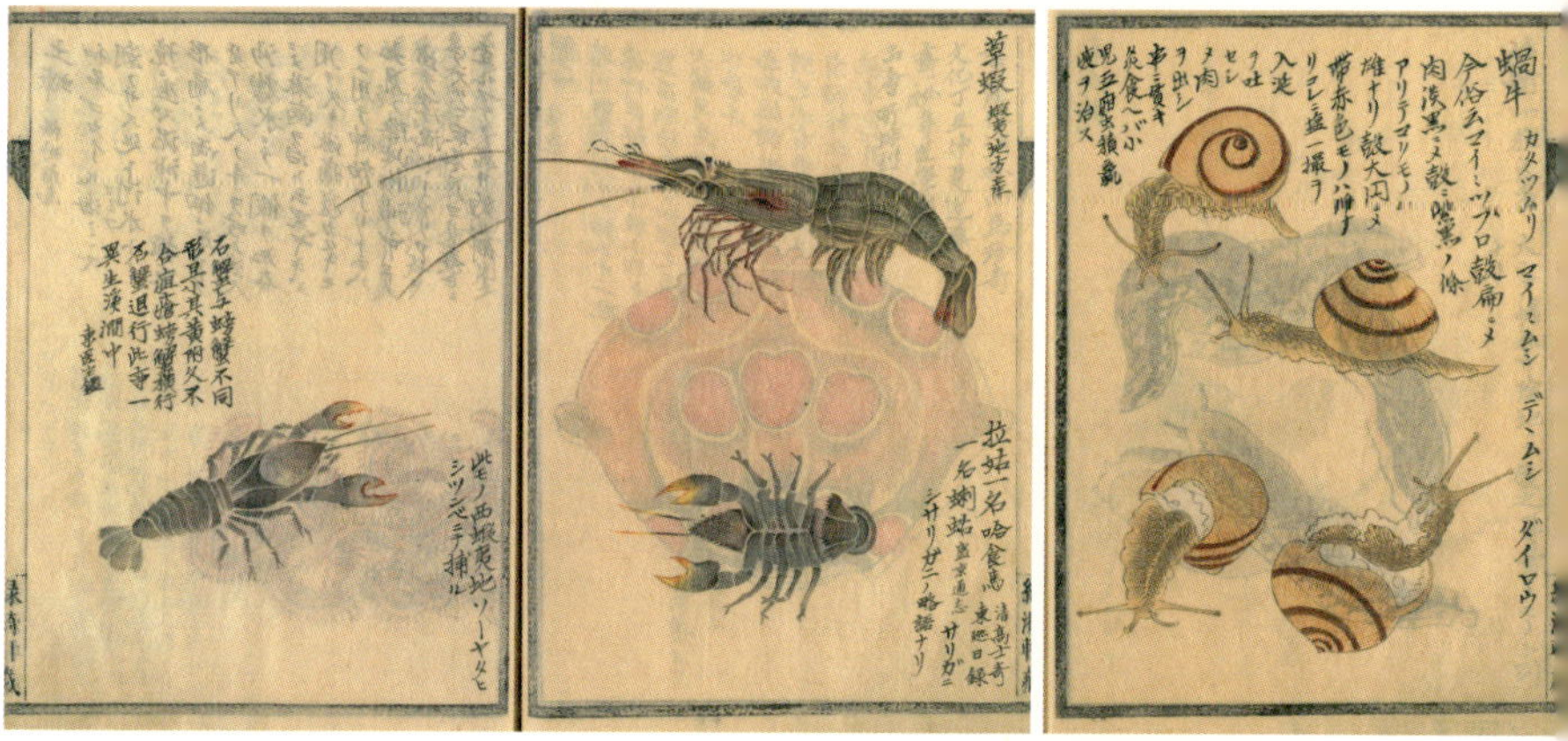

幕医・栗本丹洲の著作で初の昆虫図譜

山バチノ巣　鬼バチトモ云
初作ルモノ小毬ノ如シ

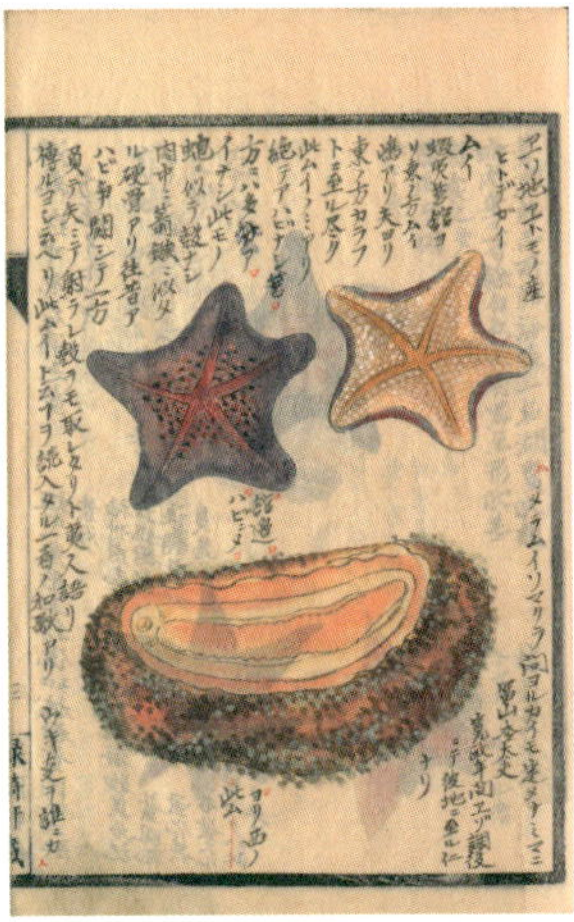

蟾蜍　ヒキ
青蛙

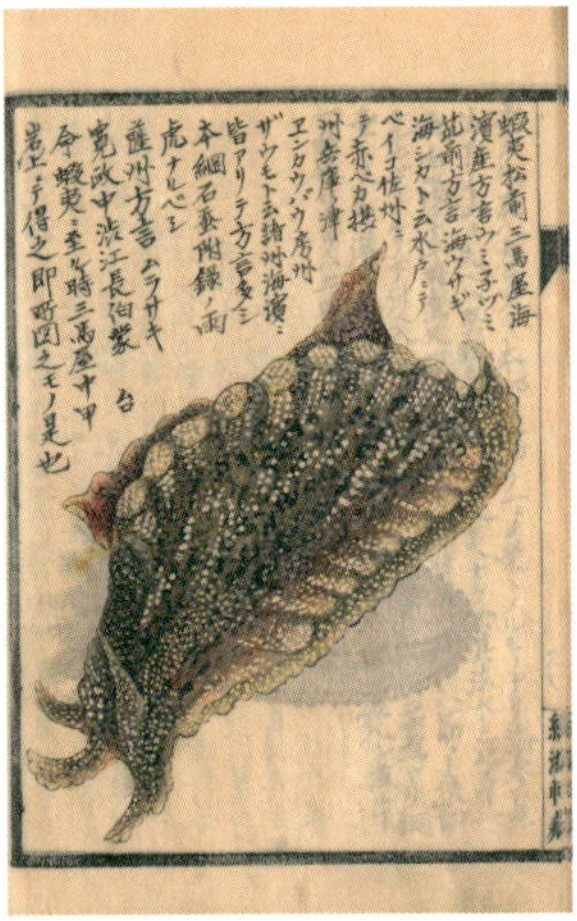

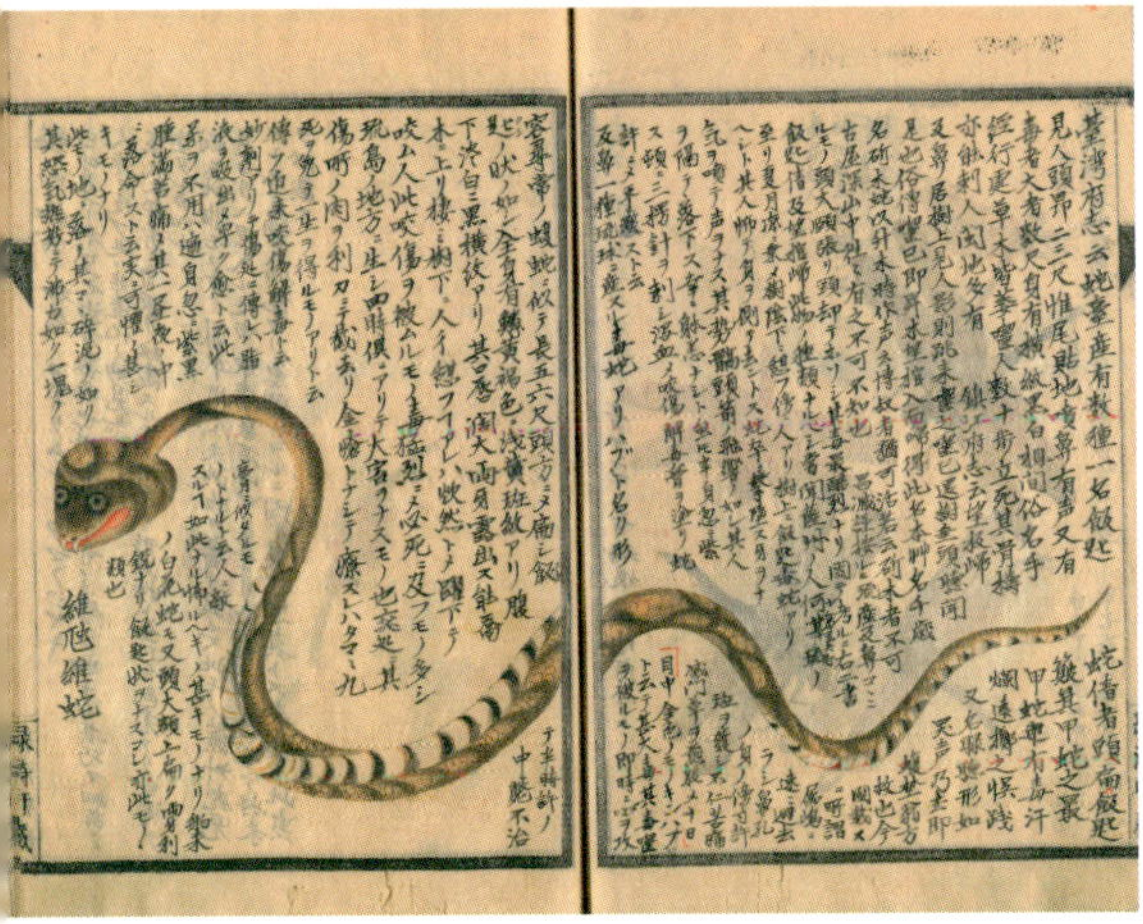

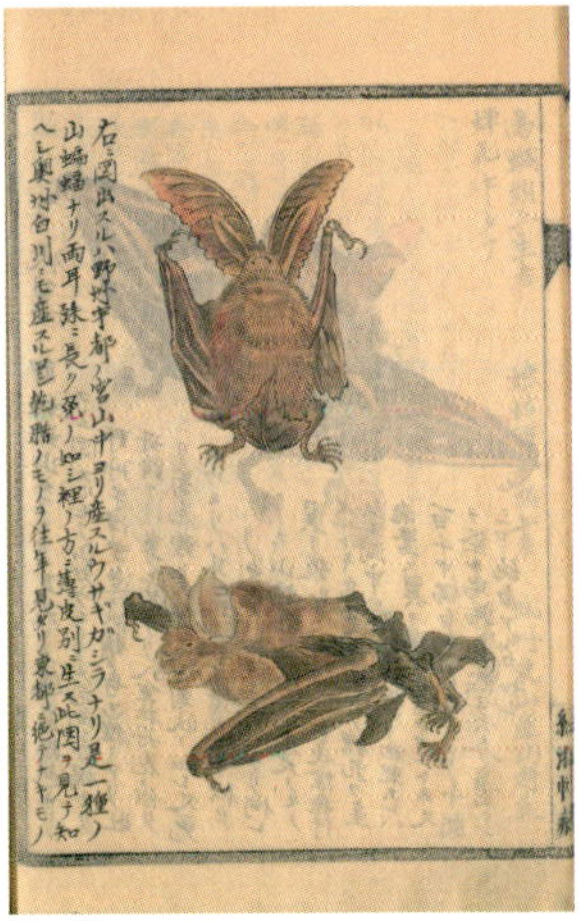

『禽譜《きんぷ》』

堀田正敦《ほったまさあつ》・著

天保二年（一八三一）頃 十一帖三冊
宮城県図書館蔵 古典籍類所蔵資料

堀田正敦（一七五五～一八三二）は陸奥仙台藩主伊達宗《むね》村《むら》の八男で、江戸幕府の若年寄を務めた。天保二年（一八三一）頃に正敦が編集したのが鳥類図鑑の『観文禽譜』と、その図譜である『禽譜』である。この図譜は質量ともに江戸時代における最高の鳥類図鑑と評され、近世における日本の鳥類研究の成果を示す貴重な資料となっている。

質量ともに江戸時代 最高の鳥類図鑑

享保十五年戌春松前志摩守
ヨリ献ス其長サ二尺許

白ふくろふ
摂州大坂島屋町
所持之首並出之
寛政七年十二月写
之

戸田五助蒼図

南部

木菟
高祖遺圖
同上

『魚虫譜《ぎょちゅうふ》』 栗本瑞見《くりもとずいけん》・著

自筆本（彩色）文政二年～天保二年（一八一九～三一）七冊　宮城県図書館蔵

江戸時代中期の幕府医官である栗本瑞見（一七五六～一八三四）は実父の本草学者田村藍水《らんすい》の薫陶を受けた。本書は魚類を中心とした彩色画に、解説や名前の由来などの詳細な説明を付けた貴重な学術書である。七巻に収められた魚や小動物の数の多さは、江戸時代の図鑑として他に例を見ないものである。

魚類の彩色画に詳細な説明を付けた貴重な学術書

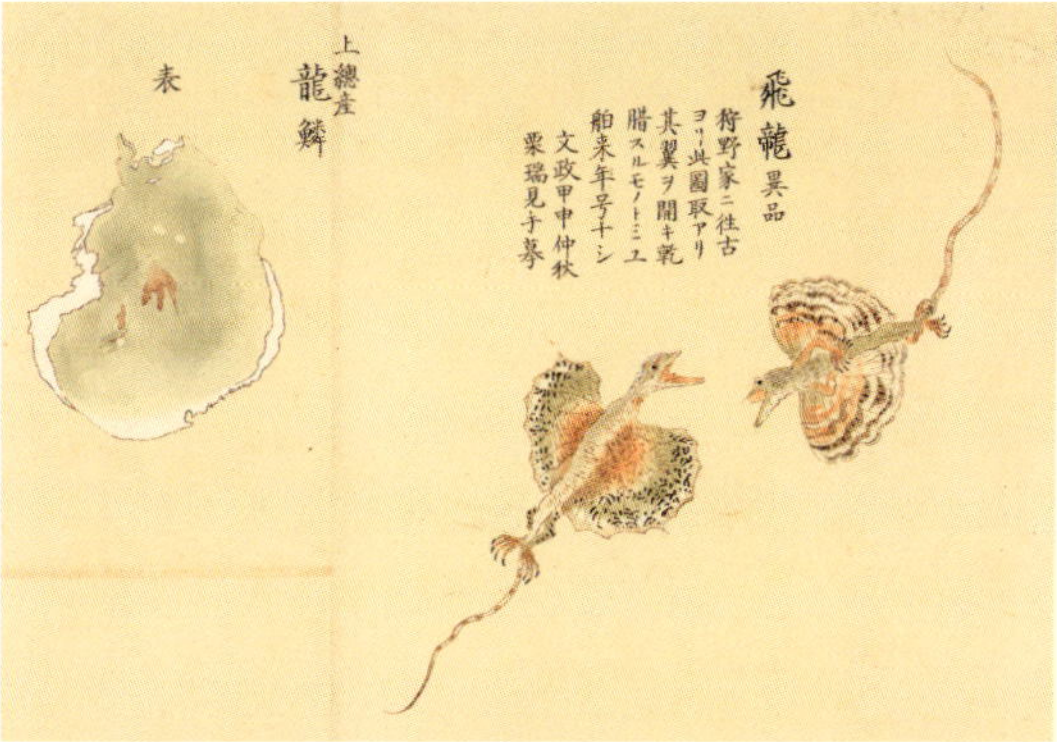

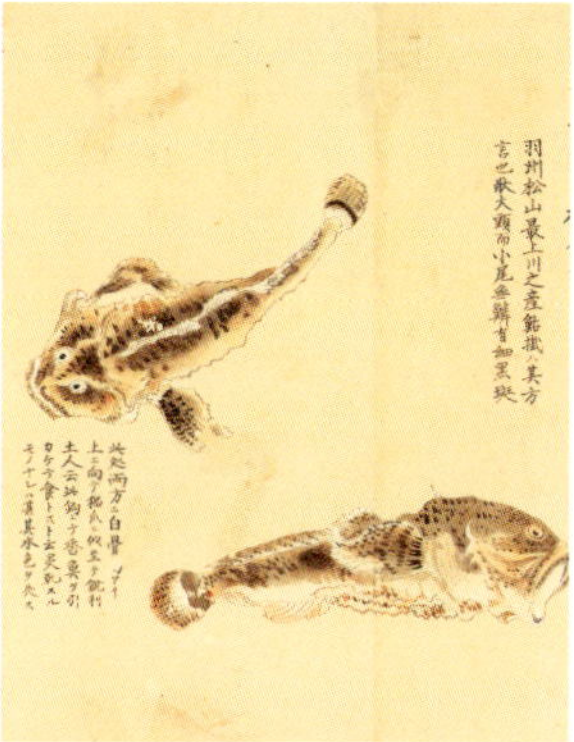

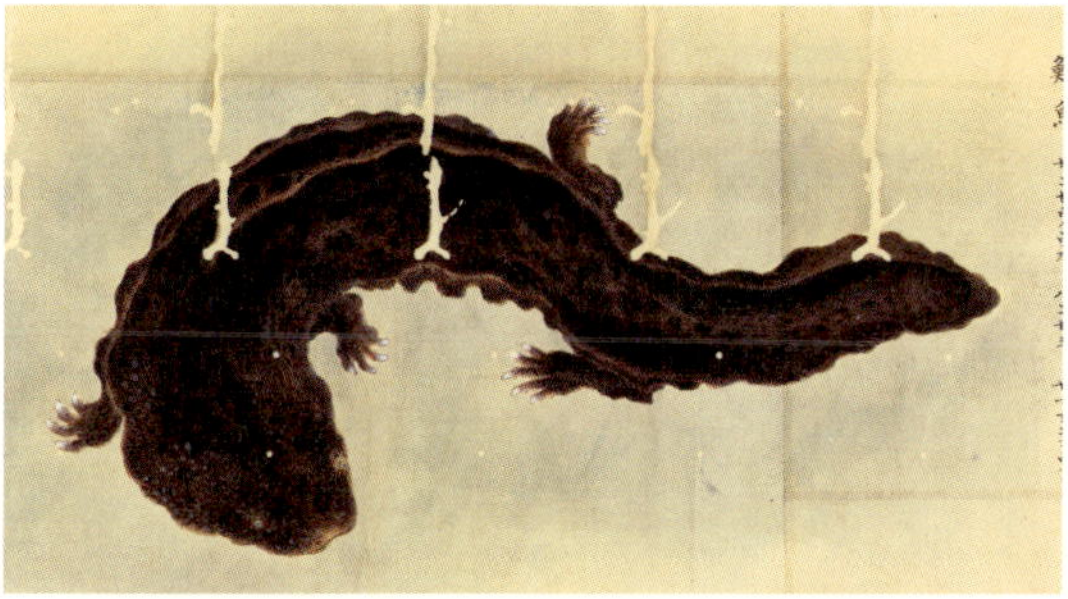

『一角魚図説《いっかくぎょずせつ》』

大槻磐水《おおつきばんすい》（大槻玄沢）・著
安永十年（一七八一）一軸
国立国会図書館デジタルコレクション

北極海だけに分布している小形のハクジラで、体長五メートルぐらいに成長する。成長に伴い雄は上あご左側の第一歯（門歯）が前方に伸長し、最長三メートルぐらいに達する。これが頭に一本の角《つの》があるように思われて名前が付けられた。想像上の動物である一角獣の幻想もこれによったといわれる。

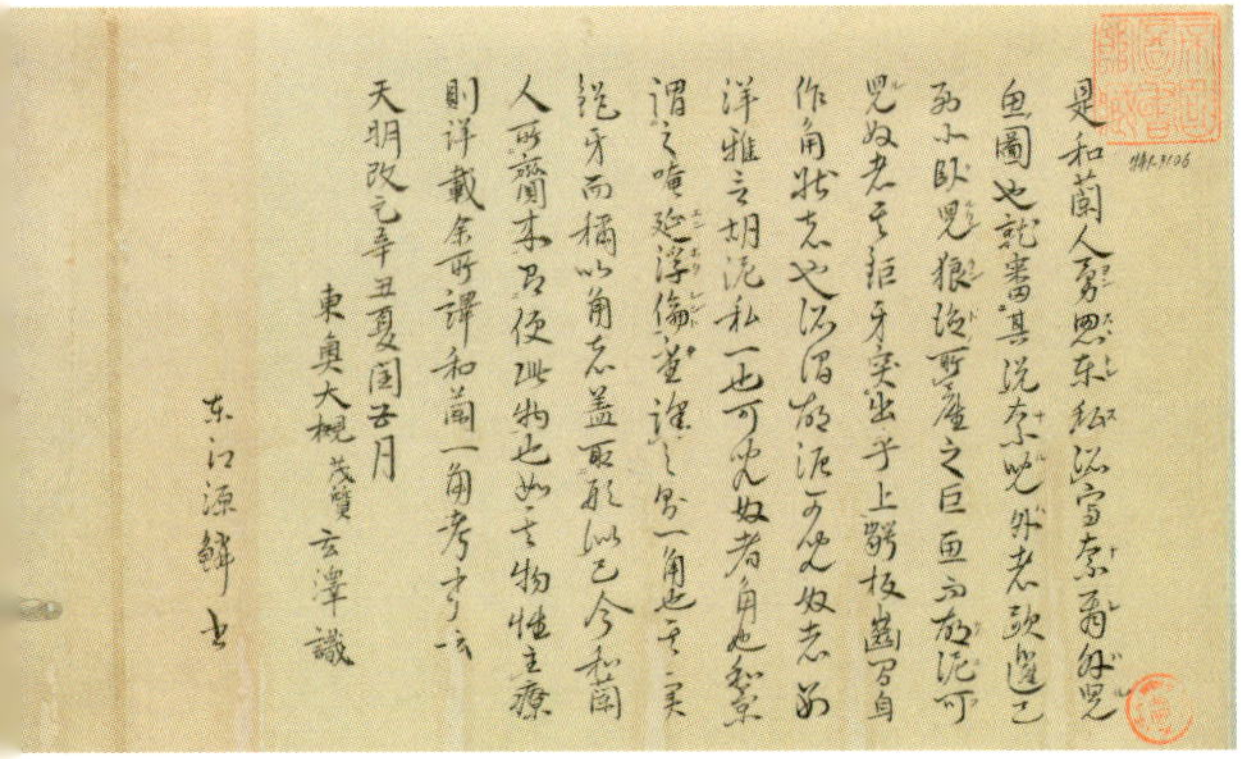

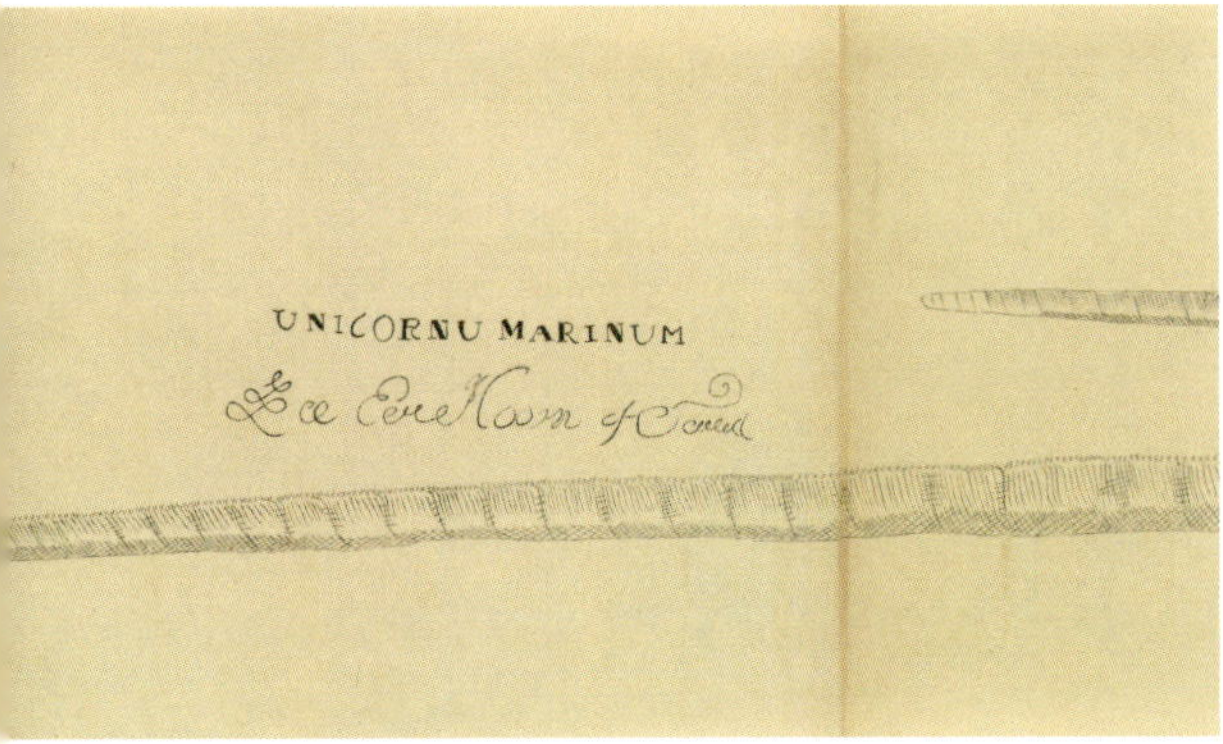

江戸時代の西洋の薬品や産物などについての案内書

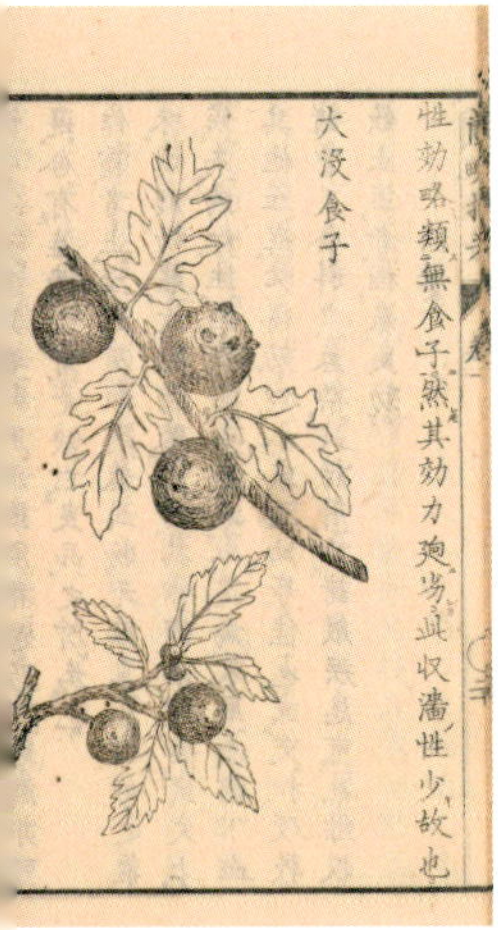

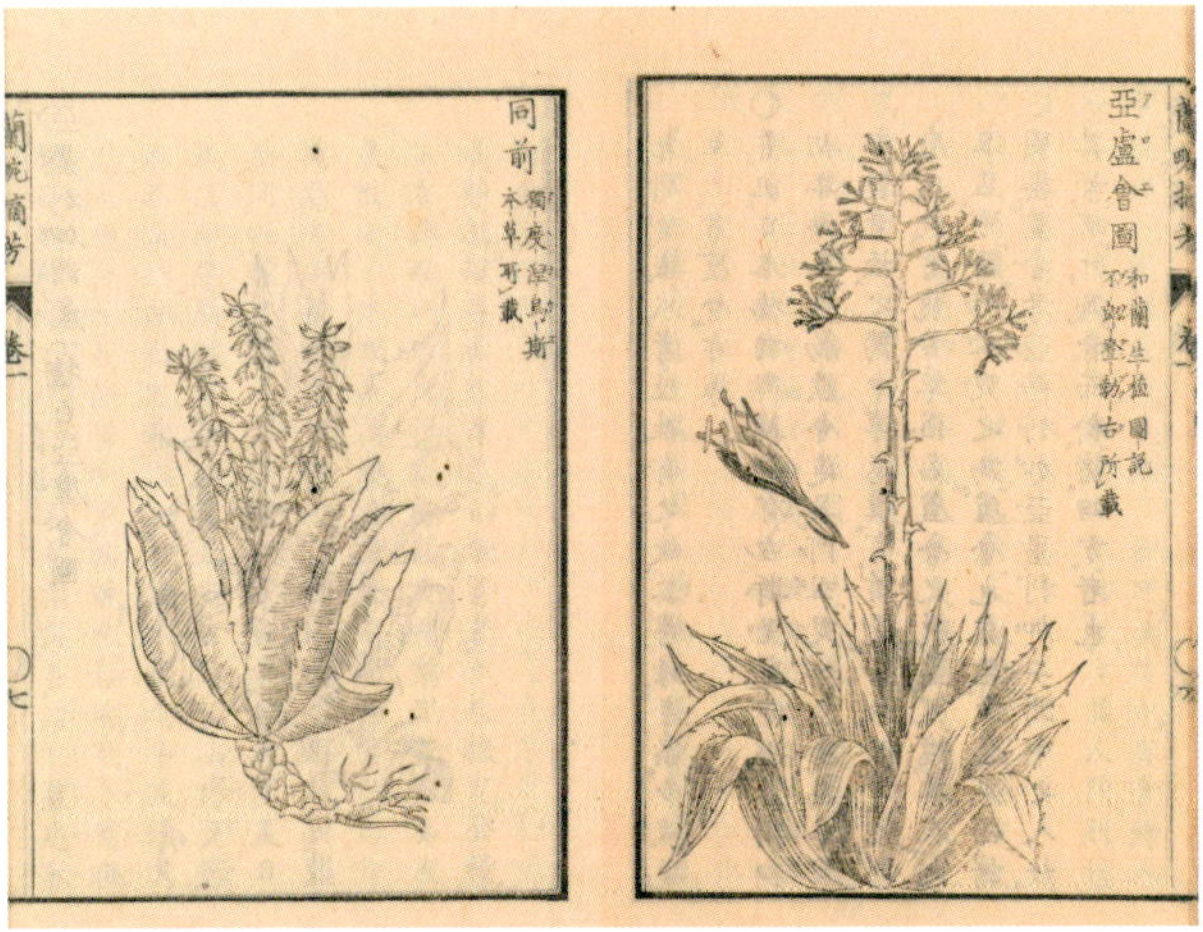

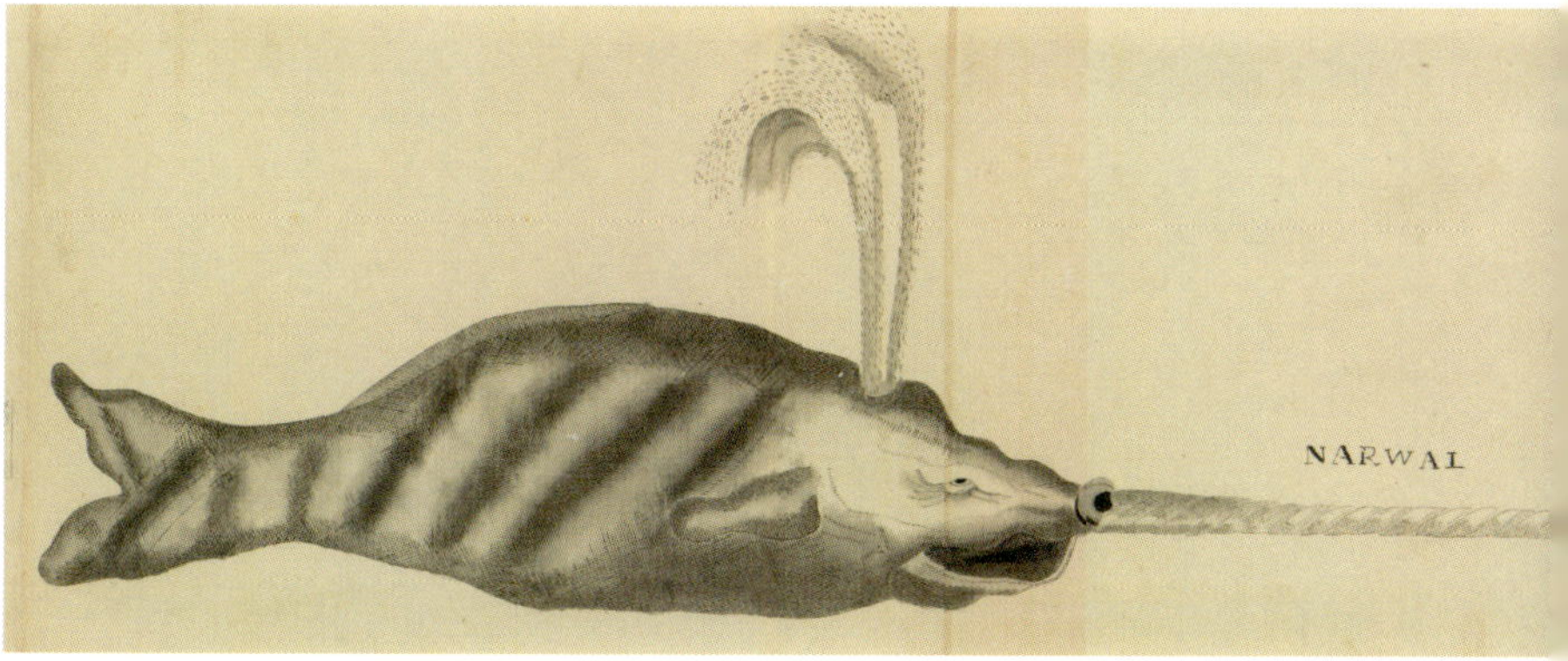

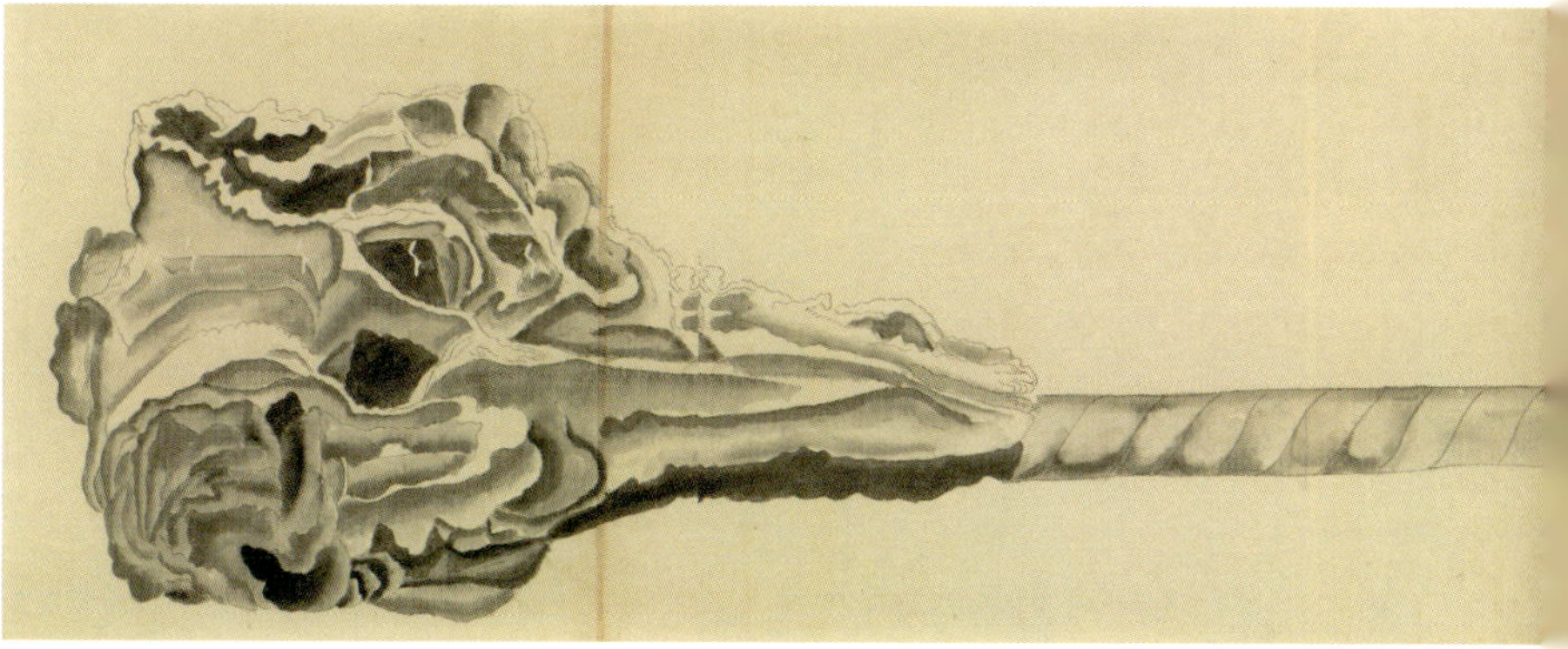

想像上の動物である一角獣の幻想もここからはじまる

『蘭畹摘芳《らんえんてきほう》』

大槻磐水（玄沢）・訳　大槻磐里（玄幹）、山村才助・校

河内屋太助版　文化十四年（一八一七）刊
三冊　国立国会図書館デジタルコレクション

江戸時代後期の蘭方医である大槻《おおつき》玄沢《げんたく》（一七五七〜一八二七）が、門人や知友たちの質問に答えて、西洋の薬品、産物などについて訳述し、門人が集録したものである。もとは筆録されたものであったが、刊行の要望が強く部分的に出版された。アロエなど十九品目について漢文で記述されている。

『成形図説《せいけいずせつ》』

曽槃《そうはん》、白尾國柱《しらおくにはしら》・編
文化年間（一八〇四～一八）刊　三十冊
国立国会図書館デジタルコレクション

本書の編纂《へんさん》は、寛政五年（一七九三）に始まり、文化元年（一八〇四）に全十部一〇〇巻のうち、農事部十四冊、五穀部六冊、菜蔬《さいそ》部十冊の三部三十冊が刊行された。しかし残りは原稿が二度の火災で失われたこともあって刊行されず、魚介や禽獣などまで網羅した全容は日の目を見ずに終わった。薩摩藩主島津重豪《しげひで》（一七四五～一八三三）が数多くの書籍編纂事業の一環としてつくらせたもので、医師で蘭学者の曽槃と国学者の白尾國柱の二人が実際の著述にあたった。

江戸時代の代表的な農書の一つ

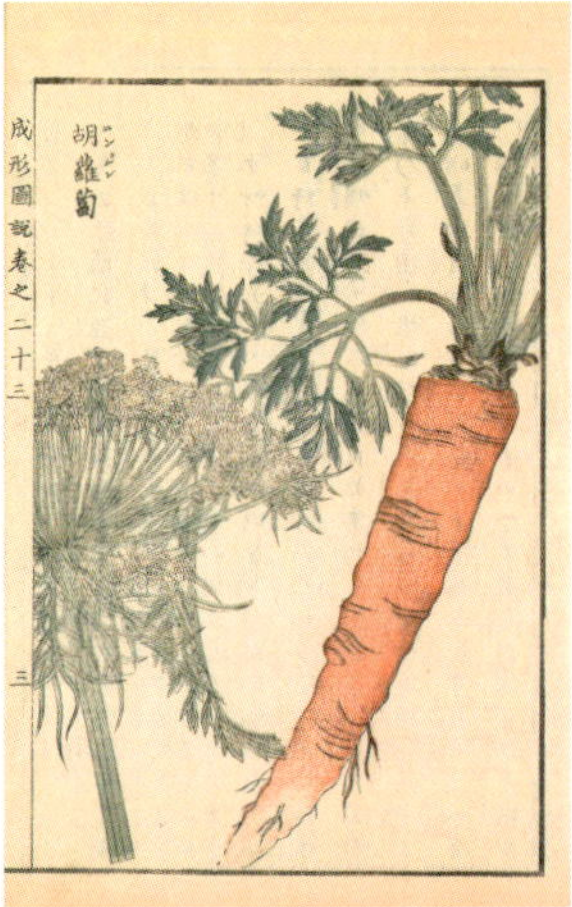

番椒《タウガラシ》

成形圖説巻之二十六
二十三
苦瓜

成形圖説巻之二十六
十七
胡瓜

成形圖説巻之二十七
十七
番南瓜
金冬瓜

南瓜

成形圖説巻之二十六
二十七
水茄
渤海茄

『目八譜《もくはちふ》』

武蔵石寿《むさしせきじゅ》・著　服部雪斎・画
弘化二年（一八四五）序 十五冊
国立国会図書館デジタルコレクション

武蔵石寿（一七六六～一八六一）は江戸時代後期の本草家で本草の収集と研究に従事し、画家の服部雪斎の協力を得て多くの画譜を著した。特に『目八譜』は貝類一千種ほどを形態・色彩によって分類し、彩色図に解説を加えた大著として知られる。本書の図はすべて雪斎が描いたとされてきたが、実際は雪斎のほか数名の画家（名は不明）によるもののようだ。書名は富山藩主前田利保が付けたもので、序文に目八とは岡目八目にあやかり、貝の字を分けると目と八になることから付けたとある。

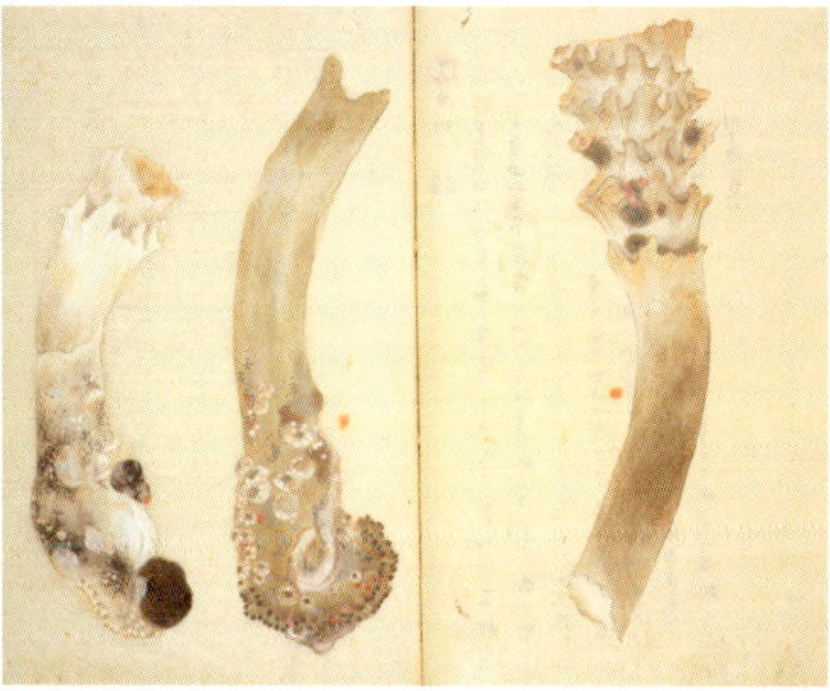

江戸時代最大最高の貝類図譜で、一一六九品を収載

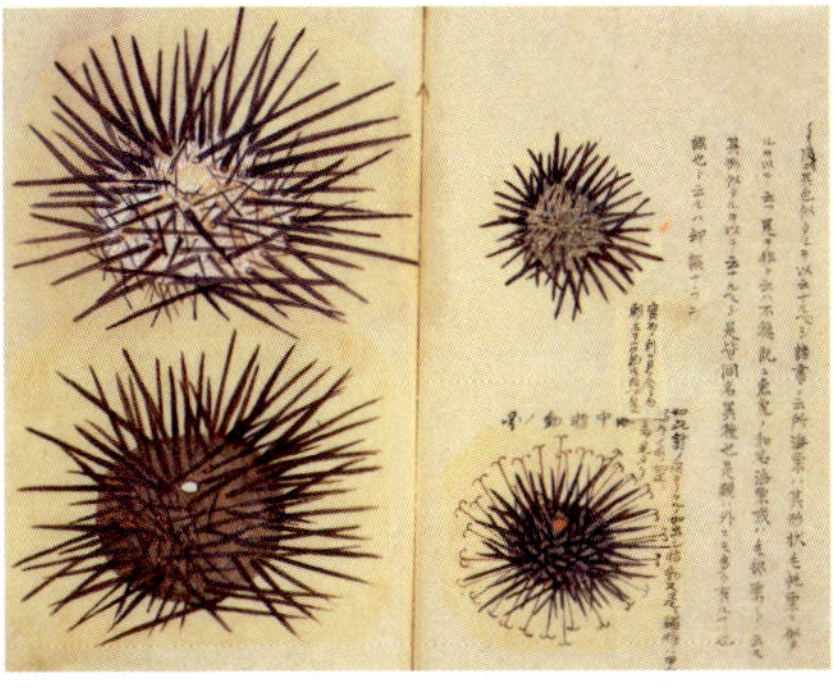

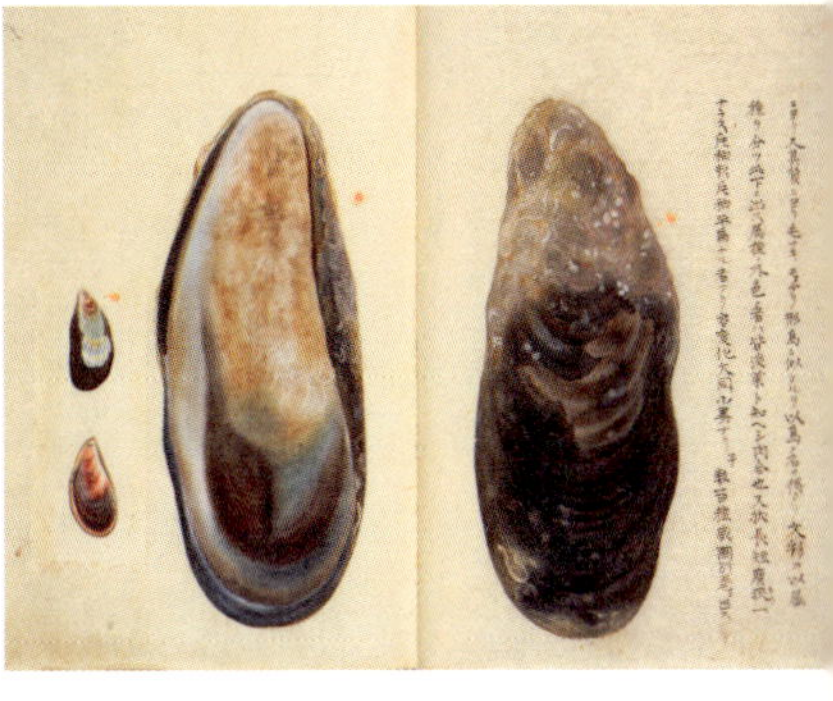

『甲介群分品彙《こうかいぐんぶんひんい》』

武蔵石寿《むさしせきじゅ》・画

天保七年（一八三六）序刊　五冊
国立国会図書館デジタルコレクション

本書は『群分品彙』ともいわれ、貝類六〇五品の彩色図を七類に分けて収載し解説を添えた図譜である。天保七年（一八三六）の序には、「楮鞭会《しゃべんかい》」の研究仲間でもあった前田利保（自知春館主人）が記している。

貝類六〇五品の彩色図を七類に分けて収載した図譜

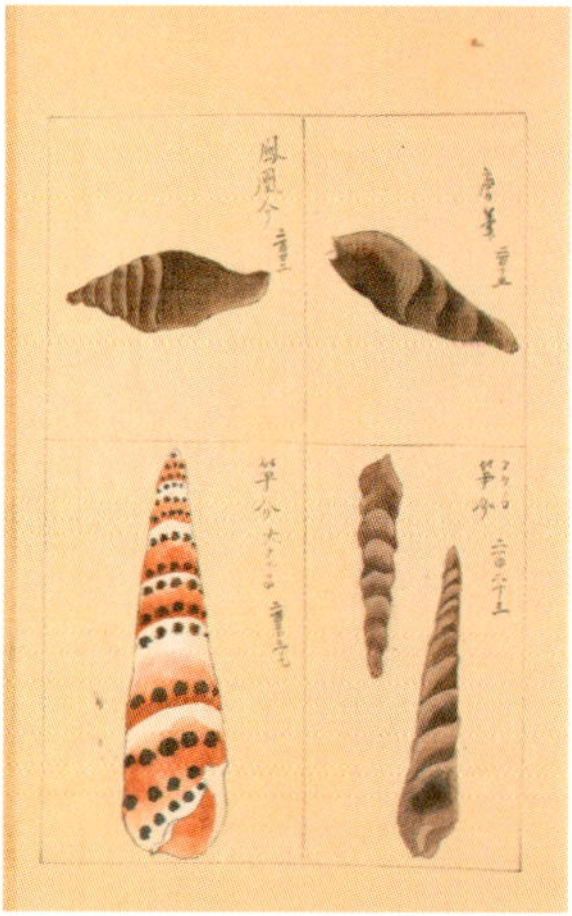

『竹譜 大葉小官・異品類』武蔵石寿・画

一巻 国立国会図書館デジタルコレクション

東洋画の題材とされる竹は、梅、菊、蘭《らん》とともに四君子として称えられ、中国清初に刊行された画譜『芥子《かいし》園画《えんが》伝《でん》』にも掲載されている。本巻の「大葉小官」の類では、「熊笹」、「千巻笹」、「杜鵑竹」、「矢竹」など十八種、「異品類」には二十七種が描かれている。どの画も細密な筆さばきで捉えられており、絵画の一幅のような風情である。武蔵石寿（一七六六～一八六一）は江戸時代後期の本草家で、本草の収集と研究に従事し、画家の服部雪斎の協力を得て多くの画譜を著した。

日本産の竹類、四十三種を細密描写で紹介

『虫豸写真《ちゅうちしゃしん》』 水谷豊文《みずたにとよぶみ》・画

文化期（一八〇四～一八一八）頃 一冊
国立国会図書館デジタルコレクション

『虫豸写真』には、鞘翅目（カブトムシ）、鱗翅目（チョウ）、半翅目（セミ）、直翅目（バッタ）、蜻蛉目（トンボ）の昆虫が細密に描かれ、蝶などは幼虫も紹介している。水谷豊文は江戸時代後期の本草家で、浅野春道、小野蘭山に学び、藩の薬園御用をつとめた。文政九年（一八二六）シーボルトは江戸参府随行の途上に尾張熱田《あつた》の宮で、水谷豊文、大河内《おおこうち》存眞《そんしん》、伊藤圭介らと面談し、その時、豊文の植物写生図を見たシーボルトは驚嘆したといわれる。すでに豊文は一〇二種の植物のすべてをリンネの名称で同定していたからである。「虫豸」は昆虫のことである。

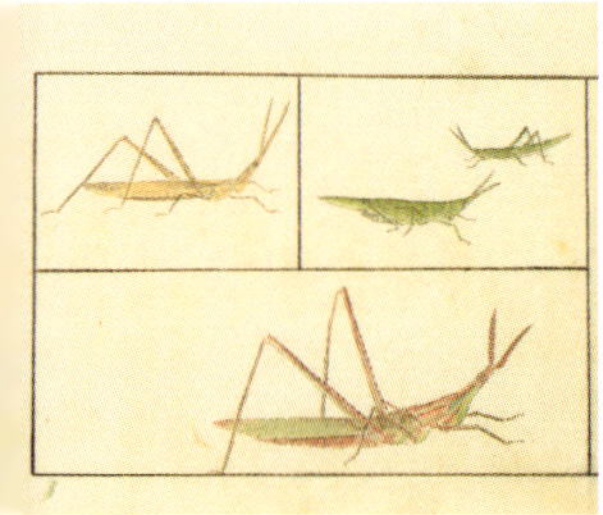

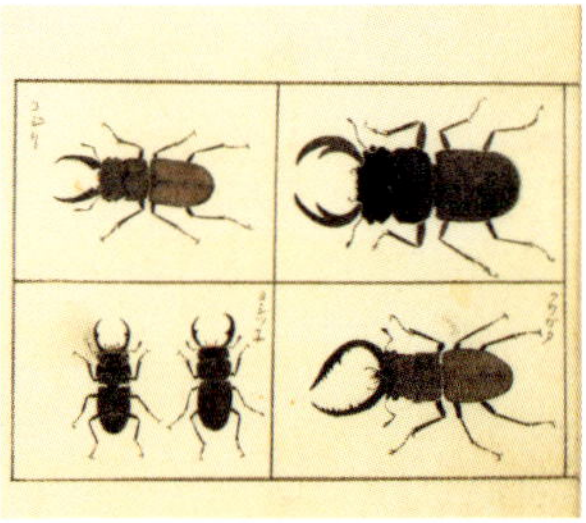

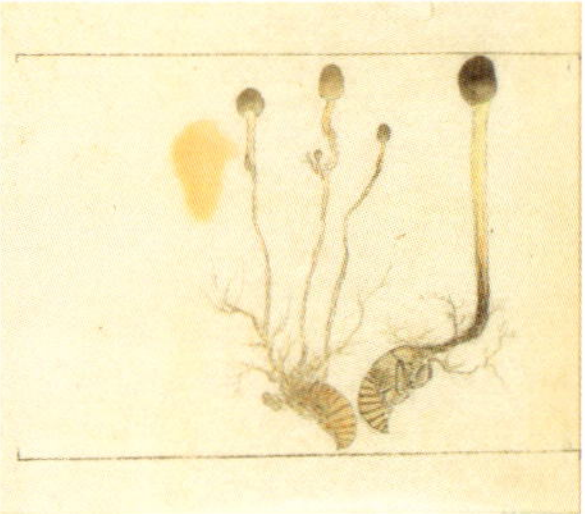

細密に描かれた昆虫の生態図譜

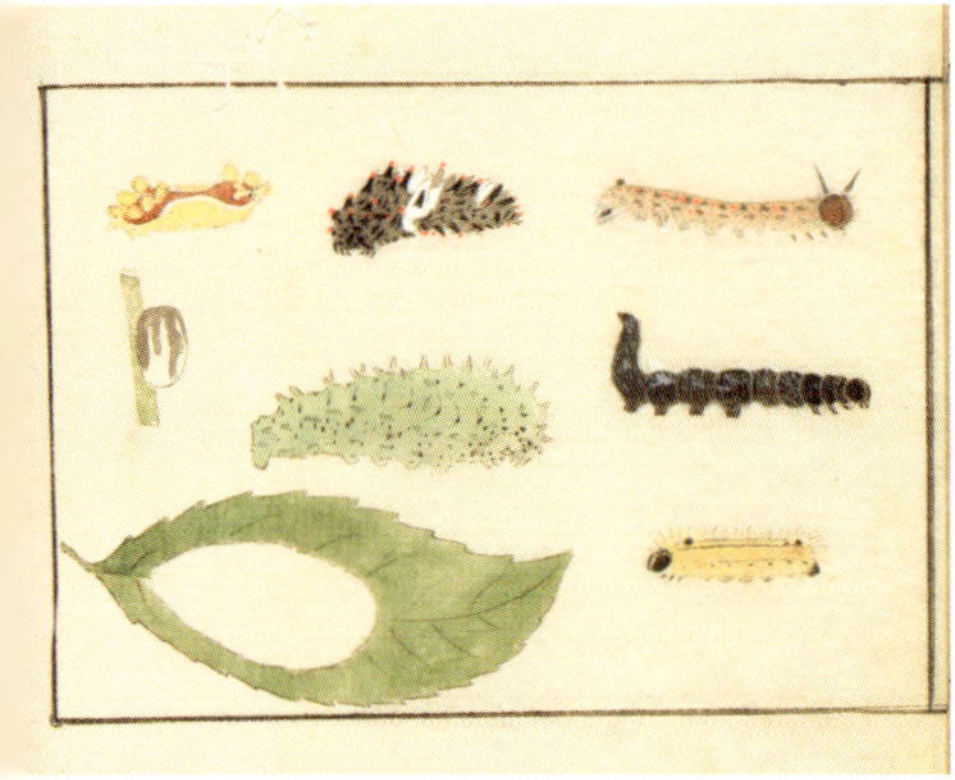
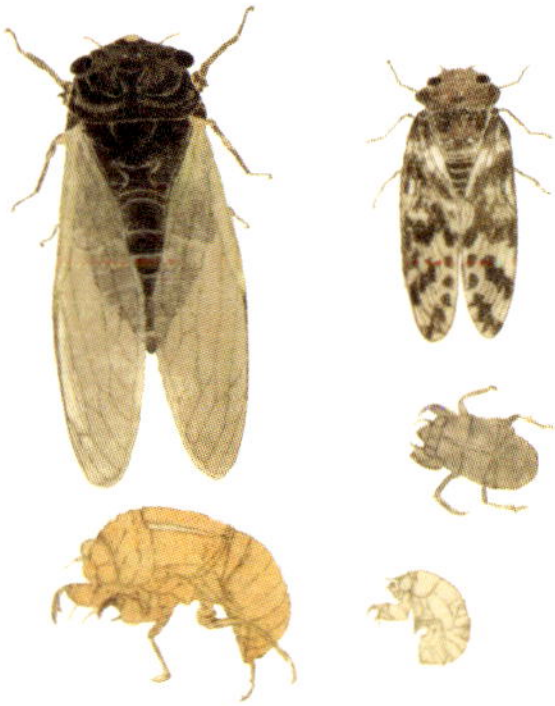

『植学啓原《しょくがくけいげん》』

宇田川榕菴《うだがわようあん》・著

須原屋伊八版 天保八年（一八三七）刊
三冊（合一冊） 国立国会図書館デジタルコレクション

『植学啓原』は日本最初の西欧植物学を紹介した書籍で、リンネの二十四綱目分類による植物の分類法、植物の形態と生理、植物化学を解説した植物図鑑である。植学啓原図として色刷木版画二十一図を添えている。宇田川榕菴は、江戸時代の蘭学者で、美作《みまさか》津山藩医。オランダ語を学び、文政九年、幕府天文方の蕃書和解《ばんしょわげ》御用訳員となった。またオランダ商館医であったことからシーボルトとの親交もあった。

日本最初の西欧植物学を紹介した植物図鑑

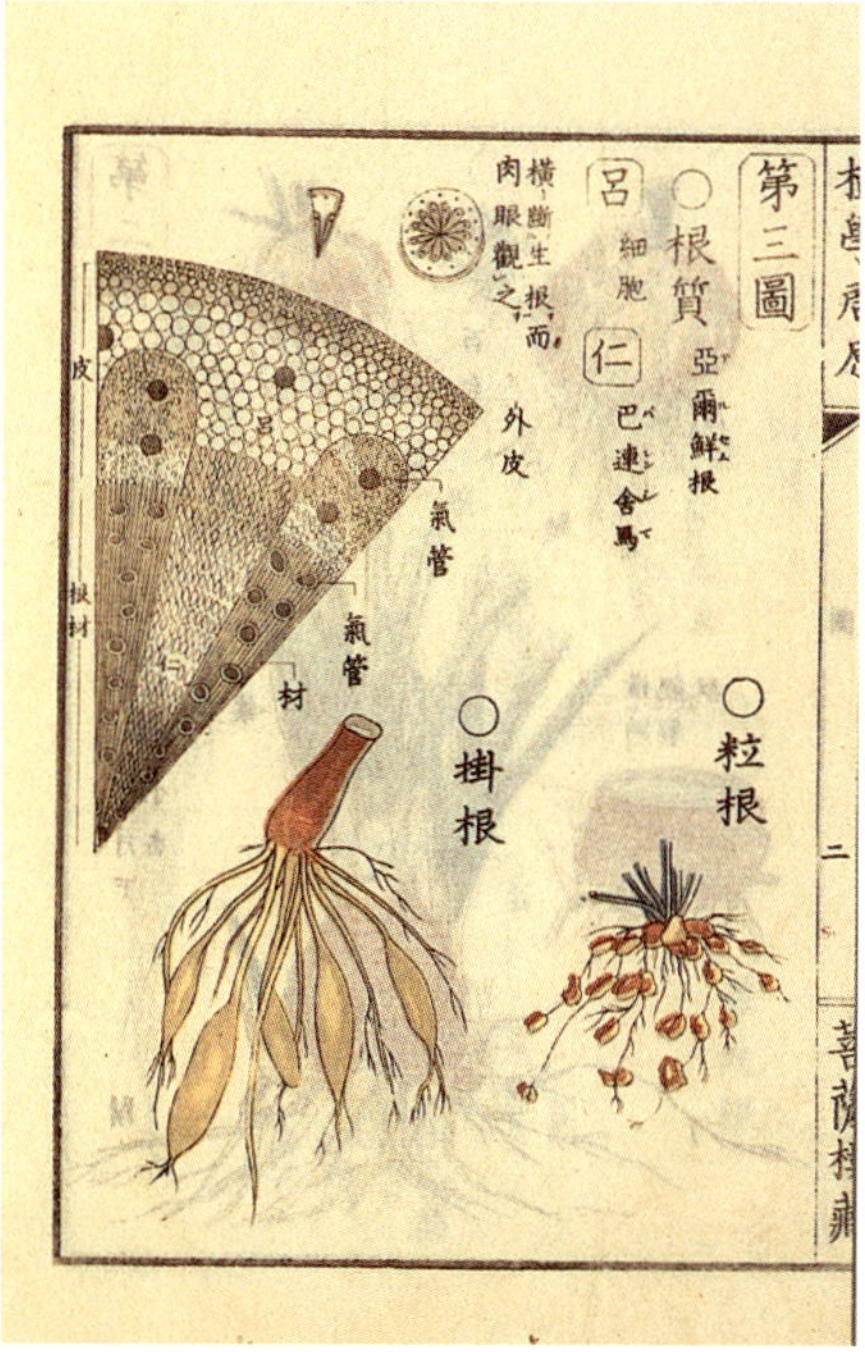

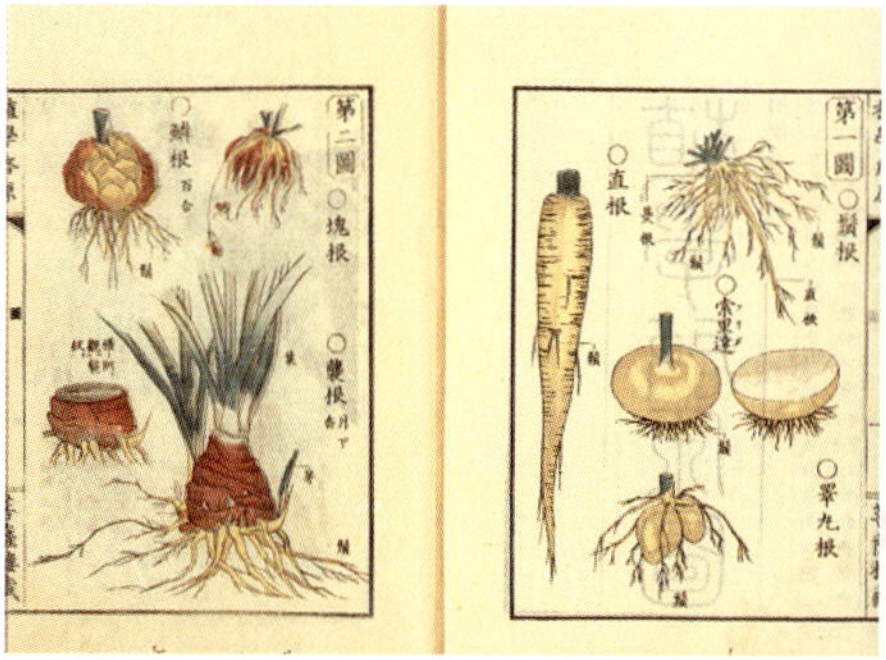

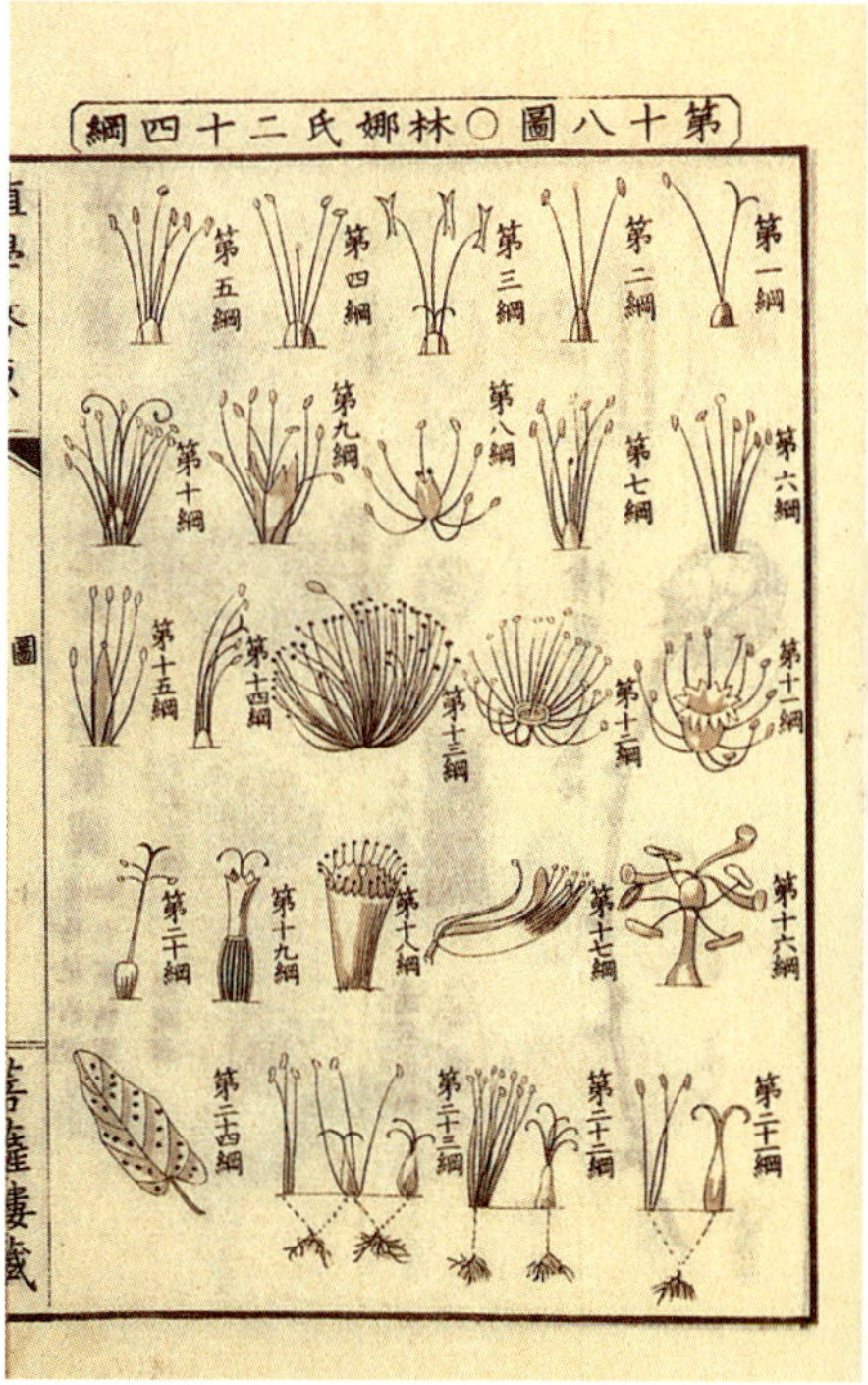

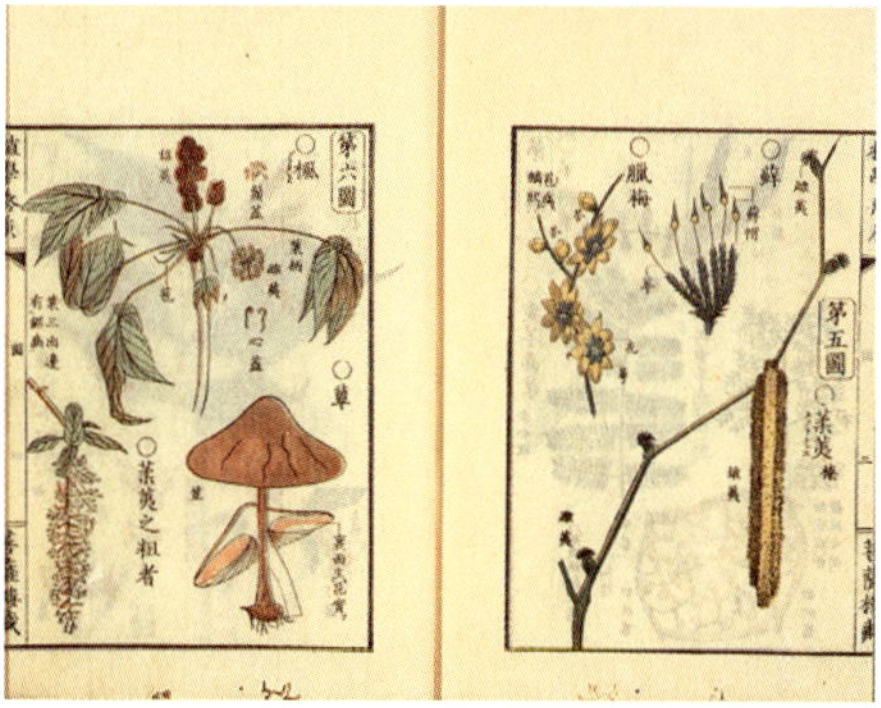

日本最初のリンネ分類法による植物分類図鑑

『草木図説《そうもくずせつ》』 飯沼慾斎《いいぬまよくさい》・著

安政三年～文久二年（一八五六～六二）刊
三十冊 国立国会図書館デジタルコレクション

江戸時代後期の植物図鑑で、日本の植物をリンネの分類による二十四綱目に分けて図解したものである。後に牧野富太郎らが増訂版を刊行した。草部二十巻は安政三～文久二年（一八五六～六二）刊、木部十巻は未刊である。

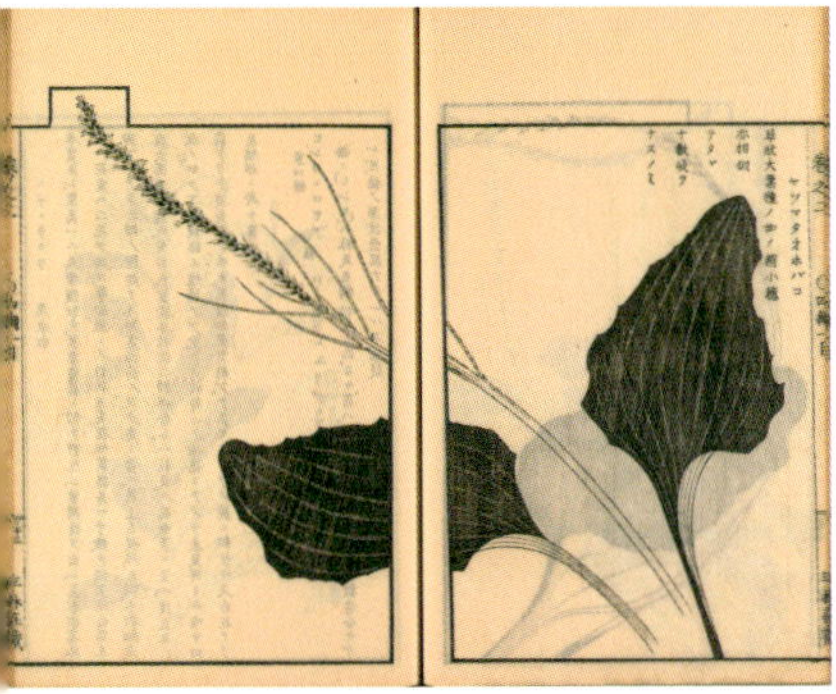

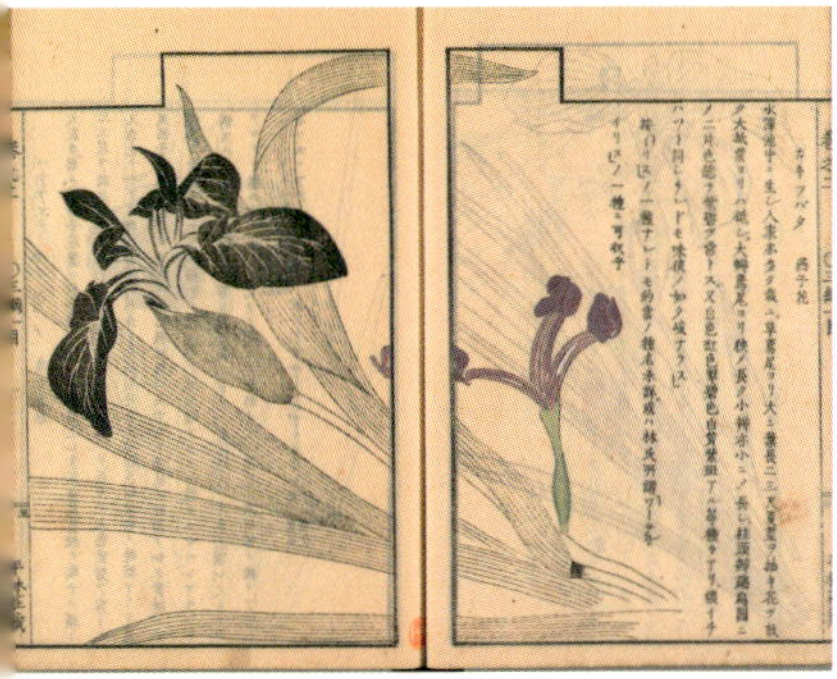

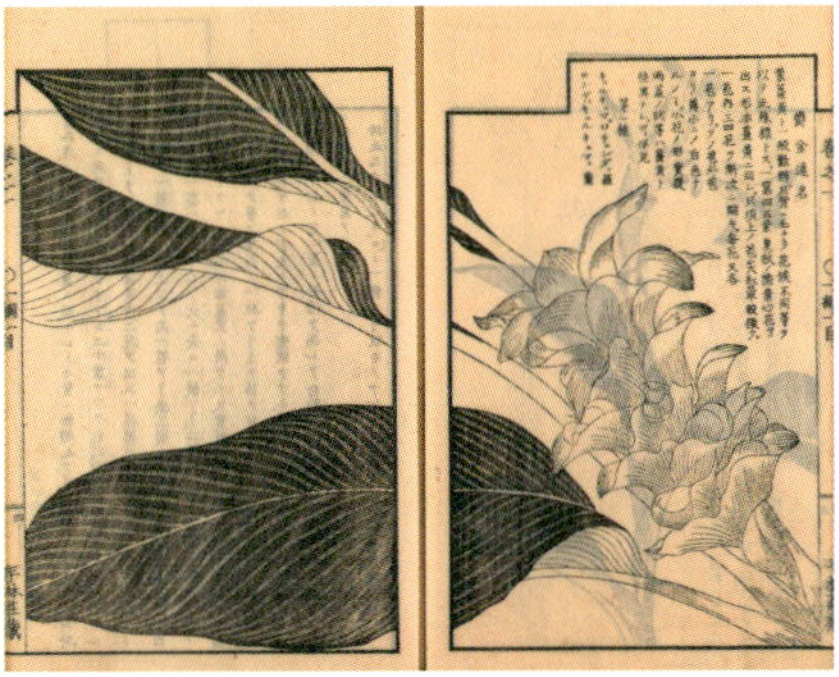

『和蘭六百薬品図』

江戸時代後期（十八世紀）七冊
国立国会図書館デジタルコレクション

オランダのオスカンプが出版した『薬用植物図譜』は、手彩色の銅版画に、蘭語の植物名とラテン語の学名、植物の解説がついたもので、天保期（一八三〇～四三）頃には舶載され、当時の本草学者の研究に利用された。本書は原初の図版部分だけを模写したものである。細密な筆致で描かれたで図譜である。巻末には「平安榕室山本錫夫題名」の墨書があり、本草学者山《やま》本錫夫《もとせきふ》（一八〇九～六四）が漢名、和名を付記したものと思われる。

オランダの『薬用植物図譜』の翻訳図譜

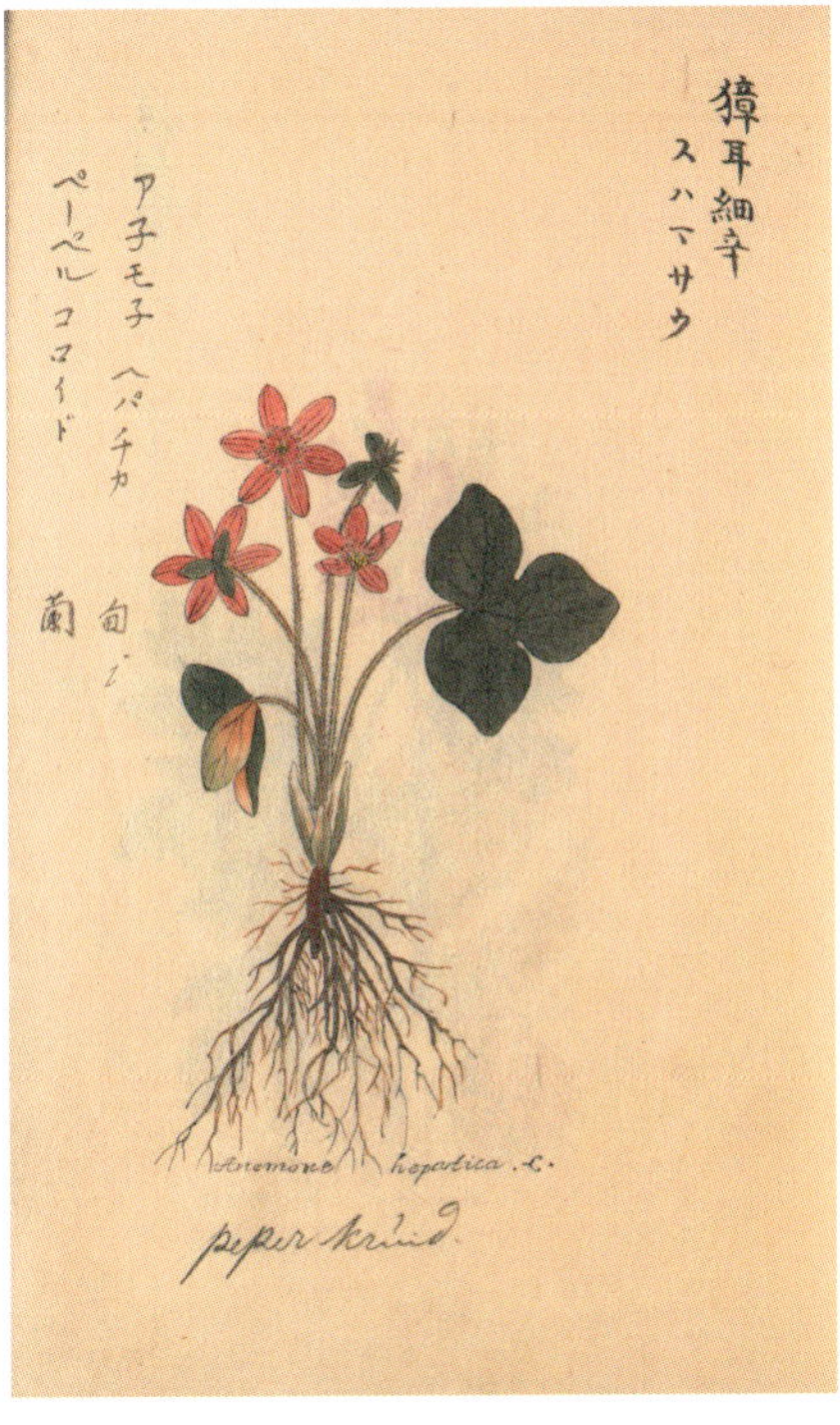

貝原益軒も寄与した農業技術書

『農業全書《のうぎょうぜんしょ》』 宮崎安貞《みやざきやすさだ》・著

文化十二年（一八一五）
山中善兵衛版 十冊・附録一冊
国立国会図書館デジタルコレクション

本書は宮崎安貞の四十年にわたる村居体験のなかでの観察と蓄積、中国農書の知識と技術、そしてそのわが国への適用、また畿内各地をはじめ諸国旅行による農業技術の調査と吸収から生まれ、初めて版本として広く世間に流布した。中国農書については同郷の貝原益軒《かいばらえきけん》の寄与が大きく、益軒の兄楽軒が一部を書き補っている。

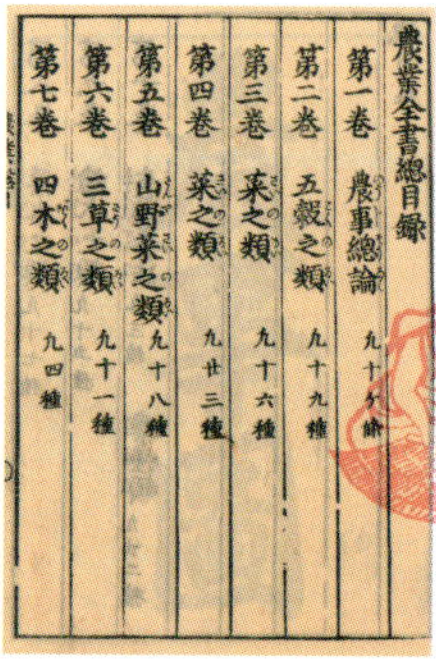

農業全書総目録
第一巻 農事総論 九十ヶ條
第二巻 五穀之類 九十九種
第三巻 菜之類 九十六種
第四巻 菜之類 九廿三種
第五巻 山野菜之類 九十八種
第六巻 三草之類 九十一種
第七巻 四木之類 九四種

初めて版本として広く世間に流布した農書

『農具便利論《のうぐべんりろん》』 大蔵永常《おおくらながつね》・著

文政五年（一八二二）三冊
国立国会図書館デジタルコレクション

全国の農村を歩いて見聞を広め著した農業技術書

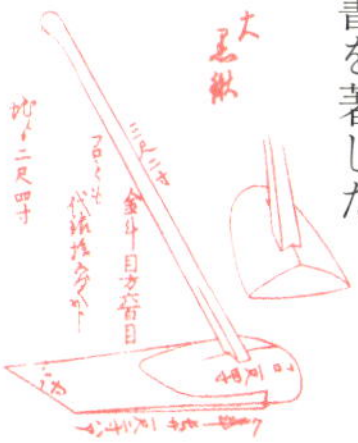

幕末の農学者大蔵永常（一七六八～一八六一）の農業技術書。全国各地で使用される農具のうち、ひろく普及の価値ありと考えられる、鍬《くわ》、鋤《すき》、代掻《しろか》き用具、熊手《くまで》などを細かく絵入りで説明し、仕様書を見ればその農具を作ることが可能なほど詳細な記述がある。永常は宮崎安貞、佐藤信淵とならぶ江戸時代の三大農学者で、全国の農村を歩いて見聞を広め、『農家益』などの平明な農業指導書を著した。

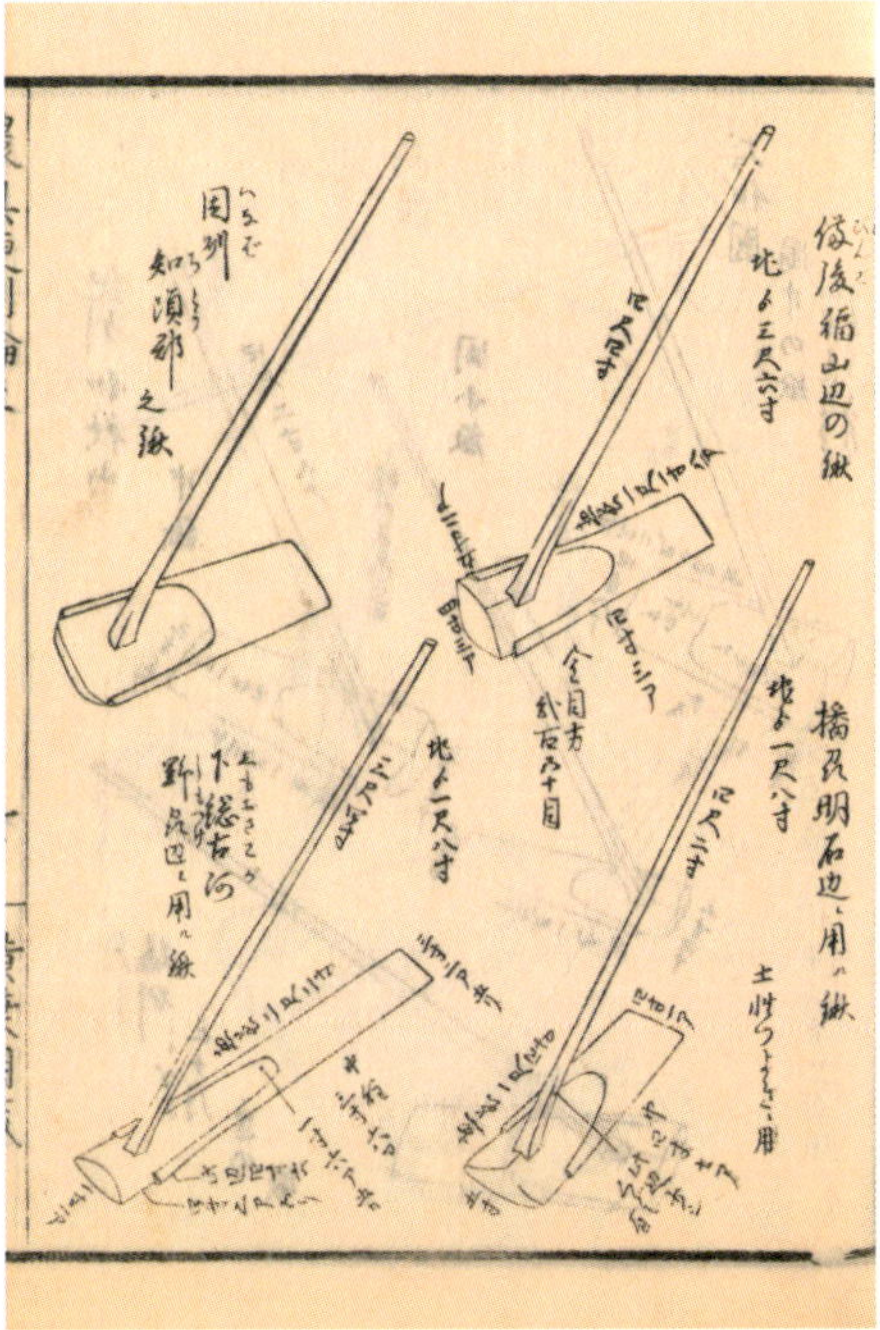

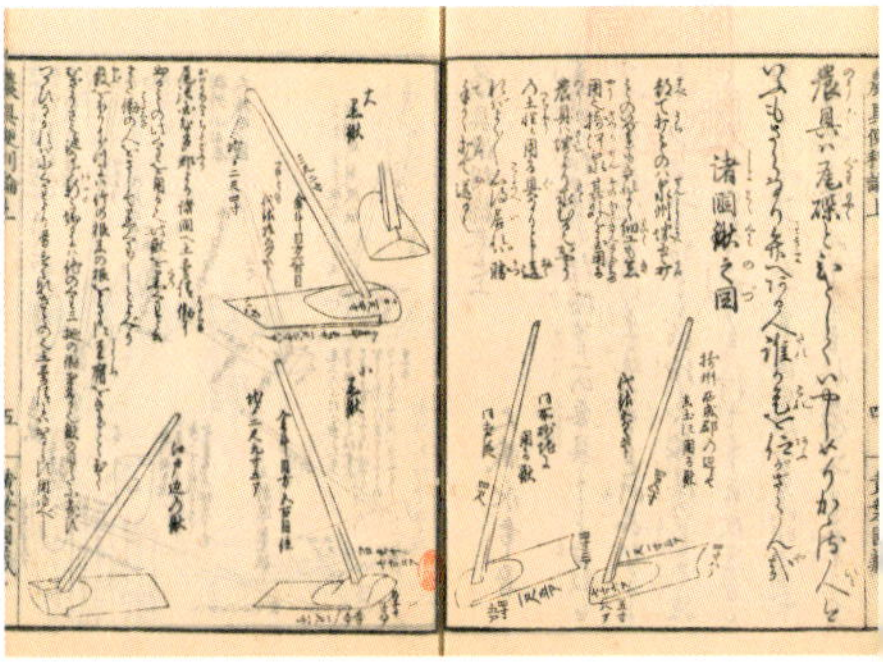

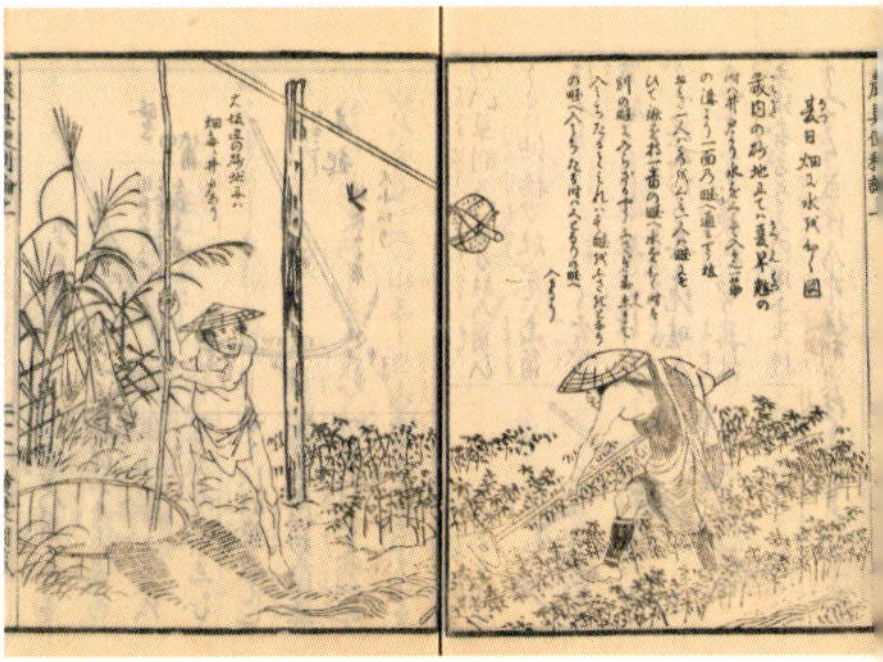

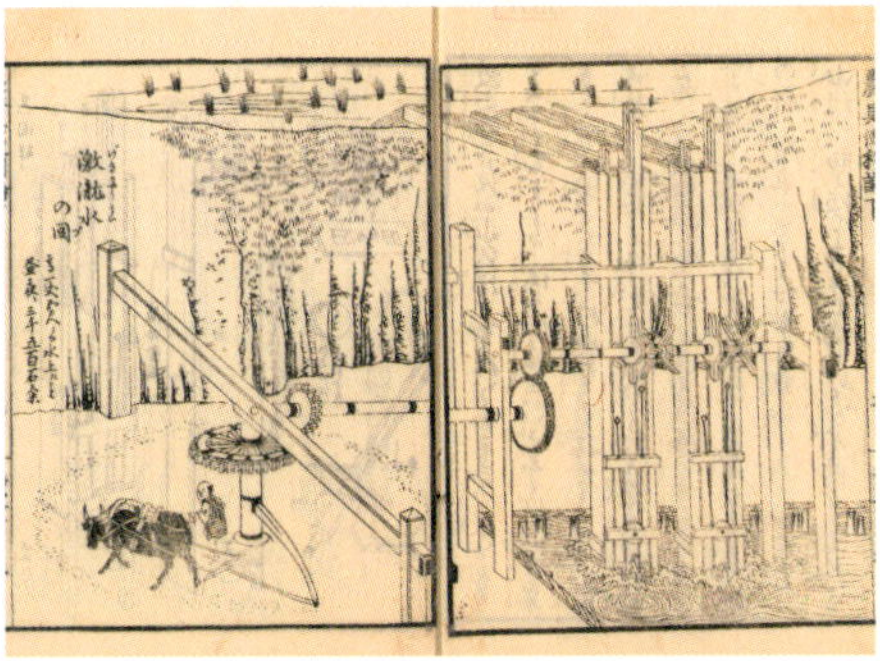

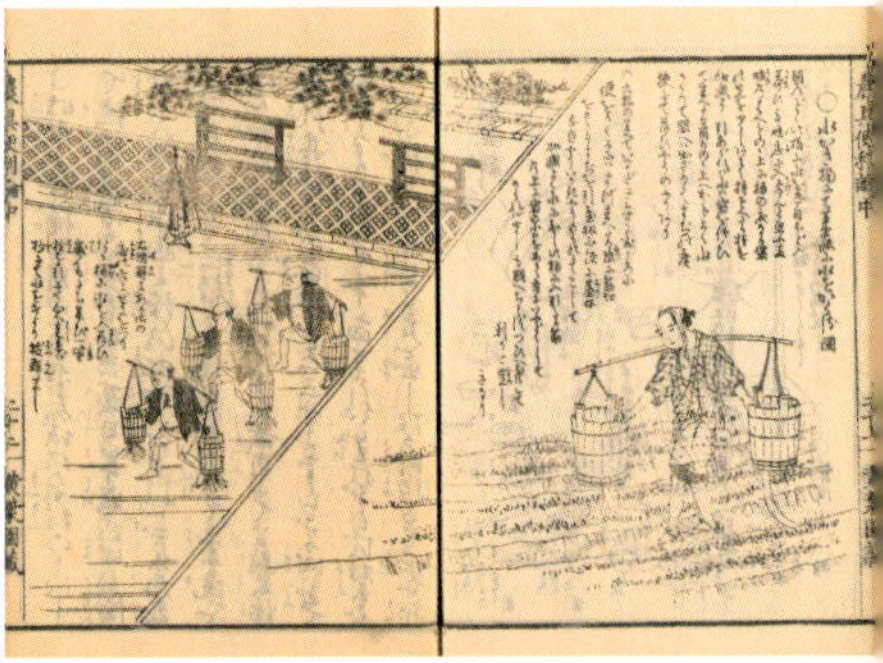

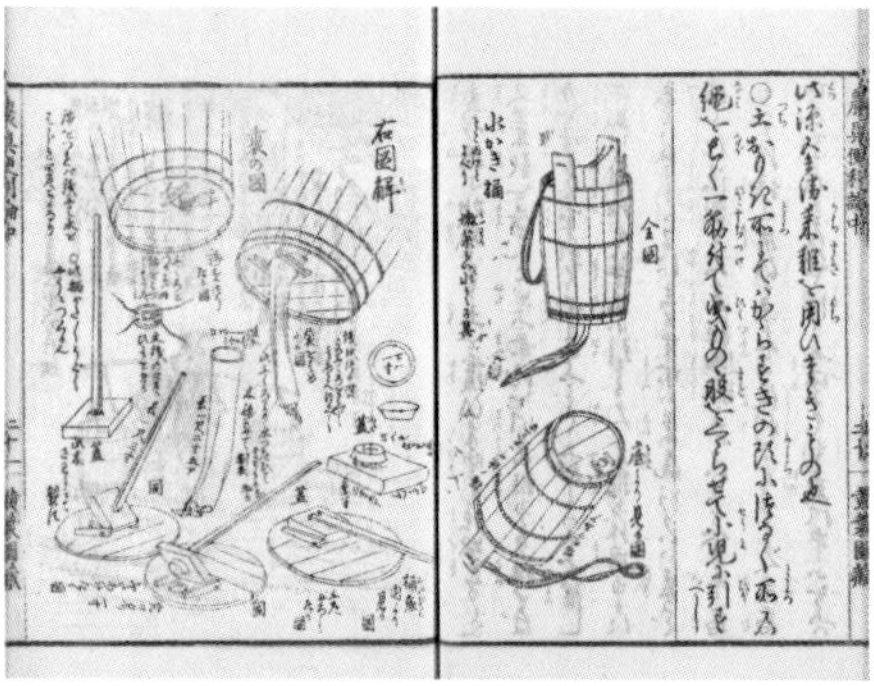

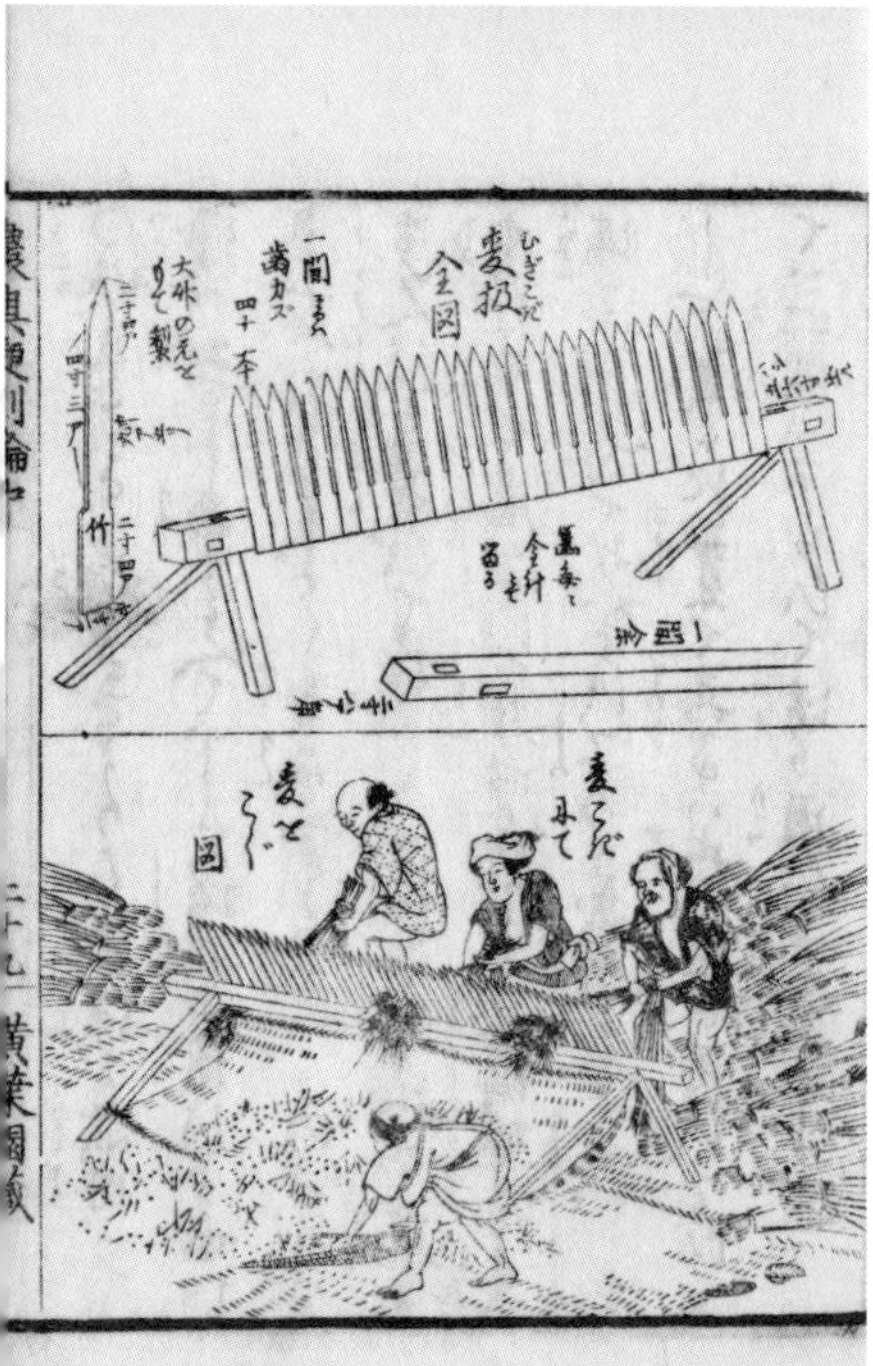
麦扱全図

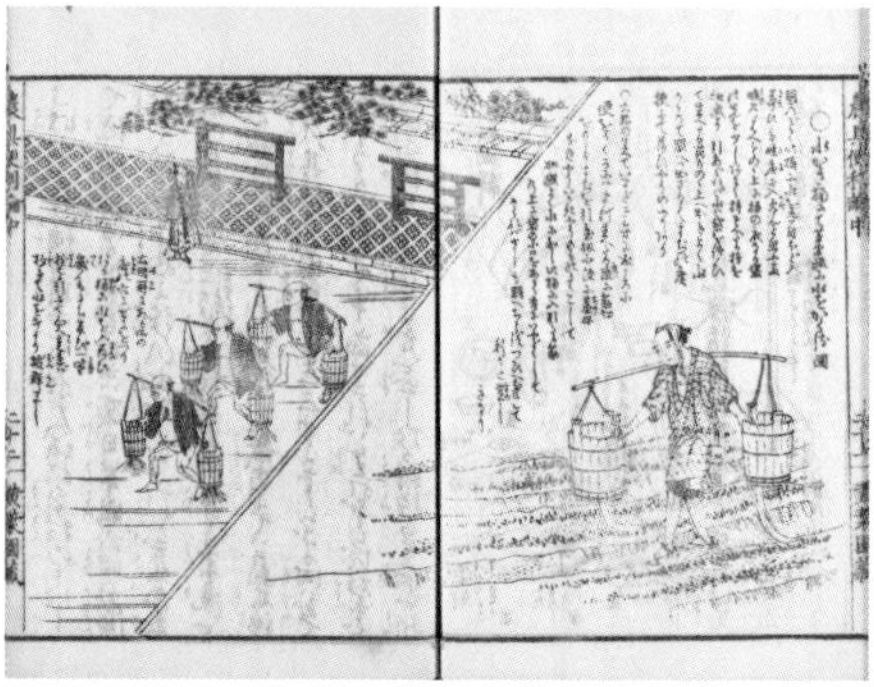

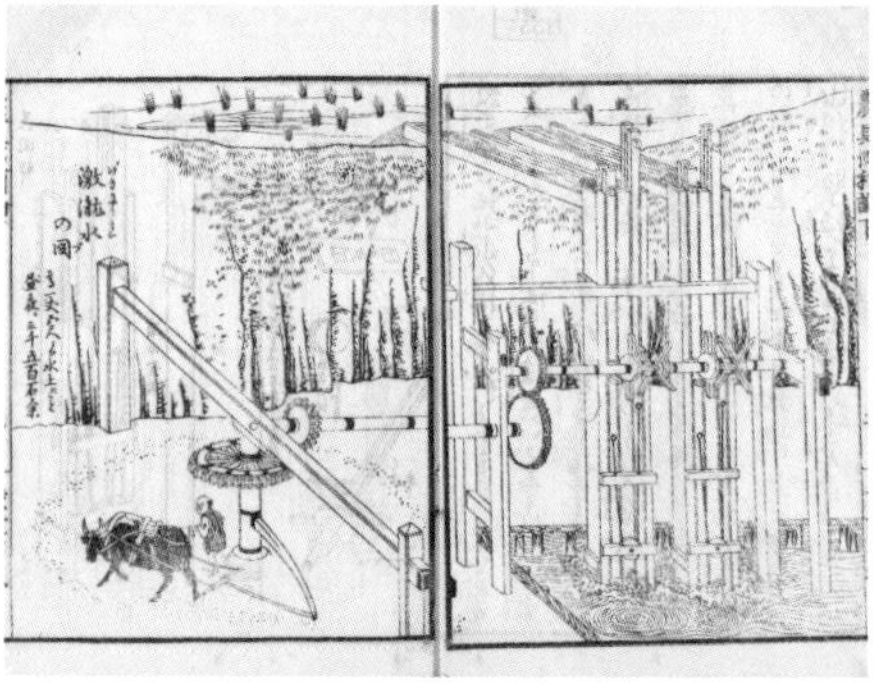
激流水の図

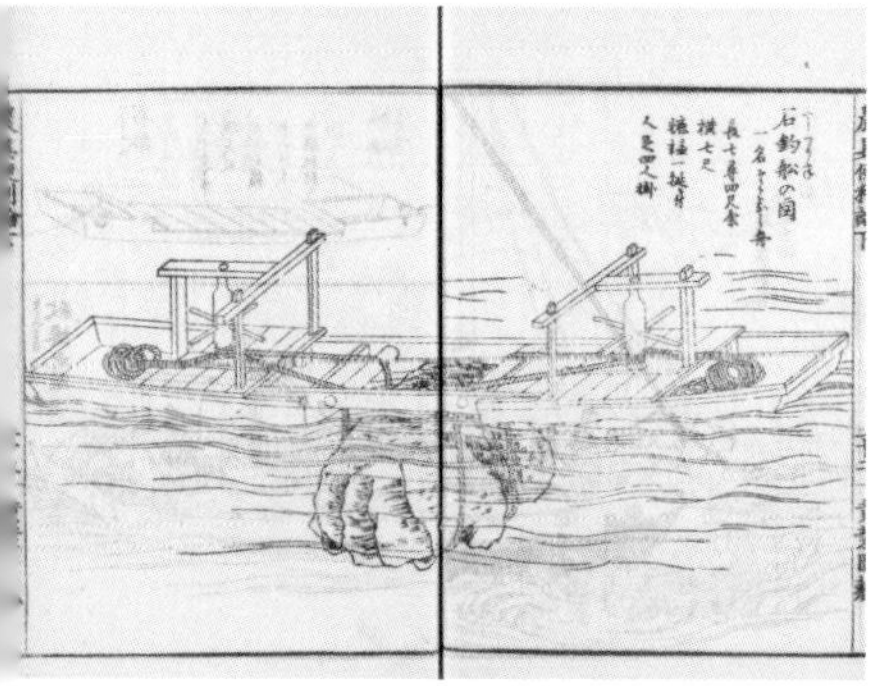
石釣船の図

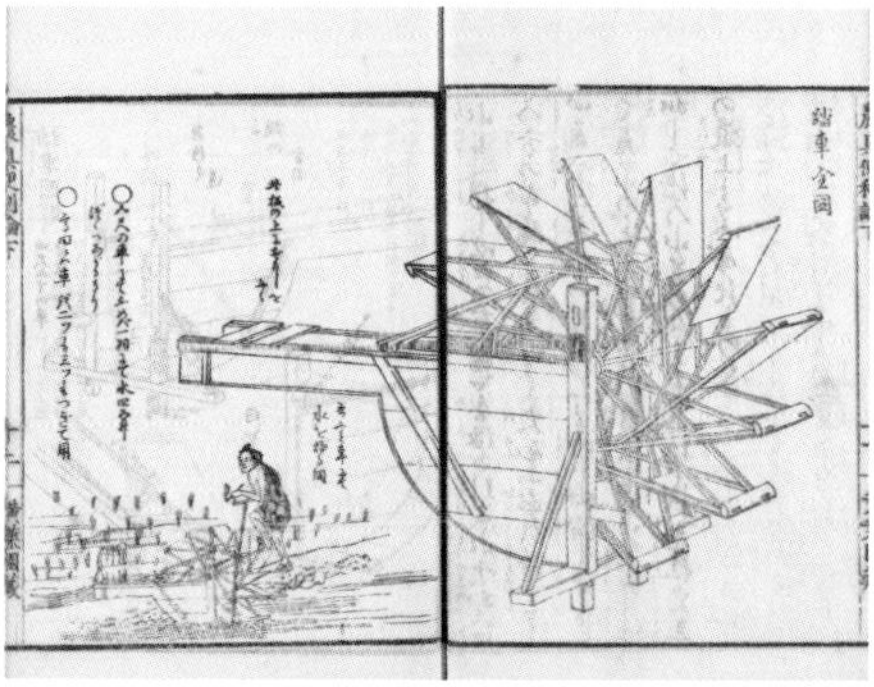
踏車全図

第六章

江戸の医学

十六世紀にポルトガルやスペインから伝えられた医学は、一般に広い意味での南蛮医術と呼ばれる。それまでの中国古来の「五臓六腑」説に依ってきた日本の医学は、西洋の実証的科学からはあまりにも遠いものであった。十八世紀も後半になると、「古方派」と呼ばれる伝統的医学を学んだ山脇東洋《やまわきとうよう》が「五臓六腑」説に疑問をいだき、実地に確かめる機会をうかがっていたが、宝暦四年（一七五四）に死刑囚を解屍《かいし》観臓することが許され、その記録を死体解剖図『蔵志《ぞうし》』として刊行した。また西洋医学輸入の転機となったのは、杉田玄白《すぎたげんぱく》、前野良沢《まえのりょうたく》らの翻訳で刊行された『解体新書』であった。この書物は、日本における西洋医学書の最初の翻訳であり、当時の医学界に大きな影響を与えた。

エッセイ❷

『解体新書』に見る江戸時代

酒井シヅ

『解体新書』が出版されたのは安永三年（一七七四）、江戸時代の半ば、世の中は米騒動や幕府の役人らの不正が横行して、住みやすい世の中ではなかった。

しかし、いまとなってみれば、『解体新書』がその時代によくぞ出版されたと諸手を打って喜びたい。

『解体新書』を翻訳した杉田玄白《げんぱく》、前野良沢《りょうたく》らが、江戸の千住小塚原の刑場へ刑死体の腑分けを見に行ったとき、どれほど胸を高鳴らせたことであろうか。

このとき二人は偶然、同じ『ターヘル・アナトミア（オランダ語解剖書）』を手にしていた。『ターヘル・アナトミア』を開くと、本物そっくりの挿絵が現れた。思わず感嘆し、手際よく腑分けをする男の手先の動きをのめり込むように見たに違いない。

帰り道、中川淳庵《じゅんあん》が加わった三人は、手のひらの大きさの『ターヘル・アナトミア』をぜひ翻訳せねばと決意し、善は急げと、翌日から『ターヘル・アナトミア』の翻訳を始めたのであった。

そして、三年後に『解体新書』の翻訳が完成した。しかし当時は、オランダものの翻訳は出版禁止になったこともあった。とりわけ『解体新書』には、たくさんの新語がつくられていた。「神経」、「筋肉」などがその代表的なものである。その他、たくさんの現在も使われているおおくの医学用語が載っていた。

玄白は出版に慎重にならざるを得なかった。まず、世間の様子を伺うために、『解体新書』の大まかな内容を記した『解体約図』（図1）を出した。

『解体新書』には、はじめに通詞《つうじ》吉雄耕牛《よしおこうぎゅう》の序文が載る。吉雄は杉田玄白、前野良

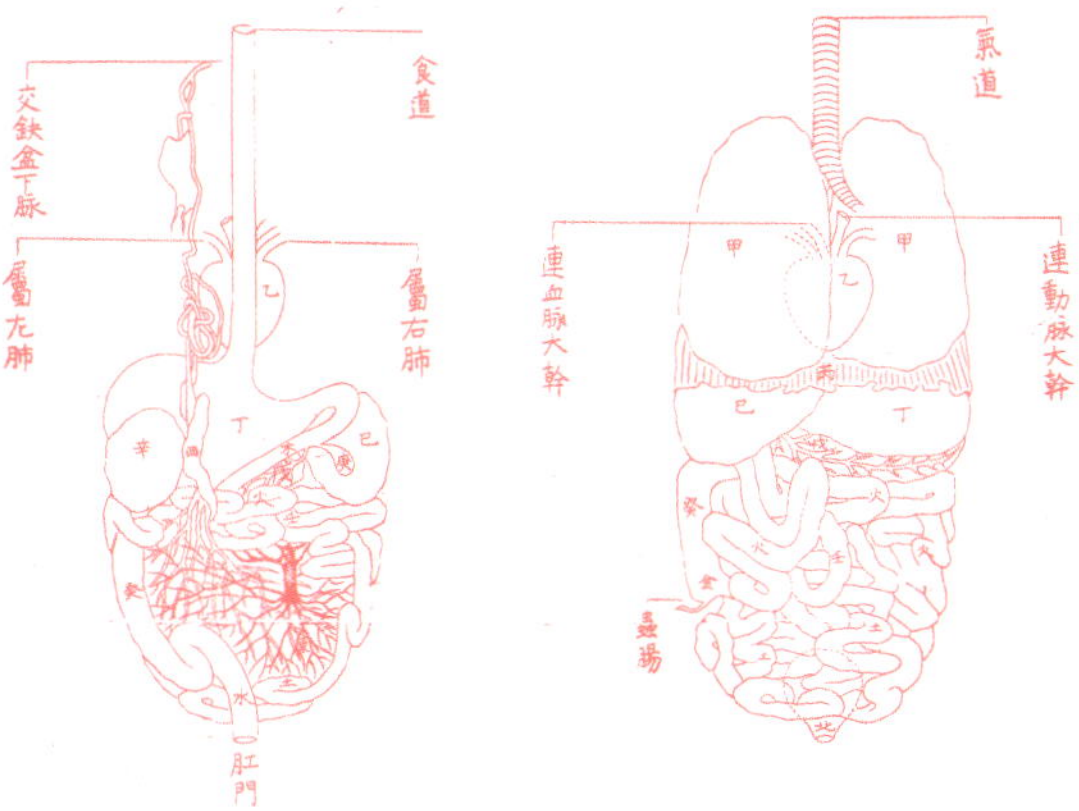

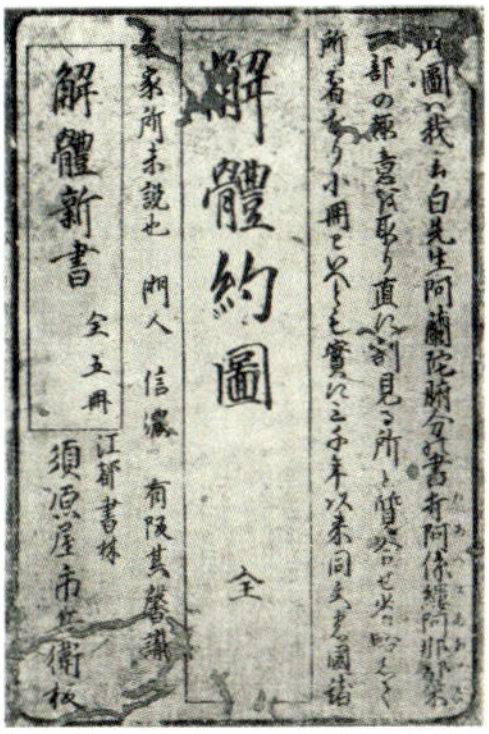

図1『解体約図』杉田玄白・著
中川淳庵・校　熊谷元章・画
安永2年（1773）刊　順天堂大学蔵

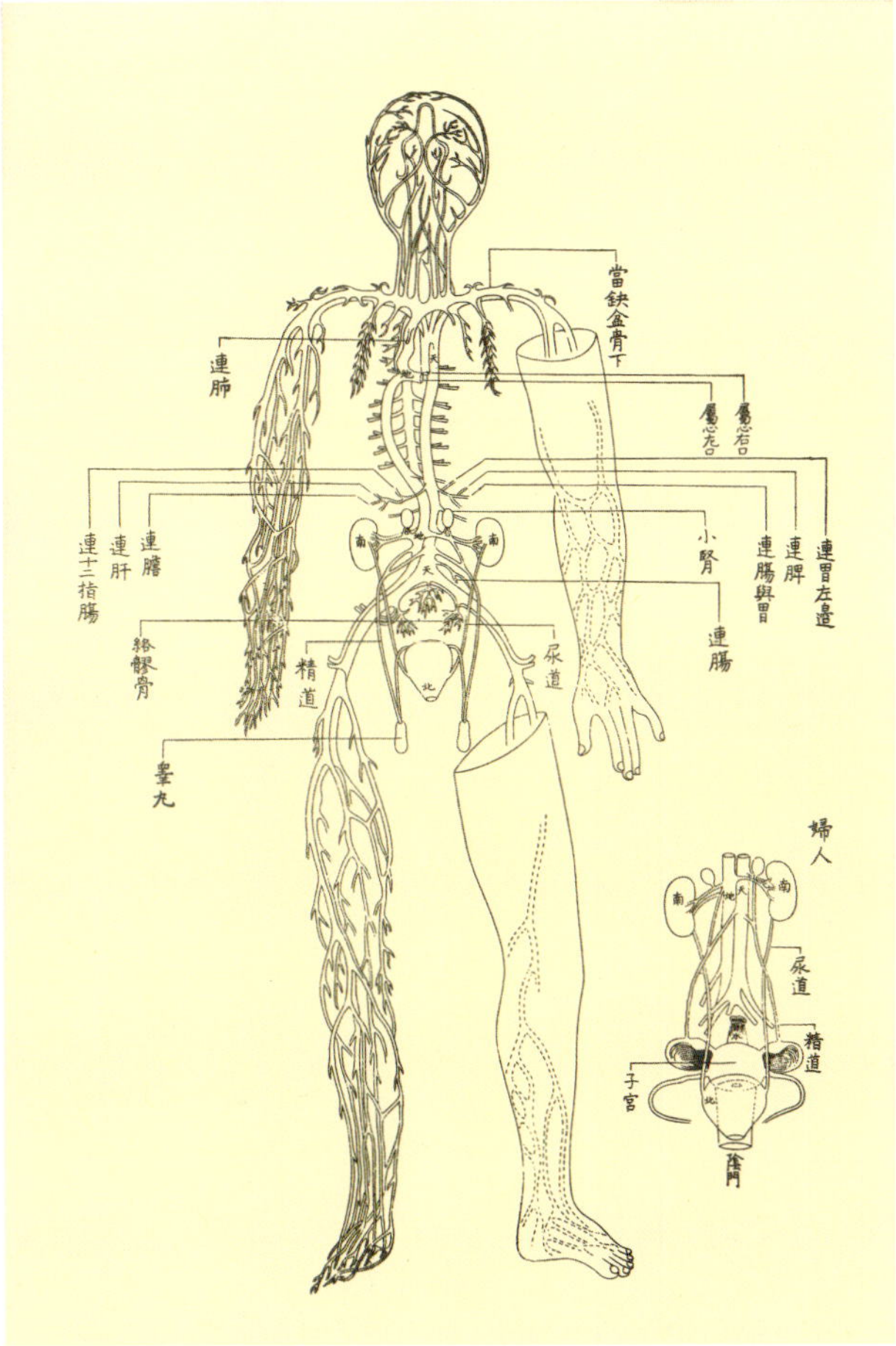

沢がすぐれた学者であったと書いている。それは、杉田玄白が晩年に書いた『蘭学事始』の記事とまた違う。

　オランダ語を耕牛に学び、翻訳に苦労した二人は、翻訳しおえた『解体新書』を吉雄耕牛のもとに持って行き、「目を通していただきたい。疑問の箇所を質すことをお願いできれば、われわれが死んでも、この本は朽ちることはないでしょう」と頼む。耕牛が読んだところ、内容が詳細で論旨が良く通り、原書とくらべてみると、

図2『解体新書』巻之二より
国立国会図書館
デジタルコレクション

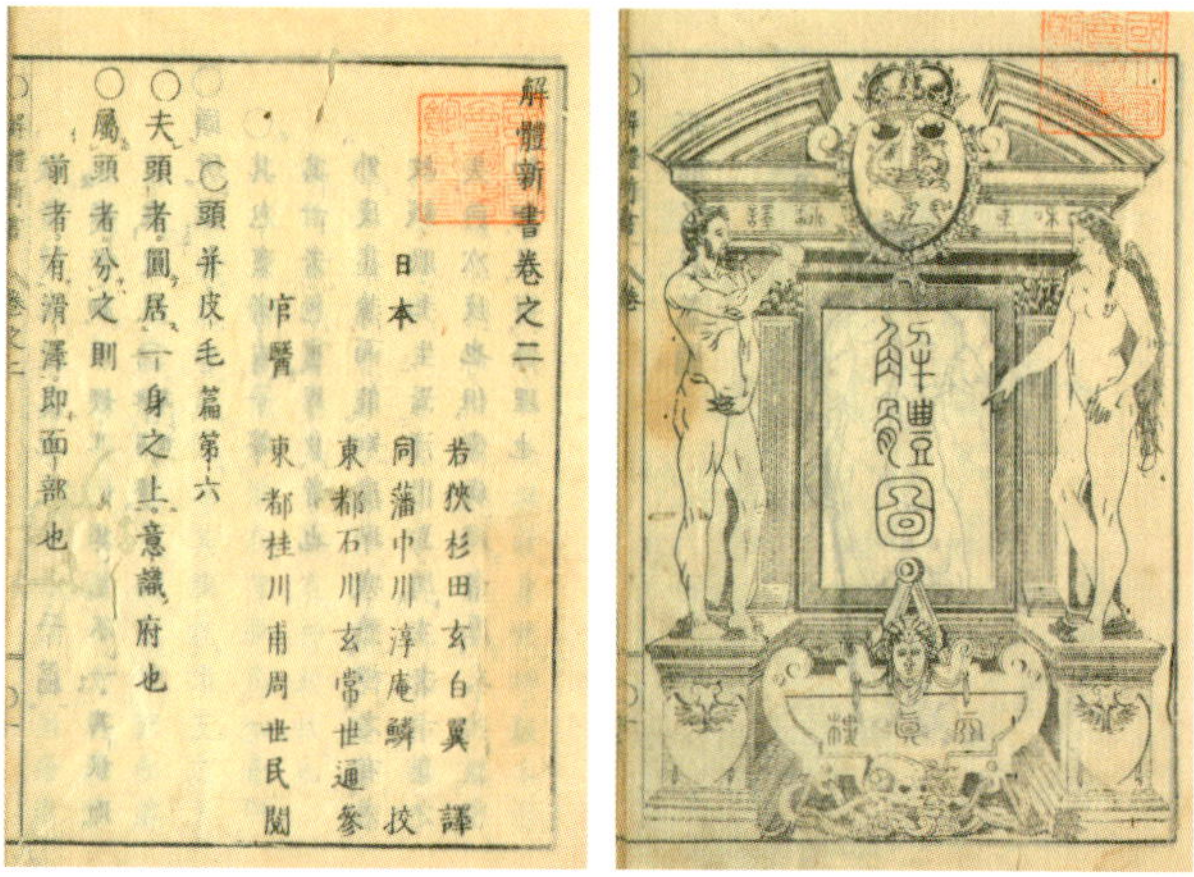
解體新書卷之二
若狹　杉田玄白翼　譯
日本　同藩　中川淳庵鱗　校
東都　石川玄常世通　參
官醫　東都　桂川甫周世民　閲
○頭并皮毛篇第六
○夫頭者。圓居。一身之上。意識府也。
○屬頭者。分之則
前者。有滑澤。即面部也

一つも間違いが無かった。

耕牛は、学問に忠実であるとはこういうことかと感心し、おもわず涙がはらはらとこぼれた。そして、はたと本をとじて、ため息をつき、ああついに快挙がなされたと、感嘆したと回想している。

はじめて翻訳書を手にした耕牛の喜びはいかばかりであっただろうか、顧みれば、それ以前も、長崎では医学を通詞を介してオランダ人から学ぶ機会もあったが、書物はなかった。口伝えで学んだのである。このとき日本語で書かれた医学書が誕生したのであった。耕牛の言葉から、その場での興奮と喜びが伝わってくる。

『ターヘル・アナトミア』は翻訳が完成すると『解体新書』と題が付けられて、一七七四年に出版され、現代に続いている。いま『解体新書』は古い書物だと思って頁をくってみると、無から挑戦して、三年半をかけて完訳した書物の奥深さが行間にあふれる。

たとえば、巻二の「頭」の章には、「頭は円形で、全身の上にある精神作用の中心となる場所である」（図2）と訳しているが、ここは「精神」という言葉が現代の意味ではじめて使われたところである。このような箇所がいくつもある。しかし、これだけの文章を訳し出すのに何日かかっただろうか。

現代の日本は翻訳文化といわれ、その弊害も指摘されるが、『解体新書』での苦労がなかったら、外国文化を肉とし、血とするにはどのような手段が生まれているだろうか。

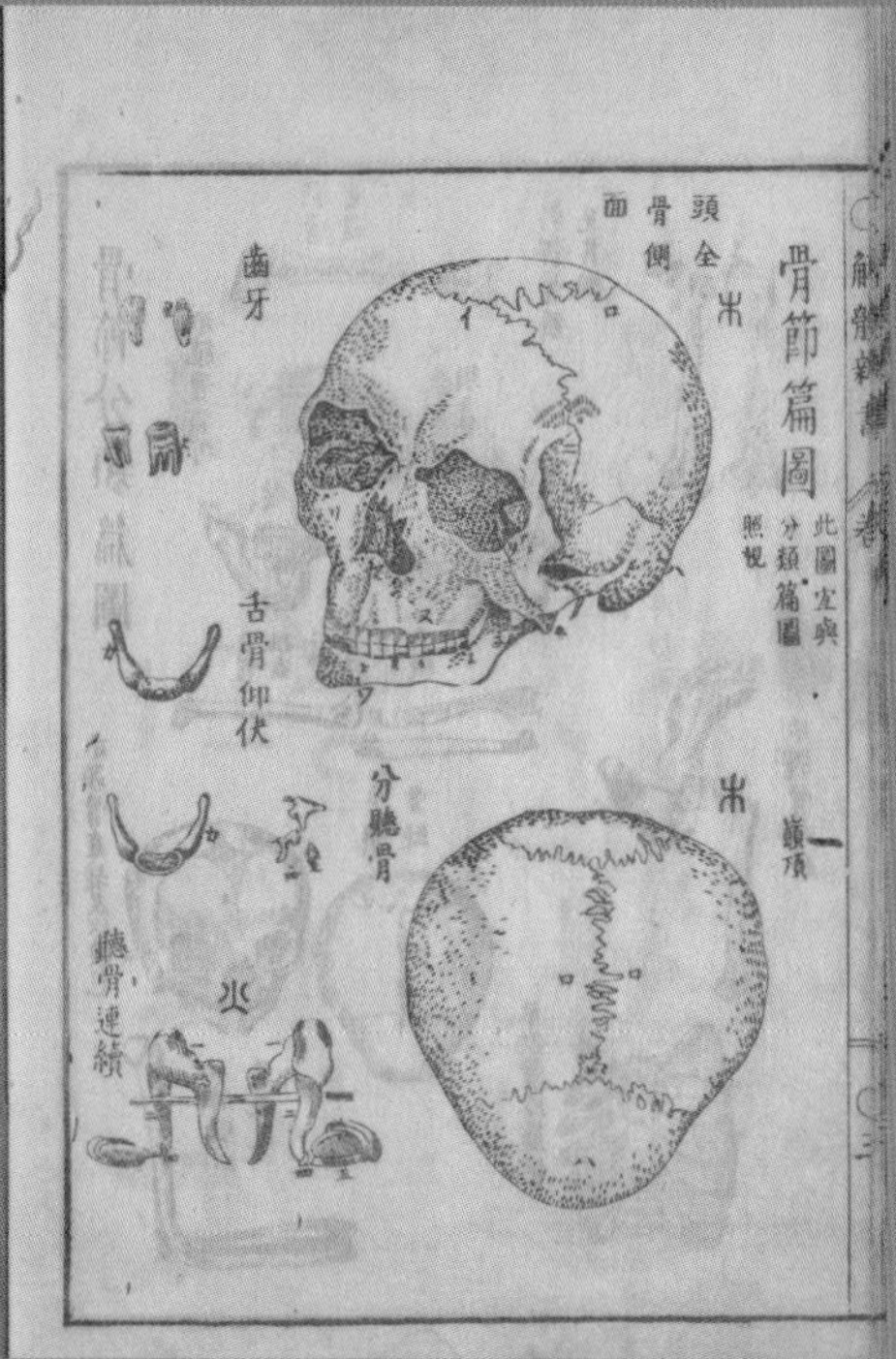
骨節篇圖
此圖宜與分頭篇圖照視
頭全骨側面
齒牙
舌骨仰伏
分聽骨
聽骨連續
顱頂

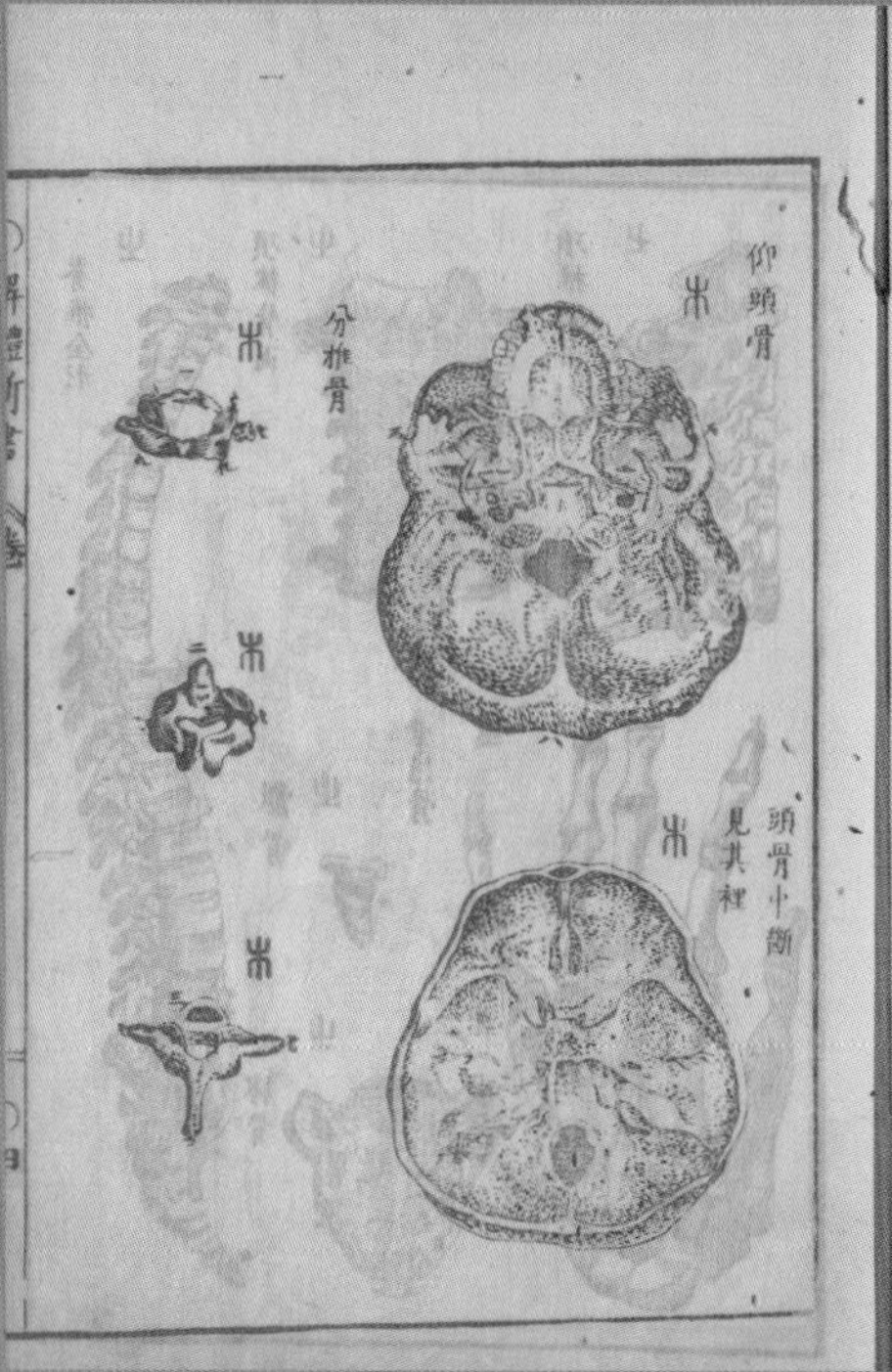
仰頭骨
分椎骨
頭骨中斷見其裡

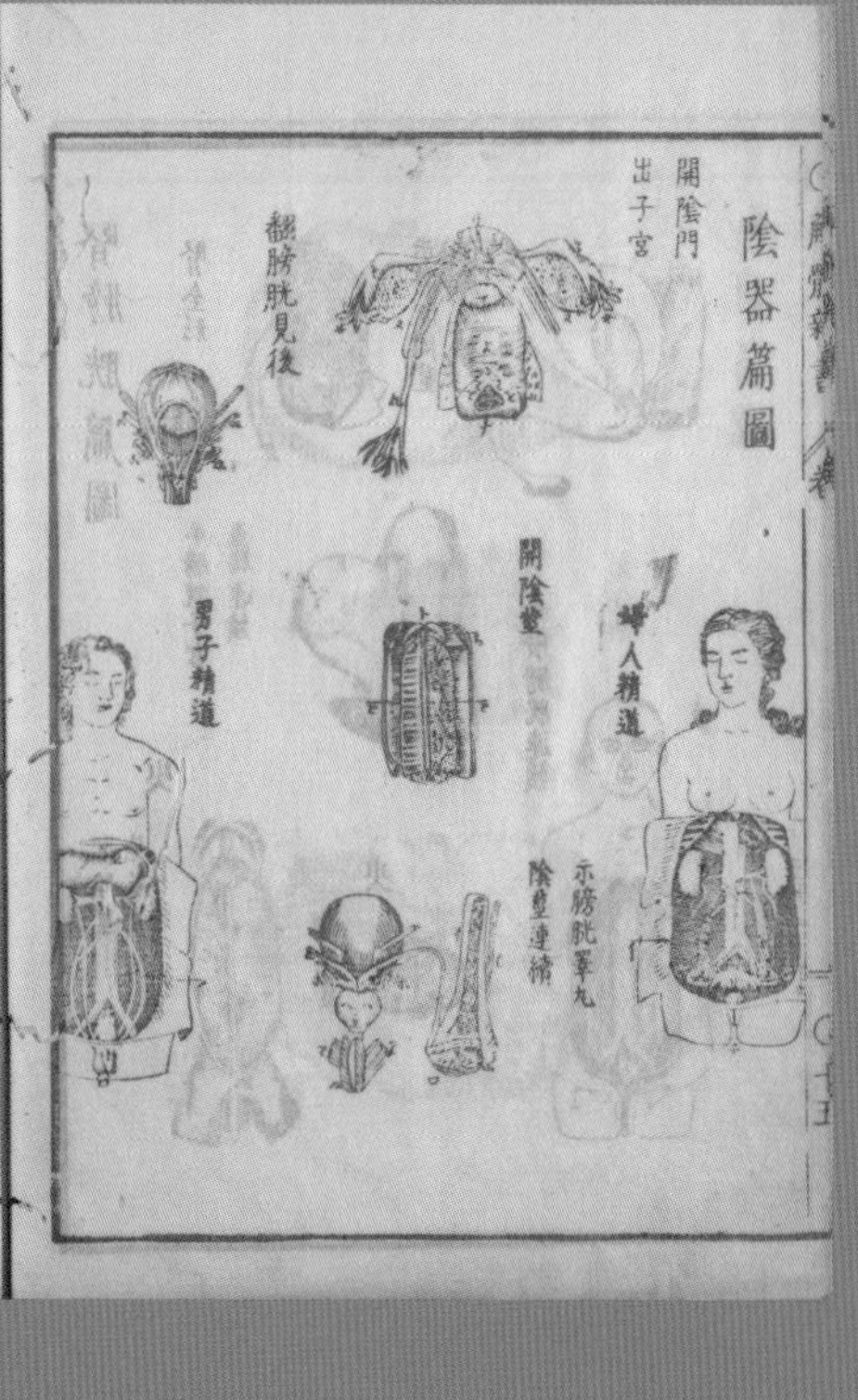
陰器篇圖
開陰門出子宮
翻膀胱見後
開陰莖
婦人精道
男子精道
示膀胱睾丸陰莖連續

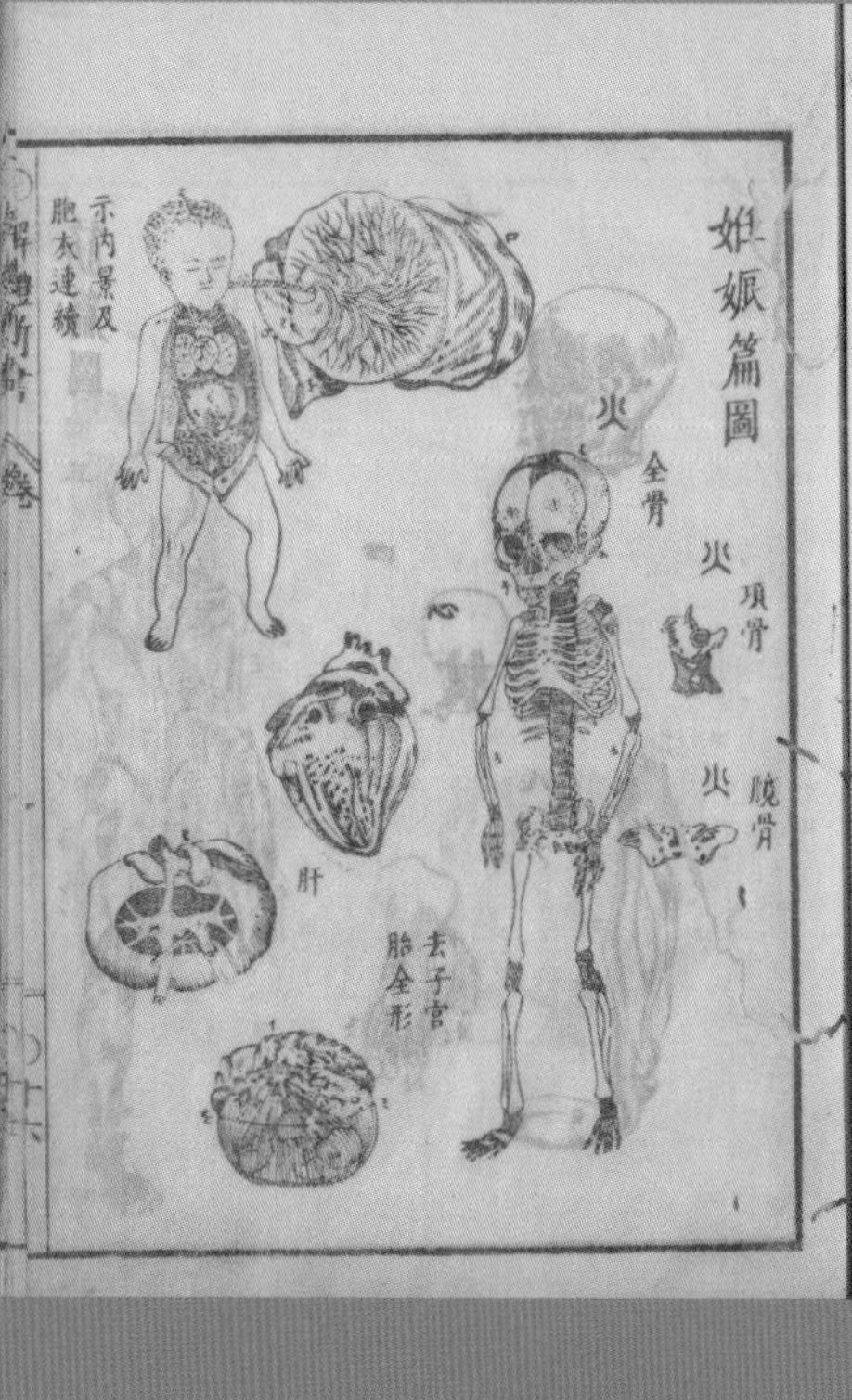
妊娠篇圖
示內景及胞衣連續
全骨
項骨
臆骨
肝
去子宮胎全形

骨格標本で人体の不思議を探求

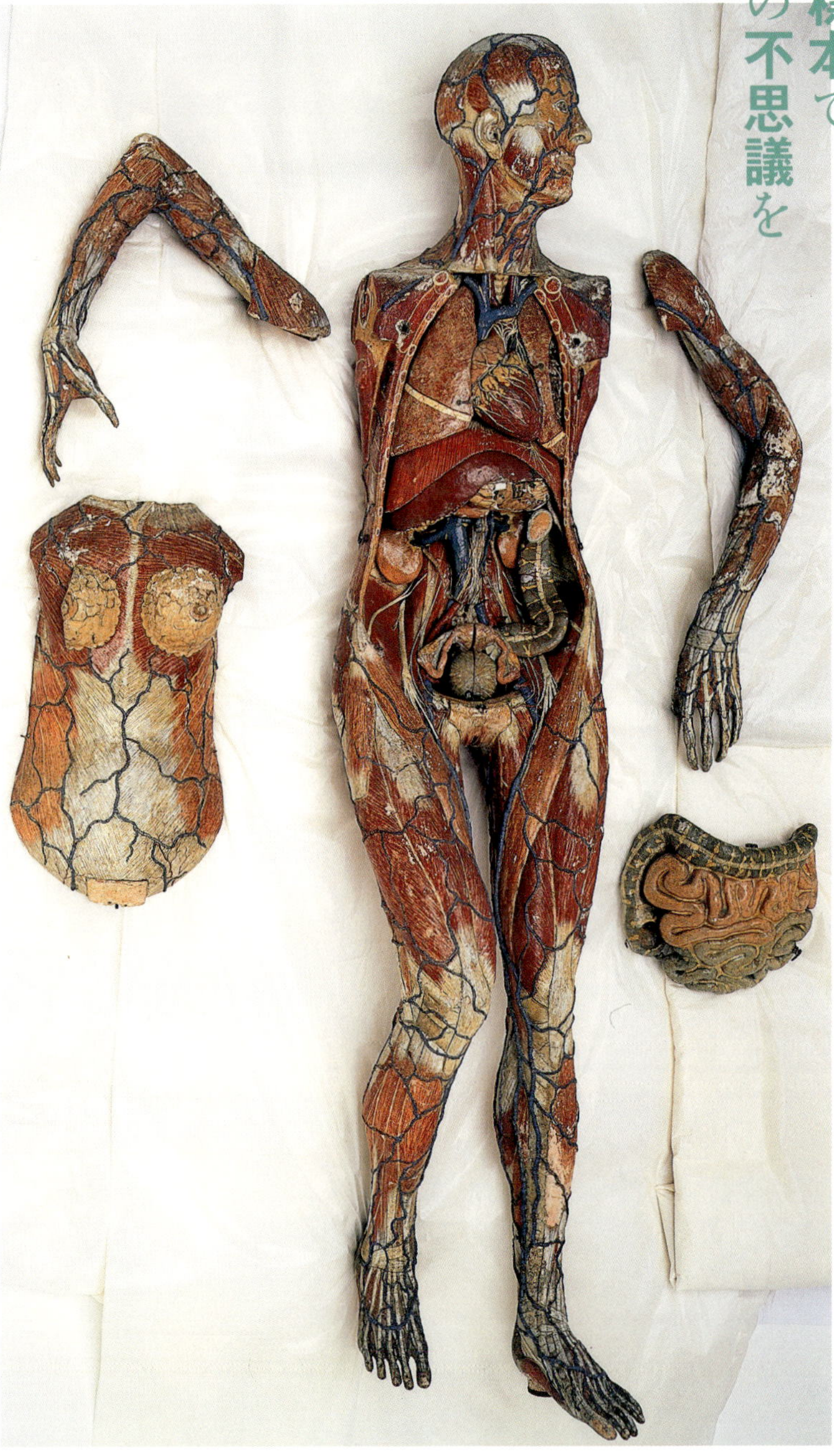

「キュンストレーキ　女《おんな》（紙製《かみせい》人体《じんたい》模型《もけい》）」
幕末（十九世紀）フランス製　紙塑彩色　福井市立郷土歴史博物館蔵

「キュンストレーキ」はフランスの学者オヅー（一七九七〜一八八〇）によって考案された紙製の人体模型のことで、オランダ語で「人工の死体」という意味の「キュンストレーキ」あるいは「キンストレーキ」と呼ばれていた。日本へは幕末から明治にかけて数体が輸入され、福井藩の医学学校・済世館《さいせいかん》では万延元年（一八六〇）に男体、明治二年（一八六九）に女体を購入している。全国でも数体しか残っておらず、男女一対がそろっているのはこの博物館だけである。

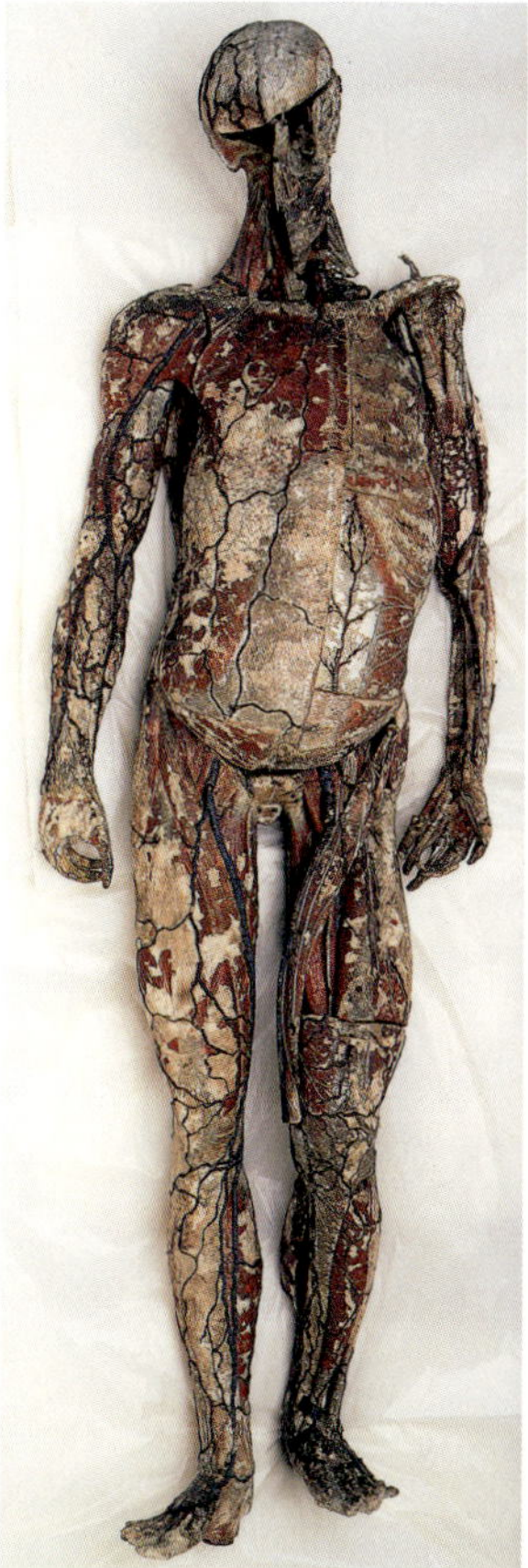

「キュンストレーキ 男《おとこ》（紙製人体模型《かみせいじんたいもけい》）」
幕末（十九世紀）フランス製 紙塑彩色
福井市立郷土歴史博物館蔵

「人体解剖模型《じんたいかいぼうもけい》」

島津製作所 創業記念資料館蔵

明治二十四年頃から制作を始めていた紙製造法に改良を加えて製作された。この方法は乾燥や湿気に強く、明治四十四年に特許を取得し「島津式ファイバー製」として多くの模型に活用され、島津標本の特徴となった。

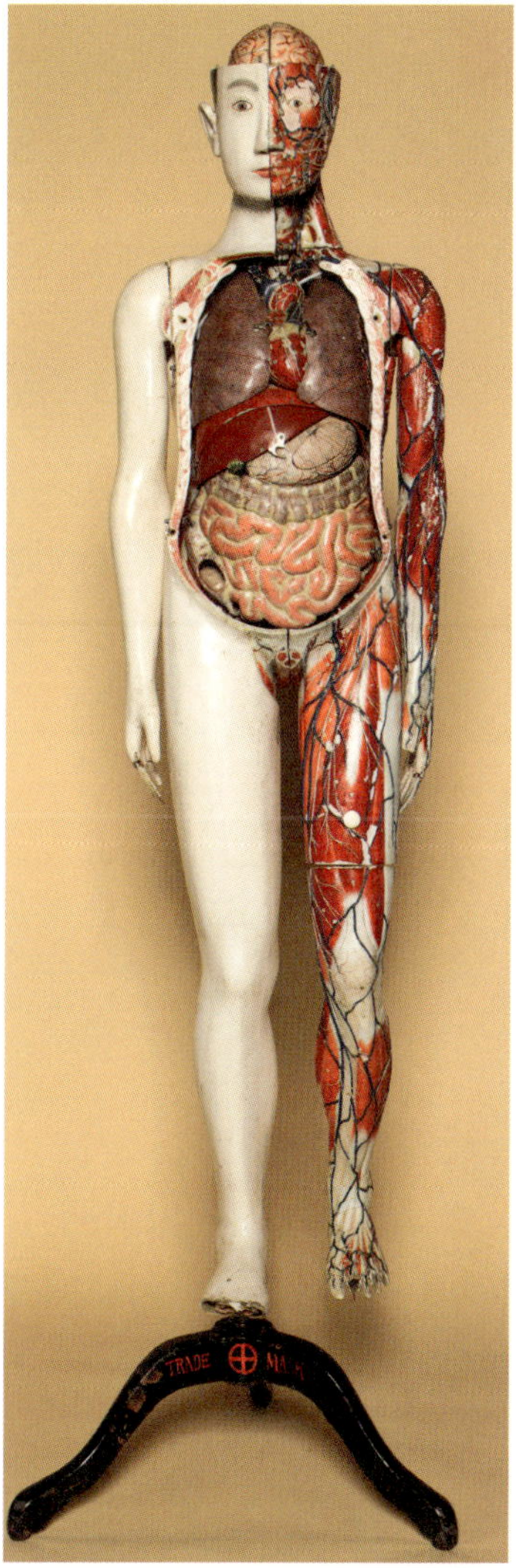

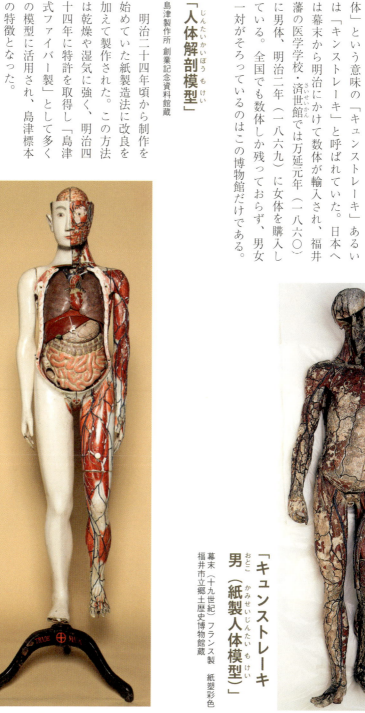

「木床義歯《もくしょうぎし》」

日本歯科大学新潟生命歯学部 医の博物館蔵

近代歯科医学の祖であるフランスのピエール・フォシャールは、一七二八年に『外科歯科医、もしくは歯の概論』のなかで初めて総義歯について記述した。しかしそれは脱落しないよう上顎と下顎の義歯をバネで連結しただけのものだった。この木を土台（床）とした日本固有の総義歯は、上顎の形態に適合する義歯を作れば脱落しないというもので、現在の総義歯の原理でもある。実際に実用化されて普及したのは江戸時代後期からだが、蜜蠟《みつろう》で歯ぐきの型を取り、それに合わせてツゲの木を彫って土台を作り、前歯には蠟石《ろうせき》や象牙を用い、奥歯の部分には嚙めるように鋲（ケンピン）を打った。

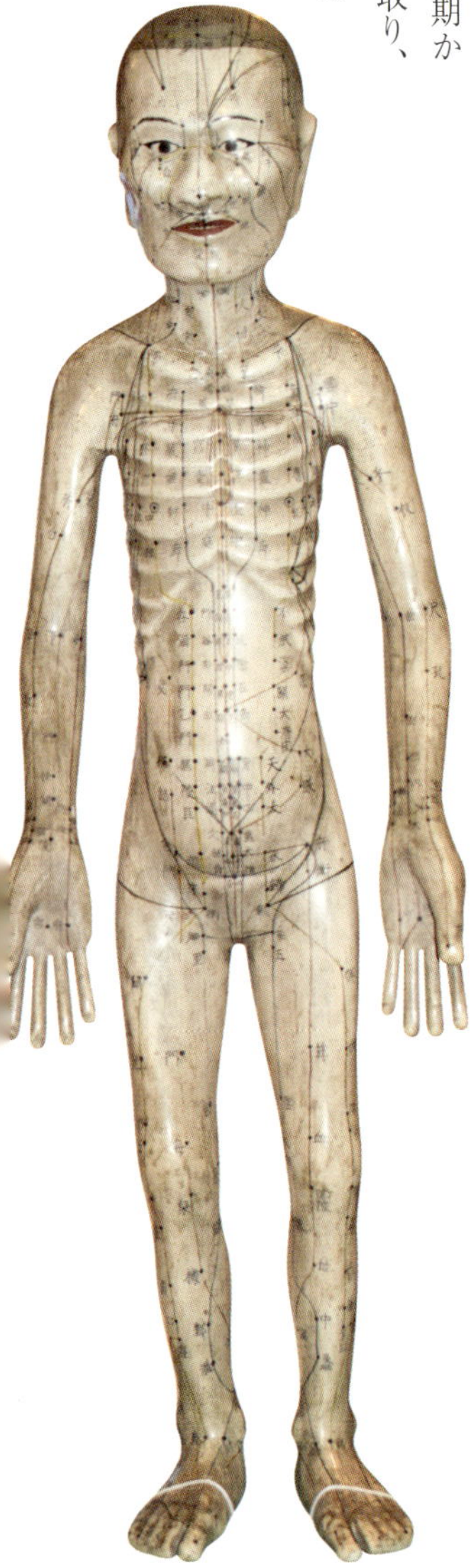

「経絡人形《けいらくにんぎょう》」

日本歯科大学新潟生命歯学部 医の博物館蔵

「経絡」は東洋医学（中国医学）における物理療法、とくに鍼灸《しんきゅう》治療の理論体系として重要視される経穴《けいけつ》（つぼ）の機能的な連絡系をいう。東洋医学では、人間の体の中には体の機能を正常に保つためのエネルギーが絶えることなく循環していると考え、このエネルギーを「気」と呼んでいる。江戸時代、漢方の鍼灸を治療手技とした医家たちは人形によって経絡の流れや経穴の位置を学んだ。

描かれた骸骨と治療の図

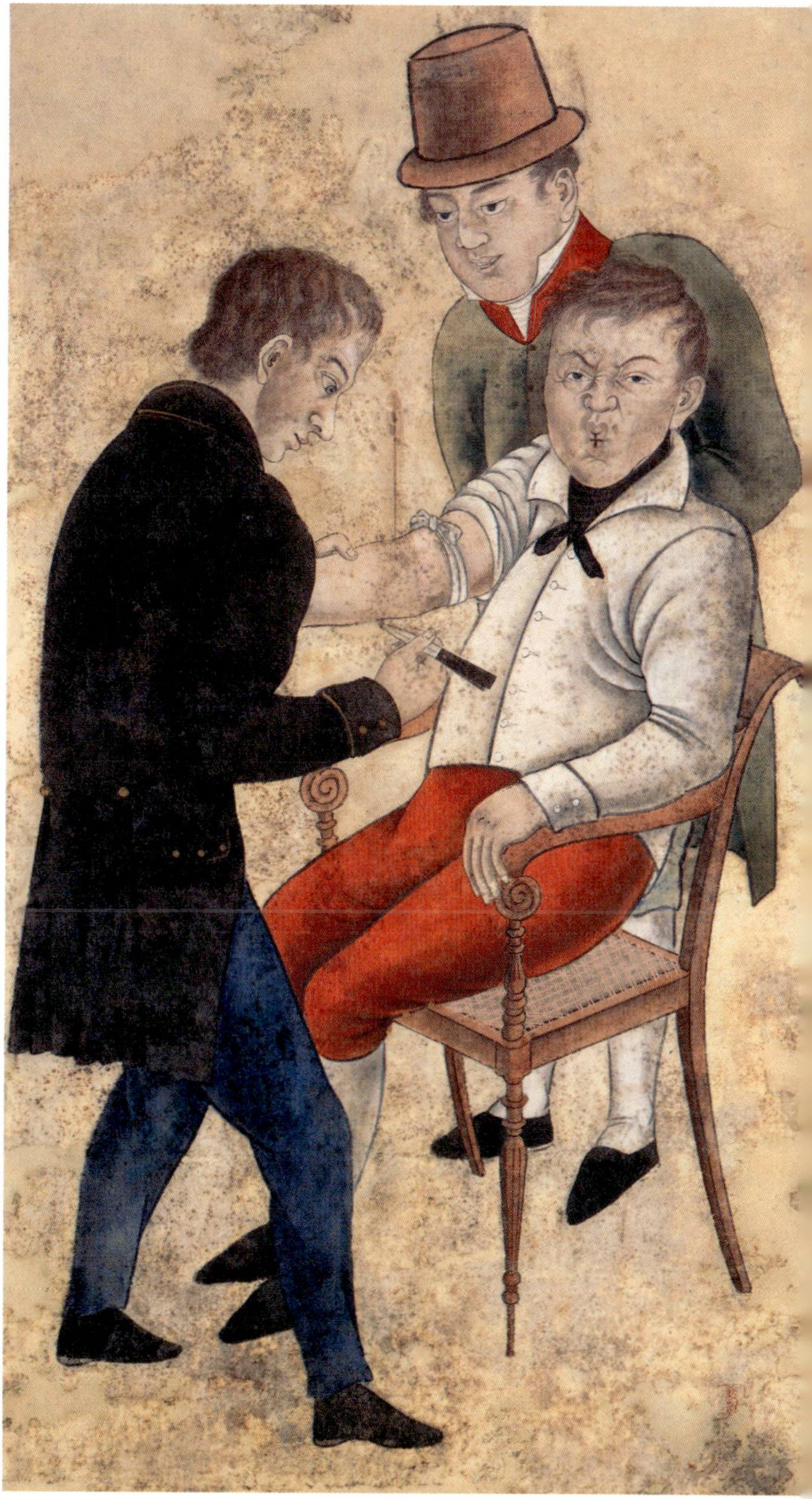

「瀉血手術図《しゃけつしゅじゅつず》」 川原慶賀《かわはらけいが》・画
江戸時代後期（一八二〇年代末） 紙本着色 一面 長崎歴史文化博物館蔵

西洋人医師が外科手術をしている場面を描いたもので、リアルな表現は長崎の洋風画の典型的なものである。治療中の患者の表情が目立つが、これはフランス石版画家ボアリーのシリーズ「しかめ面」の中の人物の顔をそのまま借用したものである。画題の瀉血手術とは高血圧や脳溢血の治療として静脈より血を抜く手術である。

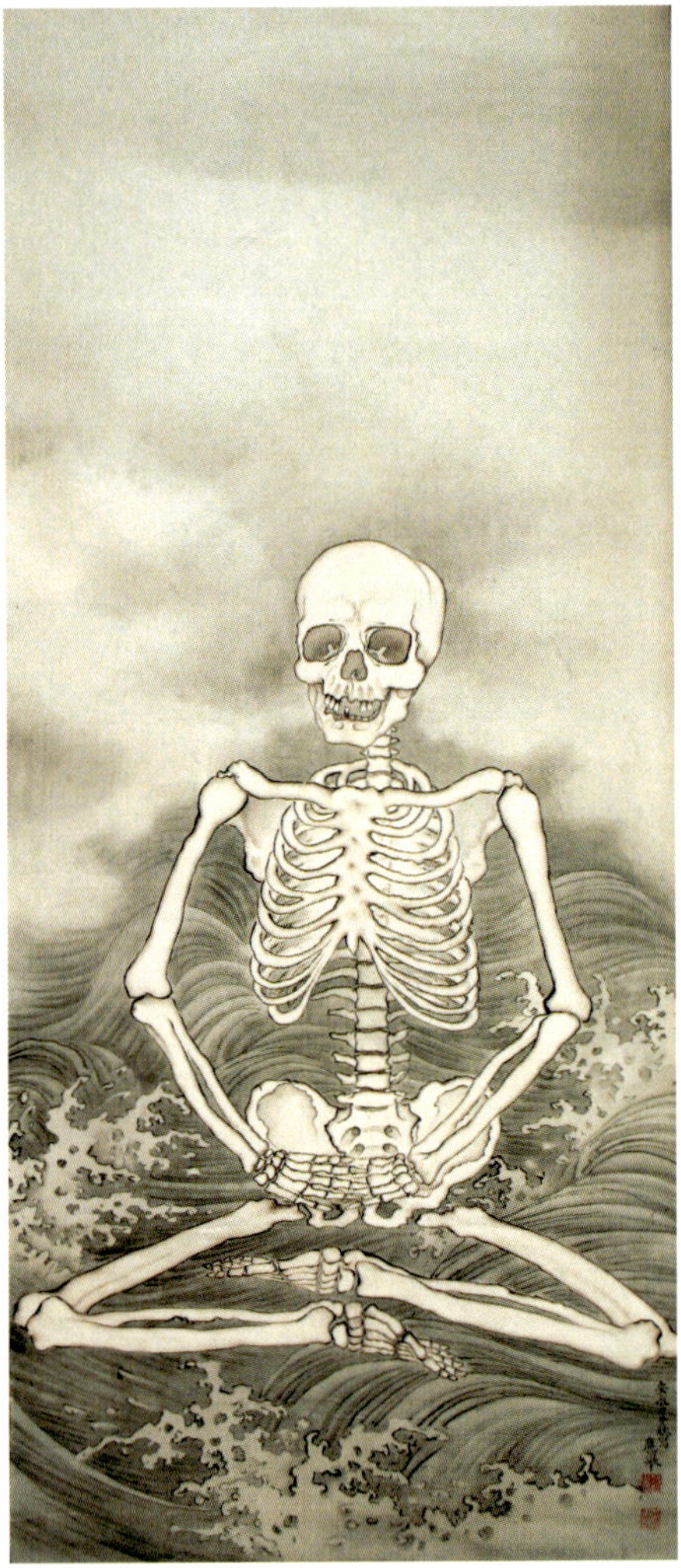

「波《は》上《じょう》白《はっ》骨《こつ》座《ざ》禅《ぜん》図《ず》」

伝 円山応挙・筆

安永三年（一七七四）紙本墨画淡彩 一幅 福岡市博物館蔵 画像提供：福岡市博物館／DNPartcom

波打つ海面の上で座禅を組む白骨図が描かれている。海上が波でうねっていても海面下は静かな状態であるというたとえで、真理について宗教的に説いている。本作品はあくが強く、必ずしも応挙真筆と判断することはできないが、画家は絵を描くにあたり本当の骨を見て写生したのであろうといわれている。

左頁・上

「相《そう》馬《ま》の古《ふる》内《だい》裏《り》」

歌川国芳・画

弘化元年～四年（一八四四～四七）大判錦絵三枚続 山口県立萩美術館・浦上記念館蔵

「古内裏」とは平将門《たいらのまさかど》が建てた謀反の後に廃屋となった屋敷のことで、妖術を用いて味方を募る将門の遺児滝夜《たきや》叉姫《しゃひめ》と大《おお》宅《やの》太郎光国が対決する場面が描かれている。滝夜叉姫の妖術によって闇の世界から現れた骸骨はとても写実的で、解剖書を参考に描かれたという巨大な骸骨の迫

下

「医《い》学《がく》館《かん》・薬《やく》品《ひん》会《かい》」

（『尾張名所図会』より）

岡田啓（文園）、野口道直（梅居）・著 小田切春江、森玉僊・画

天保九年～明治十三年（一八三八～八〇）十三冊 国立国会図書館デジタルコレクション

尾張藩の侍医を務める浅井家は、医学館という医学塾をつくり医師の試験も行なっていた。医学館では毎年六月十日に万国の物産や動物を公開し、多くの見物人が集まった。

「医学館・薬品会」（部分）

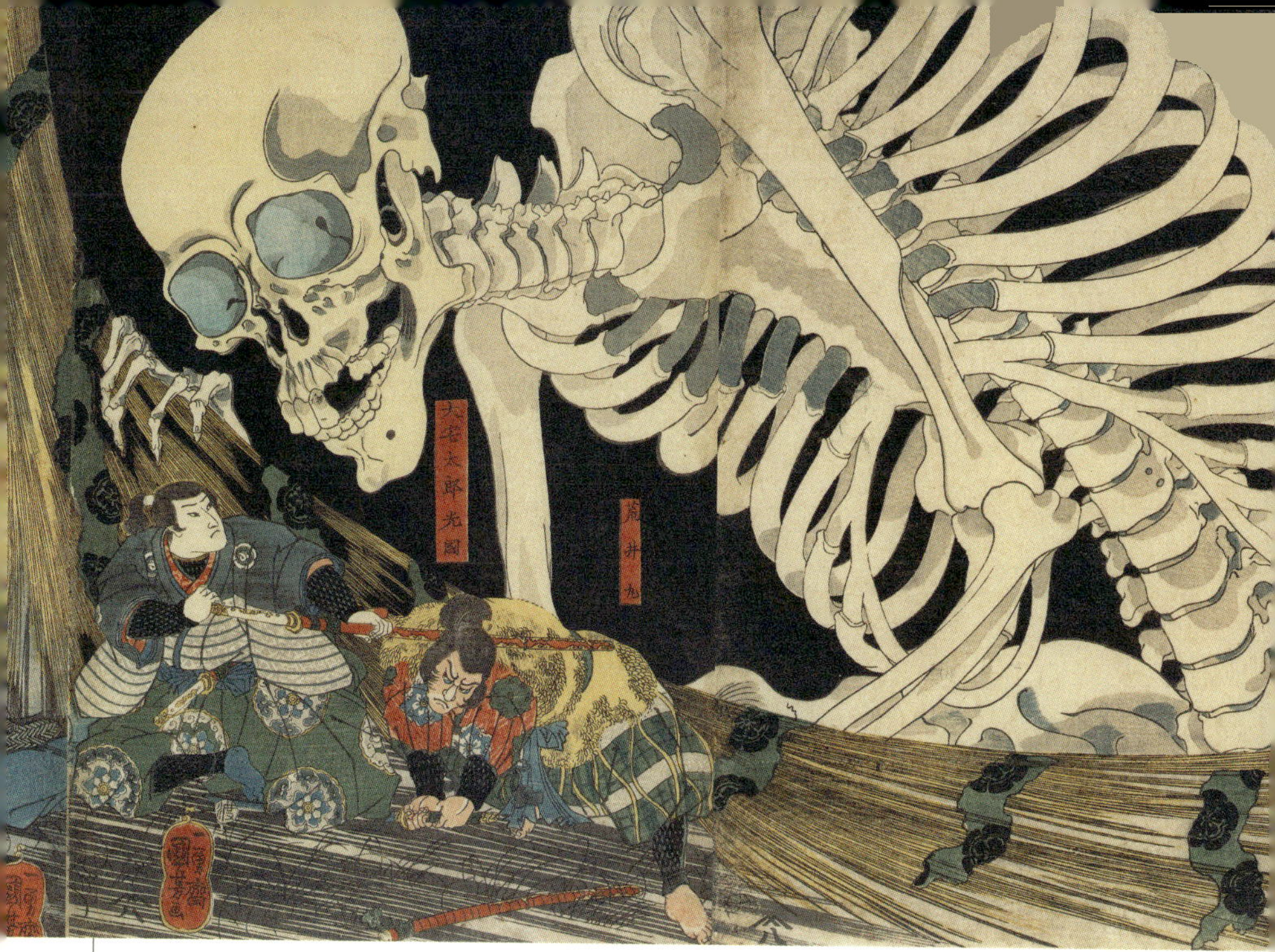

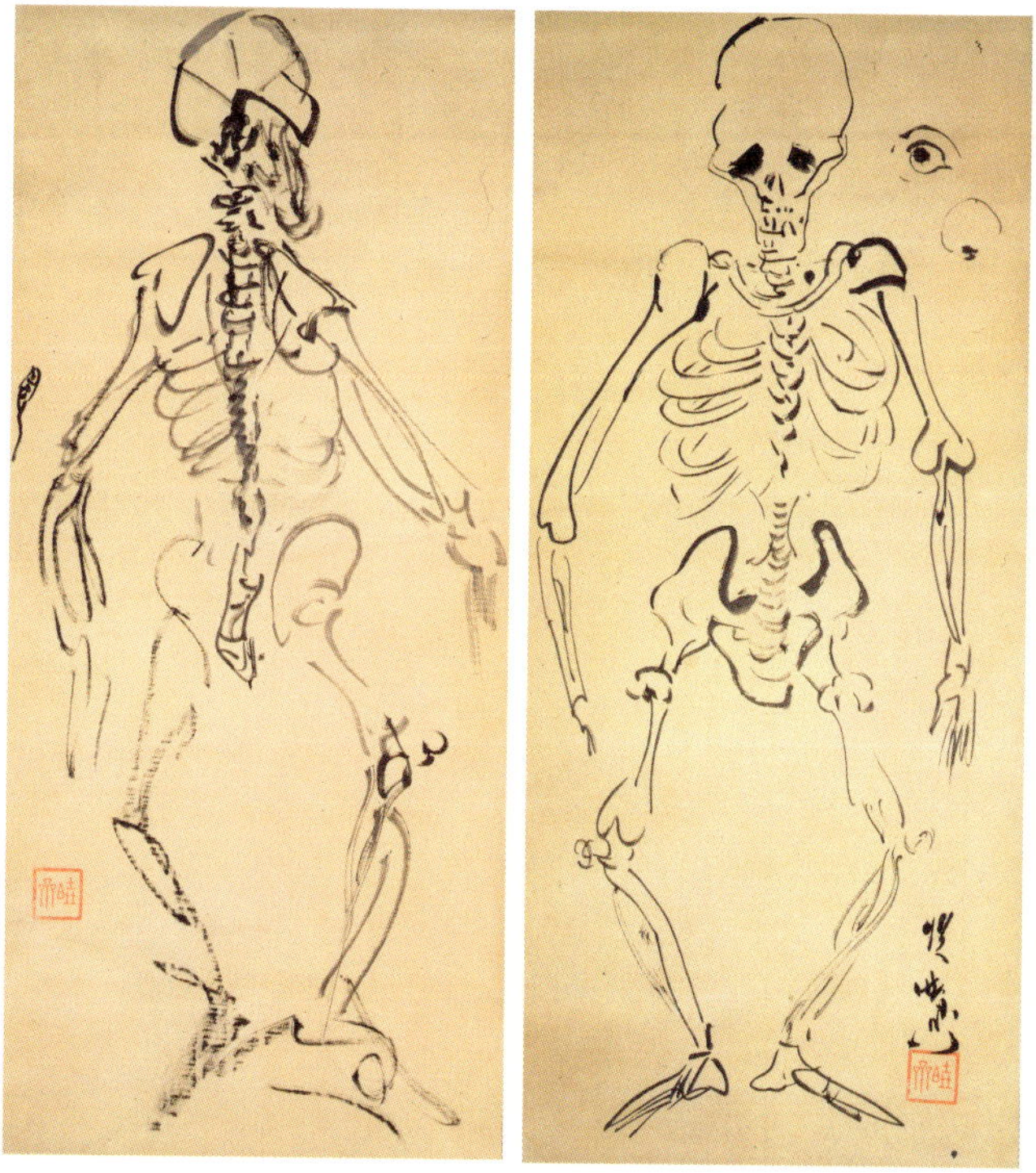

「骸骨図《がいこつず》」　河鍋暁斎《かわなべきょうさい》・画

明治四年（一八七一）以降　紙本墨画　双幅　板橋区立美術館蔵

暁斎は等身大に近い骸骨の前と後ろ姿を即興制作している。また単なる骸骨の立姿ではなく男女の骨相を描いているところがさすがである。

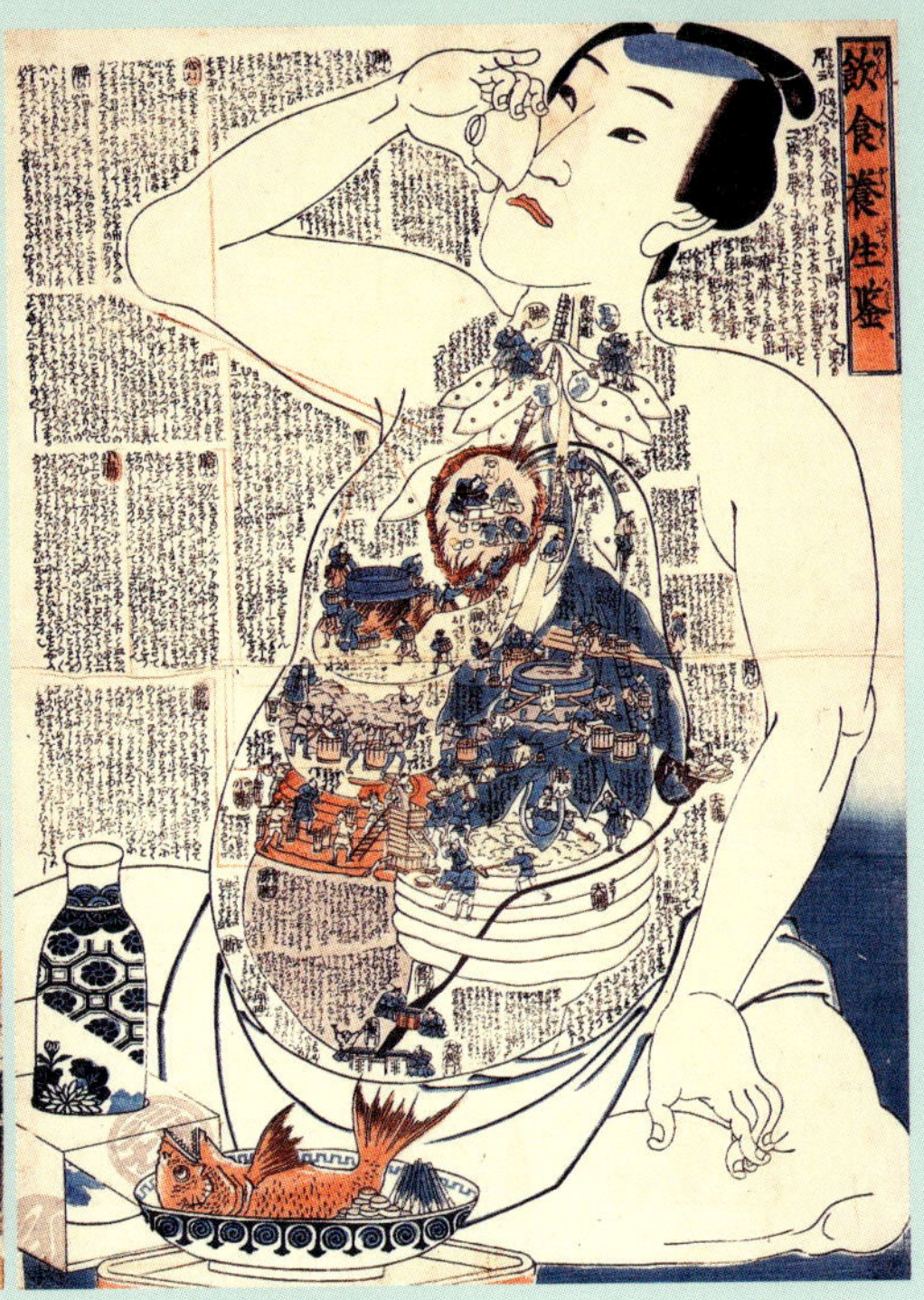

「飲食養生鑑《いんしょくようじょうかがみ》」
歌川国貞・画
江戸時代後期（十八世紀）錦絵
一枚　内藤記念くすり博物館蔵

小人が説明役になり、「悪い病気は飲食の不養生でおこる」ため臓器の役割を紹介し、暴飲暴食などの日常生活の不摂生をいさめている。

「房事養生鑑《ぼうじようじょうかがみ》」
歌川国貞・画
江戸時代後期（十八世紀）錦絵
一枚　内藤記念くすり博物館蔵

体内を遊郭の世界にたとえて、女性特有の体内を描いている。

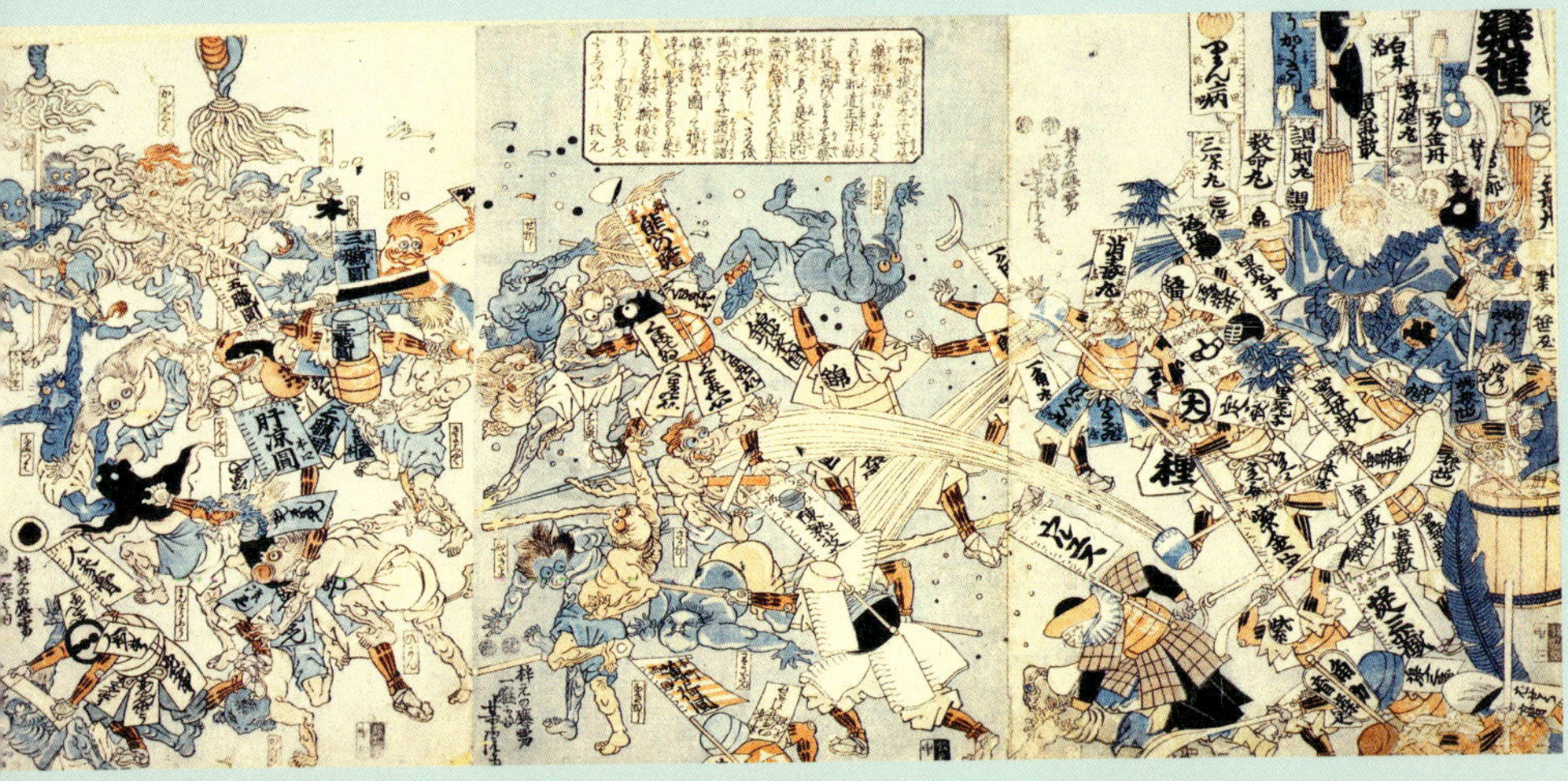

「きたいなめい医 難病療治《なんびょうりょうじ》」

歌川国芳・画
弘化末期～嘉永期（一八四七～五二）大判錦絵 三枚続
山口県立萩美術館・浦上記念館蔵

〝きたいな（奇態な）〟名医とは、この時代には珍しい女医で奇想天外な名医のことをいった。診療所では弟子の医師が、あばた、近眼、ろくろ首、虫歯、癇癪《かんしゃく》、一寸法師、風邪ひき男など、いろんな病の患者を治療している。

右「諸病諸薬《しょびょうしょやく》の戦《たたか》い」

歌川芳虎・画
江戸時代後期 大判錦絵 三枚続
内藤記念くすり博物館蔵

擬人化された薬と病気の戦いを描いた錦絵で、「薬種」の旗も物々しく武装した売薬たちが、「はやり風」、「疱瘡《ほうそう》」、「めまい」など、鬼の姿をした病気と戦いを繰り広げている。それを迎え撃つのは医薬の神様である神農《しんのう》で、指揮をとりながら諸薬を諸病の陣地に攻め込ませている。「邪道は正法に勝てない、その病に適した薬を用いれば、これを退治できる」とはこの錦絵を出した版元の言葉である。

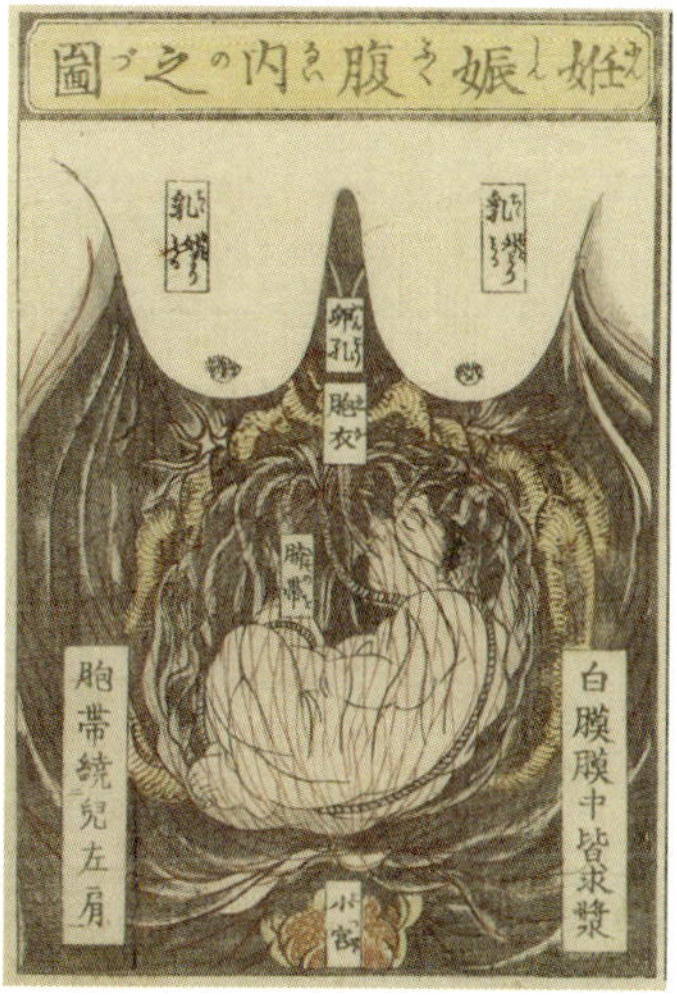

「閨中紀聞枕文庫《けいちゅうきぶんまくらぶんこ》」

溪斎英泉・画
文政五年～天保三年（一八二二～三二）色摺
半紙本 四冊 国際日本文化研究センター蔵

人間の内臓を内側から描くという発想は、当時の医学書などから大いに触発されたものに違いない。いまでは普通に見られる胎児の姿であるが、当時の人々にとっては驚きの発見であったかもしれない。

日本で最初の人体解剖観察書

『蔵志《ぞうし》』

山脇東洋《やまわきとうよう》・著

宝暦九年（一七五九）木版手彩色 二冊
日本歯科大学新潟生命歯学部 医の博物館
蔵・早稲田大学図書館特別資料室蔵

京都の漢方医山脇東洋（一七〇五～六二）らは、宝暦四年（一七五四）に解剖（腑分け）に立ち会うことを日本で初めて許可され、五年後に『蔵志』を刊行した。本書は乾坤二巻からなり、「胸腹を剝ぐの図」、「九臓前面の図」、「九臓背面の図」、「脊骨側面の図」、「心の背面図」の五図四葉が掲載されている。図は手彩色で門人の浅沼佐《さ》盈《えい》が描き、木版で印刷した後で着色した。

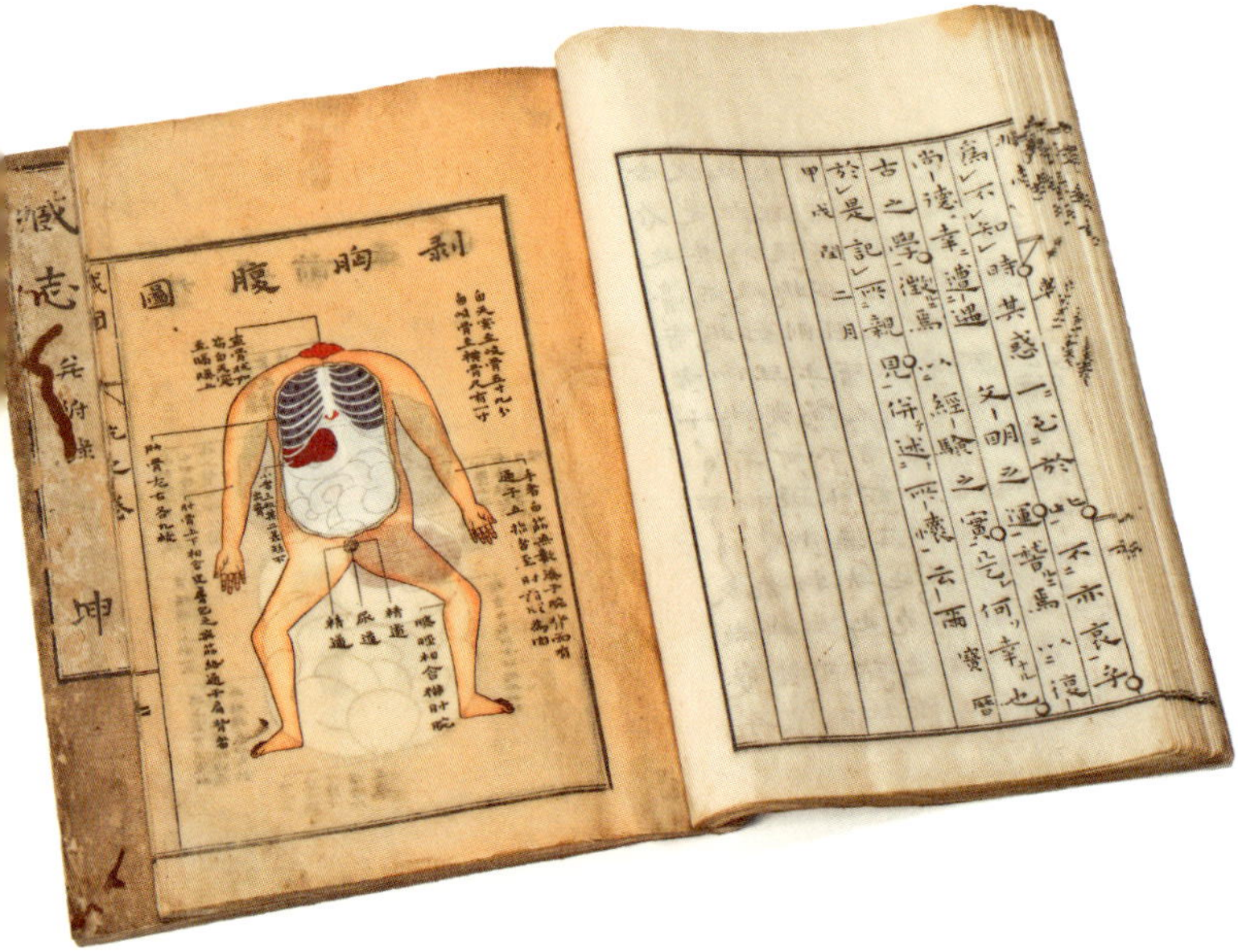

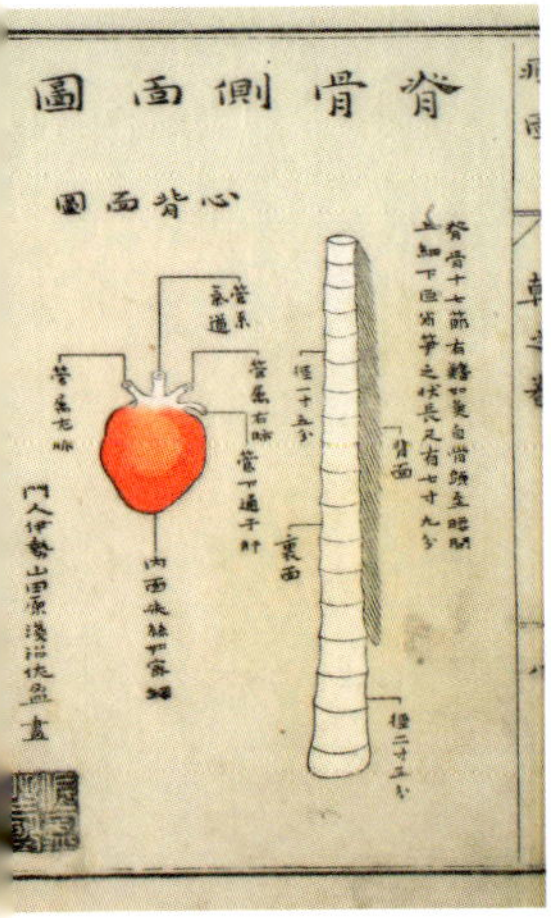

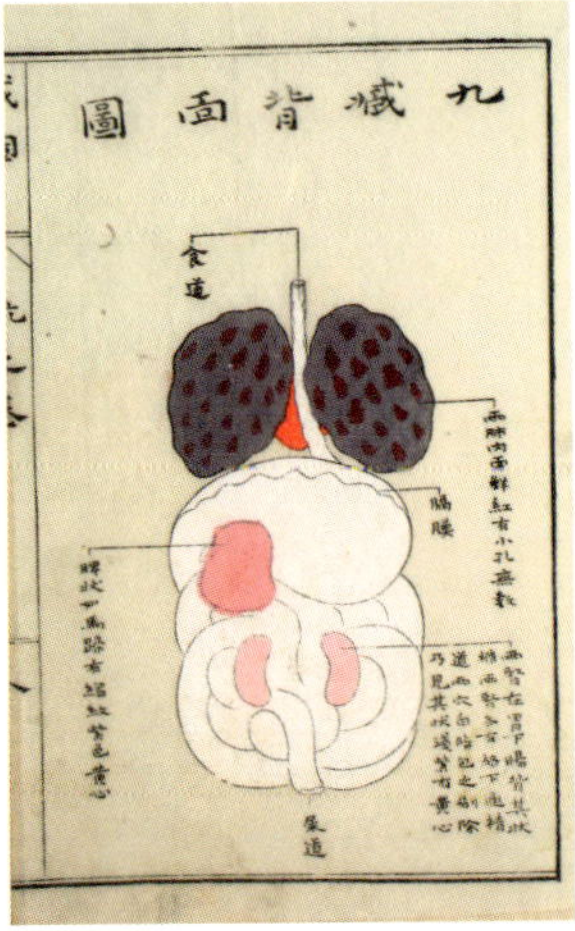

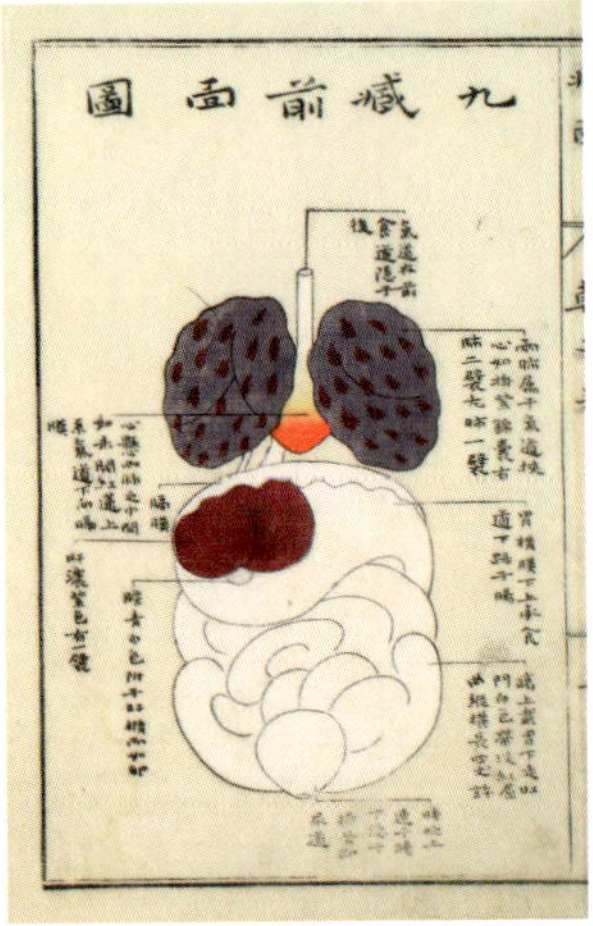

『外科訓蒙図彙《げかきんもうずい》』

伊良子光顕《いらここうけん》・著
明和六年（一七六九）二冊
東京大学医学図書館蔵

本書は、フランスの王室公式外科医であるアンブロワーズ・パレ（Ambroise Paré　一五一〇〜九〇）の外科書の抄訳で唯一刊行されたもの。整骨術に関する著書はオランダ語訳を経て華岡青洲《はなおかせいしゅう》の手に渡り、日本の外科治療に多大な影響を与えた。伊良子光顕（一七三七〜九九）は江戸時代中期の医師で、宝暦八年（一七五八）、伏見平戸刑場で死体を解剖し、大腸と小腸の違いを確認した。

フランスの外科医 アンブロワーズ・パレの外科書の抄訳

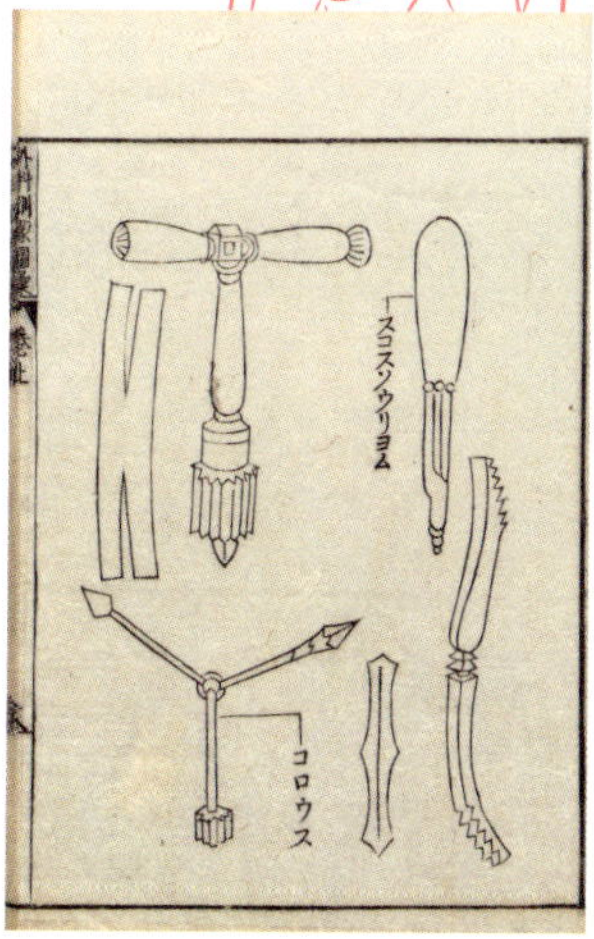

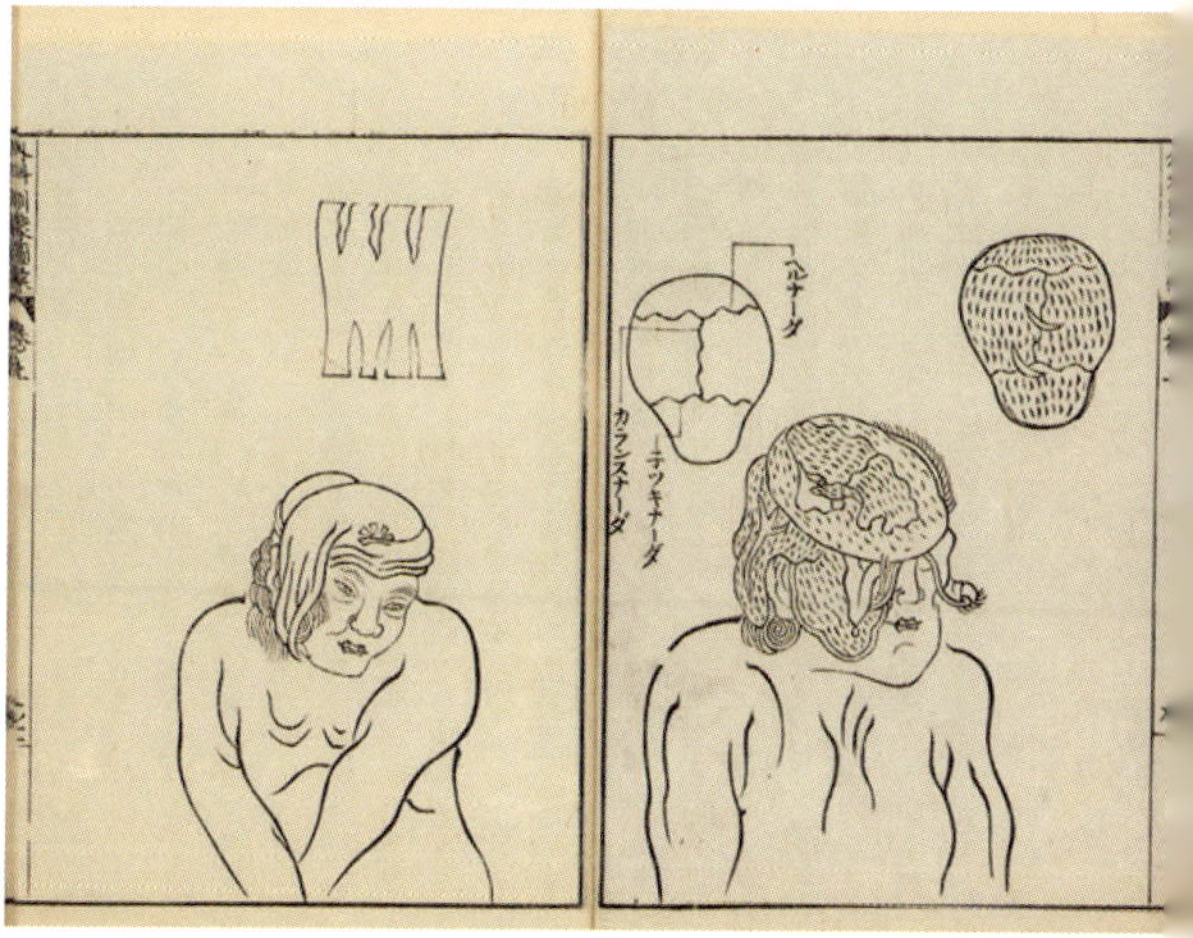

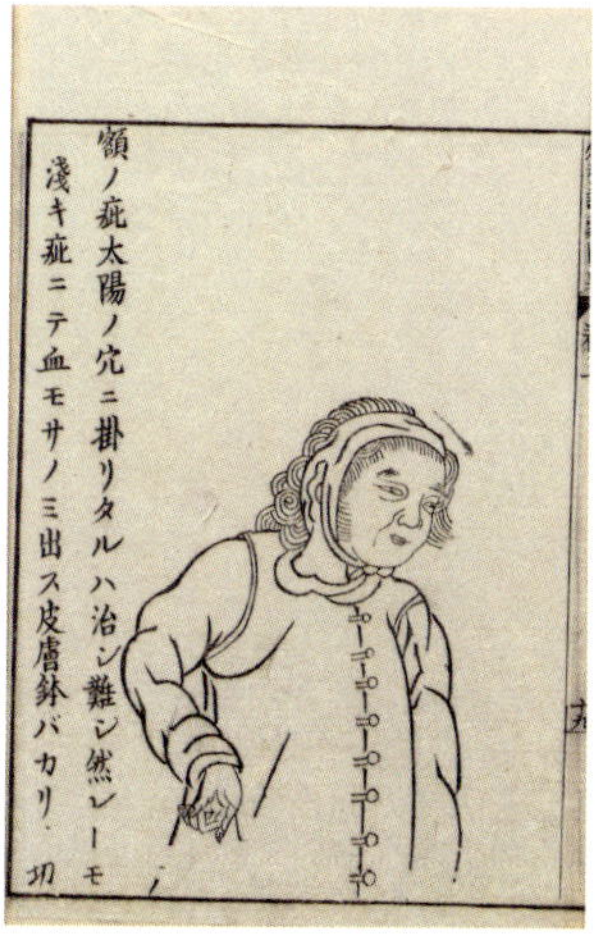

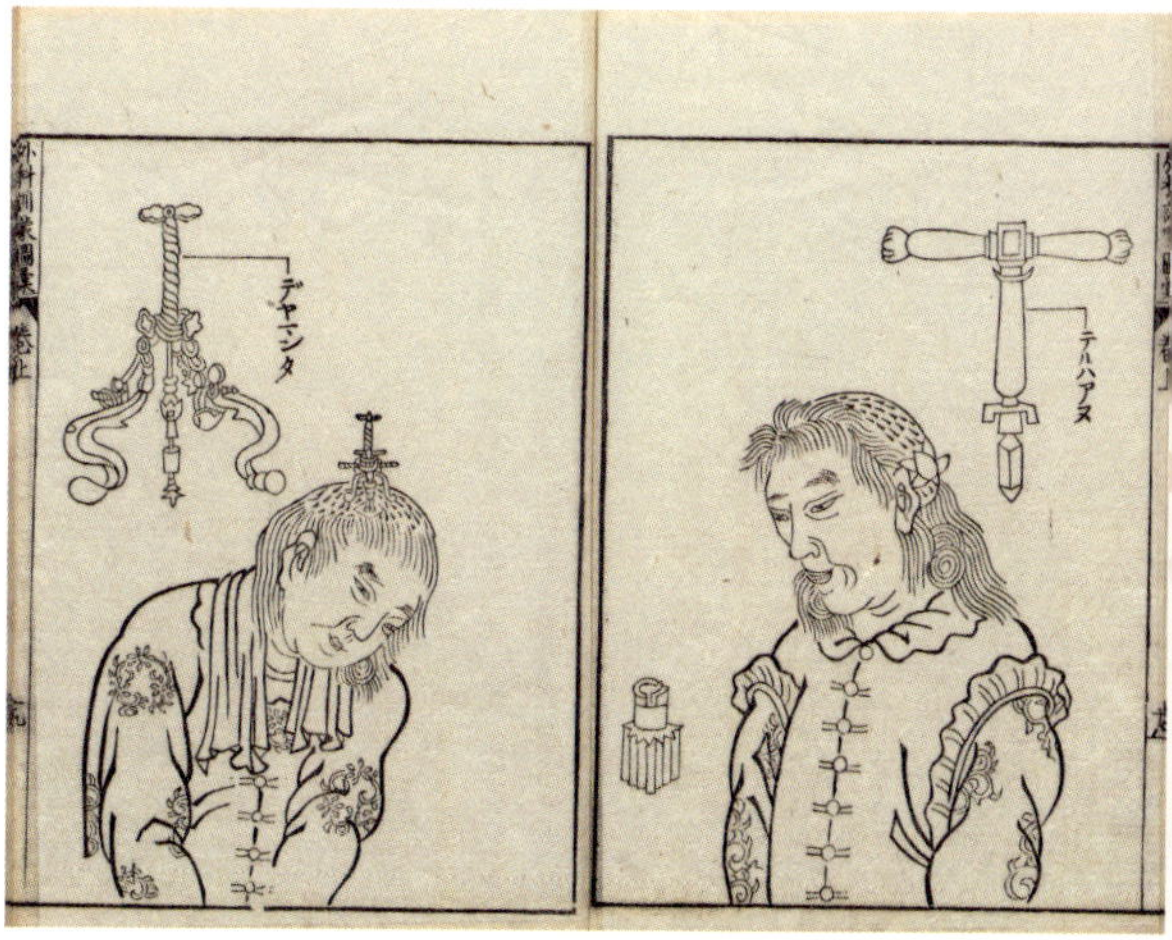

『解屍編《かいしへん》』 河口信任《かわぐちしんにん》・著

明和九年（一七七二）林伊兵衛版 一冊
東北大学附属図書館医学分館蔵

明和七年（一七七〇）四月二十五日、京都の刑場で行なわれた解剖の記録で、『蔵志』についでわが国で二番目に出版された解剖書。解剖には河口信任らが執刀し、信任の師荻野元凱《げんがい》をはじめ同門の者と九名で臨んだ。オランダの解剖書と対照しながら執刀し、初めて西洋の解剖図説の正確なことを認識した。杉田玄白が『ターヘル・アナトミア』の翻訳を志したのはこの翌年であり、翻訳『解体新書』が刊行されたのはその翌年の安永三年（一七七四）である。

『蔵志』についでわが国で二番目に出版された解剖書

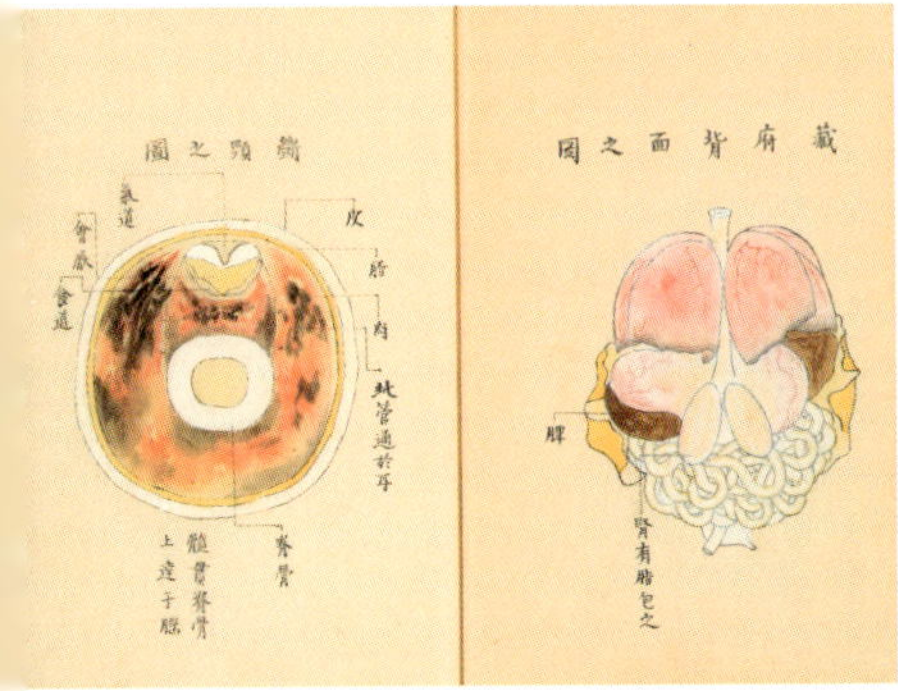

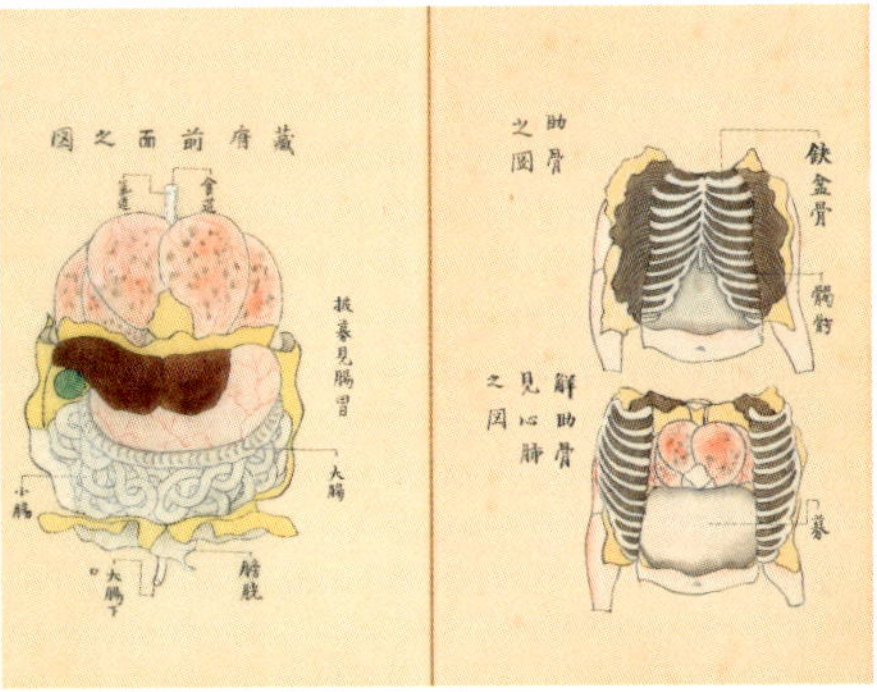

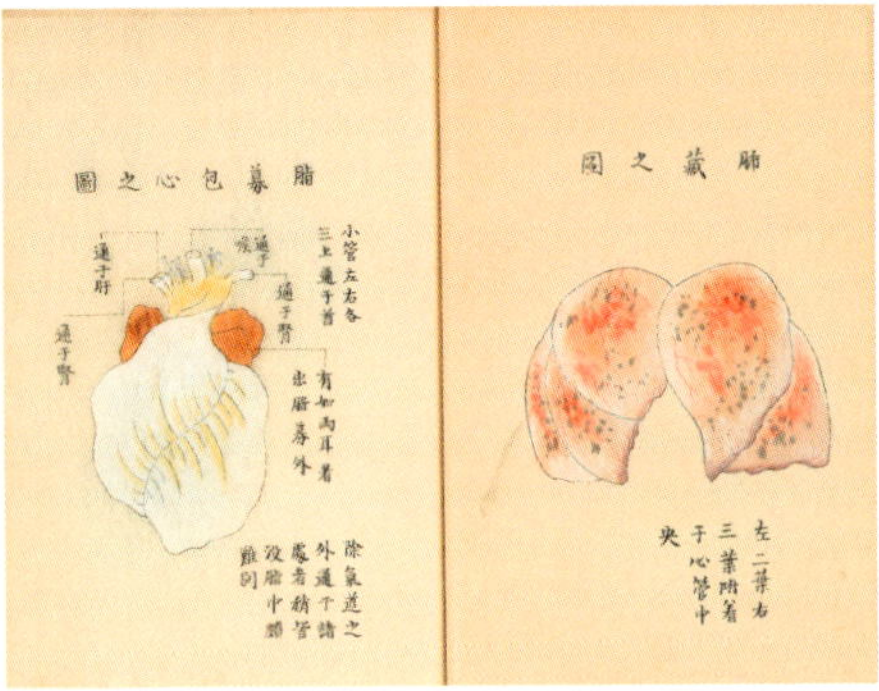

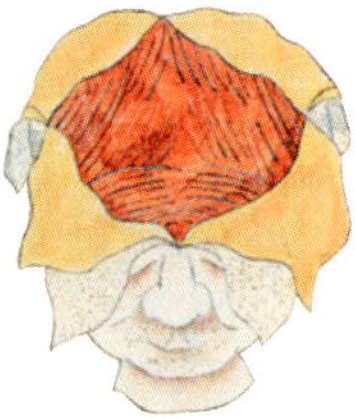

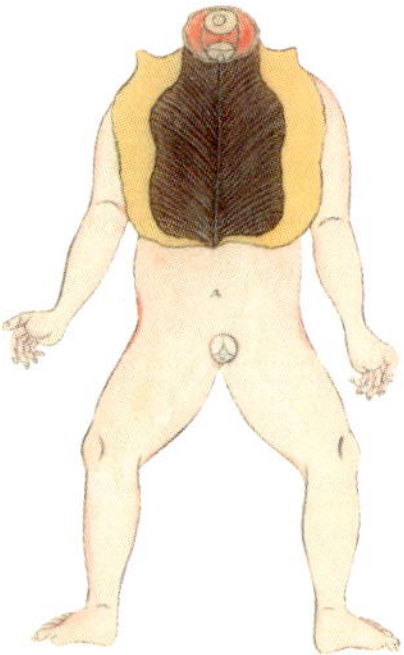

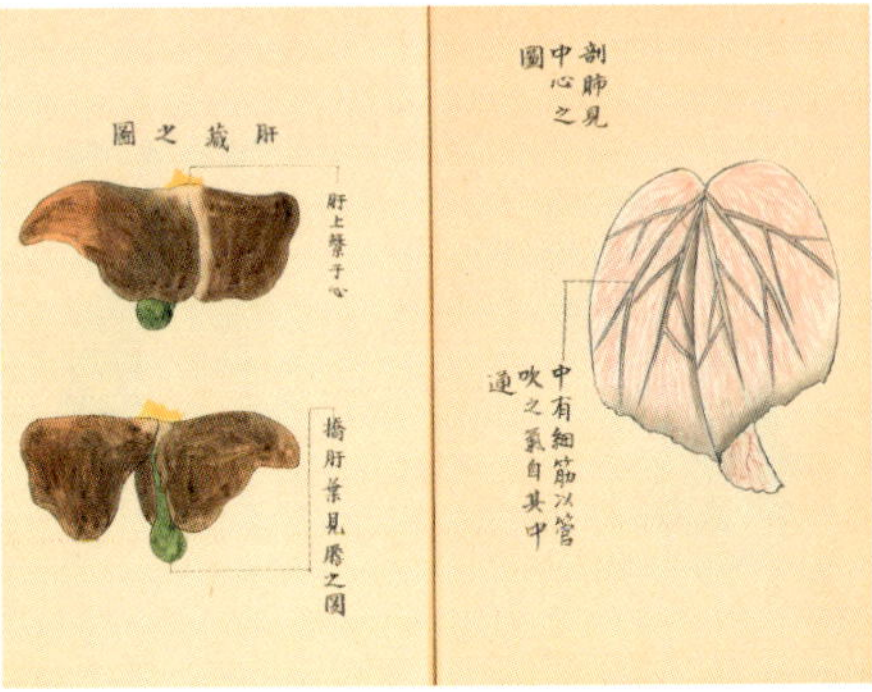

日本初の西洋解剖医学の翻訳書

「解體約圖《かいたいやくず》」

杉田玄白・著　中川淳庵・校
熊谷元章・画
安永二年（一七七三）刊　須原屋市兵衛版
五鋪　慶應義塾大学信濃町メディアセンター
（北里記念医学図書館）蔵「複製禁止」

「解体約図」は『解体新書』の予告篇として杉田玄白と中川淳庵が発行した小冊子。杉田玄白らはオランダ渡りの解剖学書『ターヘル・アナトミア』の翻訳作業を進めていたが、西洋語からの翻訳という前例のない書物のため、それまでの漢方医学と相違する内容も多く、世に受け入れられないことを考慮して、『解体新書』の一部を抜き出した「解体約図」を発行して一般の理解を得ようとした。

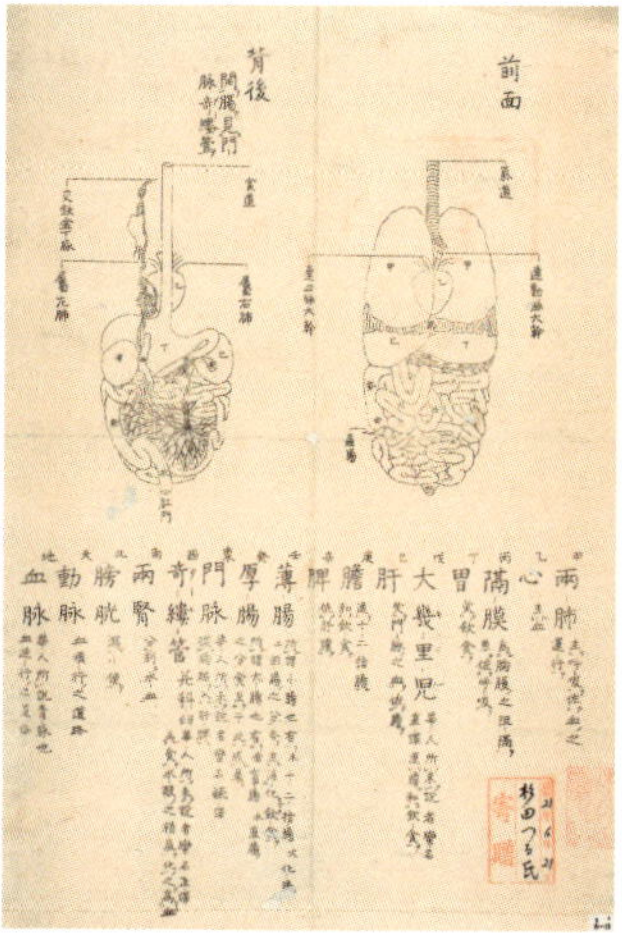

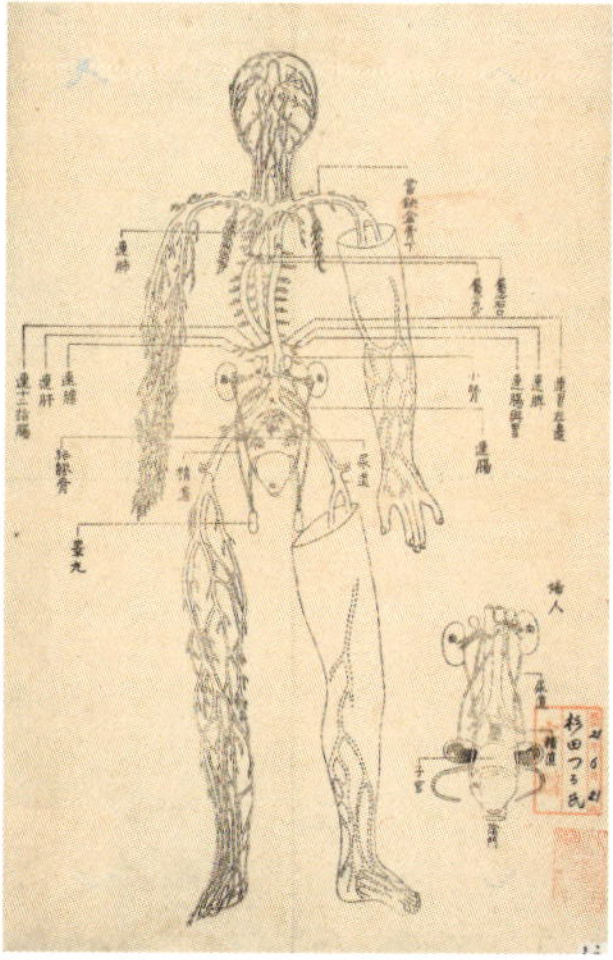

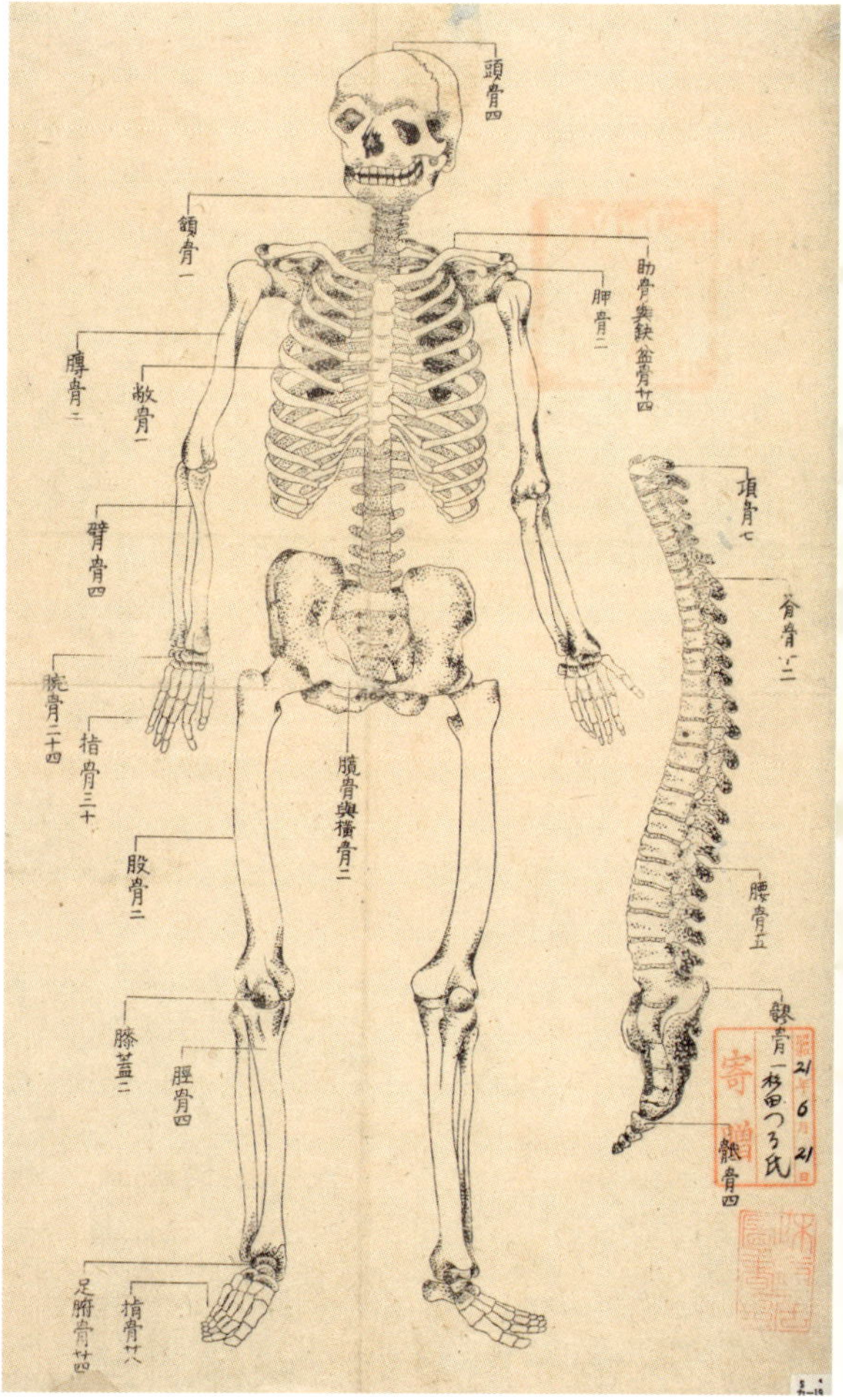

『解体新書』の予告篇として発行した小冊子

『解体新書《かいたいしんしょ》』

前野良沢《まえのりょうたく》、杉田玄白《すぎたげんぱく》、中川淳庵《なかがわじゅんあん》、
石川玄常《いしかわげんじょう》、桂川甫周《かつらがわほしゅう》・訳

安永三年（一七七四）刊
須原屋市兵衛版　四冊
国立国会図書館デジタルコレクション

日本最初の本格的な西洋医学の翻訳書で、ドイツ人クルムスの『解剖図譜』のオランダ語訳『ターヘル・アナトミア』を漢文訳したもの。本文四冊、別に序文と図譜を掲げた一冊からなる。図譜は秋田蘭画の開拓者の一人として名をとどめる秋田藩士小田野直武が描いた。この翻訳事業の中心になったのは前野良沢と杉田玄白で、中川淳庵、桂川甫周ら多くの人々が協力した。明和八年（一七七一）から四年間にわたる苦心や努力のさまは、杉田玄白の回想録『蘭学《らんがく》事始《ことはじめ》』のなかに詳細に記されている。

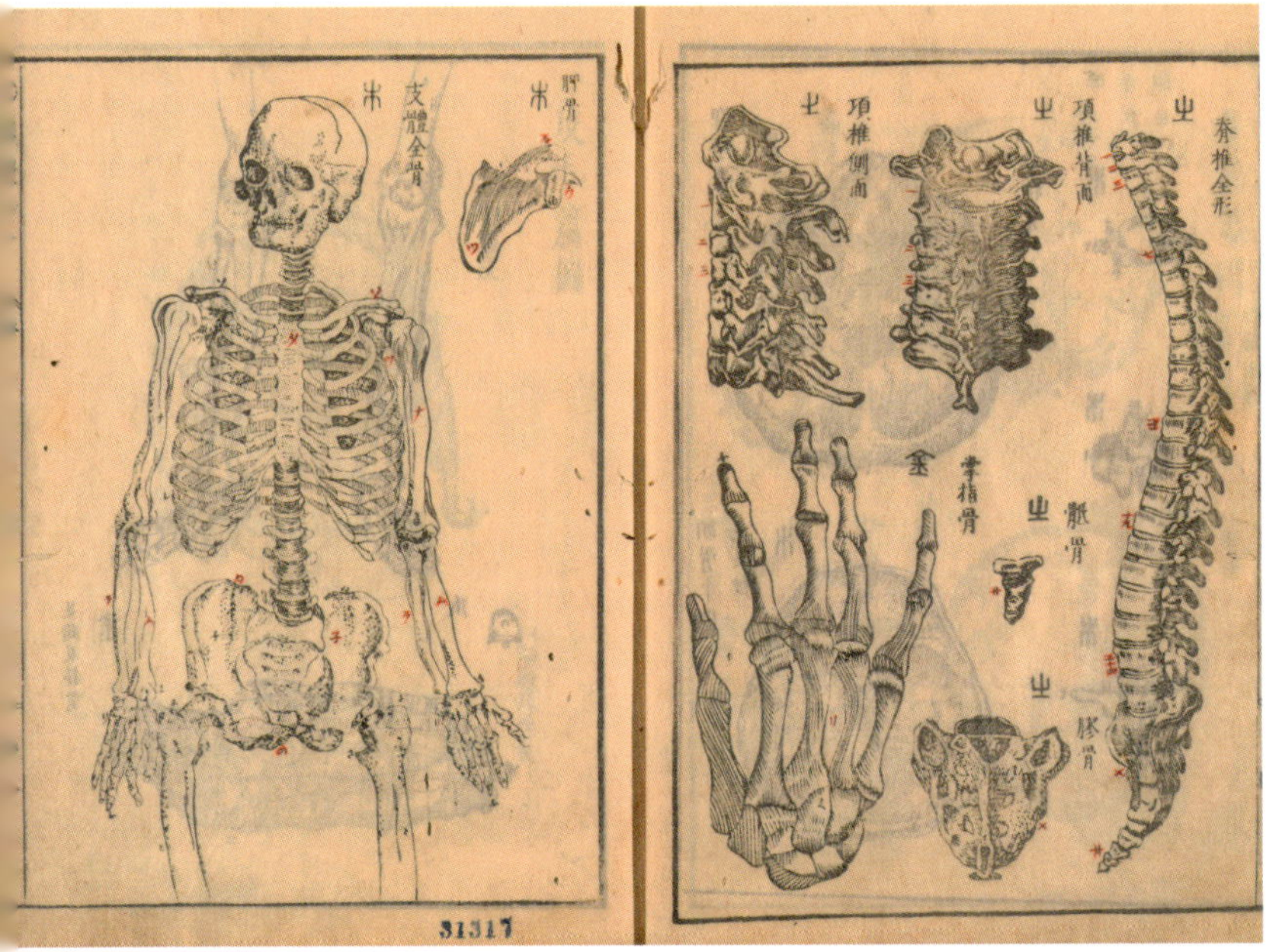

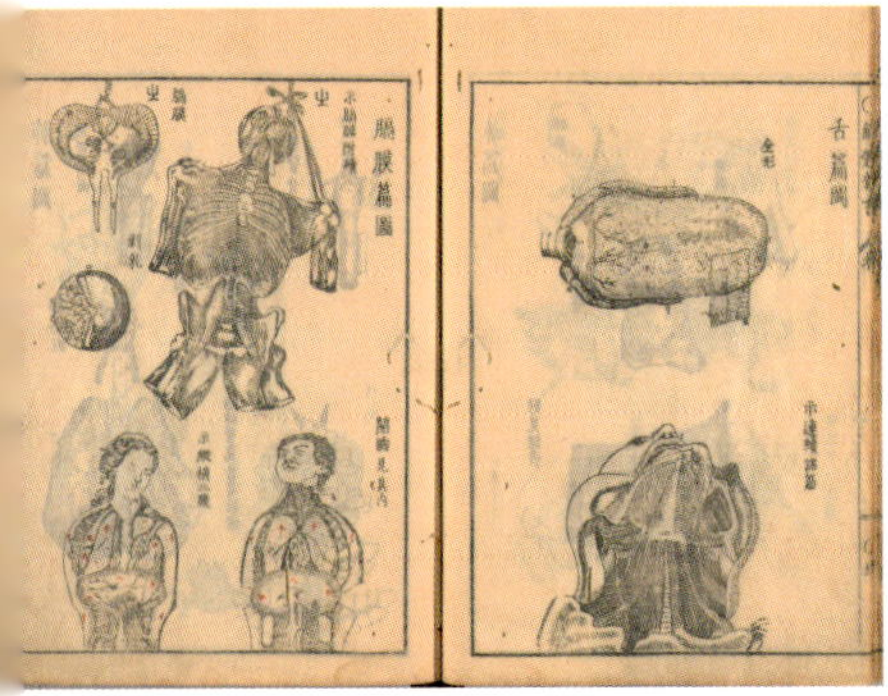

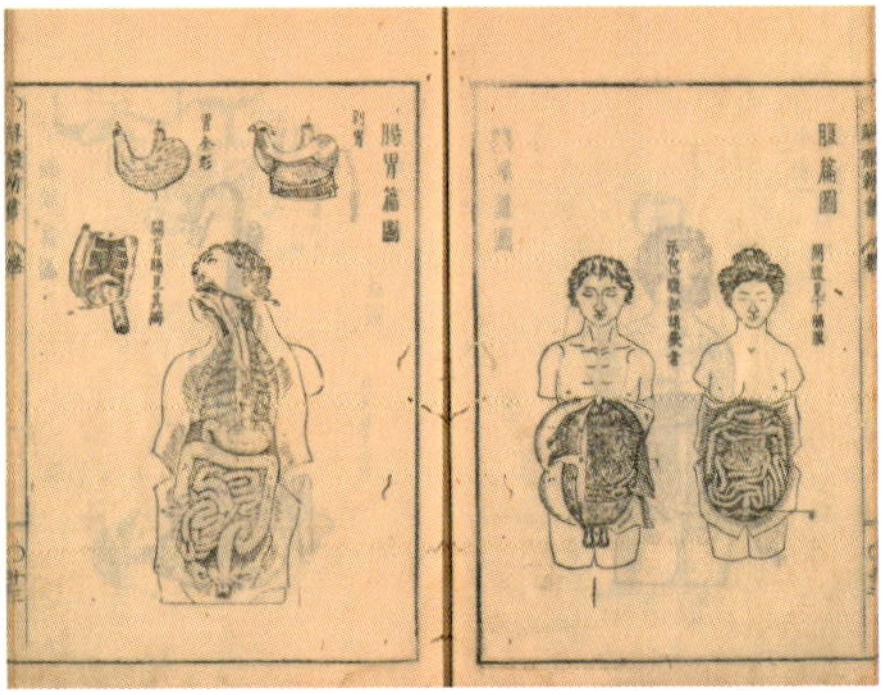

日本で最初の本格的な西洋解剖医学の翻訳書

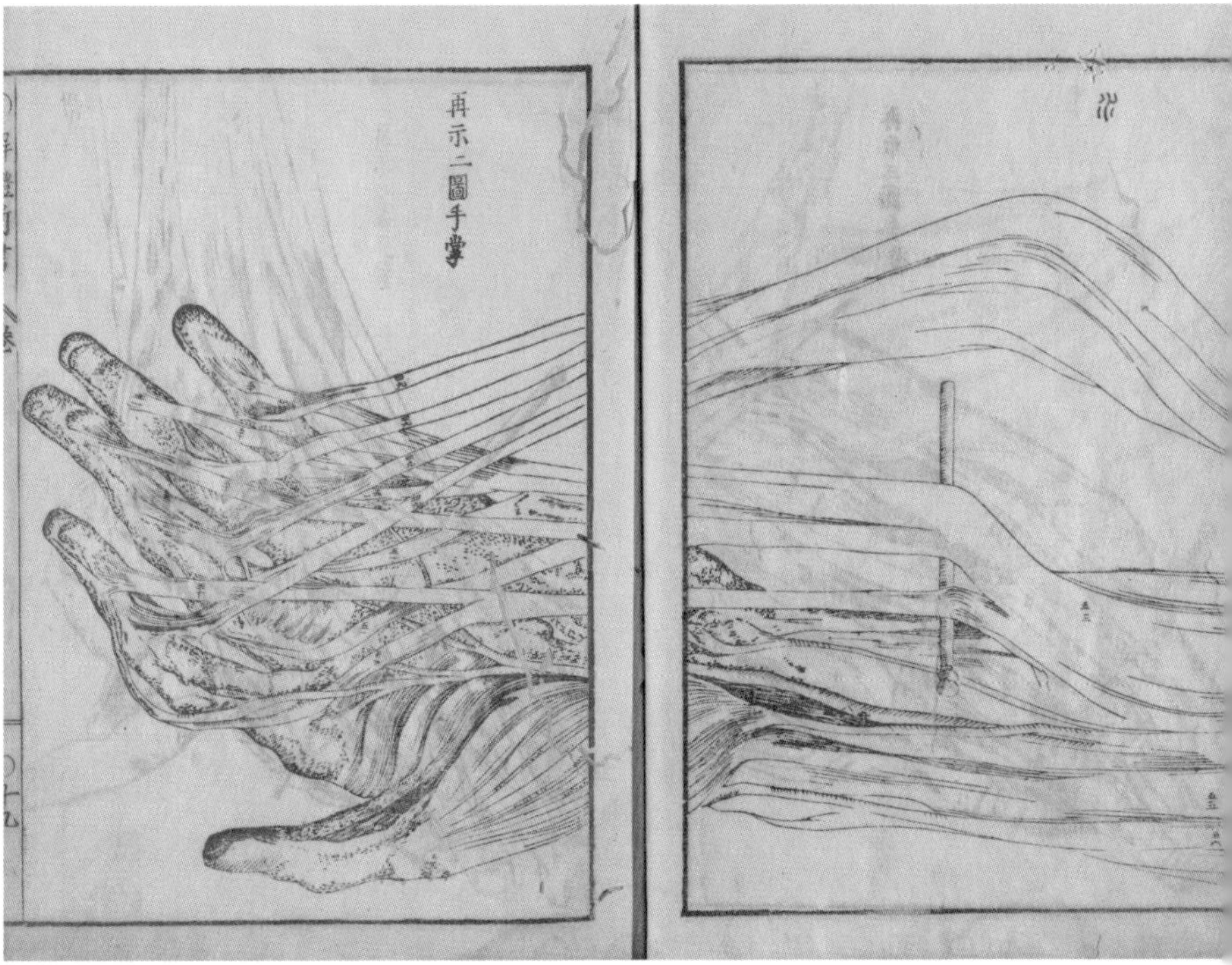
再示二圖手掌

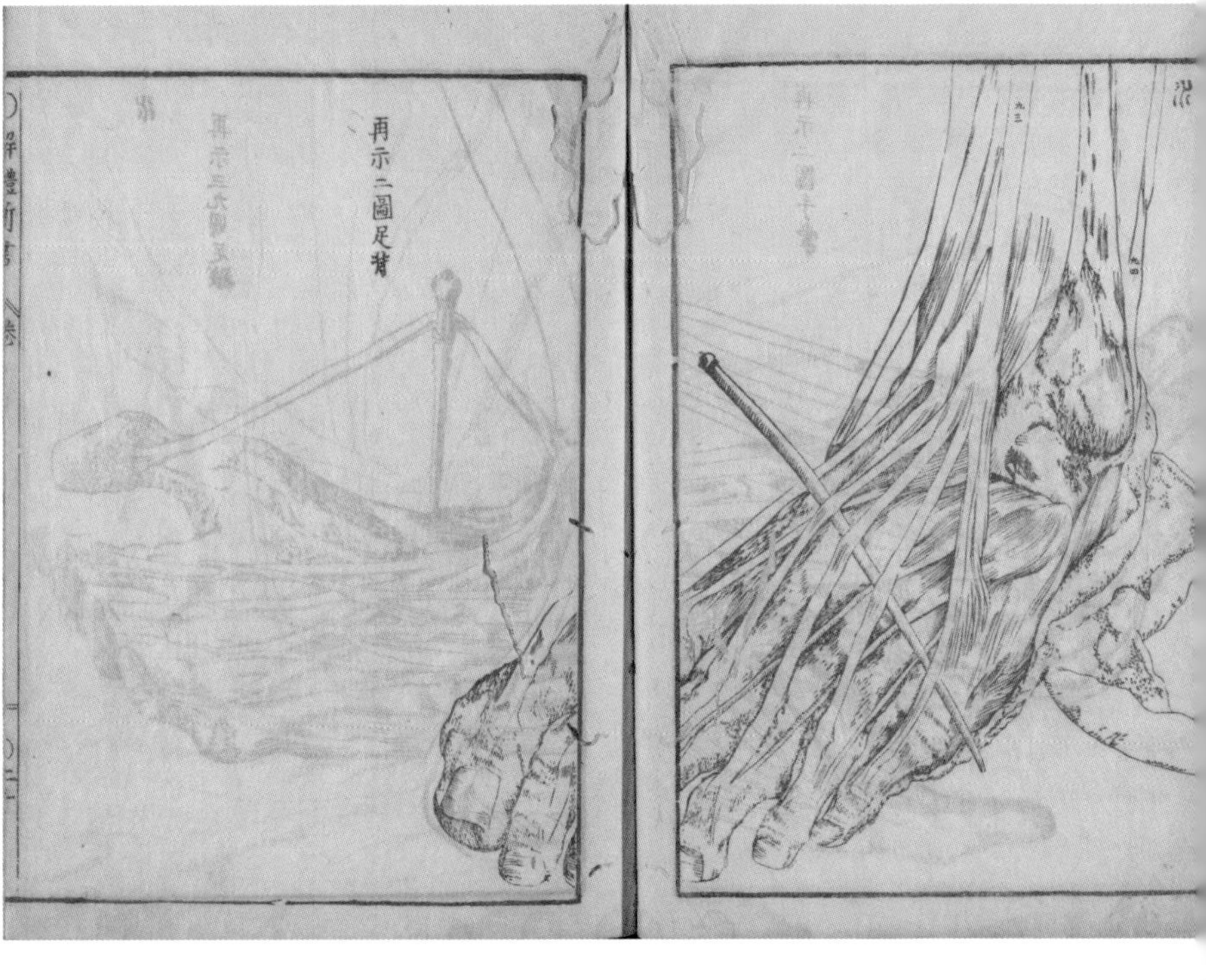
再示二圖足背

解屍による人体解剖図

「施薬院解男体臓図《せやくいんかいなんたいぞうず》」

三雲環善《みくもかんぜん》・編　吉村蘭州《よしむららんしゅう》・画
寛政十年（一七九八）木下応受写版　紙本彩色　一軸　国立国会図書館デジタルコレクション

寛政十年（一七九八）二月、三雲環善、山脇東洋、小石元俊らによる解剖が行われ、小石元俊が都督を勤めた。その所見をまとめたものが本書で、絵は吉村蘭州の筆による。

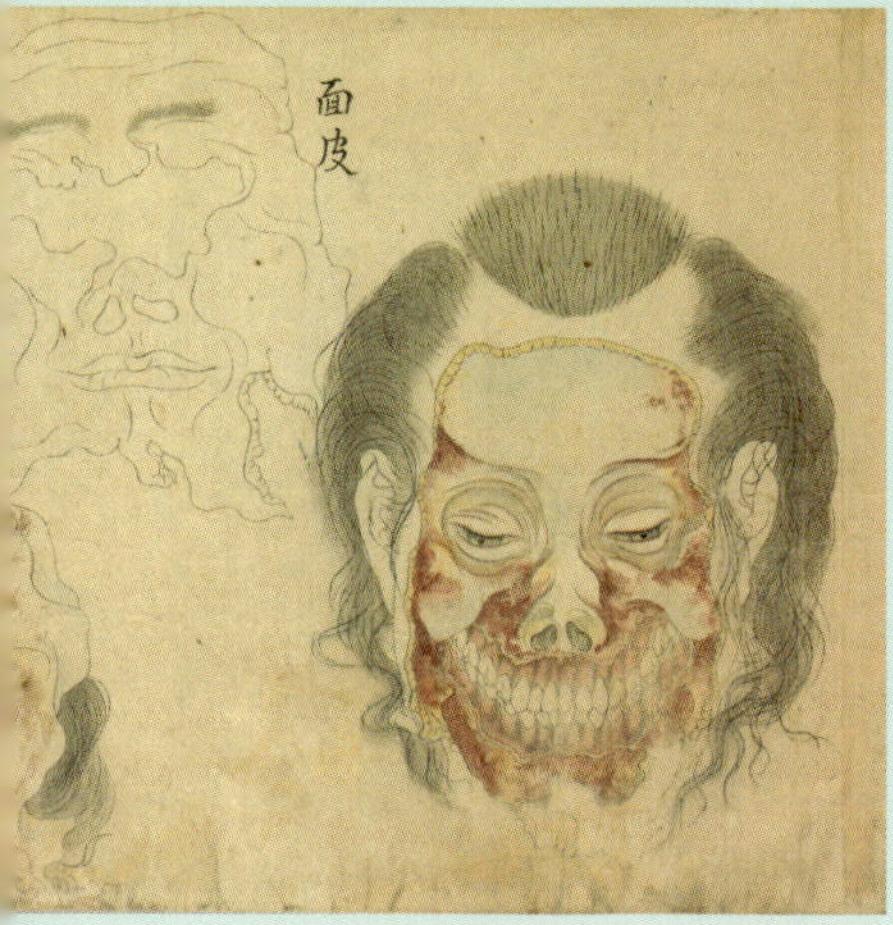

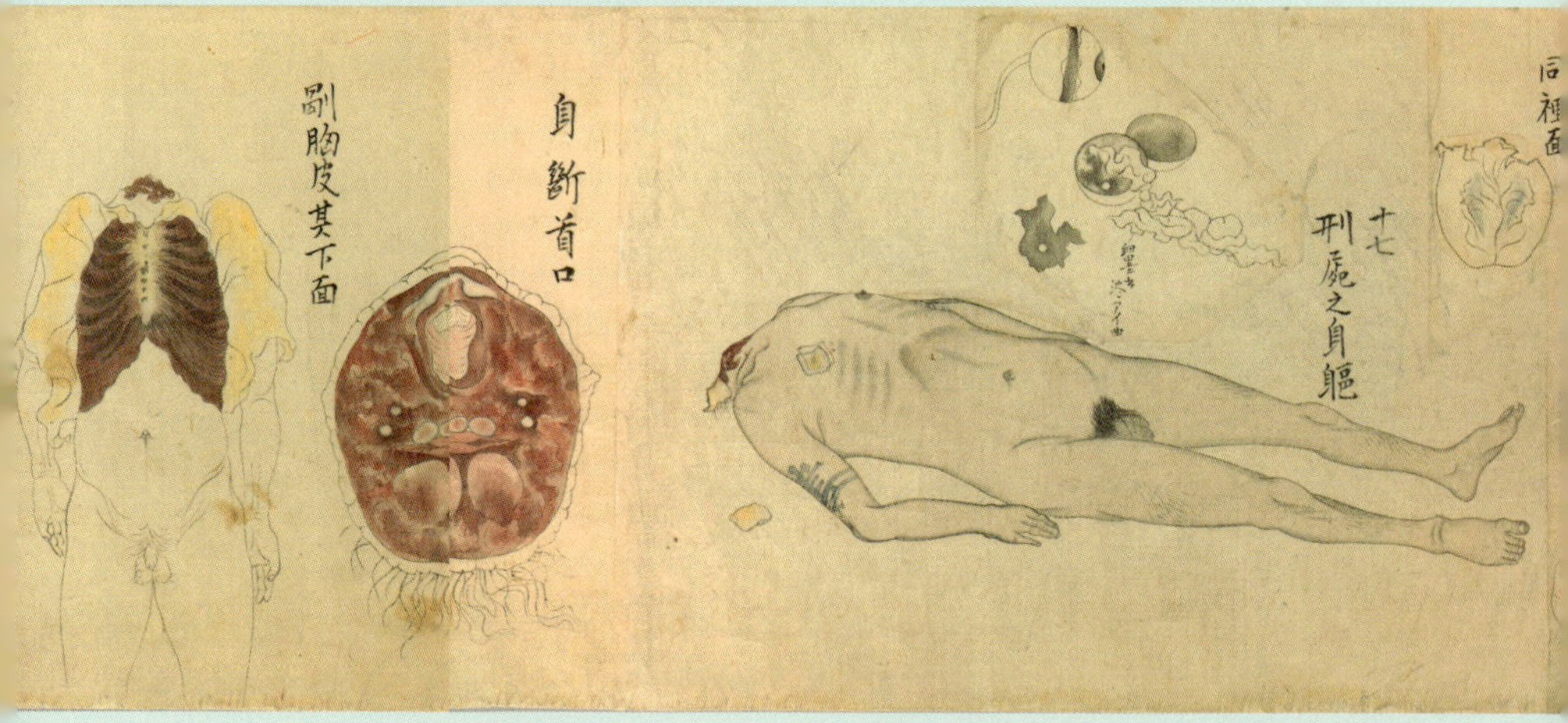

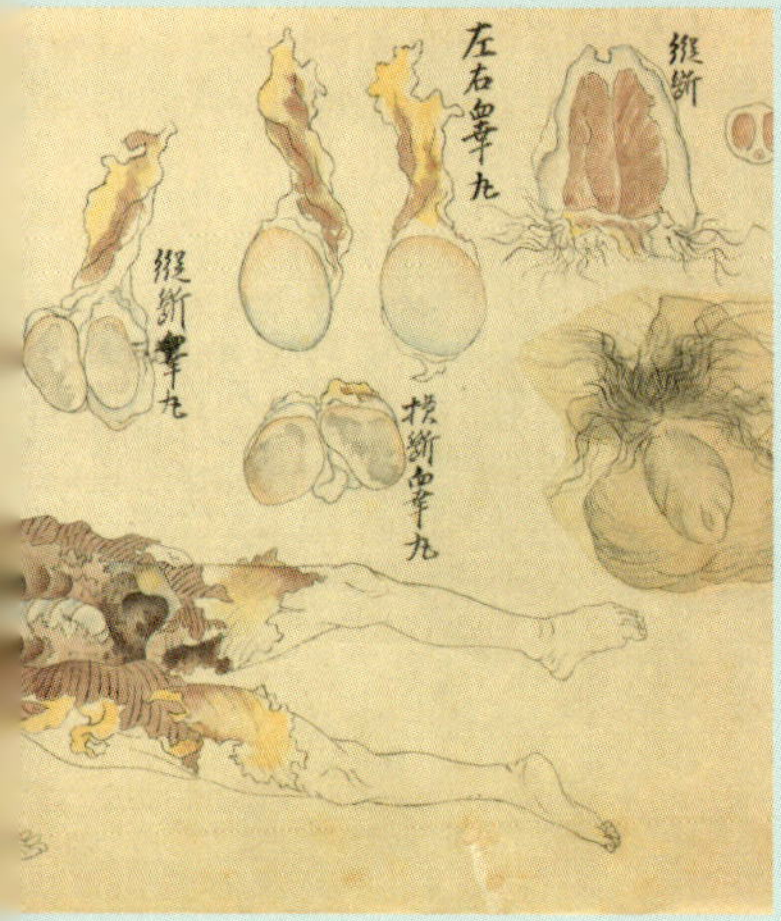

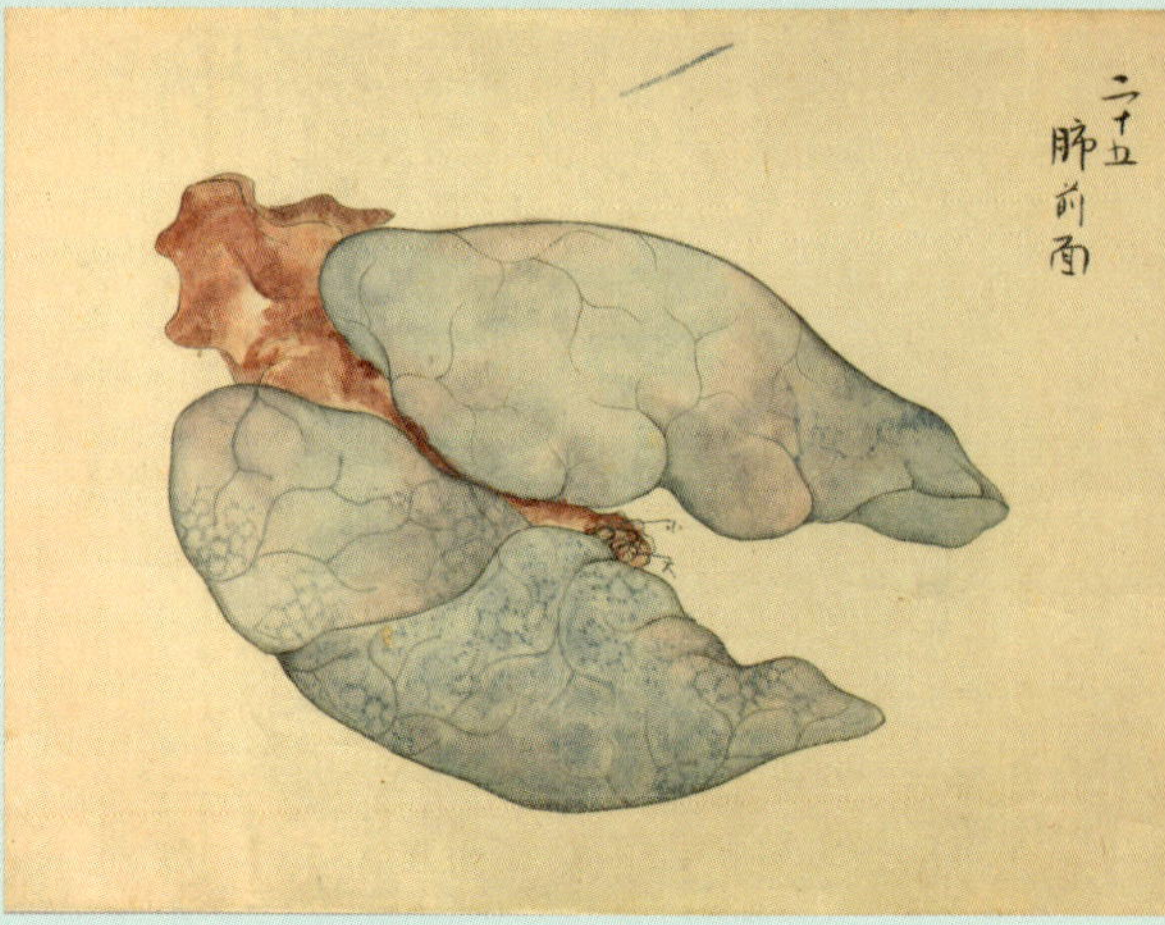

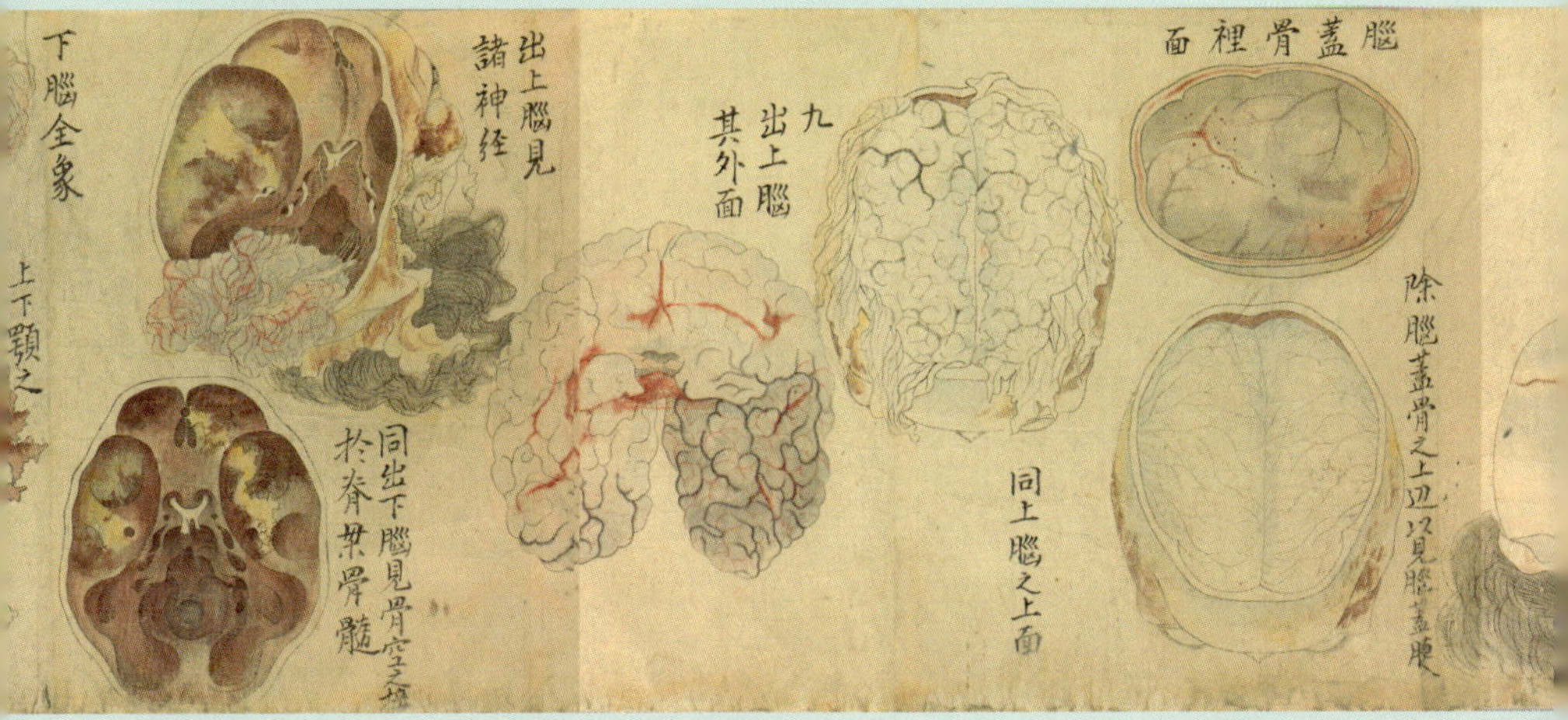

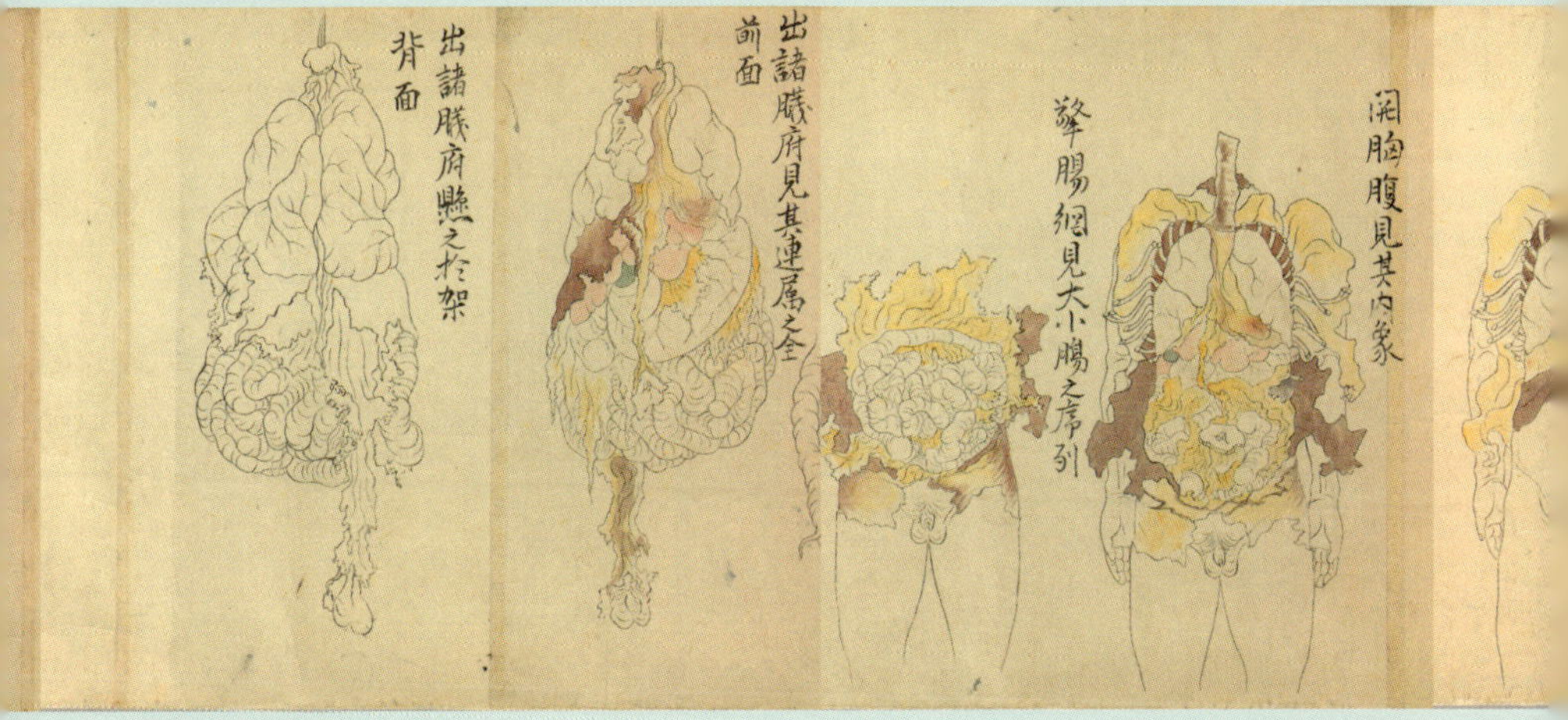

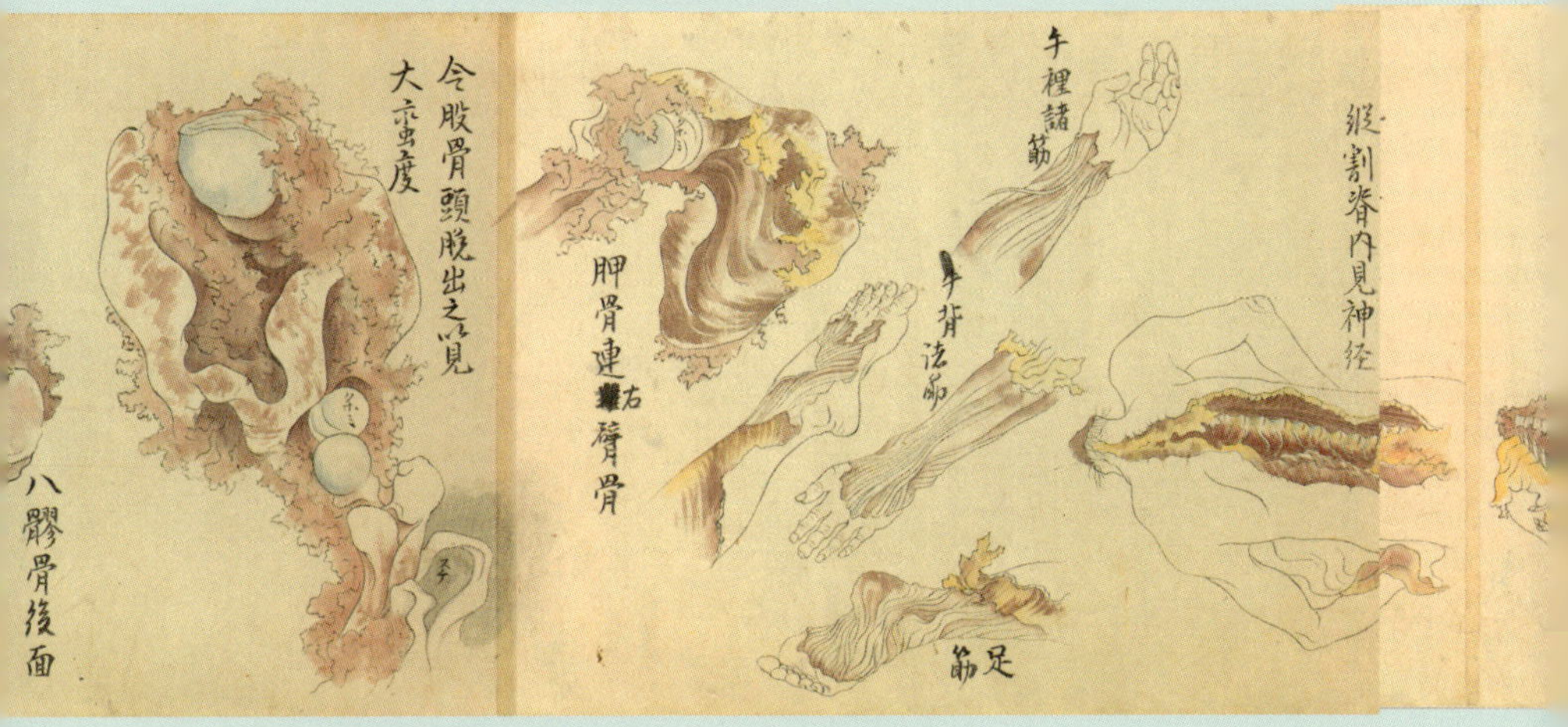

京都での小石元俊の都督執刀による解屍の所見

華岡青洲・癌手術の写本

「華岡青洲《はなおかせいしゅう》の実験図《じっけんず》」

塾生・写本　紙本彩色　一巻
国立国会図書館デジタルコレクション

華岡塾の塾生による写本で、さまざまな癌の症状が描かれている。華岡青洲（一七六〇〜一八三五）は江戸時代末期の外科医で、麻酔剤の開発を行ない日本最初の乳癌《にゅうがん》手術を行なうなど積極的治療法を推進した。彼の開発した麻酔薬「通仙散」は、マンダラゲ（チョウセンアサガオ）を主剤とするもので、ヨーロッパの薬方で使用されていることを知ったのがヒントになり、中国医書を参考に改良を加えたものである。

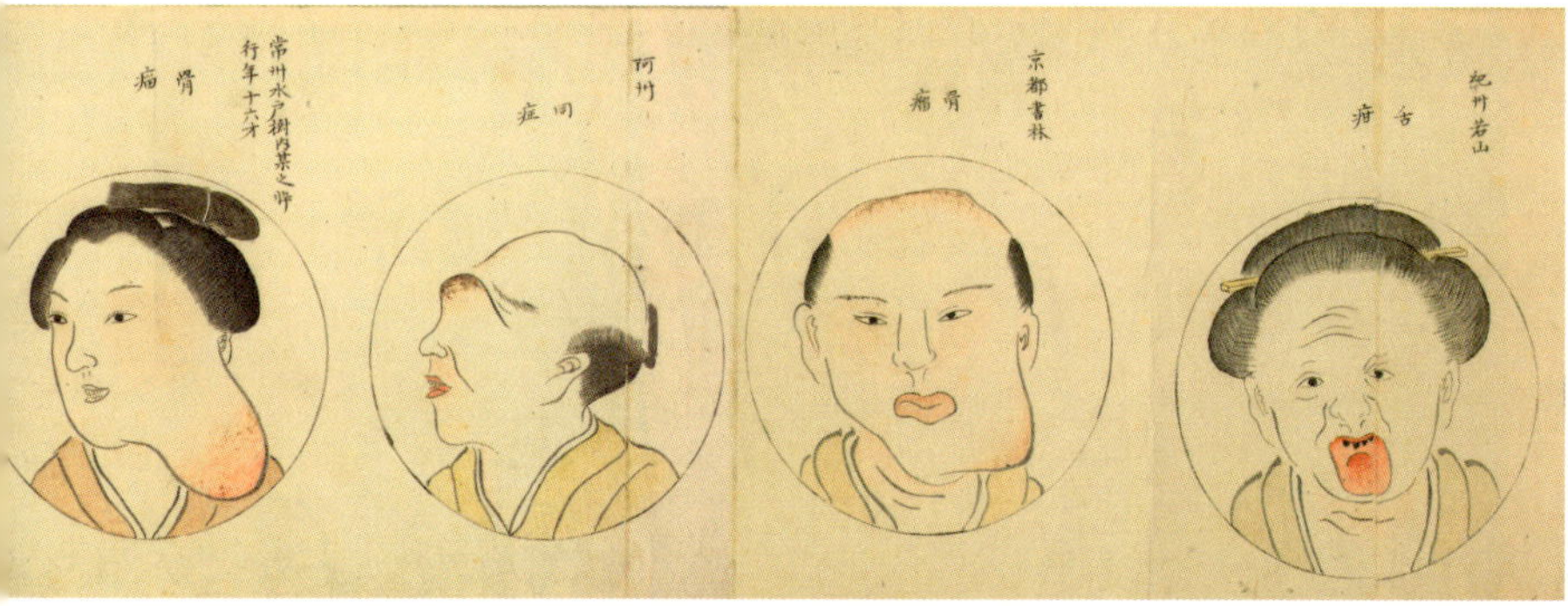

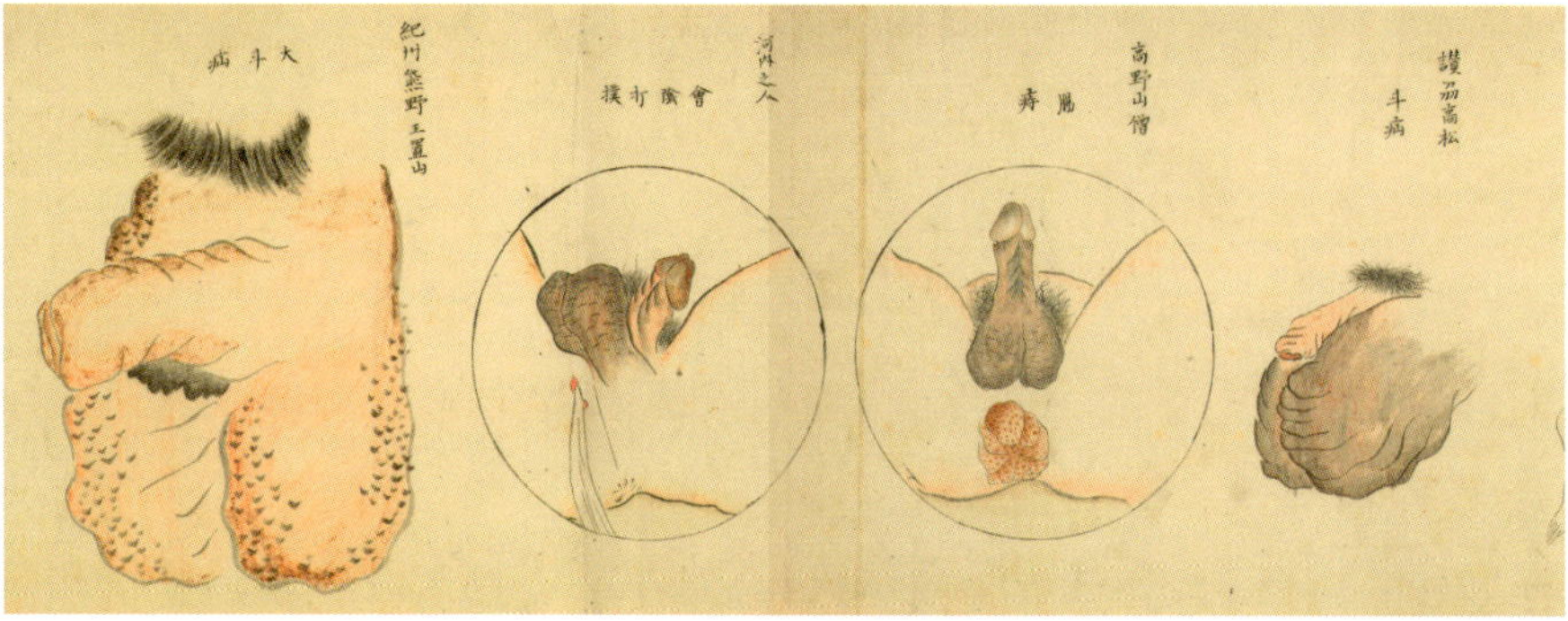

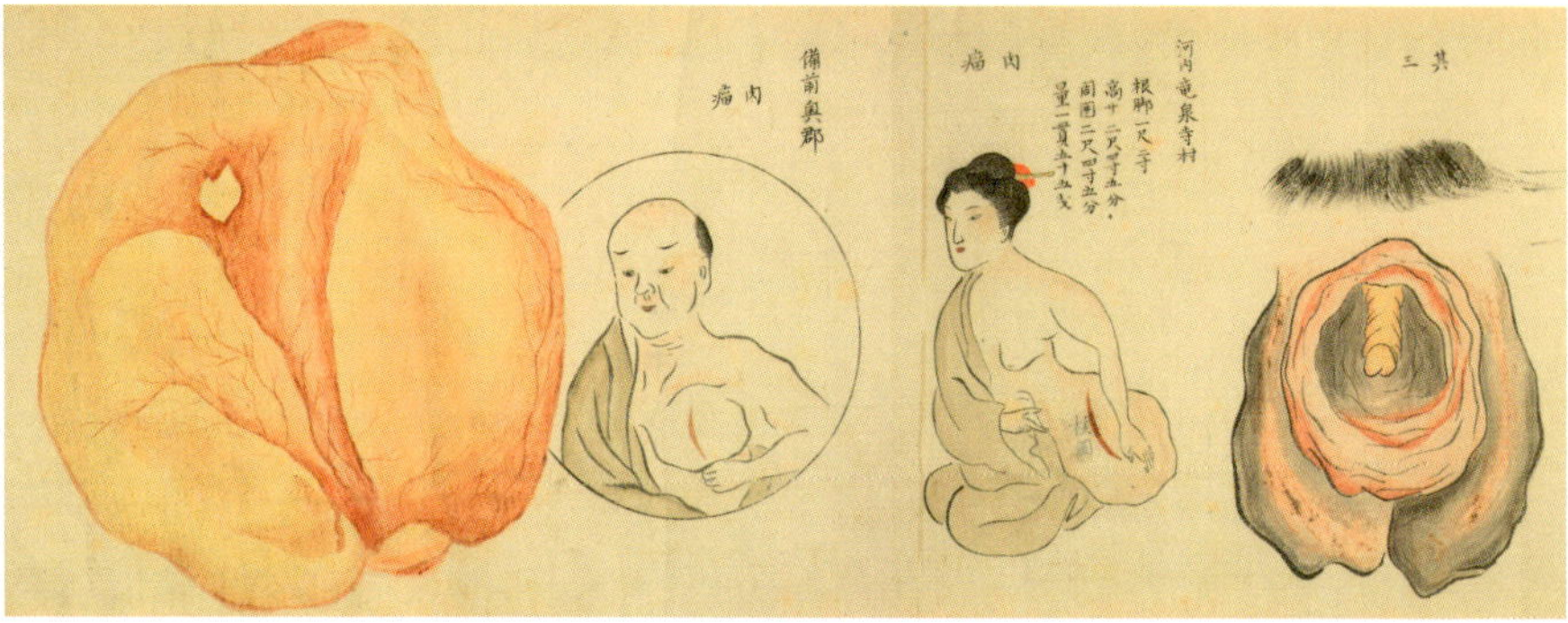

「華岡塾癌着色図《はなおかじゅくがんちゃくしょくず》」

塾生・写本　一冊
内藤記念くすり博物館蔵

華岡塾の塾生によって写本されたもので、塾で診察を受けた患者の病気の状態が細かく描かれている。麻酔薬である「通仙散」を使った乳癌の手術の図もあり、青洲が全身麻酔で手術を初めて行った藍屋利兵衛の母の手術図も見られる。青洲は、文化元年（一八〇四）に乳癌手術を全身麻酔によって行なうことに成功した。

乳癌手術を全身麻酔によって行なうことに成功

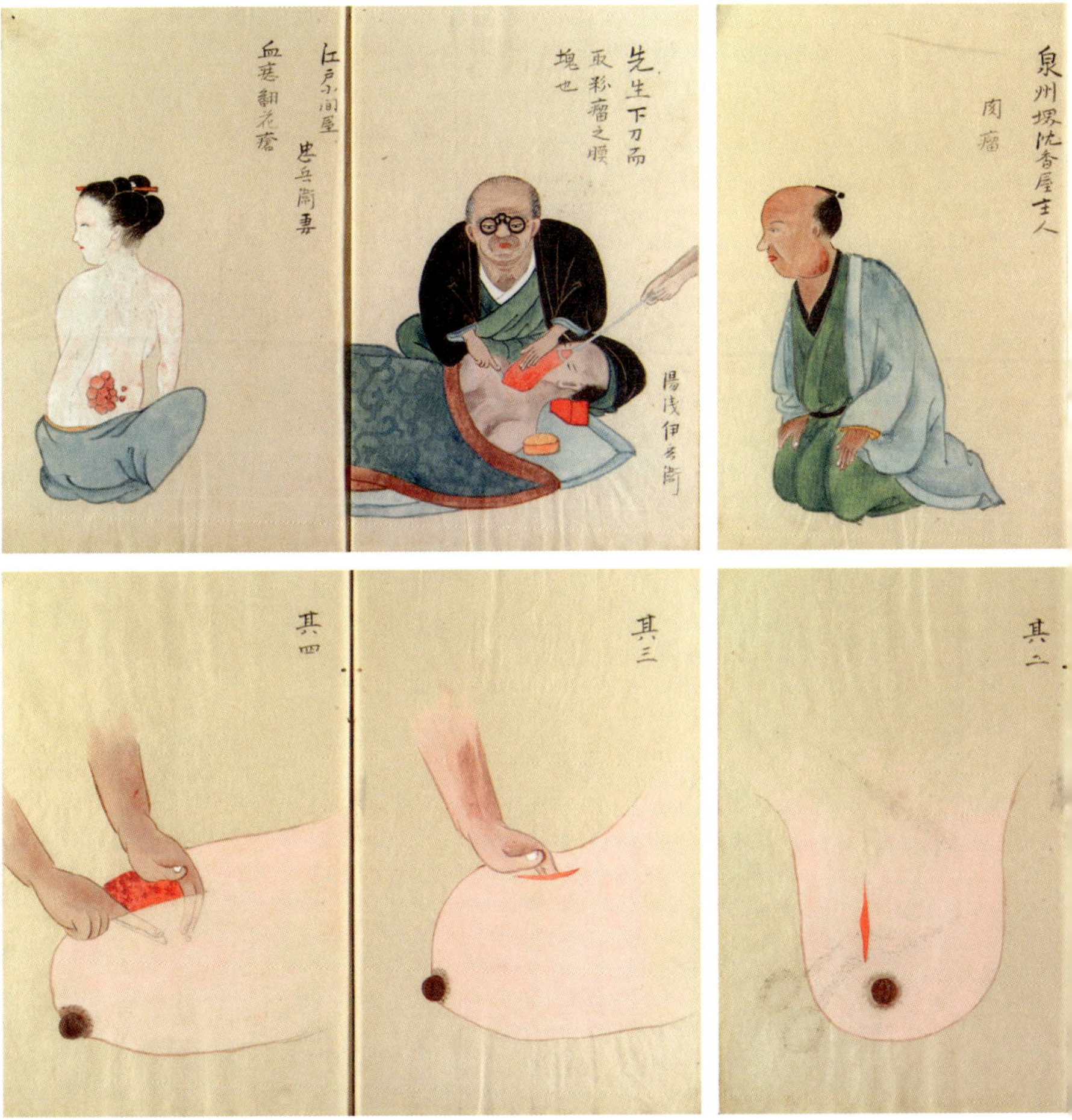

日本で最初の銅版画による解剖図

『医《い》範《はん》提《てい》綱《こう》内《ない》象《しょう》銅《どう》版《はん》図《ず》』
宇《う》田《だ》川《がわ》榛《しん》斎《さい》・著 亜《あ》欧《おう》堂《どう》田《でん》善《ぜん》・画
文化五年（一八〇八）一冊
国立国会図書館デジタルコレクション

本書は、宇田川榛斎の『医範提綱』の附図として文化五年（一八〇八）に刊行された再版本で、原画はオランダの解剖書を参考に描かれており、亜欧堂田善が銅版画で刷ったわが国最初の解剖図である。

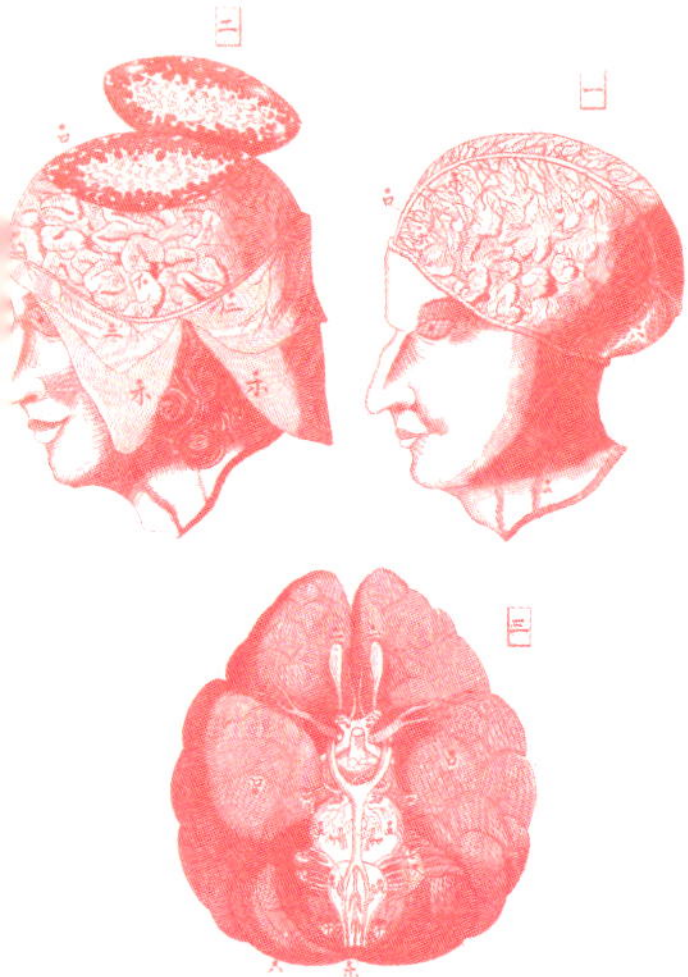

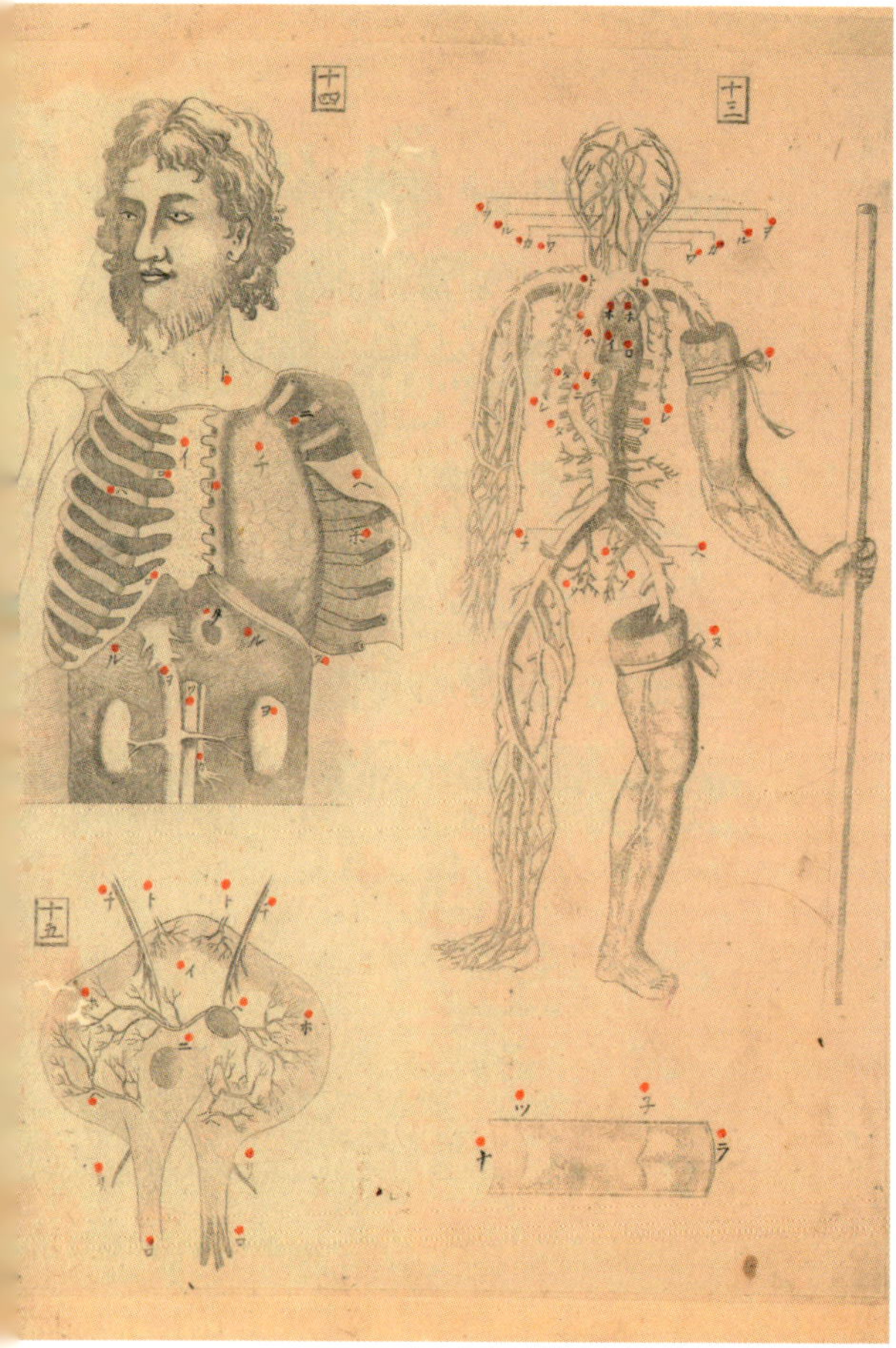

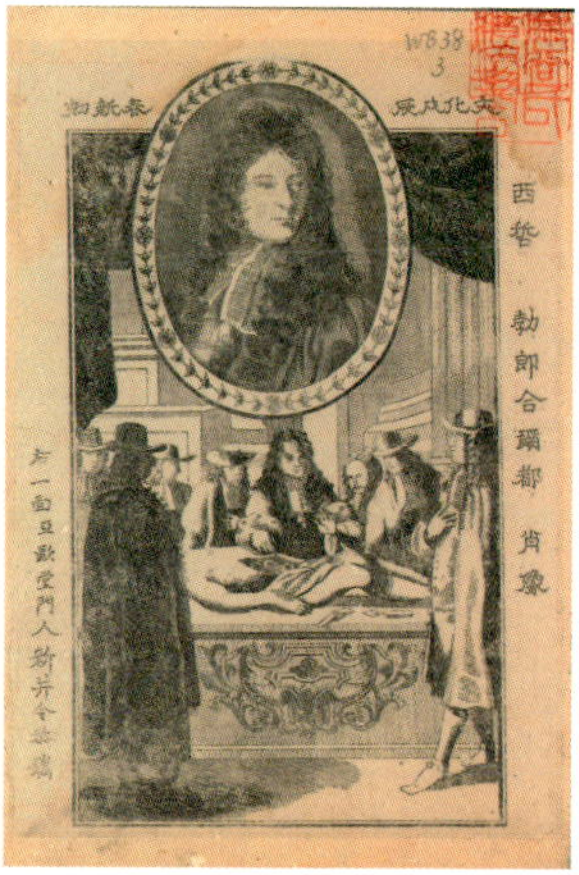

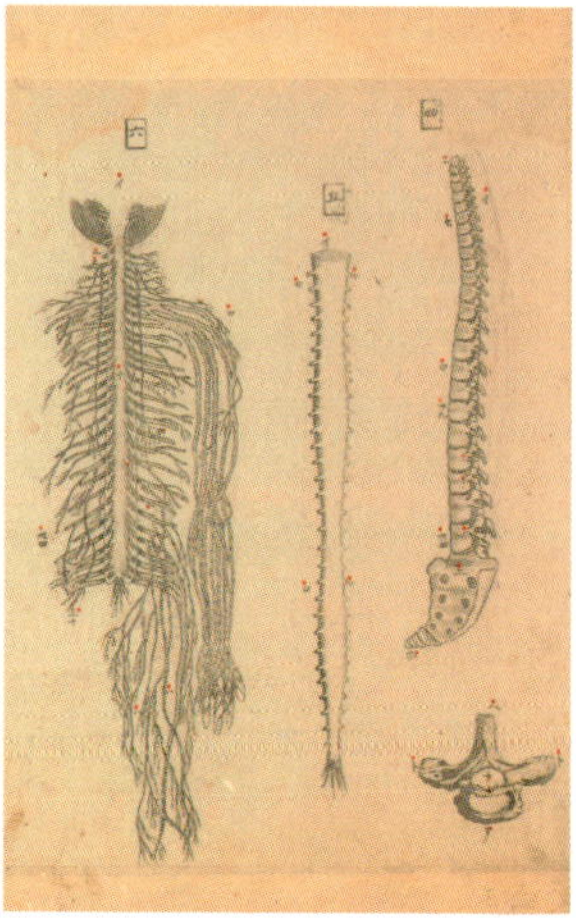

亜欧堂田善が刻した銅版画の解剖図

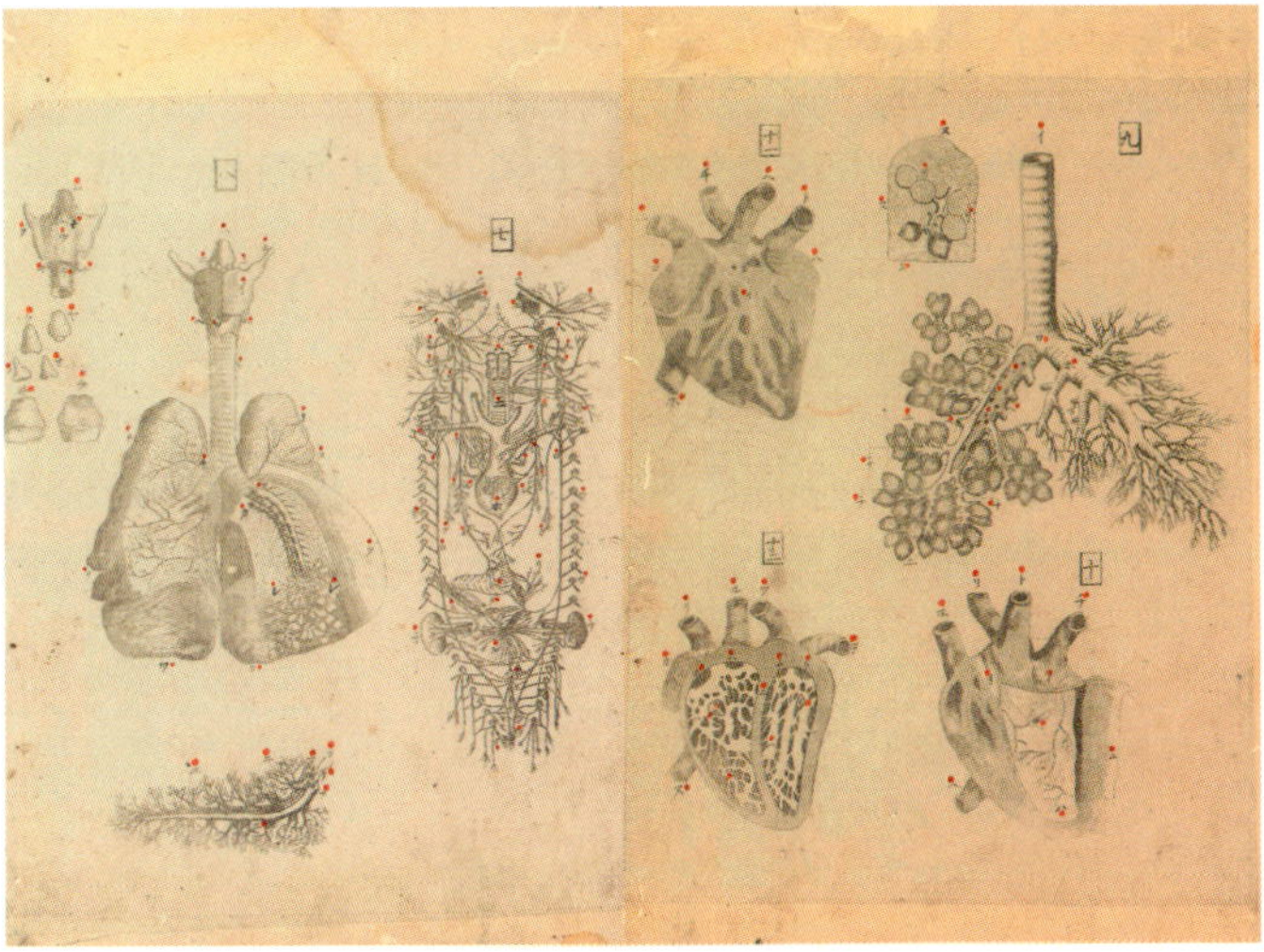

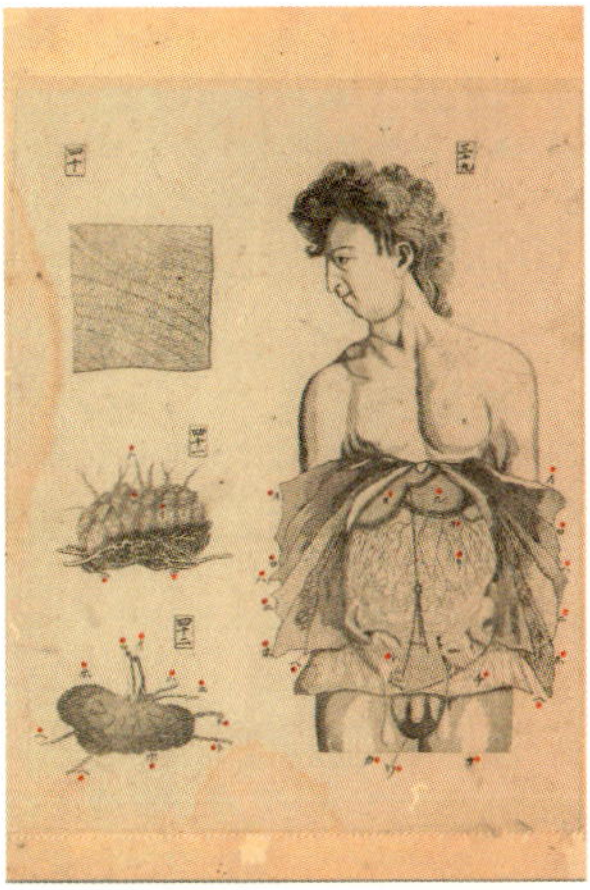

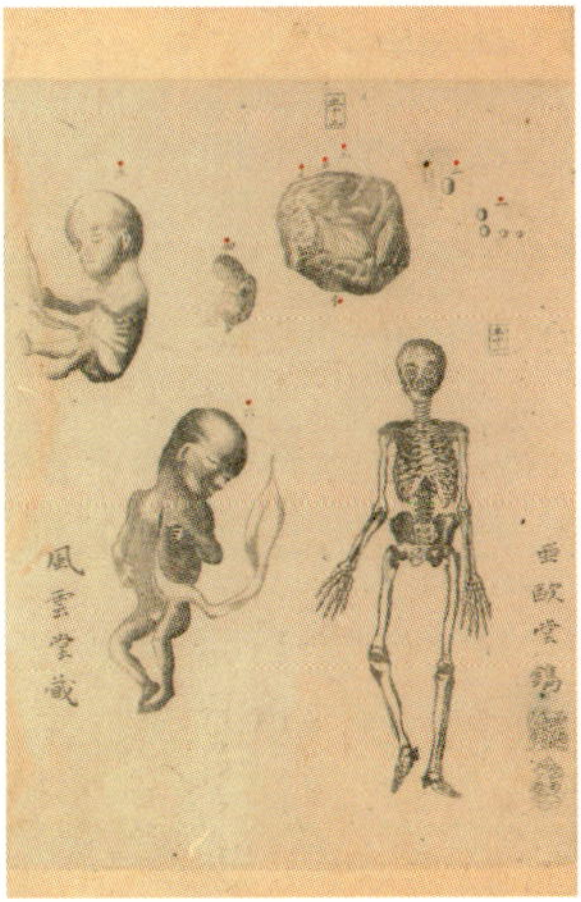

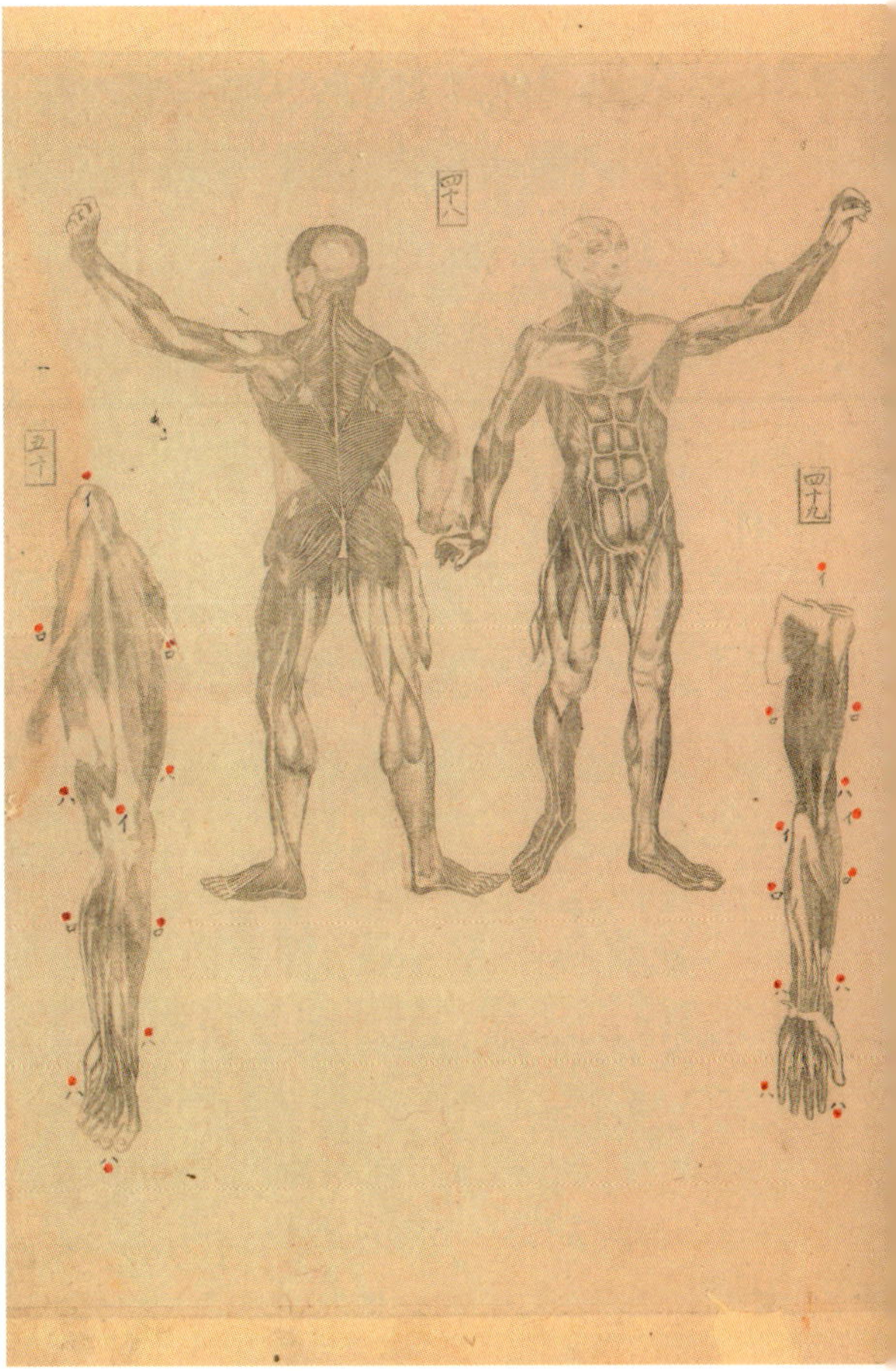

『解体発蒙《かいたいはつもう》』

三《み》谷《たに》公器《こうき》・著

文化十年（一八一三）西村吉兵衛版
木版彩色　五冊
東北大学附属図書館医学分館蔵

享和二年（一八〇二）十二月に行なわれた解剖に参加した三谷公器（一七五五〜一八二三）が「平次郎臓図」や「施薬院解男体臓図」などを参考にまとめたもの。人体の構造知識が急速に普及していくなかで、古くから五臓六腑説、陰陽五行説を是とする漢方医たちのなかに、新しい解剖知識を肯定して所見に五臓六腑説を強引にこじつける漢蘭折衷派が生まれた。その代表的著作が本書の『解体発蒙』である。この書の解剖図は多色刷り木版印刷で、その見事さは医書のなかで際だっている。

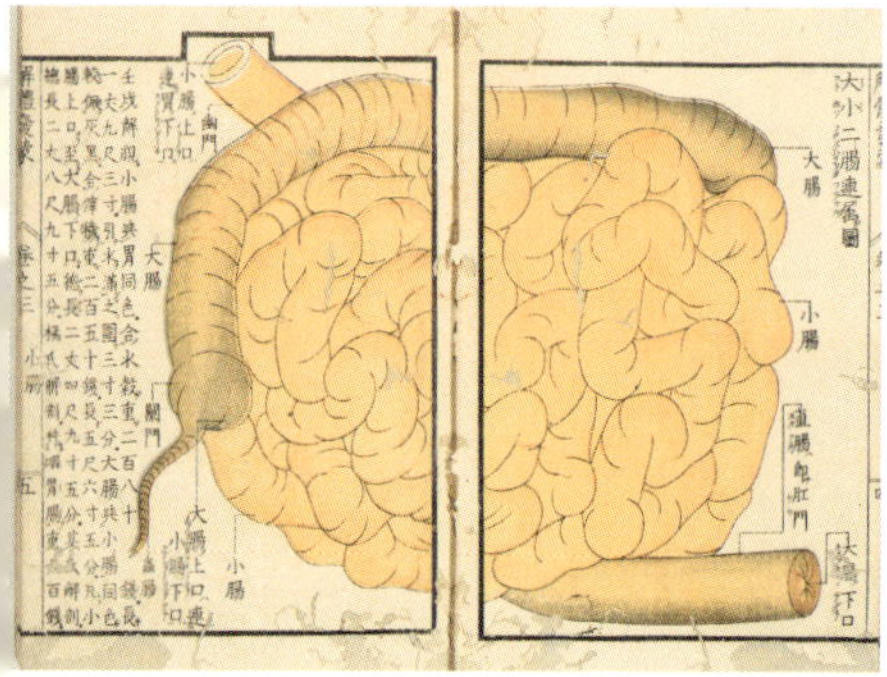

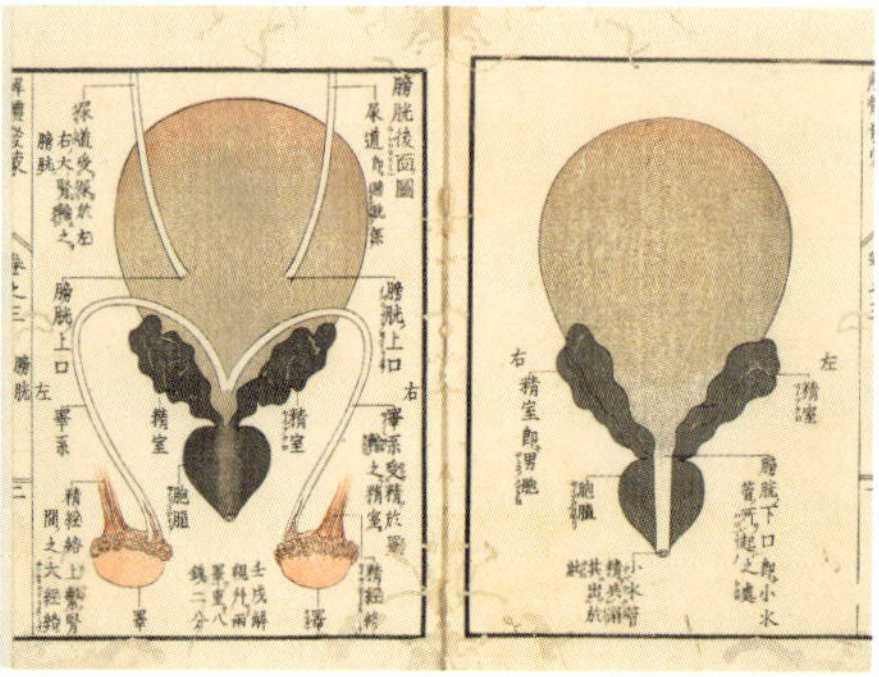

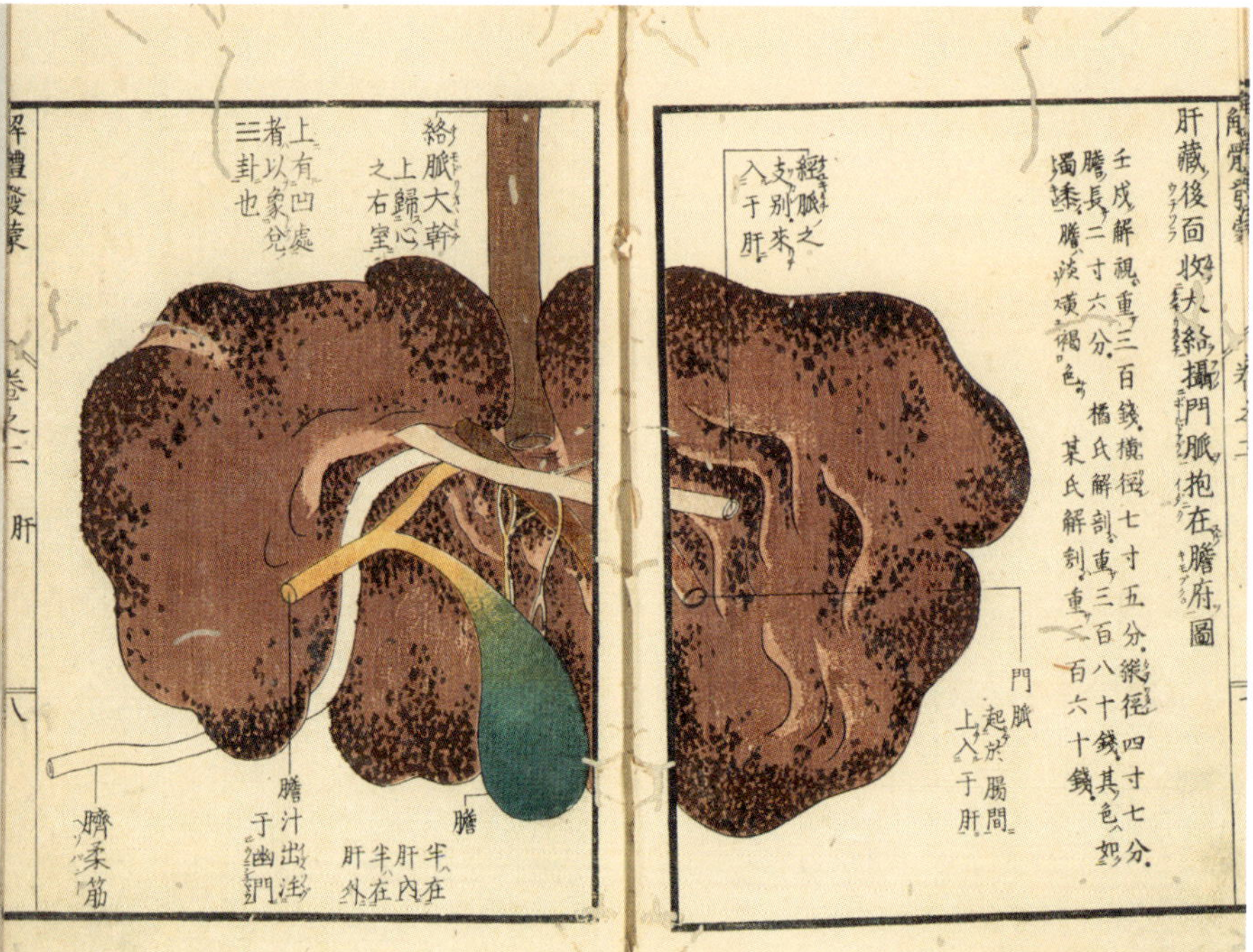

多色刷り木版印刷の解剖図の見事さは医書のなかで際だっている

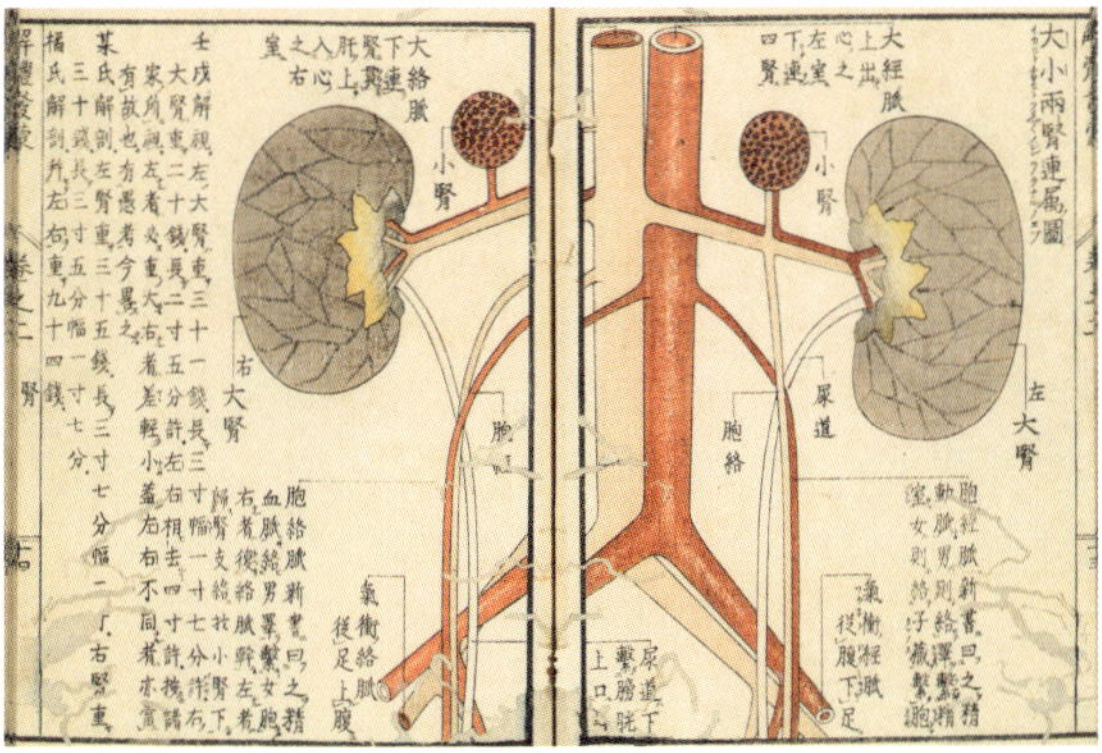

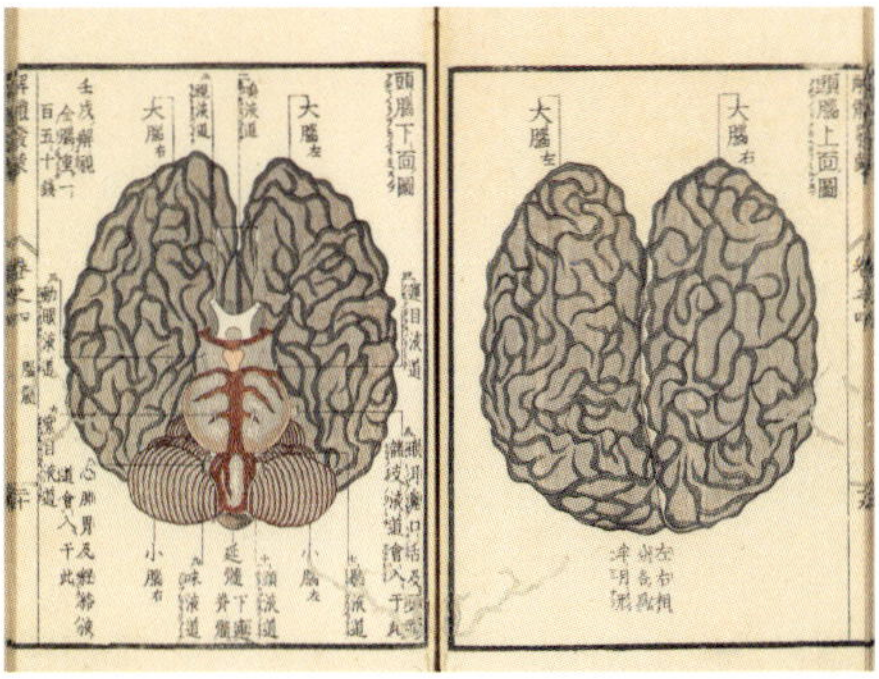

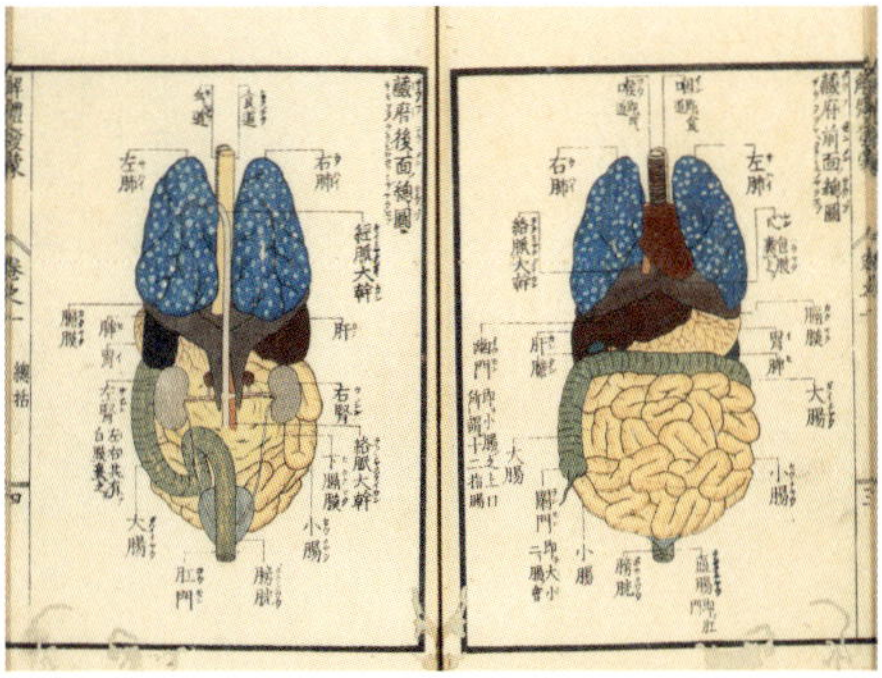

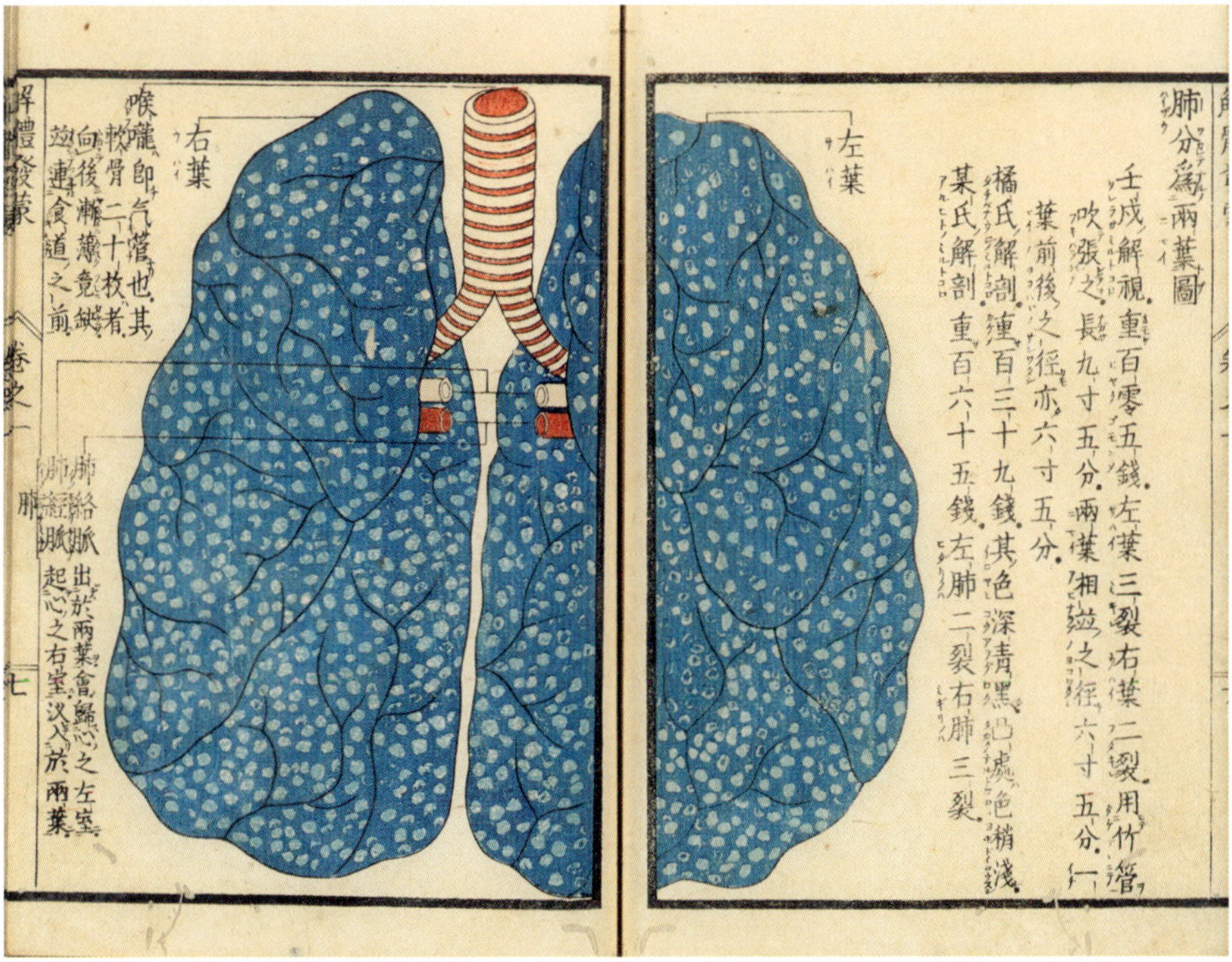

婦人生殖器と外科治療の記録

『存真図腋《ぞんしんずえき》』

佐々木中沢《ささきちゅうたく》・著
文政五年（一八二二）一冊
東北大学附属図書館医学分館蔵

文政五年（一八二二）三月、仙台藩医学校外科教授として着任した佐々木中沢（一七九〇～一八四六）は同年六月二十九日、女囚の刑屍を解剖、とくに生殖器を詳細に調べ記録した。この解剖にあたり子宮と膀胱の関係が蘭書の図譜とやや異なることを発見し、また卵巣の一つを煮て部開した。そして医学校学頭渡部道可《どうか》の序文と内科教授渋谷順庵の跋文を得て同年七月に本書を著した。

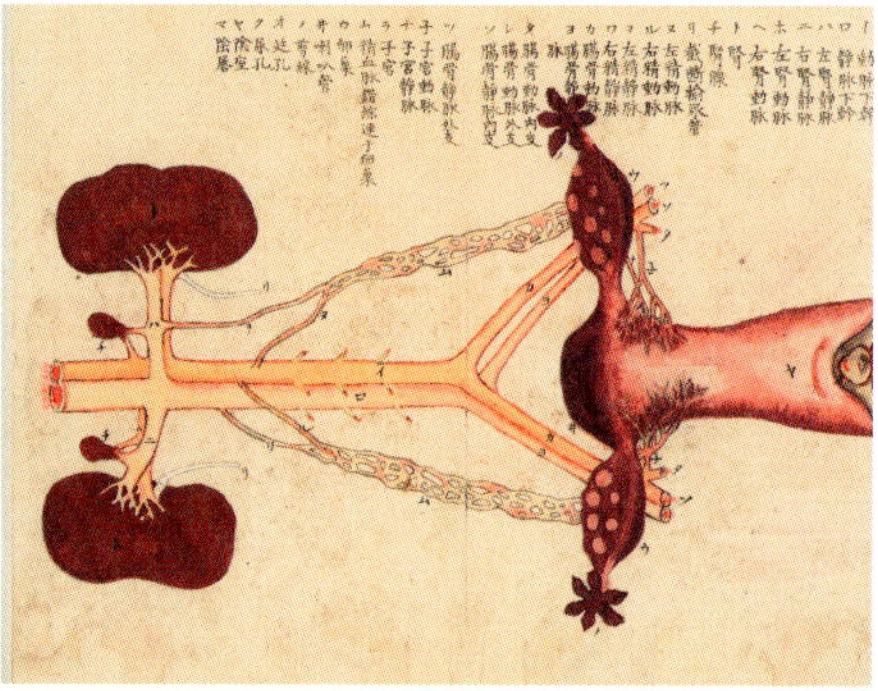

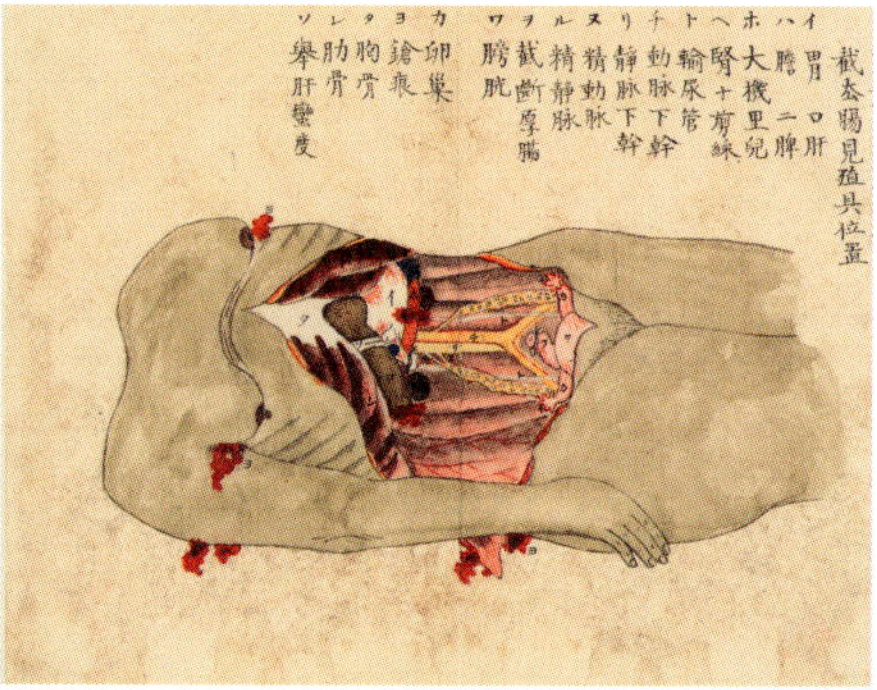

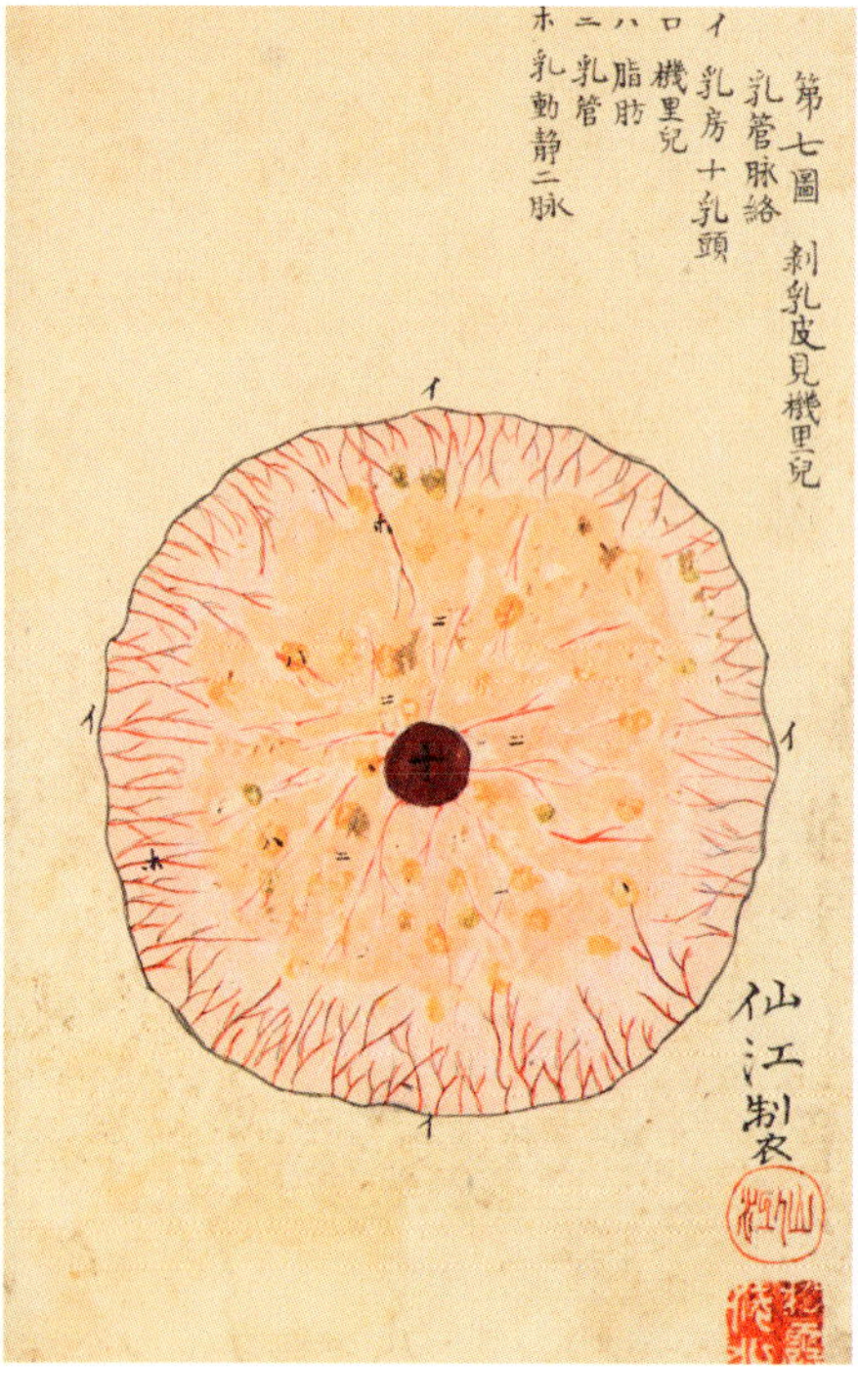

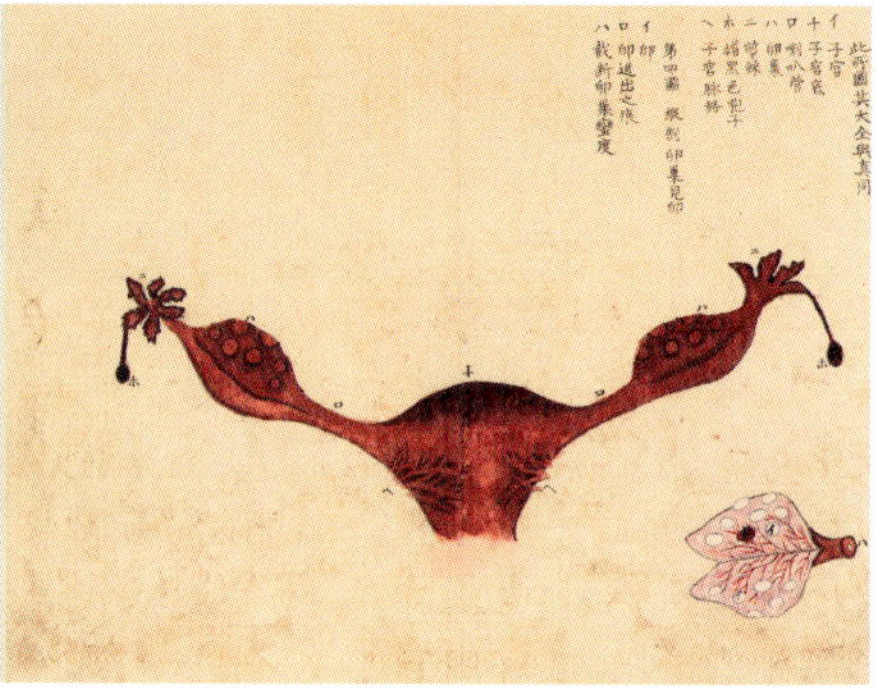

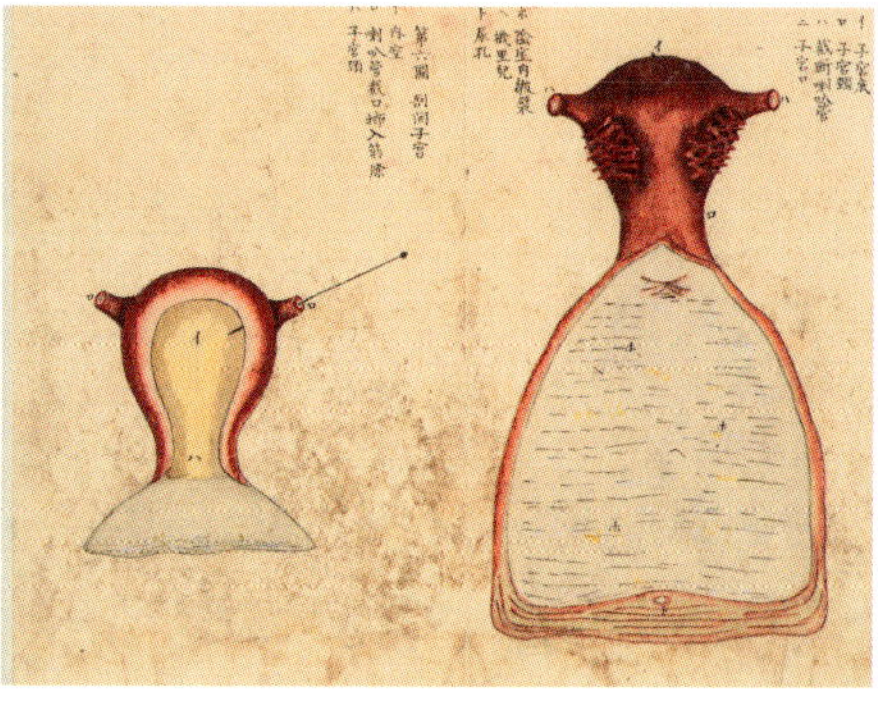

『瘍科秘録《ようかひろく》』

本間棗軒《ほんまそうけん》（本間玄調）・著
天保八年（一八三七）序　弘化四年（一八四七）刊　和泉屋金右衛門版　九冊
国立国会図書館デジタルコレクション

本書は、本間棗軒（一八〇四〜七二）の二十年にわたる外科治療の経験をまとめたもの。脱疽患者に対する下肢切断、痔、乳癌、舌癌、膀胱結石の摘出など豊富な症例が図とともに紹介されている。野兎病《やとびょう》に関する指摘は世界で最も古いとされている。棗軒は原南陽に漢方を、シーボルト、高階枳園《たかしなきえん》、華岡青洲らに西洋医学を学んだ。華岡流外科を継承し発展させ、麻沸湯《まふっとう》（全身麻酔薬）による外科手術を行なった。

二十年にわたる**著者**の**外科治療**の**経験**をまとめたもの

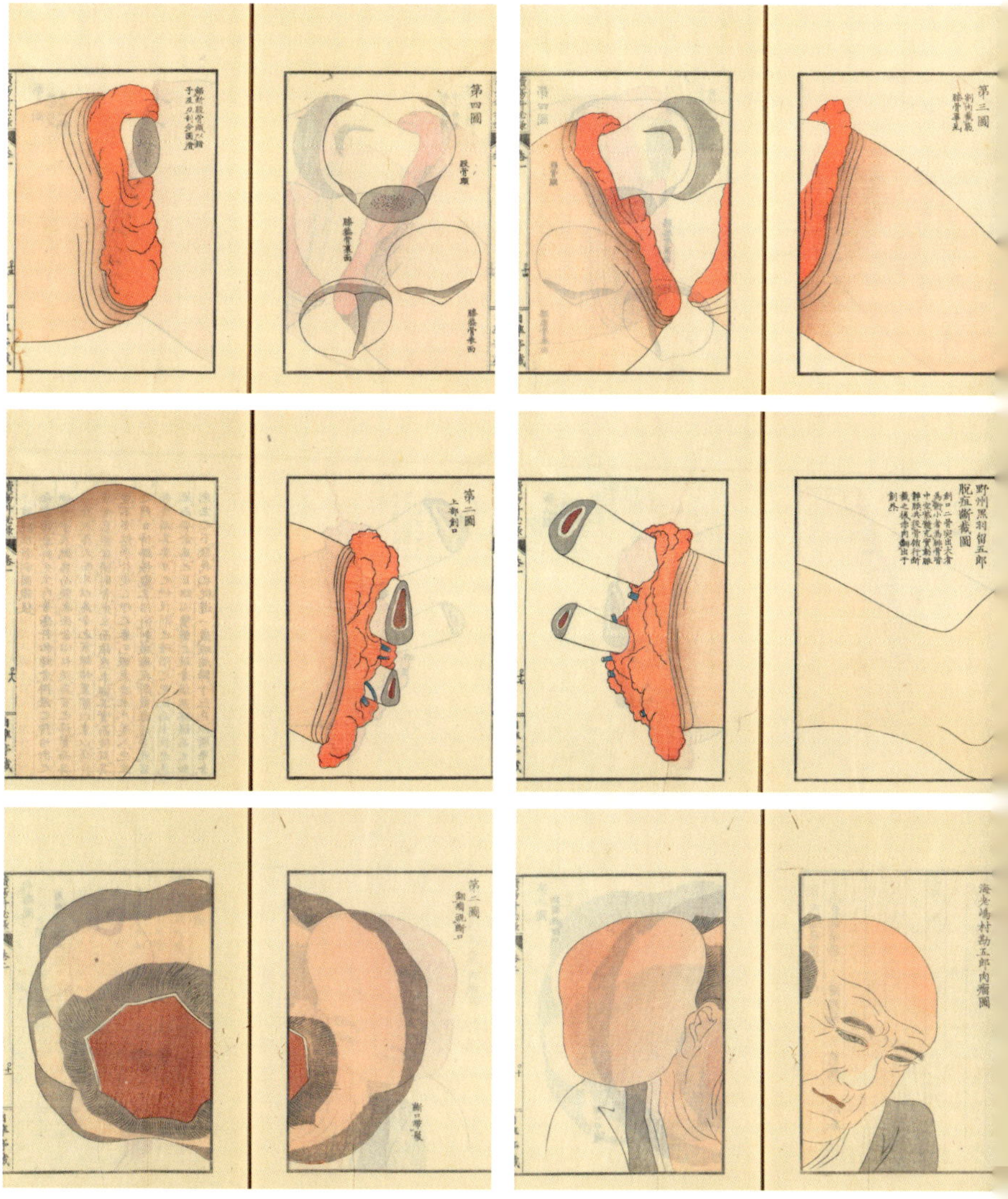

眼科医のバイブル

『眼科錦嚢《がんかきんのう》』本庄俊篤《ほんじょうとしあつ》・著

小山玄敬、梶井元鴻・校 芳潤堂版
天保二年（一八三一）・天保八年（一八三七）刊 四冊 国文学研究資料館蔵

江戸時代後期の眼科の基本書で、近視、遠視、乱視といった症状の説明や角膜や網膜の病気について詳述している。本庄俊篤は文政八年（一八二五）頃に長崎に至り、オランダ医術を学びシーボルトも治すことができなかった清人《しん》の眼病を手術によって治療し、眼科医として全国的に名声を得る。蘭漢折衷型医術を自分のものとし、京都、河越など治療の旅を続け、文政十年（一八二七）頃、故郷の本庄に戻り、内科、外科、眼科を開業した。

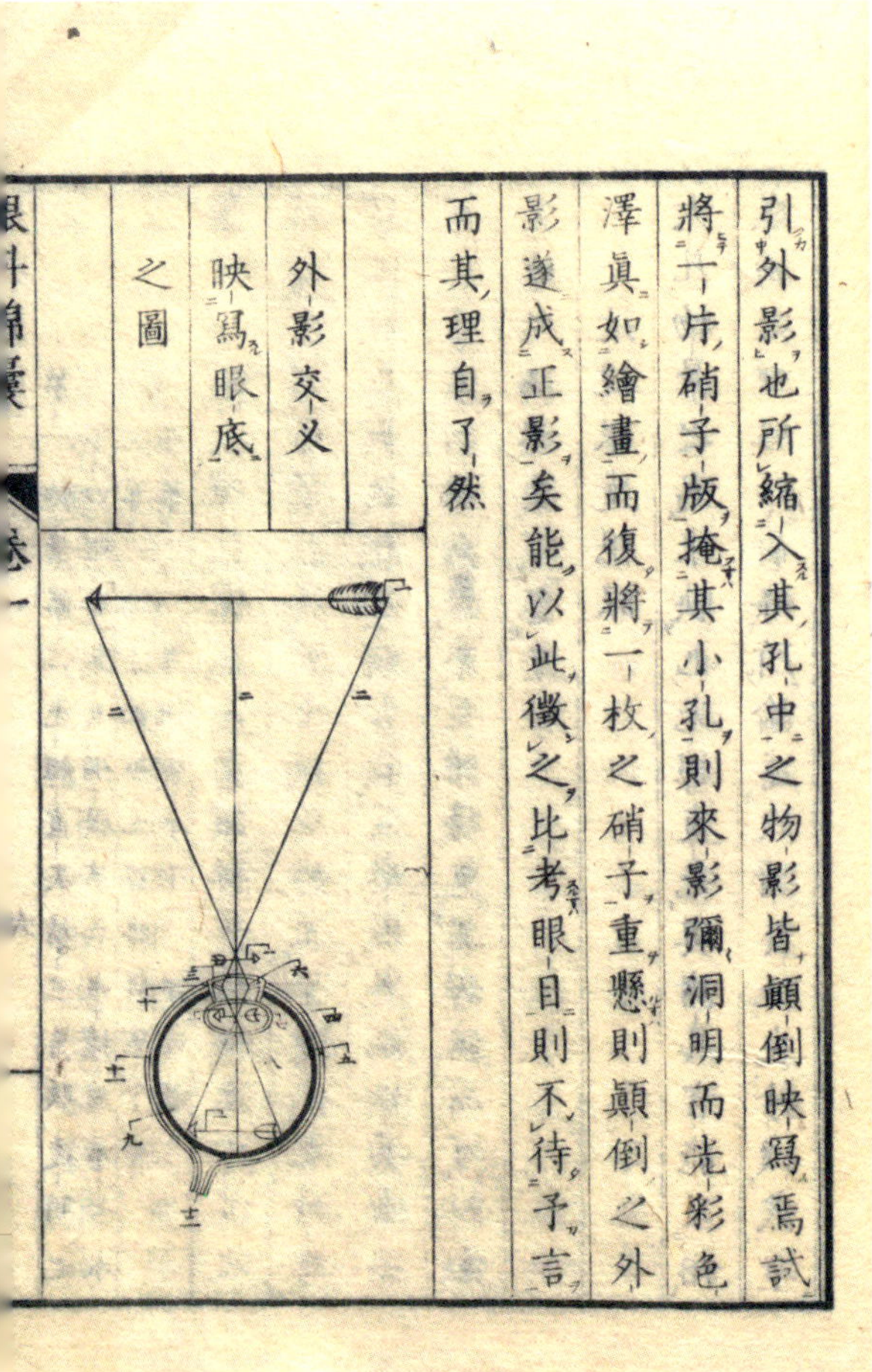

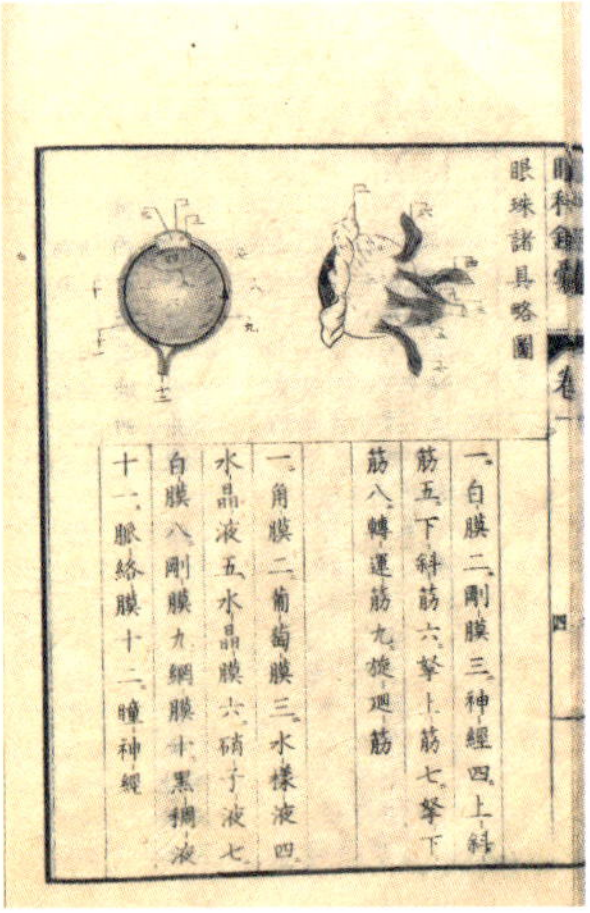

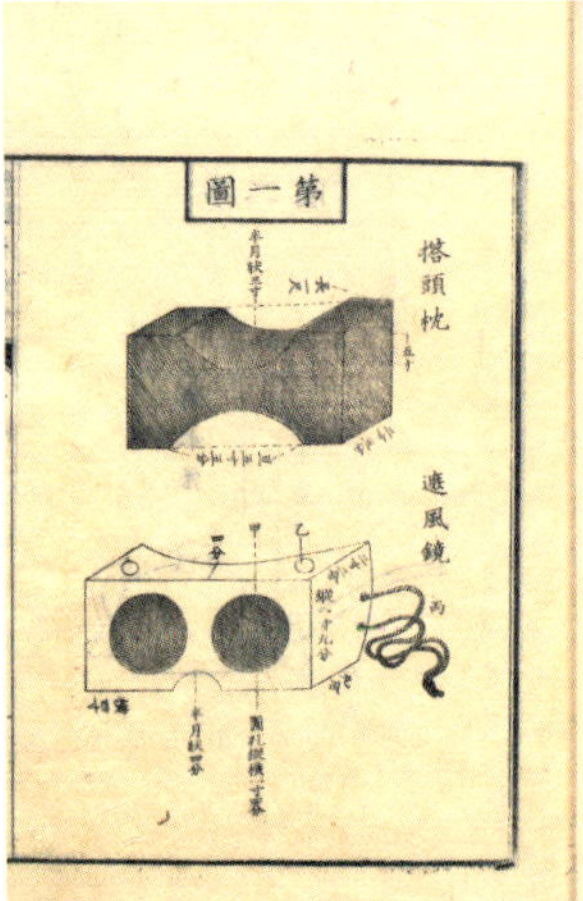

江戸時代後期の眼科の基本書

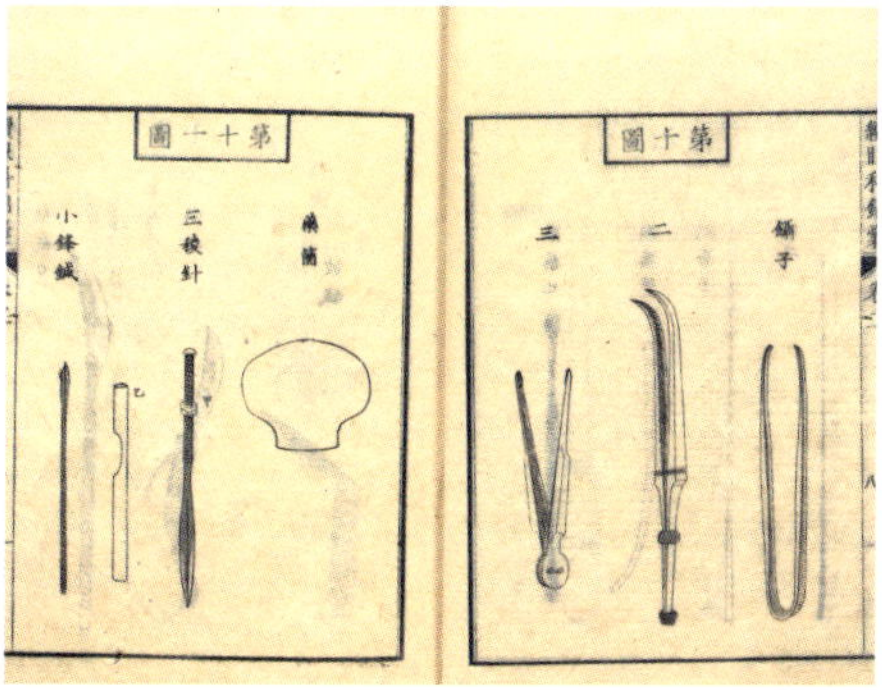
第十一圖
第十圖
鑷子

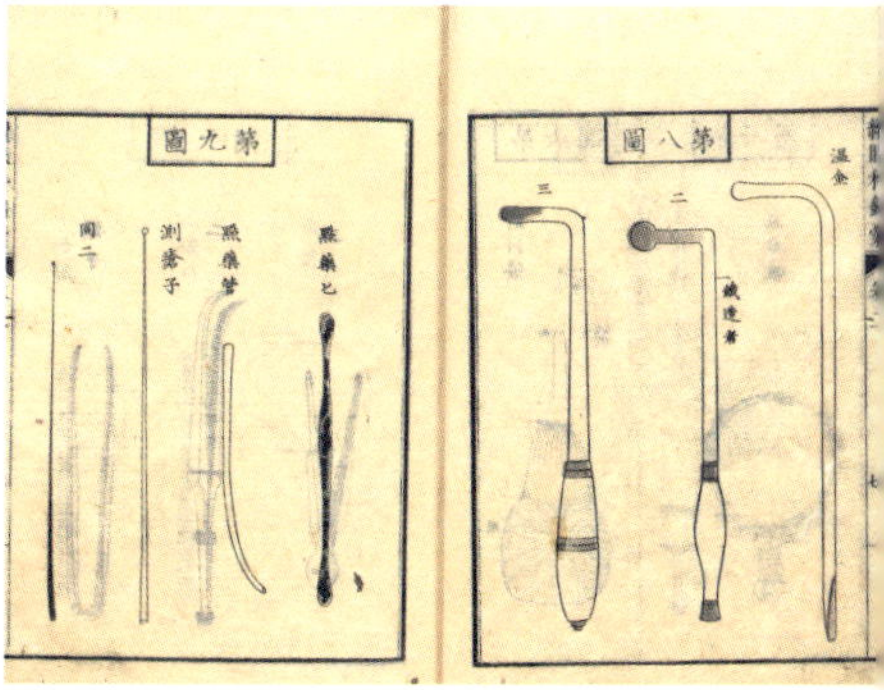
第九圖
第八圖

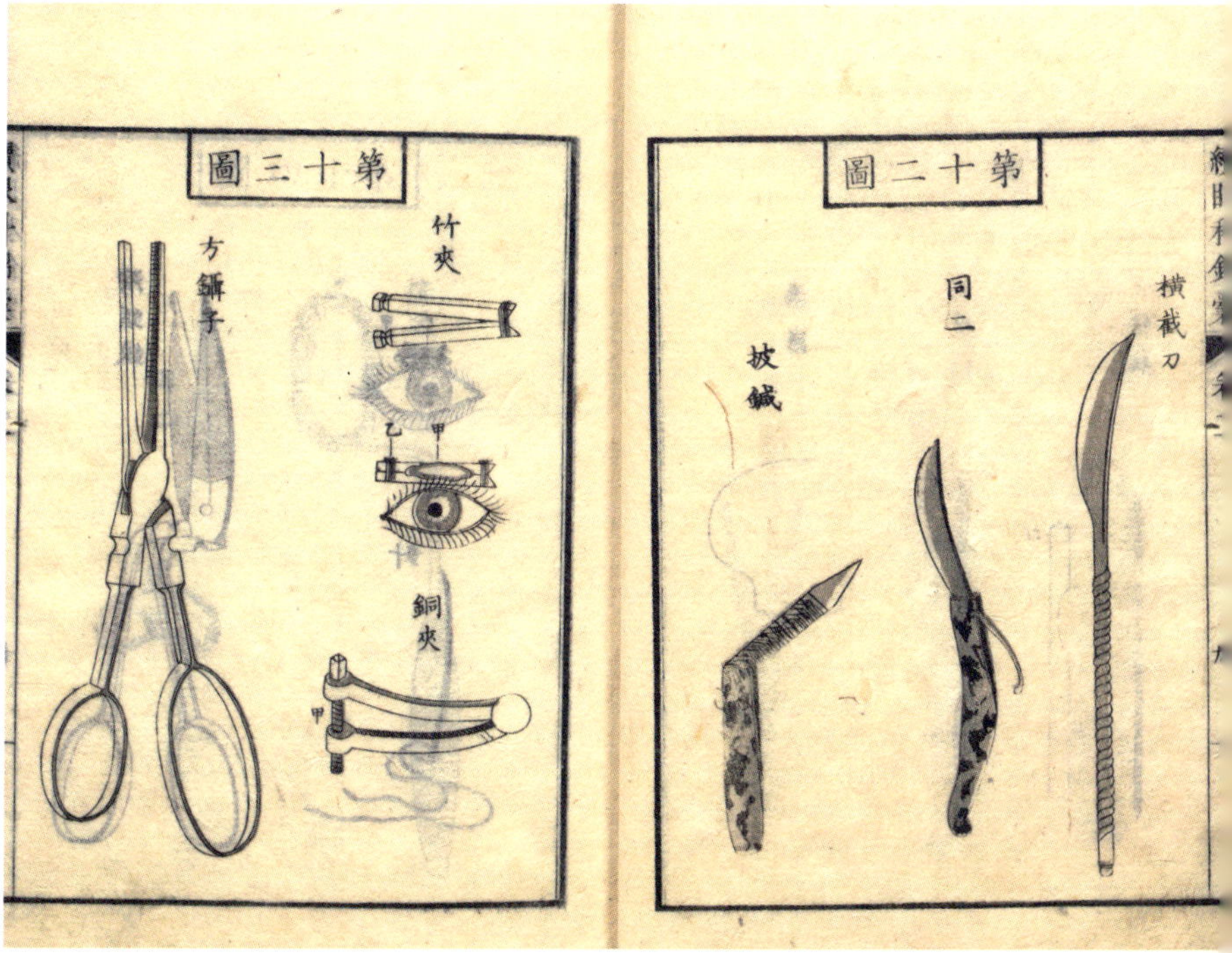
第十三圖
方鑷子
竹夾
乙
甲
銅夾
甲
第十二圖
横截刀
同二
披鍼

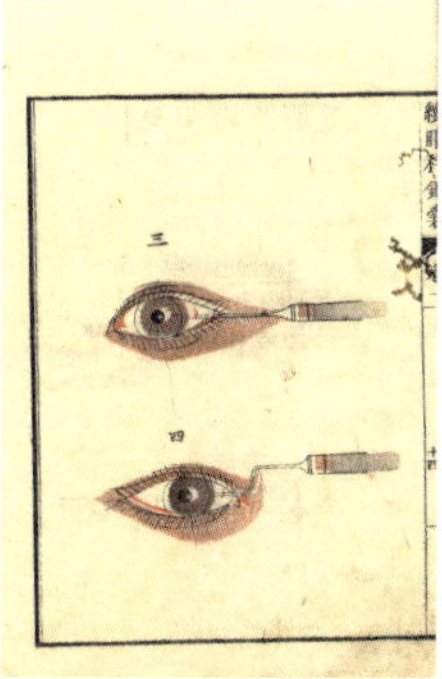
三
四

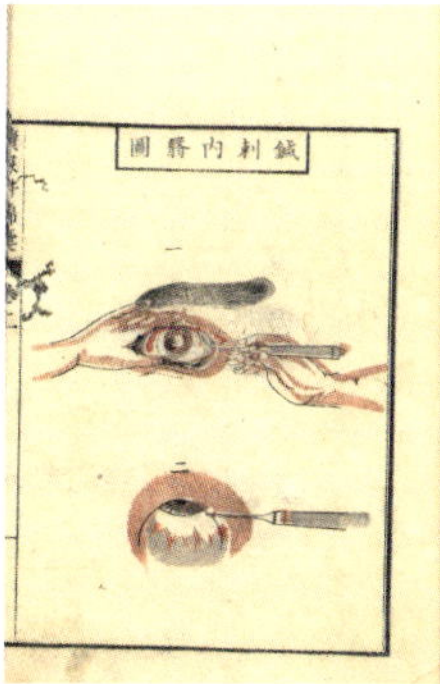
鍼刺内障圖
一
二

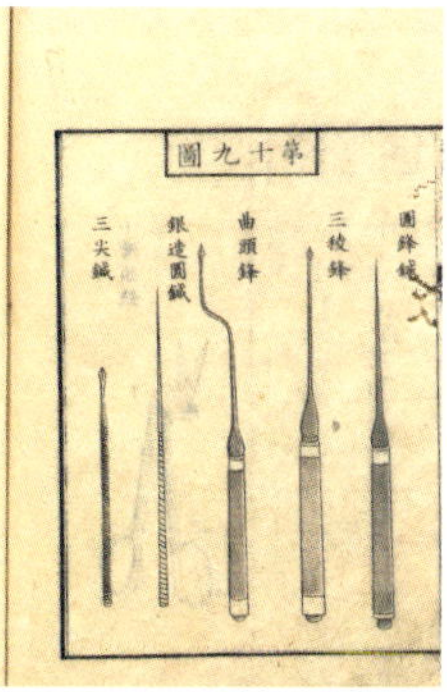
第十九圖

搭鍼施用圖

解剖書としては最も完璧な『解体新書』

『重訂解体新書銅版全図』

南小柿寧一《みながきやすかず》・著 中伊三郎《なかいさぶろう》・画
文政九年（一八二六）須原屋茂兵衛版 一冊
国立国会図書館デジタルコレクション

『重訂解体新書』は文政九年（一八二六）大槻玄沢が師である杉田玄白より『解体新書』の原典を翻訳、重訂するよう依頼され刊行したもの。内容は杉田玄白の『解体新書』より正確で、江戸時代の解剖書としては最も完備したものであった。また『重訂解体新書銅版全図』の図版は中伊三郎の作。伊三郎は江戸時代後期の銅版画家。文政五年（一八二二）、斎藤方策と中環《たまき》（天《てん》游《ゆう》）共訳の「把而翕湮《バルヘイン》解剖図譜」、同九年、大槻玄沢の『重訂解体新書』などで原著の挿図を銅版で模刻した。

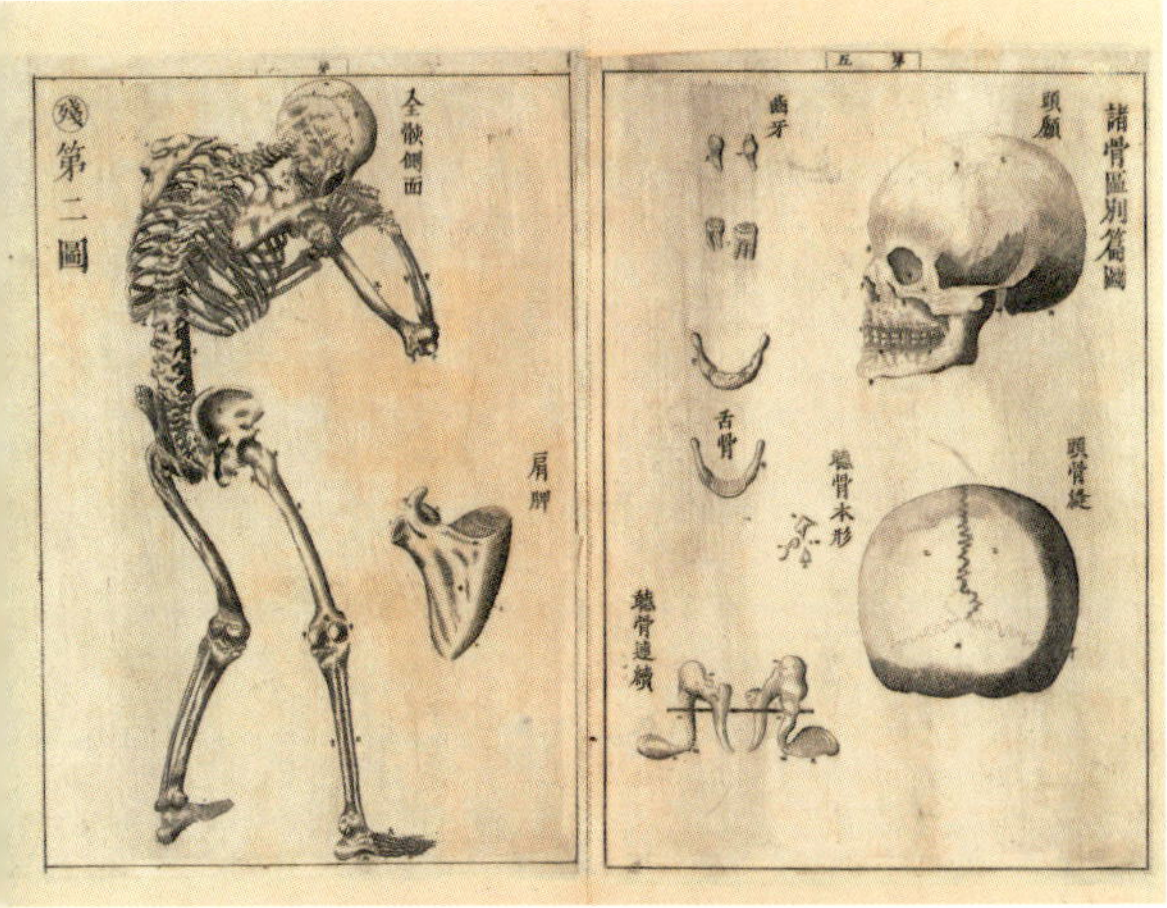

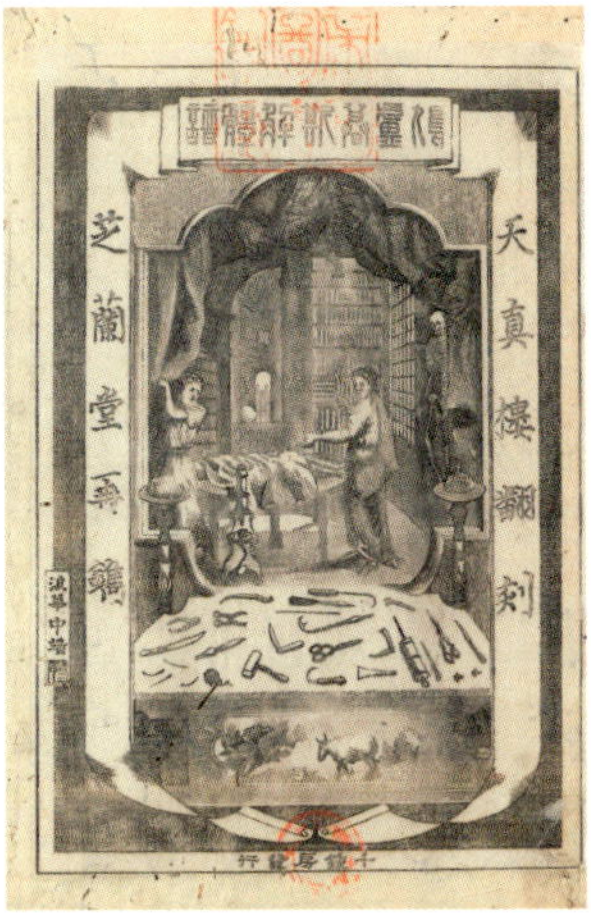

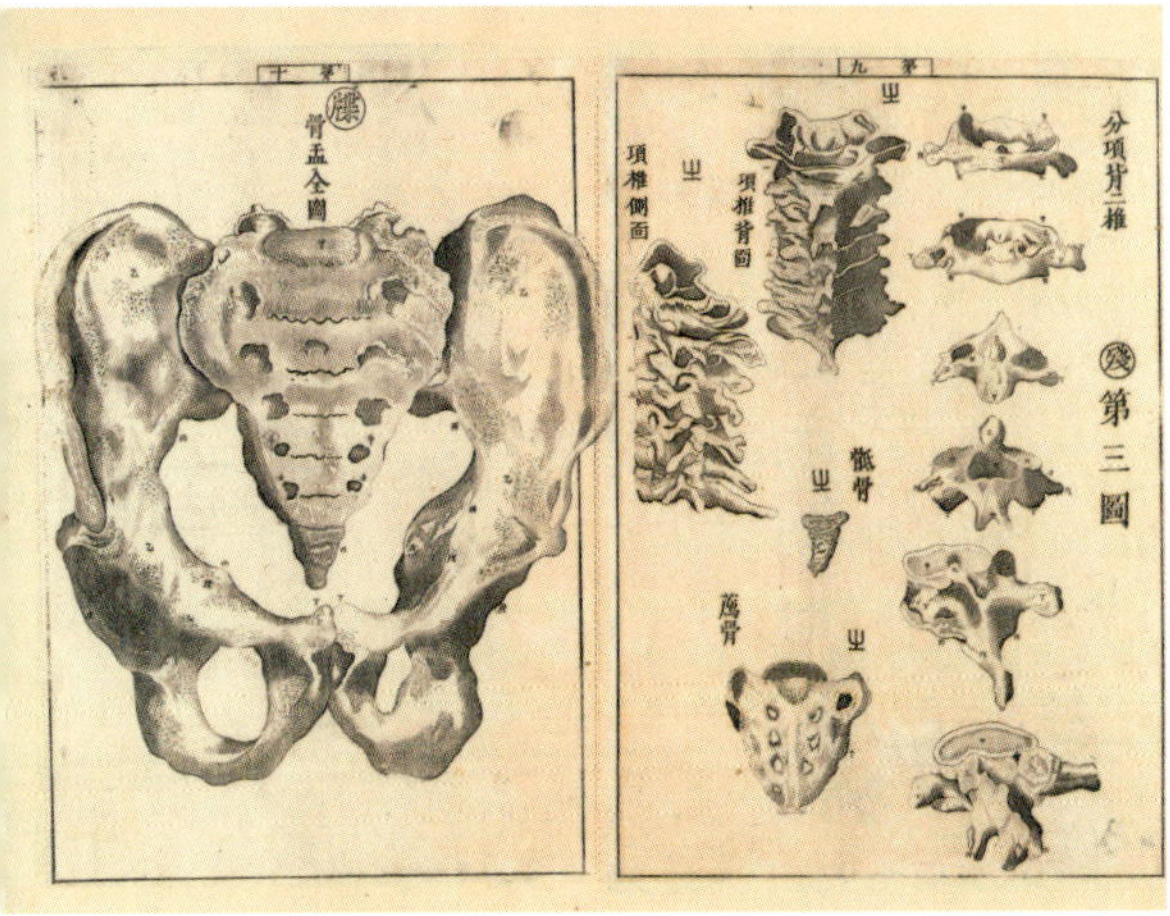

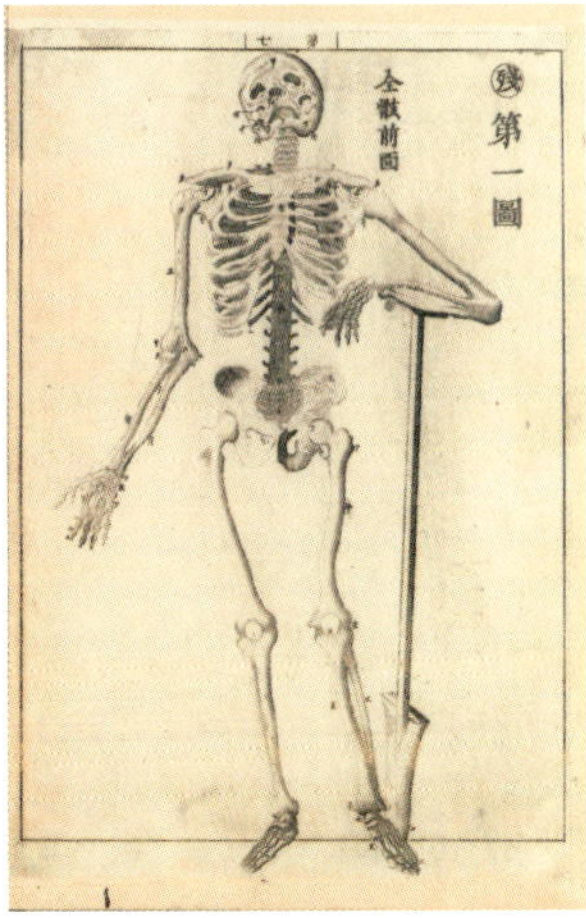

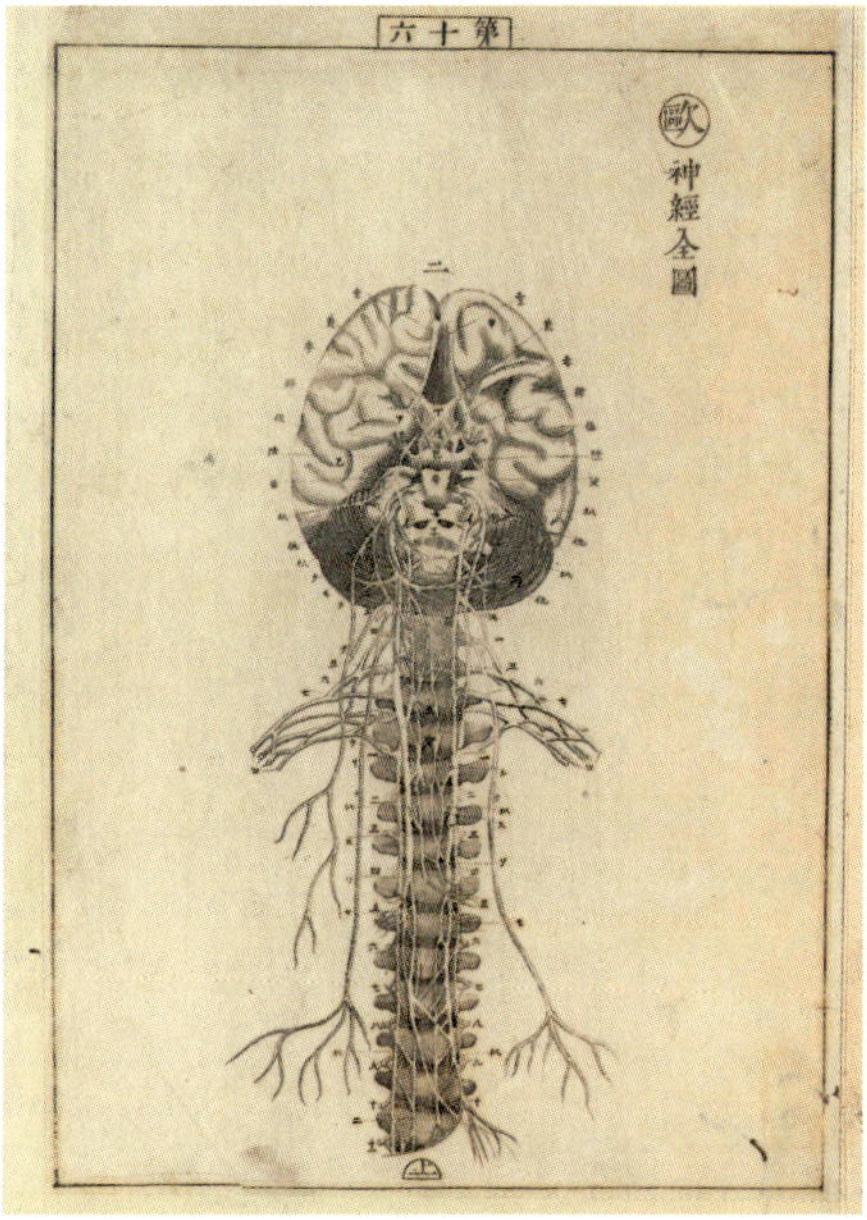

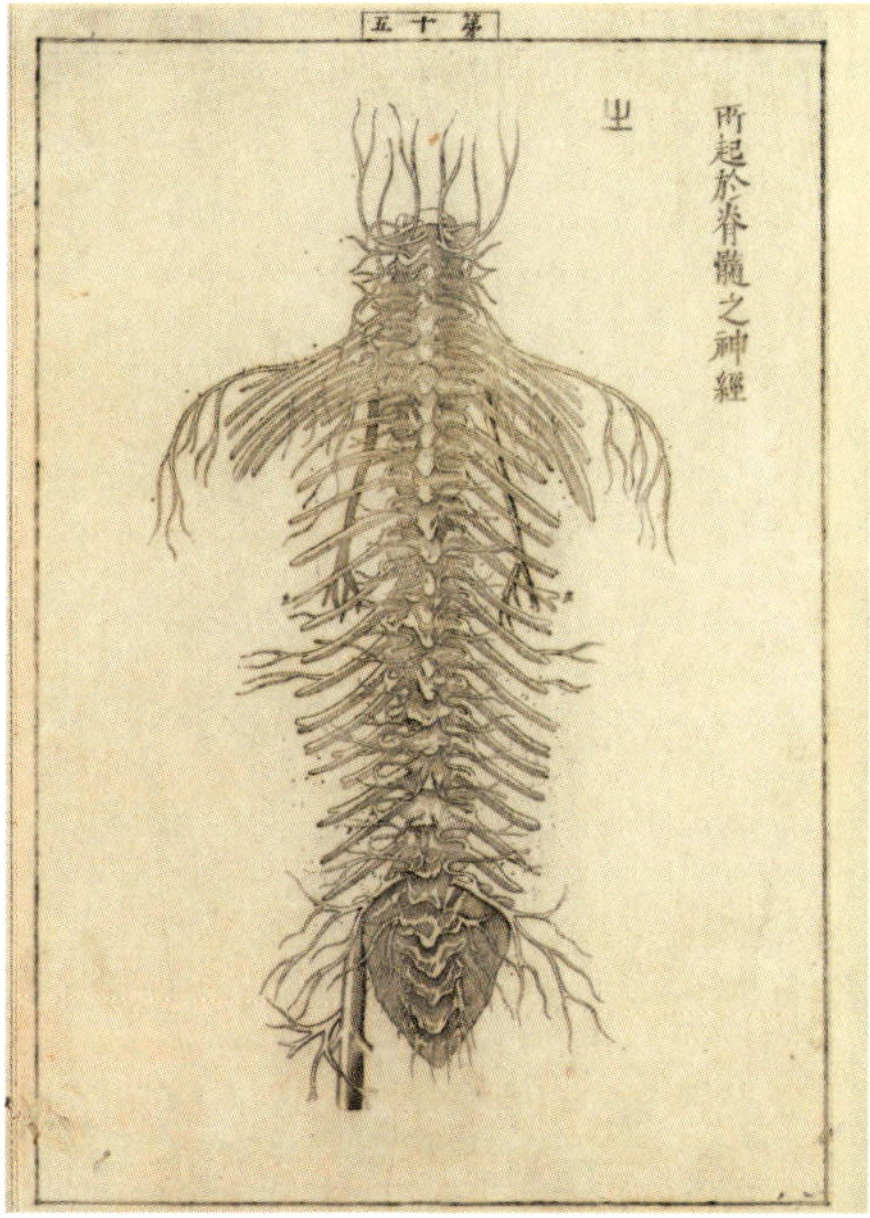

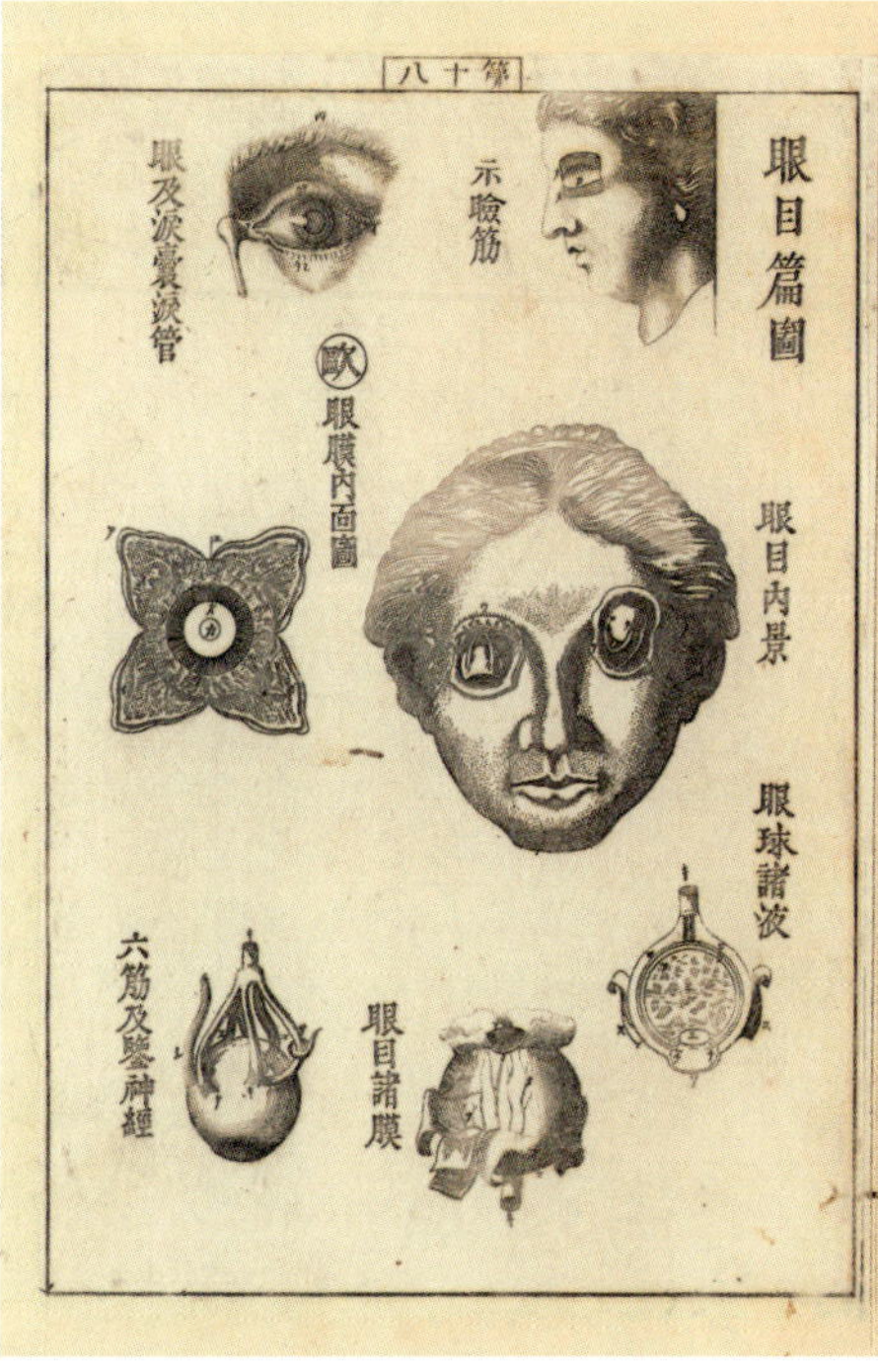

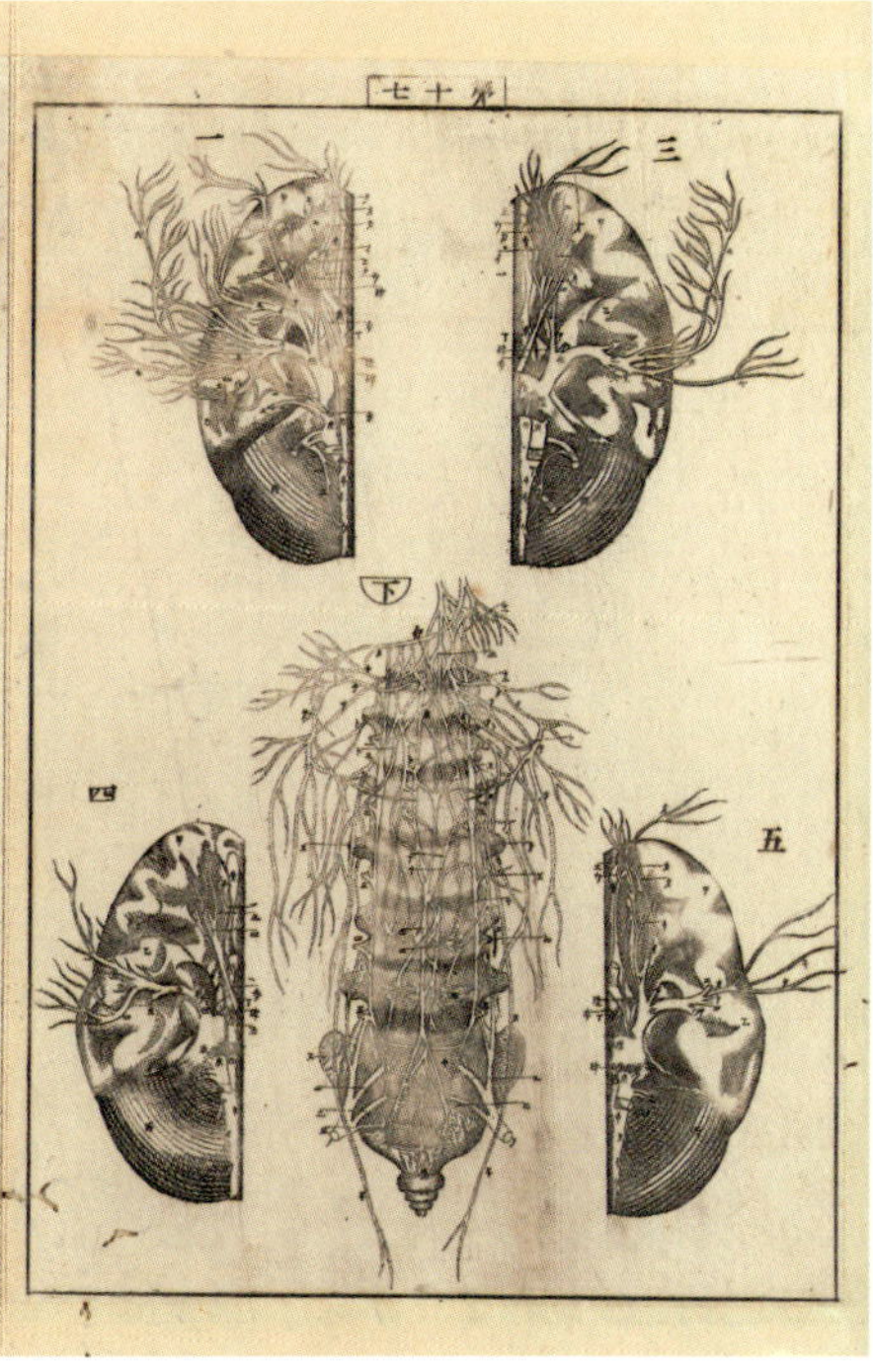

『解体新書』の重訂版で、図版の銅版画は中伊三郎作

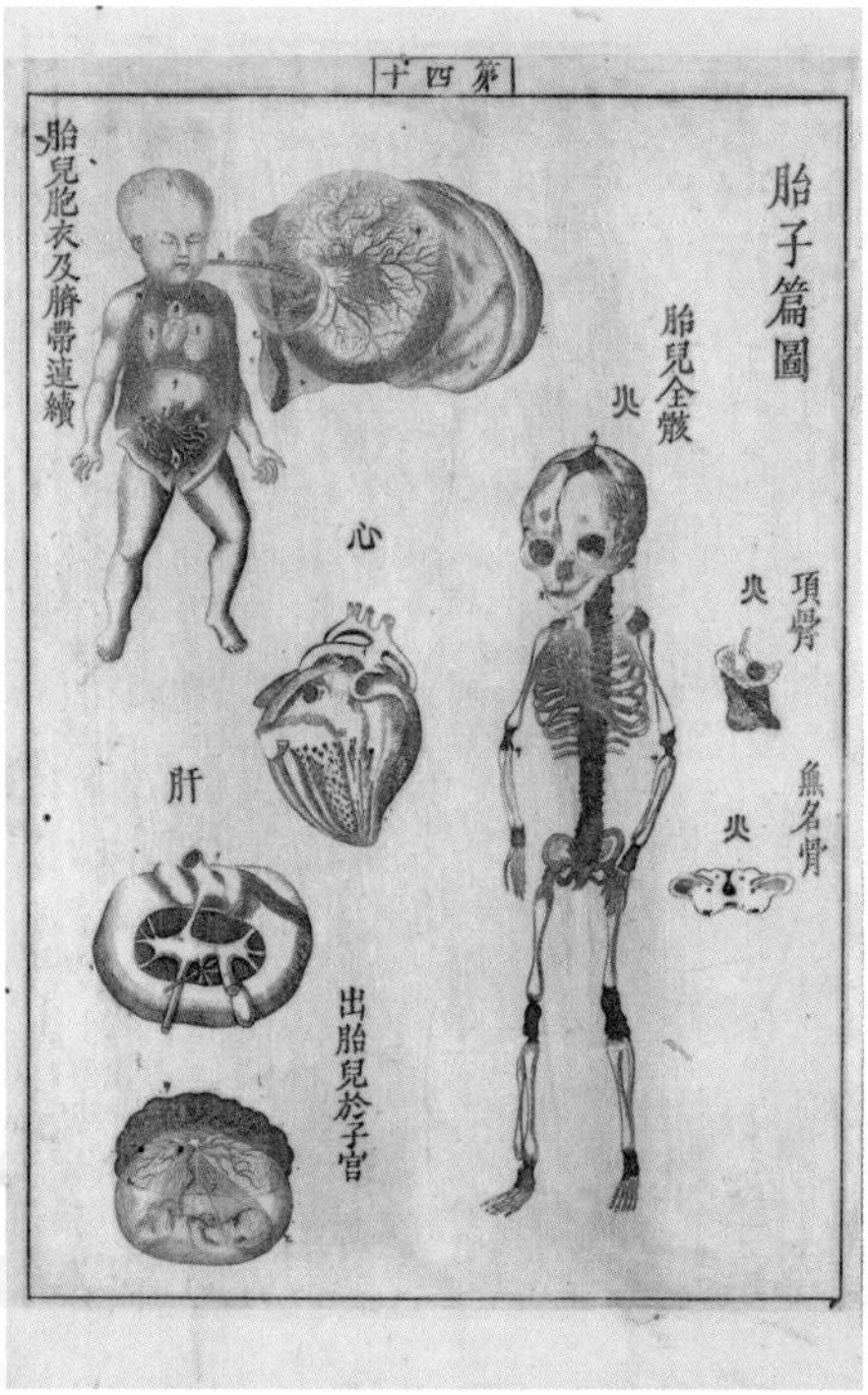
第四十
胎子篇圖
胎兒胞衣及臍帶連續
胎兒全骸
心
項骨
無名骨
肝
出胎兒於子宮

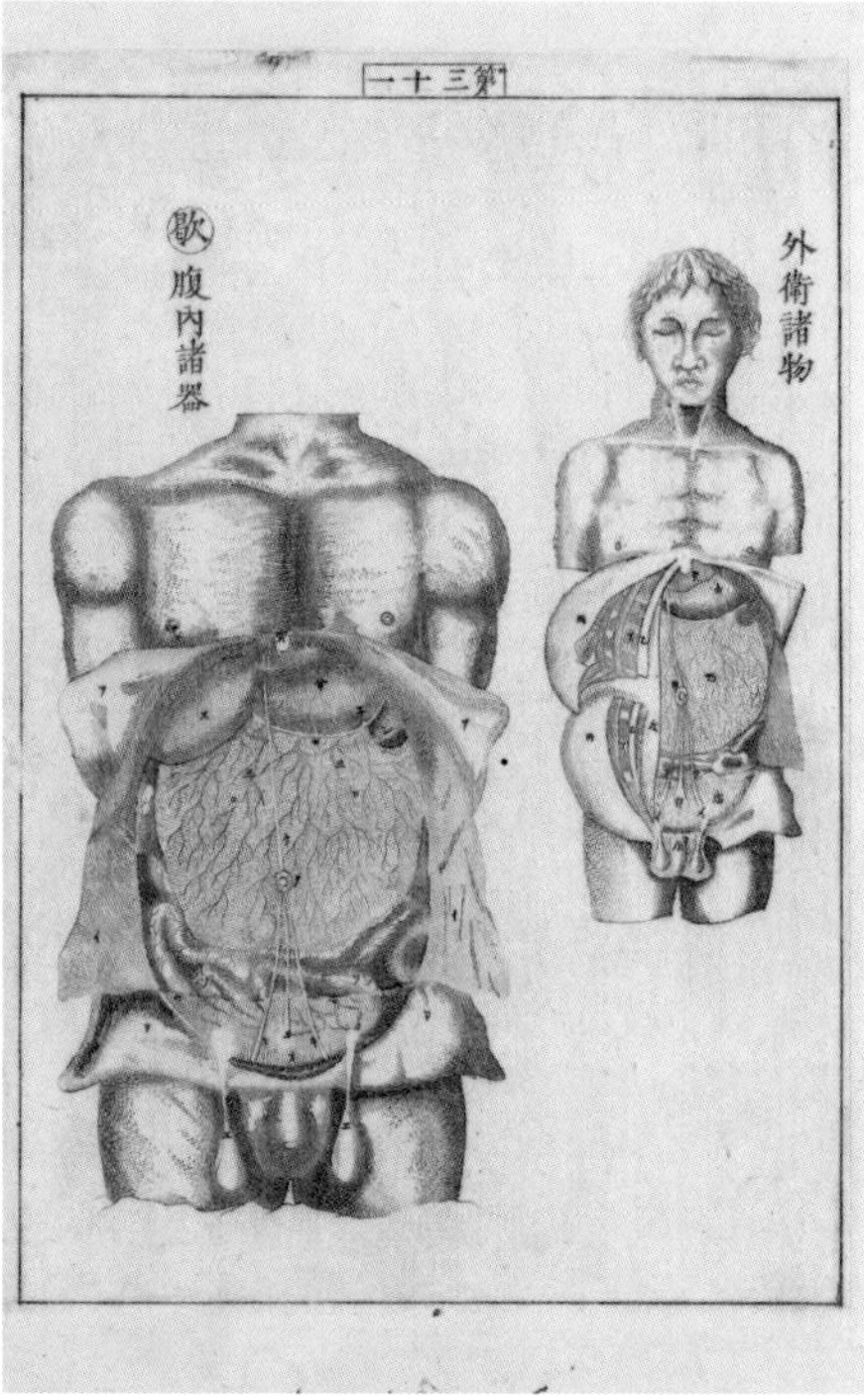
第三十一
歐
腹內諸器
外衛諸物

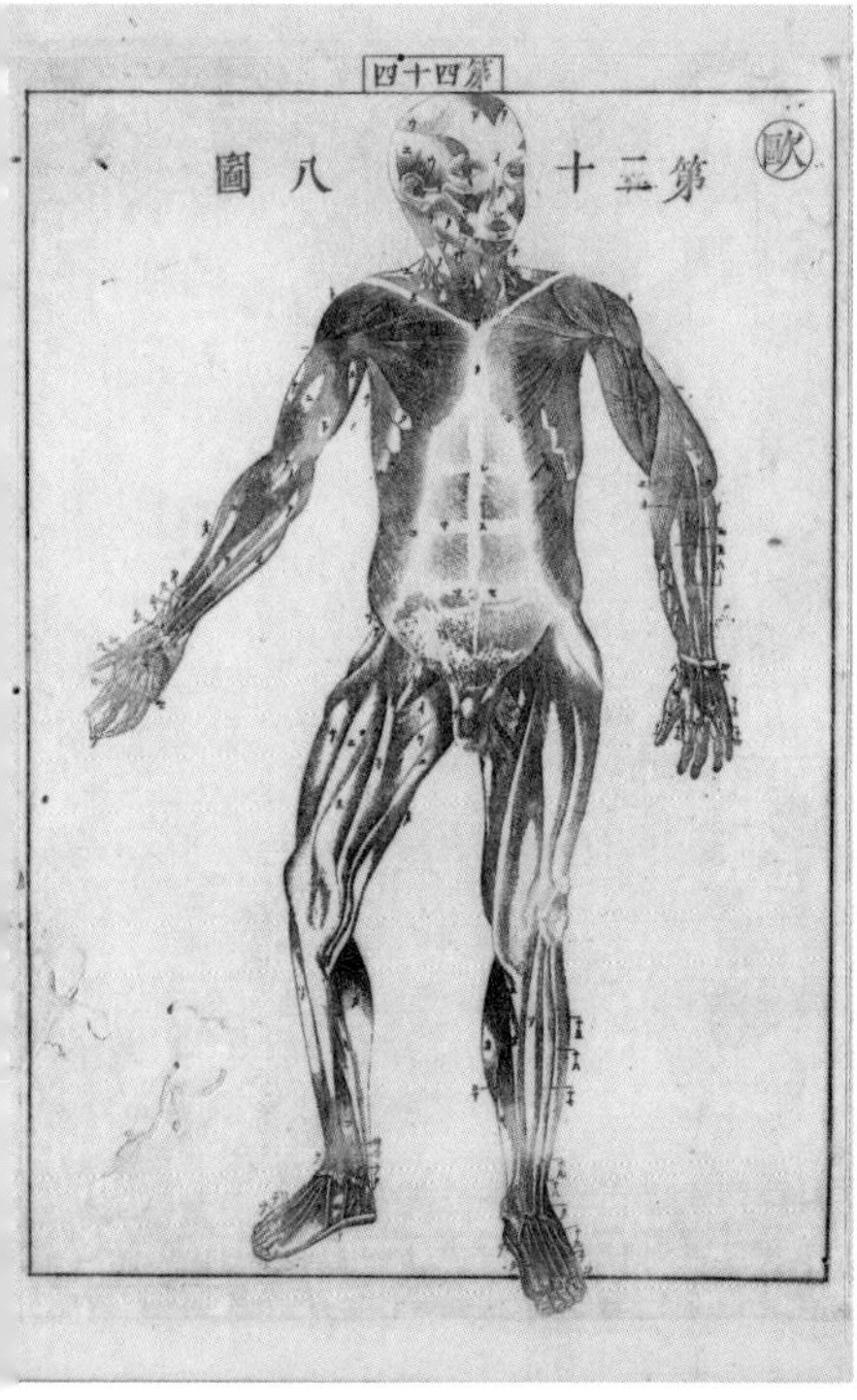
第四十四
歐
第二十八圖

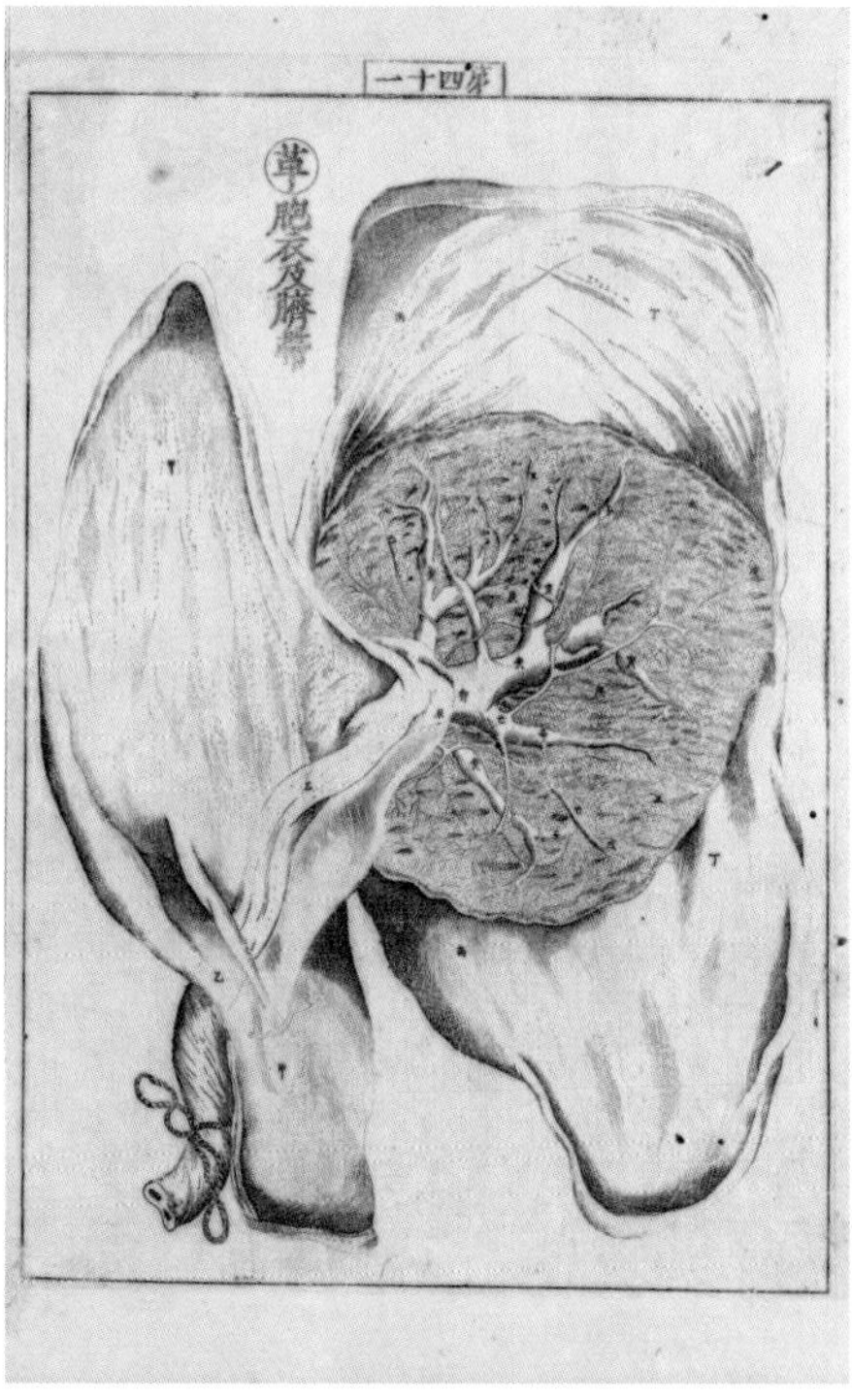
第四十一
華
胞衣及臍帶

『病学通論《びょうがくつうろん》　外科新編図《げかしんぺんず》』

緒方洪庵《おがたこうあん》・訳
嘉永二年（一八四九）出版者不明
国立国会図書館デジタルコレクション

本書は日本語で書かれた最初の病理学書である。緒方洪庵は師である宇田川榛斎の遺志を受け継いで原書にあたり、「舎密術」、「窮理学」、「内科外科」の書物を参照し、遺稿を補充校正した。当初は十二巻の予定であったが、実際には「生機論」、「疾病総論第一」、「疾病総論第二」の三巻だけが刊行された。文政六年（一八二三）シーボルトが来朝してオランダ医学の新しい技術と知識を伝えた。その影響を受け、幕末にかけて伊東玄朴《げんぼく》、坪井信道《しんどう》、緒方洪庵らが輩出し、門人を養成した。ここでは収載の外科手術や解剖に用いられる種々の器具を掲載した。

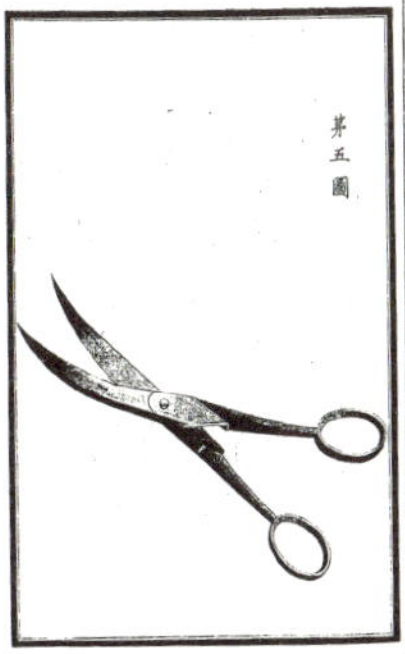

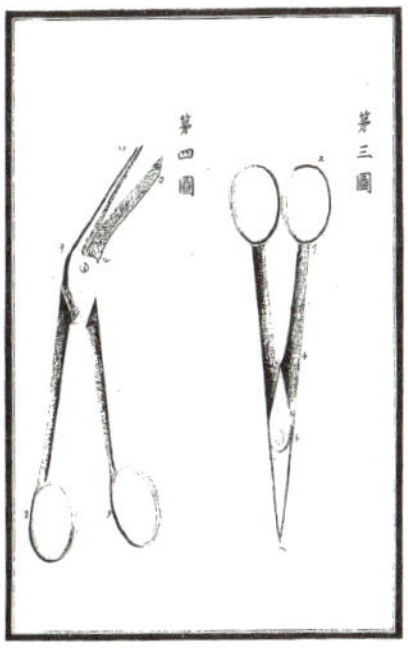

日本語で書かれた最初の病理学書

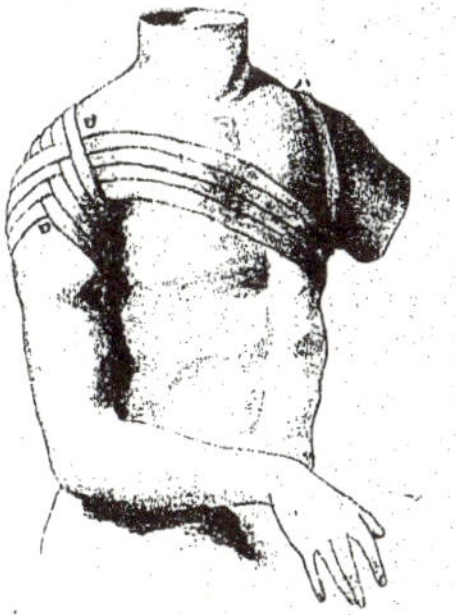

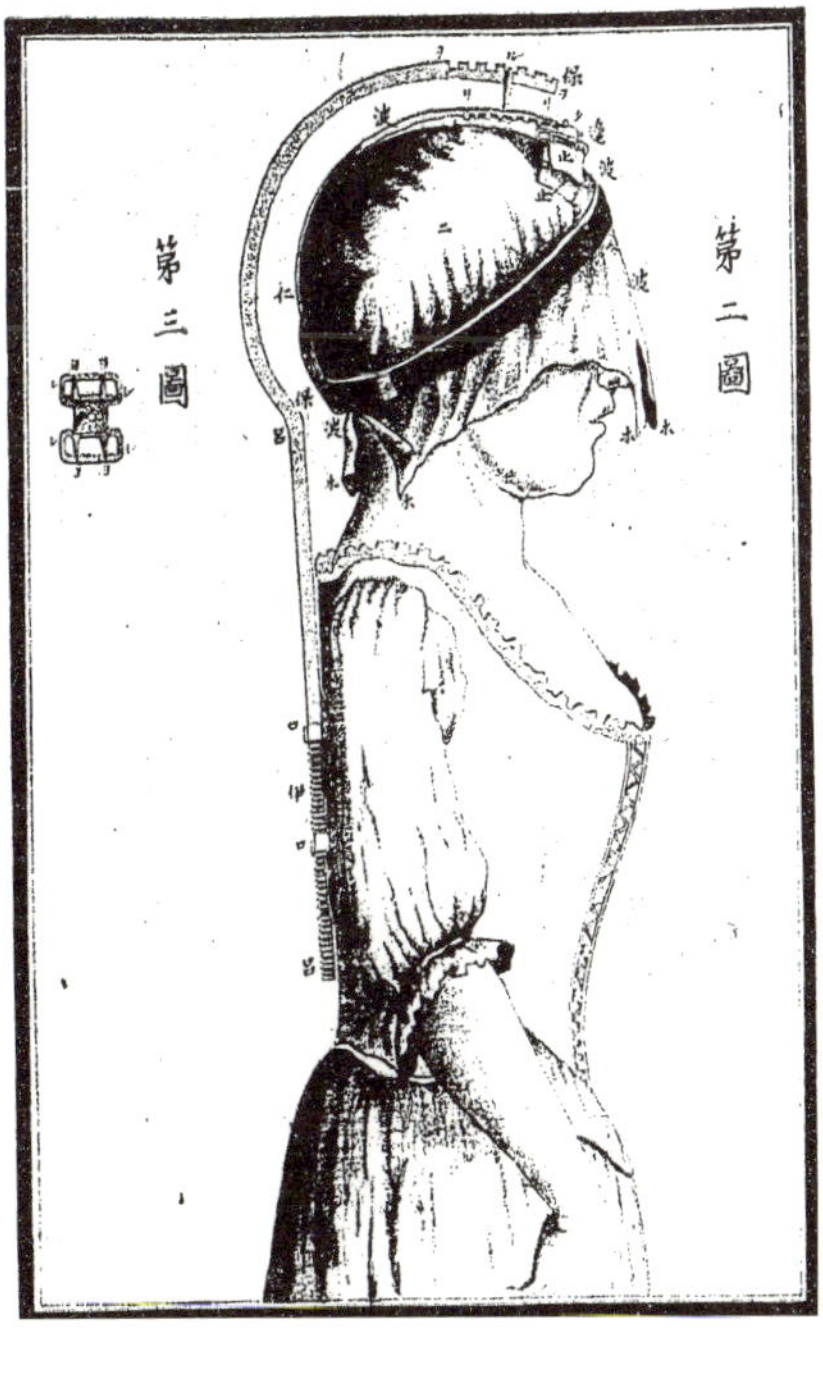

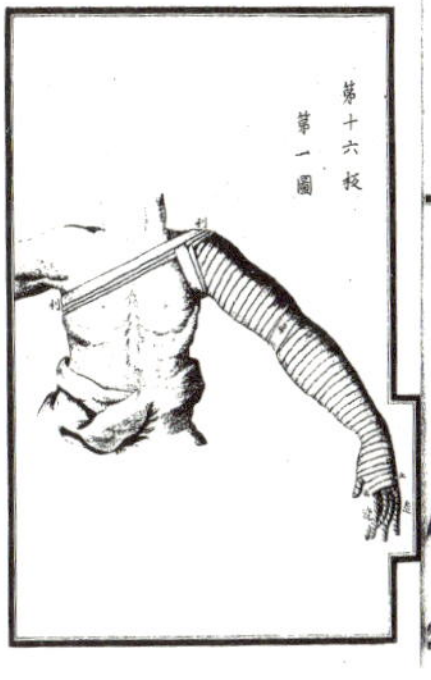

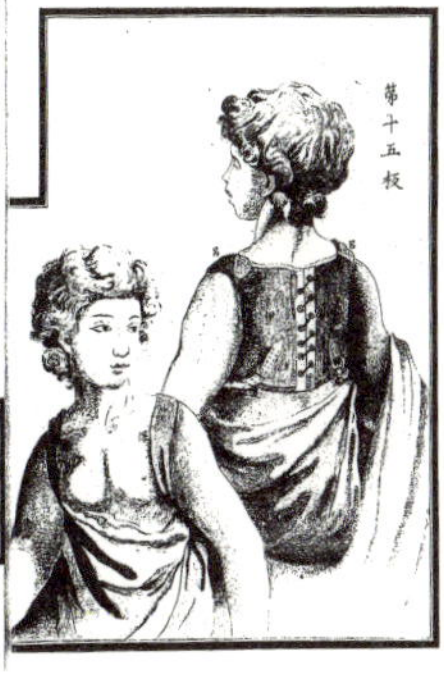

外科手術や解剖に用いられる器具

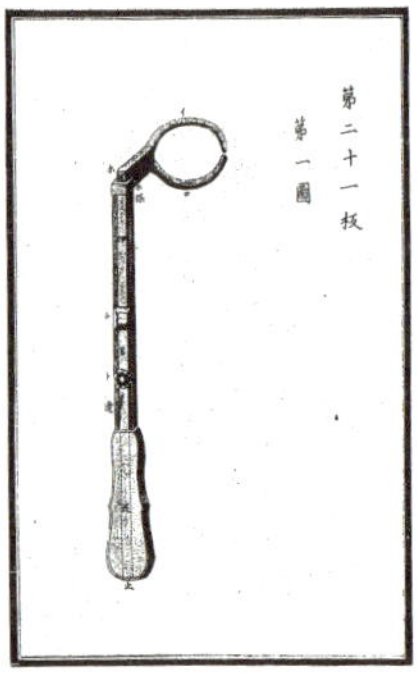

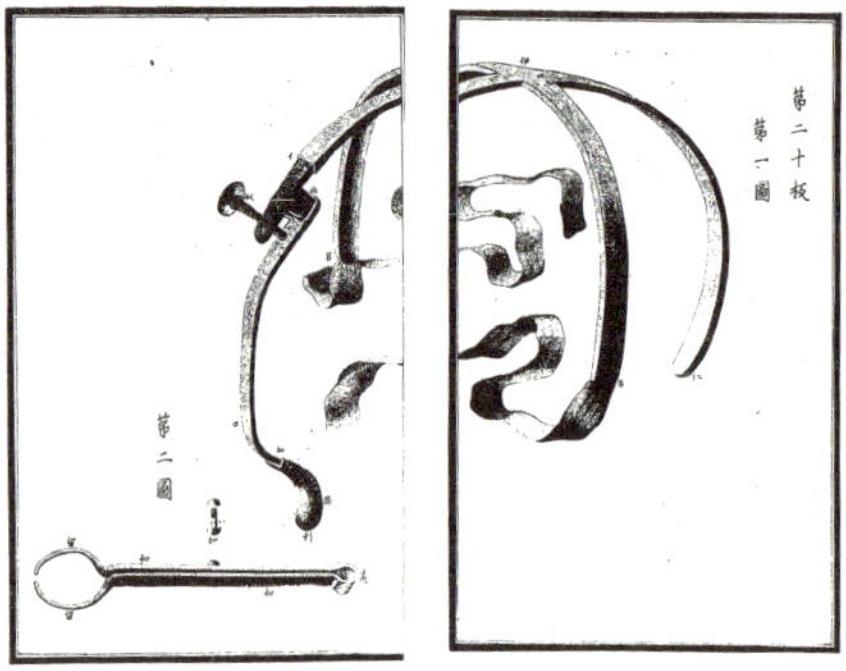

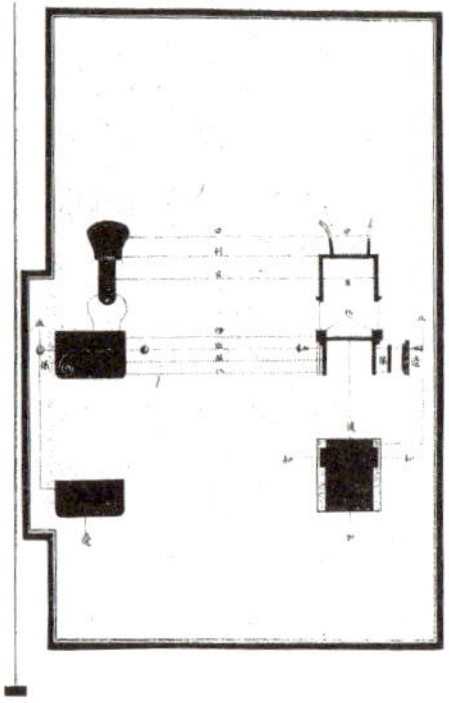

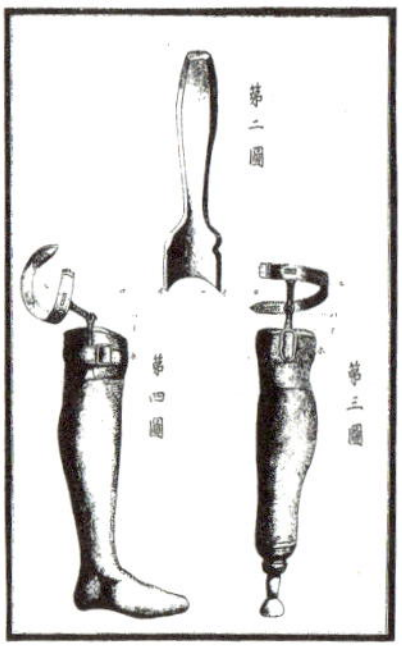

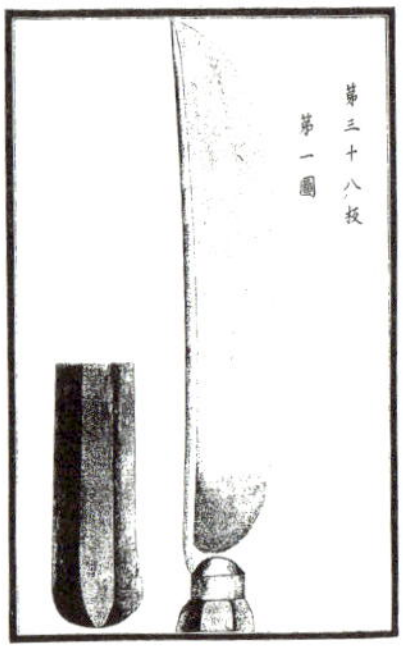

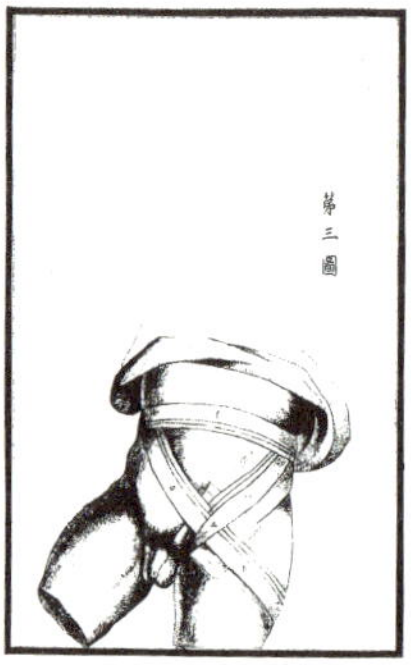

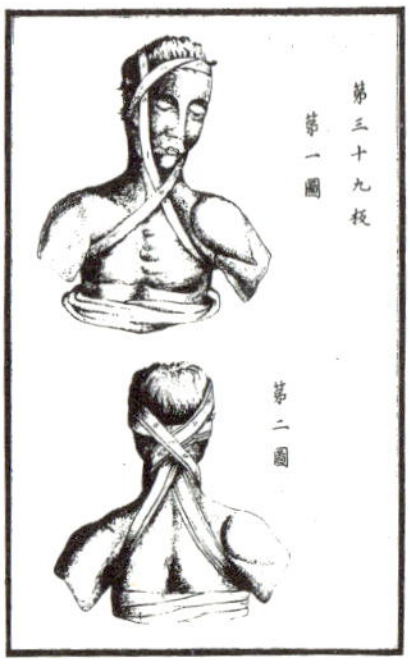

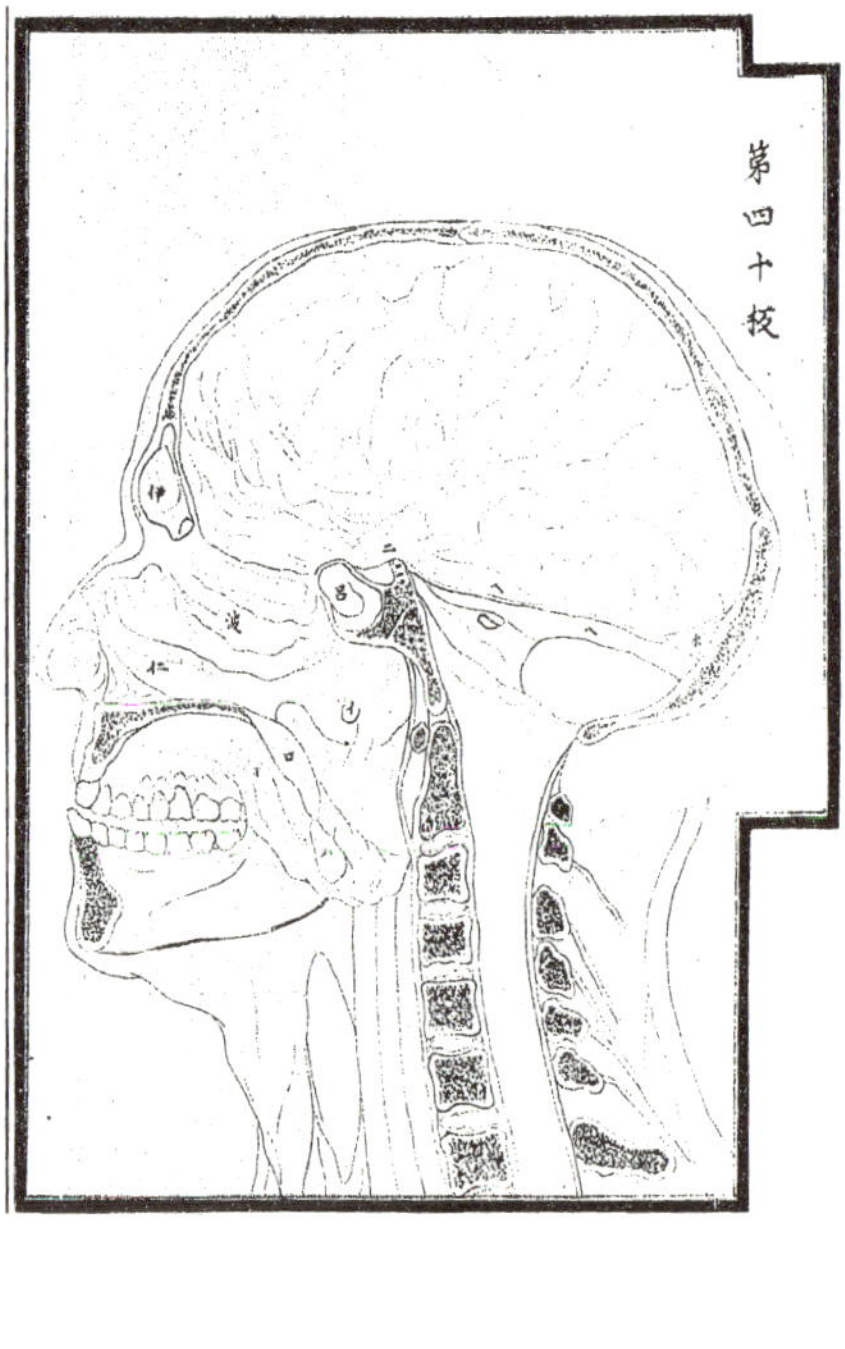

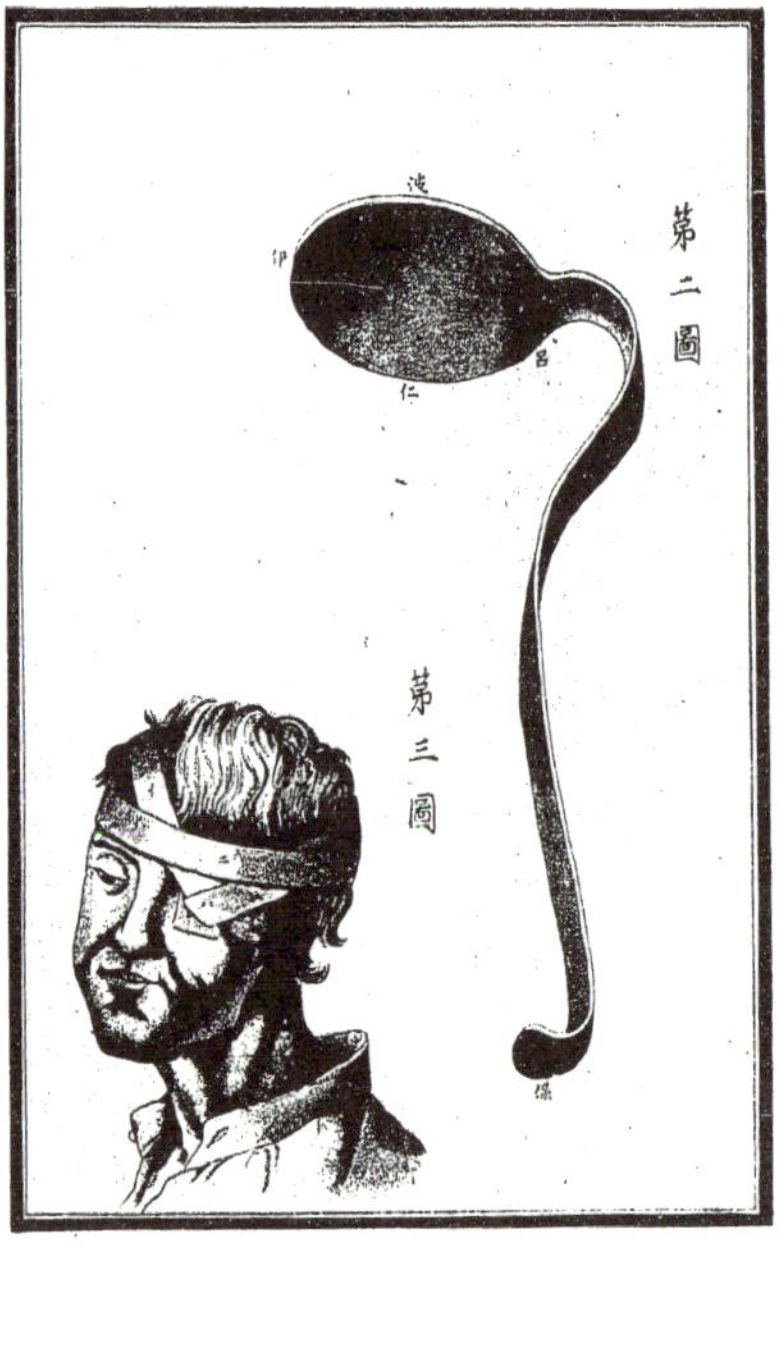

英国人の宣教医が著した産科医書

『婦嬰新説』合信《ホブソン》、管茂材《かんもざい》・撰
天香堂版　安政六年（一八五九）刊
二冊　国文学研究資料館蔵

英国人の宣教医ベンジャミン・ホブソン（Benjamin Hobson　一八一六～七三）（中国名は合信または霍浦孫）が中国に西洋医学を伝えるため、清国の管茂材の協力を得て中国語で著した産科医書の和刻本である。育児法や小児がかかる病気（麻疹など主に感染症）、小児に使用される処方薬について記載されている。ホブソンはロンドン大学医科大学卒業後、中国で宣教医として医療伝道をおこない、中国に西洋の近代的な医学を伝えるため、「合信五種」ともいわれる五種類の医学書を著した。

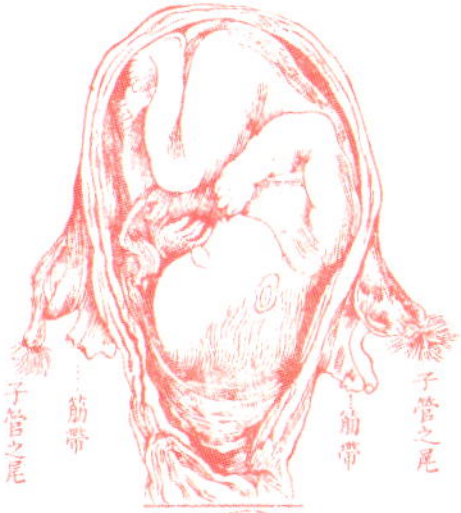

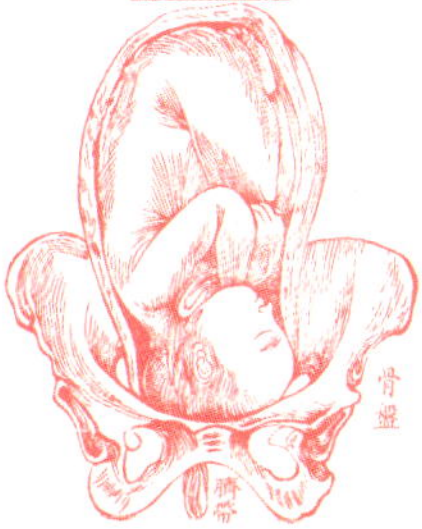

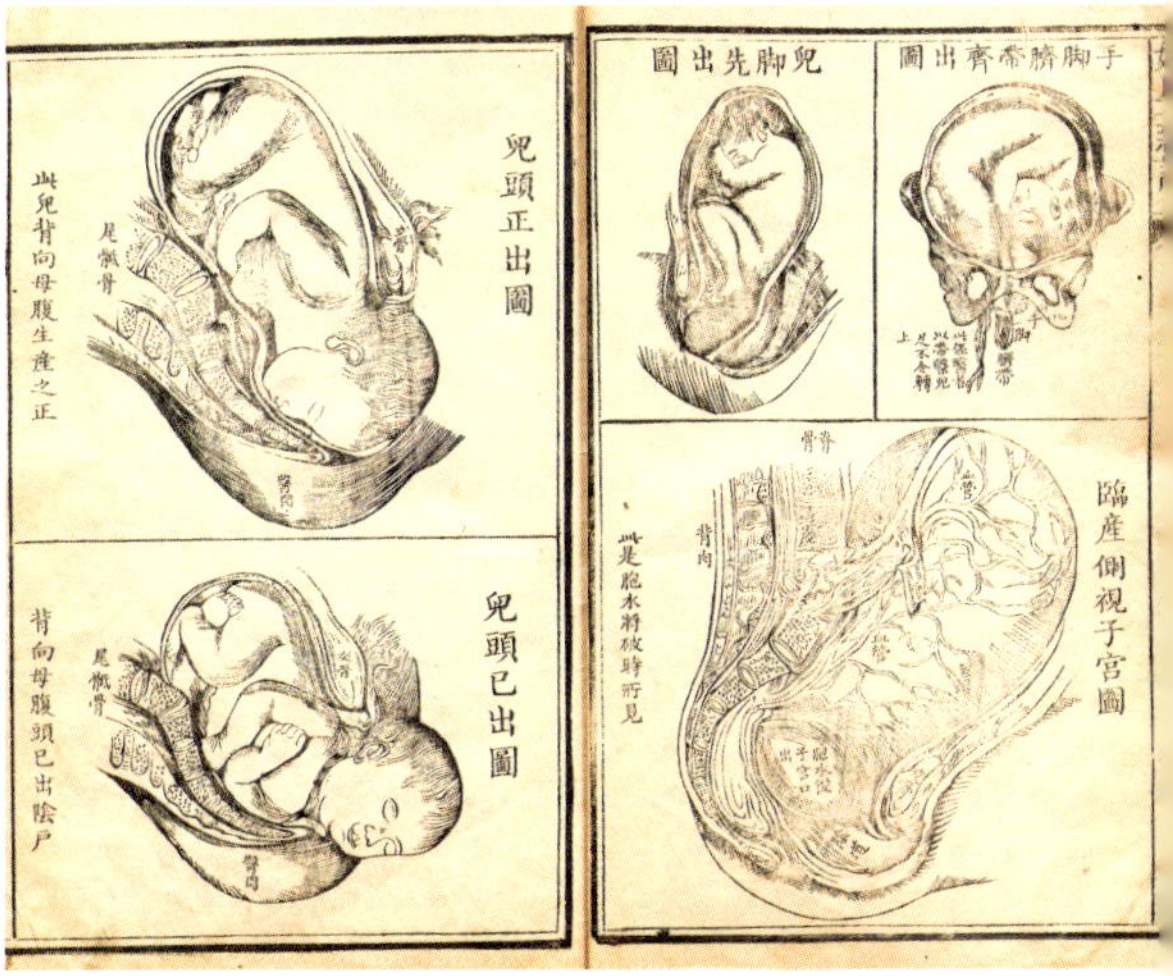

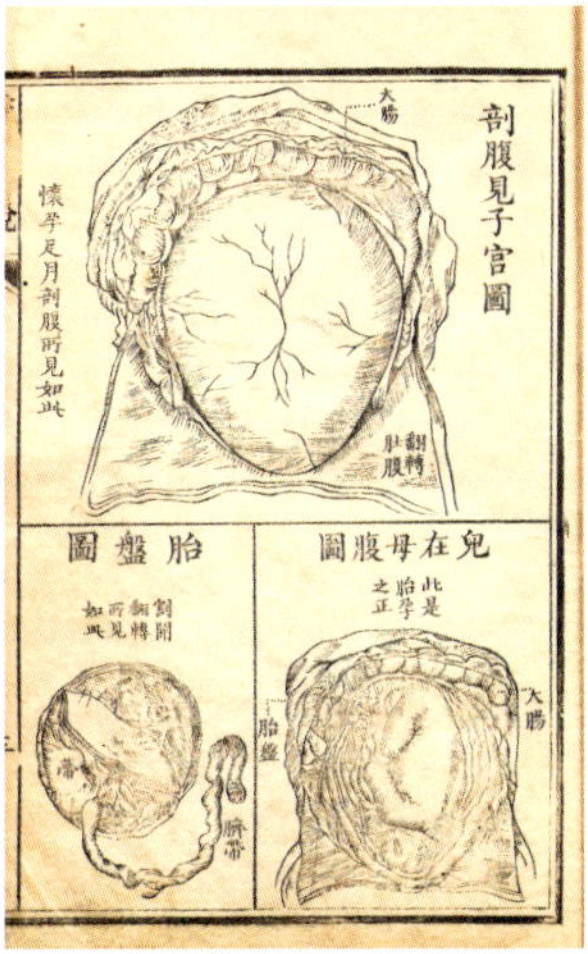

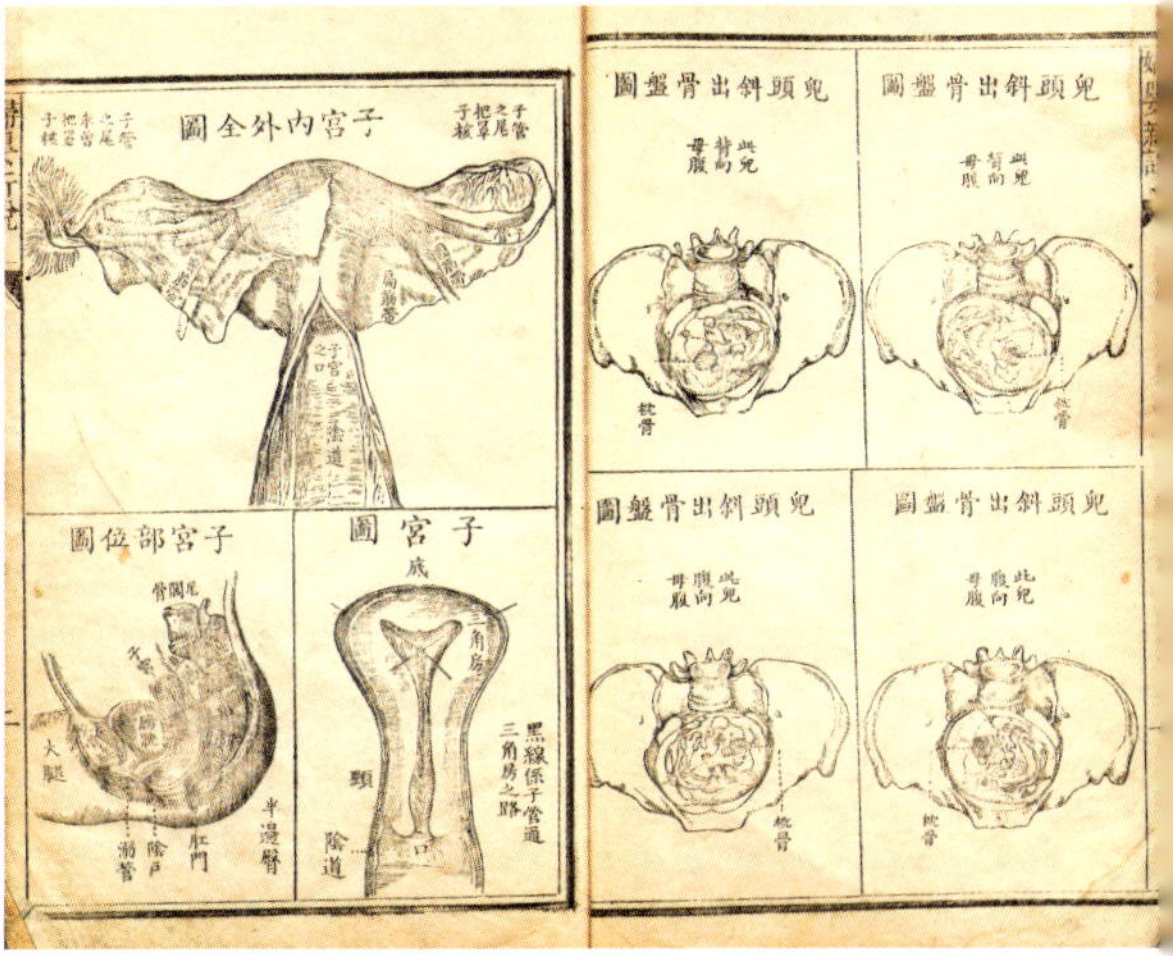

江戸時代に作られた病草紙

『新撰病草子《しんせんやまいのそうし》』

大膳《だいぜん》 亮《のすけ》 好庵《こうあん》(道敦)・著
嘉永三年(一八五〇)一巻
東北大学附属図書館医学分館蔵

平安・鎌倉時代に描かれた絵巻物の『疾の草紙』にならって江戸時代につくられた病草紙。嘉永三年(一八五〇)、江戸時代末期の幕府医官大膳亮好庵(道敦)が折ふしに書きとどめてきた奇病や難病のうち十六種を選び一巻としたもの。詞書は稲垣正信が書いている。

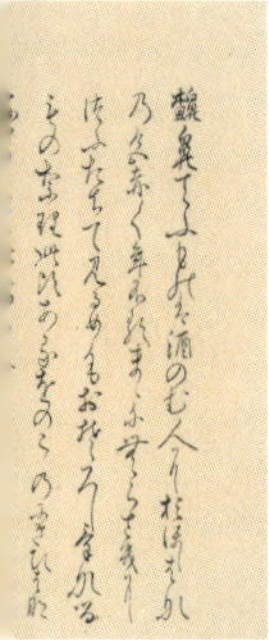

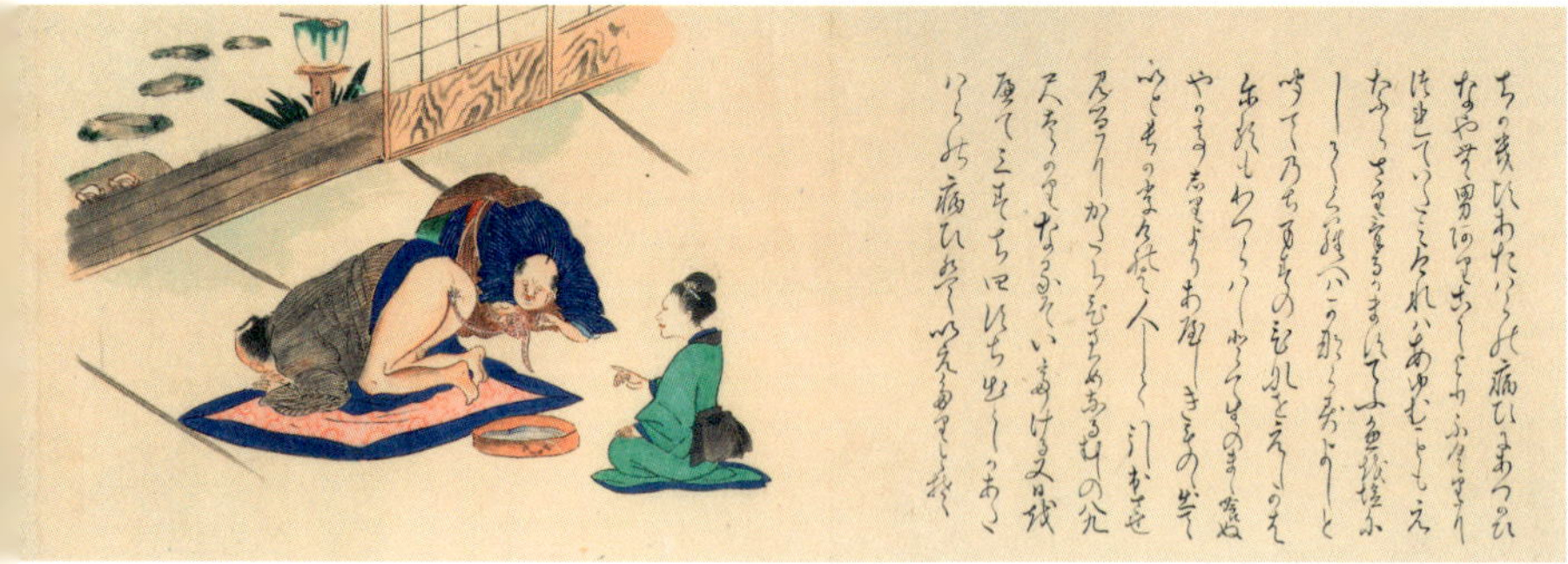

日本での種痘の記録

『牛痘小考《ぎゅうとうしょうこう》』　楢林宗建《ならばやしそうけん》・著

嘉永二年（一八四九）序　一冊
国立国会図書館デジタルコレクション

日本で初めて種痘に成功したのが江戸時代後期の蘭方医で、佐賀藩の藩医楢林宗建（一八〇二〜五二）であった。宗建はかねてシーボルトから学んだ牛痘接種法を実施するために尽力し、嘉永元年（一八四八）に来日の商館医モーニケ（Otto G.J.Mohnike）と相談して牛痘痂《か》皮《ひ》をジャワから取り寄せ、翌年に息子建三郎ほか二児に接種して成功し、全国に普及する道を開いた。

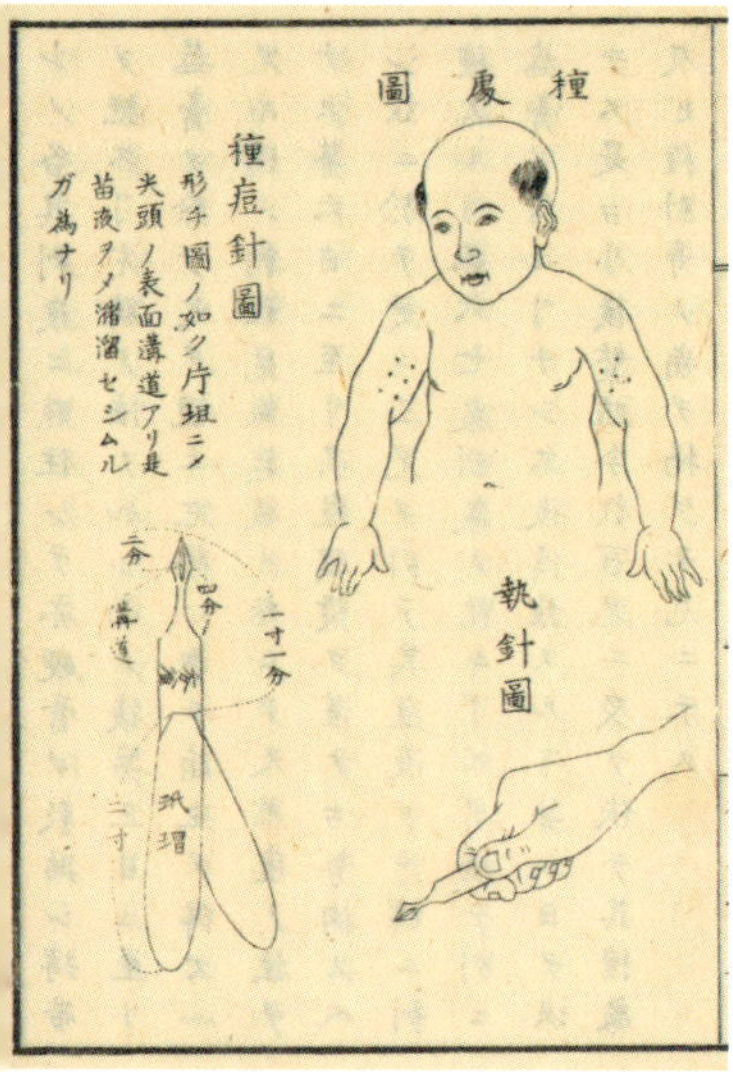

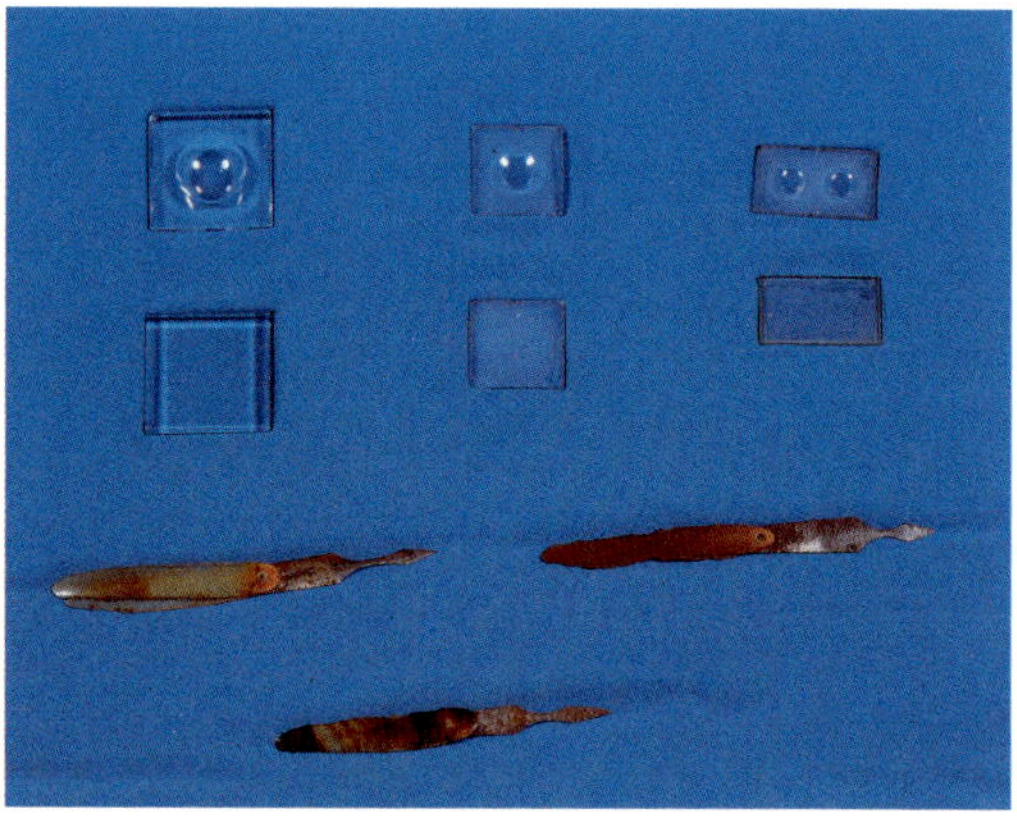

「笠原白翁所用種痘器具《かさはらはくおうしょようしゅとうきぐ》」

福井市立郷土歴史博物館蔵

笠原白翁（一八〇九〜八〇）は幕末の医師で、福井城下で開業した。オランダ商館医師モーニッケの痘苗を入手して種痘を普及させた。号の白翁は、当時牛痘を白神痘とよんだことに由来している。

和漢薬名の一覧書

『和漢東西洋薬名選《わかんとうざいようやくめいせん》』

折本　一帖　国文学研究資料館蔵

和漢薬の名を一覧にしたもの。折本仕立てで「御年玉」とあり、年始の配り物であったかと思われる。

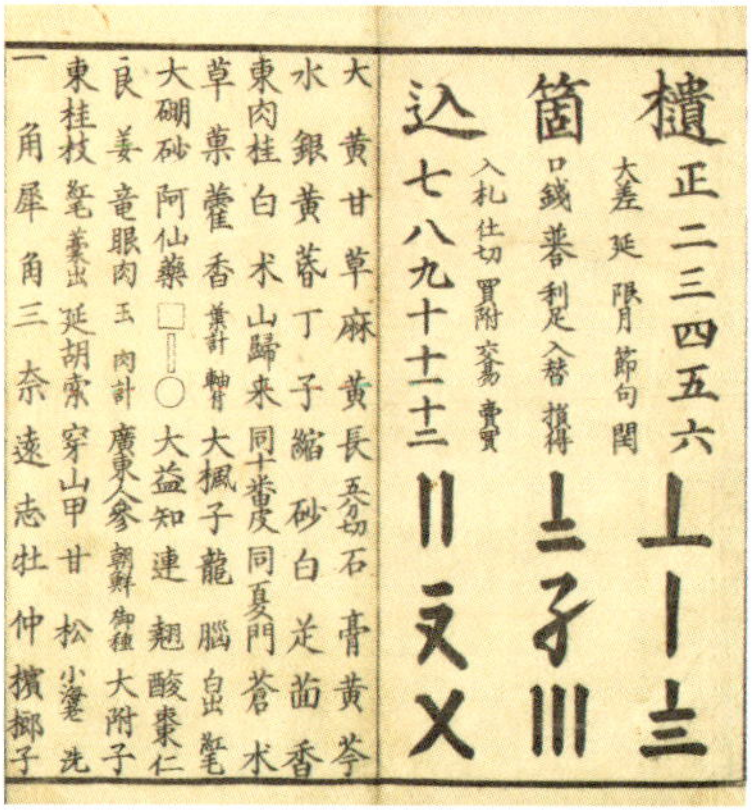

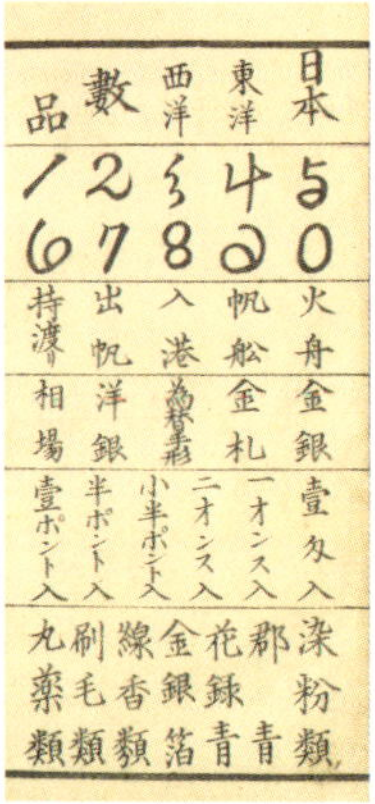

第七章

江戸の数学 和算

日本の数学の源流は中国にあり、幕末には西洋の算数（洋算）に対して和算と呼んでいた。中国算学の原点ともいうべき著作が『九章算術《きゅうしょうさんじゅつ》』で、宋・元時代に頂点を極め、算木《さんぎ》を用いて高次の方程式を表わし、これを解く一種の代数学である天元術《てんげんじゅつ》が創始された。そして天元術は朱世傑の著述である『算学啓蒙《さんがくけいもう》』により日本にもたらされた。江戸時代になると算盤の計算法の書物もあらわれ、毛利重能《もうりしげよし》の『割算書』では、日常に必要な簡単な計算、利息算、面積、体積などが解説されている。重能に学んだ吉田光由《よしだみつよし》は、中国の『算法統宗』を手本に『塵劫記《じんこうき》』を著し、挿絵とわかりやすい解説で多くの人々に読まれた。そして『発微算法《はつびさんぽう》』を著わした関孝和《せきたかかず》の功績は大きい。算木を使わずに筆算によって文字係数の多元高次方程式をあらわし、これによって中国数学から独立することができた。

算額は数学の問題が書かれた絵馬

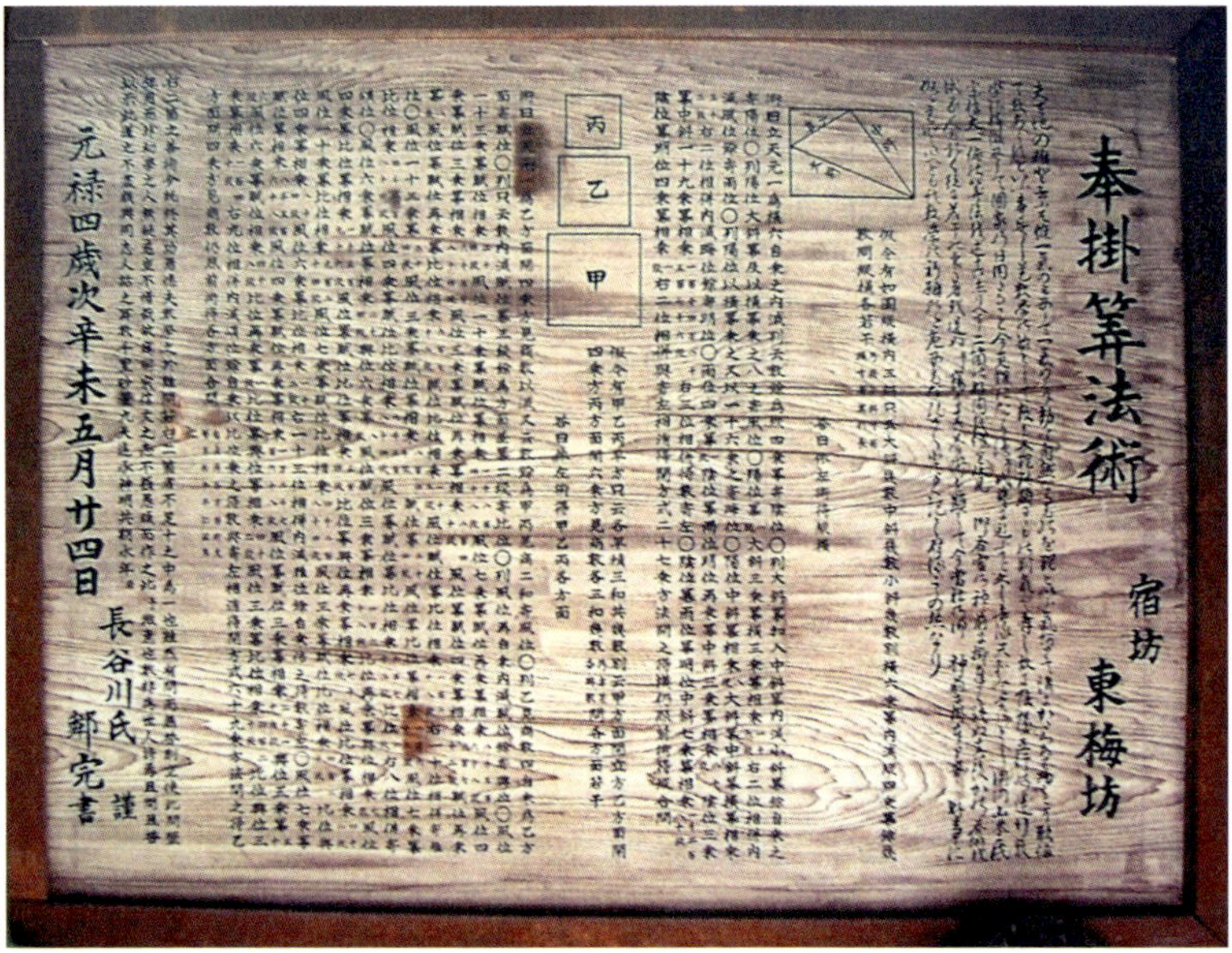

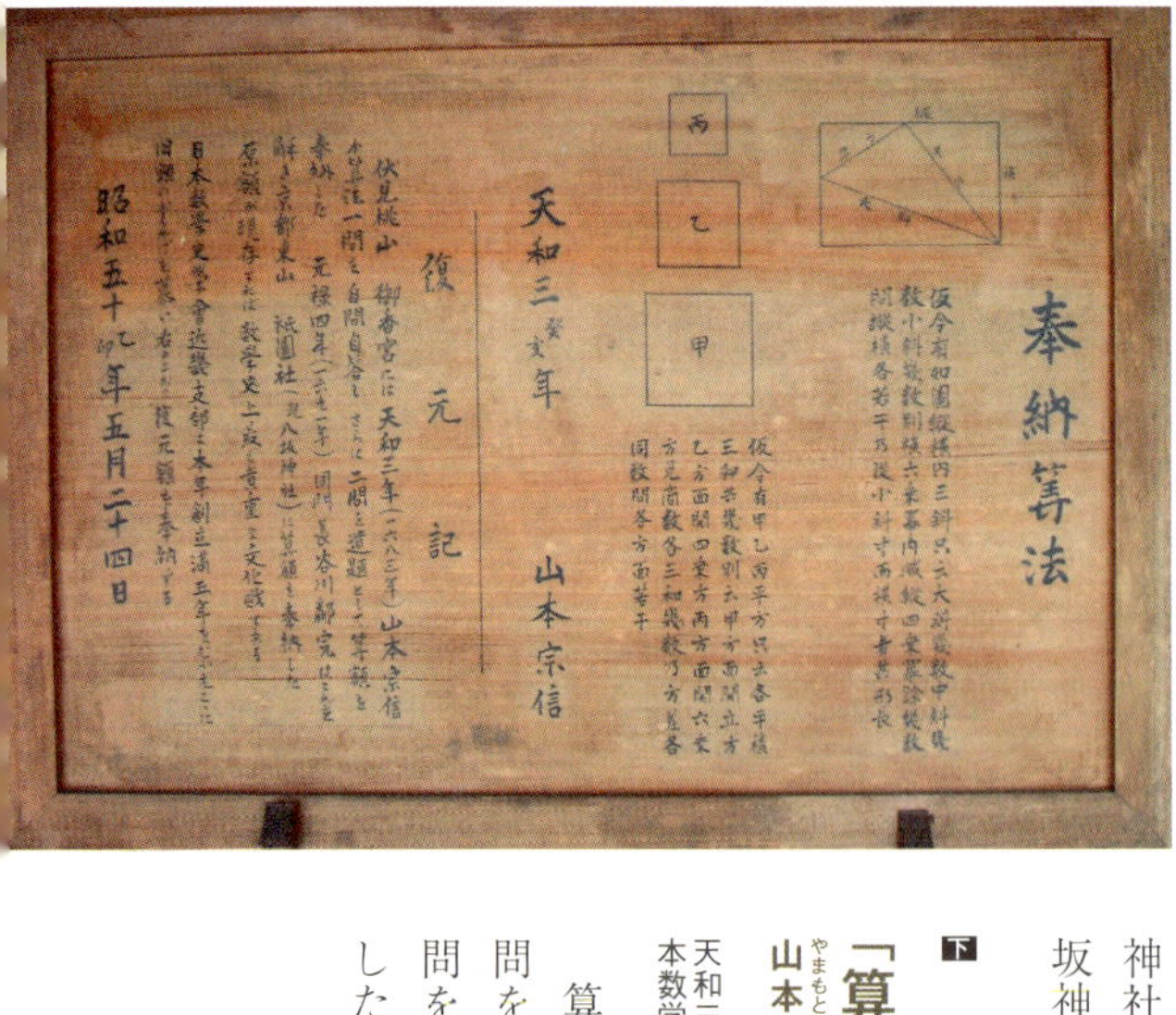

上 **「算額」** 重文
長谷川鄰完《はせがわりんかん》・奉納
元禄四年（一六九一）八坂神社蔵

元禄四年（一六九一）に長谷川鄰完が下図の御香宮神社奉納の遺題を解き、八坂神社に算額を奉納した。

下 **「算額」**
山本宗信《やまもとむねのぶ》・奉納
天和三年（一六八三）御香宮神社蔵（日本数学史学会近畿支部・復元）

算額には「山本宗信が一問を自問自答し、さらに二問を遺題として算額を奉納した」と記されている。

「算額」
今西小右衛門重之、飯田武助正成・奉納
貞享三年（一六八六）北野天満宮蔵

完全な形で現存する日本最古の算額。算額の上に別の絵馬が画かれ、その絵具の剝落した部分から算額の一部があらわれている。

下
「算額」
御粥安本門人 西條藩 山本庸三郎貴隆・奉納
安政六年（一八五九）金王八幡宮蔵

安政六年（一八五九）己未四月、関流宗統六伝の御《ご》粥《かゆ》安本《やすもと》門人である西條藩（愛媛県西条市）の武士、山本庸三郎貴隆より奉納された算額で、問題が三問描かれている。

日本初の算術書と和算を確立した書

『塵劫記《じんこうき》』 吉田光由《よしだみつよし》・著

寛永四年（一六二七）刊 五冊 個人蔵

本書は江戸時代前期の和算書で、中国の『算法統宗《さんぽうとうそう》』（明の万暦年間に活躍した民間数学者程大位《ていだいい》の著述、一五九二年頃刊）を手本として日本固有の数学遊戯を織りこみ、計量法、算盤《そろばん》による各種計算法をわかりやすく説いたもの。内容は、大数（大きい整数）の名、小数の名から始まり、八算《はっさん》（一桁《けた》の割り算）、見一《けんいち》（二桁以上の割り算）、米の売買、金銀両替、銭売買、利息のこと、枡《ます》の法、検地、租税、川普請《ぶしん》のことなど、日常に必要な計算を説明している。

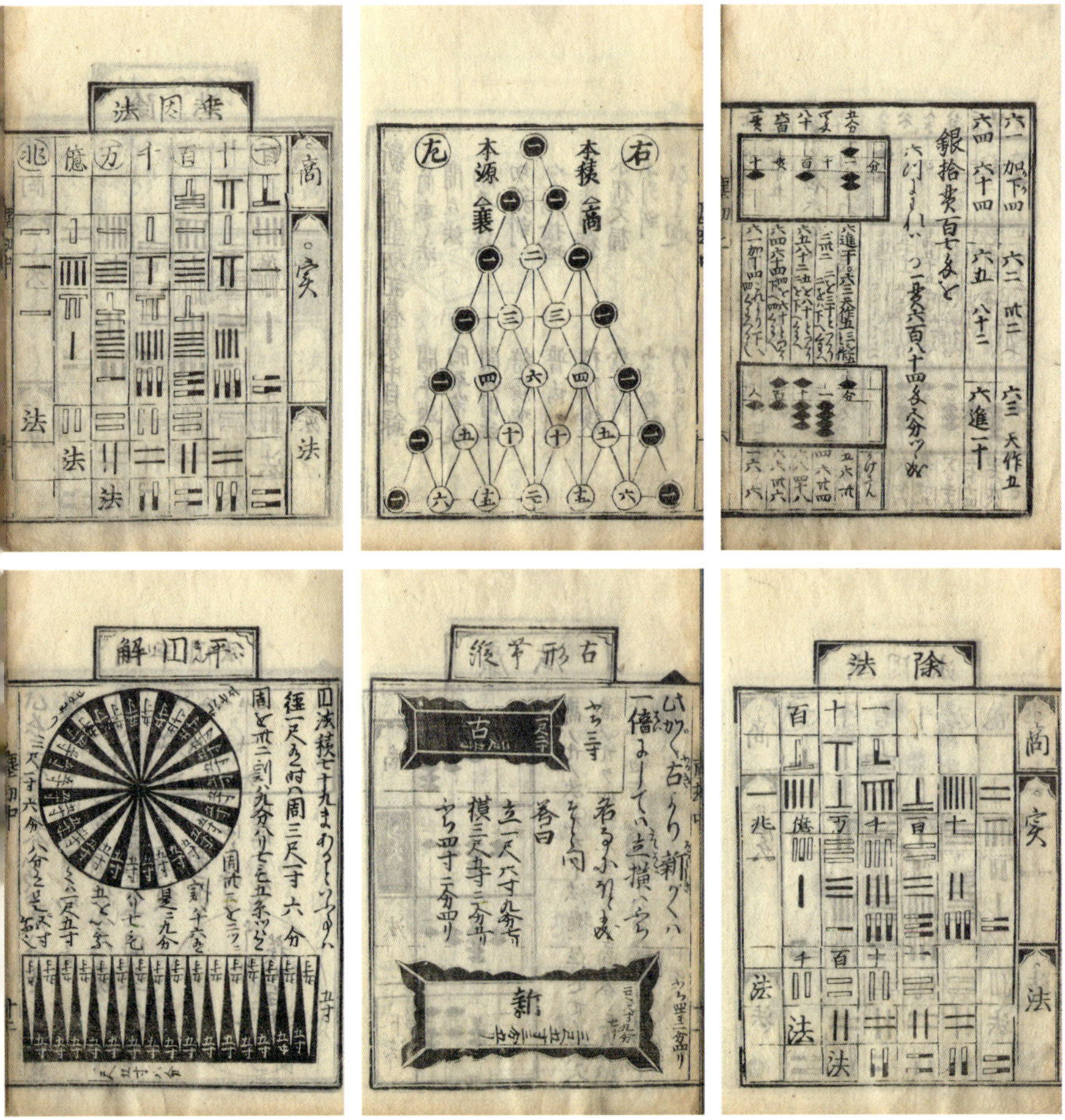

中国の『算法統宗』を手本とした日本初の算術書

『解伏題之法《かいふくだいのほう》』 関孝和《せきたかかず》・編

古典数学書院版 昭和十二年（一九三七）
一冊 国立国会図書館デジタルコレクション

『解伏題之法』は代数式の取り扱いを説明したもので、文字係数の代数方程式、行列式が書かれている。本文は、「真虚第一」、「両式第二」、「定乗第三」、「換式第四」、「生剋第五」、「寄消第六」から成り立っている。関孝和（一六四〇頃～一七〇八）は江戸時代中期の数学者で関流和算の始祖、後に「算聖」と称された。『塵劫記』で独学したといわれ、筆算式の代数学や方程式の研究、行列式の発見、円に関する数式の樹立など、日本独自の数学である「和算」を確立した。

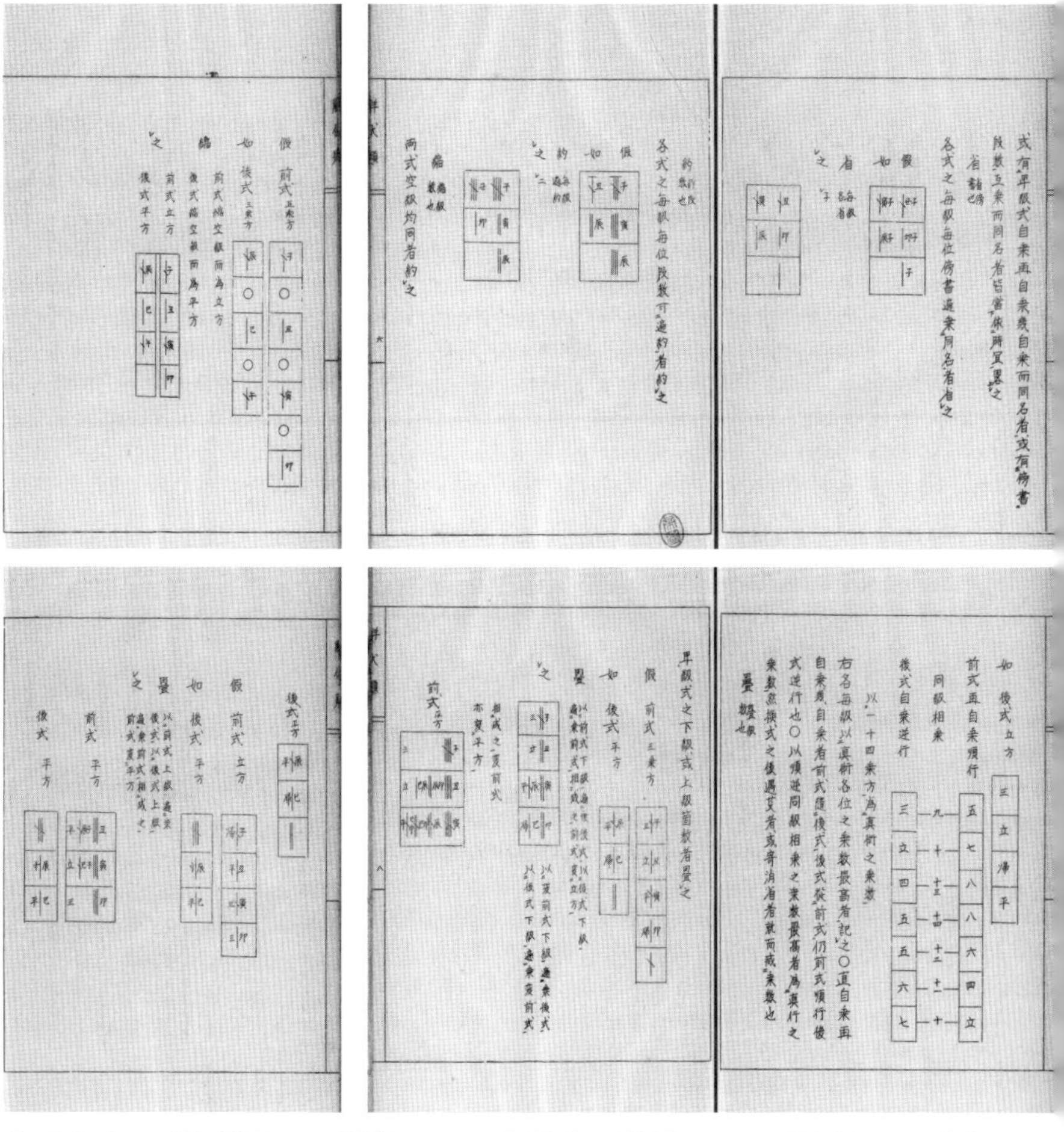

吉田光由の『塵劫記』で独学し、日本独自の数学である「和算」を確立した

関孝和の遺稿和算書

『括要算法《かつようさんぽう》』 関孝和《せきたかかず》・著

荒木村英、大高由昌・校訂

升屋五郎右衛門版
正徳二年（一七一二）合二冊
国立国会図書館デジタルコレクション

関孝和の弟子の荒木村英が荒木の弟子大高由昌に手伝わせ、関の没後に新たにまとめなおして刊行された。不定方程式、正多角形の辺と対角線の関係式、級数の和、ベルヌーイ数、近似分数、外挿法、円および球の求積などが述べられている。いずれの内容も当時としては高度な難問を扱っており、関孝和の面目躍如というべき算術書となっている。本文には算法そのものに対する説明はほとんどなく、問題に対する結論のみが記されているのが残念な事である。

関孝和の没後に荒木村英が

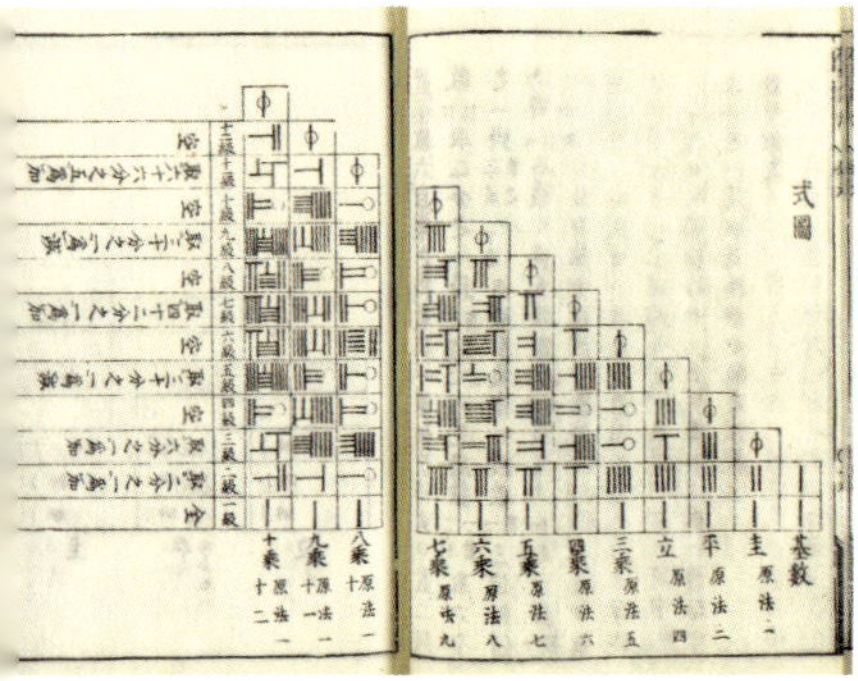

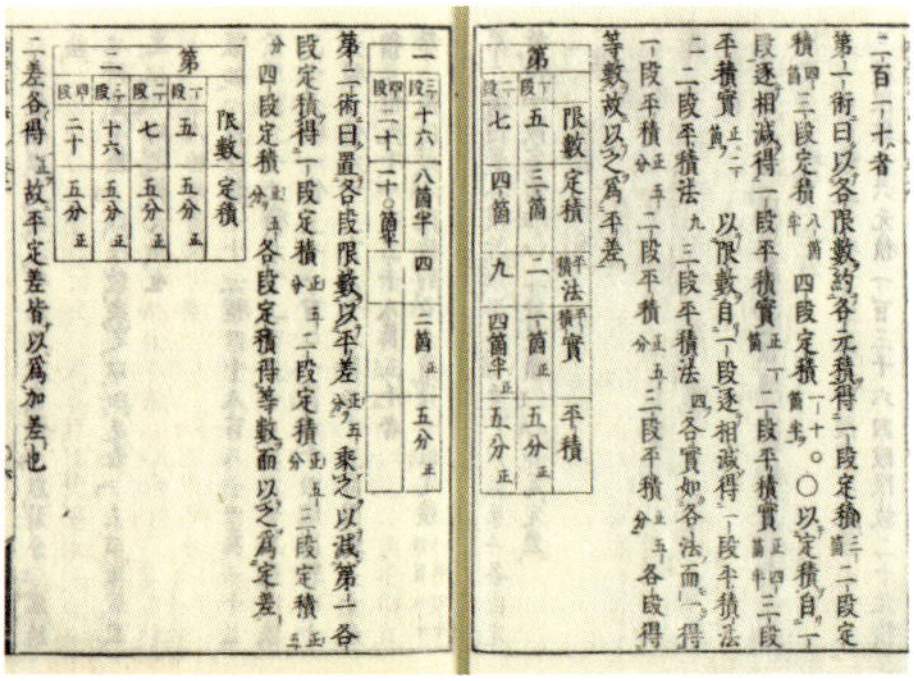

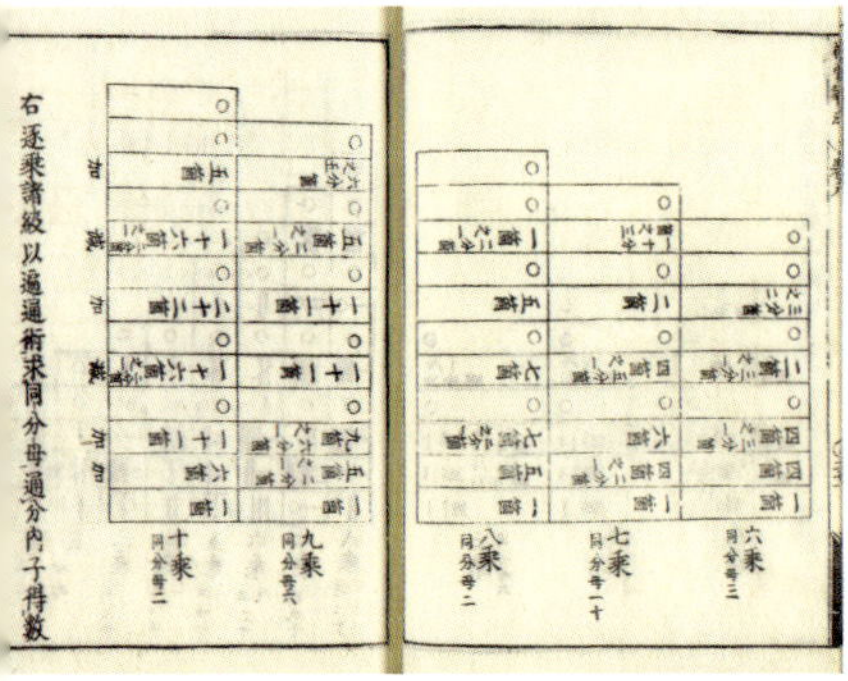

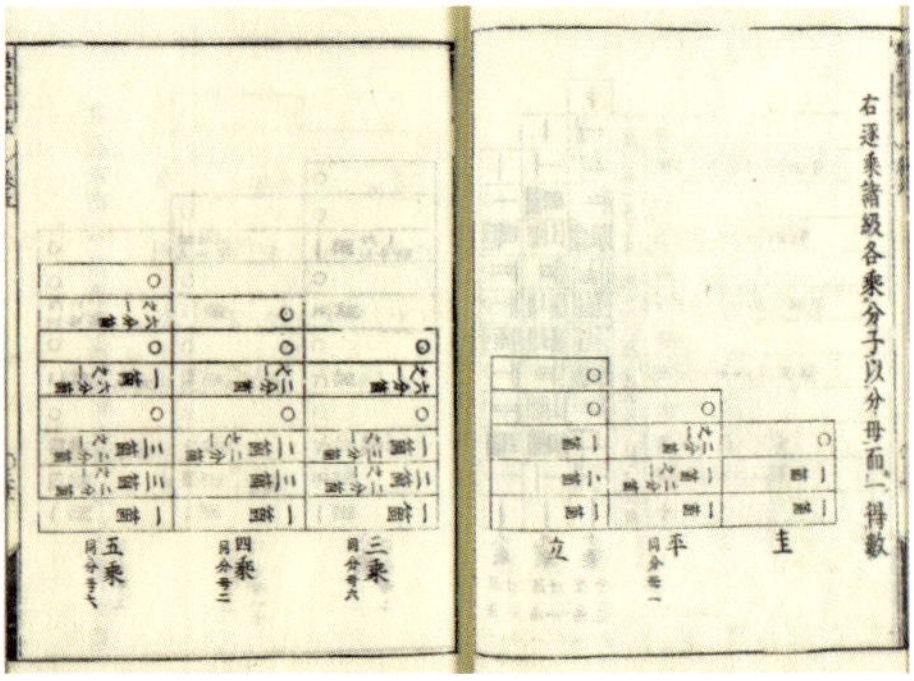

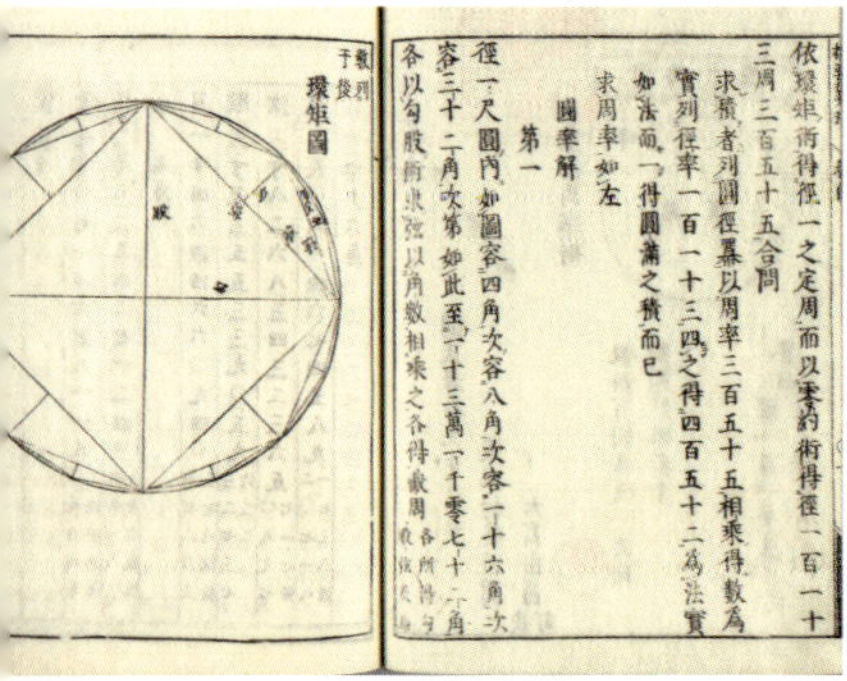

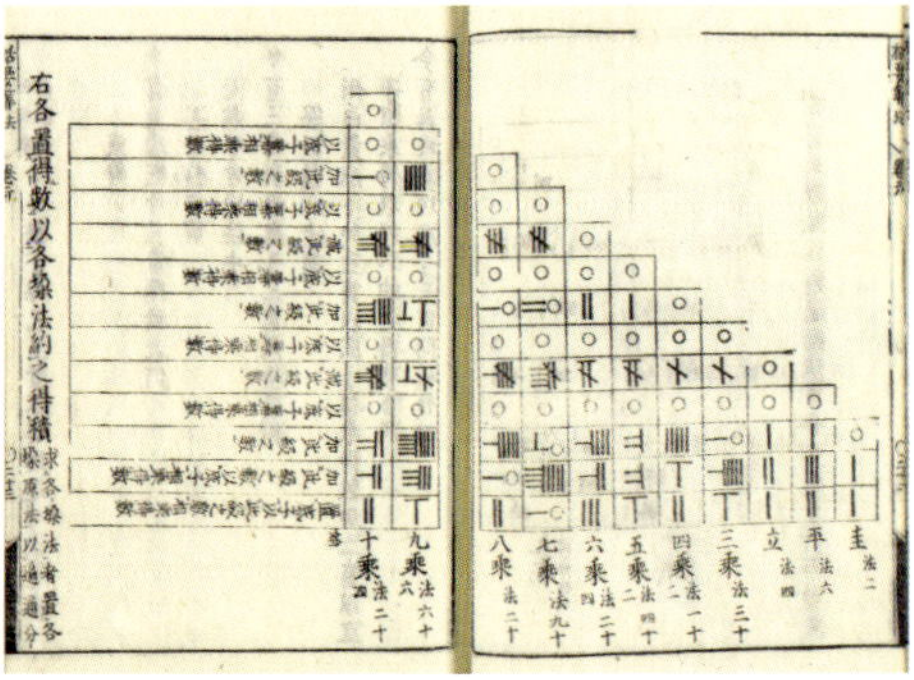

改算が付いた和算書

『改算記綱目大全《かいさんきこうもくたいぜん》』

明和元年（一七六四）刊　出版者不明
一冊　国文学研究資料館蔵

明暦二年（一六五六）に山田彦正重が著した『改算記』の流行を受けて、「改算」を付した和算書の一冊。『改算記』は『塵劫記《じんこうき》』の次にベストセラーとなり、幕末まで愛読された。

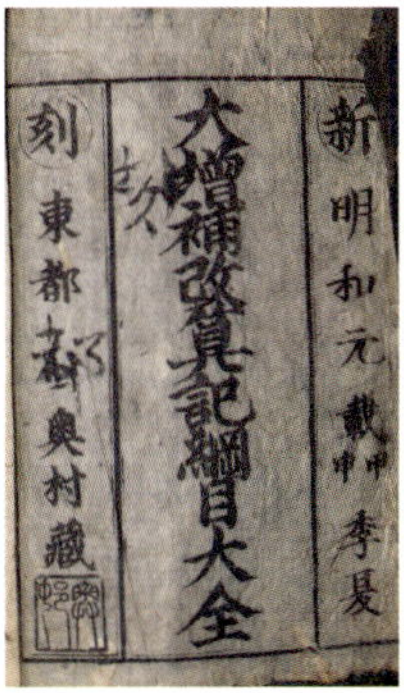

『改算記』の流行を受けて、「改算」を付した和算書の一冊

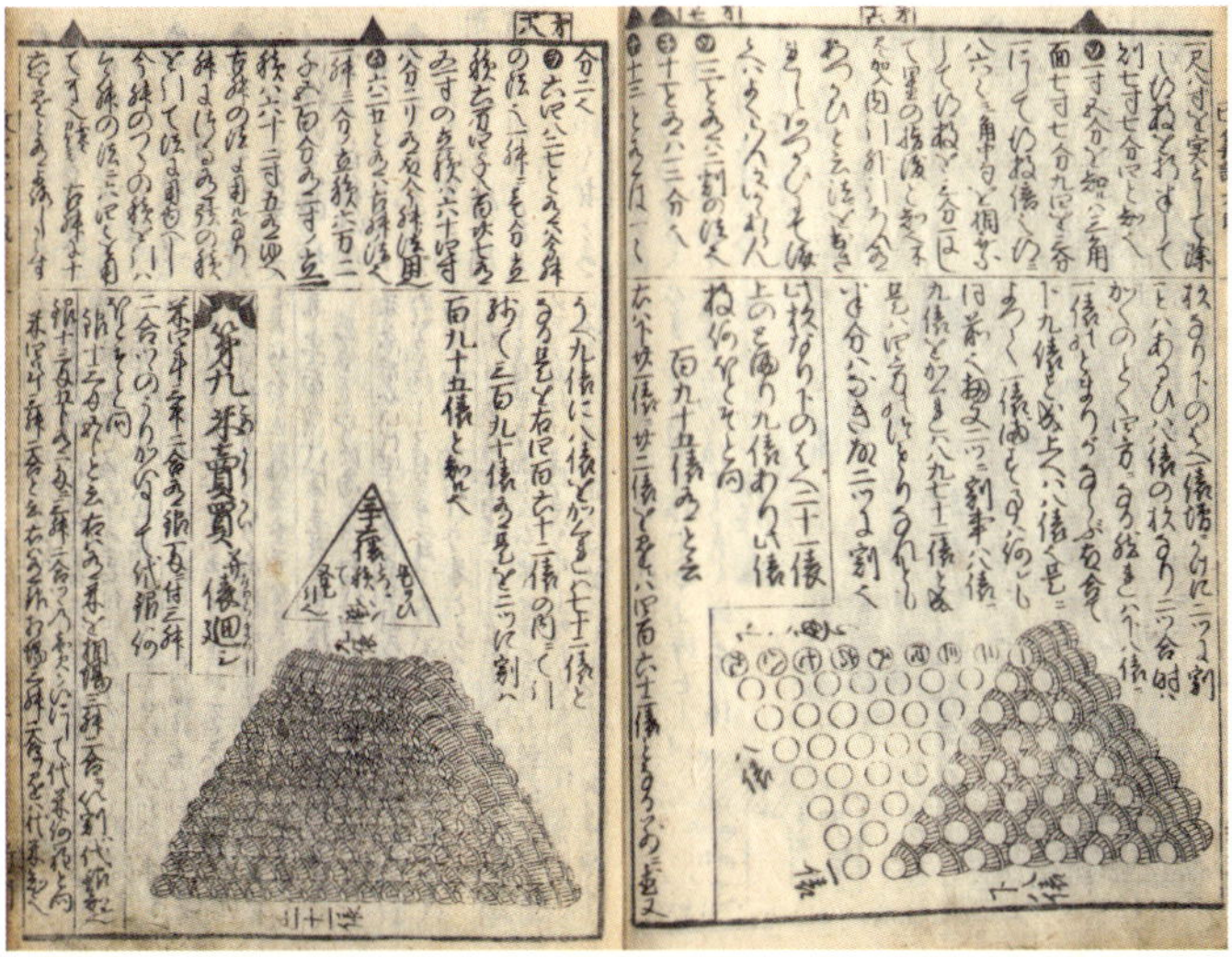

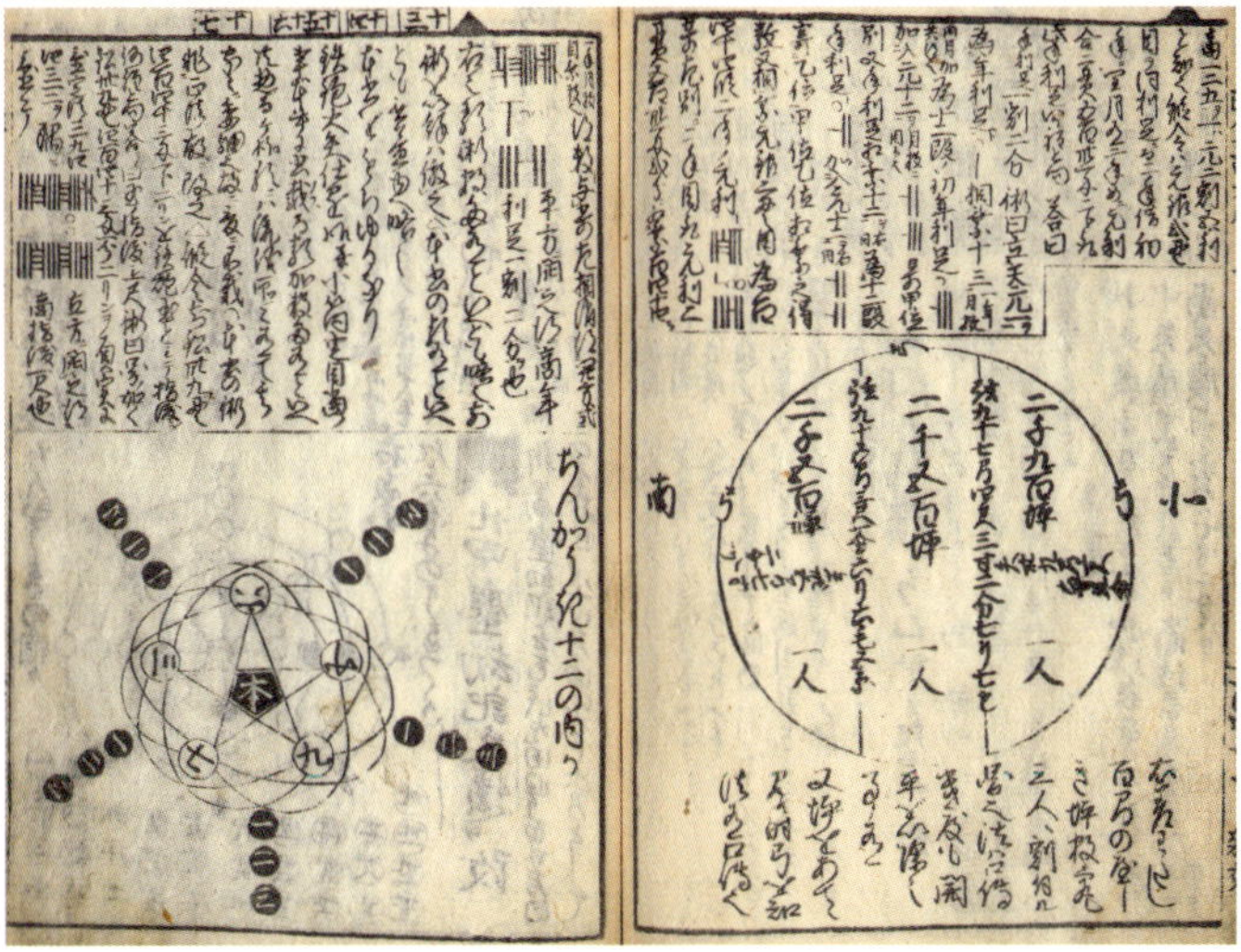

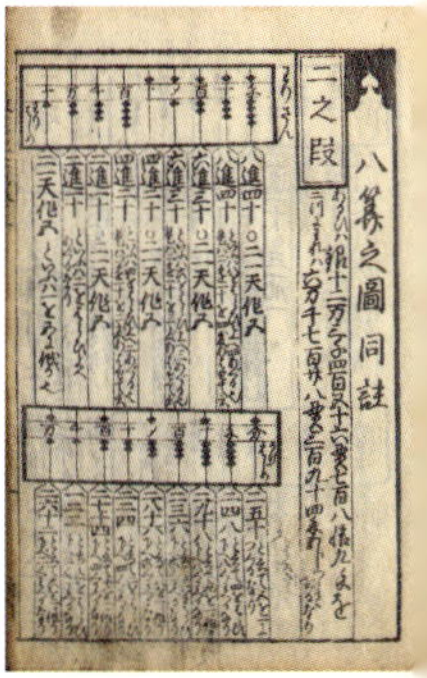

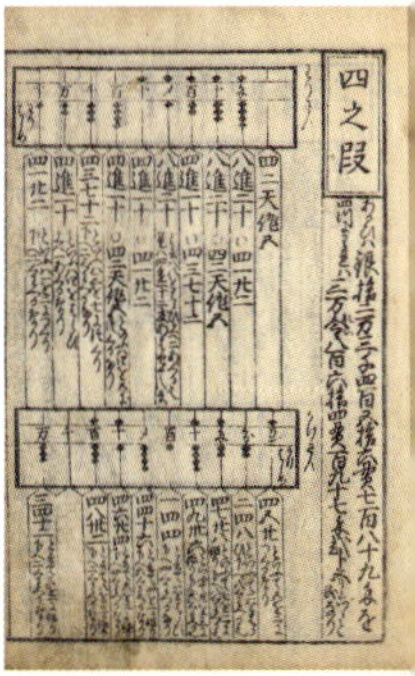

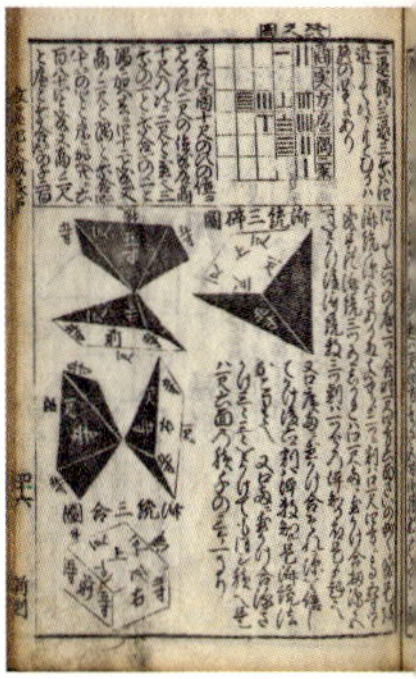

算盤から図形問題までの算法書

『増補新編塵劫記《ぞうほしんぺんじんこうき》』

吉田光由《よしだみつよし》・編
文化三年（一八〇六）刊　一冊
国文学研究資料館蔵

編者の吉田光由（一五九八〜一六七二）は、算盤《そろばん》のマニュアルである『塵劫記』を刊行したが、生涯の間に何度も改版を重ねている。算盤による乗除計算を主として載せ、実用的な問題と遊戯的な問題を取り混ぜて収録している。田畑の面積計算、川や堤の普請に関する問題、継《まま》子立《こだて》やねずみ算など多様な問題を載せて読者を飽きさせない工夫が盛り込まれている。

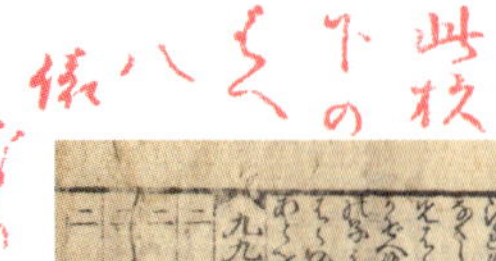

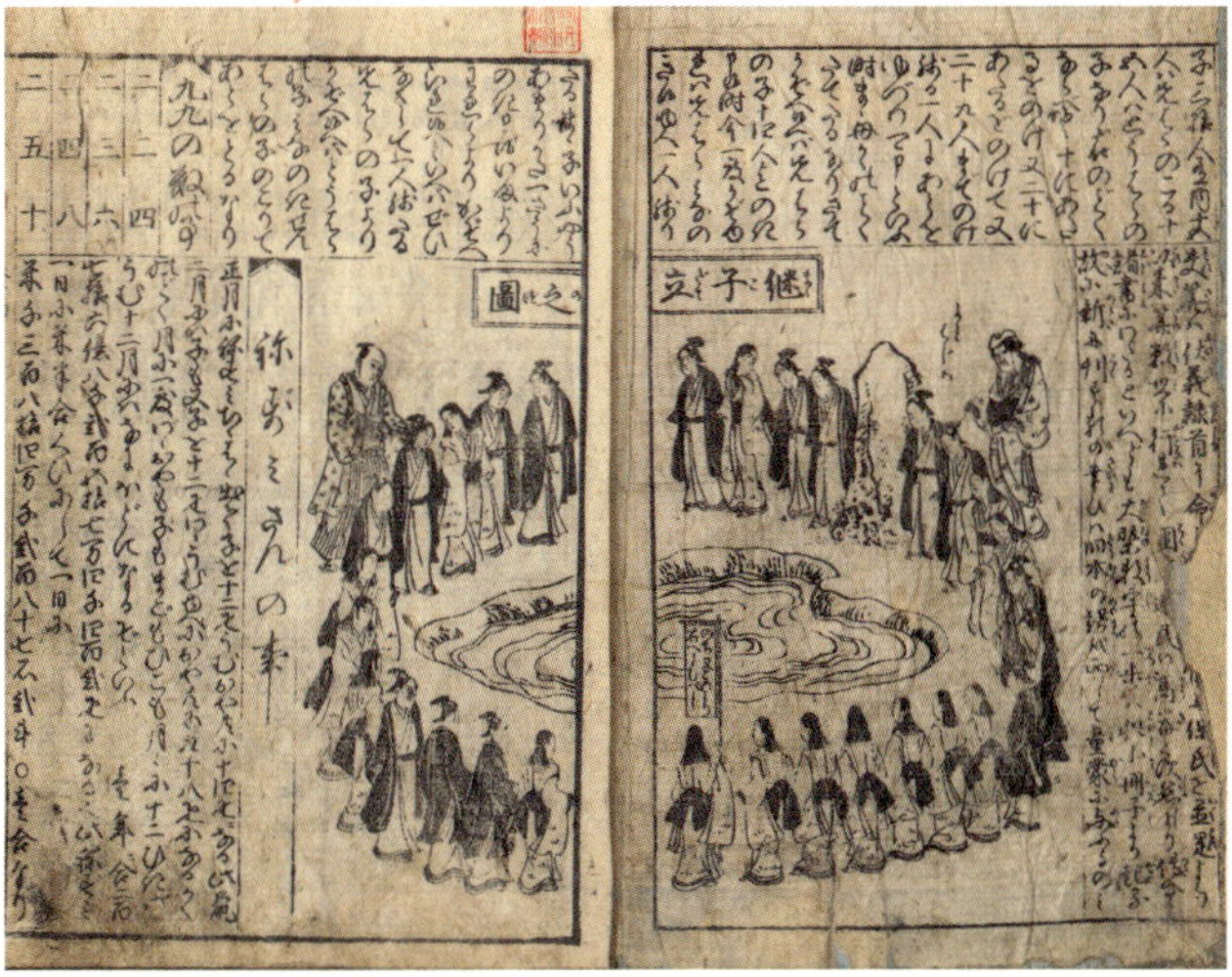

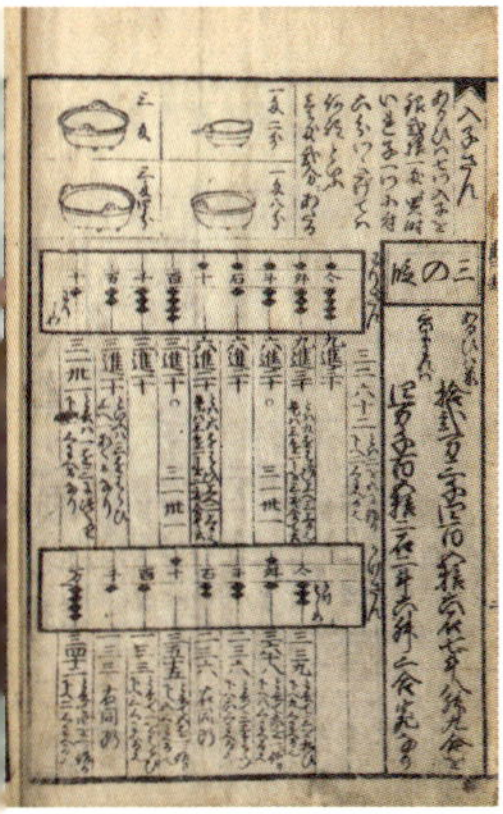

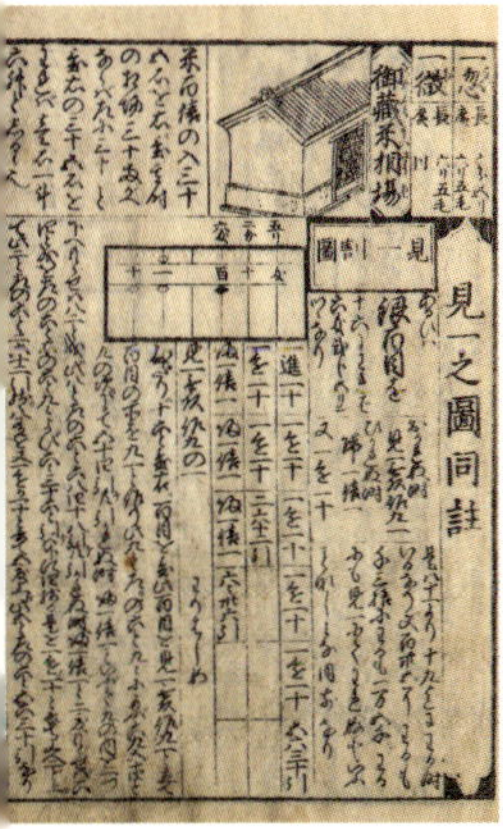

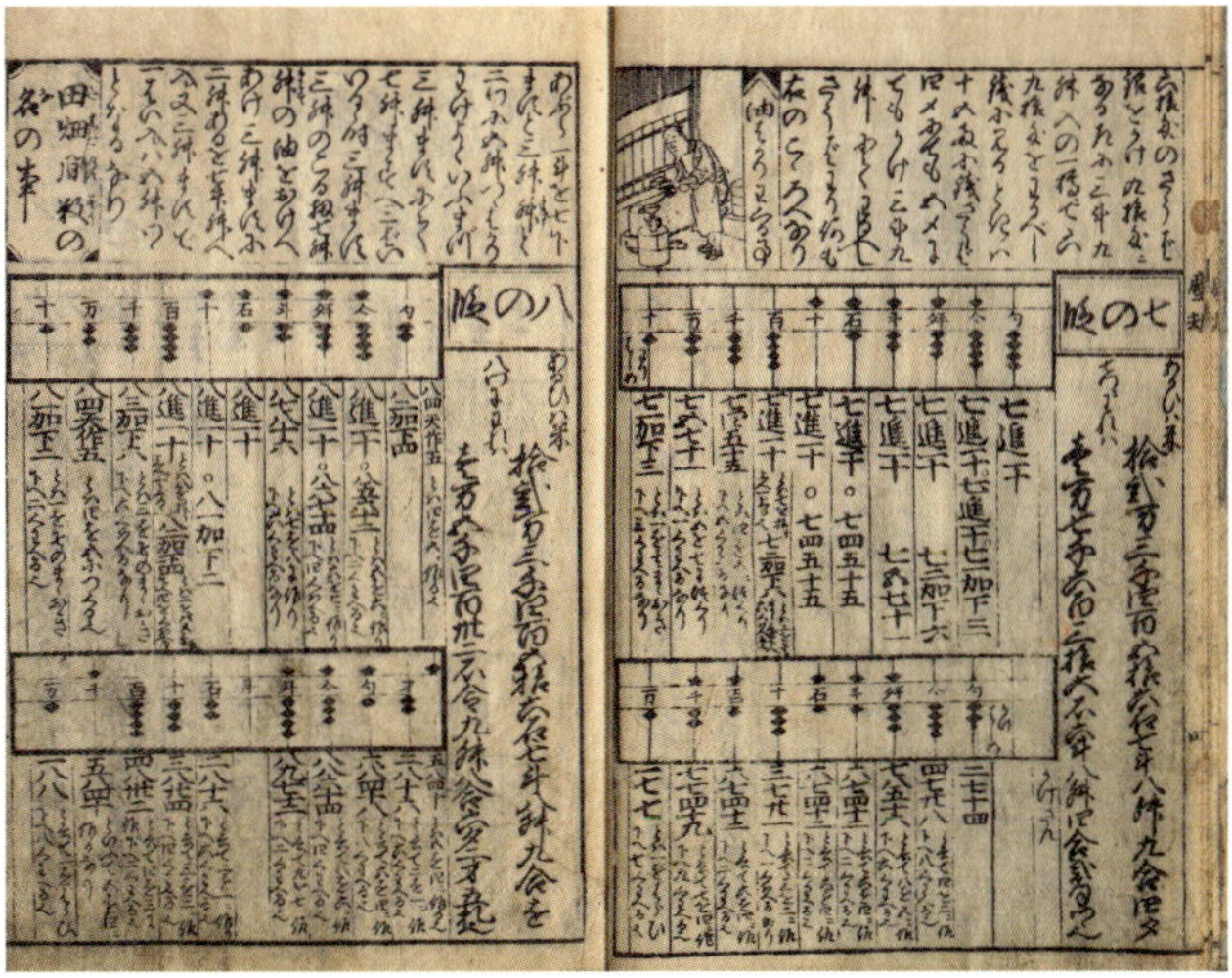

継子立やねずみ算にはじまり、算盤など実用的なものから図形の問題まで

日本で西洋筆算を紹介した数学書

『西算速知《せいさんそくち》』 福田理軒《ふくだりけん》・著

安政四年（一八五七）刊 浪華順天堂塾蔵版
二冊 国文学研究資料館蔵

日本で最初に西洋筆算を紹介した数学書。内容は初歩的なもので、アラビア数字は既に知られていたがあえて漢数字を使い、普通の計算記号も使用していない。著者の福田理軒は大坂の和算家で、武田真元《しんげん》、小出兼政に学び大坂南本町で塾をひらく。維新後は神田に順天堂求合社という塾をひらいて数学教育に寄与した。『算法玉手箱』などの著作がある。

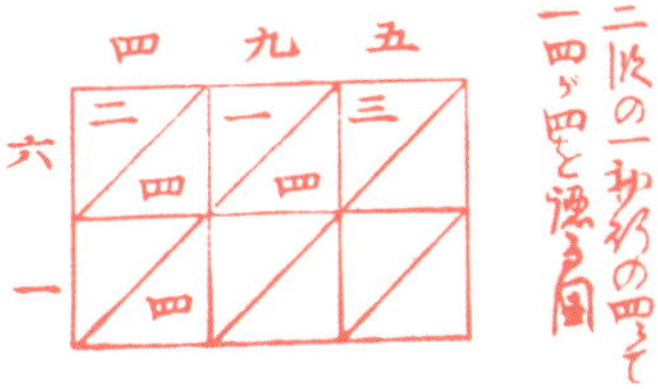

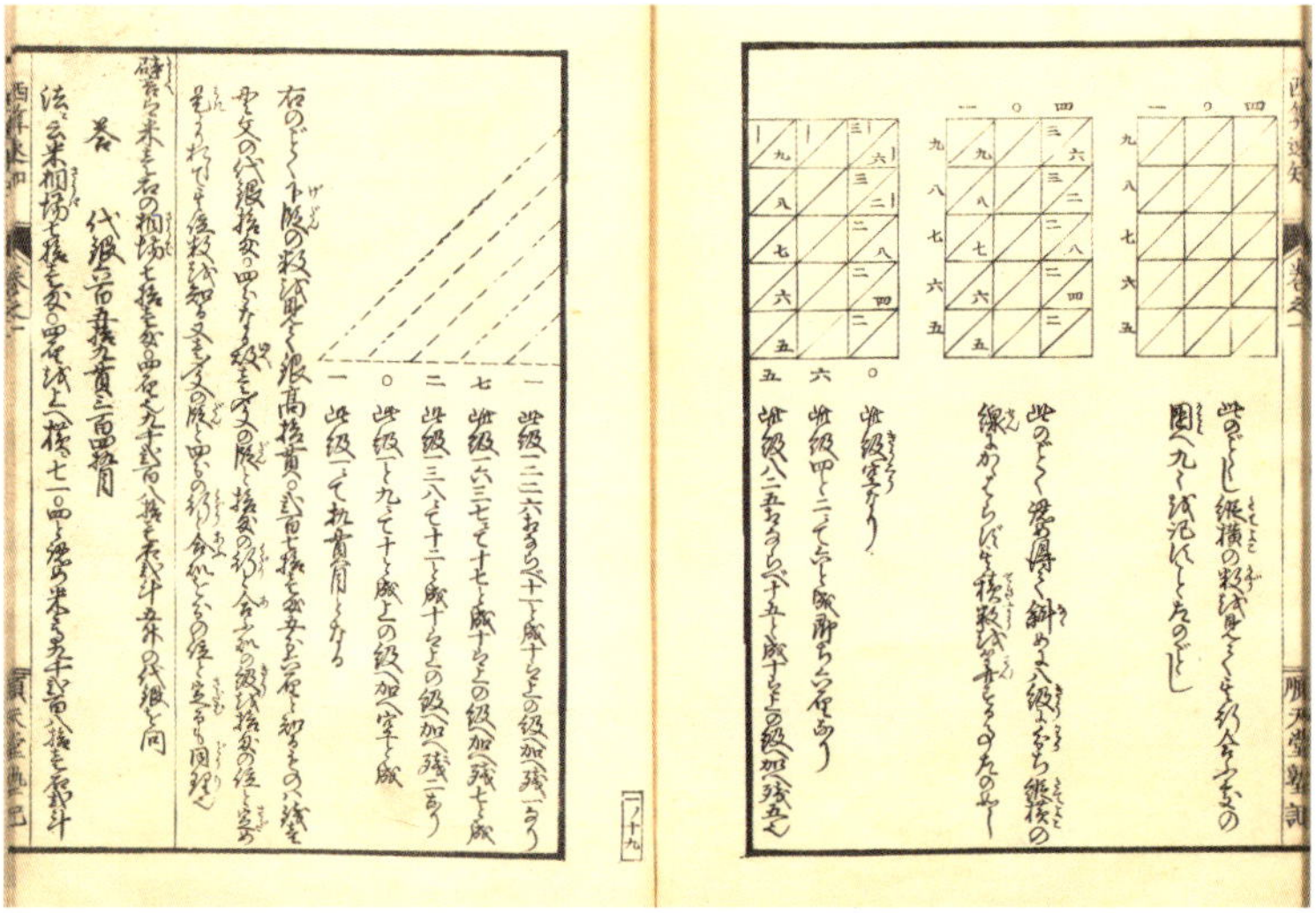

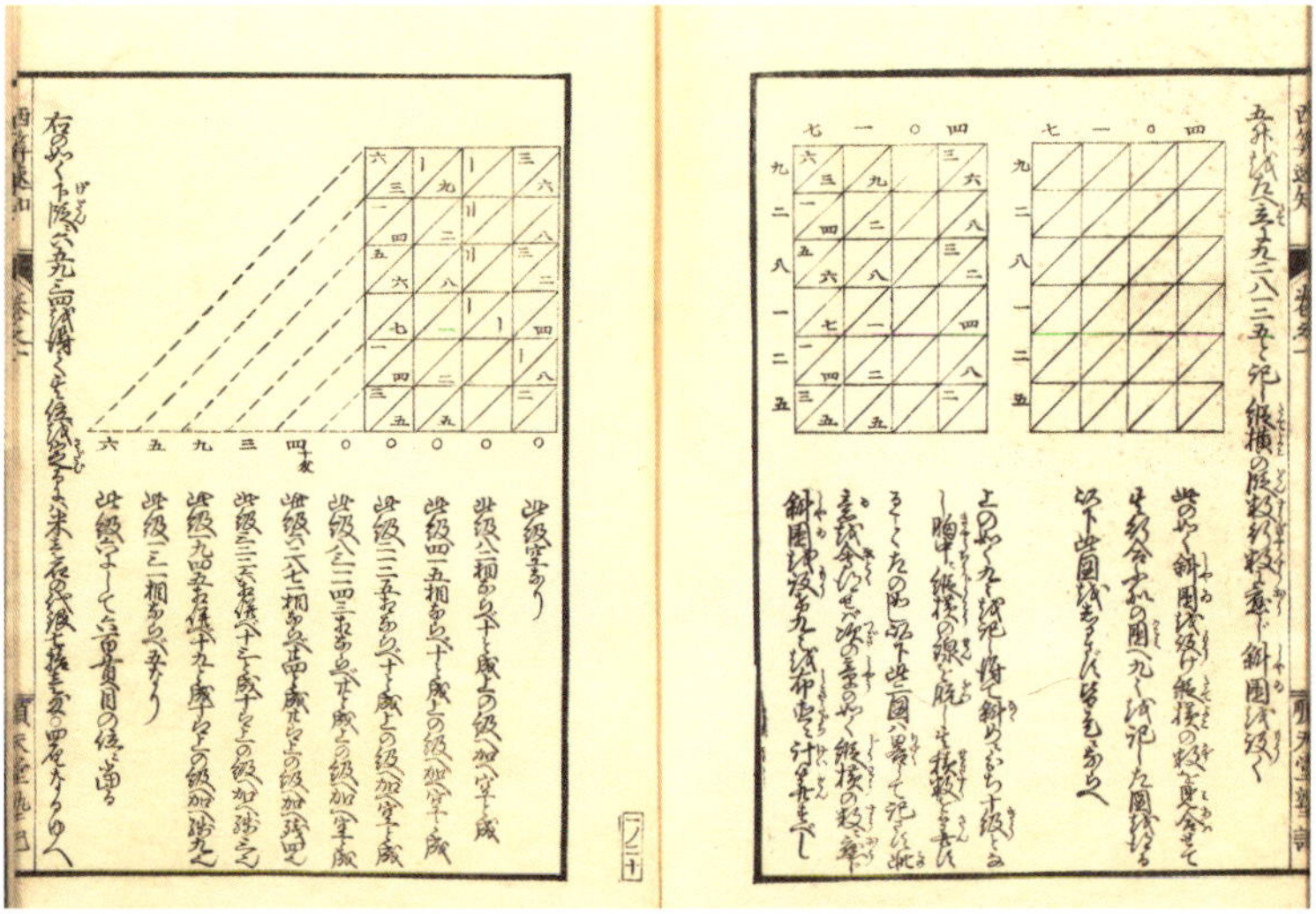

『洋算用法《ようさんようほう》』

柳川春三《やながわしゅんさん》・著

安政四年（一八五七）大和屋喜兵衛版
一冊　早稲田大学図書館特別資料室蔵

本書ではアラビア数字を用いて、西洋数学の考え方をもとに、筆算による計算四則、比例計算が述べられている。柳川春三（一八三二〜七〇）は洋学者で、新聞界の先駆者としても知られる。尾張藩の砲術家上田帯刀《たてわき》、医家の伊藤圭介に蘭学を学ぶ。語学の才能が豊かで、蘭学のほか英語やフランス語にも熟達し、多数の翻訳書を出版して西欧学術の導入に貢献した。

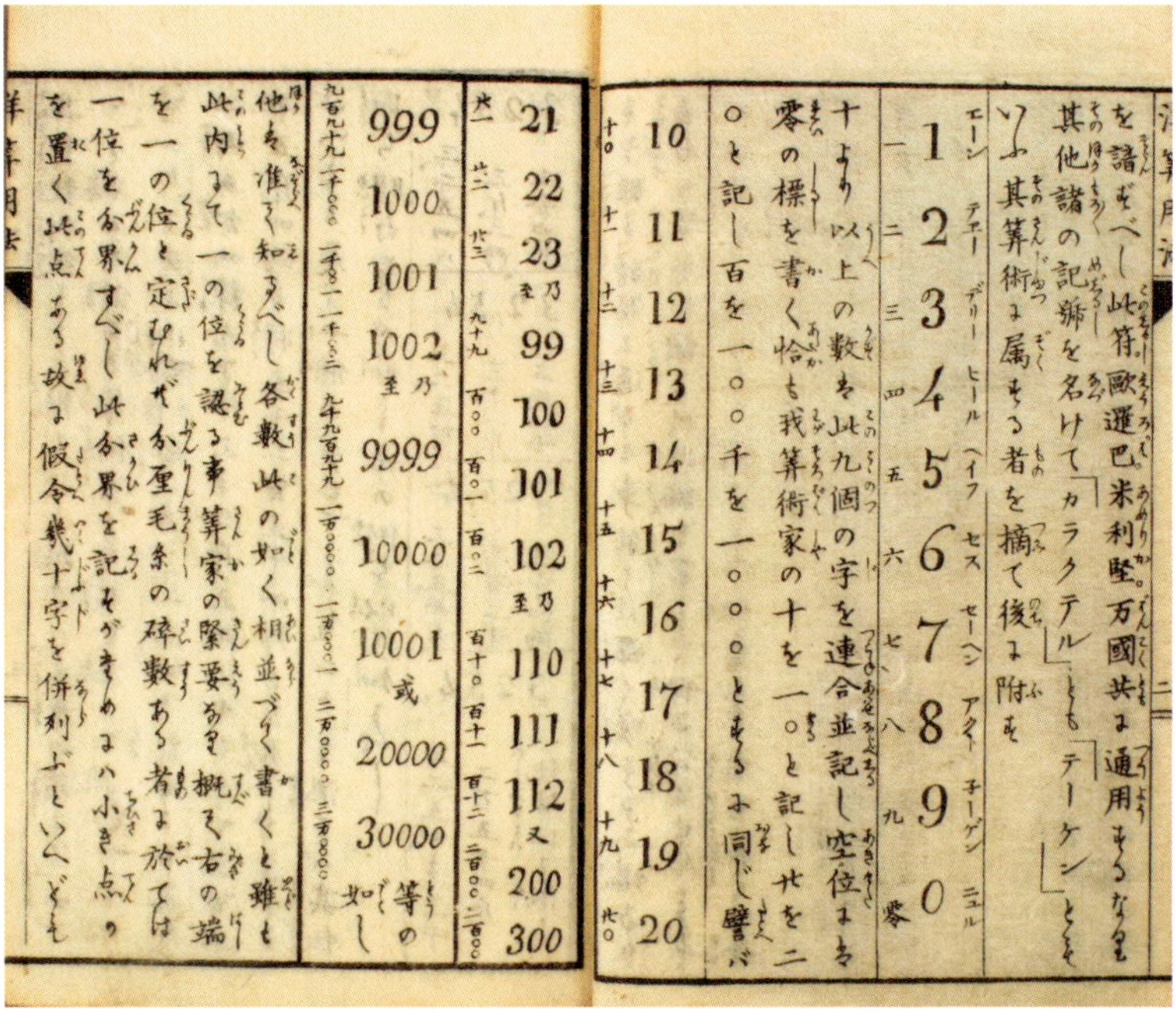

アラビア数字を用いて西洋数学の考え方を解説

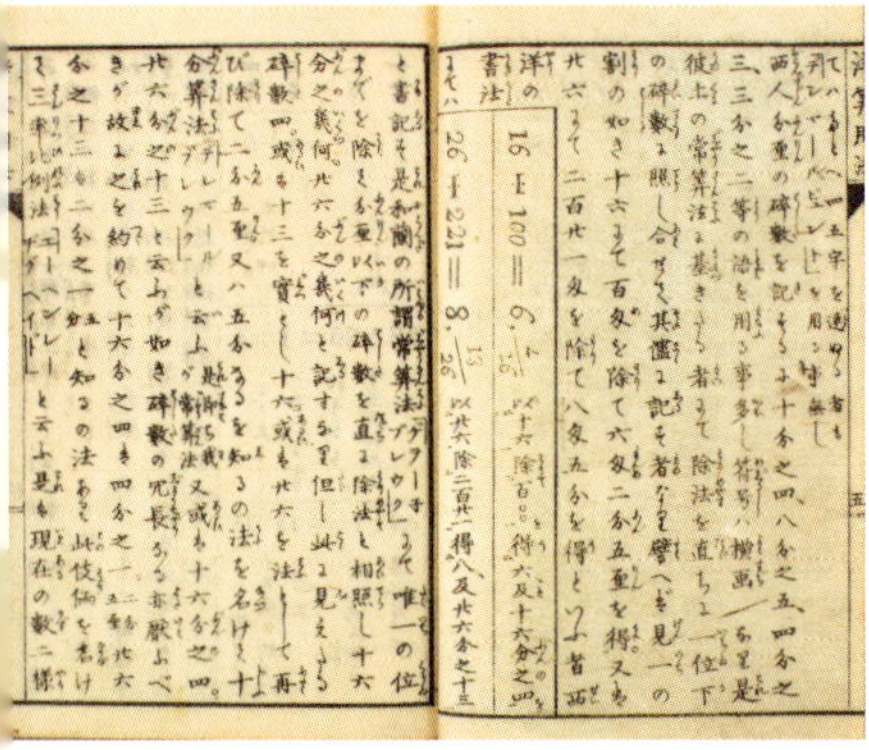

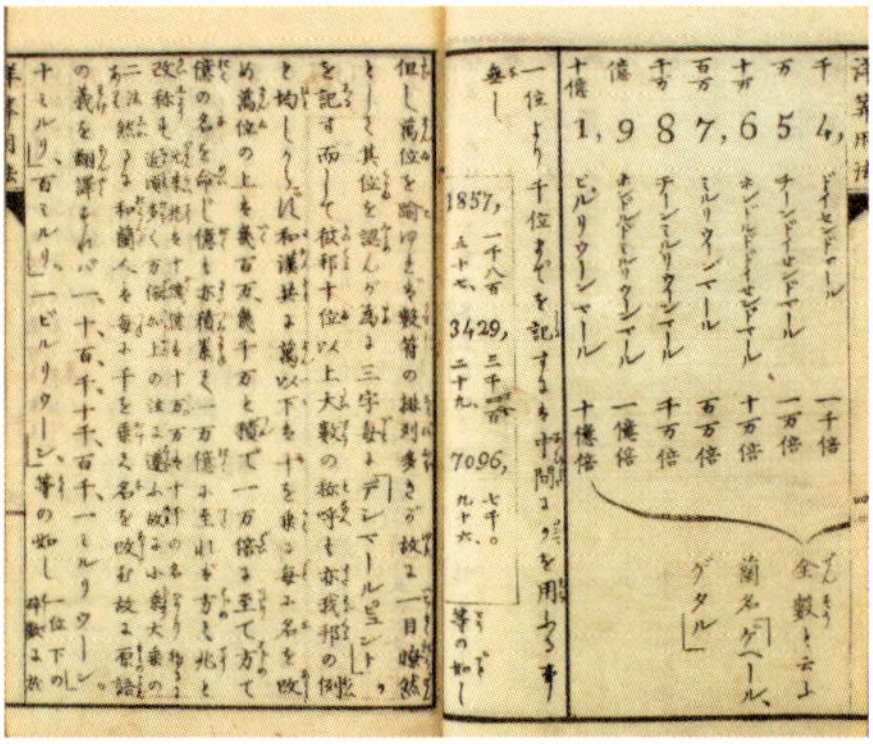

第八章

江戸の化学

日本における近代化学の始祖と呼べる人物は、ヨーロッパの近代科学の日本への本格的な紹介者であり、最初の体系的化学書『舎密《セイミ》開宗《かいそう》』を著した宇田川《うだがわ》榕庵《ようあん》である。『舎密開宗』はフランスの化学者ラヴォアジェの学説を紹介した書を翻訳したもので、それに多くの化学書を参考にした解説も入れられている。その内容は、燃焼は酸化であることを明らかにし、質量保存の法則を示したラヴォアジェの化学体系、デービーやベルツェリウスの電気化学などの成果も取り入れ、元素の概念を中心とした化学物質の名称と特性、化学反応、化学実験の方法、器具・装置の操作など多岐にわたっている。なかでも元素、酸素、水素、窒素、酸、アルカリ、酸化、還元、温度などの化学語彙は今日も使われており、日本の化学に与えた影響は大きい。

イサク・チリオンの『理学の発明装置』の翻訳書

『理学発微《りがくはつび》』

緯索句《イサク》・智利遠《チリオン》著　宇田川榕庵・訳
文政八年（一八二五）一冊
国立国会図書館デジタルコレクション

アムステルダムの出版者イサク・チリオン（Isaak Tirion）の出版した『理学の発明装置』"J. T. Desaguliers, De natuurkunde uit ondervindingen opgemaakt"（一七三六〜五一）の中から気圧計、温度計の部分を訳したもの。一六〇〇年代英国のロイヤル・ソサエティでは貴族たちの知的エンターテインメントは科学実験講座であった。なかでも真空ポンプを使った公開実験は「最新の科学装置」による一大イベント。学者や大学教授はいうまでもなく、王様や貴族、一般市民、大人も子供もみながこの実験を見たがった。そんな講座をはじめたパイオニアがイギリスの科学者デザギュリエ（一六八三〜一七四四）であった。

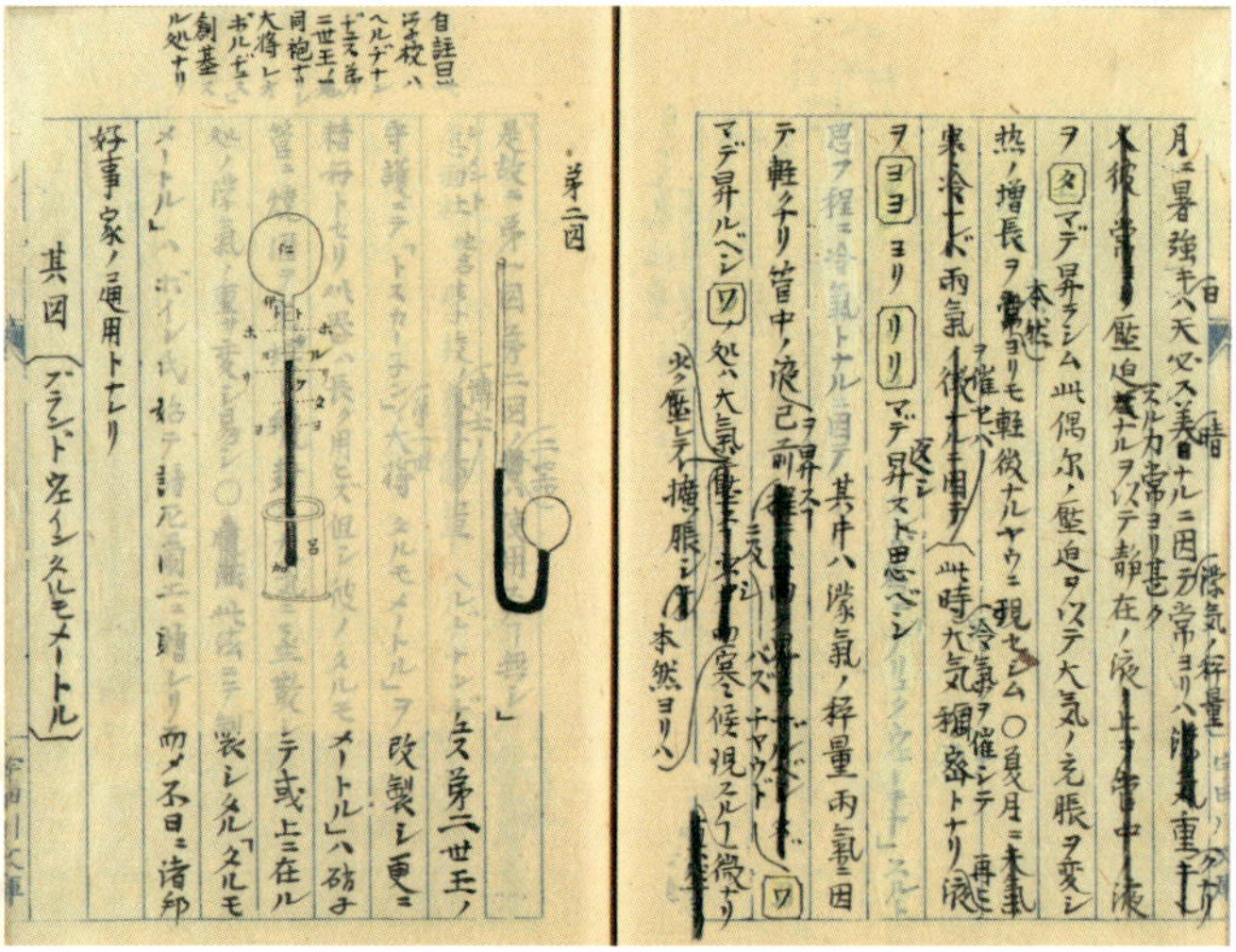

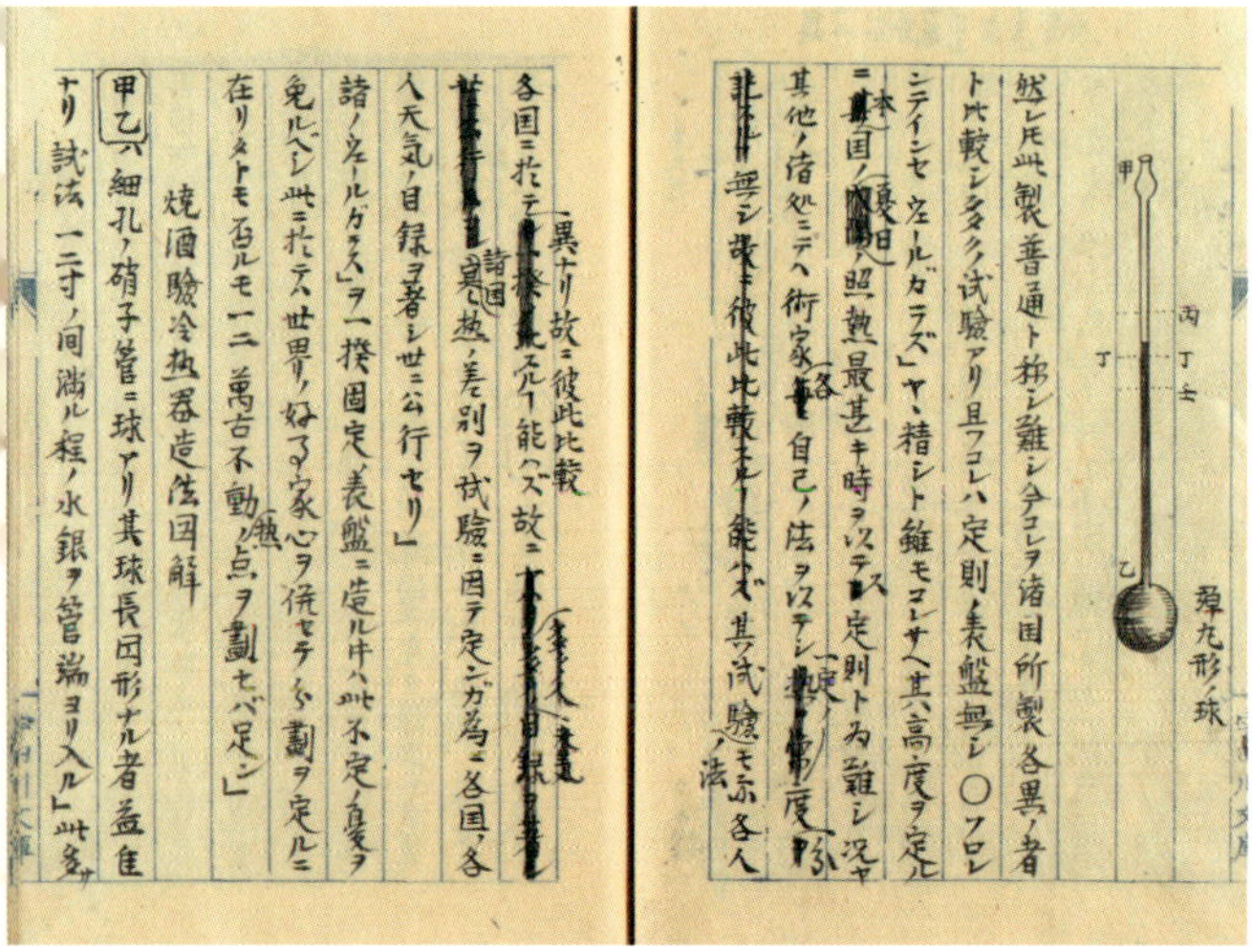

『舎密開宗《セイミかいそう》』 宇田川榕庵《うだがわようあん》・訳

天保八年～弘化四年（一八三七～四七）刊
須原屋伊八版 内篇十八冊・外篇三冊
国立国会図書館デジタルコレクション

日本で最初の化学書

イギリスの化学者ウイリアム・ヘンリー（William Henry 一七七五～一八三六）の著書『実験化学要義』"Elements of Experimental Chemistry"（一七七九年刊）をドイツ語訳したものを、さらにイペイ（Adolf Ijpeij 一七四九～一八二〇）がオランダ語訳した"Chemie, voor beginnende Liefhebbers"（一八〇八年刊）を原著とし、幕末の蘭学者宇田川榕庵が、晩年の情熱を傾けて訳した名著である。「舎密」はラテン語系オランダ語の"Chemie"（化学）の音訳であり、「開宗」は、「物の大元を啓発する」という意味である。

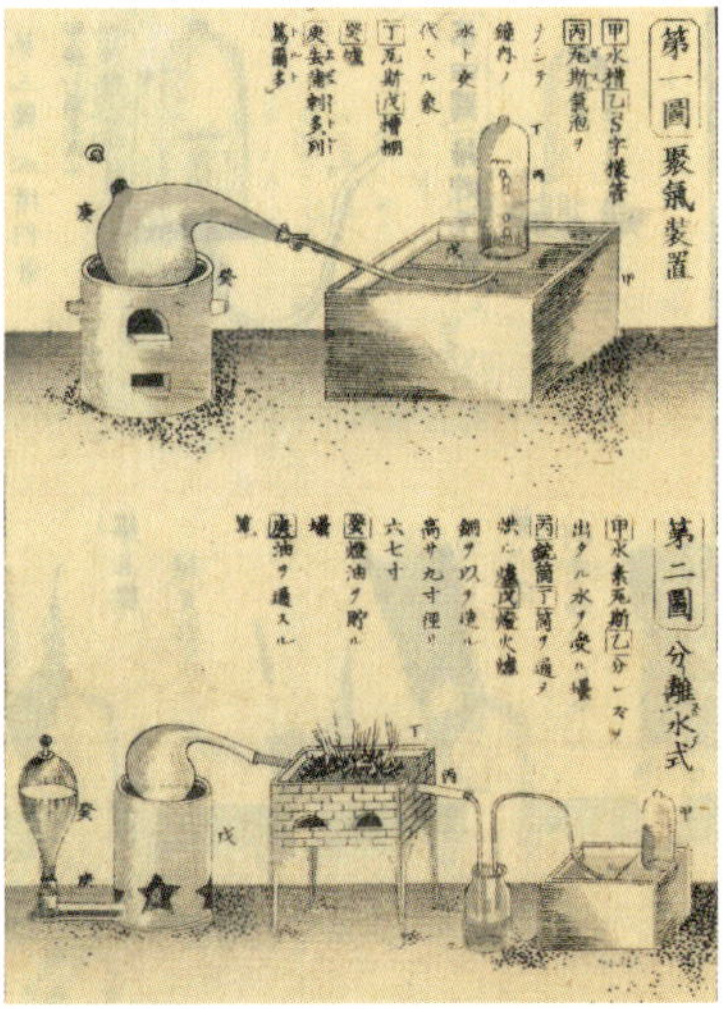

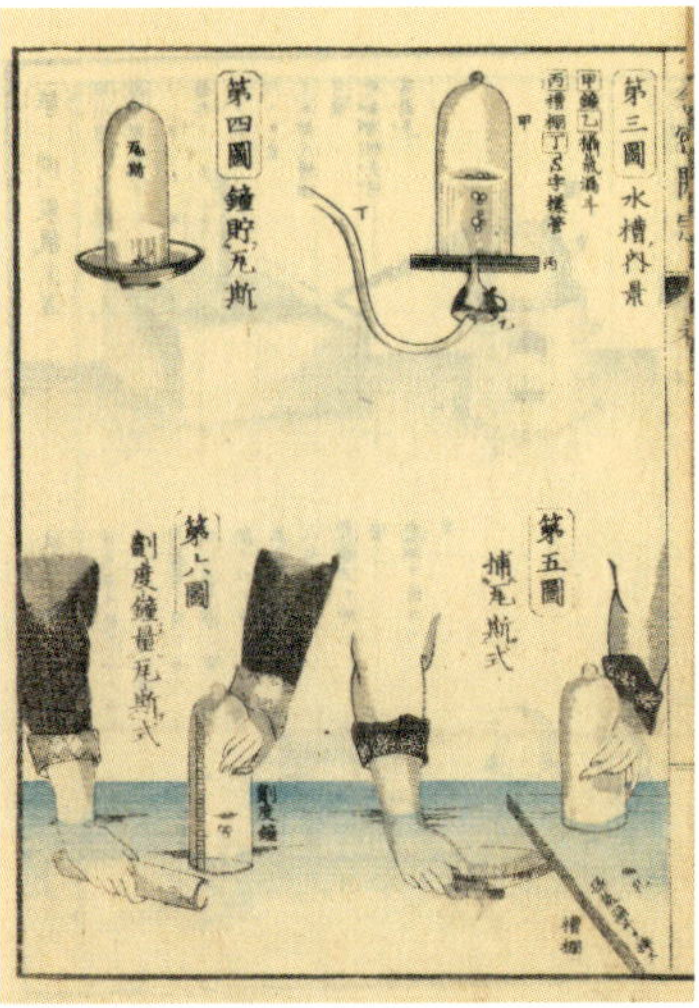

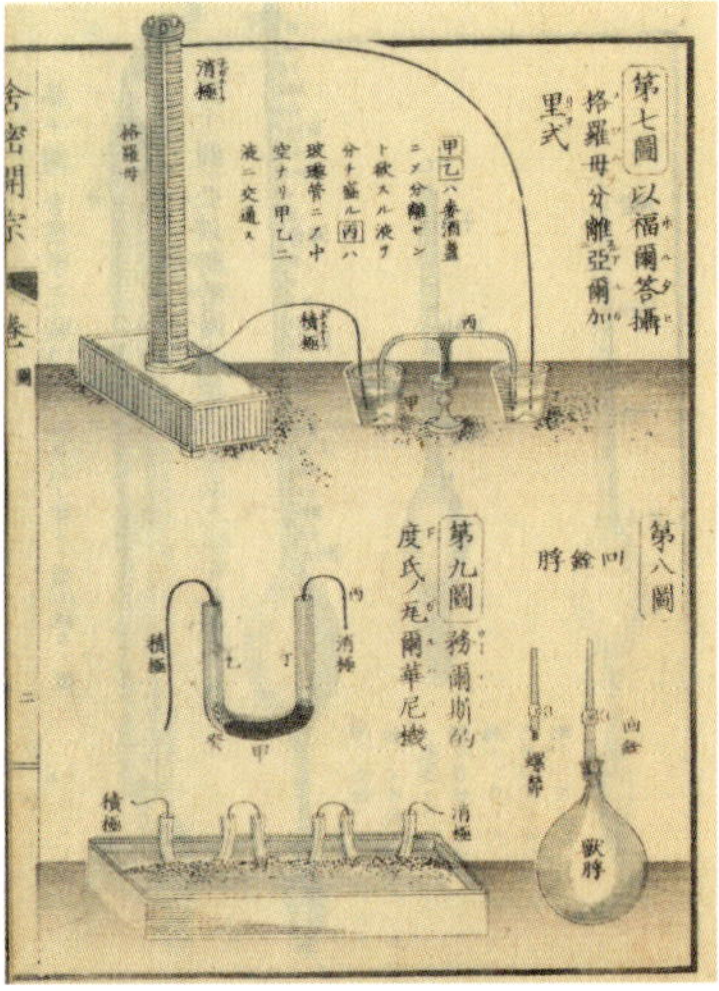

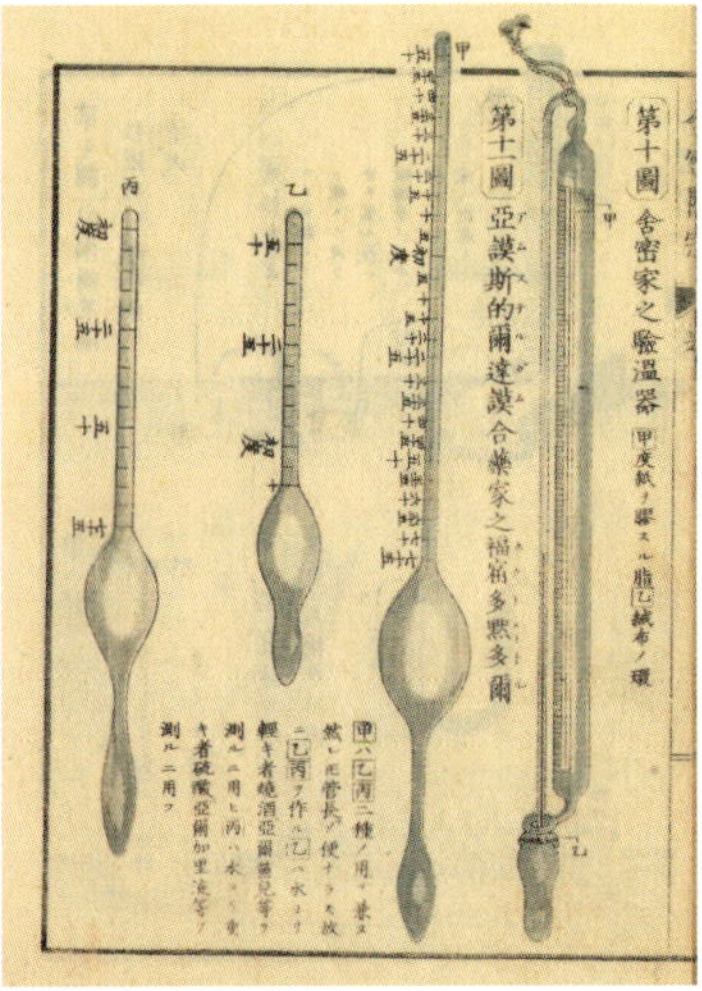

科学のカテゴリーとして「化学」が樹立された

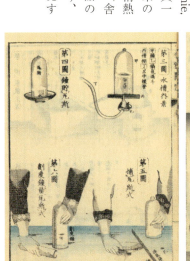

化学実験のための手引き書

『舎密《セイミ》局《きょく》必《ひっ》携《けい》』

上野彦馬・抄訳 堀江公粛・校閲
文久二年（一八六二）刊 文湖堂蔵版
三冊 国文学研究資料館蔵

本書は、日本における写真技術の先駆者といわれる上野彦馬（一八三八〜一九〇四）が津藩の堀江鍬次郎（公粛《こうしゅく》）の協力により翻訳し、近代的化学を紹介した。特に化学と写真術について詳細に述べられている。上野彦馬はオランダ政府派遣の海軍医ポンペ・メールデルフォールトの塾で化学（舎密学）を学び、写真機や薬品を自製、長崎に日本最初の営業写真館を開設した。後に湿板写真による撮影に成功し、坂本竜馬、勝海舟、榎本武揚、高杉晋作、伊藤博文らも長崎に赴いて肖像を撮影した。

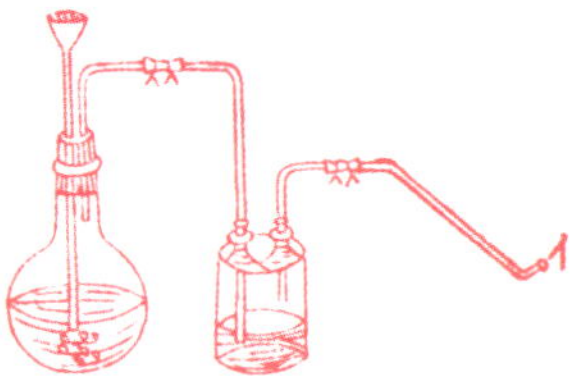

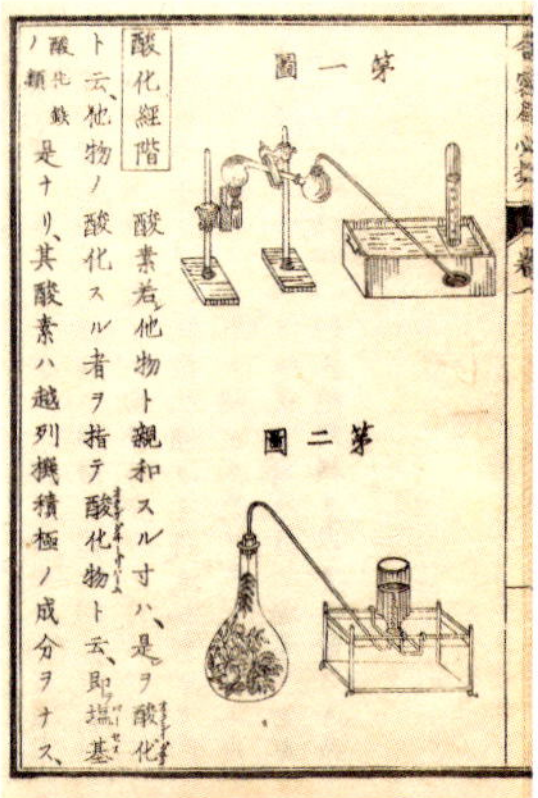

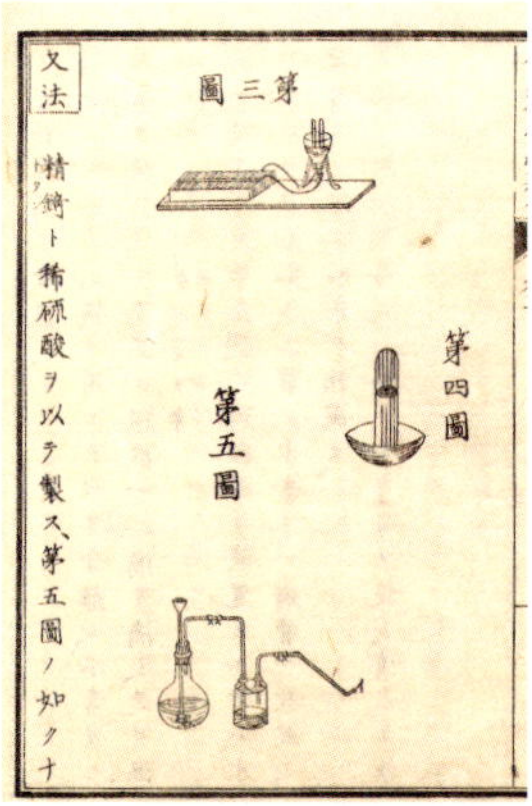

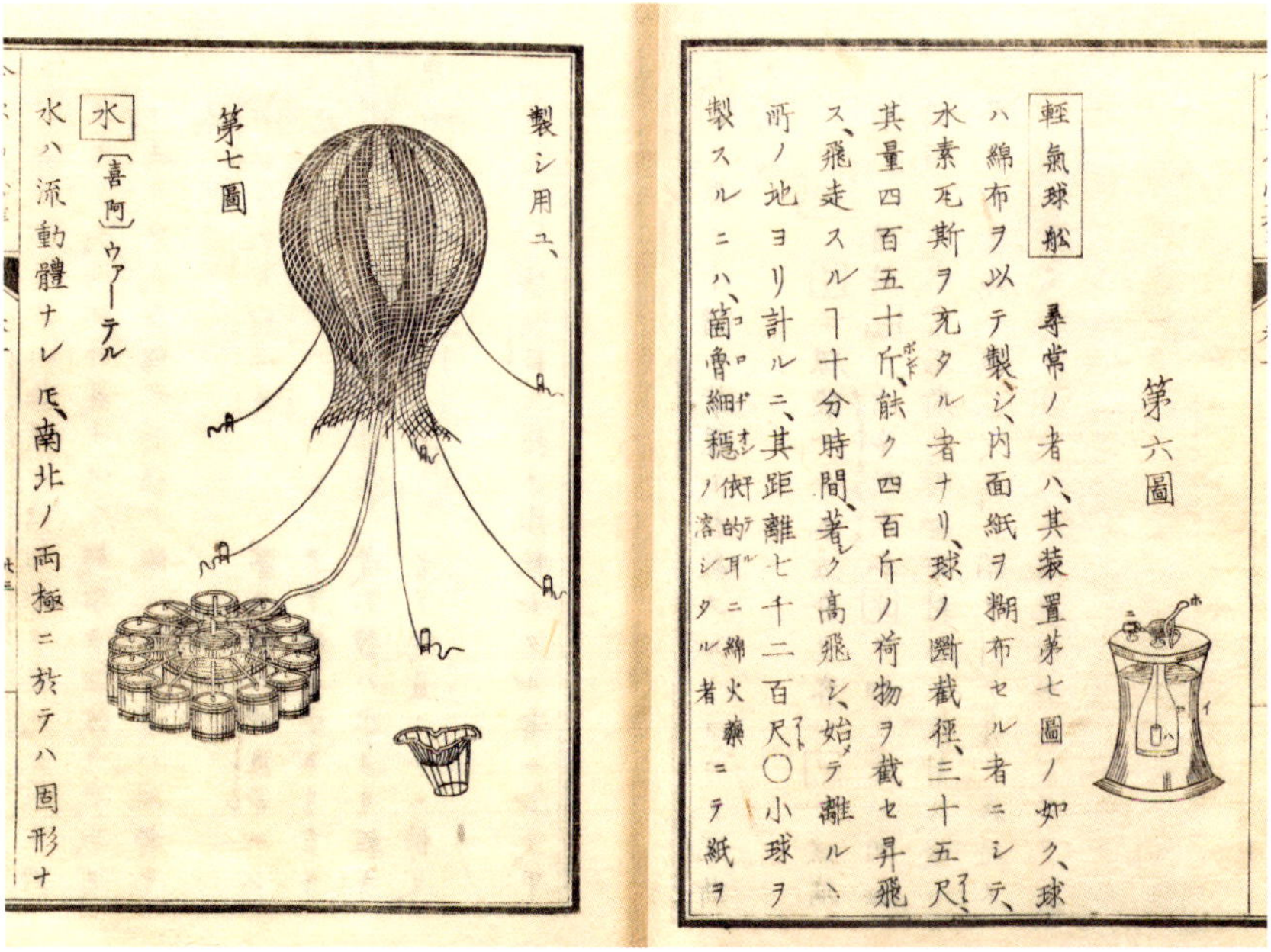

コラム❷

江戸の電気

平《ひら》賀《が》源《げん》内《ない》のエレキテルは科学玩具

源内の作った器具で最も有名なものはエレキテル（摩擦起電機）であった。十八世紀前半のヨーロッパでは摩擦起電機やライデン瓶が発明され、電気ショックで人をおどろかせる装置が見世物として人気があった。これが日本にも伝来し、後藤《ごとう》梨《り》春《しゅん》著の『紅毛談（オランダばなし）』にエレキテルが紹介されている。明和七年（一七七〇）に源内が長崎で西善三郎から故障したエレキテルを手に入れ、安永五年（一七七六）にこれを修復し、模造もして知られるようになった。「人の体より火をだし病を治する」のが目的であった。

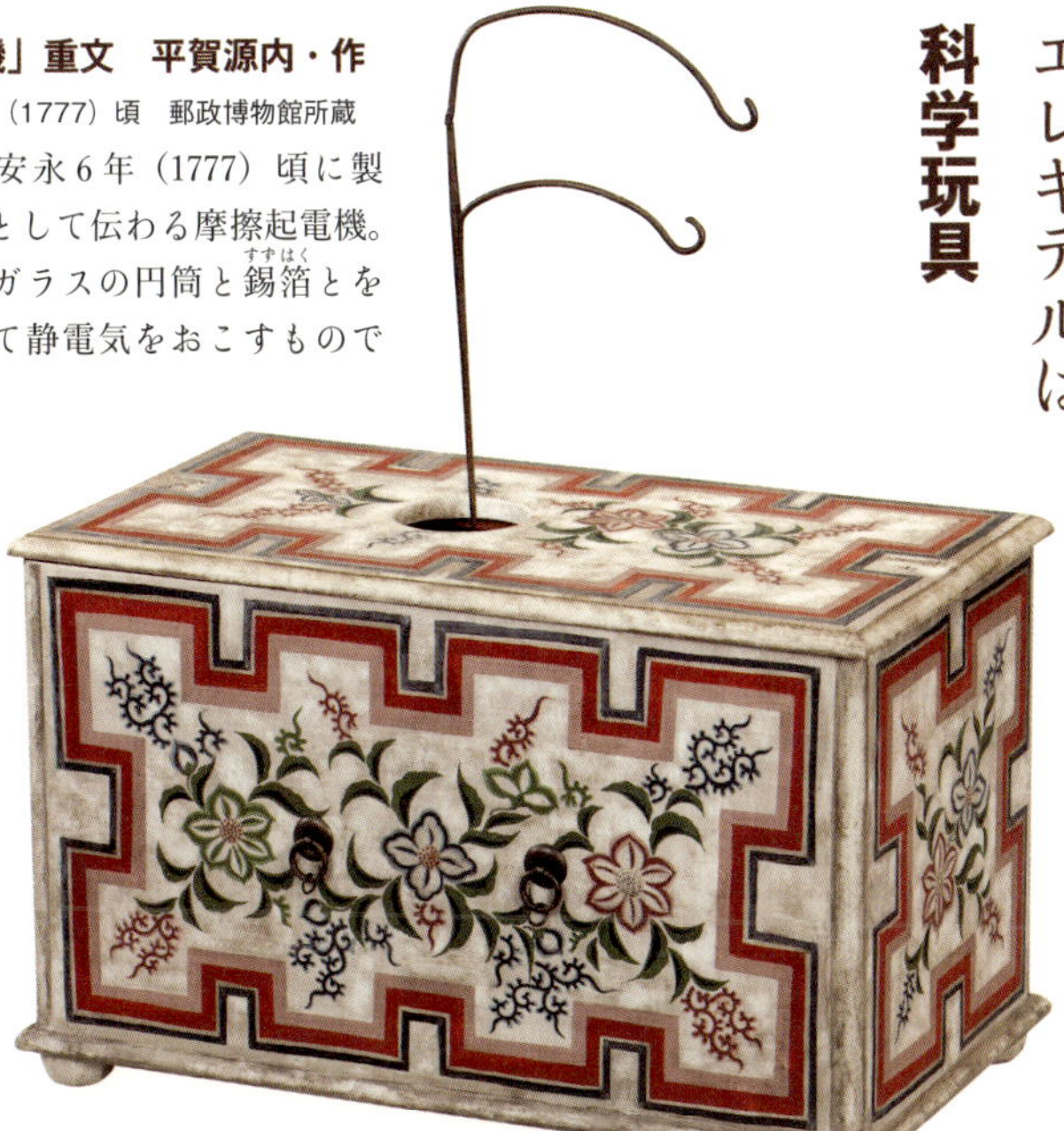

「起電機《きでんき》」重文　平賀源内・作
安永６年（1777）頃　郵政博物館所蔵
源内が安永６年（1777）頃に製作したとして伝わる摩擦起電機。構造はガラスの円筒と錫箔《すずはく》とを摩擦して静電気をおこすものである。

「平賀源内肖像」（部分）
（『戯作者考補遺』木村黙老・著より）
慶應義塾図書館蔵

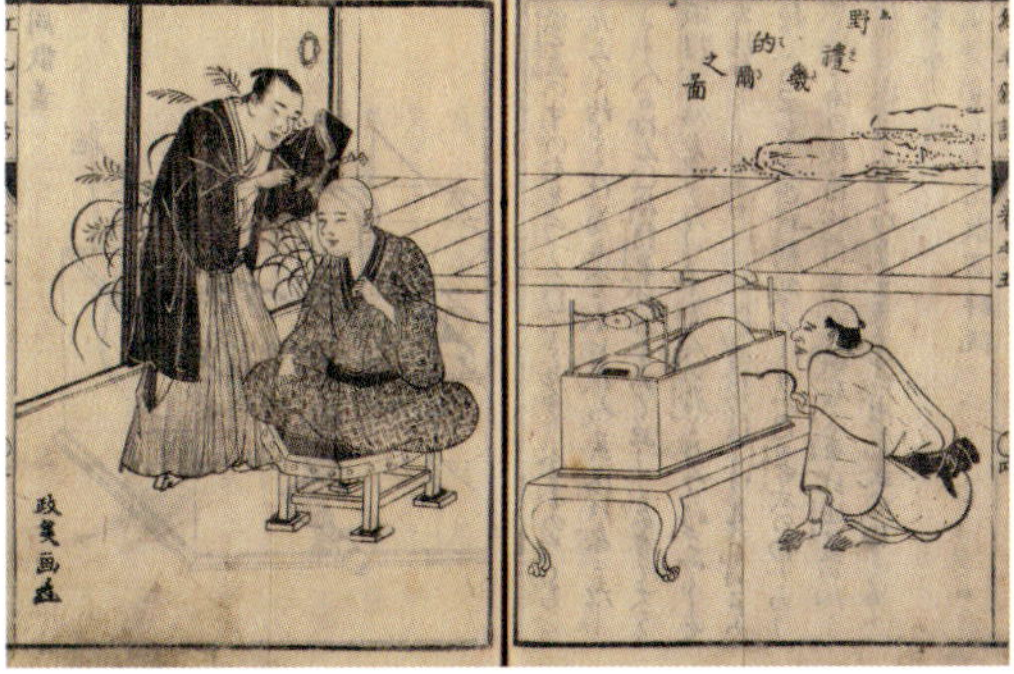

「ヱレキテル」（『紅毛雑話』森島中良・編より）
国立国会図書館デジタルコレクション
「左に図する物は、家蔵の『ヱレキテル』を図写したるなり。別に散図（とりはなしたるづ）を作りて、詳に説を記す」との解説がある。

「電気《でんき》治療《ちりょう》器《き》」佐久間《さくま》象山《しょうざん》・作

万延元年（1860）頃　郵政博物館蔵

電池、トランス、電極からなる構造で、象山は蘭訳本などを参考にして製作した。文久２年（1862）には夫人の病気治療に使い、効果を上げたと記している。箱の上部にあるノコギリ状の金具をこすると電気が発生する。

「唐物《からもの》屋《や》」（部分）

（『摂津名所図会』４巻上より）

エレキテルを売る店が描かれているが、このような見世物は庶民の好奇心を誘った。

「電気治療器」

シーボルト所有　郵政博物館蔵

エレキテルはオランダ語の“elektriciteit”からきており、江戸時代中期に伝来した医療用の摩擦発電装置である。これによって発生した電気によるショックが病気の治療に効果があるとされた。

コラム③

島津製作所の理化学器械

創業者である初代島津源蔵（一八三九～九四）は仏具職人であったが、東京遷都後の産業衰退の危機に直面した京都で、技術の才能のあった源蔵はいち早く学校教育用の理化学器械の製作・修理を手がけ、明治八年（一八七五）島津製作所をおこした。また京都府が舎密局《セイミきょく》を設立し（一八七〇）、ワグネル博士を招いて理化学教育や化学技術の導入や普及を行ったことから、その指導も仰いでいる。そして第一回内国勧業博覧会（一八七七）に出品したほか、翌年には軽気球を製作して京都御所でその飛揚実験に成功した。第二回内国勧業博覧会（一八八一）には蒸留器、マクデブルク半球などを出品して受賞、理化学器械への本格的な製作を開始した。そして日本独自の科学技術を確立させるという精神は二代目源蔵（一八六九～一九五一）にも受け継がれ、理化学器械にとどまることなく、医療用X線装置や蓄電池の開発など次々と新しい分野を切り拓き、事業発展の礎を固めた。

（掲載した理化学器械はすべて島津製作所 創業記念資料館の所蔵である）

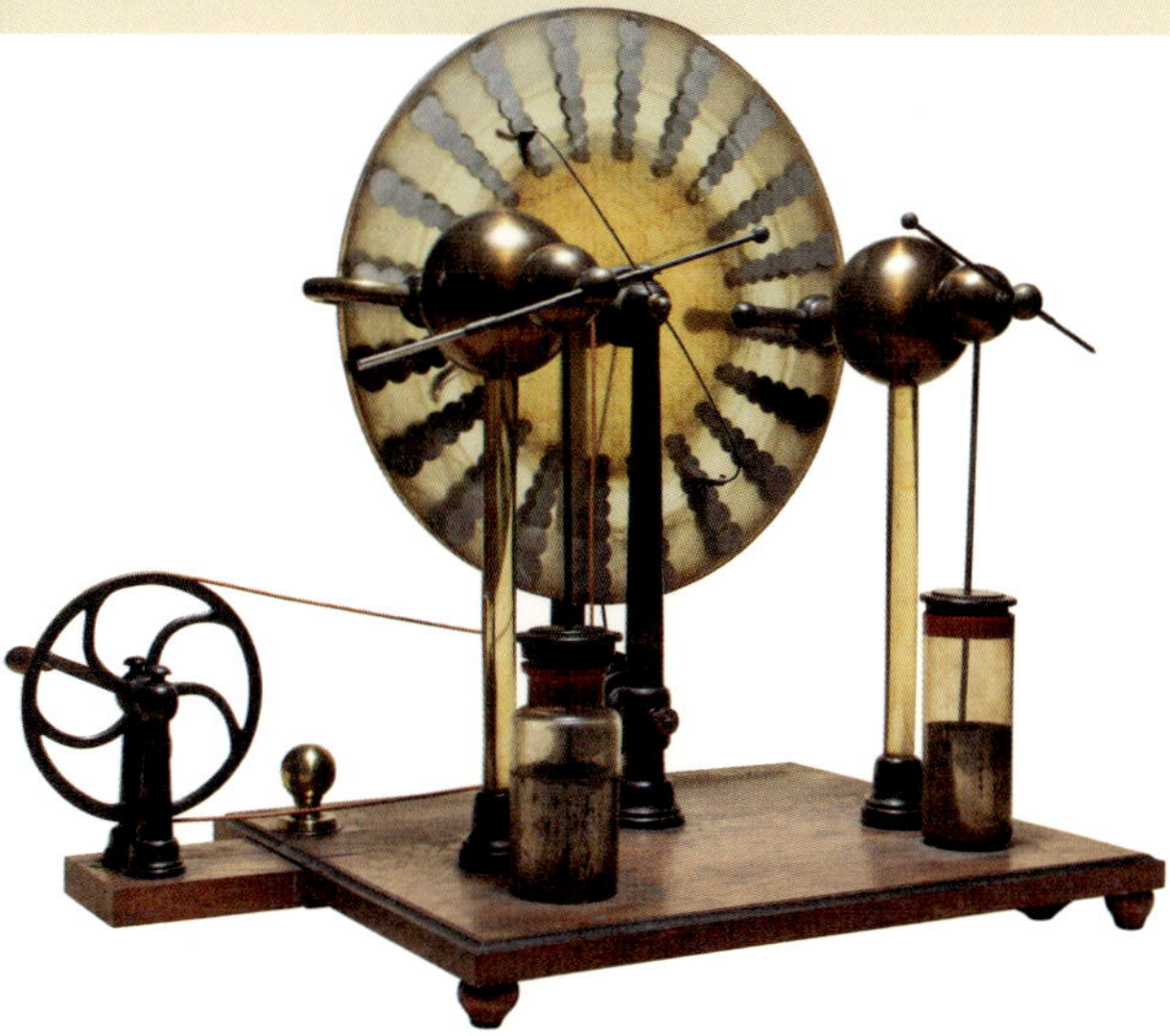

「ウィムシャースト感応起電機《かんのうきでんき》」 明治 17 年（1884）

明治 16 年、イギリスでウィムシャースト氏が発表。そのわずか 1 年後、当時 16 歳の二代目島津源蔵が日本で初めて完成させた。電気を火花と音を伴って見えるものとしてとらえ、「島津の電気」と呼ばれて教育用として普及した。またX線写真の撮影に電源として使用した。

【原理】２枚のガラス円盤に細長いアルミ薄片を放射状に貼り付けたものを互いに逆向きに回転させ、静電気誘導によって誘起した電荷を蓄電器（ライデン瓶）に集めて数万ボルトの高電圧を発生させる。

「防雷鍼《ぼうらいしん》」 明治 15 年（1882）頃

【原理】落雷の被害を防止する避雷針の働きを説明する模型。避雷針をアースせずに高電圧の電極を近づけると、爆発音が鳴る仕組み。避雷針に誘導された雷の電流は導線で大地に流れるため、家屋への被害を防ぐことができる。

「正切驗流電器《せいせつけんりゅうでんき》」

明治 30 年（1897）頃

【原理】電流を流すと方位磁針が動くことを原理とした電流計。円形コイルの中央に磁針を設置した構造で、地磁気と垂直になるようにコイルの軸を東西に合わせ、電流を流すと、磁針の回転角から電流の大きさがわかる。

「教育用《きょういくよう》エッキス線装置《せんそうち》」 明治 30 年（1897）

レントゲンによるX線発見からわずか2年後（X線写真撮影の成功から約1年後）、X線の知識の普及と啓蒙のために製作された。

【原理】X線実験の構成要素(電導コイル、X線管、蛍光板)をコンパクトにまとめた教育用実験装置で、X線の発生原理や特性の説明に用いる。

「アスタチック験流電器《けんりゅうでんき》」

明治 30 年（1897）頃

【原理】正切電流計の改良型で、微少な電流を検出することができる。地磁気から受ける力を小さくするためにNS逆向きに固定した上下2つの磁針を糸で吊るし、下の磁針だけがコイルの中に入っている。

「燐光管《りんこうかん》（花入）」（右）

明治 40 年（1907）頃

【原理】クルックス管(高真空の放電管)の電極間に燐光物質を塗った造花をおいたもので、真空放電によって電子が燐光物質に衝突し、花が光る。

「電氣卵《でんきたまご》」（左）

明治 15 年（1882）頃

【原理】気体中の放電による発光を観測するためのもの。少し空気を抜き高電圧をかけると、紫色タマゴ状の発光が見られる。

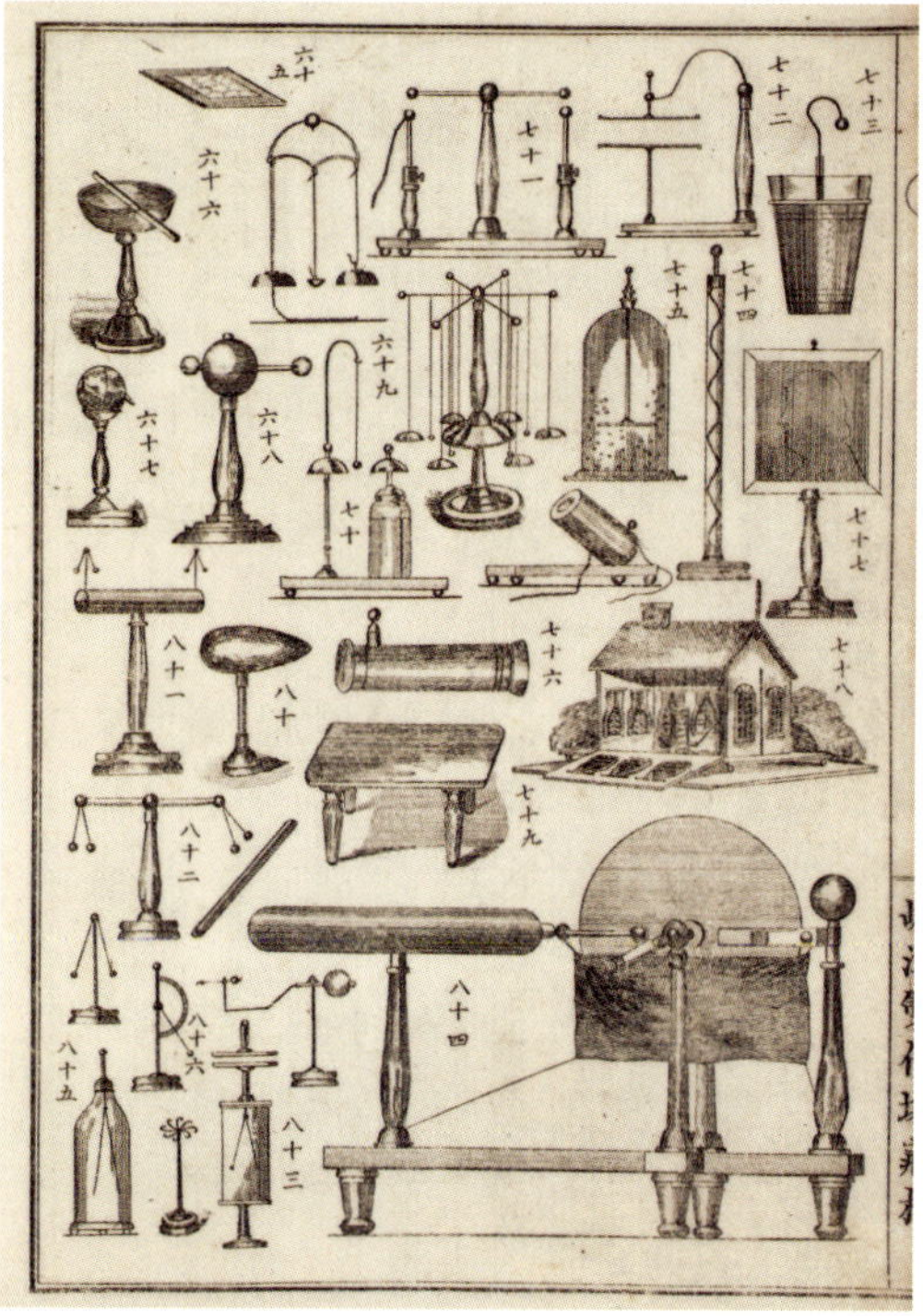

「理化器械目録表《りかきかいもくろくひょう》」 明治 15 年（1882）

「電氣密度試験器《でんきみつどしけんき》　卵型《たまごがた》」

明治 15 年（1882）頃

【原理】金属製の物体を帯電させて、表面の電荷分布の様子を調べるもの。電荷は金属の表面上で互いに反発するため、形状によって分布が偏る。この形状の場合、先鋭な部分に電荷が集中する傾向がある。

「電鈴《でんりん》」

明治 15 年（1882）頃

【原理】静電気の実験器具。両端の鐘を帯電させると、静電誘導と静電気力の効果で、球が往復して鈴を鳴らし続ける。

「分離《ぶんり》スベキ集電器《しゅうでんき》」 明治 15 年（1882）頃

【原理】ライデン瓶（蓄電池、コンデンサー）の原理と構造を説明するためのもの。広い面積の金属板の間に絶縁体（ガラス）を挟むことで効率よく電気を溜める。

「箔検電器《はくけんでんき》」 明治 15 年（1882）頃

【原理】電位差の大小によって、帯電をさせるとその量によって箔の開きが異なることを利用。物体の帯電の状態、電気の種類、物体の導体・不導体を調べるためのもの。

学校の科学教育のための理化学器械のカタログ

『理化器械目録表《りかきかいもくろくひょう》』

明治十五年（一八八二）一冊　島津製作所 創業記念資料館蔵

初代島津源蔵が発行した商品カタログ。「物性・固体」「水学・気学」「音学」「熱学・光学」「磁気・電気」の五部門に分類。百十種類もの理化学器械を掲載しており、当時の小中学校の科学教育に必要な器械を網羅していた。巻末には「御好次第何品ニテモ製造仕候也」とあり、創業者のものづくりに対する精神が伺える。

滊車雛形

蒸氣機械

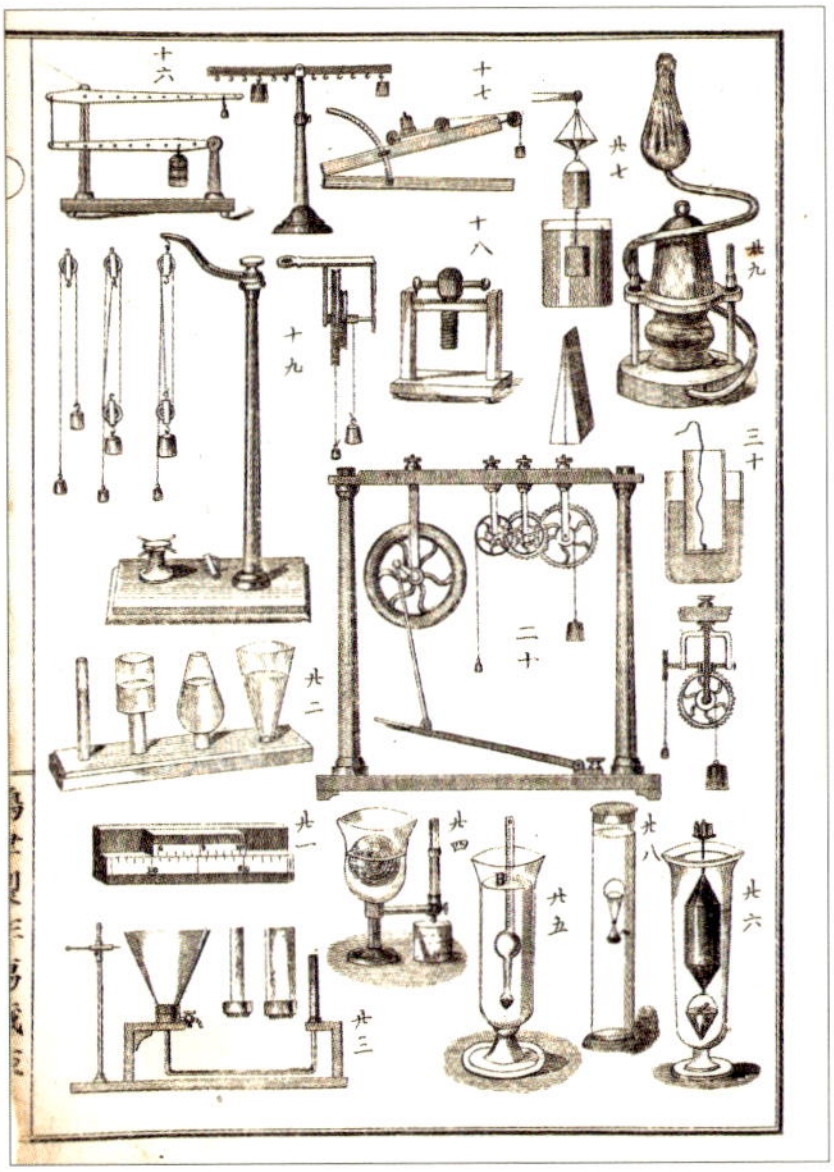

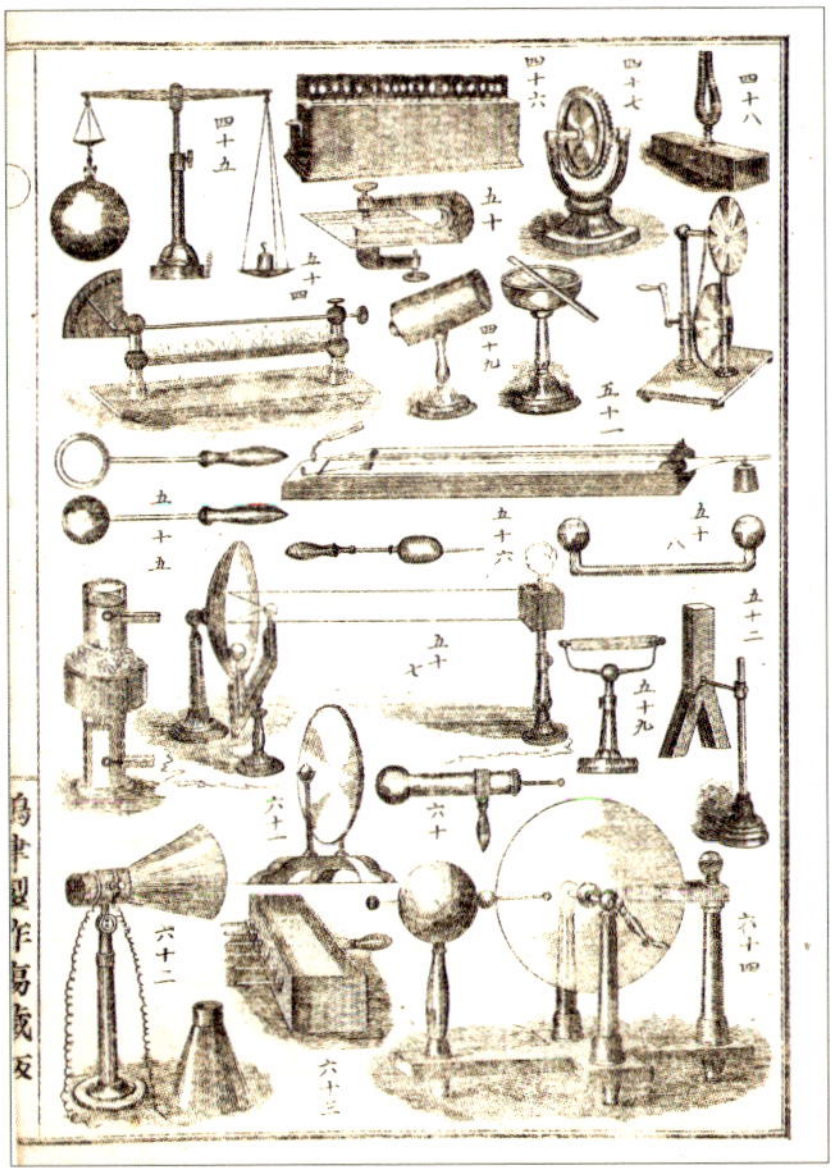

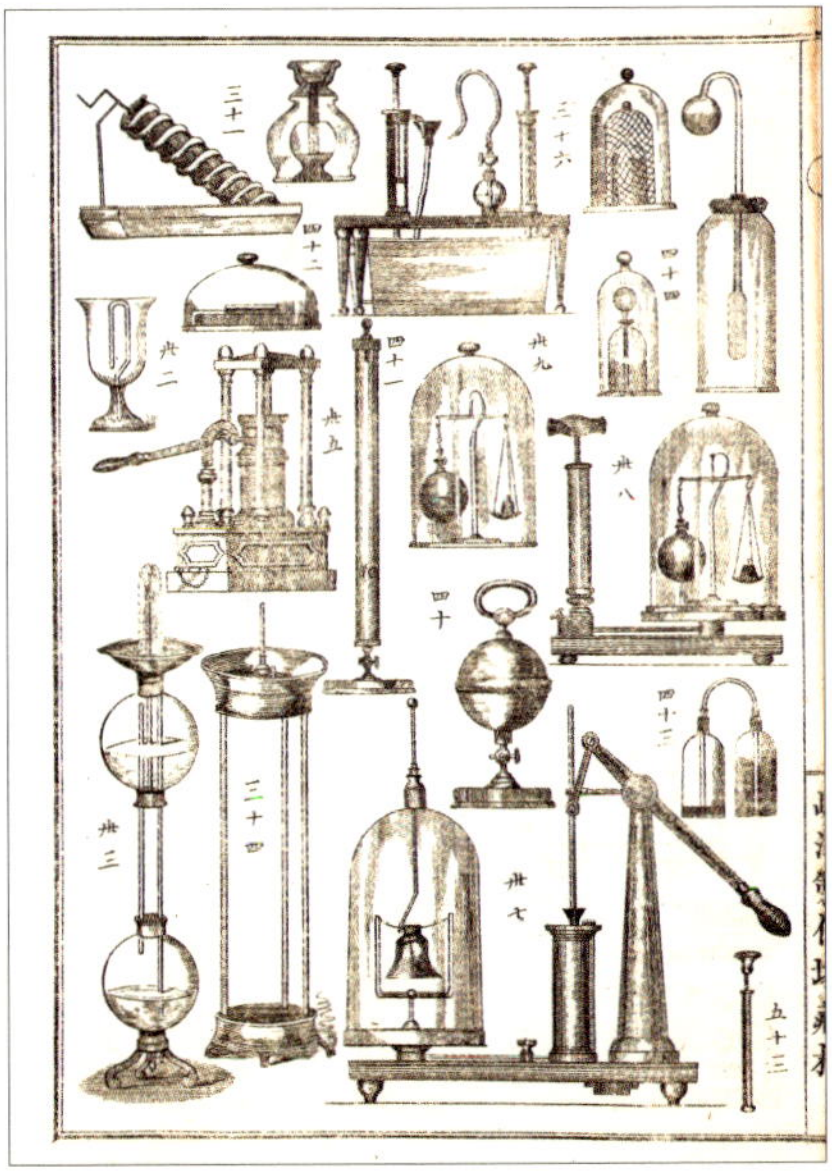

第九章

江戸の鉄砲

天文十二年（一五四三）、種子島に漂着したポルトガル人によって西洋の鉄砲が初めて伝えられた。このときの鉄砲はエスピンガルダと呼ばれた南欧系の先込め式火縄銃であった。『鉄炮記《てっぽうき》』によると、島主であった種子島時尭《ときたか》はその威力に驚き、すぐさま家臣らに鉄砲製作の技術研究を命じ、また火薬の製法も学ばせ、ついに国産化に成功したといわれている。そしてこの技術は、紀州の津田妙算《たえかず》や堺の橘屋又三郎によって畿内へ伝えられ、そして日本各地に広まっていった。また島津義久、将軍足利義晴らを経て近江の国友《くにとも》へ伝えられ国友鉄砲鍛冶の起源ともなった。

エッセイ③

国友一貫斎の科学性と技術力

太田浩司

国友一貫斎は安永七年（一七七八）十月三日、近江国坂田郡国友村（現在の長浜市国友町）に、国友鉄砲鍛冶師の子として生れた。彼の科学・技術における業績は多岐にわたるが、ここでは火縄銃と気砲、それに反射望遠鏡の製作と天体観測に限って、その事蹟を

「気砲試射図」 国友一貫斎家関連資料
文政２年に行われた老中酒井忠進御前での気砲試射の状況を描いた図。一貫斎は、酒井忠進を背に、下方の標的を狙っている。左右には、家老をはじめ酒井家の家臣が並ぶ。図中の文字は、●が忠進の言葉、▲が一貫斎の言葉と凡例に記されている。

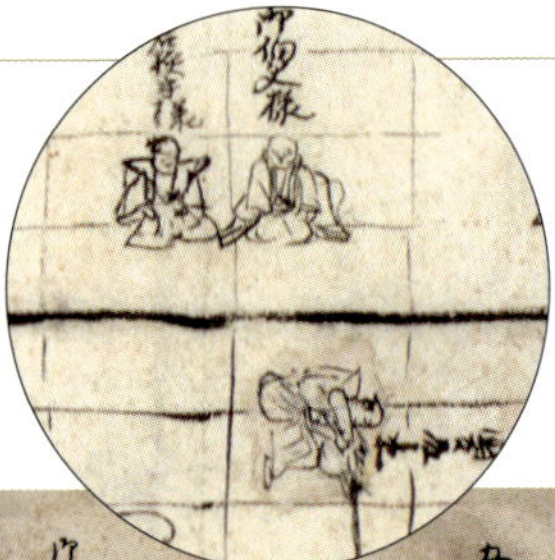

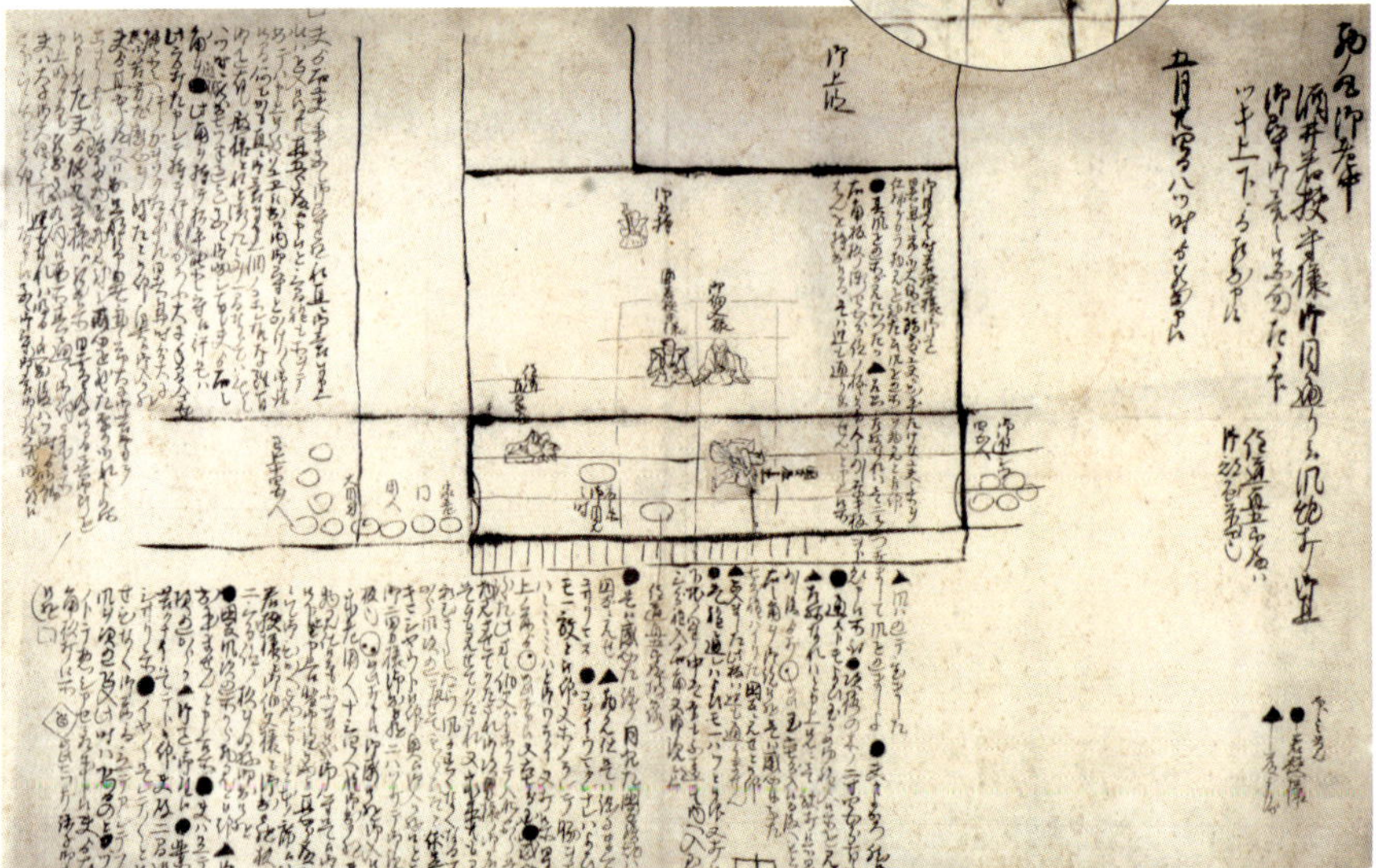

追ってみよう。

鍛冶師としての一貫斎

従来、火縄銃の製作は、師匠から弟子へ伝える秘事として扱われ、弟子入りの時も決して技法を人に明かさないという起請文を提出するのを常としていた。この常識を打ち破ったのが一貫斎であった。彼は、前老中である松平定信の依頼に従って、文政元年（一八一八）に『大小御鉄砲張立製作』を著している。当時の為政者は十八世紀末以来、ロシア船をはじめとする外国船が日本近海に現れ通商を望む他、小規模な衝突を繰り返すことを憂慮していた。日本の国防・海防のためには、何よりも火器の充実が必要と定信は考えたのである。そこで、火縄銃の大量生産を行なえるようにするため、一貫斎へその製作技法の公開を求めた。

　一貫斎はこの依頼に従って、『大小御鉄砲張立製作』を著す。この書物をもってすれば、鍛冶の心得さえあれば、如何なる大筒でも製作することが出来た。また、鉄砲製作法は戦国時代から各地に伝わっているが、鍛冶師によって区々《まちまち》であり一定しなかった。ここでは、その製作法の統一を図っている。まさしく、火縄銃製作のマニュアルづくりであったと言えよう。

空気銃「気砲」の製作

一貫斎は、日本で初めて空気銃「気砲」を製作した。すでに、文化十一年（一八一四）、膳所《ぜぜ》藩に仕えた眼科医・山田大円より、オランダ渡りの空気銃の説明を受け、間もなくその模型の製作に成功していたと言われる。その後、江戸に出た一貫斎は、文政元年（一八一八）十月五日に、同じく偶然にも江戸に出ていた大円からオランダ製の空気銃の実物を見せられた。この空気銃は破損していたが、修理する職人がなく放置されていたものを、大円が借り受けたものだった。一貫斎はその場で空気銃の修理を依頼され、短期間でそれを果している。一貫斎は作業に当たり空気銃の詳細なスケッチや記録を残しているが、その性能は彼にとって物足りないものであった。そこで、より性能が優れた空気銃を製作することを思い立ったのである。

　一貫斎が考案した空気銃「気砲」は、同年十一月一日をもって製作が始められ、翌年の文政二年（一八一九）三月九日に、丹後峰山藩主の京極高備《たかまさ》へ納品された。同時に気砲の使い方を解説した『気砲記』を著している。同年五月二十四日には、老中酒井忠進《ただゆき》（若狭小浜藩主）の前で御前射撃を行っている。「国友一貫斎家関連資料」には、この時の絵入り試射記録があり、気砲から放たれた弾が標的に当たったのを目の当たりした忠進が、「是は感心だ、誠ニ同穴だ、国友鉄砲は名人だ、国友に見せ」と感嘆したのに対し、弾が当たった標的を見せられた一貫斎は「是はまぐれ当りデゴザリマス」と返答している。大名たちの驚きと、一貫斎の控えめな自負を生々しく伝える。

「気砲」原理の普及

当時、空気銃は一般に「風砲」と呼ばれていた。一貫斎自身も『気砲記』の冒頭に、「蘭名ウインドルウル　俗ニ風砲ト云」と記している。しかし、彼は「風砲」という名称は理論的ではないとして「気を込めて発する鉄砲」であるから、「気砲」の名称を付けたのである。「気」はすなわち空気である。単に「風」が吹く現象で弾が飛ぶのではなく、「気」の圧縮によって弾が飛ぶということに、一貫斎は気づいていた。

天保五年（一八三四）に納品した気砲を使って、一貫斎は空気の重さを測っている。彼は空気に重量・実態があることに気がついた初めての日本人であった。この点、日本の科学・技術史の上で特筆すべき存在であろう。空気圧を動力とする「気砲」の原理は、田中久重の「無尽燈」や、奥村菅次の「からくり噴水器」に応用されていった。このように、一貫斎による「空気の発見」は江戸の科学・技術の中で大きな連鎖反応を起こしたと言えよう。

反射望遠鏡の製作

天保三年（一八三二）六月二十日、一貫斎は念願であった反射望遠鏡の製作に着手した。すでに、和泉国貝塚の岩崎善兵衛が屈折望遠鏡を自作し、寛政五年（一七九三）に天体観測を行い、寛政八年（一七九六）には司馬江漢が『和蘭《オランダ》天説』を公刊し、コペルニクスの地動説を紹介していた。当時の知識人にとって、天体への興味はごく自然であり、一貫斎も江戸滞在中に平田篤胤《あつたね》らから、天体に関する知識を得ていたと思われる。特に、尾張犬山藩主であった成瀬正寿《まさなが》の屋敷でオランダ製「テレスコツフ御目鏡」を見たことは、大きな刺激になった。それと同型のグレゴリー式反射望遠鏡を製作することは、彼の宿願となっていた。

一貫斎の反射望遠鏡は、翌年の天保四年（一八三三）にほぼ完成した。これまでの日本では、前述のように鏡を使用しない屈折望遠鏡は製作されていたが、鏡を使用する反射望遠鏡は、これが国産第一号であった。彼は天保七年（一八三六）に至るまで、反射望遠鏡の製作を継続し、その内の四基が現存している。

一貫斎が望遠鏡の製作において、最も苦労したのは、反射鏡の鋳込み方法と研磨であった。実際に天体観測を行いつつ、この問題について改良を続けている。その結果、鏡は銅と錫の合金比率を工夫し、百年経過しても曇らないであろうと予測した鏡を製作し得た。さらに、研磨についても反射鏡に必要な放物面を磨き出すことに成功した。彼の望遠鏡は、大坂の民間天文学者・

間重新《はざまじゅうしん》をして、オランダ製の望遠鏡より、「もや付」が少なく星を倍大きく観測できると驚嘆せしめた程であった。

国友一貫斎の天体観測

一貫斎は性能向上を目指して、自作の望遠鏡で天体観測を始めた。天保四年（一八三三）十月十一日が最初の観測で、月と木星のスケッチをしているが、この段階から月のクレーターや木星の二つの衛星に気がついている。天保六年（一八三五）正月六日より太陽黒点観測を開始、翌年の二月八日に至る一年余り（毎日、五つ時と八つ時の二回観測）に及ぶ日本人初の太陽黒点連続観測を行っている。天保七年（一八三六）には、月・太陽・金星・木星・土星の見事な図面を残している。幕府天文方の足立信頭《しんとう》（左内）は、一貫斎の観測記録を見て、日本にある望遠鏡では到底見えそうもないものまで書かれていると驚嘆している。

一貫斎の死とその後

天保十一年（一八四〇）十二月三日、一貫斎は六十三歳の生涯を閉じた。その科学性と技術力は独創的で、近世日本の中でもひときわ大きな輝きを放っている。しかし、当時の近江国友の鉄砲鍛冶の中には、それを継承するだけの人物が不在であった。また、科学と技術を産業化できるパトロンも近くにいなかった。したがって、残念ながら彼の科学・技術は、地域で受け継がれることはなかった。ただ、日本近世の科学・技術の水準を、総体として押し上げた人物として、その名はもっと日本中で知られてもいいように思う。

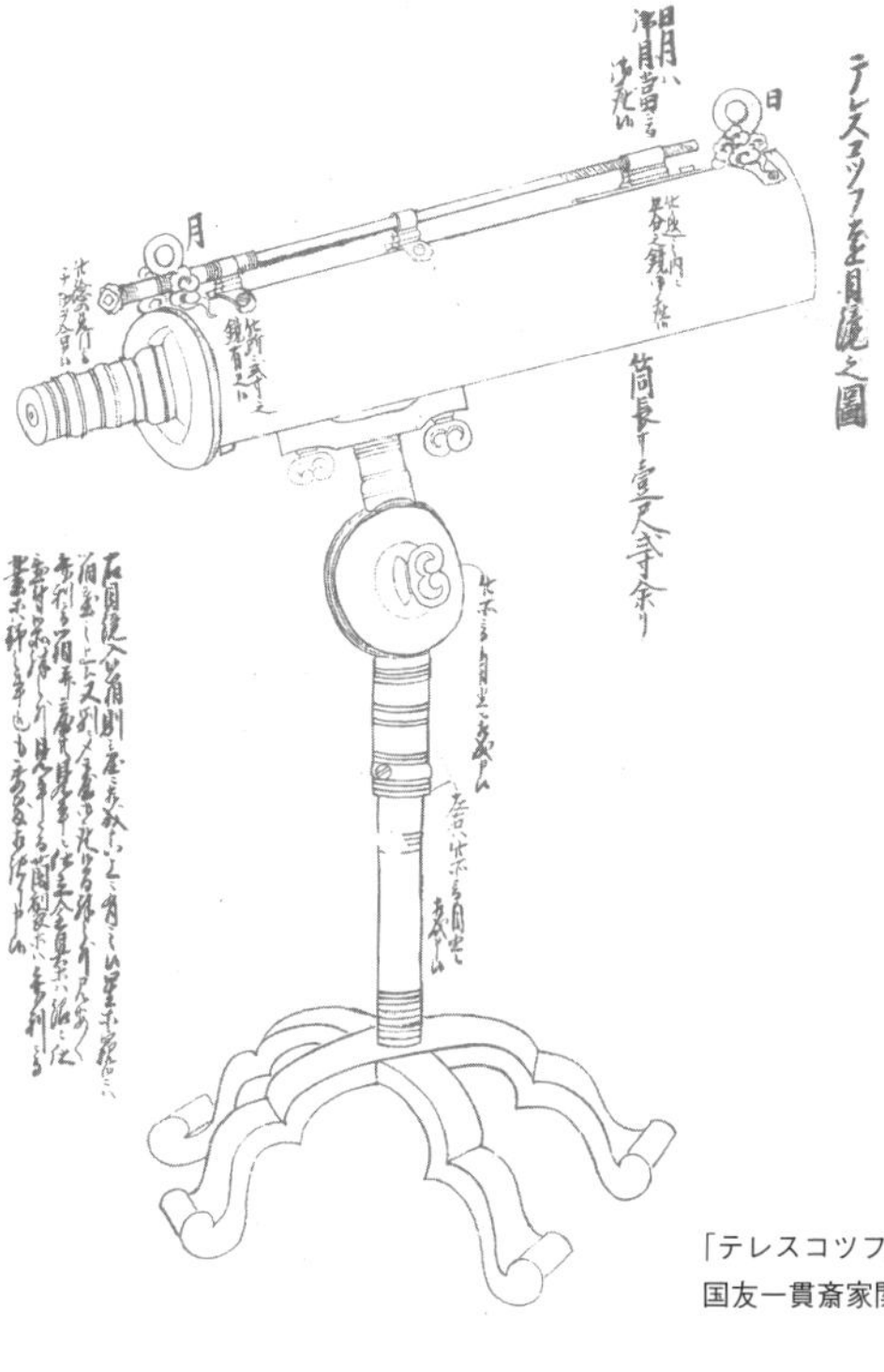

「テレスコツフ遠目鏡之図」
国友一貫斎家関連資料

火縄銃伝来から国産化に成功した日本の技術

上
「火縄銃《ひなわじゅう》」 銘 江州国友藤兵衛重恭
国友久三郎重直
文政二年（一八一九） 長浜市長浜城歴史博物館蔵

文政二年（一八一九）製作の十匁《もんめ》の中筒《なかづつ》で、国友一貫斎（藤兵衛）と実弟の久三郎（源重郎）との合作銃である。近江国水口藩砲術星山流師範、菅克誠（直記）が所持していたことが知られる。

中
「火縄銃《ひなわじゅう》（仙台国友筒《せんだいくにともづつ》）」
銘 二本松住国友定吉久義・作
江戸時代（十八世紀～十九世紀）
国立歴史民俗博物館蔵

銃身は八角型、地板と引金などは真鍮製である。銃床には、瓢《ひさご》、茗荷《みょうが》、河豚《ふぐ》などの真鍮製金具が付けられている。

下
「火縄銃《ひなわじゅう》」 銘 江州国友住勘左衛門・作
江戸時代（十八世紀～十九世紀）
国立歴史民俗博物館蔵

火縄銃の口径は、重さが定められた鉛の球弾の重量とその直径で表示され、三匁筒《もんめづつ》（口径十二・三ミリ）、六匁筒（口径十五・八ミリ）、十匁筒（口径十八・七ミリ）が一般的である。銃身長一メートルでの有効射程は約一五〇メートル、最大射程は千メートルに達する。

左頁・上
「ピストル」
所荘吉旧蔵炮術秘伝書コレクション 江戸時代（十八世紀～十九世紀） 国立歴史民俗博物館蔵

馬上筒、ピストル、拳銃、腰挿《こしざし》などとよばれる全長が四十センチに満たない護身用の拳銃である。発火薬雷汞《らいこう》の発明によって鉄砲は著しく発達したが、とりわけ拳銃の発達が目覚ましかった。形態は岡山藩に流行した藤岡流の火縄式の鉄砲であるが、機関部が雷粒式に改造されている。旧来の火縄銃を機関部だけこのように改造することは各藩でよくみられた。

「太平記英勇伝《たいへいきえいゆうでん》 四十五 鈴木飛《すずきひ》騨守重幸《だのかみしげゆき》」 落合芳幾《おちあいよしいく》・画

慶応三年（一八六七） 広岡屋幸助版 中判錦絵 一枚 東京都立中央図書館特別文庫室蔵

火縄銃が戦闘に用いられたのは、長篠の戦い（一五七五）における織田・徳川連合軍の鉄砲による効果が旧来の戦術に大きな変革をもたらしたことで知られている。落合芳幾は歌川国芳の門下で、月岡芳年《よしとし》とは兄弟弟子である。

「太平記英勇伝《たいへいきえいゆうでん》 九十九 豊臣秀次《とよとみひでつぐ》」 落合芳幾・画

広岡屋幸助版 中判錦絵 一枚 東京都立中央図書館特別文庫室蔵

「太平記英勇伝」の題名は『太平記』と南北朝時代の書物名をつけているが、実際は豊臣秀吉などの戦国時代の武将を描いている。豊臣秀次は安土桃山時代の武将で、秀吉の甥。賤ケ岳の戦い、四国や小田原征伐などで戦功をあげた。

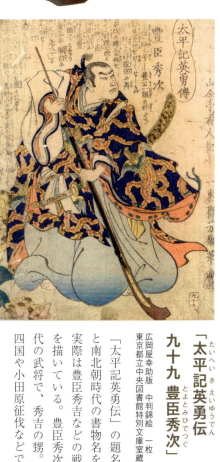

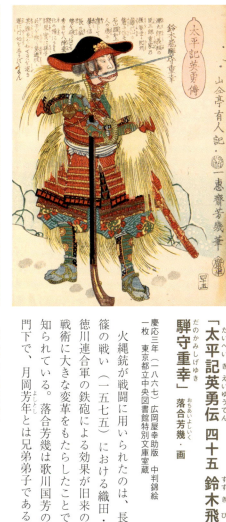

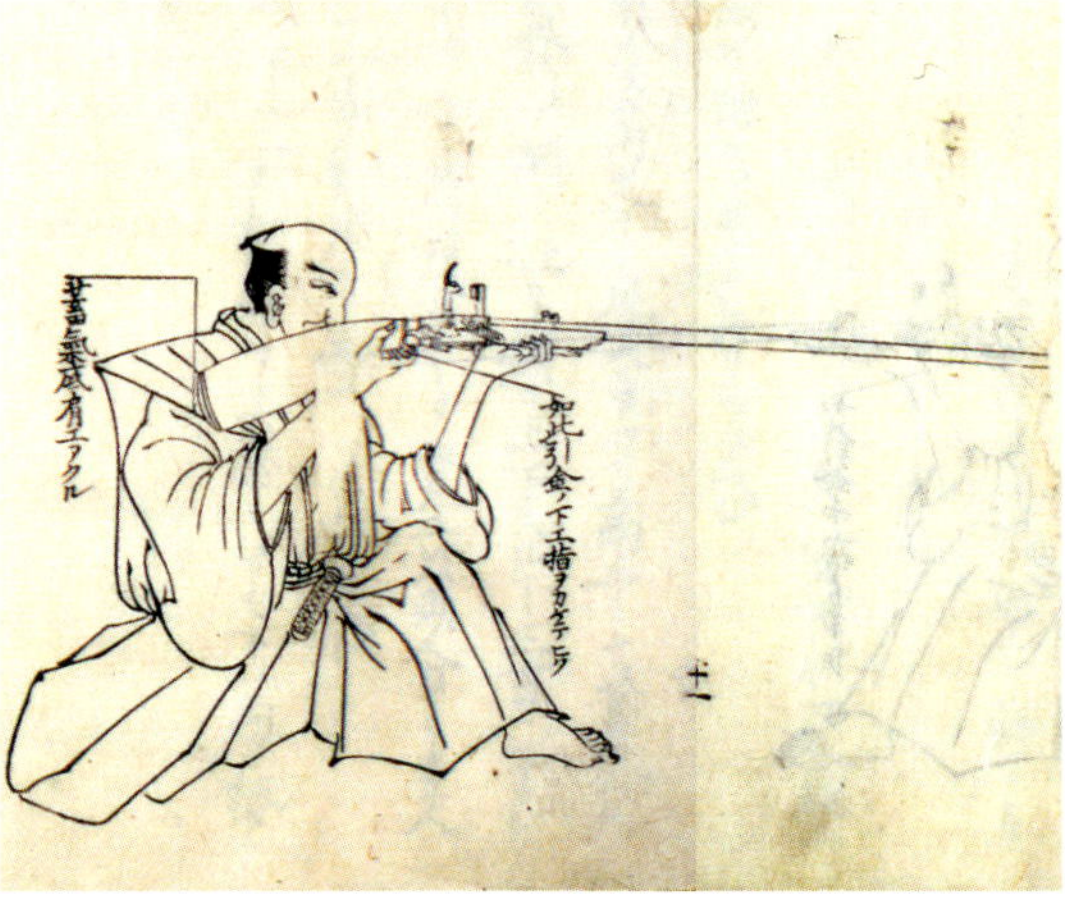

上 「気砲《きほう》」 銘 江州国友藤兵衛能当造之・作

江戸時代（十八世紀～十九世紀） トヨタ産業技術記念館蔵

収納箱に収められた一貫斎製作の気砲で、生気棍、生気筒（ポンプ）が付属している。その他に説明書に相当する『気砲記』一冊、玉が貫通した標的二枚、玉入二袋、玉十三個、玉型（弾子模）一本、捻子《ねじ》まわし二本など多数の付属品がそろっている。

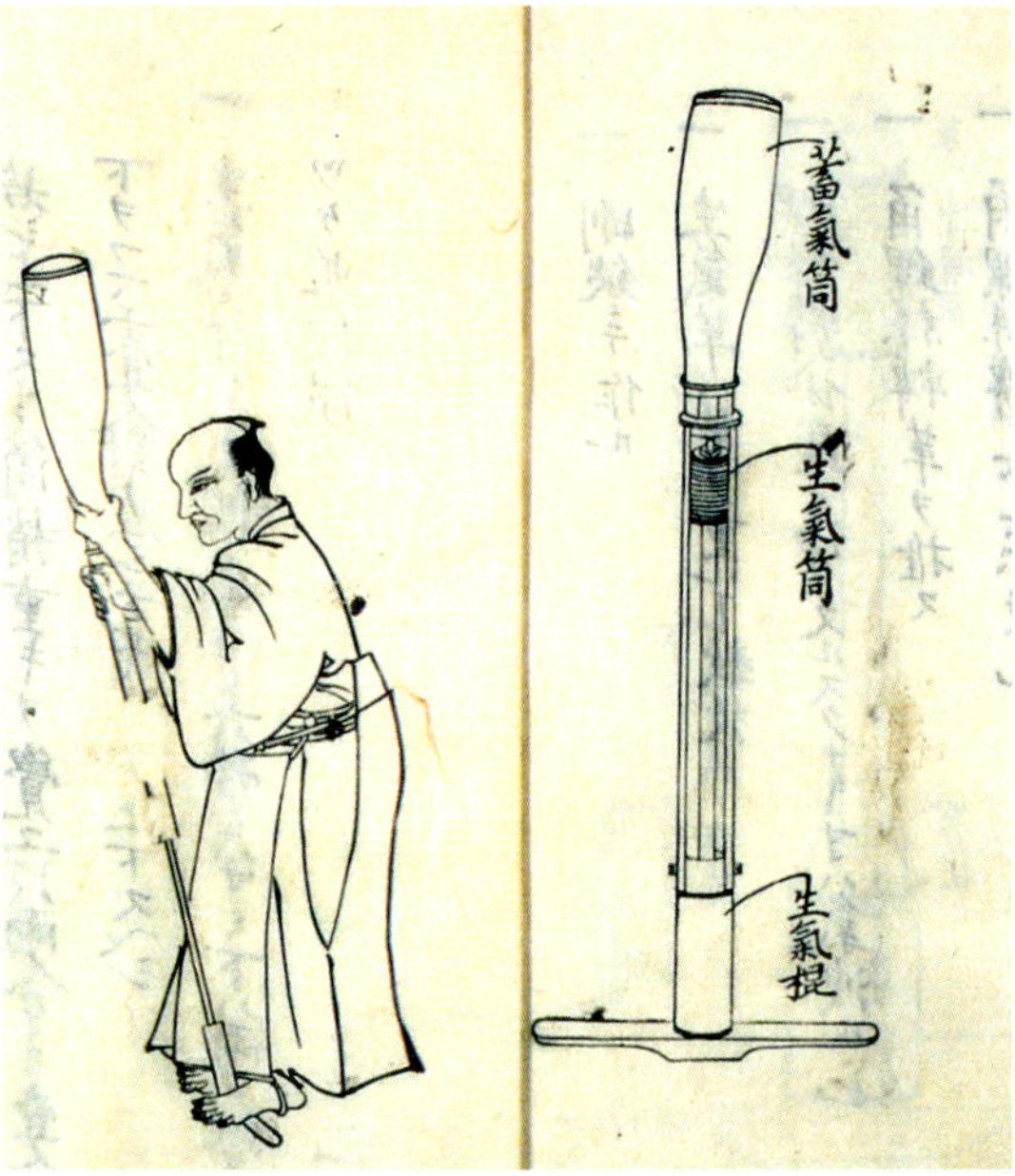

「気砲記《きほうき》」

文政二年（一八一九） 国友一貫斎家関連資料

一貫斎が文政二年（一八一九）春に発行した気砲の説明書。胴金金具（機関部）、蓄気筒の説明、生気筒、生気棍の説明のあとに「生気之法」や発射方法について述べている。気砲本体に付属させてその取扱説明書として利用された。

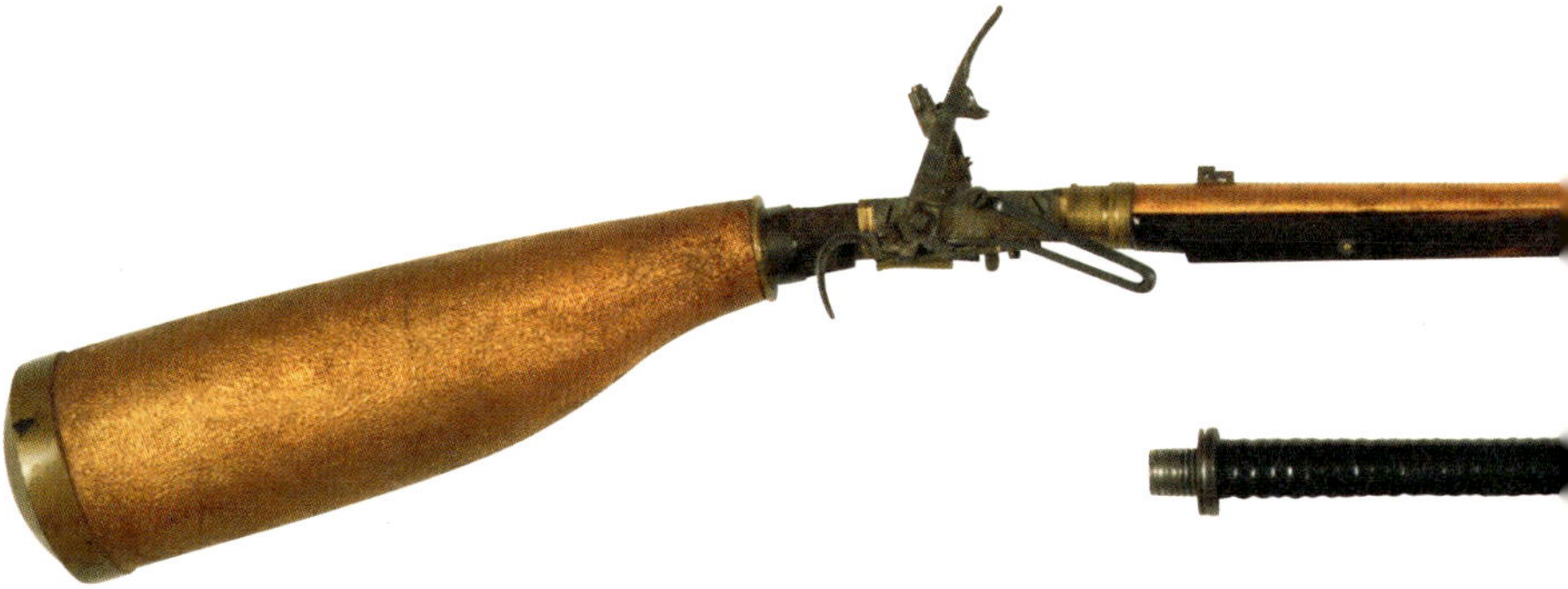

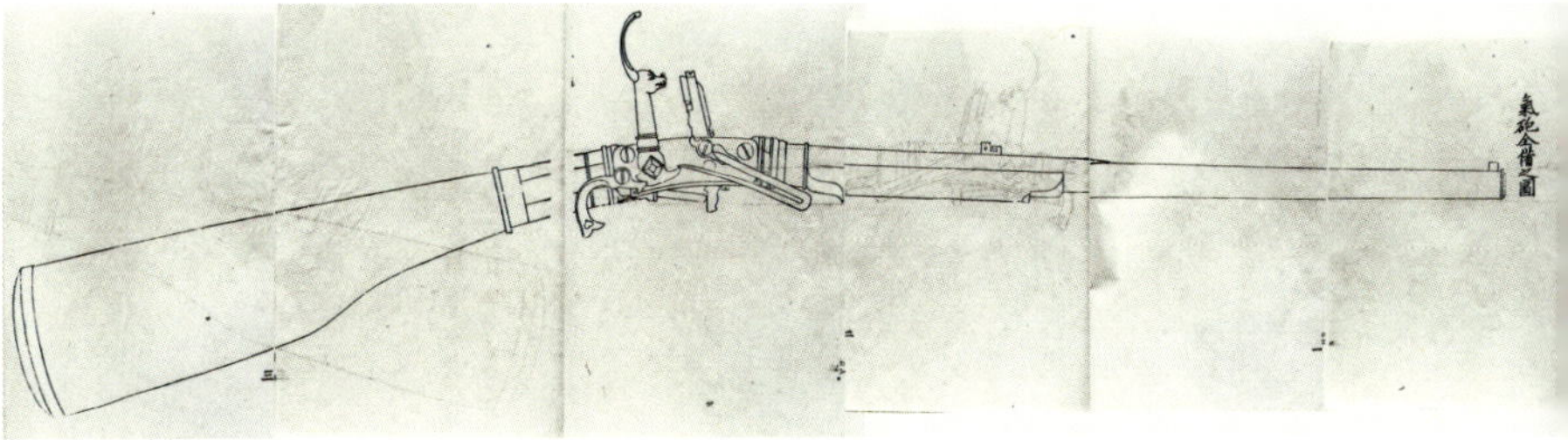

「気砲記《きほうき》」 文政２年（1819） 国友一貫斎家関連資料

国友一貫斎（藤兵衛）が文政２年（1819）に著した気砲（空気銃）の取扱説明書。

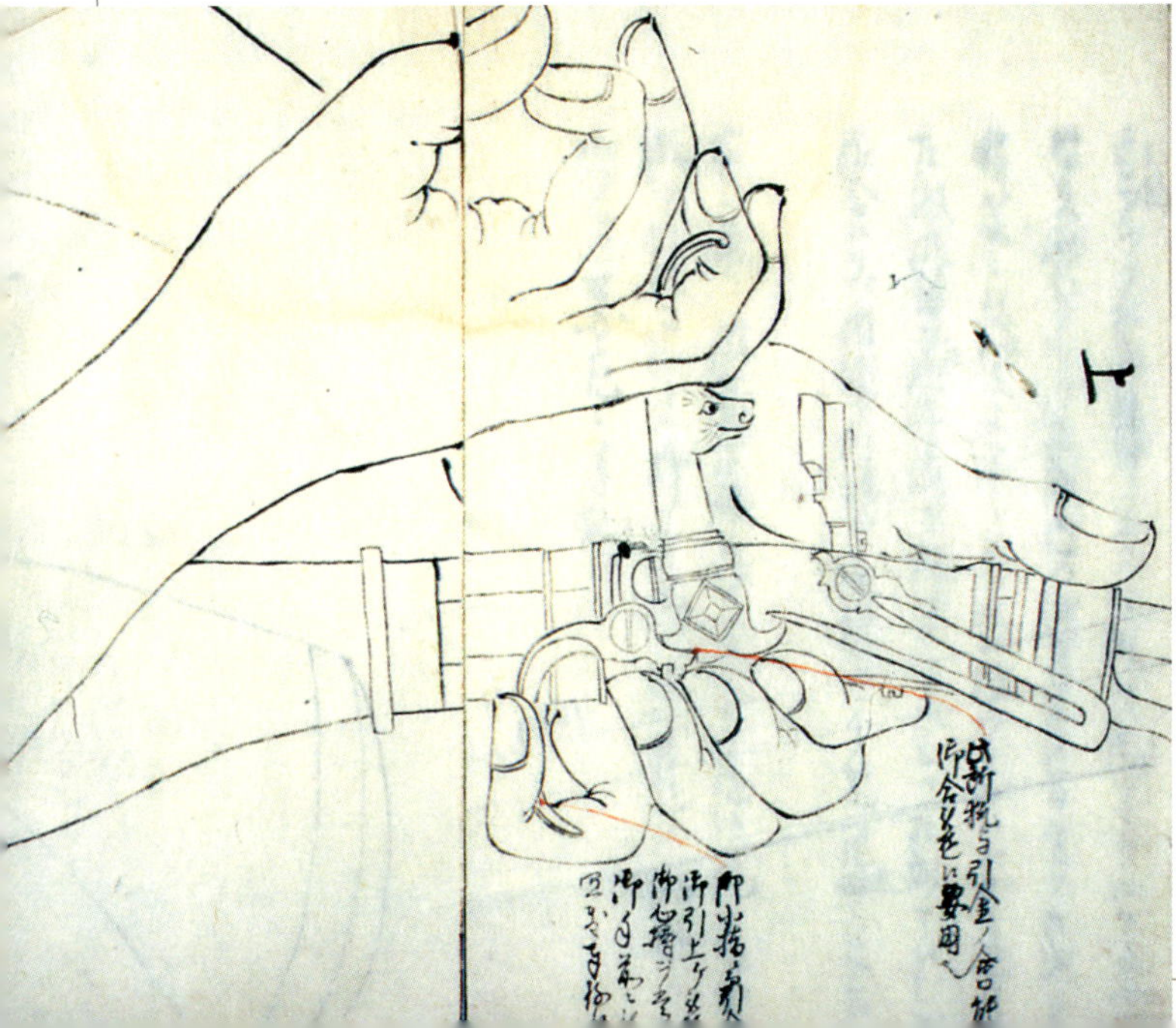

「気砲弁記《きほうべんき》」 国友一貫斎家関連資料

『気砲記』より詳しい説明書。一貫斎家には『気砲記』と同じ文政二年春のものと、翌年三月の肉筆本が伝わる。『気砲記』にはない機関部の操作方法を記した部分である。

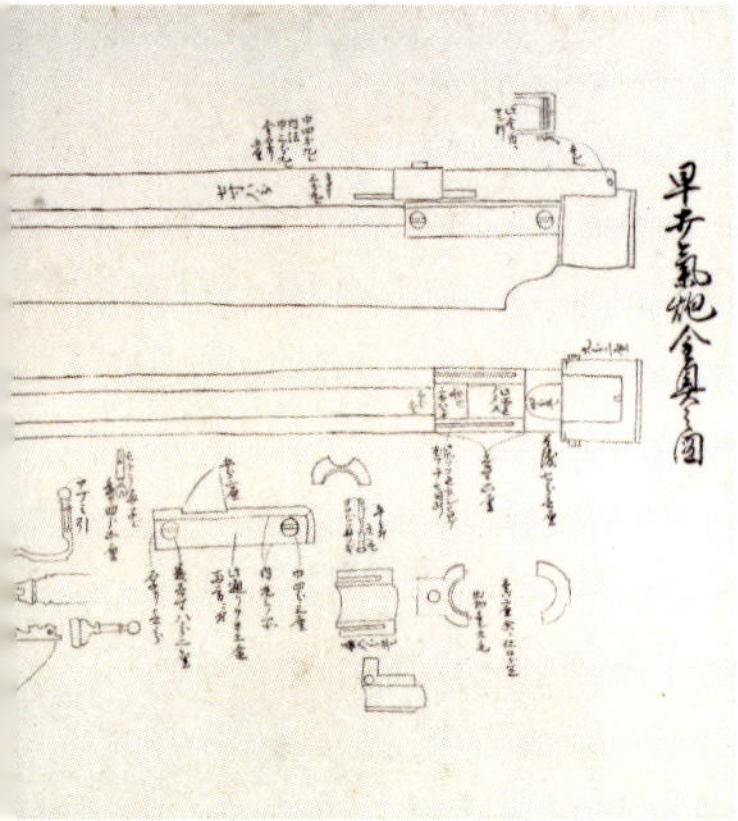

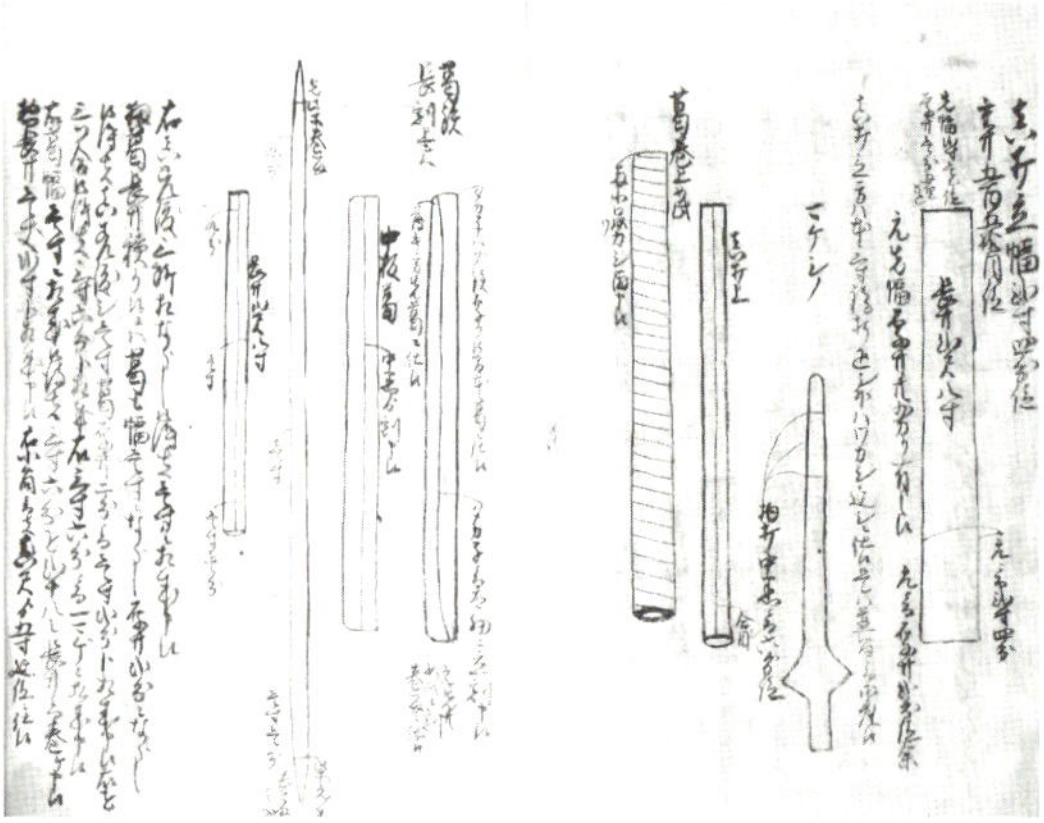

上右

「大小御鉄砲張立製作《だいしょうおんてっぽうはりたてせいさく》」

文政元年（一八一八）
国友一貫斎家関連資料

国友一貫斎が文政元年（一八一八）十二月に著した鉄砲製作法の解説書。掲示の部分は銃身の製作方法を記述した部分である。

上左

「早打気砲金具之図《はやうちきほうかなぐのず》」

国友一貫斎家関連資料

気砲に改良を加え、二十連発とした銃の弾倉部分の図面。上部に銃身側面、上面の図面を載せ、下部に部品の詳細を載せている。

左頁・上

「三匁玉鉄砲絵形覚《さんもんめだまてっぽうえかたおぼえ》」

国友一貫斎家関連資料

国友藤兵衛（一貫斎）家に残る三匁玉（細筒）火縄銃の図面。銃身と銃床後部の図が示されている。銃身には後付けされる火皿や見当の詳細図が付属する。国友では銃身は鍛冶、銃床は台師という具合に分業で鉄砲が生産されていた。

中

「空気銃《くうきじゅう》」

真田宝物館蔵

信州松代《まつしろ》藩真田家に伝来した空気銃で、同藩の抱鉄砲鍛冶である片井京介の製作にかかるといわれる。生気筒（ポンプ）や蓄気筒（タンク）の形状など一貫斎製の影響も濃いが、機関部の意匠、それに銃身と機関部が分離不能な点など相違点も多く見られる。

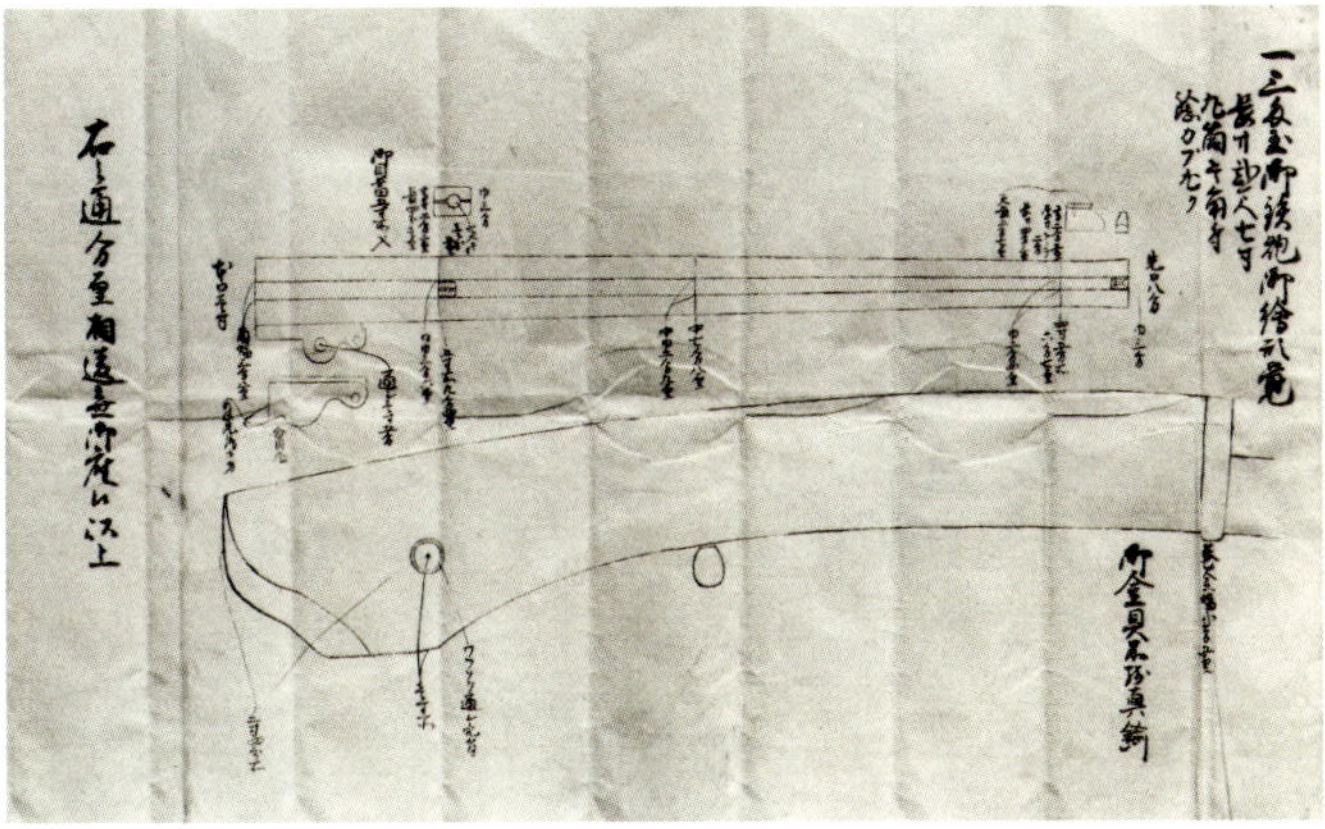

「気砲《きほう》」 銘 江州国友藤兵衛能当造之

松浦史料博物館蔵

二段の収納箱に収められた一貫斎製作気砲で、生気棍・生気筒（ポンプ）はもとより、気砲記・烏口（玉入）・機関部置台・椿油入用壺・気砲記一冊・文書二通が付属する。

「気砲」部分

「気砲」収納状態

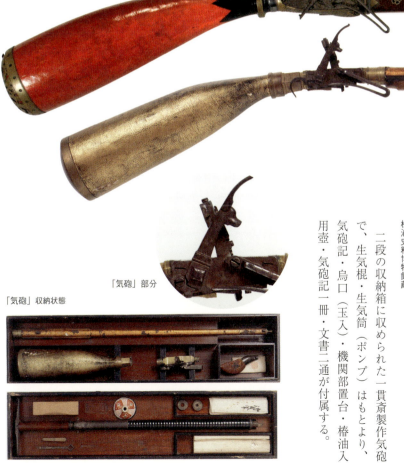

『鼓《こ》銅《どう》図《ず》録《ろく》』

増田綱《ますだこう》・撰 丹羽桃渓・画

一冊 住友氏蔵版 国文学研究資料館蔵

刊行者の住友家が経営する別子銅山と大坂住友銅吹所を事例として、銅鉱採掘より南蛮吹による銀製錬まで、工程を十数段に分けて図示し、各図に和文の解説を加えて別に製錬用器具の説明図がある。解説は泉屋傭人の増田綱、絵図は大坂の画家丹羽桃渓が描いている。桃渓は蔀《しとみ》関月に学び、絵本や狂歌本の挿絵を多く手がけた。

銅の採鉱から精錬までの記録

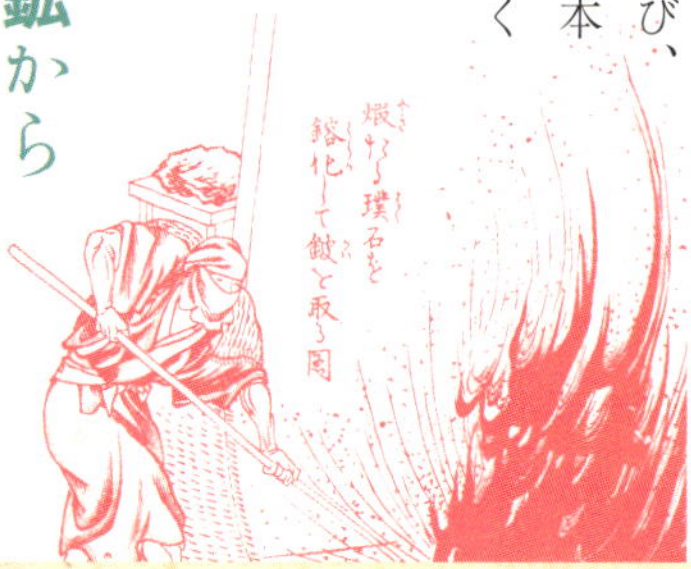

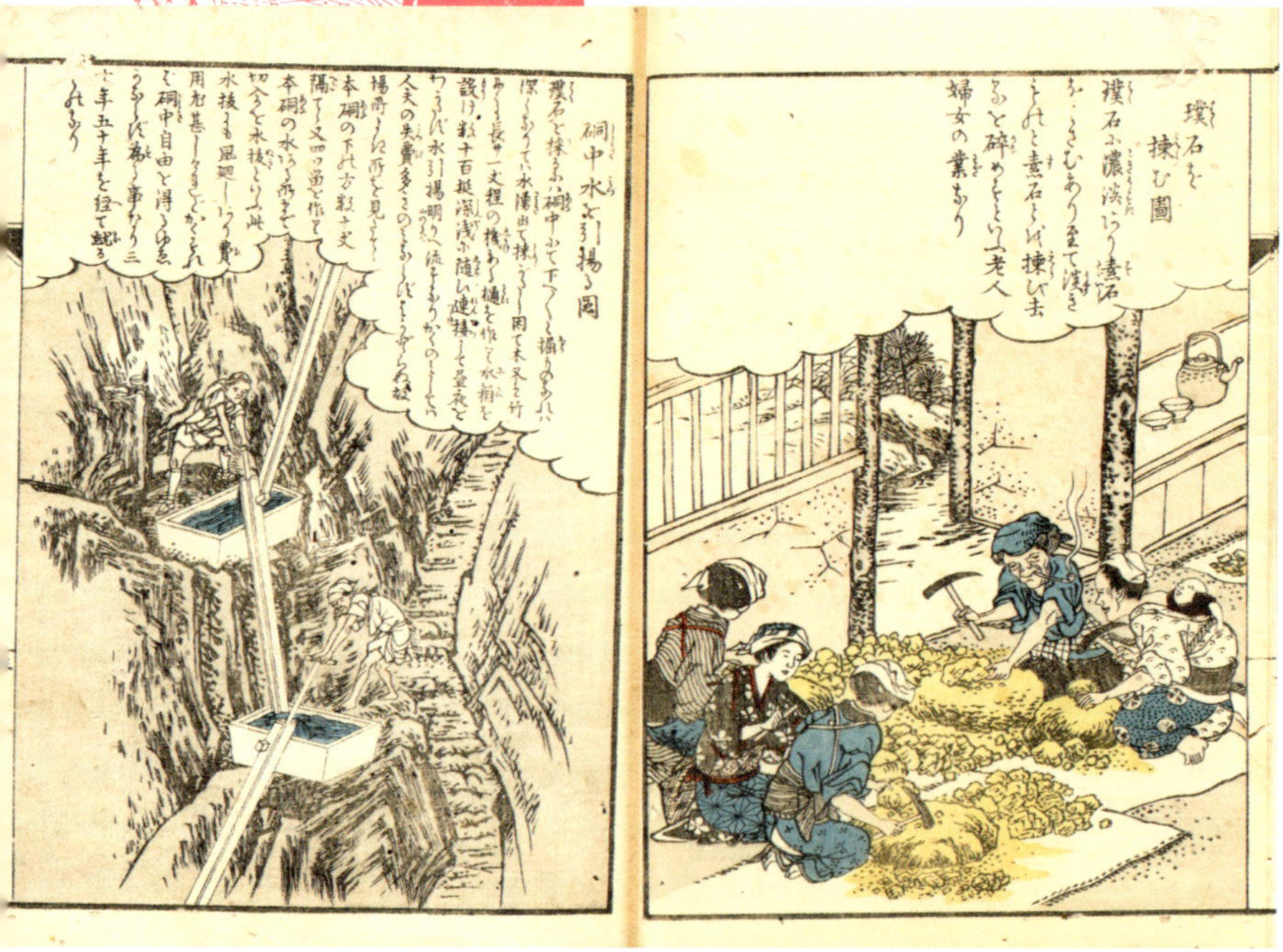

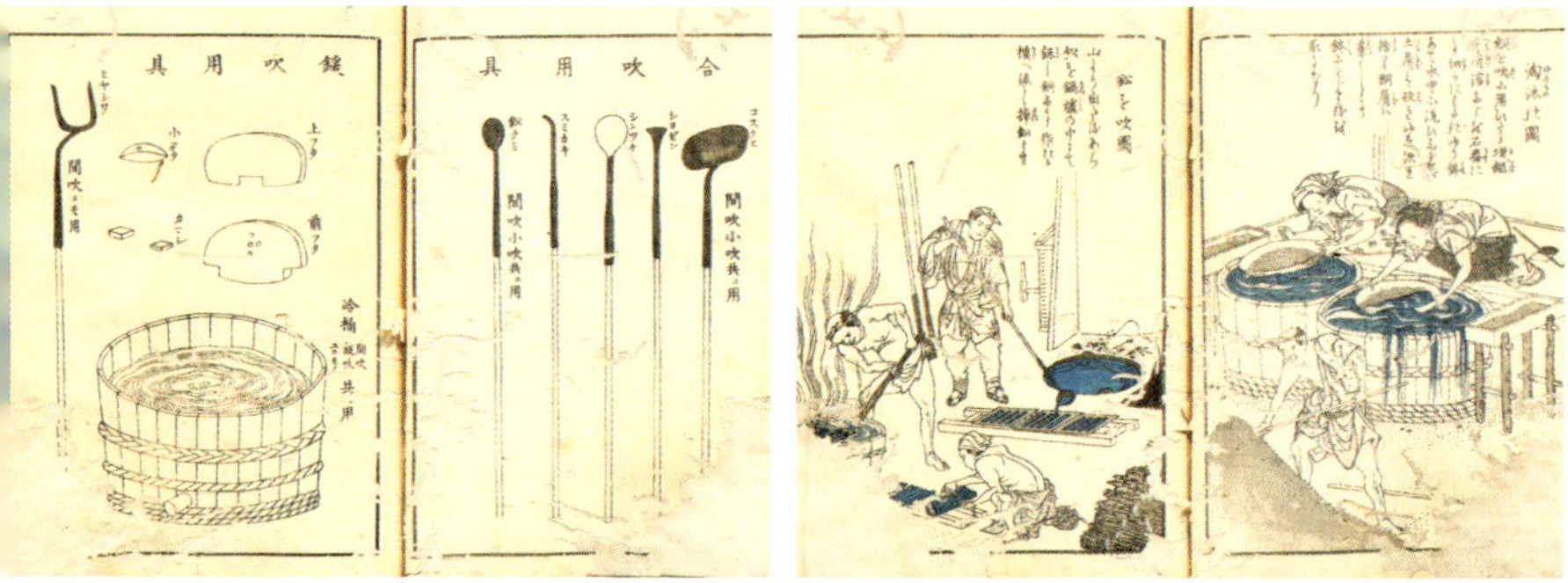

第十章

江戸のからくり

「からくり」は人形や道具を、ぜんまい、ばね、歯車、水銀、水、砂、水などを応用して自動的にあやつり動かす仕掛けのことをいう。なかでも「からくり儀右衛門」と呼ばれた田中久重《たなかひさしげ》は、幼時より機巧の才にたけて巧妙なからくり人形を作り、また各種の高級時計や無尽灯、雲竜水、須弥山儀などを製作し、江戸の機械技術の頂点ともいえる「万年時計」を完成させた。日本最初の模型機関車の製作や運転にも成功し、今日の東芝の基礎を築いた。大野弁吉《おおのべんきち》は長崎で医術や理化学などをオランダ人から学び、天文学、暦数、鉱山学、航海術にも精通し、「加賀の平賀源内《ひらがげんない》」と評されるほどで、写真術もいち早く会得していた。加賀の豪商・銭屋五兵衛にみとめられ、からくり人形や写真機、望遠鏡、発火器などの作品がのこされている。

エッセイ④

からくりと江戸時代の科学技術

鈴木一義

江戸時代のいろいろな書物に出てくる「からくり」には、からくり、カラクリ、絡繰、唐繰、繰、機関、機巧、巧機、機、璣、旋機、機捩、関捩、関鍵、器械等々のように、実に多くの文字が当てられている。また覗きからくりや水からくりといった物や、時計、ポンプ、エレキテルなどもからくりとして見せ物や売り物になっていたことが、当時の興行チラシなどに見ることが出来る。インチキやごまかしもあったが、今日のロボットのようなものから科学的な実験のようなものまで、からくりは当時の日本人の好奇心、特に科学技術に対する不思議なほどの関心を表現する言葉といって良いだろう。

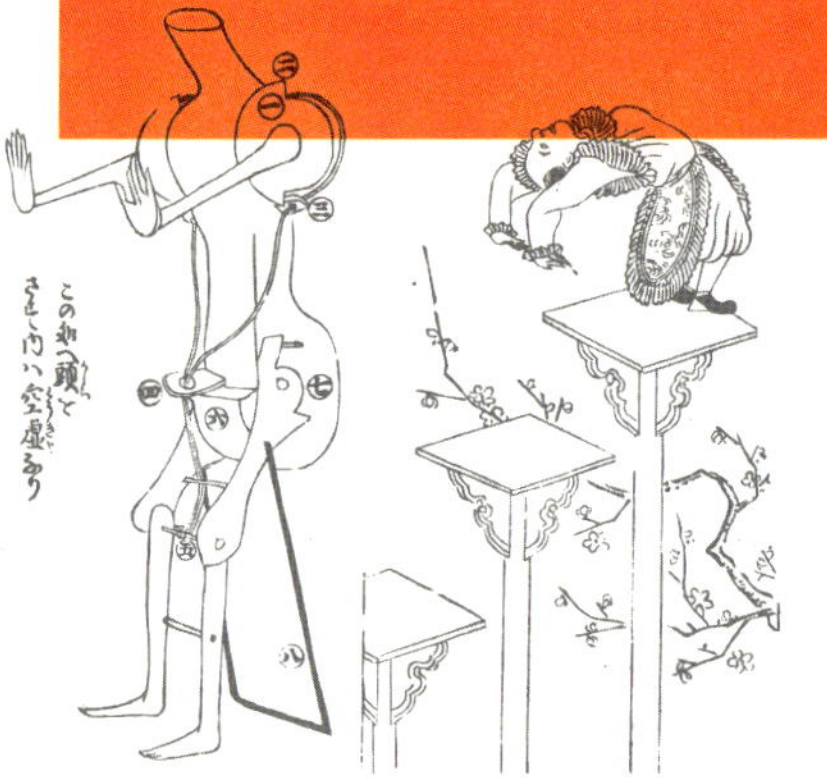

そのような好奇心や関心が、なぜ江戸時代の社会に生まれたのであろうか。平和な世が二六〇年余も続いた江戸時代。江戸幕府は、基本的に諸藩の上に君臨しつつも、過度な支配・干渉は行わなかった。平和な社会が維持される中で、日本の各地域は諸藩により自主的に統治され、それぞれの地域を繁栄させるために、身分の上下を問わず勤勉や勤労を勧めた。その結果、世界的にも希有な現象として、さまざまな情報や知識が独占されることなく、有用な漢書や後には蘭書が誰もが読める日本語に翻訳出版され、あわせて藩校や寺子屋が作られ、文化、文政期（一八〇四～二九）には農村や漁村にまで広がったのである。当時の識字率の高さは、読めば役に立つ本が社会に溢れていたからに他ならない。「読み書き算用は世渡りの三芸」が庶民にとっても当たり前となり、知識や技術が共有さ

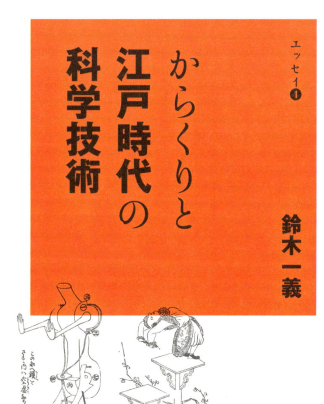

れ、日本各地で学問や文化、産業の育成を競い合ったのである。それゆえ最新の科学技術や知識に対する人々の関心は高かったが、鎖国時代にあっては新規御法度のような社会的制約もあり、遊びゆえに最新の科学技術による新規、工夫を許されたからくりは、娯楽としてもその関心の行き先だったのである。

有名な平賀源内も、徳川吉宗が行った蘭書の解禁によって伝わり始めた西洋の科学技術を、例えばエレキテルの実験などで、からくり的に啓蒙を行ったことで知られる。人々のために『解体新書』を著した杉田玄白が、源内を「アア非常ノ人、非常ノ事ヲ好ミ　行モ是レ非常　何ゾ非常ニ死セルヤ」と追悼したが、最新の知識を学び、独占することなく、人々に伝えた平賀源内に、杉田玄白は自身の行いに重ねつつ、無念と最大の賛辞を送ったのである。そして平賀源内の後、蘭学の勃興により欧米の科学技術は急速に日本社会に流入する事となり、それに応じて人々

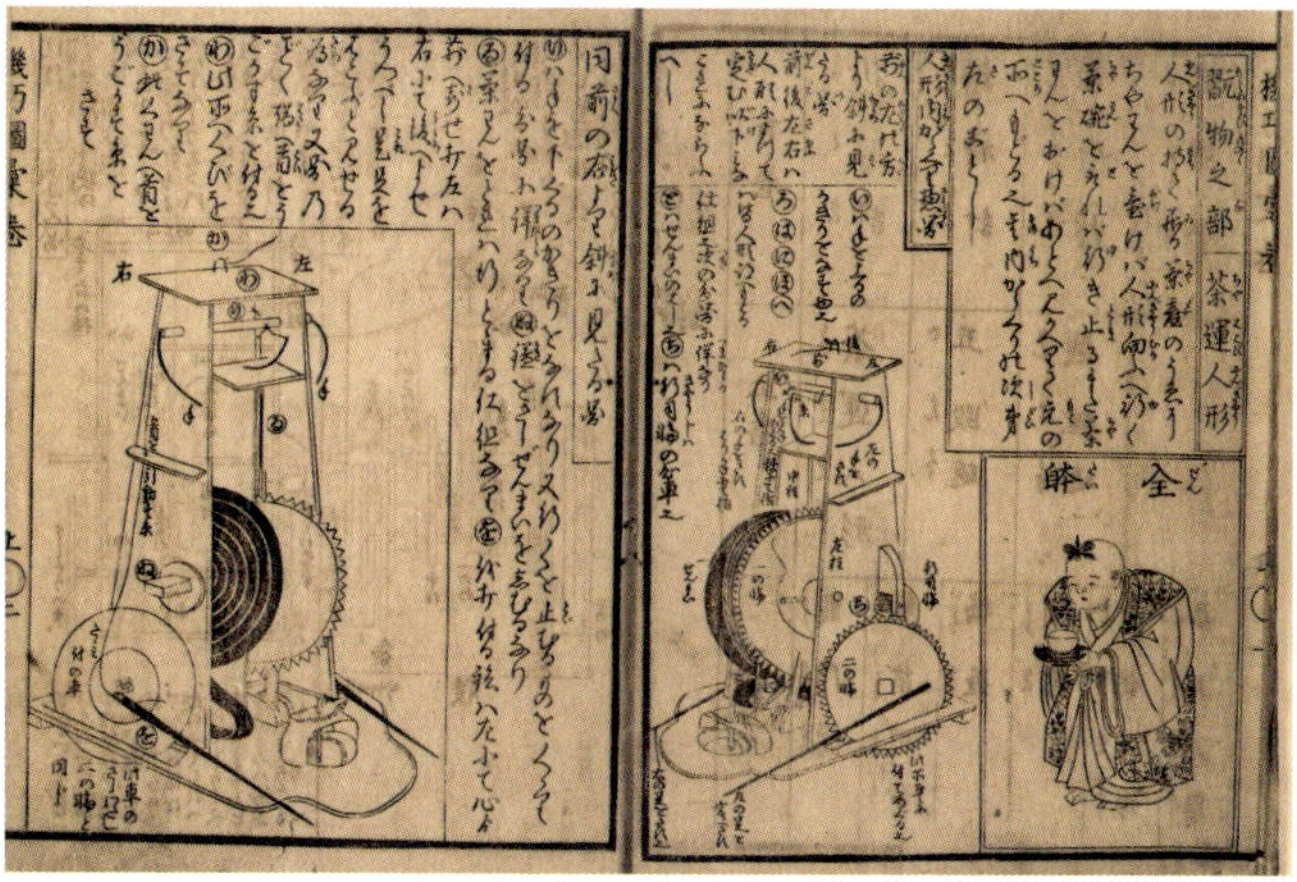

図１『機巧図彙』細川半蔵
寛政８年（1796）
須原屋市兵衛版　国立国会図書館デジタルコレクション
有名な茶運び人形は、機構が当時の和時計と同じである。

の好奇心や関心も急激に高まったのである。からくり人形の設計図集として有名な『機巧《からくり》図《ず》彙《い》』（一七九六）（図1）も、その高まりに応じたものである。著者の細川半蔵は、伊能忠敬の師匠であった高橋至時や間重富が行った寛政改暦に参加した人物である。『機巧図彙』は首巻、上巻、下巻三冊からなり、首巻において時計四種類、上下巻で、茶運人形、五段返、連理返、龍門滝、鼓笛児童、揺杯、闘鶏、魚釣人形、品玉人形の仕組みや製作法を図解している。細川半蔵は、時計を諸機械の根本としており、結果としてからくり人形製作を通して近代的な機械の理解を普及させる事となった。機巧図彙は、三版を重ねるほど広く読まれたもので、作ってみる者も多数いたことはまちがいない。そうした者の中から、有名無名のからくり技術者が生まれたのである。非常の事（最新の知識や技術）を、非常の行い（公開）とした平賀源内の先駆的役割は、より大きな広

がりとして「からくり」を通り名に呼ばれた人々に受け継がれたのである。

その一人が、「からくり儀右衛門」こと田中久重である。彼が作った「弓射童子」というからくり人形は、木製の歯車やカムを使い、極めて巧妙な動きを行うものだ。西洋のオートマタ（からくり）であれば、表情を表すのに目や口が動くが、弓射童子は「能」にみられるような極めて日本的な表現で、矢が当たったときはうれしさが、外れたときは悔しさが見事に伝わってくる。田中久重は、このような日本独自のからくり技術を磨くと同時に、蘭学者広瀬元恭から西洋の知識を学び、その知識と技を活かし、蒸気からくりなど次々に新しい工夫を行い、嘉永四年（一八五一）には正確な西洋時計をもとに和時計の最高峰と言われる「万年時計」を製作した。安政元年（一八五四）にはその腕を見込まれ、佐賀藩に招かれ西洋科学技術研究所である精煉方に職人として参加し、大砲や実用蒸気船を日本人の手だけで完成させ、近代技術者の先駆として後に東芝の創業者となるのである。

常陸谷田部（現在の筑波郡谷田部町）で代々この地方の名主であった伊賀七（一七六二〜一八三六）もその一人だ。伊賀七は、谷田部藩の藩医広瀬周伯、周度親子と交友があり、蘭学を学んだとされる。周伯は、杉田玄白に学んだ著名な蘭学者であった。この伊賀七の通り名が、「からくり伊賀七」である。「茶酌み人形、酒買ひ人形等を作り、予め行路の遠近を量り左折右折曲随意に之を装置すべからしめ、之に徳利、茶碗等を載すれば自然に行き、之をとれば自ら止まるものなりといふ」と、茶運び人形を製作して、筋向かいの酒屋まで酒を買わせにやり、酒の量をごまかしたときには動かなかった、と地元に伝わる話である。

北陸のからくり師として有名な大野弁吉（一八〇一〜七〇）もそうだ。からくり弁吉が残した遺品、遺稿をみれば、彼の知識や技術が、並大抵のものではないことに気付く。その範囲は化学、数学、天文学、薬学、鉱物学、医学のほか、エレキテルや望遠鏡、時計、写真などの科学機器製作法にまで及んでいる。弟子らとのからくり興行は、まさに彼の得た最新の科学技術知識を人々の求めに応じて紹介しようとしたものに他ならない。

この他にも、讃岐の久米通賢が文化十三年（一八一六）に「牛旋激水」（図2）という揚水ポンプをからくり興行した際には、「自然水」という永久機関が紹介され、理に合わないことを説くなど、日本各地の有名無名の「からくり」を冠する人達が、明治維新前に近代科学や技術を広く社会や人々に伝えていた。「自在機全図」（図3）と書かれた幕末のからくり興行チラシには、浅草で興行した水車動力によって動く、数十反の機織り機械の図がある。幕末に薩摩藩に導入された英国紡績機器を伝聞で模倣したからくりである。明治以降の日本の近代化が奇跡と称されるほど成功したのは、その逞しさと理解が広く江戸時代の社会と人々にあったからではないだろうか。

図 2『牛旋激水』久米通賢　文化 13 年（1816）

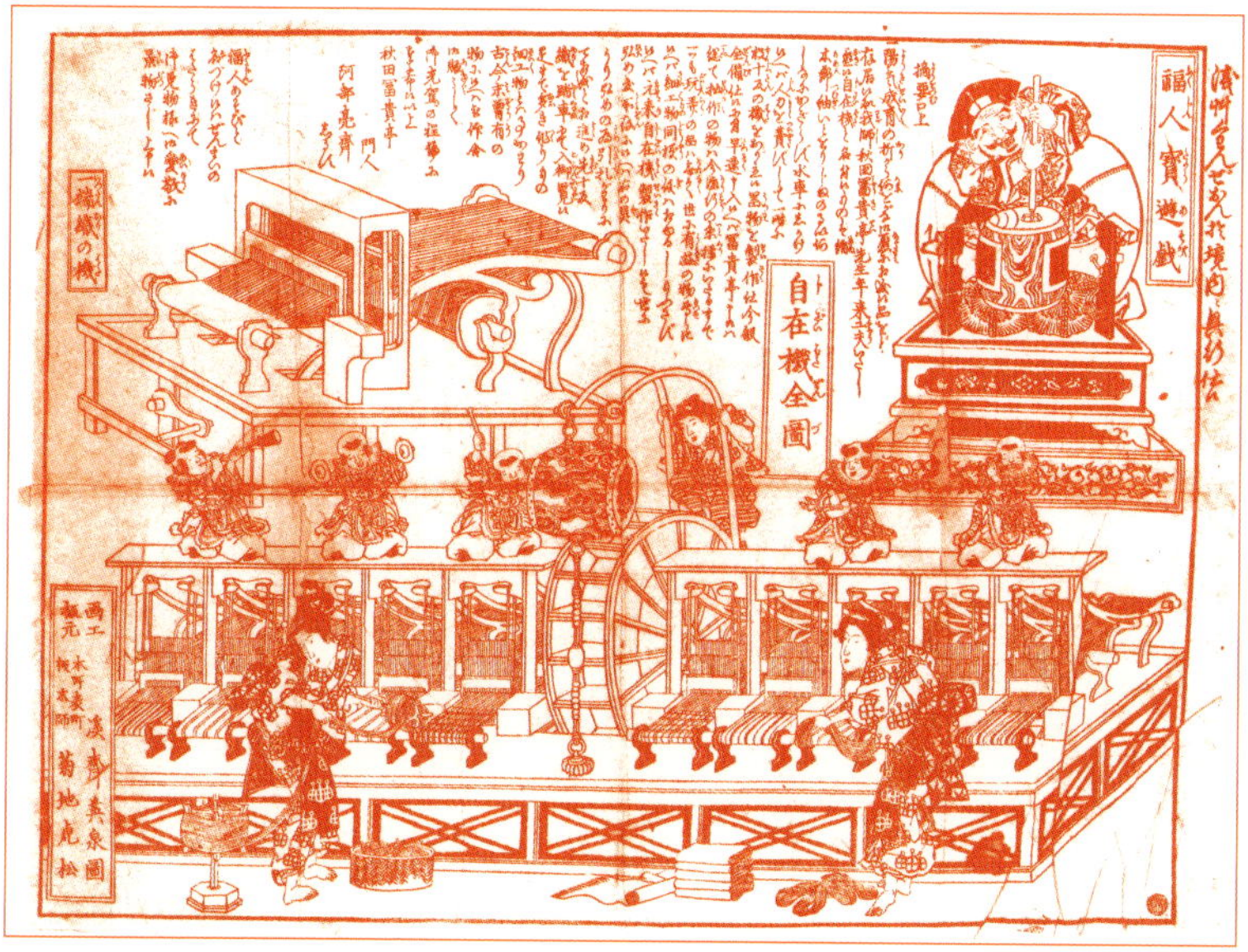

図 3『自在機全図』安政年間（1854 ～ 60）

和時計の最後を飾る傑作「万年時計」

「万年時計《まんねんどけい》」（複製）

重文 田中久重《たなかひさしげ》・作
嘉永四年（一八五一）東芝未来科学館蔵

「からくり儀右衛門」といわれた田中久重が、当時の和時計の最高技術と精度の高いスイス製時計の機構を組み合わせて完成した傑作。時計の文字盤は六面あり、和式時刻、洋式時刻、月の満ち欠け、二十四節気、干支《かんし》、曜日と時打数、陰暦一ヵ月の月齢が示されている。上部のガラス・ドーム内には日本地図の上を太陽と月が機械仕掛けで運行する装置がある。

「台時計《だいどけい》」

二挺天符 江戸時代後期（十八世紀）
トヨタ産業技術記念館蔵

「台時計」は重りを動力とした重力式時計である。示針用、時鐘用の二つの俵型の重りがぶら下がっている二挺天符《にちょうてんぷ》式の櫓《やぐら》時計である。「二挺天符」は、棒天符が二本付いている。明け六つと暮れ六つで自動的に切り替わり、昼は上の棒天符、夜は下の棒天符が動く。そのため、分《ふん》銅《どう》の移動は毎日する必要がなく、季節の昼夜の長さに合わせて、二十四節気ごと（十五日ごと）にそれぞれの分銅の位置を移動する。台時計は櫓時計から発展した時計で、台の形は様々である。

「からくり儀《ぎ》右衛《え》門《もん》として知られる田中久重」

東芝未来科学館蔵

東芝の創立者田中久重といえばいかにも新しく聞こえるが、実は幕末の科学技術者でからくり師の大野弁吉より二年前の寛政十一年（一七九九）生まれ、しかも半生は「からくり儀右衛門」の異名で呼ばれたからくり師であった。

「枕時計《まくらどけい》」 円天符 茂矩・作

江戸時代後期（十八世紀） トヨタ産業技術記念館蔵

「枕時計」は、動力にぜんまいが使われるようになって作られ始めた。掛時計や櫓時計のように下にさげる錘《おもり》がないために箱の形をしている。円天符（棒天符の後に作られるようになった円形の天符）が調速機に使われている。

「オルゴール付枕時計」（松平《まつだいら》 春嶽《しゅんがく》拝領）

福井市立郷土歴史博物館蔵

十二代将軍徳川家慶より拝領した、ぜんまいの動力で動くオルゴール付の枕時計。幕末の福井藩主松平春嶽（一八二八～九〇）は、藩政改革にあたって藩外から蘭方医坪井信良《しんりょう》、蘭学者市川斎宮《いつき》、器械技術者大野規《のり》周《ちか》らを招いて海外の知識と技術の導入にあたらせ近代化を図った。春嶽自身も日常生活では寒暖計や気圧計を使い、日々の日記に気温や気圧を記録するなどして新しい科学器具を積極的に取り入れていたことが知られている。

江戸の庶民の細工時計

枕時計は和時計のうち最も豪華なつくりである

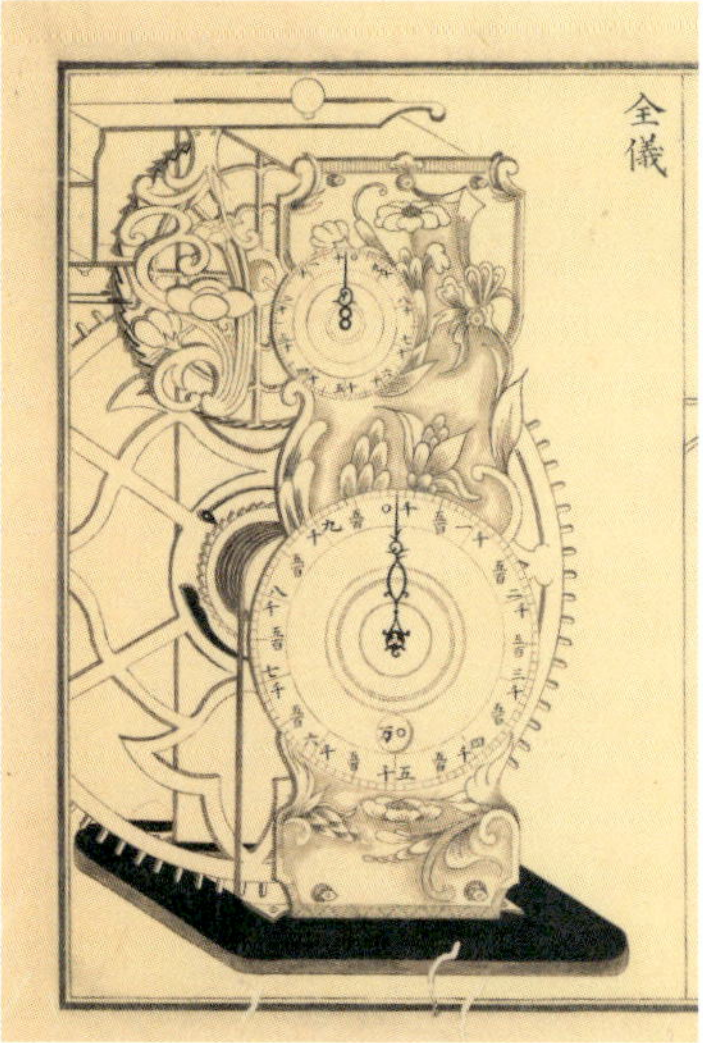

「機械式時計の構造」（『寛政暦書』35巻・19より）

「鶏《にわとり》乗《の》り太鼓《たいこ》ケース入り枕《まくら》時計《どけい》」 円天符

江戸時代後期（十八世紀）トヨタ産業技術記念館蔵

鶏の細工は立派であるけれど動かない。針がないのは、今でいうデジタル式の文字盤だからで、小さな窓に時間や潮の干満などを表示する。

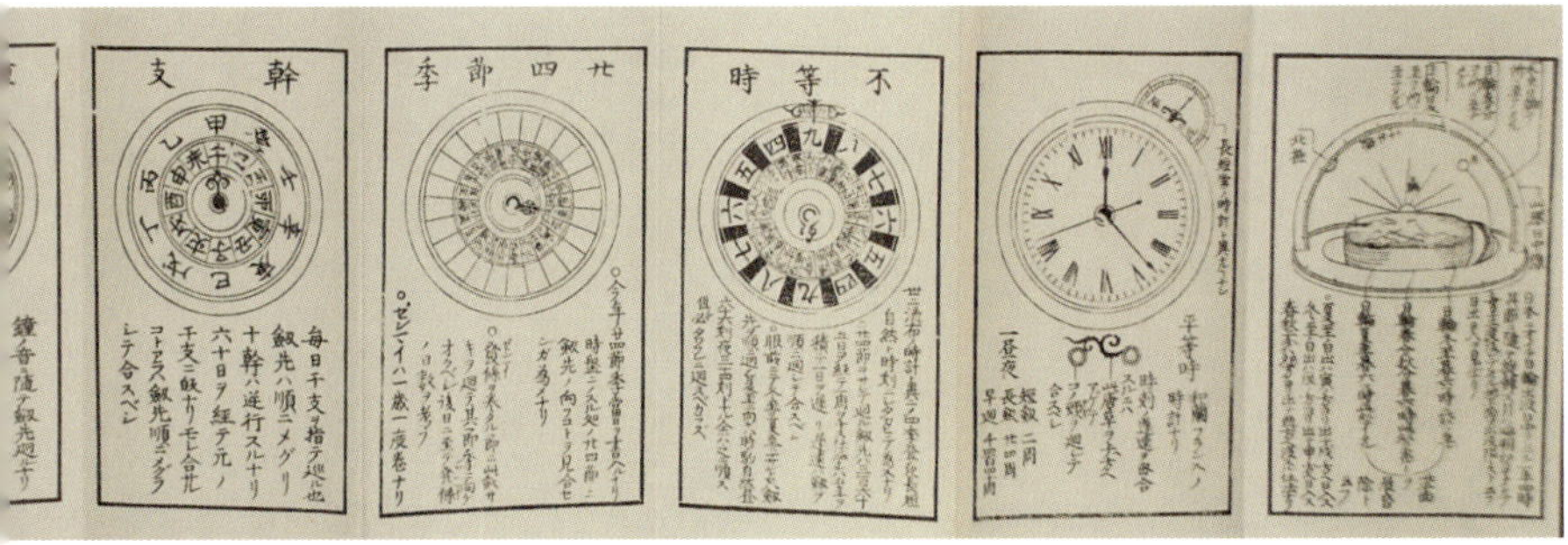

「籠時計《かごどけい》」
トヨタ産業技術記念館蔵

オランダ製の懐中時計を和時計にアレンジしたもので、二針式のままだが、短針が一日一周するように改造してある。

「暗夜正計《あんやしょうけい》」
多賀谷環中仙《たがやかんちゅうせん》・作
享保十五年（一七三〇）
トヨタ産業技術記念館蔵

昼夜兼用の携帯時計で、昼は日時計として使用する。夜は日にちと月の位置で時刻がわかるという太陽暦ならではの装置である。楕円形の金属板がスライドして針を収納できる。裏面に名を残す製作者の多賀谷環中仙は、竹田からくり芝居の演目を記した『璣訓蒙鑑草《からくりきんもうかがみぐさ》』の著者である。

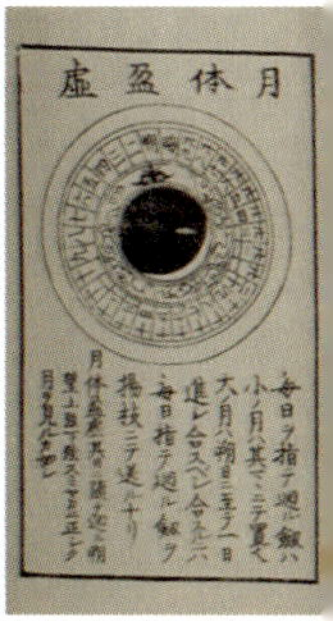

「万歳時計図弁《まんざいどけいずべん》」
複製本　東芝未来科学館蔵

平等時（定時法）、不等時（不定時法）、廿四節季、幹支（十干十二支）など六つの文字盤の機能を解説した折本の説明書。

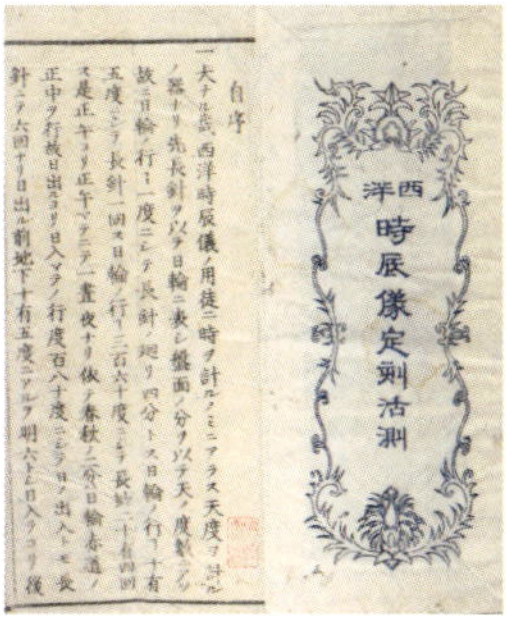

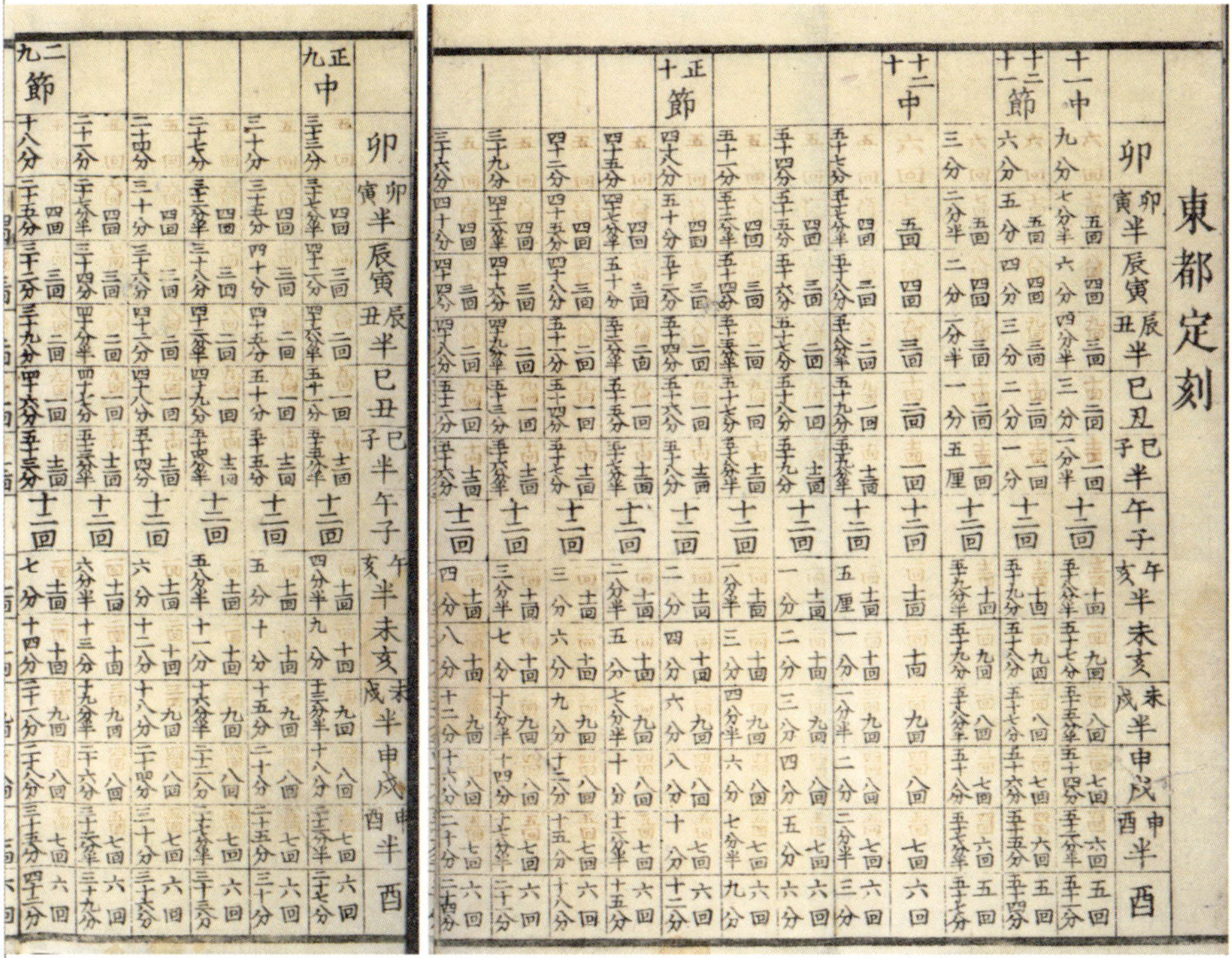

西洋時計の解説書

『西洋時辰儀定刻活測《せいようじしんぎていこくかっそく》』
小川友忠・著
天保九年（一八三八年）初版
鈴木源太蔵版
折本一冊　国文学研究資料館蔵

西洋時計の解説書で、日時計を用いて正午に合わせて使い始めるべきこと、長針の効用などを述べており、和時計時刻と西洋時計時刻の対照表を詳細に計算して出している。内容は、西洋時辰儀大意並長針をもって時を測る法、長針の回数を知る法、正午を正す法など、数十項にわたって西洋時計の新知識を伝えている。

からくり人形たち

「段返《だんがえ》り人形《にんぎょう》」

天保前期（一八三〇）頃　トヨタ産業技術記念館蔵

『機巧図彙《からくりずい》』の解説によれば、「台の上に置けば、そろそろ手を上げ仰向けにそり、後ろへ手をつき転倒して、また次の段へ立つ」とあり、人形の転倒する理由がその体内に入れた水銀の上下の移動によって、人形の重心が動くメカニズムにあることを解説している。この人形の製作で一番肝心なことは水銀の移動と人形の手足のバランスである。

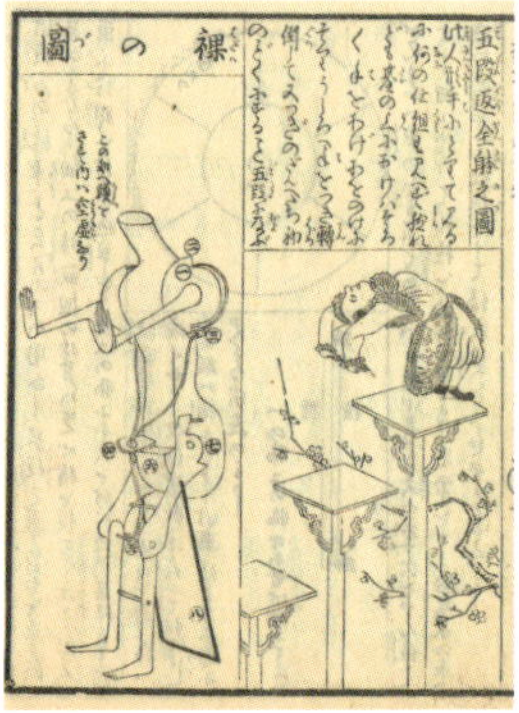

『機巧図彙』細川半蔵・著　寛政8年（1796）須原屋市兵衛版　国立国会図書館デジタルコレクション

「歩《あゆ》み人形《にんぎょう》」

幕末（十九世紀）　大阪歴史博物館蔵

鯨のヒゲ（歯）をゼンマイ動力として、調速部や方向転換機構、首振り機構など、茶運び人形と全く同様の構造となっている。

「弓曳童子《ゆみひきどうじ》」 田中久重・作

天保年間（一八三〇〜四四） トヨタ産業技術記念館蔵

「からくり儀右衛門」こと田中久重が、彼のもてる技術の全てを傾注して作り上げたからくり人形の最高傑作である。動力機構を納めた台上の童子が、矢台の四本の矢を次々に弓につがえ、数メートル離れた的に向かって射る。伝統芸能の能のような簡素な動きで、人間の表情や仕草を見事に表現している。

「子持布袋《こもちほてい》」

江戸時代後期 大阪歴史博物館蔵

台横の取っ手を回すと布袋が軍配を振り、左手の俵に入った童子が動く。鎌倉時代に始まったお盆の灯籠人形飾りがその原形と考えられ、京や大坂、江戸のお土産として売られていたものである。

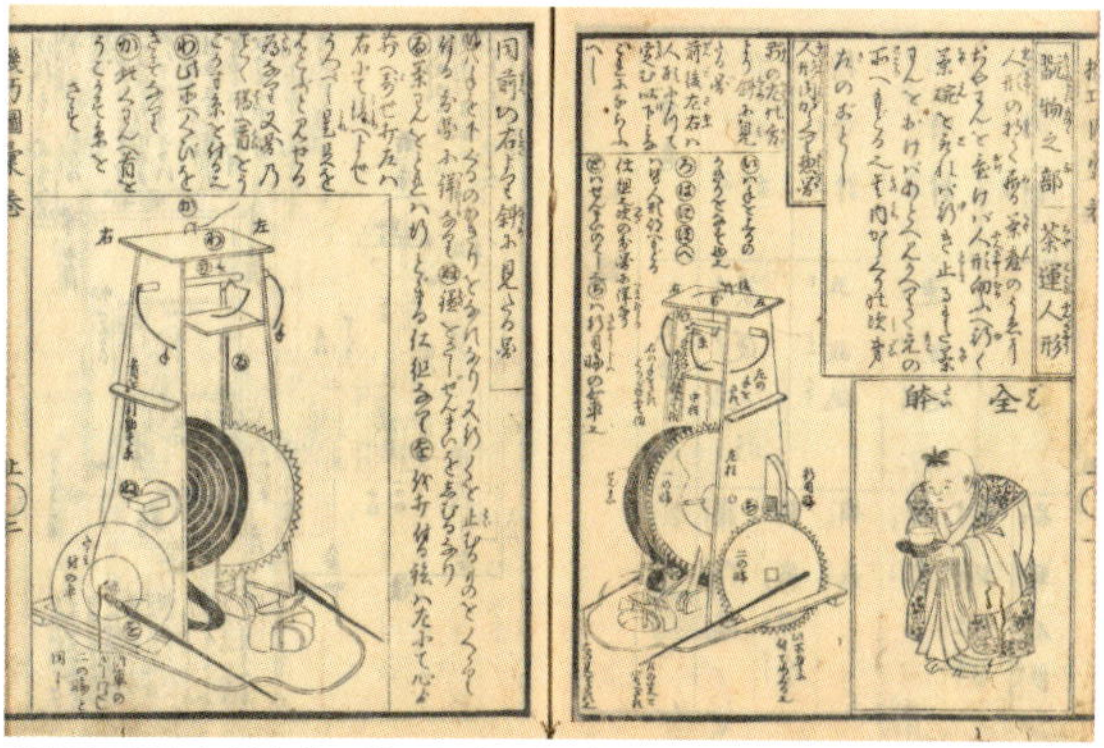

『機巧図彙』細川半蔵・著　寛政８年（1796）須原屋市兵衛版
国立国会図書館デジタルコレクション

上右
「機巧三番叟人形《からくりさんばそうにんぎょう》」大野弁吉《おおのべんきち》・作
大野からくり記念館蔵

ゼンマイを巻くと手足を巧みに振って数メートルの円を描いて歩く。内部は木製で、当時はゼンマイに鯨のひげ（歯）を使ったものが多かったが、これは真鍮《しんちゅう》製である。

下
「手紙《てがみ》を書《か》くピエロ」
大野からくり記念館蔵

右手が文字を書くように動き、少し眠気が差したように目の表情が変化する。そして首が上下しランプの炎が小さくなると、はっと我に帰るようにしてまた手紙を書き始めるという一連の動作をする。

上左
「鯉《こい》の滝登《たきのぼ》り」大野弁吉・作
大野からくり記念館蔵

御記《ぎょき》』(永享九年・一四三七)に祝儀の進物とされた記されており、古くからあったからくりである。いろいろな種類ものが作られているが、ここでは人形が太鼓を叩き、それに合わせて鯉が滝を登っていくというからくりである。

「大野弁吉肖像写真」 大野弁吉・作

大野からくり記念館蔵

大野弁吉が自作の写真機で自身を撮影したポートレート。

「指南車《しなんぐるま》」

大野からくり記念館蔵

指南車は、車に乗っている人形が常に一定の方向を指し示す車のこと。磁石は使わず、左右の車輪の回転差から機械的な構造により方位を特定する仕組みになっている。

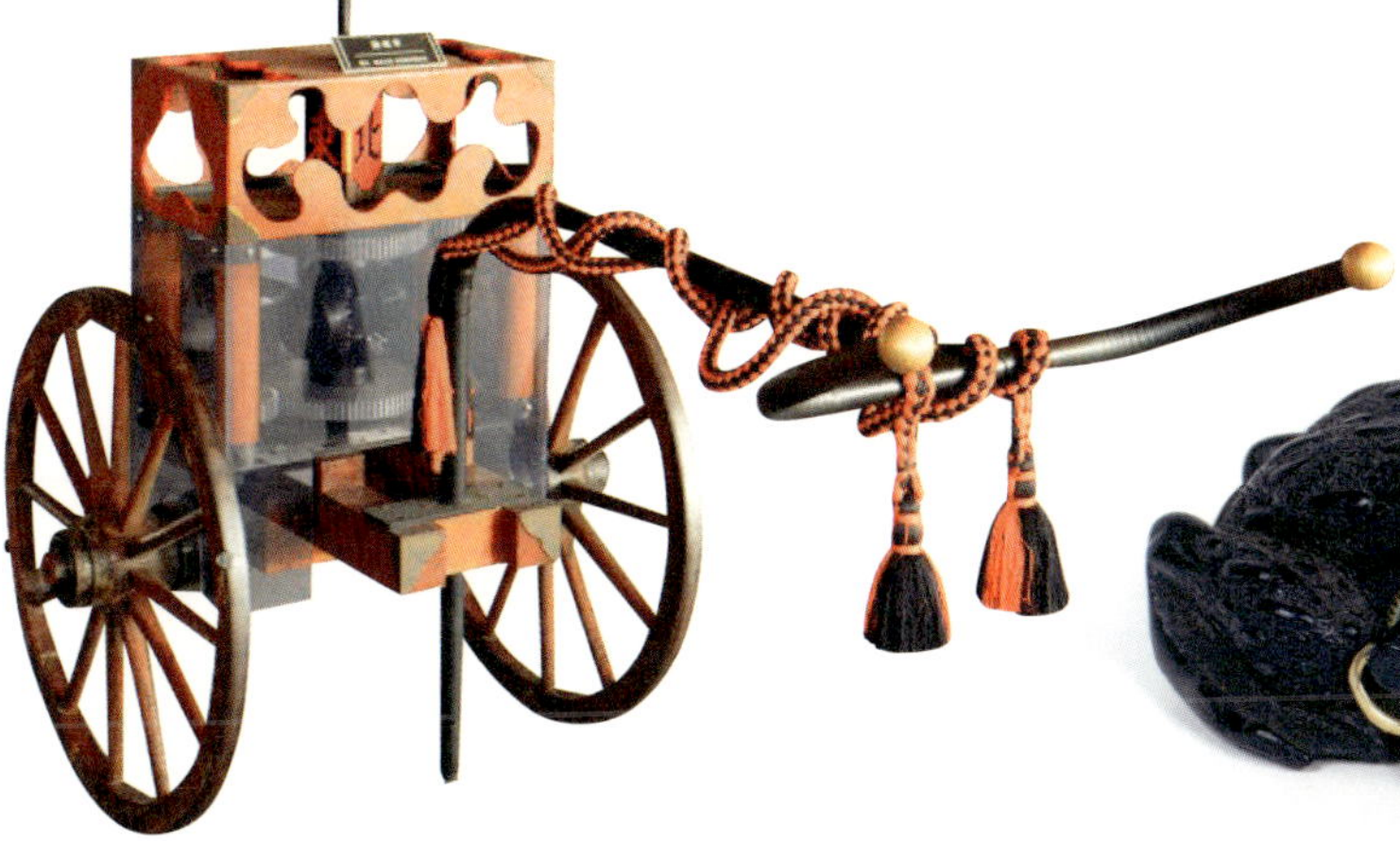

下右

「からくり飛蛙《とびがえる》」 大野弁吉・作

幕末(十九世紀) 石川県立歴史博物館蔵

小型の蛙根付で、ゼンマイ仕掛けで鎌状の動力部分が回転し、飛び跳ねる。大野弁吉著の『一東視窮《いっとうしきゅう》録《ろく》』に図面が残る蛙根付の実物である。『一東視窮録』は、各種からくりの製作手順や構造を図解したもので、電池や真空ポンプなど、当時最先端だった科学技術を網羅している。「一東」とは弁吉の号。

からくり人形 玩具の解説書

『機巧図彙《からくりずい》』 細川半蔵《ほそかわはんぞう》・著
寛政八年（一七九六）須原屋市兵衛版
国立国会図書館デジタルコレクション

本書は土佐の細川半蔵頼直《よりなお》が著したもので、からくりの内部の仕掛けを図説したもの。機械玩具の解説書としては江戸時代唯一のものといえる。内容は、掛時計、櫓時計、枕時計、尺時計など時計の作り方、そして手遊び物の製法は、ゼンマイ仕掛けの茶運び人形、水銀を応用した五段返り、連理《れんり》返り、竜門の滝、鼓笛《こてき》児童、揺盃《ようはい》、闘鶏、魚釣り人形、品玉人形の九種が収録されている。

江戸時代に発達したからくり人形玩具の仕掛けを説明した書物

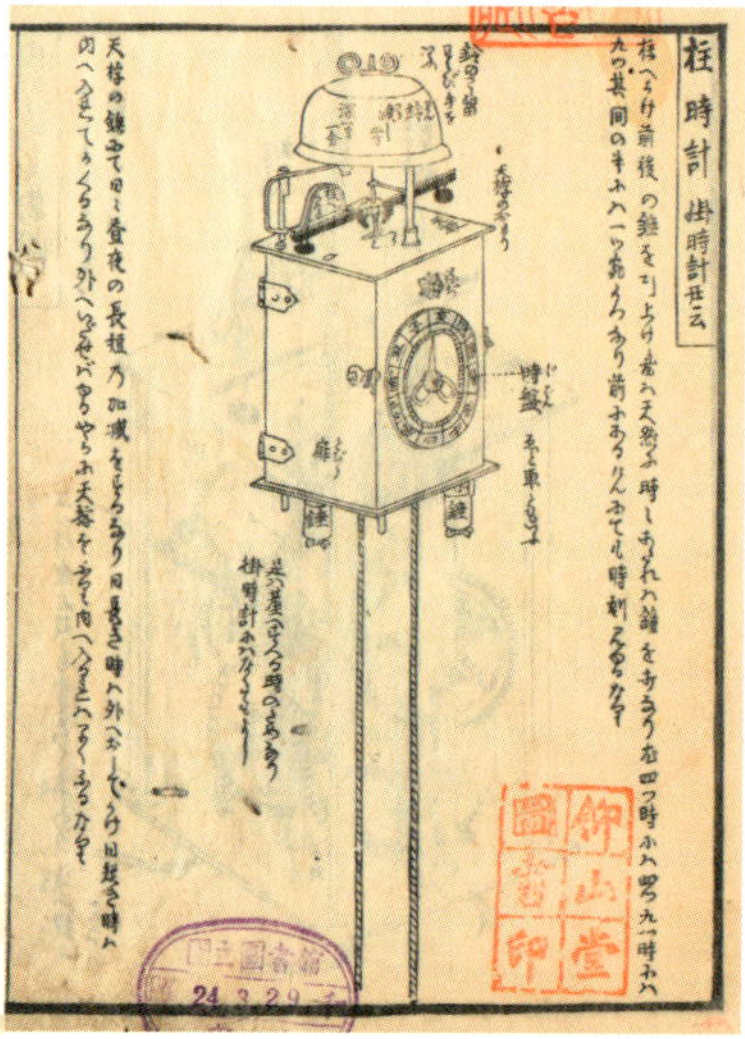

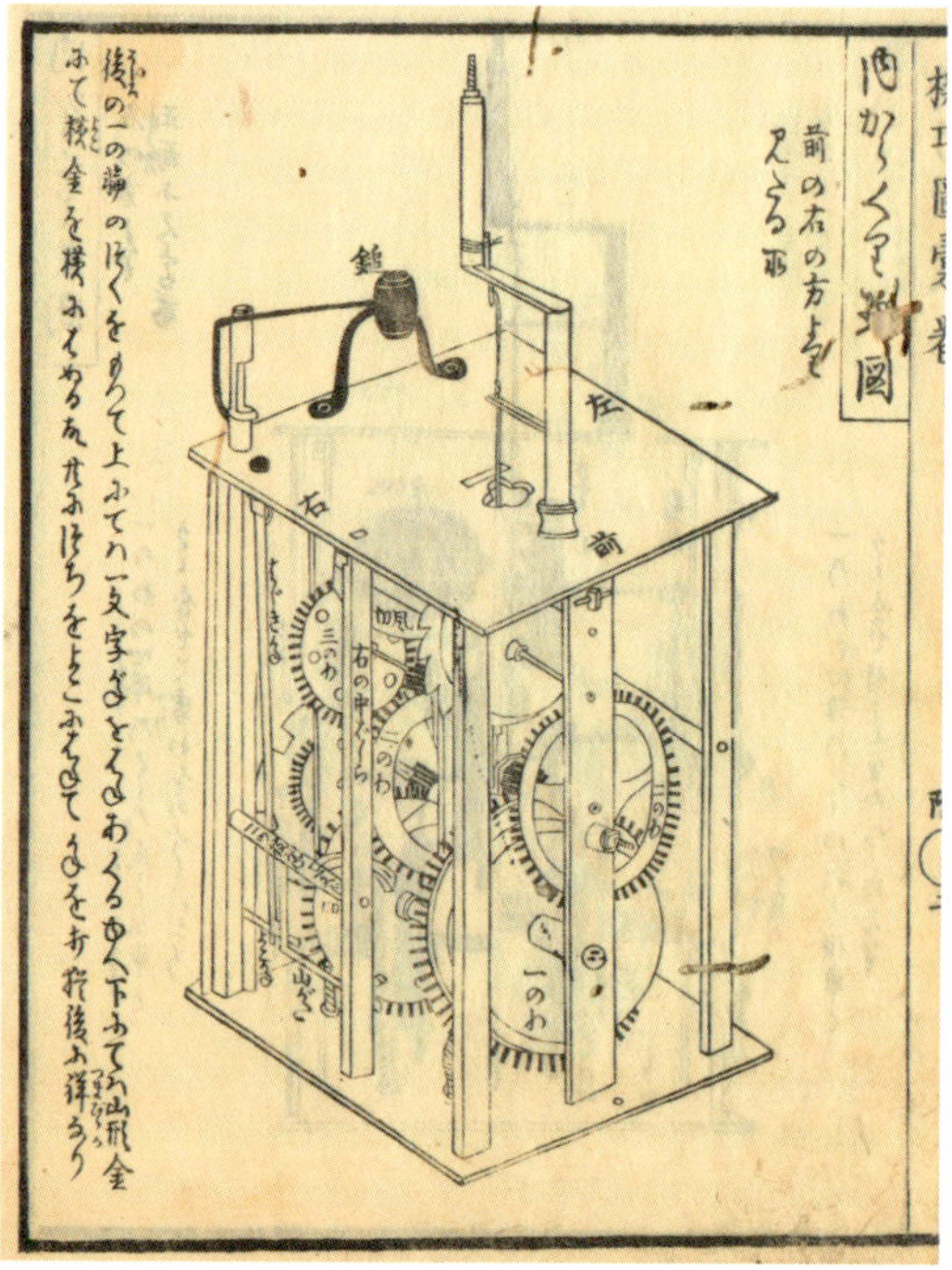

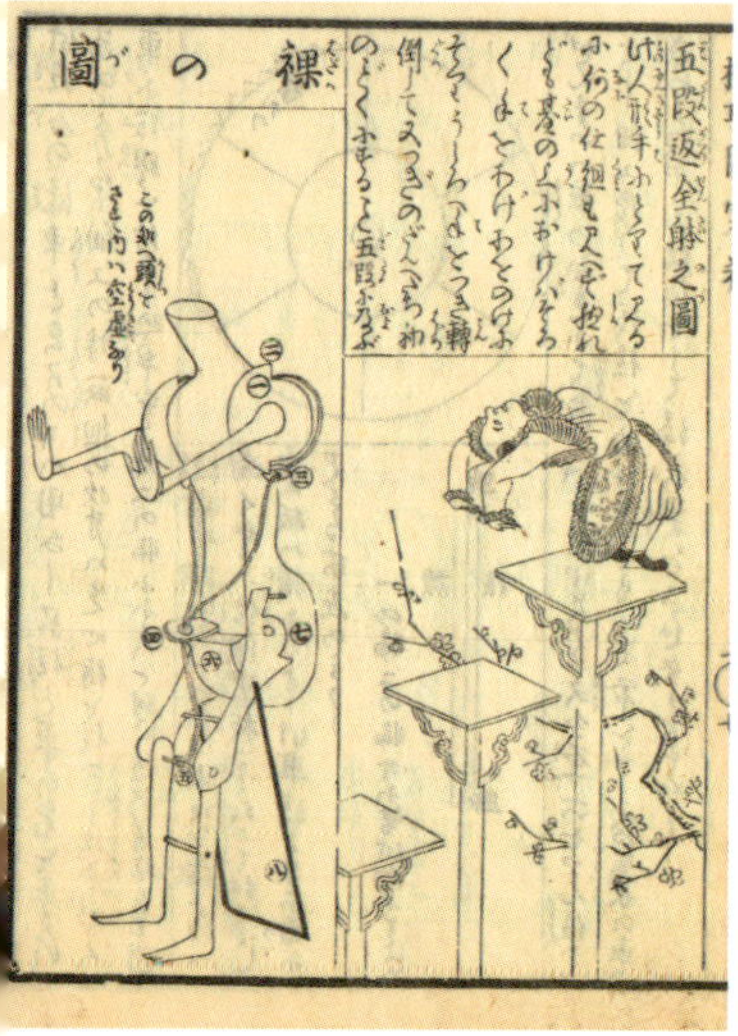

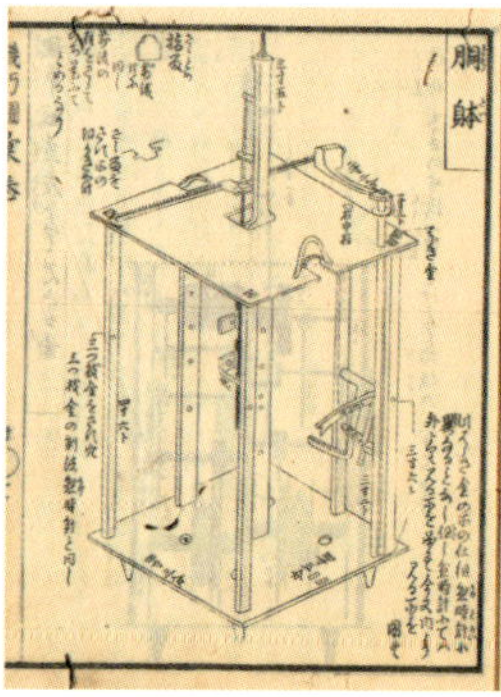

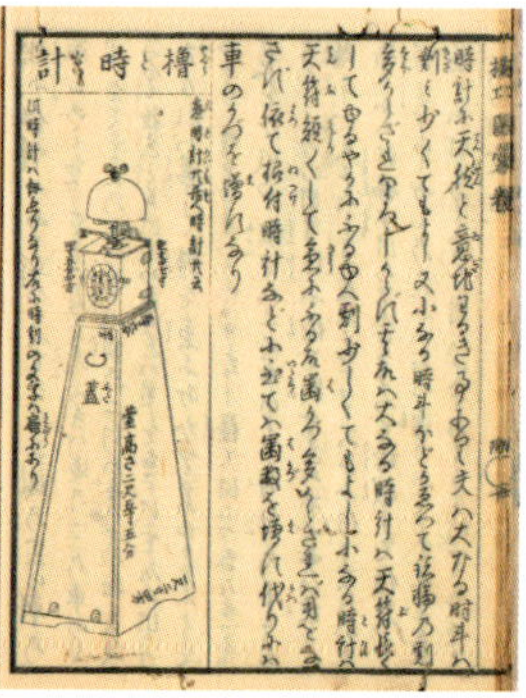

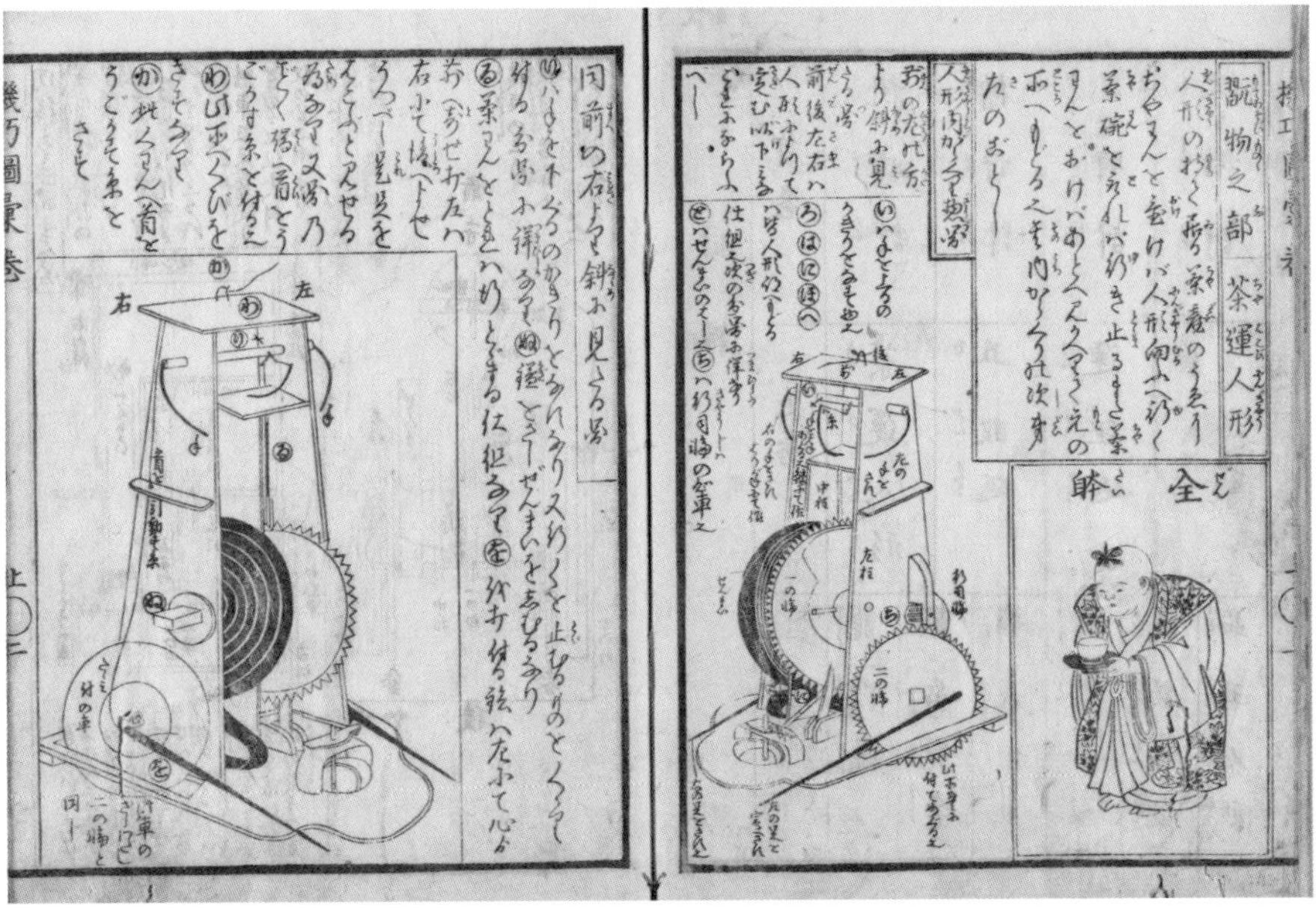
機巧圖彙
茶運人形
全体

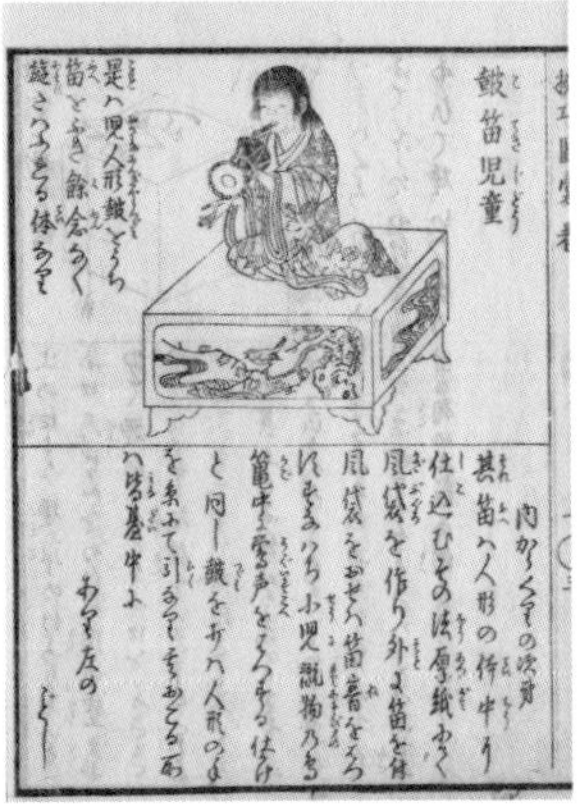
鼓笛児童

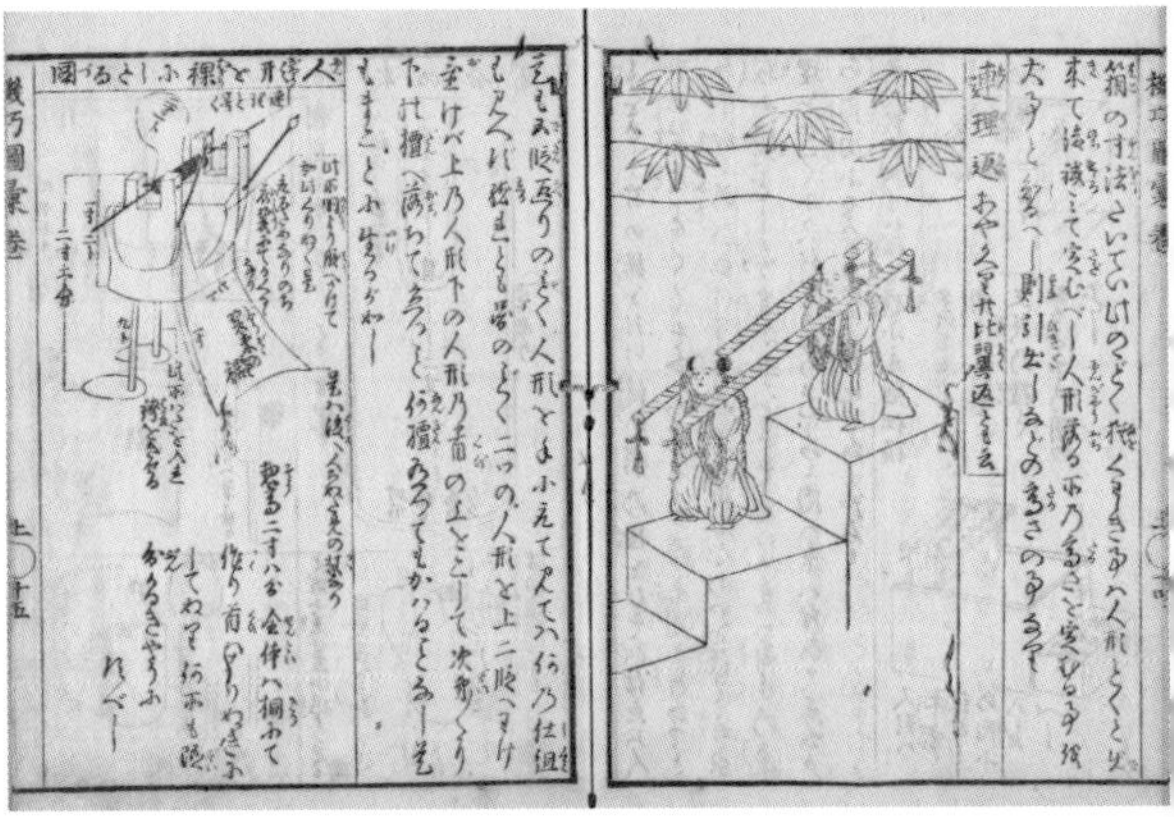
機巧圖彙
連理返

全体之圖
品玉人形

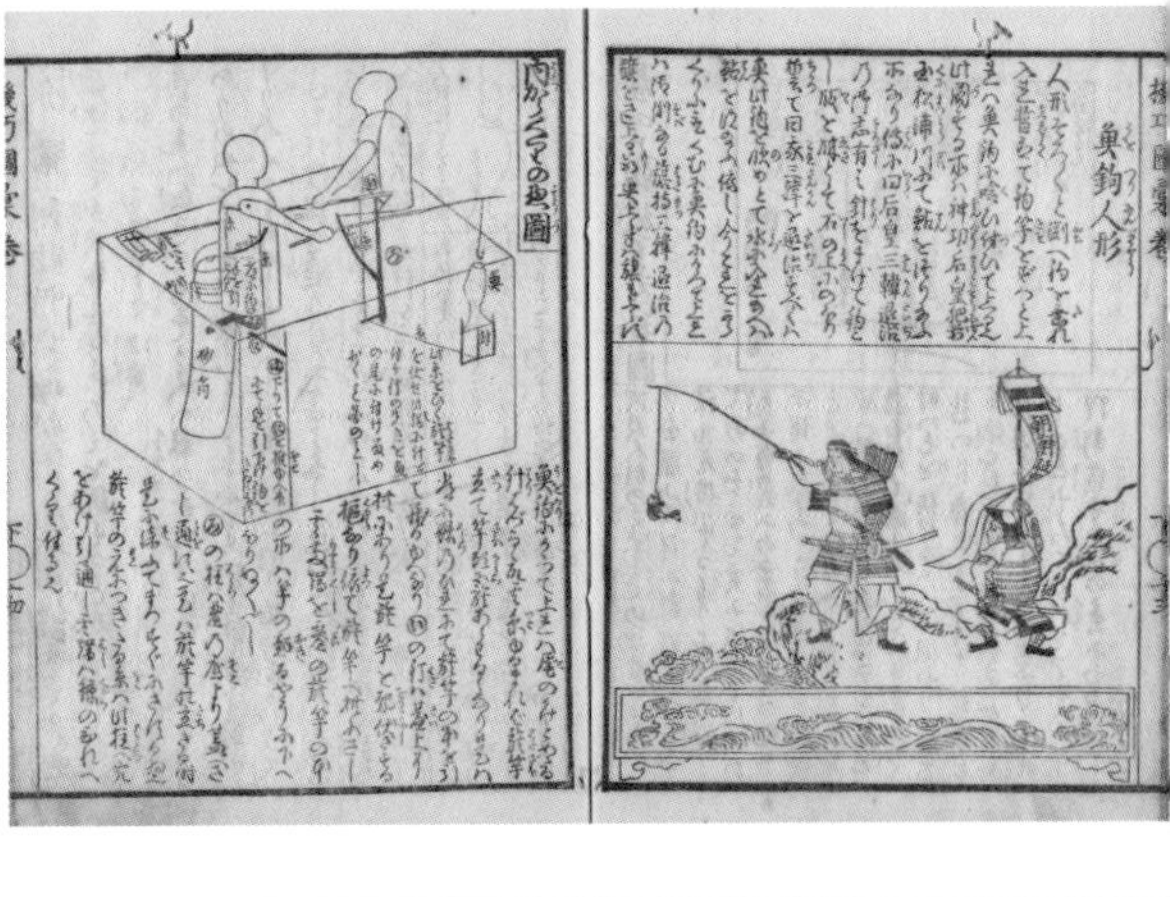
機巧圖彙
魚釣人形

江戸時代初期のからくりを紹介

『璣訓蒙鑑草《からくりきんもうかがみぐさ》』

多賀谷環中仙《たがやかんちゅうせん》・撰 川枝豊信・画
享保十五年（一七三〇）著屋伝兵衛版
国立国会図書館デジタルコレクション

江戸時代初期のからくりの解説書。上巻で当時の代表的なからくり二十八種の図を紹介し、下巻でそれぞれに図解と種明かしをしている。からくりの装置は滑車やてこを利用した糸からくりが九種を占め、ポンプ、ばね、歯車、水銀を用いたものが各一種、その他は奇術、手品に類するもので技術的には単純で幼稚なものである。

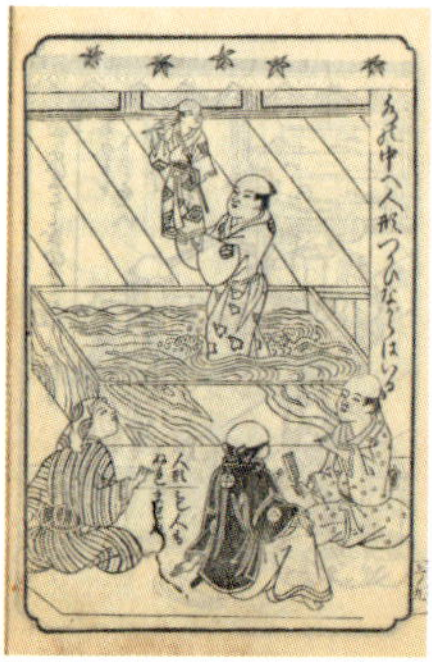

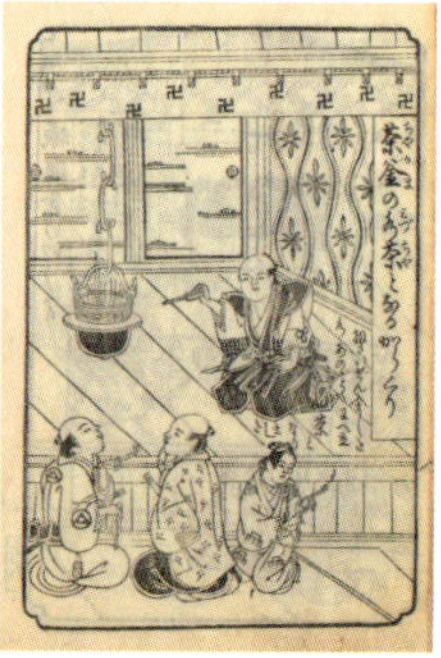

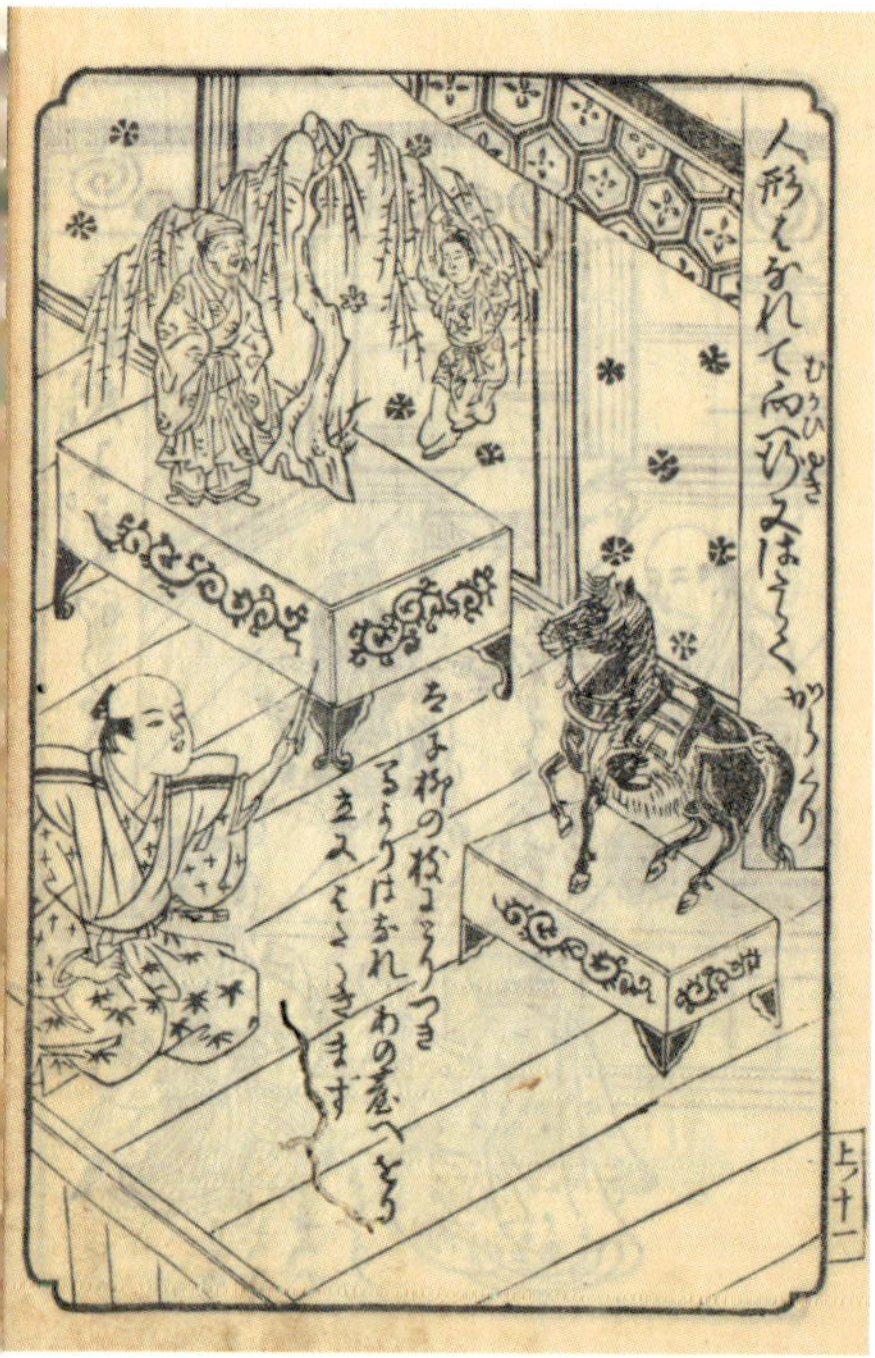

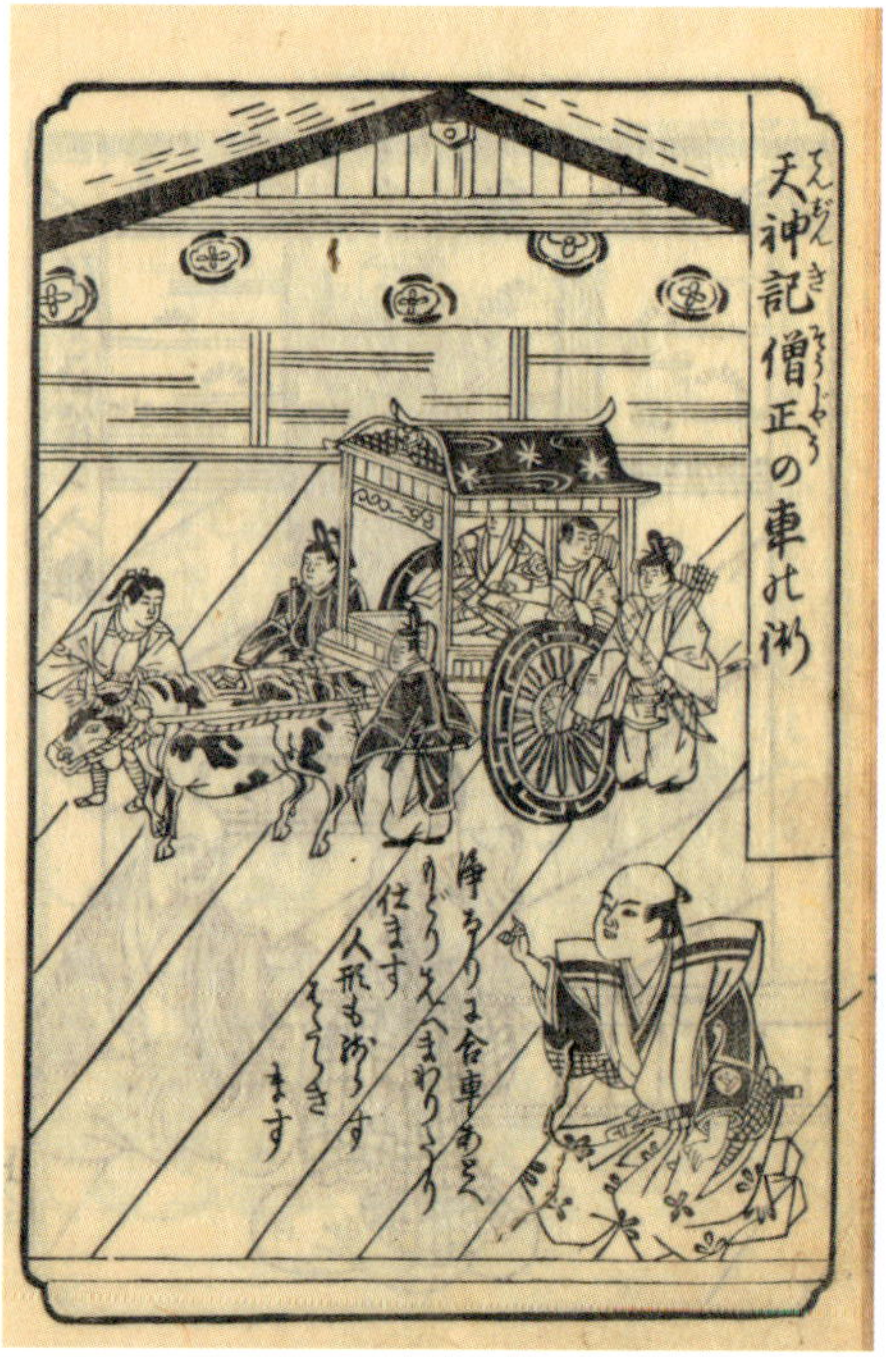

「竹田からくり芝居」の演目本

『大からくり絵尽』

西村重長《にしむらしげなが》・著

昭和八年（一九三三）米山堂版
国立国会図書館デジタルコレクション

西村重長（一六九七～一七五六）が描いた「竹田からくり芝居」の演目本である。「竹田からくり芝居」は、からくり技芸の庶民への浸透に大いに貢献した。どのようなからくり演目がどのように上演されたかを著した史書として、「大からくり絵尽」は貴重な資料である。口上に続いて「かん鼓泰平楽」から始まり、こども狂言、おどり、浄瑠璃を交えて、一日十五演目ほどのからくり人形演技が行なわれたという。

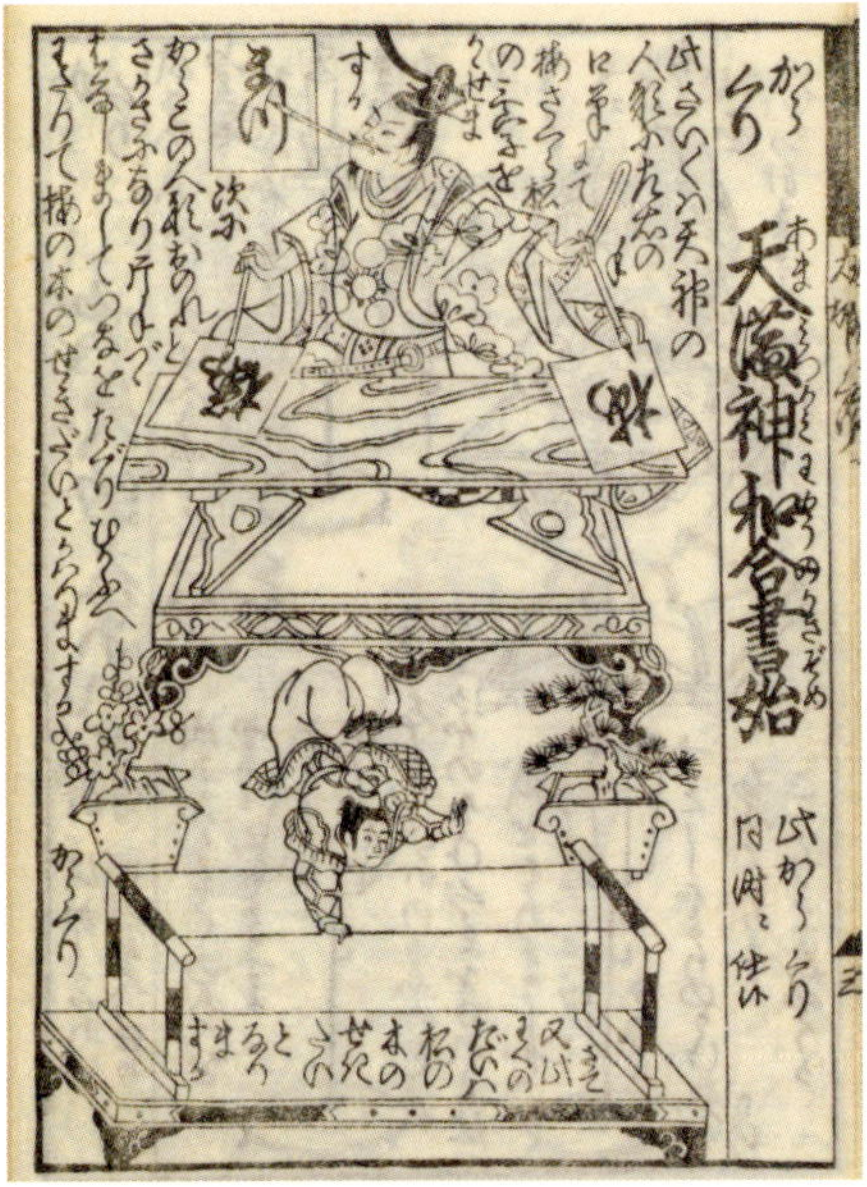

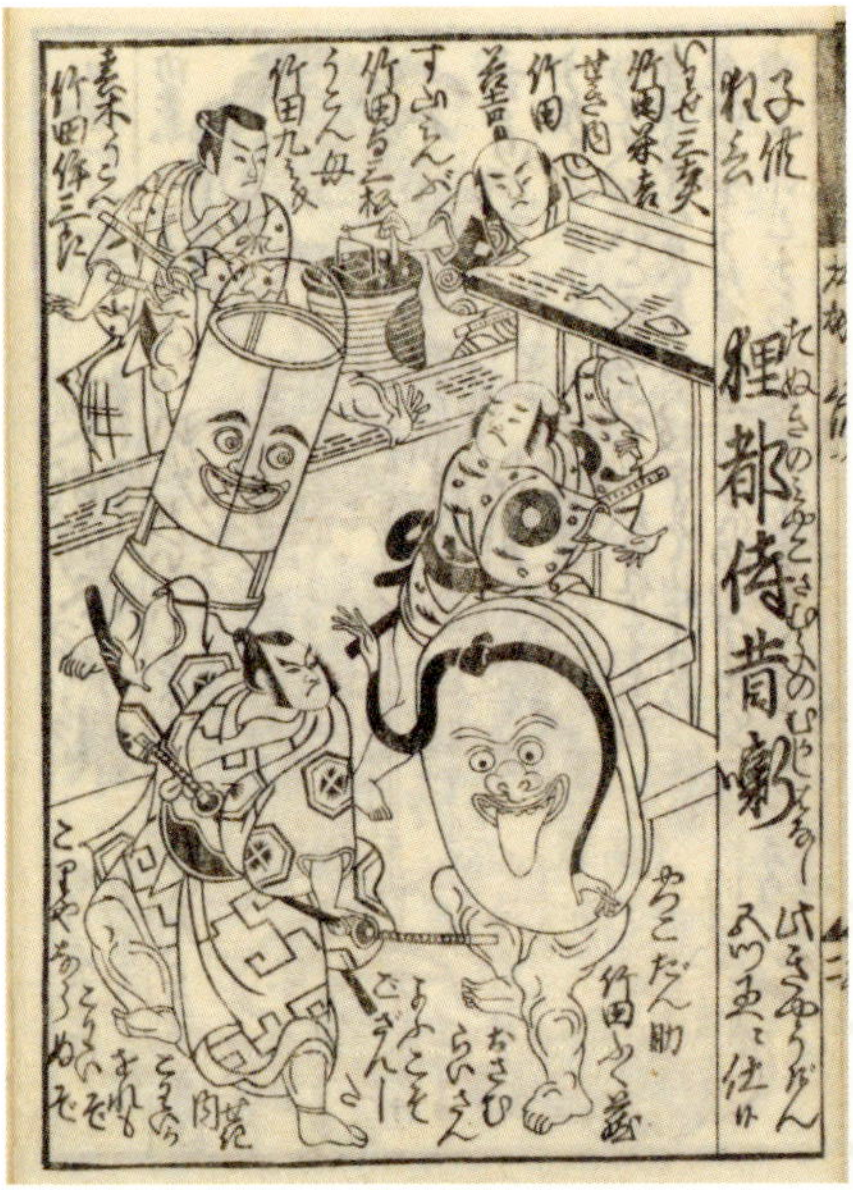

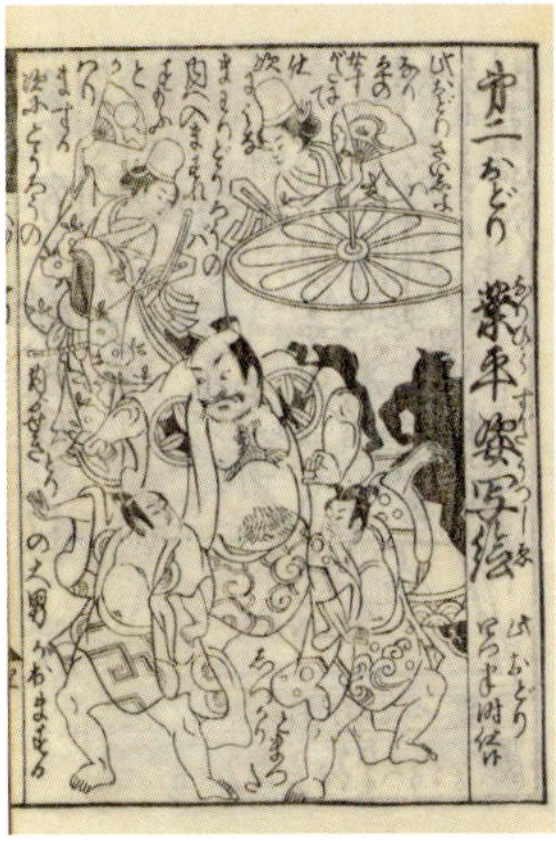

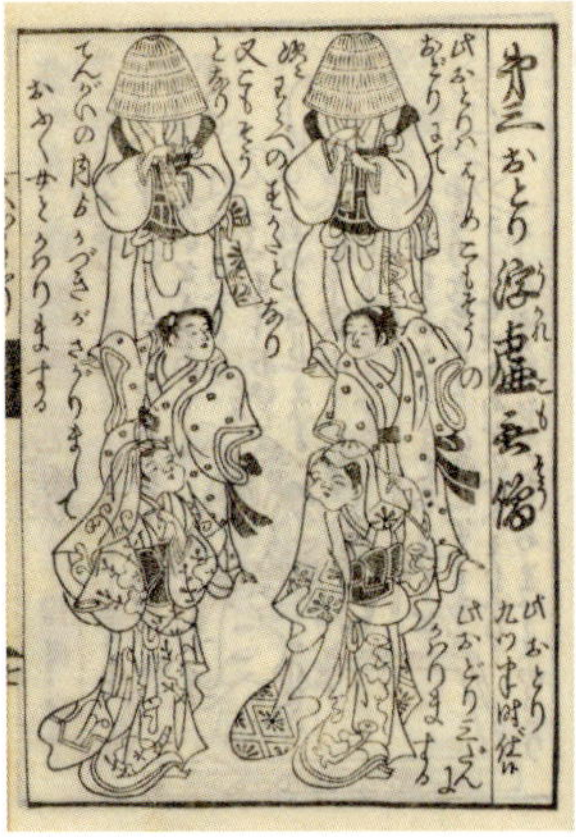

『写真鏡図説《しゃしんきょうずせつ》』

ダグロン・原著　柳川春三《やながわしゅんさん》・訳述

上州屋総七版
慶応三年～明治元年（一八六七～六八）刊
国文学研究資料館蔵

柳川春三は伊藤圭介《けいすけ》に蘭学を、上田仲敏《なかとし》に砲術を学び、同藩の蘭学所出仕する。江戸幕府の開成所（洋書調所）教授を経て、大学少博士となる。語学の才能が豊かで、蘭学のほか英語、フランス語にも熟達し、多数の翻訳書を出版した。本書は彼がオランダ人ホルマンの原書や、フランス人ダグロンの原書などをもとにして著述した我が国最初の写真技術の入門書。イギリス人のスコット・アーチャーが発明して発表したコロジオン湿板法による撮影現像技術や鶏卵紙焼付法などを図版入りで解説している。

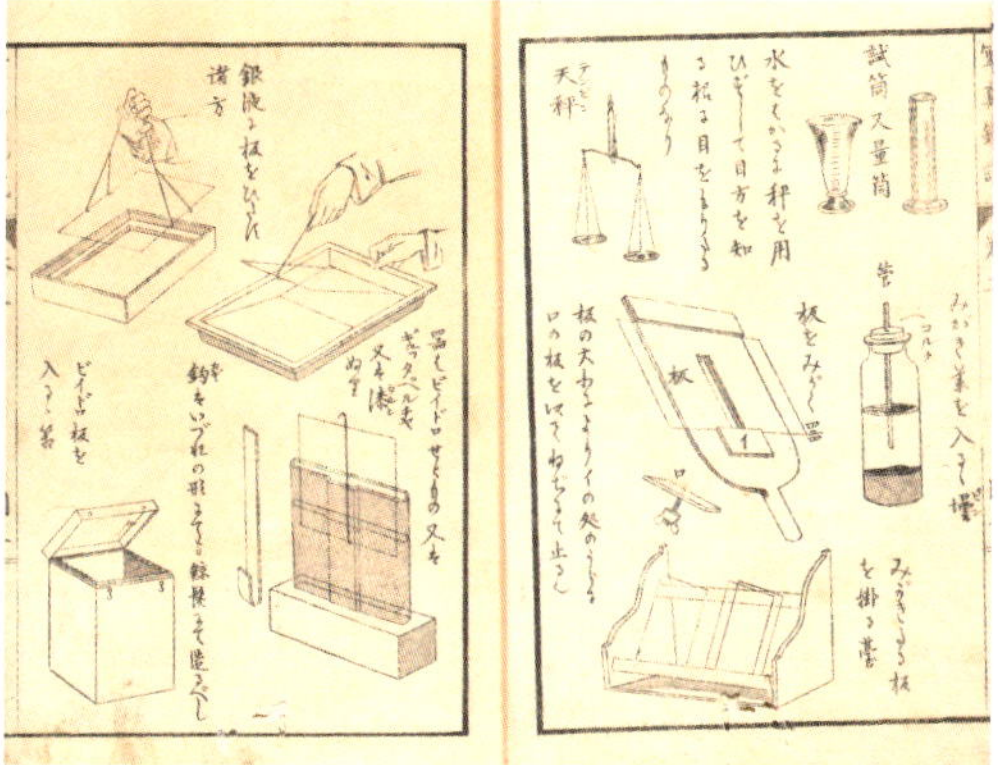

わが国最初の写真技術書

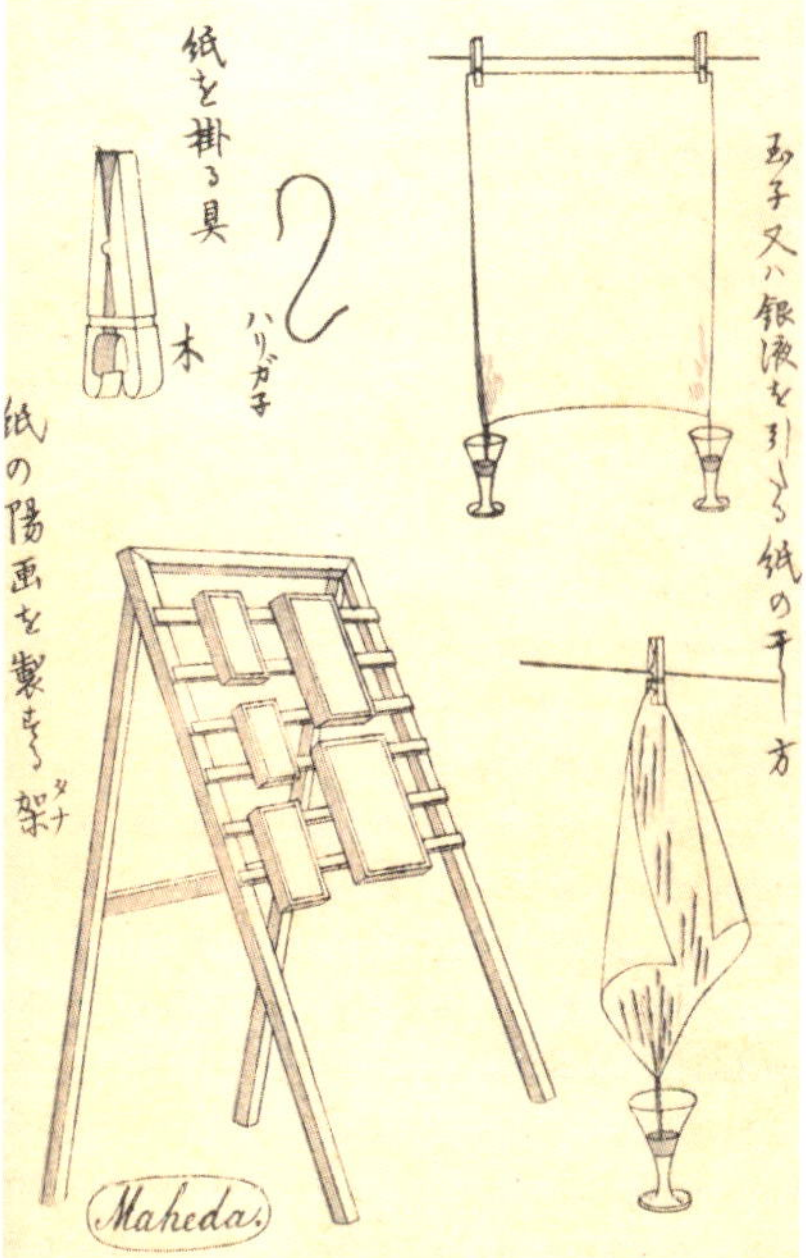

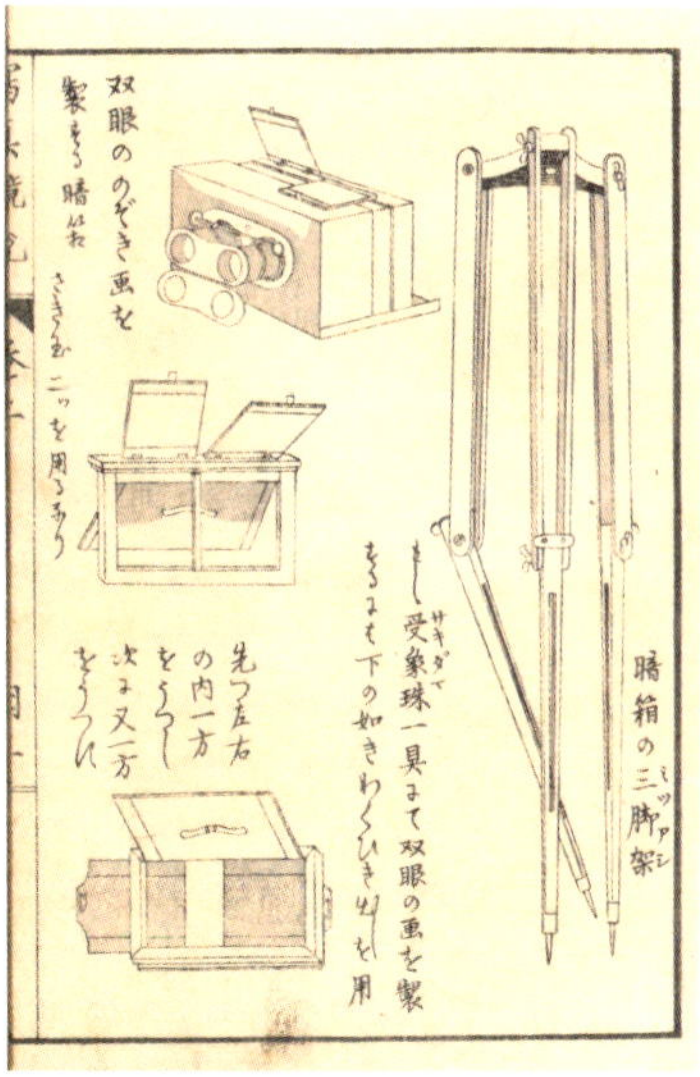

第十一章

江戸絵画と科学の眼

科学的な理論に裏打ちされた西洋の遠近法は、三次元の空間を二次元の平面上に絵画的に表現する方法で、江戸時代後期の日本にも広まり、絵師たちに大きな衝撃を与えた。当時、西洋画の「透視図法」（線遠近法）で描いた遠近表現が珍しがられて流行し、円山応挙《まるやまおうきょ》や司馬江漢《しばこうかん》らによって「眼鏡《めがね》絵《え》」が制作された。また凸レンズが嵌められた覗き穴から箱内に装塡された風景画が浮いて見える「浮絵《うきえ》」は、中国清朝の眼鏡絵の影響によって生まれたと考えられている。葛飾北斎や歌川広重たちによって多数残され、浮世絵の一ジャンルとなった。小田野直武《おだのなおたけ》らによって創始された「秋田蘭画《らんが》」は洋風表現を取り入れ、近景を大きく、遠景を小さく描く手法や、近景をはっきりとした色彩、遠景を淡い色彩で描く「空気遠近法」などによって独特な遠近表現を確立した。

エッセイ⑤

奇跡の出会い——近世日本におけるプルシアンブルーの受容

勝盛典子

発色のよい濃い青色を表すことのできる天然の物質は少なく、自然界にみられる「青」という色を、絵画や彫刻などに表すことは簡単なことではなかった。日本では、伝統的に群青（藍銅《らんどう》鉱《こう》）や藍などを用いたが、群青は高価で貴重な天然岩絵具であり、染料の藍には鮮やかな青色の発色を期待することはできない。

元禄十七年（一七〇四）、合成の青色顔料プルシアンブルーがプロイセン王国のベルリンで発見された。プルシアンブルーは英語で「プロシアの青」という意味。化学的にはフェロシアン化第二鉄に属す。染色業者のディーズバッハが、サボテンに寄生する臙脂《えんじ》虫《むし》を乾燥粉末したものにアルカリ系の薬品（動物性、この薬品が変質していた）を加え濃い赤色を作ろうとして、偶然この青色が発見された。濃い鮮やかな「青」を表すことのできる、そして安価な合成顔料は瞬く間に世界に広まった。日本も例外ではなく、発見から驚くほどの早さで日本に持ち渡られ、洋風画や浮世絵などさまざまに受容されていく。

当時の袋や墨書もそのままに遺された武雄の第二十八代領主鍋島茂義（一八〇〇～六二）所用の絵具箪笥には、「紅毛紺青」「唐口紺青」「ヘレンス」と書かれた袋に入ったプルシアンブルーをみることができる。

平賀源内とプルシアンブルー

平賀源内（一七二八～七九）は、西洋製銅版画の優れた写実性にいち早く着目し、西洋画法に傾倒した。彼の多彩な経歴のひとつに「洋風画の理論的指導者」があげられ、源内唯一の油彩画「西洋婦人図」（神戸市立博物館蔵）には、奇才・源内に相応しい画風と存在感が漂う。延享四年（一七四七）、オランダ船が初めて日本にプルシアンブルーを舶載するが、この年はすべて返送され、最初に輸入されるのは宝暦二年（一七五二）[1]。源内一回目の長崎遊学の年にあたる。源内は同十二年（一七六二）四月に湯島で主催した「東都薬品会」に自ら出品し、[2] 著書『物類品隲《ぶつるいひんしつ》』において同定を試み、「西洋婦人図」にも少量のプルシアンブルーを使用するなど、新しい「青」＝プルシアンブルーに強い興味を示している。源内が入手するまでの輸入例は宝暦二年と四年のみで、源内とプルシアンブルーの出会いは絶妙のタイミング、運命的といってよいものであった。

安永二年（一七七三）に阿仁銅山検分のため秋田へ招聘《しょうへい》された源内は、秋田藩八代藩主佐竹曙山《さたけしょざん》（一七四八〜八五）と秋田藩士小田野直武《おだのなおたけ》（一七五〇〜八〇）に「西洋画法」を伝える。二人は源内が伝えた「西洋画法」や南蘋《なんぴん》風花鳥画、博物図譜などの影響を受けながら新しい作品をつくりだした。曙山が著した日本最初の西洋画論『画法綱領』は西洋画法のもつ写実の優位性を説き、「丹青部」にはプルシアンブルーを含む十六品の彩色材料などが記される。蛍光X線による元素分析と分光光度計による可視光反射スペクトル分析の結果は、[3] 曙山がプルシアンブルーの鮮やかな色相を好んで用いたこと

「西洋婦人図」（部分）
「襟」の青にプルシアンブルー、「頭飾りの葉」は藍と黄色染料による緑。限定部分に少量の使用。

「西洋婦人図」平賀源内・筆
神戸市立博物館蔵　Photo : Kobe City Museum / DNPartcom

にとどまらず、顔料と染料の両方の性質をもつプルシアンブルーの特質を生かしたグラデーション表現、裏彩色や染料との併用による彩色など、複雑で多彩な使用法を実践してこの新しい絵具に先駆的に取り組んだこと強く印象づける。「画ハ万物麗色アルヂ彩物トス」（『画法綱領』）という彩色についての曙山の姿勢は、源内が伝えた新しい青色顔料プルシアンブルーの実験的な使用例に貫かれている。一方、プルシアンブルーを用いて透明感のあるひろびろとした水面や空を表現する「不忍池図」（秋田県立近代美術館蔵）など、直武には少量のプルシアンブルーを効果的に用いる作例が多く、大胆かつ多様に用いる曙山とは異なった個性を示す。

秋田蘭画以降のプルシアンブルーの受容

秋田蘭画において伝統的な日本画の彩色技法の範囲で使用されていたプルシアンブルーは、曙山と直武の没後、「蘭画（油彩画）」のための特別な絵具と認識され、油彩画以外で用いられることがほとんどなかった[4]ことが、当時の画家が著した画論[5]や作品の分析結果から検証できる。プルシアンブルーは、洋風画法とともに伝えられ蘭画を象徴する青色の地位を確立し、江戸では司《し》馬江漢《ばこうかん》（一七四七～一八一八）や亜欧《あおう》堂田善《どうでんぜん》（一七四八～一八二二）、長崎では若杉《わかすぎ》五十八《いそはち》（一七五九～一八〇五）や荒木如元《あらきじょげん》（一七六五～一八二四）らによる油彩画作品にプルシアンブルーの使用が認められる[6]。また、プルシアンブルーが輸入される場である長崎であるからといって、画家がプルシアンブルーを必ずしも使用することはなかった。

　ところで、プルシアンブルーは粒子が非常に細かく、染料のような性質があり、版画においても使用が可能であった。伝統的な日本画には使われなかったプルシアンブルーがなぜか文政十二年（一八二九）頃より狂歌俳諧の摺物に用いられるようになったらしく、北斎の「冨嶽三十六景」を嚆矢《こうし》として、浮世絵の青色表現に革命的な変化をもたらした。また、秋田蘭画の場合と同じく、「諸国瀧廻り」のシリーズなどに見られる美しい緑色の表現にも使用されている。プルシアンブルーによって北斎作品の色彩と造形の幅は大きく広げられたといえるだろう。

伊藤若冲とプルシアンブルー

　ところで、伊藤若冲《いとうじゃくちゅう》（一七一六～一八〇〇）の『動植綵絵《どうしょくさいえ》』（宮内庁三の丸美術館蔵）のうち、第二十八作「群魚図」の左下に描かれたルリハタについて、プルシアンブルーの使用が報告された。『動植綵絵』は明和三年（一七六六）に全三十幅が揃ったとされており、今のところ日本におけるプルシアンブルーの最初の使用例ということになる。若冲がプルシアンブルーを入手し、使用するに至った経緯については現状では不明であるが、誠に興味深いものがある。源内しかり。北斎しかり。若冲とプルシアンブルーとの奇跡の出会いについても、その詳細を解明したいと考えている。

「不忍池図」（部分）

「不忍池図」重文　小田野直武・筆
秋田県立近代美術館蔵

注

（1）石田千尋「江戸時代の紺青輸入について—オランダ船の舶載品を中心として—」（『神戸市立博物館研究紀要』第二十四号　二〇〇八年　四一—五〇頁）。

（2）「ヘレインフラトウ」の記載がある。『宝暦明和年間物産会目録類』（二巻二冊　東京大学総合図書館蔵　A四〇—四五）。

（3）勝盛典子「プルシアンブルーの江戸時代における受容の実態について」・朽津信明「日本におけるプルシアンブルーの初期使用例とそれに関わる作品の使用顔料」（『神戸市立博物館研究紀要』第二十四号　二〇〇八年　一三—二二頁、三五—四〇頁）、勝盛典子・朽津信明「近世日本におけるプルシアンブルーの受容—秋田蘭画—」（『神戸市立博物館研究紀要』第二十六号　二〇一〇年　一一七—一三二頁）。

（4）蘭学者と交流のあった石川大浪（一七六二～一八一七）筆「乱入図」（（財）平野政吉美術館蔵）の分析でプルシアンブルーを確認。蒹葭堂を通じてプルシアンブルーを入手していたことが木村蒹葭堂来翰集『先人旧交書牘』（中尾堅一郎氏蔵）も判明している。また、長崎ではオランダ人に近い存在と見做される川原慶賀、榊有隣らによる作品で使用が認められる。

（5）例えば、宮本君山著・画『漢画独稽古』（文化四年刊）。

（6）勝盛典子「若杉五十八研究」・朽津信明「若杉五十八の作品に用いられている顔料の特徴について—特に青色顔料の同定から—」（『神戸市立博物館研究紀要』第二十一号　二〇〇五年　四七—七六頁、七七—八二頁）、前掲註（3）。

覗き眼鏡で観る錦絵

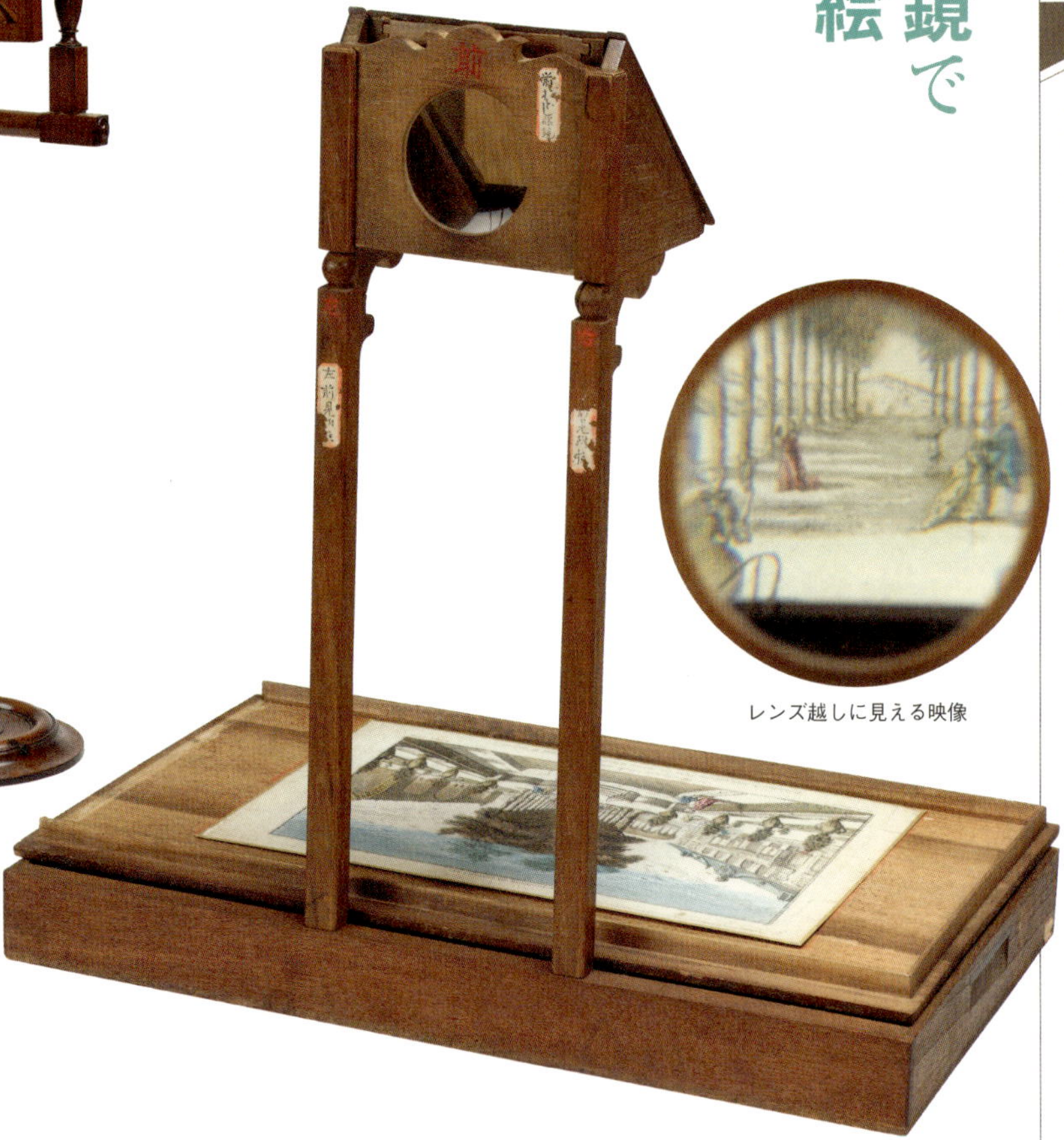

レンズ越しに見える映像

「泰山鏡《たいざんきょう》（眼鏡絵器具《めがねえきぐ》）」

寛政十二年（一八〇〇）木製　一基
町田市立国際版画美術館蔵

組み立て式の反射式覗き眼鏡で、凸レンズ、反射鏡、脚、西洋眼鏡絵一式が台となる箱の中に納められる構造になっている。「泰山鏡」の名称は道教の聖地である泰山からの眺望にちなんだものである旨が説明されている。

「反射式覗き眼鏡《はんしゃしきのぞきめがね》」

イギリス製　江戸時代（十八世紀）木製
一基　町田市立国際版画美術館蔵

基台、水銀引きの鏡と凸レンズを嵌め込んだ上部、それを支える軸棒からなる組み立て式の反射式覗き眼鏡。日本へは明和頃（一七六四～七二）に江戸にもたらされてお

ど乗り遅れてないことが注目される。

「六玉川《むたまがわ》 高野《たかの》の玉川《たまがわ》」 鈴木春信・画
江戸時代（十八世紀） 中判錦絵 一枚
城西大学 水田美術館蔵

描かれている覗き眼鏡は、螺子《ねじ》部分や全体のデザインが中国的な感じになっている。覗き眼鏡の下には大判の山水図が置かれている。『増訂武江年表』の享和年間の記事に「此の頃迄山水の遠近を画きたる一枚絵を浮絵と云ふ。今此の称なし」とあり、この山水図も「浮絵」なのであろう。

「名所江戸百景《めいしょえどひゃっけい》 猿《さる》わか町《ちょう》よるの景《けい》」 歌川広重・画

安政三年（一八五六）魚屋栄吉版 大判錦絵 一枚
国立国会図書館デジタルコレクション

「猿若町」は現在の台東区浅草六丁目あたりで、江戸歌舞伎の祖である中村座座長猿若勘三郎にちなむ。一点透視図法的な画面構成と、月明かりによる人々の影が印象的な図で、西洋の画法の影響を感じさせる。

「名所江戸百景 する賀《か》てふ」 歌川広重・画

安政三年（一八五六）
魚屋栄吉版 大判錦絵 一枚
国立国会図書館デジタルコレクション

「するが」の名は、日本橋通りが正確に富士山（山頂が駿河国にあたる）の方向を示すことにちなむという。道を挟んで越後屋が左右対称に軒を並べ、道行く人でごった返している。画面中央の富士に向かって延びる建物の描線、すなわち線遠近法の軸線によって遠近感を際立たせている。

「三十三間堂《さんじゅうさんげんどう》」 伝円山応挙・筆

宝暦年間（一七五一〜六四）頃 中判墨摺筆彩 一枚 町田市立国際版画美術館蔵

これらは透視図法で描かれた作品で、覗き眼鏡を使って鑑賞された。鏡に映して鑑賞されることを想定して左右反転して描かれている。京都三十三間堂の西側軒下の長い廊下を利用し、南北に矢を通す「通し矢」の行事が描かれている。

「賀茂《かも》競馬《くらべうま》」 伝円山応挙・筆

宝暦年間（一七五一〜六四）頃
中判墨摺筆彩 一枚
町田市立国際版画美術館蔵

賀茂別雷《かもわけいかづち》神社（上賀茂神社）の境内で五月に催される競馬《くらべうま》の行事が描かれている。手前に大きく朱の一の鳥居を描き、奥に小さく二の鳥居を描くことにより奥行きのある構図になっている。

「眼鏡絵《めがねえ》（和蘭陀《おらんだ》十景《じゅっけい》　楼上之図《ろうじょうのず》）」

江戸時代（十八世紀）頃　銅版筆彩　一枚　町田市立国際版画美術館蔵

「泰山鏡」とともに伝来した全二十図のうちの二枚。これらは西洋で制作された反射式眼鏡絵である。王立絵画彫刻アカデミーによる、ルーブル宮殿の一室で開催されたサロンの様子が描かれている。

「眼鏡絵《めがねえ》（和蘭陀《おらんだ》十景《じゅっけい》　別荘之図《べっそうのず》）」

江戸時代（十八世紀）頃　銅版筆彩
一枚　町田市立国際版画美術館蔵

オランダのアムステルダムの広場を描いた作品。両側の建物の間にはこんもりとした木々が生い繁り、奥行きのある並木道が遠近を強調して描かれている。

写真の時代

「堆錦製写真機《ついきんせいしゃしんき》」

福井蘭方医笠原白翁所持 幕末（十九世紀）
福井市立郷土歴史博物館蔵

わが国種痘史の先駆者として知られる笠原白翁が、文久三年（一八六三）、美濃の写真師より買い受け、福井城下で希望者の撮影に応じたものといわれる。営業写真師の開祖である下岡蓮杖《れんじょう》が横浜で最初の写真館を開業したのが文久二年であるから、白翁が福井に写真機をもたらした時期はきわめて早いものと思われる。

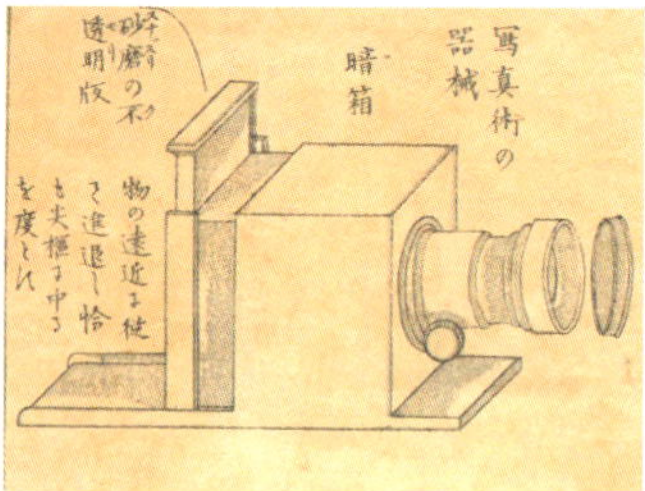

幕末に出版された柳川春三（しゅんさん）の『写真鏡図説』に掲載されている写真鏡（カメラ・オブスキュラ）の図。

上 「笠原白翁肖像写真《かさはらはくおうしょうぞうしゃしん》」

福井市立郷土歴史博物館蔵

笠原白翁（一八〇九～八〇）は幕末・明治時代の医師で、磯野公道に古医方を学んだあと、京都で日野鼎哉《ていさい》に入門して蘭方医学をおさめた。嘉永二年（一八四九）、オランダ商館医師モーニッケのもたらした痘苗を鼎哉より入手して郷里の越前（福井県）に帰り種痘を普及させた。

上 「勝海舟肖像写真《かつかいしゅうしょうぞうしゃしん》」

福井市立郷土歴史博物館蔵

勝海舟（一八二三～九九）は幕末・明治の政治家。万延元年（一八六〇）遣米使節の随行艦咸《かん》臨《りん》丸の艦長として太平洋を横断。帰国後は軍艦奉行にすすみ、神戸海軍操練所をひらき坂本竜馬らを育成した。

日本で最初の写真撮影技術書

「撮影術《さつえいじゅつ》」(『舎密《セイミ》局《きょく》必携《ひっけい》』より)
上野彦馬《うえのひこま》・抄訳 堀江公粛《ほりえこうしゅく》・校閲
文久二年(一八六二)刊 文溯堂蔵版
国文学研究資料館蔵

堀江鍬次郎(公粛)と共著の『舎密局必携』は日本初の写真撮影技術書。上野彦馬は化学と写真術をオランダ政府派遣の海軍医ポンペ・メーデルフォルトから学び、写真機や薬品を自製、長崎に日本最初の営業写真館を開設した。坂本竜馬、高杉晋作、伊藤博文ら維新の志士たちも長崎に赴いて肖像を撮影した。

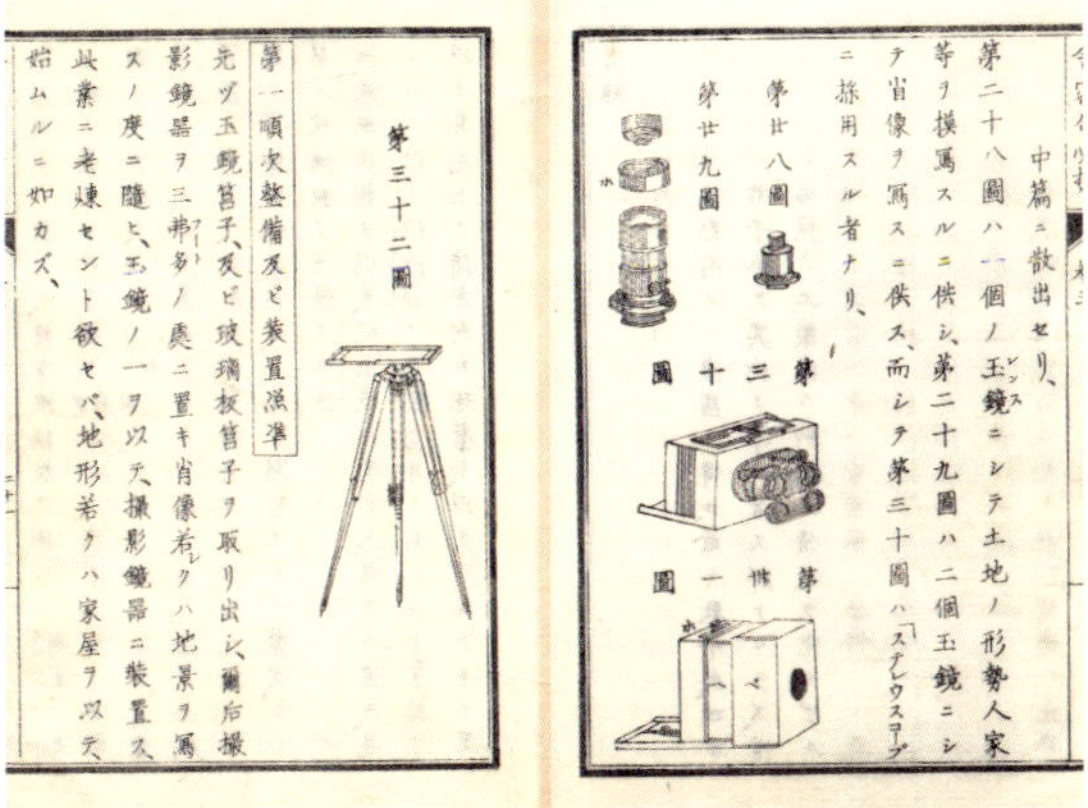

「徳川慶喜肖像写真《とくがわよしのぶしょうぞうしゃしん》」
福井市立郷土歴史博物館蔵

徳川慶喜(一八三七〜一九一三)は江戸幕府第十五代将軍。慶応二年、将軍となり幕政の改革をはかるが、同三年、大政を奉還し将軍職を辞任。明治二年、謹慎を解かれたが表舞台にはたたず、放鷹《ほうよう》、油絵、写真などの趣味に生きた。

下 「岩倉具視肖像写真《いわくらともみしょうぞうしゃしん》」
福井市立郷土歴史博物館蔵

岩倉具視(一八二五〜八三)は幕末・明治時代の政治家。公武合体を唱えて和宮《かずのみや》降嫁を策して、尊攘《そんじょう》派によって一時宮中を追われる。討幕運動に加わり、慶応三年(一八六七)王政復古を実現。維新後、副総裁、右大臣となり新政府の中枢にすわる。

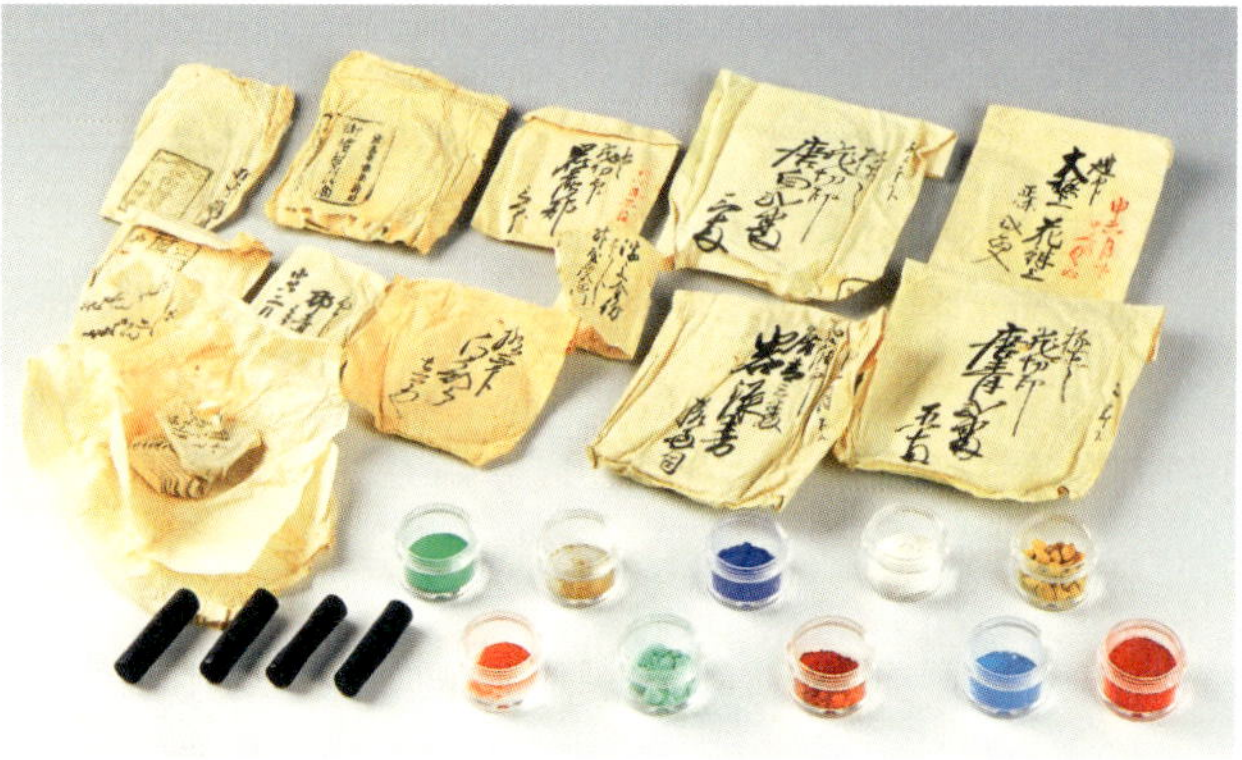

絵具各種

殿様の絵具箱

唐口群青

紅毛群青

紺青

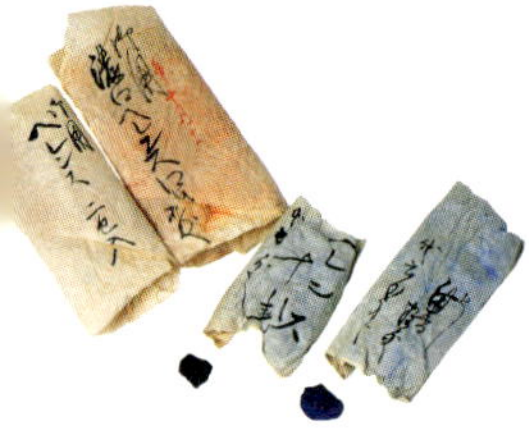

農口ヘレンス・ヘレンス

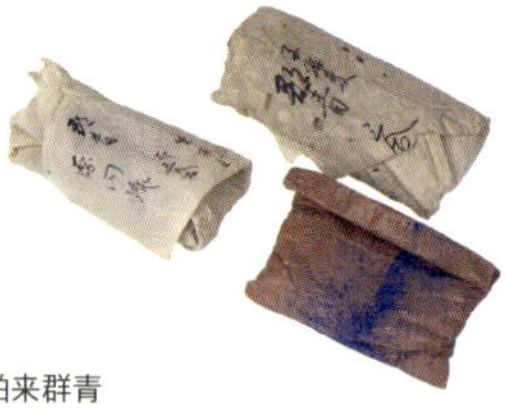

舶来群青

「茂義公《しげよしこう》皆春斎《かいしゅんさい》御絵具《おんえのぐ》」

武雄鍋島家資料
江戸時代後期（十八世紀後半～十九世紀前半）
武雄鍋島家資料　武雄市蔵

武雄の領主鍋島茂義《なべしましげよし》（一八〇〇～六二）は江戸時代後期の武士。高島秋帆《しゅうはん》に洋式砲術を学び、領内でモルテール（臼砲）を鋳造し、のちに藩砲術師範となり軍備の近代化につくした。また西洋の医学や科学を積極的に導入し、種痘実施やガラス製造などにも功績をあげた。茂義の時期にオランダから購入された地球儀や天球儀、測量器具や時計、薬品などの輸入物品が残されている。

「仮宅《かりたく》の遊女《ゆうじょ》」
渓斎英泉・画
天保六年（一八三五）蔦屋吉蔵版 大判藍摺 三枚続 国立国会図書館デジタルコレクション

英泉はベロ（ベルリン藍）による藍摺《あいずり》を最初に手掛けた。青の濃淡の中の遊女の唇だけに朱が点じられ色香を醸し出している。本作は「姿海老屋楼上之図」と題する錦絵を、人物はそのままに背景を変えて藍摺として再版したもの。

プルシアンブルーで描かれた錦絵

「亜《あ》墨《め》利《り》加《か》州《しゅう》内《ない》華盛頓《わしんとん》府《ふ》之《の》景《けい》銅《どう》板《はん》之《の》写生《しゃせい》」
歌川芳員・画
文久元年（一八六一）丸屋甚八版 大判藍摺 三枚続 国立国会図書館デジタルコレクション

アメリカのワシントン風景を藍摺で描く。「銅板之写生」とあるが、これはイギリスのロイヤルアカデミーに出品された南欧風俗を描く「井戸端会議」という絵画作品から転用したもの。歌川芳員（生没年未詳）は国芳の弟子で、横浜絵の代表的画家。横浜絵とは安政六年（一八五九）の開港後、明治五年（一八七二）頃まで横浜に来た外国人の風俗を中心に描かれたもの。

「燕子花《かきつばた》にナイフ図《ず》」

佐竹曙山《さたけしょざん》・筆
江戸時代後期（十八世紀後半〜十九世紀前半）
絹本着色 一軸 秋田市立千秋美術館蔵

薄手の花器に生けた燕子花とナイフが描かれている。燕子花の花にはいずれもプルシアンブルーが用いられており、葉は銅版画から学んだ細い線であらわし、花や花器は濃淡によって陰影をつけている。何気なく置かれたナイフには、金属的な質感を表すための彩色の工夫がうかがえる。佐竹曙山（一七四八〜八五）は南蘋《なんぴん》派の写生体も学び、安永二年（一七七三）平賀源内が秋田に来たとき、家臣の小田野直《なお》武《たけ》らと西洋画法を学んだ。

下

「染付《そめつけ》花盆文髭皿《かぼんもんひげざら》」

オランダ・デルフト窯 十八世紀前半（一七〇〇〜四〇年代）
佐賀県立九州陶磁文化館蔵

上部に穴が二箇所あけられ、下部には半円状に口縁部を切られている。この器形はヨーロッパで髭を剃るときに使われることから髭皿《ひげざら》と呼ばれる。髭皿は有田ではおもに輸出用に作られた。これは十八世紀前半に作られた有田の製品をデルフト陶器で写したものである。

左

「染付梅樹文大壺《そめつけばいじゅもんおおつぼ》」

鍋島藩窯 一七二〇〜四〇年代
佐賀県立九州陶磁文化館蔵

鍋島では木盃形の皿や向付《むこうづけ》などの食器類が多く作られ、壺類の生産は少ない。当初から作られていたものとしてはこの形の大型壺が知られている。壺は文様の線描きと濃《だ》みの

調子や、皿と共通する文様などから鍋島藩窯の製品と判断される。口縁は無釉であり、共蓋があったと考えられる。

「花鳥図《かちょうず》」 狩野伊川院栄信《かのういせんいんながのぶ》・筆

文化九年（一八一二） 絹本着色 一幅
板橋区立美術館蔵

狩野栄信（一七七五〜一八二八）は江戸時代後期の画家で、画号を伊川《いせん》、のちに伊川院といい、この画号で呼ばれることが多い。文化五年（一八〇八）、父惟信《これのぶ》の跡をうけ、木挽町《こびきちょう》狩野家を継ぐ。江戸城障壁画や朝鮮に贈呈する屏風を制作。大和絵の技法にも通じ、古今の絵画の模写にも力をそそぐなど、木挽町狩野家の黄金期をささえたひとりである。画面全面を濃紺にした背景に牡丹の花が浮かび上がる。馥郁《ふくいく》とした花の香が漂ってくるようだ。

「花鳥図《かちょうず》」沖一峨《おきいちが》・筆

江戸時代後期（十八世紀後半〜十九世紀前半）絹本着色　双幅　板橋区立美術館蔵

沖一峨（一七九六〜一八五五）は江戸時代後期の画家で、因幡《いなば》鳥取藩の絵師沖探容《たんよう》の養子となり、家督をついで江戸藩邸で画業に専念する。沖氏は代々狩野派であるが、琳派風に写実をくわえた極彩色の花鳥画を得意とした。この花鳥図でも牡丹と芙蓉を彩る青い背景は色鮮やかで、画面に小品を貼りこんだような趣のだまし絵的な効果を狙っている。

「円窓《まるまど》牡丹《ぼたん》　孔雀《くじゃく》」
鍋島茂義《なべしましげよし》・画
江戸時代後期（十八世紀後半〜十九世紀前半）
紙本着色　一帖　武雄鍋島家資料　武雄市蔵

鍋島茂義は皆春斎《かいしゅんさい》と号し、絵画にも優れた才能を発揮し、本格的な作品を描いている。茂義は植物に強い関心を寄せ、栽培にも熱心であったといわれている。画帖には、濃紺の丸い背景に紅白の牡丹が咲き乱れ、対する画面には松に孔雀が描かれている。植物に関心を寄せるだけあって動植物の観察力は優れている。

透視遠近法と眼鏡絵から生まれた浮世絵

上

「東都名所《とうとめいしょ》 吉原仲之町《よしわらなかのちょう》夜桜《よざくら》」

歌川広重・画

天保初期～中期（一八三〇～三九）
横大判錦絵　一面　佐野屋喜兵衛版
山口県立萩美術館・浦上記念館蔵

吉原の景を描いたこの作品は二つの消失点を持つ遠近法を使っている。画面中央手前に描かれる遊郭の建物の角を頂点に、それぞれ左右に延びて消失してゆく。画面右方に向かう通りが吉原仲之町で、春には桜の木が植えつけられ多くの酔客を誘った。

下

「岩城枡屋前《いわきますやまえ》の往来《おうらい》」

歌川広重・画

弘化4年～嘉永5年（一八四七～五二）
大判錦絵　三枚続　佐野屋喜兵衛版
山口県立萩美術館・浦上記念館蔵

延享三年（一七四六）麴町五丁目北側（現在の三丁目麴町通り北側）に開店した呉服木綿問屋「岩

「富嶽三十六景《ふがくさんじゅうろっけい》
神奈川沖浪裏《かながわおきなみうら》」
葛飾北斎・画
天保2～5年（一八三一～三四）
横大判錦絵 一面 西村屋与八版
山口県立萩美術館・浦上記念館蔵

画面中央に悠然《ゆうぜん》とそびえる遠景の富士。前景では今しも砕け散ろうとする大波が押送船《おしおくりぶね》に襲いかかろうとしている。北斎の鋭い観察力によって描かれた大波はまるで生き物のようだ。

京都、大坂のほか、麹町にも販売店を持つ大店《おおだな》の呉服店。最盛期には間口三十五間（約六十五メートル）までひろがり、十一棟の土蔵と従業員五百人を擁し、「おはい、おはい」と客を招いたそうである。透視図法で描かれた店構えと、ずらりと並んだ暖簾の規則正しさからその繁盛ぶりがうかがわれる。

左頁・下
「富嶽三十六景《ふがくさんじゅうろっけい》
甲州石班沢《こうしゅうかじかざわ》」
葛飾北斎・画
天保2～5年（一八三一～三四）
横大判錦絵 一面 西村屋与八版
山口県立萩美術館・浦上記念館蔵

「甲州石班沢」は現在の山梨県南巨摩《こま》郡富士川町の鰍沢《かじかざわ》辺とされる。本図は富士川の西側にあたる鰍沢岸から南東に見える富士を背景にして漁師を描いている。前景の突き出た岩盤、川の飛沫、漁師の網を引く姿がバランス良く景色にはまり込んでいる。

「不忍池図《しのばずのいけず》」　重文　小田野直武《おだのなおたけ》・筆

江戸時代　絹本着色　一面　秋田県立近代美術館蔵

秋田藩士小田野直武（一七四九〜八〇）が江戸在勤中に出かけた不忍池の風景をもとに、近景に草花を大きく描き、遠近感を強調している。平賀源内からオランダ系洋風画の伝授を受け、西洋美術の遠近法（遠くと近くを描き分ける画法）と影の表現（立体感を出す画法）を学んで描いている。舶来の顔料による豊麗な彩色とともに、早逝した直武画の代表作となっている。

「児童愛犬図《じどうあいけんず》」　小田野直武・筆

江戸時代後期（十八世紀後半〜十九世紀前半）
絹本着色　一軸　秋田市立千秋美術館蔵

円窓の中に中国風俗の童子と洋犬を描いている。右の子供の青い着物は、裏に色を塗り深みを出す裏彩色の技法とプルシアンブルーを使うことによって鮮やかな濃淡を表し、透ける生地の質感をも描き出している。プルシアンブルーはドイツで発明され、平賀源内が

平賀源内が洋画法を教え、秋田蘭《らん》画《が》が誕生

ない。源内は安永二年（一七七三）に阿仁《あに》銅山検分のため秋田に赴き、小田野直武や佐竹曙山《しょざん》に洋風画法を伝えた。

「西洋《せいよう》婦人図《ふじんず》」 平賀源内《ひらがげんない》・筆
江戸時代後期（十八世紀後半〜十九世紀前半）布地油彩 一面 神戸市立博物館蔵
Photo : Kobe City Museum / DNPartcom

この作品は洋風画の理論的指導者と評される源内が描いた唯一の油彩画の作品で、模写であることは確実だが原画が何かは不明である。この婦人図の襟には青にプルシアンブルーが使われており、頭飾りの緑に藍が用いられている。プルシアンブルーは貴重な顔料であったに違いないから、この時代に入手できたのはわずかな量だったに違い

入手し江戸にもたらした。佐竹曙山の「写生帳」にはプルシアンブルーについて「甚《はなは》だ得難し色」と記されている。

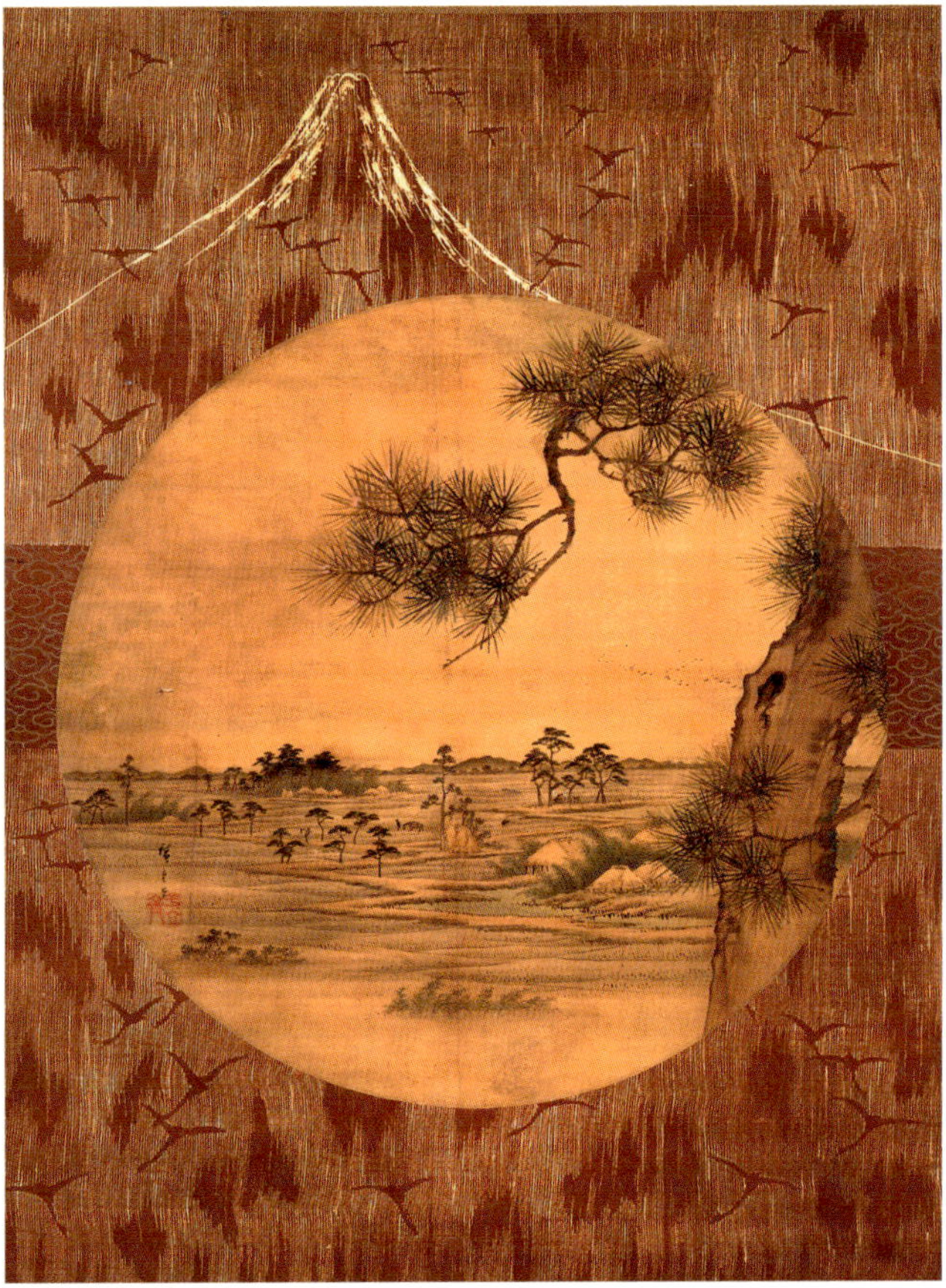

「江戸近郊図《えどきんこうず》」 歌川広重・筆

江戸時代後期（十八世紀後半～十九世紀前半）
絹本着色 一幅 板橋区立美術館蔵

円窓型の枠からはみ出すように老松の巨木を配し、背後にはのどかな田園風景が広がる。そこには自然の野山や樹木が描かれ、農民の生活に融け込んだ古き良き時代が見える。近景モチーフを画面の手前に巨大に描き、遠くになるにしたがってモチーフを縮小させながら重ねてゆくという構図は、広重晩年の作に頻繁に見られる。

蘭学が伝えた西洋の技術と画法

『紅毛雑話』

森島中良《もりしまちゅうりょう》・編
天明七年（一七八七）序刊
河内屋仁助版 二冊
国立国会図書館デジタルコレクション

本書はオランダ人に面会して得た新知識を、一般向けにわかりやすく紹介したもので、「紅毛の画法付銅板の法」には、「男子身体の図」、「婦人身体の図」、「骨節之式」、「手足之式」、「人物活動之式」などの図が掲載されている。森島中良は江戸時代後期の蘭学者で、同じく蘭学者の桂川甫周の実弟にあたる。

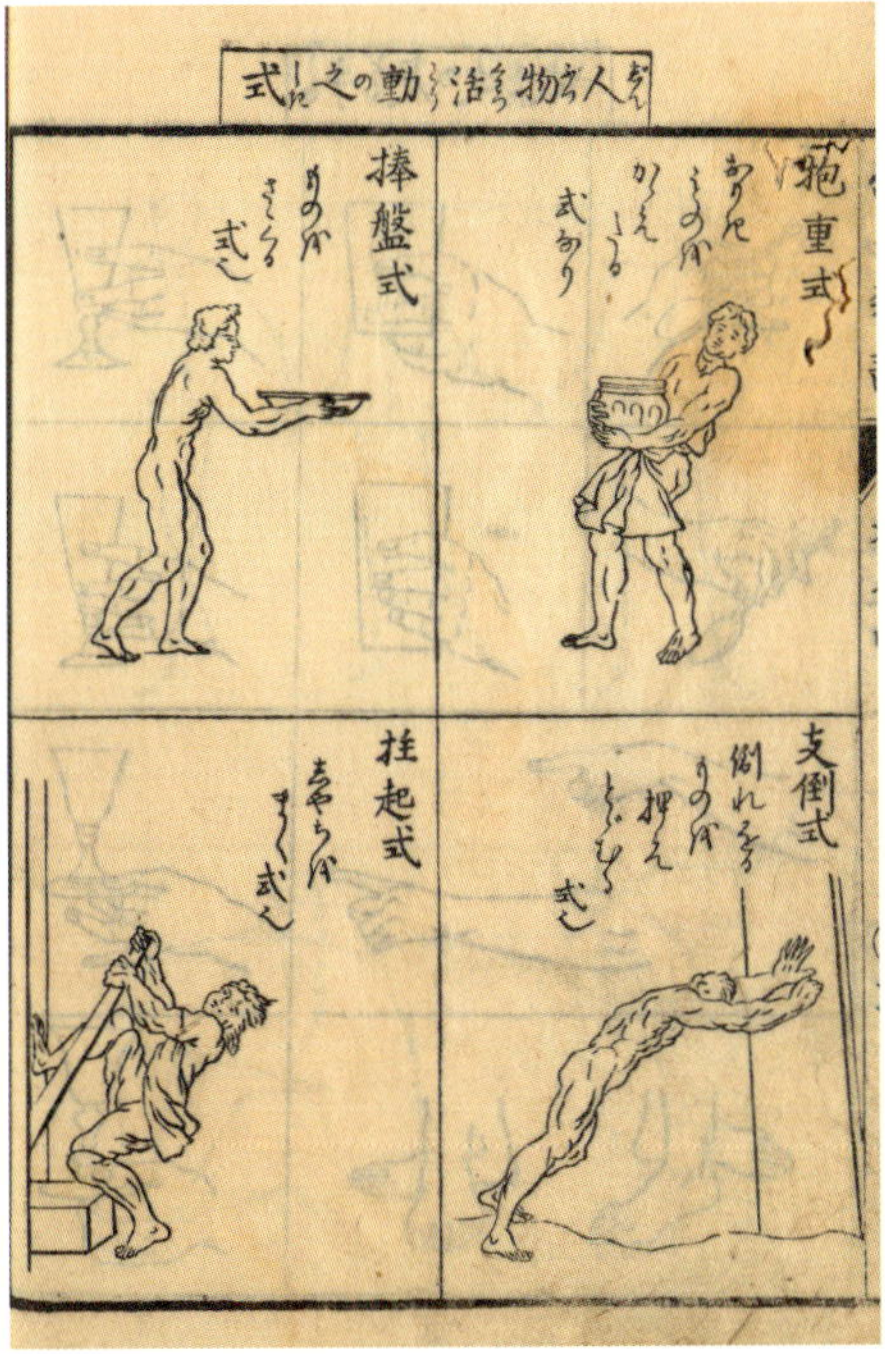

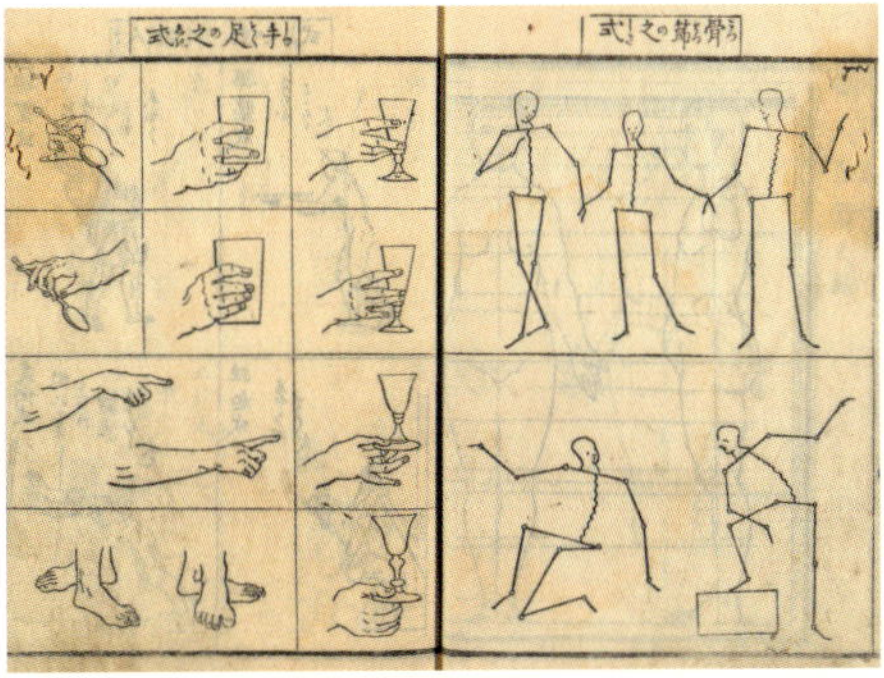

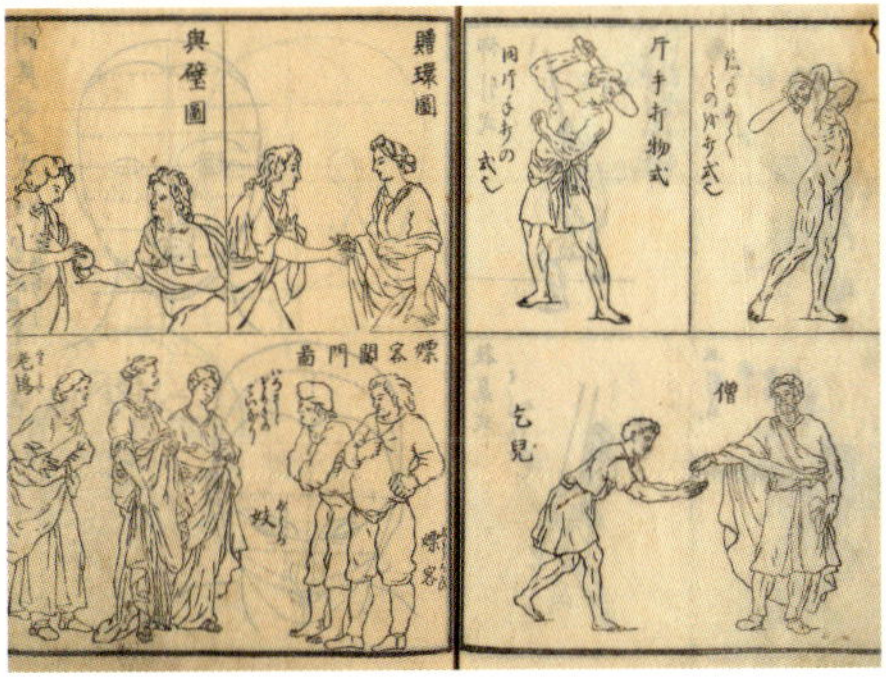

右頁・下

「駿州《すんしゅう》薩陀山《さったさん》富士《ふじ》遠望図《えんけいず》」

司馬江漢《しばこうかん》・筆
享和～文化年間（一八〇一～一八）頃
絹本油彩 一面 静岡県立美術館蔵

薩埵山《さったさん》から富士を遠望したもので、駿河湾越しの富士を描いている。江漢はこのような横長の構図の油彩を数多く描いたが、この作品はその中でも最後に描いたもので寸法も最大である。近景から遠景への透視図法的な遠近法や青い空の表現など、それまでにない洋画の技法を取り入れ、彼独特の雰囲気をもった日本風景画を描き出した。

男女の骨節の描写は詳しい、オランダの画は至れり尽くせりなり

［江戸の科学者略歴］

◉足立信頭《あだちしんとう》（左内《さない》）

明和六～弘化二年（一七六九～一八四五）
江戸時代後期の暦術家

大坂の医者北谷琳筑（りんちく）の子。麻田剛立（ごうりゅう）の門に入り暦術を学ぶ。文化十年（一八一三）松前藩に出張しロシア語を習得し、入手した辞書を翻訳して『魯西亜（ろしあ）語辞書』を著した。天保六年（一八三五）天文方となり天保の改暦に従事した。

◉新井白石《あらいはくせき》

明暦三～享保十年（一六五七～一七二五）
江戸時代前期～中期の儒学者・政治家

新井正済（まさなり）の長男で、木下順庵に朱子学を学んだ。順庵の推挙で甲府藩主徳川綱豊に仕え、宝永六年（一七〇九）綱豊が六代将軍家宣（いえのぶ）となると将軍を補佐し、通貨改良、貿易制限、司法改革などを進めて幕政の改善に務めた。また宝永五年、禁令を犯して渡来したイタリア人宣教師シドッチを尋問、その口述を筆記して『西洋紀聞』、『采覧異言（さいらんいげん）』を著して洋学興隆の端緒となった。

◉飯沼慾斎《いいぬまよくさい》

天明二～慶応元年（一七八二～一八六五）
江戸時代後期の医者・本草学者

母方の親戚で漢方医の飯沼長顕の養子となる。小野蘭山に本草学を、そして宇田川榕庵に蘭学を学ぶ。五十歳で隠退してから日本で初めてリンネ式方法で分類した図説『草木図説』（草部二十巻のみ刊行）をまとめた。

◉井口常範《いぐちつねのり》

生没年不詳　江戸時代前期の暦学者

算学者前田甚右衛門に学び、のち江戸に下り水戸藩に仕えた。幼時より算術を好んで暦道の諸書を集め、元禄二年（一六八九）日本で刊行された最初の天文書と考えられる『天文図解』（五巻）を編集し刊行した。通俗的な天文暦学の解説書であるが、のちに中根元圭がその間違いを指摘し改訂した。

◉市岡智寛《いちおかともひろ》

元文四～文化六年（一七三九～一八〇九）
江戸時代中期～後期の博物学者

信濃飯田の代官所手代を務める。京都に出て村瀬栲亭（こうてい）に経義を、白隠慧鶴（えかく）に禅を学ぶ。寛政十一年（一七九九）『信陽菌譜』、『鉱物図譜』を著す。また矢の先端につける石製の鏃（やじり）や勾玉（まがたま）など考古学的遺物を収集した。

◉伊藤圭介《いとうけいすけ》

享和三～明治三十四年（一八〇三～一九〇一）
江戸時代後期～明治時代の博物学者

医師・本草家の大河内存眞（おおこうちそんしん）の弟。水谷豊文に本草学を、藤林普山に蘭学を学ぶ。長崎に遊学し、シーボルトに西欧博物学を学び、『泰西本草名疏』を著してリンネの植物分類法である雌雄蕊分類法と、種・属概念による二名法を紹介した。

◉伊東玄朴《いとうげんぼく》

寛政十二～明治四年（一八〇〇～七一）
江戸時代後期の蘭方医

漢方医古川左庵に師事し、はじめ通詞猪股伝次右衛門、そしてシーボルトに蘭語、蘭方医を学んで江戸で開業した。牛痘苗（ぎゅうとうびょう）の接種を行ない、安政五年（一八五八）神田お玉ケ池に私営の種痘所（のちの医学所）を設立し、西洋内科医として初めて幕府奥医師となる。

◉稲村三伯《いなむらさんぱく》

宝暦八～文化八年（一七五八～一八一一）
江戸時代中期～後期の蘭学者・医者

鳥取藩稲村三杏の門弟となり、のち養子となる。江戸の大槻玄沢に蘭学を学ぶ。寛政八年（一七九六）、ハルマの蘭仏辞典から石井庄助と共同で翻訳した蘭和辞典『波留麻和解（ハルマわげ）』の刊行は、日本での蘭仏辞典の端緒である。晩年は京都で蘭学・医学の後継者育成に努めた。

◉伊能忠敬《いのうただたか》

延享二～文政元年（一七四五～一八一八）
江戸時代中期～後期の地理学者・測量家

下総国香取郡佐原村の伊能家に婿養子となり、伊能家の衰退を回復し名主となった。五十歳の時に江戸に出て、高橋至時の門にはいり西洋暦学、測量術を学ぶ。幕府の命で蝦夷（えぞ）や日本全国を測量し、わが国最初の実地測量による地図を作成。これに基づいて『大日本沿海輿地（よち）全図』、『大日本沿海実測録』の編集に努めたが完成を見ないまま没した。

◉伊良子光顕《いらここうけん》

元文二～寛政十一年（一七三七～九九）
江戸時代中期～後期の蘭方医

医師伊良子道牛の孫。宝暦八年（一七五八）死体を解剖し大腸と小腸の別を確認した。フランスの外科医アムブロアス・パレの蘭訳本を邦訳して『外科訓蒙図彙（げかきんもうずい）』を刊行した。

◉岩崎灌園《いわさきかんえん》

天明六～天保十三年（一七八六～一八四二）
江戸時代後期の本草学者

幕府の徒士の子で江戸下谷三枚橋に生まれる。本草を小野蘭山に学び、後年シーボルトの指導を受ける。文政十一年（一八二八）約二千種の植物を収録した江戸時代最大の彩色植物図鑑『本草図譜』（九十六巻）を完成させた。

◉岩橋善兵衛《いわはしぜんべえ》

宝暦六～文化八年（一七五六～一八一一）
江戸時代中期～後期の技術者

和泉貝塚の生まれで、代々レンズを作る眼鏡師の家系。寛政五年（一七九三）頃、初めて屈折式の望遠鏡を作り「窺天鏡（きてんきょう）」と名づけた。幕府の天文台や伊能忠敬も岩橋製のものを使用した。『平天儀図解（へいてんぎずかい）』に自作の望遠鏡で観察した太陽、月のスケッチが載っている。

◉上野彦馬《うえのひこま》

天保九～明治三十七年（一八三八～一九〇四）
幕末～明治時代の写真家

下岡蓮杖（れんじょう）とならぶ日本の写真界の先駆者で、東西を二分して活躍した。オランダ人の医師ポンペから化学を、フランス人ロッシュに写真術を学ぶ。文久二年（一八六二）化学書『舎密局（セイミきょく）必携』（三巻）を翻訳する。湿板写真術を研究し、長崎で上野写真撮影局を開業する。

◉宇田川玄随《うだがわげんずい》

宝暦五～寛政九年（一七五五～九七）
江戸時代中期～後期の蘭学者・医学者

美作津山藩医の家系出身。安永三年（一七七四）に『解体新書』が刊行されてから二十年後、J・ホルテルの内科書を翻訳した『西説内科撰要』（全十八巻）を出版する。西洋内科学の最初の本格的な紹介である。また薬品会を共催するなど博物学にも長じた。

◉宇田川榛斎《うだがわしんさい》

明和六～天保五年（一七六九～一八三四）
江戸時代後期の蘭学者・医学者

江戸へ出て宇田川玄随、大槻玄沢に蘭学を学ぶ。文化二年（一八〇五）『和蘭内景医範提綱』およびその付図『医範提綱内象銅版図』（日本最初の銅板解剖図）を出版する。そのほか、薬学、博物学関係では、宇田川榕庵と共著の『和蘭薬鏡（おらんだやくきょう）』（三巻）、『遠西医方名物考』（三十六巻）などがある。

◉宇田川榕庵《うだがわようあん》

寛政十～弘化三年（一七九八～一八四六）
江戸時代後期の洋学者・科学者

蘭学系の美濃大垣藩医の子。十四歳で宇田川榛斎の養子となる。西洋の薬物学から植物学、科学に至る広範囲の分野に通じ、優れた翻訳力で多くの業績を残した。日本最初の体系的化学書『舎密開宗（セイミかいそう）』（全二十一巻）、リンネの分類法を紹介した「植学啓原」（三巻附図一巻）などによって化学、植物学の祖といわれる。

◉大蔵永常《おおくらながつね》

明和五～没年未詳（一七六八～?）
江戸時代後期の農学者

豊後日田に生まれたが、若くして全国の農村を歩いて見聞を広め、多くの農書を著す。著作は肥培、防除、農具などの稲作技術、綿、葛（くず）、櫨（はぜ）などの商品作物の栽培、加工技術に関するもので、『農家益』、『農具便利論』などの平明な農業指導書がある。

◉大槻玄沢《おおつきげんたく》

宝暦七～文政十年（一七五七～一八二七）
江戸時代中期～後期の蘭方医

一関藩藩医建部清庵に医学を、二十二歳の時に江戸へ出て杉田玄白、前野良沢に蘭学を学ぶ。長崎に遊学し、蘭語学を志筑忠雄（しづきただお）に学ぶ。天明六年（一七八六）江戸で仙台藩医となり、京橋に日本最初の蘭学塾芝蘭堂（しらんどう）をひらく。

◉大野弁吉《おおのべんきち》

享和元～明治三年（一八〇一～七〇）
幕末の科学技術者・からくり師

京都の生れといわれ、二十歳のころ長崎に出て、医術、理化学などをオランダ人から学び、のち加賀の大野村に居住した。その非凡な才能は金石の豪商銭屋五兵衛にみとめられ、多方面で才能を発揮した。からくり人形や写真機、望遠鏡、発火器などがのこされている。

◉緒方洪庵《おがたこうあん》

文化七～文久三年（一八一〇～六三）
江戸時代後期の蘭医・蘭学者・教育者

備中の生まれ。大坂に出て中天游（なかてんゆう）に蘭学を学ぶ。二十一歳の時、師に薦められて江戸へ赴き坪井信道の門に入り、本格的に蘭学を学んだ。長崎に遊学の後、大坂に適々斎塾（適塾）をひらく。門人には箕作秋坪（みつくりしゅうへい）、大村益次郎、福沢諭吉らがいる。晩年は幕府の奥医師兼西洋医学所頭取となった。

◉小野広胖《おのこうはん》

文化十四～明治三十一年（一八一七～九八）
幕末～明治時代の測量家・数学者

常陸笠間藩士。長崎海軍伝習所でオランダ人より西洋数学を学び、のち幕臣の天文方から軍艦教授所教授となる。万延元年（一八六〇）咸臨（かんりん）丸の筆頭測量方として渡米。維新後は新橋・横浜間を鉄道建設のため測量、のち製塩業に従事した。

◉小野蘭山《おのらんざん》

享保十四～文化七年（一七二九～一八一〇）
江戸時代中期～後期の本草学者

京都に生まれ、松岡恕庵（じょあん）に本草学を学ぶ。晩年まで仕官せずに研究・著述に励み、京都で私塾衆芳軒をひらき本草学を教授した。庭に異木珍草を植え、室内は書籍、標本で満ちていたといわれる。著作に蘭山の講義の筆記を孫の小野職孝（もとたか）が整理・刊行した『本草綱目啓蒙（けいもう）』（四十八巻）、『十品考』などがある。

◉甲斐広永《かいこうえい》

文化九～文久元年（一八一二～六一）
江戸時代後期の和算家

江戸の数学者長谷川寛、ついで和算家長谷川弘（ひろむ）に学ぶ。嘉永五年（一八五二）長谷川弘、小野広胖（こうはん）の協力で『量地図説』を著す。地方（じかた）（農業生産を行う者）に必要な技術として、現在の平板測量にあたる図上で測量結果を求める手法について詳述している。

◉貝原益軒《かいばらえきけん》

寛永七～正徳四年（一六三〇～一七一四）

江戸時代前期～中期の儒学者・博物学者・教育家

筑前福岡藩主黒田光之に仕え、藩命によって京都に遊学。松永尺五（せきご）、山崎闇斎、木下順庵に朱子学を学ぶ。『益軒十訓』をはじめ『黒田家譜』、『大和本草』、『慎思録』、『大疑録』など多数の著作がある。晩年に出版した『大和本草』はわが国本草学史に画期的な意味をもつ。

◉笠原白翁《かさはらはくおう》

文化六～明治十三年（一八〇九～八〇）

幕末・明治期の医者

江戸の磯野公道に古医方を学び、越前に帰郷して開業。山中温泉の蘭方医大武了玄に蘭学の優れていることを教えられ、京都の日野鼎哉（ていさい）に入門して西洋医学をおさめる。嘉永二年（一八四九）オランダ商館医師モーニッケのもたらした痘苗を鼎哉より入手、郷里に帰り福井藩に牛痘手法を導入して普及させた。のちに福井藩医となった。

◉桂川《かつらがわ》甫《ほ》周《しゅう》

宝暦元～文化六年（一七五一～一八〇九）

江戸時代中期～後期の蘭方医

オランダ外科医で将軍の医師を勤めた桂川甫三の長男。杉田玄白らに学び、『ターヘル・アナトミア』翻訳事業に最年少者として参加した。地理学にも関心を持ち世界地理書『新製地球万国図説』、『地球全図』などを訳述。ロシア使節が送還してきた漂流民大黒屋光太夫らの陳述をまとめた陳述始末書『漂民御覧之記』、『北槎聞略（ほくさぶんりゃく）』を編纂した。

◉神田《かんだ》玄泉《げんせん》

生没年不詳

江戸時代中期の江戸の町医師

江戸の城南に住んでいた町医師としかわからないが、我が国で最初の魚介のみの魚譜といわれる『日東魚譜』（全八巻）を著した。著作として『本草考』、『霊枢経註』、『痘疹口訣』などの医学書もある。

◉木村《きむら》蒹《けん》葭《か》堂《どう》

元文元～享和二年（一七三六～一八〇二）

江戸時代中期～後期の本草家・文人

大坂堀江で酒造業をいとなむ。本草学を津島桂庵・小野蘭山に、詩文を片山北海に、画を池大雅（いけのたいが）に学ぶ。本草学を好み多くの珍石・奇石を始め、海外産貝類、遺物、発掘品、書画、典籍を収集して研究を深め、その博識が広く知られた。諸侯から庶民にいたるまでの幅広い交友があり、また学者文人たちとの多彩な交流を持った。

◉国友一貫斎《くにともいっかんさい》（藤兵衛《とうべえ》）

安永七～天保十一年（一七七八～一八四〇）

江戸時代後期の鉄砲鍛冶・科学者

代々幕府の鉄砲鍛冶（かじ）職。文化二年（一八〇五）オランダ製の空気銃を改良した気砲（きほう）を製作。また銃砲の規格と製作技術の標準化を図り、『大小御鉄砲張立製作』を著し松平定信に献じた。天保三年（一八三二）反射望遠鏡の製作に着手、世界最初の太陽黒点の連続観測を行い記録に残した。

◉栗本瑞見《くりもとずいけん》（丹洲《たんしゅう》）

宝暦六～天保五年（一七五六～一八三四）

江戸時代中期～後期の医師・本草学者

田村藍水の次男。幕府の医官栗本昌友の養子。薬品を正しく用いるため、基礎としての本草を調べ、幕府医学館講書の兼務を命じられ、薬品鑑定をつかさどる。日本の本草書に虫類の記載がないのに着目、十八年を費やして彩色写生図説『千蟲譜』（二巻）、『皇和魚譜』などを著した。

◉佐《さ》久《く》間《ま》象山《しょうざん》

文化八～元治元年（一八一一～六四）

江戸時代後期の思想家・兵学者

少年時より秀才として知られ、江戸に出て儒学者佐藤一斎に学び、神田で塾をひらく。初め朱子学を修めたが、のちに革新的な人たちと交流し視界を広げた。江川英竜の門人となり、西洋砲術・海防策を学び、『海防八策』を上書した。門人吉田松陰の海外密航の事件に連座して蟄居（ちっきょ）。のち京都で攘夷派の浪士に暗殺された。

◉佐々木《ささき》中沢《ちゅうたく》

寛政二～弘化三年（一七九〇～一八四六）
江戸時代後期の蘭方医

一関藩医建部清菴（たけべせいあん）に学ぶ。文化十二年（一八一五）江戸に出て大槻玄沢に入門。馬場佐十郎、桂川甫賢（かつらがわほけん）に蘭方を学んだ。文政五年（一八二二）仙台藩医学館創設に際し外科助教となり、仙台藩最初の女囚の刑屍（けいし）を解剖、とくに生殖器を詳細に調べ『存真図腋（ずえき）』として著した。

◉司馬《しば》江漢《こうかん》

延享四～文政元年（一七四七～一八一八）
江戸時代中期～後期の洋風画家・思想家

初め狩野派、次に南蘋（なんぴん）派の宋紫石（そうしせき）学ぶ。のち平賀源内・小田野直武らの影響をうけ洋風画を研究、天明三年（一七八三）日本初の腐食銅版画の制作に成功する。油彩の西洋人物や日本の風景画を描き、西洋の天文学、地理学も紹介した。晩年は啓蒙思想家としてヨーロッパ科学の普及に努めた。

◉渋川《しぶかわ》景佑《かげすけ》

天明七～安政三年（一七八七～一八五六）
江戸時代後期の暦算・天文学者

高橋至時の二男、景保の弟。文化二年（一八〇五）伊能忠敬の測地事業に加わり、紀伊半島・中国沿岸を測量。のちに天文方渋川正陽の養子となり天文方になる。実父の遺業であるランデ暦書の訳業を続け、足立左内と共に訳書『新巧暦書』、『新修五星法』を幕府に献上し、天保改暦を果した。

◉渋川《しぶかわ》春海《はるみ》

寛永十六～正徳五年（一六三九～一七一五）
江戸時代前期～中期の暦算者

幕府の囲碁棋士安井算哲の長男。岡野井玄貞（げんてい）、池田昌意（まさおき）に暦学を学ぶ。従来の暦に誤りが多いのを痛感し、日本人の手で最初の暦「貞享暦」を作成した。貞享元年（一六八四）従来の宣明（せんみょう）暦にかわって貞享暦が採用され、その功により幕府天文方となる。天球儀、地球儀、百刻環などをつくった。

◉島津《しまづ》源蔵《げんぞう》

天保十～明治二十七年（一八三九～九四）
江戸時代後期～明治の発明家・実業家

筑前（福岡）から京都に出て仏具の三具足を製造していた清兵衛の次男。明治八年（一八七五）に独立し、殖産興業推進の流れを受けて教育用理化学器械製造を始める。当初は、仏具製造も兼業しながら京都舎密（セイミ）局などに出入りをして、外国人技師のワグネルらの指導を受けた。博覧会への出陳や科学雑誌などの発行などを行い、科学技術の研鑽、啓蒙に努めた。

◉白尾《しらお》國柱《くにはしら》

宝暦十二～文政四年（一七六二～一八二一）
江戸時代中期～後期の国学者

鹿児島藩士で記録奉行、物頭（ものがしら）を務めた。江戸に出て塙保己一（はなわほきいち）、村田春海（はるみ）に学び、本居宣長に私淑した。藩主の命で、曾占春と農事・博物書の『成形図説』を編集した。

◉杉田《すぎた》玄白《げんぱく》

享保十八～文化十四年（一七三三～一八一七）
江戸時代中期～後期の蘭方医

若狭小浜藩医杉田玄甫の子。幕府奥医師西玄哲に蘭方外科を学ぶ。明和二年（一七六五）前野良沢・中川淳庵らと千住小塚原で刑屍体を観臓し、オランダの外科医書『ターヘル・アナトミア』の正確なことを知り翻訳を開始。安永三年（一七七四）『解体新書』として刊行し、蘭学の発達に貢献した。家塾天真楼で大槻玄沢らを育てた。

◉関《せき》孝和《たかかず》

寛永十七頃～宝永五年（一六四〇頃～一七〇八）
江戸時代前期～中期の天文・暦算家

関流和算の始祖。中国の天元術を改め新しい算法を創造し帰源整法と命名。吉田光由の『塵劫記（じんこうき）』で独学したといわれ、筆算式の代数学や方程式の研究、円に関する数式の樹立など、日本独自の数学である「和算」を確立した。著書『解伏題之法』では行列式を世界最初に発見した。

◉曾占春《そうせんしゅん》（曽槃《そうはん》）
宝暦八～天保五年（一七五八～一八三四）
江戸時代後期の本草学者
田村藍水に本草学を、多紀藍渓（たきらんけい）に医学を学ぶ。寛政四年（一七九二）から鹿児島藩につかえ、藩主島津重豪（しげひで）の命により博物誌『成形図説』を編集した。

◉高橋景保《たかはしかげやす》
天明五～文政十二年（一七八五～一八二九）
江戸時代後期の天文学者・地理学者
暦学者高橋至時の長男。父に天文暦学を学ぶ。二十歳で天文方に就き、書物奉行を兼ねる。満州語・オランダ語に通じ、天文方に蕃書和解御用を開設。間宮林蔵の地図に欠けていた樺太北部の海岸線を補い『新訂万国全図』を完成した。のちシーボルト事件に連座し、捕えられて獄死。

◉高橋至時《たかはしよしとき》
明和元～文化元年（一七六四～一八〇四）
江戸時代中期～後期の天文学者
大坂定番同心の子。麻田剛立（ごうりゅう）に天文暦算を学ぶ。間重富（はざましげとみ）らとケプラーの楕円法則による『暦象考成後編』を研究。寛政七年（一七九五）重富と共に天文方に任命され寛政暦を完成、伊能忠敬を指導して日本全国測量を始めた。その後、ラランデの天文書の訳出に傾倒し『ラランデ暦書管見』を著したが、解読に心血を注ぎ無理を強いたために夭折した。

◉田中久重《たなかひさしげ》
寛政十一～明治十四年（一七九九～一八八一）
江戸後期～明治時代の技術者・実業家
筑後久留米の鼈甲細工（べっこうざいく）師の子。幼少時から細工に長じ、巧妙なからくり人形を作ったことから「からくり儀右衛門」と呼ばれた。大坂・京都に出て、無尽灯や万年時計を製作、のち鼠灯、無尽灯、万年時計（自鳴鐘）などを考案した。さらに日本最初の模型機関車の製作・運転に成功、今日の東芝の基礎を築いた。

◉田村元長《たむらげんちょう》（西湖《せいこ》）
元文四～寛政五年（一七三九～九三）
江戸時代中期～後期の医師・本草学者
田村藍水の長男。栗本瑞仙院（ずいせんいん）の兄。幕府の医官をつとめる。寛政三年（一七九一）伊豆諸島で薬草を採集し、博物誌『諸島物産図説』を著した。

◉田村藍水《たむららんすい》
享保三～安永五年（一七一八～七六）
江戸時代中期の本草学者
阿部将翁に本草学を学ぶ。宝暦十三年（一七六三）町医から幕府医員に登用され、朝鮮人参の国産試作を命じられ、のちに『朝鮮人参耕作記』を著した。諸地方へ調査・採薬に赴き『琉球産物志』、『中山伝信録物産考』を著し、また平賀源内と薬品会を開催するなど博物学的な本草学研究にもよく励んだ。

◉坪井信道《つぼいしんどう》
寛政七～嘉永元年（一七九五～一八四八）
江戸時代後期の蘭方医
二十六歳のとき宇田川榛斎に入門。江戸深川木場に開業、また蘭学塾安懐堂を開き、のち冬木町に移り日習堂を開く。門人に緒方洪庵、川本幸民らがいる。本格的な西洋医学と、学究的な蘭学教育を行って伊東玄朴の「象先堂」と並ぶ評判を得る。

◉中川淳庵《なかがわじゅんあん》
元文四～天明六年（一七三九～八六）
江戸時代中期の蘭方医・本草家
若狭小浜藩医中川仙安の子。平賀源内の薬品会に出品、同編『物類品隲（ぶつるいひんしつ）』を校閲し、明和元年（一七六四）火浣布（かかんぷ）完成に寄与した。藩医となり、前野良沢・杉田玄白らと協力して『ターヘル・アナトミア』の翻訳に従事した。

◉鍋島茂義《なべしましげよし》

寛政十二～文久二年（一八〇〇～六二）
江戸時代後期の武士

武雄の第二十八代領主。高島秋帆（しゅうはん）に弟子入りし、西洋式砲術や科学技術を極め、のちに藩砲術師範となり軍備の近代化につくした。また西洋の医学や科学を導入し、種痘実施やガラス製造にも功績をあげた。茂義の時期にオランダから購入した蘭書コレクション、地球儀、天球儀、測量器具、時計、薬品などの輸入物品が遺されている。

◉楢林宗建《ならばやしそうけん》

享和二～嘉永五年（一八〇二～五二）
江戸時代後期の蘭方医

長崎の出島出入医師楢林栄哲の子。文政六年（一八二三）楢林栄建とともにシーボルトに師事、のち佐賀藩医となる。藩主鍋島閑叟（かんそう）の命をうけ、嘉永二年（一八四九）モーニッケと協力し牛痘接種に成功した。著作に『牛痘小考』、『得生軒方函』などがある。

◉西川如見《にしかわじょけん》

慶安元～享保九年（一六四八～一七二四）
江戸時代前期～中期の天文学者

儒学を南部草寿（そうじゅ）に師事、天文・暦学・算術を林吉左衛門らに学ぶ。儒教的自然観と実証主義的立場を調和させ、漢洋知識の折衷をはかった。『日本水土考』、『華夷（かい）通商考』、『四十二国人物図』などで内外事情や風土を説いた。

◉間重富《はざましげとみ》

宝暦六～文化十三年（一七五六～一八一六）
江戸時代後期の天文・暦学者

麻田剛立に天文暦学を学び、幕府天文方の待遇で観測に励んだ。発明改良の才能により多くの観測器を考案して精度を高めた。幕府の命令で高橋至時とともに寛政の改暦を行なった。著書に天文振子時計についての『垂球精義』のほか、『天地二球用法評説』、『算法弧矢索隠』などがある。

◉華岡青洲《はなおかせいしゅう》

宝暦十～天保六年（一七六〇～一八三五）
江戸時代後期の漢蘭折衷外科医

紀伊国平山の医家の長男。二十二歳の時、京都へ遊学して吉益南涯に古医方を、大和見立（けんりゅう）にオランダ流外科学を学び、その後故郷へ帰り、父のあとを継いで医業を開く。薬草の採集などの研鑽を積み重ね、経口麻酔剤の麻沸湯（まふつとう）（通仙散）を開発し、文化元年（一八〇四）日本初の全身麻酔による乳癌摘出手術に成功した。

◉平賀源内《ひらがげんない》

享保十三～安永八年（一七二八～七九）
江戸時代中期の本草学者・戯作者

讃岐高松藩の蔵番の子。江戸に出て田村藍水に本草学を学び、儒官林家に儒学を、のちに国学を学ぶ。藍水と日本初の物産会を開き、物品目録を『物類品隲』にまとめた。長崎に遊学、本草学を実証的に研究して蘭書から蘭学知識を得た。火浣布、寒暖計、舶来のエレキテル（摩擦起電機）の模造、また武蔵秩父での鉱山の開発など、自然科学や殖産事業の分野で活躍した。

◉福田理軒《ふくだりけん》

文化十二～明治二十二年（一八一五～八九）
江戸時代後期～明治時代の数学者

暦算家福田金塘（きんとう）の弟。大坂で武田真元（しんげん）、小出兼政（かねまさ）に学び、南本町で塾を開く。維新後は東京猿楽町に順天求合社を開き創設し、数学教育に寄与した。著作に『順天堂算譜』、『西算速知』などがある。

◉藤林普山《ふじばやしふざん》

安永十～天保七年（一七八一～一八三六）
江戸時代後期の蘭学者

山城普賢寺村生まれ。十六歳で京都に出て医学を学び帰郷して蘭学に傾倒、文化三年（一八〇六）小森桃塢（とうう）と共に稲村三伯に入門。七万語収録の師の蘭日辞典『波留麻和解（ハルマわげ）』を簡略化した三万語収録の『訳鍵』を刊行した。

◉古川《ふるかわ》古松軒《こしょうけん》

享保十一～文化四年(一七二六～一八〇七)
江戸時代中期～後期の地理学者

薬種商で医者の家に生れる。三十二歳の時に蘭方医になり、長崎に赴き蘭書を研究して測量術を学んだ。生涯を通じて全国を調査し、『西遊雑記』、『東遊雑記』などの旅行記をまとめる。のち松平定信に召され、江戸近郊武蔵五郡を調査し『四神地名録』を作成した。

◉細川《ほそかわ》半蔵《はんぞう》

生年不詳～寛政八年(?～一七九六)
江戸時代中期～後期の暦算家・からくり技術者

土佐長岡の郷士の家に生れる。名は頼直。川谷貞六の弟子片岡直次郎に天文・暦学を、のち江戸にでて関流の高名な算家藤田貞資(さだすけ)に暦数を学ぶ。寛政七年(一七九五)幕府の改暦事業の天文方手伝となった。また各種のからくりの発明・工夫にすぐれ、精確な図法を用いた機械技術書『機巧図彙(からくりずい)』を著した。

◉堀田《ほった》正敦《まさあつ》

宝暦五～天保三年(一七五五～一八三二)
江戸時代中期～後期の大名

仙台藩主伊達宗村(むねむら)の八男、近江堅田藩主堀田正富の養子。老中松平定信に重用され寛政二年(一七九〇)若年寄となる。国主、領主、御目見以上の士の事績を記した『寛政重修諸家譜』編修の総裁をつとめ、十四年かけて完成した。また蘭学者を保護するなど学者を厚遇して、自らも鳥類図鑑『禽譜』と解説書『観文禽譜』を編纂した。

◉本間《ほんま》棗軒《そうけん》

文化元～明治五年(一八〇四～七二)
江戸時代後期の医者

水戸出身。原南陽に漢方を、シーボルト、高階枳園(たかしなきえん)、華岡青洲らに西洋医学を学び江戸で開業。水戸藩主の侍医となる。全身麻酔薬による血瘤剔出(てきしゅつ)・膀胱側截開(せっかい)術などの外科手術に成功。近代外科学の発展に貢献した。訳著に『瘍科(ようか)秘録』、『内科秘録』などがある。

◉前田《まえだ》利保《としやす》

寛政十二～安政六年(一八〇〇～五九)
江戸時代後期の大名・本草学者

富山藩主利謙(としのり)の次男。幕政改革に尽力し、船舶の建造、貿易の奨励、薬草栽培などの殖産興業を実施した。本草学を岩崎灌園(かんえん)、宇田川榕庵(ようあん)に学び、『本草通串』などを著した。

◉前野《まえの》良沢《りょうたく》

享保八～享和三年(一七二三～一八〇三)
江戸時代中期～後期の蘭方医

豊前中津藩医前野東元の養子。青木昆陽(こんよう)、吉雄耕牛(よしおこうぎゅう)らにオランダ語を学ぶ。マーリンの語学書やクルムスの解剖書などを求めて帰府した。明和八年(一七七一)杉田玄白らと刑屍の解剖を参観し、携行した『ターヘル・アナトミア』の付図の正しいことを知り、『解体新書』の翻訳を決意して刊行にみちびいた。

◉松本《まつもと》順《じゅん》(良順《りょうじゅん》)

天保三～明治四十年(一八三二～一九〇七)
幕末～明治時代の医者

蘭方医佐藤泰然(たいぜん)の次男。幕府奥医師松本良甫(りょうほ)の養子となる。長崎伝習所でポンペに学び、長崎養生所の開院につくした。江戸に帰って西洋医学所の頭取となる。維新後、兵部省に勤め軍医制度を確立し、明治六年(一八七三)初代陸軍軍医総監に就任した。

◉間宮《まみや》林蔵《りんぞう》

安永四～弘化元年(一七七五～一八四四)
江戸時代後期の探検家

寛政十二年(一八〇〇)蝦夷地(えぞち)御用掛雇となり、伊能忠敬に測量術を学ぶ。文化五年(一八〇八)松田伝十郎とともに樺太(からふと)を探検、単身小舟で韃靼(だったん)海峡を横断して樺太が島であることを実証した。これがシーボルトの『日本』で紹介され、間宮海峡の名が後世にのこった。著作に『東韃紀行』、『北蝦夷図説』などがある。

◉水谷豊文《みずたにとよぶみ》

安永八～天保四年（一七七九～一八三三）
江戸時代後期の動物学者・本草学者

尾張名古屋藩士。父の感化で本草に親しみ、浅野春道、小野蘭山に学び、藩の薬園御用となり諸国に採薬し、栽培に従事した。大著『本草綱目紀聞』（六十冊）は約二千種を細密手描きの写生図と拓本真影であらわし、ラテン語学名も付した植物図説で、江戸参府途中のシーボルトに日本のリンネと称賛された。

◉箕作阮甫《みつくりげんぽ》

寛政十一～文久三年（一七九九～一八六三）
江戸時代後期の蘭学者

美作津山藩医の子。二十五歳の時、宇田川榛斎の医説を聴いて漢方医学を棄て、西洋医学へ転向した。天保十年（一八三九）幕府天文台の訳員、のち蕃書和解（ばんしょわげ）御用に迎えられ外交文書翻訳にあたり、外交交渉の通訳も務める。医書のほか多分野の訳書があるが、その訳書『水蒸船説略』をもとに、薩摩藩により初の国産蒸気船が製造された。

◉宮崎安貞《みやざきやすさだ》

元和九～元禄十年（一六二三～九七）
江戸時代前期の農学者

広島藩士宮崎儀右衛門の二男。武士を捨て、筑前国志麻郡女原（みょうばる）村に定住し、自ら農業を営んだ。開墾や植林に努め、農業指導にあたり、農業技術の発展に心と肉体をささげた。また貝原益軒の助力もうけ、元禄十年（一六九七）わが国初の体系的農書『農業全書』（十巻）を刊行した。

◉武蔵石寿《むさしせきじゅ》

明和五～万延元年（一七六八～一八六〇）
江戸時代後期の武士・博物学者

甲府勤番より江戸に転任後、隠居して貝類の研究に没頭。多年収集した千種ほどの貝殻を形態、色彩によって分類し、服部雪斎の彩色図に解説を付し、弘化元年（一八四四）『目八譜（もくはちふ）』（十五巻）を著した。他に『貝譜群分品彙』、『介殻稀品撰』なども遺している。

◉本木良永《もときよしなが》

享保二十～寛政六年（一七三五～九四）
江戸時代中期のオランダ通詞・蘭学者

医師西松仙の次男。本木家に養子にはいり、大通詞となる。長崎でオランダ通詞をつとめ、天文・地理の蘭書を多数翻訳した。なかでも、安永三年（一七七四）コペルニクスの地動説を日本ではじめて紹介した『天地二球用法』は重要である。これをさらにくわしく『太陽窮理了解説』で解説した。

◉森島中良《もりしまちゅうりょう》

宝暦六～文化六年（一七五六～一八〇九）
江戸時代中期～後期の洋学者・戯作者

江戸幕府の奥医師を務めた桂川家の桂川甫三の次男。兄に蘭学を学び、平賀源内に師事して文学的影響を受ける。蘭学にしたしみ、『蛮語箋（ばんごせん）』などを著す。戯作は平賀源内に学び、洒落本『真女意題（しんめいだい）』や黄表紙『従夫以来記（それからいらいき）』などを書い。

◉柳川春三《やながわしゅんさん》

天保三～明治三年（一八三二～七〇）
幕末・明治時代の洋学者

尾張生れ。伊藤圭介に蘭学を、上田仲敏に砲術を学ぶ。和歌山藩の重臣水野土佐守忠央の知遇を得て同藩の蘭学所出仕。元治元年（一八六四）江戸幕府の開成所（洋書調所）教授を経て、大学少博士となる。『写真鏡図説』、『洋算用法』、定期刊行雑誌『西洋雑誌』はそれぞれの分野で日本最初のもの。多数の翻訳書を出版して西欧学術の導入に貢献した。

◉山路諧孝《やまじゆきたか》

安永六～文久元年（一七七七～一八六一）
江戸時代後期の暦術家

暦算家山路徳風の子。父の跡をついで幕府天文方となり、文政十二年（一八二九）より蕃書和解（ばんしょわげ）御用を務める。オランダの天文書にもとづき『西暦新編』を訳述、また渋川景佑らと『寛政暦書』を編集。安政元年（一八五四）江戸品川に望遠鏡を設置し眺望図をつくった。

◉山村才助《やまむらさいすけ》

明和七～文化四年（一七七〇～一八〇七）

江戸時代後期の蘭学者

常陸土浦藩士の子。大槻玄沢に蘭学を学び、新井白石の「采覧異言（さいらんいげん）」の不備・誤りを修正し、オランダ語地理書から訳出して大幅に増補し、享和二年（一八〇二）『訂正増訳采覧異言』として幕府に献じた。これは五大州の地理・地図に関する江戸時代最高の書である。

◉山脇東洋《やまわきとうよう》

宝永二～宝暦十二年（一七〇五～六二）

江戸時代中期の古方医

丹波亀山の生まれ、京都の宮廷医法山脇玄修の養子になる。後藤艮山（こんざん）に古医方を学び、荻生徂徠（おぎゅそらい）の学問に傾倒した。人体構造についての古典記述に疑問をいだき、宝暦四年（一七五四）日本で初めて官許を得て、京都の西郊において小杉玄適らとともに刑死体解剖を観察、その時の記録を含め『蔵志（ぞうし）』として刊行した。

◉吉田光由《よしだみつよし》

慶長三～寛文十二年（一五九八～一六七二）

江戸時代前期の数学者

京都嵯峨野の角倉家の一族で、角倉素庵（すみのくらそあん）から中国の数学書『算法統宗』をもとに『塵劫記』を著した。同書は多色刷りの挿絵もあり、数学遊戯の問題も多く載せられたことから、江戸時代に最も多く利用された教科書の一つである。

同散啚

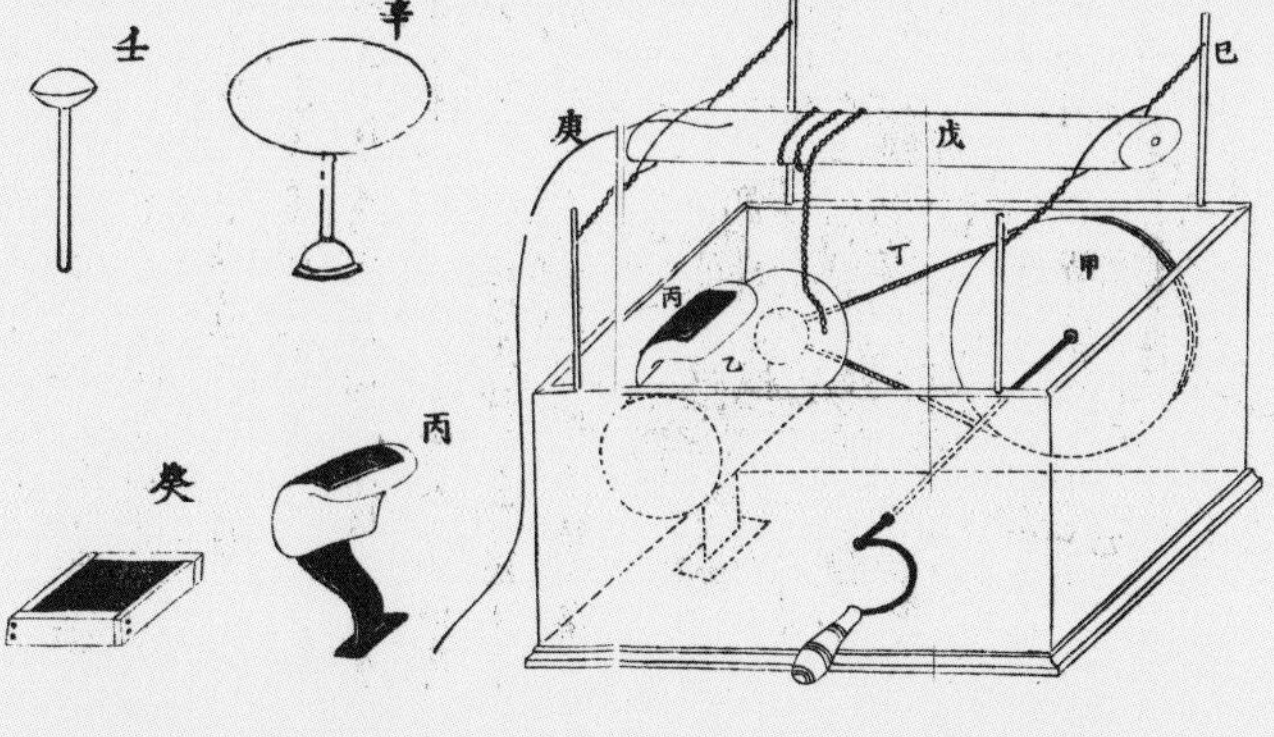

	長崎に来航。日米・日英・日露和親条約調印。
	下田・函館2港開港。
1855（安政2年）	日蘭和親条約締結。洋学所設立。
	オランダの援助により長崎に海軍伝習所設立。
1856（安政3年）	アメリカ総領事ハリス着任。洋学所を蕃書調所と改称。
1857（安政4年）	幕府、オランダからヤパン号（咸臨丸）を購入する。
	大島高任、釜石に洋式高炉建造、翌年より銑鉄製造（木炭製鉄）を開始。蕃書調所、蘭書を講義。オランダ海軍軍医ポンペ・ファン・フェーデルフォールト来日、長崎で医学教育を始める。長崎大学医学部の始まり。
	山路諧孝等、航海暦の編纂を命ぜられる。
1858（安政5年）	江戸幕府、各国と通商条約を結んで開国。
	江戸にお玉が池種痘所が開設。東京大学医学部の始まり。
	コレラ長崎からはじまって全国で流行する。上野彦馬、長崎舎密研究所にて写真術を研究。
1859（安政6年）	本間棗軒、膀胱結石を摘出。
1860（万延元年）	ポンペらの建言で、長崎養生所を建てる。佐久間象山、電気医療機械を作る。
1861（文久元年）	長崎製鉄所完成。長崎に養生所設立（最初の洋式病院）。
	種痘所（1858年江戸に設立）を西洋医学所と改称。
	下岡蓮杖、横浜で写真業を始める。
1862（文久2年）	幕府、蕃書調所に数学科を設置。蕃書調所を洋書調所と改称。さらに1863年開成所と改称、名実ともに洋学の教育研究機関とする。上野彦馬、『舎密局必携』を著す。
1865（慶応元年）	幕府建設の横浜製鉄所竣工、横須賀製鉄所起工。
	森有礼ら19人ひそかにイギリス留学。
1866（慶応2年）	幕府派遣の外山正一、菊池大麓らイギリス留学。
	福沢諭吉、『西洋事情』を著す。
1867（慶応3年）	大政奉還。王政復古。鹿児島藩、鹿児島紡績所（磯之浜）設立、機械紡績工業の始め。
	柳川春三、『写真鏡図説』を著す。
1868（明治元年）	王政復古し明治と改元。江戸時代終わる。
	五箇条の御誓文。オランダ公使館開設。
1869（明治2年）	版籍奉還。東京遷都。大阪舎密局開講。
	オランダ人ハラタマ、大阪舎密局の教頭となる。
1870（明治3年）	薩摩藩堺紡績所開設。
1871（明治4年）	大阪舎密局廃止。京都舎密局開設。

	を刊行する。各務文献、女屍を解剖、肝臓の機能を実験で調べ『婦人内景図』（1巻）を残す。
1819（文政2年）	南小柿寧一、それまでに40体余の解剖をおこない、それを『解剖存真図』にまとめる。
1821（文政4年）	伊能忠敬による『大日本沿海輿地全図』（大図214枚、中図8枚、小図3枚）完成する。
1822（文政5年）	宇田川榛斎、訳書『遠西医方名物考』を刊行する。
1823（文政6年）	ドイツ人医師シーボルト長崎に着任。翌年、鳴滝塾を開く。
1825（文政8年）	青地林宗、『気海観瀾』を訳述する。
1826（文政9年）	伊東玄朴、蘭学塾象先堂を開設する。 シーボルト、江戸で高橋景保と会談し、地図を交換する。
1828（文政11年）	シーボルト事件起こる。高橋景保、地図交換の事露見し、獄に入る。 岩崎灌園、刻苦50年にして『本草図譜』を脱稿する。
1829（文政12年）	シーボルト国外追放。
1832（天保3年）	国友藤兵衛、望遠鏡の製作を始める。
1833（天保4年）	宇田川榕庵、『植学啓原』（全3巻）を著し、初めて西洋植物学を唱える。
1835（天保6年）	国友藤兵衛、約1年の太陽黒点の観測開始。 シーボルト、『日本植物志』を刊行する。
1837（天保8年）	宇田川榕庵、『舎密開宗』の刊行開始。
1838（天保9年）	緒方洪庵、蘭学塾（適々斎塾）を開く。
1839（天保10年）	蛮社の獄。幕府、渡辺崋山、高野長英らを捕える。
1841（天保12年）	幕府、高島秋帆を召し、洋式砲術を採用する。
1842（天保13年）	緒方洪庵、大坂解剖結社を結び、葭島に解剖場を設け解剖をおこなう。
1844（弘化元年）	オランダ使節コープス、オランダ国王の国書を持って開国を勧告。フランス艦が那覇に来航して、通信・貿易・布教を求める。渋川景佑、『寛政暦書』（35巻）を完成して上呈する。武蔵石寿、『目八譜』（全15巻）を著す。貝殻を分類図説した名著。
1847（弘化4年）	緒方洪庵、『病学通論』を著す。
1848（嘉永元年）	箕作阮甫、『水蒸船説略』を著す。
1849（嘉永2年）	アメリカ艦が長崎に、イギリス艦が浦賀に来航。 オランダ医師モーニケ、牛痘の種痘に成功。たちまち全国に普及する。楢林宗建、『牛痘小考』を著す。 佐久間象山、電気試験用として絹巻銅線を作る。
1850（嘉永3年）	シーボルト、『日本動物志』の内、哺乳類・鳥類・魚類の3巻を著す。
1851（嘉永4年）	島津斉彬、薩摩藩主となり、製錬所を設ける。 川本幸民、『気海観瀾広義』を翻訳刊行する。
1852（嘉永5年）	佐賀藩で反射炉完成。以後、薩摩・韮山・水戸・長州で鉄製砲鋳造を目的とする反射炉築造が進む。広瀬元恭、『理学提要』を翻訳。
1853（嘉永6年）	アメリカの遣日国使ペリーが浦賀に来航。プゥチャーチン

	をつくる。この年より、宝暦暦を修暦して用いる。
1773（安永 2 年）	杉田玄白、『解体約図』（中川淳庵・校 / 熊谷元章・図）を刊行する。麻田剛立の解剖を記した『越俎弄筆』が出る。
1774（安永 3 年）	杉田玄白・中川淳庵・前野良沢、『解体新書』刊行。本木良永、松平定信の命により、『天地二球用法』を翻訳。後に『太陽窮理了解説』を著す。
1776（安永 5 年）	平賀源内、7 年の苦心の結果「エレキテル（発電機）」を完成。
1783（天明 3 年）	橘南渓、小石元俊ら京都で人体解剖を行なう。絵師吉村蘭州の解剖図『平次郎解剖図』がその後の解剖絵巻の模範となる。
1785（天明 5 年）	幕吏山口鉄五郎、蝦夷地調査に出発。
1787（天明 7 年）	森島中良、『紅毛雑話』を著す。
1788（天明 8 年）	大槻玄沢、『蘭学階梯』を刊行する。司馬江漢、天文地文に関する銅版画 12 枚制作。
1789（寛政元年）	大槻玄沢、蘭学塾「芝蘭堂」を開設する。緒方春朔、人痘種痘を広める。
1791（寛政 3 年）	幕府、躋寿館を官立化し、医学館と命名。
1793（寛政 5 年）	宇田川玄随、『西説内科撰要』を刊行する。星野良悦、木骨を造る。司馬江漢、『地球全図略説』を著す。
1794（寛政 6 年）	11 月 11 日、大槻玄沢ら同学諸氏会して新元会を開き、太陽暦による元旦を祝す。
1795（寛政 7 年）	高橋至時・間重富、暦学御用を仰せつかる。
1796（寛政 8 年）	稲村三伯、蘭和辞典『波留麻和解』を刊行する。
1797（寛政 9 年）	宝暦暦を廃し、寛政暦を使用する。
1798（寛政 10 年）	幕府、蝦夷調査団を派遣。医学館に痘科設立。三雲環善、小石元俊ら京都で人体解剖、『施薬院解男体臓図』を著す。
1799（寛政 11 年）	幕府、蝦夷地直営を開始。
1800（寛政 12 年）	伊能忠敬、蝦夷地を測量開始。大矢孝靖、大坂で女屍を解剖。
1801（享和元年）	岩橋善兵衛、『平天儀図解』を著す。大坂泉屋の『皷銅図録』成る。
1802（享和 2 年）	伊能忠敬、緯度 1 度の長さを 28 里 2 分と定める。桂川甫周、『顕微鏡用法』を著す。
1804（文化元年）	華岡青洲、全身麻酔術による乳癌摘出手術を行う。曽槃、『成形図説』100 巻の内 30 巻を著す。
1806（文化 3 年）	小野蘭山、『本草綱目啓蒙』を刊行する。
1808（文化 5 年）	間宮林蔵、樺太を探検に出発。間宮海峡を発見。
1810（文化 7 年）	伊能忠敬、領内測量に着手する。
1811（文化 8 年）	幕府、天文方に蛮書和解御用を設置。橋本宗吉、『エレキテル究理原』を著す。
1812（文化 9 年）	栗本丹洲、18 年の刻苦を積み『千蟲譜』（2 巻）を著す。日本最初の図説昆虫書。
1813（文化 10 年）	三谷公器、漢蘭折衷の解剖書『解体発蒙』を著す。
1815（文化 12 年）	杉田玄白『蘭学事始』成る。杉田立卿、訳書『眼科新書』

	される。
1683（天和3年）	建部賢弘、『数学乗除往来』の遺題49問の解答書『研幾算法』を刊行する。渋川春海、改暦御用を命ぜられる。
1684（貞享元年）	渋川春海が中国の授時暦を参考にして『貞享暦』を編纂。
1685（貞享2年）	日本人の手になる最初の太陰太陽暦の暦法、『貞享暦』が用いられる。
1688（元禄元年）	長崎に唐人屋敷の建設を開始する。
1689（元禄2年）	井口常範、日本で最初の天文書『天文図解』を著す。
1690（元禄3年）	ドイツ人ケンペル、オランダ商館医として着任する。
1691（元禄4年）	住友友芳、伊予別子銅山採掘につき、幕府の許可を得る。
1695（元禄8年）	西川如見、『華夷通商考』（全2巻）を著す。
1697（元禄10年）	宮崎安貞、日本最古の体系的農書『農業全書』（全11巻）を刊行。
1706（宝永3年）	通詞の楢林鎮山、『紅夷外科宗伝』をまとめる。
1708（宝永5年）	貝原益軒の名著『大和本草』の原稿なる。 ローマ使節、イタリア人のカトリック司祭シドッチが屋久島に漂着。
1713（正徳3年）	新井白石、イタリア人シドッチの聴取から得た知識で『采覧異言』を著す。
1715（正徳5年）	長崎貿易新令発布。新井白石『西洋紀聞』を刊行する。1716（享保元年）吉宗将軍となり享保の改革が行なわれる。
1720（享保5年）	キリスト教以外の漢訳洋書の輸入制限を緩和する。 新井白石、『蝦夷志』を著し、蝦夷と樺太のことを記す。
1722（享保7年）	建部賢弘、『綴術算経』を著す。
1726（享保11年）	桂川甫筑、幕命により洋薬製造。
1736（元文元年）	神田玄泉、『日東魚譜』（全8巻）刊行。
1740（元文5年）	青木昆陽、野呂元丈、将軍吉宗の命を受けオランダ語を学ぶ。
1742（寛保2年）	野呂元丈の『阿蘭陀本草和解』初巻刊行。
1746（延享3年）	神田に天文台設立。
1747（延享4年）	稲生若水・丹羽正伯、『庶物類纂』を編纂。
1752（宝暦2年）	平賀源内、長崎に遊学し蘭学を学ぶ。
1753（宝暦3年）	口中外科などに本道（内科）を兼修することを戒める。
1754（宝暦4年）	山脇東洋、京都の西郊の刑場で腑分けを行い、『蔵志』（1759刊）に記録する。
1757（宝暦7年）	杉田玄白、オランダ流外科を開業する。
1758（宝暦8年）	伊良子光顕、伏見で刑死体を解剖、医者が執刀。
1764（明和元年）	平賀源内、『火浣布説』を著す。
1765（明和2年）	多紀元孝、江戸に医学校躋寿館（医学館）を創設。 後藤光生、『紅毛談』（全2巻）を著し、和蘭の地理を伝える。
1769（明和6年）	伊良子光顕、『外科訓蒙図彙』を著す。
1770（明和7年）	河口信任、京都で人体解剖。この時はじめて脳の解剖も行う。結果を『解屍編』に著す。
1771（明和8年）	杉田玄白、前野良沢、中川淳庵ら江戸の小塚原で腑分けを見学。 山脇東洋、京都で女屍を解剖、絵巻『玉砕蔵図』

[江戸の科学年表]

1603（慶長8年）	徳川家康が征夷大将軍となり、江戸幕府を開く。
1606（慶長11年）	南浦文之が鉄砲伝来の様子を伝えた『鉄炮記』を編纂。
1607（慶長12年）	家康が国友、堺鉄砲鍛冶に命じ大砲数百門を作らせる。 明代の医師李時珍が著した『本草綱目』が伝来する。
1609（慶長14年）	家康、オランダに通商許可朱印状を与える。 オランダ商館を平戸におき、貿易を始める。
1610（慶長15年）	スペインに通商を許可。
1611（慶長16年）	初代オランダ商館長、駿府・江戸で家康・秀忠と会う。 中国商人に長崎での貿易を許可。
1612（慶長17年）	徳川幕府が直轄領にキリスト教禁止令を出す。 平戸にイギリス人の商館を許可。
1613（慶長18年）	家康、イギリスとの通商を許可する。 平戸イギリス商館開設。キリシタン追放令出る。 伊達政宗が支倉常長をヨーロッパに派遣する。 国友藤兵衛、気砲を作る。
1614（慶長19年）	大坂冬の陣攻城に大砲を用いる。
1616（元和2年）	ヨーロッパ船の来航を平戸と長崎に制限する。
1623（元和9年）	家光、将軍となる。平戸イギリス商館閉鎖。
1624（寛永元年）	スペイン船の来航を禁止する。
1627（寛永4年）	吉田光由、『算法統宗』を手本に『塵劫記』を著す。
1628（寛永5年）	ヌイツ事件が起こり、平戸オランダ商館閉鎖。
1630（寛永7年）	禁書令。キリスト教関係書の輸入を禁止する。
1632（寛永9年）	オランダ、ヌイツ事件について謝罪。これにより平戸オランダ商館閉鎖解除。
1633（寛永10年）	鎖国令。老中奉書を持った（奉書）船以外、海外渡航を禁止。足利義晴が火縄銃生産地に選んだ国友村の鍛冶職人が『国友鉄砲記』を記す。
1635（寛永12年）	日本人の海外渡航を禁じ、御朱印船を廃止する。
1636（寛永13年）	長崎出島完成。ポルトガル人を移住させる。
1638（寛永15年）	オランダ船デ・レイプ、原城攻撃に参加する。 キリスト教厳禁。
1639（寛永16年）	鎖国令。ポルトガル船の来航を禁止する。
1640（寛永17年）	幕府、オランダ商館長の1年交代を命ずる。
1641（寛永18年）	平戸のオランダ商館を長崎出島に移す。 医薬、外科、航海術以外の洋書輸入禁止。
1647（正保4年）	足尾銅山を幕府の直轄とする。「万国総図」をつくる。
1666（寛文6年）	京都の儒学者、中村惕斎『訓蒙図彙』を著す。 動植物図譜刊行の始まり。
1670（寛文10年）	渋川春海、渾天儀を製作する。
1672（寛文12年）	貝原益軒、校訂『本草綱目』を著す。
1674（延宝2年）	関孝和によって代数の書『発微算法』が刊行される。
1677（延宝5年）	渋川春海によって日本最古の長暦『日本長暦』が編纂

本間棗軒（ほんまそうけん）.................177・273・276

【ま】

前田利保（まえだとしやす）.................138・140・273
前野良沢（まえのりょうたく.................）3・29・31・33・65・116・149・150・166・268・270・271・273・278・279
前野蘭化（まえのらんか）.................116
増田綱（ますだこう）.................220
松平春嶽（まつだいらしゅんがく）.................228
松村元綱（まつむらげんこう）.................64
松本順（まつもとじゅん）.................273
松本良順（まつもとりょうじゅん）.................273
間宮倫宗（まみやともむね）.................96・98
間宮林蔵（まみやりんぞう）.................81・82・93・96・98・271・273・278
円山応挙（まるやまおうきょ）.................158・241・250
三雲環善（みくもかんぜん）.................168・278
水谷豊文（みずたにとよぶみ）.................142・266・274
三谷公器（みたにこうき）.................174・278
箕作阮甫（みつくりげんぽ）.................47・274・277
南小柿寧一（みながきやすかず）.................180・277
宮崎安貞（みやざきやすさだ）146・147・274・279
武蔵石寿（むさしせきじゅ）.................106・138・140・141・274・277
毛利重能（もうりしげよし）.................189
目八譜（もくはちふ）.................138・274・277
本木仁太夫（もときにだゆう）.................64
本木良永（もときよしなが）51・64・70・274・278
森川竹窓（もりかわちくそう）.................123
森幸安（もりこうあん）.................55
森島中良（もりしまちゅうりょう）.................33・41・75・76・203・265・274・278

【や】

安田雷洲（やすだらいしゅう）.................83
訳鍵（やっけん）.................43
柳川春三（やながわしゅんさん）..198・240・252・274・276
山路諧孝（やまじゆきたか）.................72・274・276
山田正重（やまだまさしげ）.................195
大和本草（やまとほんぞう）.................107・108・269・279
山村才助（やまむらさいすけ）.................95・135・275
山村昌永（やまむらまさなが）.................95
山本錫夫（やまもとせきふ）.................145
山本宗信（やまもとむねのぶ）.................190
山脇東洋（やまわきとうよう）.................149・162・168・275・279
瘍科秘録（ようかひろく）.................177・273
洋算用法（ようさんようほう）.................198・274
吉雄俊蔵（よしおしゅんぞう）.................71
吉雄耕牛（よしおこうぎゅう）.................71・150・151
吉雄南皐（よしおなんこう）.................71
吉川良祐（よしかわりょうゆう）.................44
吉田治兵衛（よしだじへえ）.................45
吉田秀茂（よしだひでしげ）.................72・73
吉田光由（よしだみつよし）189・192・193・196・270・275・280
吉村蘭州（よしむららんしゅう）.................168
輿地略説（よちりゃくせつ）.................66

【ら】

蘭畹摘芳（らんえんてきほう）.................135
蘭学階梯（らんがくかいてい）.................31・42・278
蘭学事始（らんがくことはじめ）31・151・166・278
蘭学佩觿（らんがくはいけい）.................44
理学発微（りがくはつび）.................200
琉球産物志（りゅうきゅうさんぶつし）....115・271
量地図説（りょうちずせつ）.................95・268
暦象考成後編（れきしょうこうせいこうへん）72・271

【わ】

若杉五十八（わかすぎいそはち）...12・21・22・244
和漢東西洋薬名選（わかんとうざいようやくめいせん）.................188

110・271
重訂解体新書（ちょうていかいたいしんしょ）31・45・56・180
坪井信道（つぼいしんどう）……183・268・271
坪井信良（つぼいしんりょう）……228
訂正増訳采覧異言（ていせいぞうやくさいらんいげん）……95・275
天地二球用法（てんちにきゅうようほう）64・70・274・278
天文図解（てんもんずかい）……62・266・279
土井利位（どいとしつら）……74
道訳法爾馬（ドゥーフ・ハルマ）……46
東遊雑記（とうゆうざっき）……94・273
徳川慶喜（とくがわよしのぶ）……253

【な】

中伊三郎（なかいさぶろう）……56・180・181
永井則（ながいのり）……83
中川淳庵（なかがわじゅんあん）……3・29・150・151・165・166・271・278・279
中天游（なかてんゆう）……180・268
長崎雑覧（ながさきざつらん）……39
長崎遊観図絵（ながさきゆうかんずえ）……39
永田南渓（ながたなんけい）……50
中村惕斎（なかむらてきさい）……48
鍋島茂義（なべしましげよし）242・254・259・272
楢林宗建（ならばやしそうけん）……188・272・277
西川如見（にしかわじょけん）……42・272・279
西善三郎（にしぜんざぶろう）……203
西村重長（にしむらしげなが）……239
日東魚譜（にっとうぎょふ）……120・269・279
日本産貝類標本目録（にほんさんかいるいひょうほんもくろく）……126
丹羽桃渓（にわとうけい）……220
人参耕作記（にんじんこうさくき）……110
人参譜（にんじんふ）……110・114
沼尻墨僊（ぬまじりぼくせん）……78
農業全書（のうぎょうぜんしょ）……146・274・279
農具便利論（のうぐべんりろん）……147・268
野口道直（のぐちみちなお）……158
野呂元丈（のろげんじょう）……29・279

【は】

間重富（はざましげとみ）……72・80・88・223・271・272・278
橋本玉蘭（はしもとぎょくらん）……84
橋本玉蘭斎（はしもとぎょくらんさい）……96
橋本曇斎（はしもとどんさい）……3
橋本直政（はしもとなおまさ）……84
長谷川鄰完（はせがわりんかん）……190
服部雪斎（はっとりせっさい）……76・127・138・141・274
華岡塾癌着色図（はなおかじゅくがんちゃくしょくず）……171
華岡青洲（はなおかせいしゅう）..163・170・177・272・273・278
華岡青洲の実験図（はなおかせいしゅうのじっけんず）……170
馬場佐十郎（ばばさじゅうろう）……80・270
把爾翕湮解剖図譜（パルヘインかいぼうずふ）…180
波留麻和解（ハルマわげ）.33・43・267・272・278
万国総図（ばんこくそうず）……80・81・280
万国地球分図（ばんこくちきゅうぶんず）……84
蛮語箋（ばんごせん）……33・274
日野鼎哉（ひのていさい）……252・269
病学通論 外科新編図（びょうがくつうろん げかしんぺんず）……183・277
平賀国倫（ひらがくにとも）……117
平賀源内（ひらがげんない）……3・30・101・115・117・203・221・223・242・243・256・262・263・270・271・272・274・278・279
婦嬰新説（ふえいしんせつ）……185
富嶽百景（ふがくひゃっけい）……52
福沢諭吉（ふくざわゆきち）……268・276
福田理軒（ふくだりけん）……197・272
藤林元紀（ふじばやしもとのり）……43
藤林普山（ふじばやしふざん）……43・266・272
物類品隲（ぶつるいひんしつ）117・243・271・272
古川古松軒（ふるかわこしょうけん）……94・273
平次郎臓図（へいじろうぞうず）……174
平天儀（へいてんぎ）……61・68・69
平天儀図解（へいてんぎずかい）55・69・267・278
帆足万里（ほあしばんり）……3
細川半蔵（ほそかわはんぞう）……223・236・273
堀田正敦（ほったまさあつ）……99・129・273
合信（ボブソン）……185
堀江鍬次郎（ほりえくわじろう）……202・253
堀江公粛（ほりえこうしゅく）……202・253
本庄俊篤（ほんじょうとしあつ）……178
本草図彙（ほんそうずい）……107
本草綱目（ほんぞうこうもく）……99・100・107・108・280
本草図譜（ほんぞうずふ）……107・267・277
本間玄調（ほんまげんちょう）……177

佐々木中沢（ささきちゅうたく）……176・270
佐竹曙山（さたけしょざん）..99・100・101・102・243・256・263
算法玉手箱（さんぽうたまてばこ）……197
算法統宗（さんぽうとうそう）……192・275
シーボルト ....3・15・32・142・143・177・178・183・188・204・266・267・271・272・273・274・277
四神地名録（ししんちめいろく）……94・273
志筑忠雄（しづきただお）……51・268
司馬江漢（しばこうかん）……3・20・24・25・26・27・30・33・40・53・56・57・65・66・70・81・212・241・244・265・270・278
渋川景佑（しぶかわかげすけ）72・73・270・275・277
渋川春海（しぶかわはるみ）……51・54・79・270・279・280
渋谷順庵（しぶやじゅんあん）……176
島津源蔵（しまづげんぞう）……205・208・270
島津重豪（しまづしげひで）……136
下岡蓮杖（しもおかれんじょう）……252・267・276
写真鏡図説（しゃしんきょうずせつ）……240・252・274・276
集古浪華帖（しゅうこなにわじょう）……123
重訂解体新書銅版全図（じゅうていかいたいしんしょどうばんぜんず）……180
植学啓原（しょくがくけいげん）……3・143・268・277・278
白尾國柱（しらおくにはしら）……136・270
芝蘭堂（しらんどう）……31・33・44・268・278
塵劫記（じんこうき）..189・193・195・196・270・275・280
新制天地二球用法記（しんせいてんちにきゅうようほうき）……64
新撰病草子（しんせんやまいのそうし）……186
新訂万国全図（しんていばんこくぜんず）80・82・271
杉田玄白（すぎたげんぱく）……3・29・31・33・149・150・151・164・165・166・180・223・224・268・269・270・271・273・278・279
杉田伯元（すぎたはくげん）……33
鈴木春信（すずきはるのぶ）……247
成形図説（せいけいずせつ）……136・270・271・278
西算速知（せいさんそくち）……197・272
西説内科撰要（せいせつないかせんよう）……33・267・278
舎密開宗（セイミかいそう）……199・201・268・278
舎密局必携（セイミきょくひっけい）……202・253・267・276
西洋学家訳述目録（せいようがくかやくじゅつもくろく）……47
西洋時辰儀定刻活測（せいようじしんぎていこくかっそく）……231
関孝和（せきたかかず）..189・193・194・270・280
雪華図説（せっかずせつ）……74
摂津名所図会（せっつめいしょずえ）……36・204
施薬院解男体臓図（せやくいんかいなんたいぞうず）……168・174・278
千蟲譜（せんちゅうふ）……76・127・269・278
総界全図（そうかいぜんず）……82
曾占春（そうせんしゅん）……270・271
蔵志（ぞうし）……149・162・164・275・279
曽槃（そうはん）……136・271・278
増補新編塵劫記（ぞうほしんぺんじんこうき）……196
草木図説（そうもくずせつ）……144・266
曽我二直庵（そがにちょくあん）……111
存真図腋（ぞんしんずえき）……176・270

【た】

大膳亮好庵（だいぜんのすけこうあん）……186
大福節用集大蔵宝鑑（だいふくせつようしゅうだいぞうほうかん）……81
高階枳園（たかしなきえん）……177・273
高島秋帆（たかしましゅうはん）……254・272・277
高杉晋作（たかすぎしんさく）……202・253
鷹司信輔（たかつかさのぶすけ）……124
高橋景保（たかはしかげやす）……80・82・88・93・271・277
高橋至時（たかはしよしとき）……72・88・223・267・270・271・272・278
多賀屋環中仙（たがやかんちゅうせん）……230・238
竹原春朝斎（たけはらしゅんちょうさい）……36
竹譜（たけふ）……141
伊達宗村（だてむねむら）……129・273
田中久重（たなかひさしげ）……212・221・224・227・233・271
田宮仲宣（たみやちゅうせん）……44
田村元長（たむらげんちょう）……271
田村元雄（たむらげんゆう）……110・117
田村西湖（たむらせいこ）……115・271
田村藍水（たむららんすい）……110・114・115・269・271・272
地球全図略説（ちきゅうぜんずりゃくせつ）66・278
中山伝信録物産考（ちゅうざんでんしんろくぶっさんこう）……114・271
虫豸写真（ちゅうちしゃしん）……142
朝鮮人参耕作記（ちょうせんにんじんこうさくき）

和蘭翻訳書目録（おらんだほんやくしょもくろく）.. 45
和蘭文字早読伝授（おらんだもじはやよみでんじゅ）44
和蘭六百薬品図（おらんだろっぴゃくやくひんず）145
屋耳列礼図解（おるれれいずかい）........ 56
尾張名所図会（おわりめいしょずえ）........ 158

【か】

海外人物輯（かいがいじんぶつしゅう）........ 50
甲斐広永（かいこうえい）........ 95・268
外国産鳥之図（がいこくさんとりのず）........ 118
改算記（かいさんき）........ 195
改算記綱目大全（かいさんきこうもくたいぜん）.... 195
解屍編（かいしへん）........ 164・276
解体新書（かいたいしんしょ）........3・29・31・33・45・56・149・150・151・152・164・165・180・181・267・270・273・278
解体発蒙（かいたいはつもう）........ 174・278
解体約図（かいたいやくず）.... 150・151・165・278
華夷通商考（かいつうしょうこう）.... 42・272・279
貝原益軒（かいばらえきけん）........ 99・107・108・146・269・274・279・280
解伏題之法（かいふくだいのほう）........ 193・270
郭中掃除（かくちゅうそうじ）........ 44
笠原白翁（かさはらはくおう）........ 188・252・269
梶井元鴻（かじいげんこう）........ 178
勝海舟（かつかいしゅう）........ 202・252
葛飾為斎（かつしかいさい）........ 95
葛飾北斎（かつしかほくさい）..... 37・52・60・83・241・261
括要算法（かつようさんぽう）........ 194
桂川甫周（かつらがわほしゅう）........ 29・33・46・166・269・278
狩野内膳（かのうないぜん）........ 16
狩野栄信（かのうながのぶ）........ 257
璣訓蒙鑑草（からくりきんもうかがみぐさ）.. 230・238
機巧図彙（からくりずい）........ 223・236・273
河口信任（かわぐちしんにん）........ 164・279
河鍋暁斎（かわなべきょうさい）........ 159
川原慶賀（かわはらけいが）........ 15・35・157・245
眼科錦嚢（がんかきんのう）........ 178
寛政暦書（かんせいれきしょ）56・72・229・275・277
神田玄泉（かんだげんせん）........ 120・269・279
観文禽譜（かんぶんきんぷ）........ 129・273
管茂材（かんもざい）........ 185
看聞御記（かんもんぎょき）........ 235
北蝦夷図説（きたえぞずせつ）........ 96・98・274
気砲弁記（きほうべんき）........ 203
木村蒹葭堂（きむらけんかどう）.....105・121・122・123・124・125・126・245・269
木村孔恭（きむらこうきょう）........ 121
木村黙老（きむらもくろう）........ 30・203
牛痘小考（ぎゅうとうしょうこう）... 188・272・277
曲亭馬琴（きょくていばきん）........ 44
魚虫譜（ぎょちゅうふ）........ 132
禽譜（きんふ）........ 129
訓蒙図彙（きんもうずい）........ 48・280
草野養準（くさのようじゅん）........ 71
国友一貫斎（くにともいっかんさい）...54・56・58・59・210・211・213・214・217・218・269
国友藤兵衛（くにともとうべえ）..... 58・214・218・269・277・280
栗本瑞見（くりもとずいけん）........ 132・269
栗本丹洲（くりもとたんしゅう）76・127・269・278
粋宇瑠璃（くろうるり）........ 44
渓斎英泉（けいさいえいせん）........ 28・161・255
外科訓蒙図彙（げかきんもうずい）. 163・267・279
蒹葭堂遺物 奇貝図譜（けんかどういぶつ きばいずふ）........ 126
蒹葭堂遺物 禽譜（けんかどういぶつ きんふ）... 124
蒹葭堂遺物 植物図（けんかどういぶつ しょくぶつず）........ 122
蒹葭堂菌譜（けんかどうきんふ）........ 123
蒹葭堂雑録（けんかどうざつろく）........ 125
小石元俊（こいしげんしゅん）........ 168・169・278
甲介群分品彙（こうかいぐんぶんひんい）........ 140
紅毛雑話（こうもうざつわ）........ 41・75・76・203・265・278
御粥安本（ごかゆやすもと）........ 191
谷鵬紫溟（こくほうしめい）........ 18
刻白爾天文図解（こっぺるてんもんずかい）........ 70
皷銅図録（こどうずろく）........ 220・278
後藤光生（ごとうみつお）........ 75・279
後藤梨春（ごとうりしゅん）........ 203

【さ】

斎藤方策（さいとうほうさく）........ 180
西遊雑記（さいゆうざっき）........ 94・273
西遊日記（さいゆうにっき）........ 24
西遊旅譚（さいゆうりょだん）........ 24・40
采覧異言（さいらんいげん）77・95・266・275・279
酒井抱一（さかいほういつ）........ 74
坂上善之（さかのうえよしゆき）........ 115
坂本竜馬（さかもとりょうま）........ 202・252・253
佐久間象山（さくましょうざん）204・269・276・277

[索引]

＊1）この索引は、本書に記載された人名・文献資料と重要と思われる事項を五十音順に配列したものである。2）読み方の判然としないものは、おおむね音読に従った。

【あ】

亜欧堂田善（あおうどうでんぜん）... 26・82・172・173・244
青木昆陽（あおきこんよう）......29・273・279
暁鐘成（あかつきかねなり）...... 125
秋里籬嶌（あきさとりとう）...... 36
安積艮斎（あさかごんさい）...... 83
足立信頭（あだちしんとう）55・72・73・213・266
足立左内（あだちさない）......73・213・266・270
阿部将翁（あべしょうおう）...... 110・271
新井白石（あらいはくせき）77・95・246・275・279
荒木如元（あらきじょげん）......244
荒木村英（あらきむらひで）......194
飯沼慾斎（いいぬまよくさい）...... 144・266
井口常範（いぐちつねのり）...... 62・266・279
石川玄常（いしかわげんじょう）...... 166
石川大浪（いしかわたいろう）...... 31・245
市岡嶢智（いちおかたかとも）...... 107
市岡智寛（いちおかともひろ）104・106・107・266
市川斎宮（いちかわいつき）...... 228
市川岳山（いちかわがくざん）...... 33
一角魚図説（いっかくぎょずせつ）...... 134
一角纂考（いっかくさんこう）...... 121
一東視窮録（いっとうしきゅうろく）...... 235
伊藤圭介（いとうけいすけ）142・198・240・266・274
伊東玄朴（いとうげんぼく）.... 183・266・271・277
伊藤博文（いとうひろぶみ）...... 202・253
稲村三伯（いなむらさんぱく）......33・43・272・278
伊能忠敬（いのうただたか）... 77・88・93・223・267・270・271・273・277・278
医範提綱（いはんていこう）...... 172
医範提綱内象銅版図（いはんていこうないしょうどうはんず）...... 172・267
伊良子光顕（いらここうけん）...... 163・267・279
岩川友太郎（いわかわともたろう）...... 126
岩倉具視（いわくらともみ）......253
岩崎灌園（いわさきかんえん）107・267・273・277
岩崎常正（いわさきつねまさ）......32
岩橋善兵衛（いわはしぜんべえ）55・61・68・69・212・267・278
岩橋嘉孝（いわはしよしたか）...... 55・68・69
上田帯刀（うえだたてわき）...... 198
上田仲敏（うえだなかとし）...... 240・274
上野彦馬（うえのひこま）...... 202・253・267・276
歌川国貞（うたがわくにさだ）...... 28・74・160
歌川国芳（うたがわくによし）.... 76・84・158・161
歌川広重（うたがわひろしげ）...... 37・241・249・260・264
歌川芳員（うたがわよしかず）...... 255
歌川芳虎（うたがわよしとら）...... 161
宇田川玄随（うだがわげんずい）...... 33・267・278
宇田川榛斎（うだがわしんさい）47・172・183・200・201・266・267・268・271・274・277
宇田川榕庵（うだがわようあん）3・29・143・199・200・201・266・267・273・277
内田五観（うちだいつみ）...... 83
江戸ハルマ（えどハルマ）...... 43
榎本武揚（えのもとたけあき）...... 202
エレキテル ...... 3・30・203・204・222・223・224・273・278
遠西観象図説（えんせいかんしょうずせつ）...... 71
大からくり絵尽（おおからくりえづくし）...... 239
大蔵永常（おおくらながつね）...... 147・268
大河内存眞（おおこうちそんしん）...... 142・266
大田南畝（おおたなんぽ）...... 44
大槻玄幹（おおつきげんかん）...... 44
大槻玄沢（おおつきげんたく）......29・31・33・42・44・56・66・134・180・267・270・275・278
大槻茂質（おおつきしげかた）...... 95
大槻磐水（おおつきばんすい）...... 31・134・135
大野規周（おおののりちか）...... 228
大野弁吉（おおのべんきち）221・224・227・234・235・268
岳玉淵（おかぎょくえん）...... 123
岡田啓（おかだけい）...... 158
緒方洪庵（おがたこうあん）.... 183・268・271・277
小川友忠（おがわともただ）...... 231
沖一峨（おきいちが）...... 258
荻野元凱（おぎのげんがい）...... 164
小田野直武（おだのなおたけ）......26・101・102・166・245・256・262・263・270
小田百谷（おだひゃっこく）...... 31
落合芳幾（おちあいよしいく）...... 215
小野広胖（おのこうはん）...... 95・268
小野蘭山（おのらんざん）...... 142・266・267・268・269・274・278
阿蘭陀貝尽（おらんだかいづくし）...... 111
和蘭字彙（おらんだじい）...... 46
紅毛談（おらんだばなし）...... 3・75・203・279
和蘭文典（おらんだぶんてん）...... 47

［作品・資料文献掲載協力］

秋田県立近代美術館
秋田市立千秋美術館
飯田市美術博物館
飯田市立中央図書館
石川県立歴史博物館
板橋区立美術館
伊能忠敬記念館
今宮神社
上田市立博物館
大阪市立自然史博物館
大阪歴史博物館
大野からくり記念館
貝塚市立善兵衛ランド
北野天満宮
京都大学附属図書館
国友一貫斎家関連資料
（長浜市長浜城歴史博物館 提供）
慶應義塾大学信濃町メディアセンター
慶應義塾図書館
神戸市立博物館
神戸大学附属図書館
古河歴史博物館
国際日本文化研究センター
国文学研究資料館
国立科学博物館
国立公文書館
国立国会図書館
国立天文台
国立天文台図書館
国立歴史民俗博物館
御香宮神社
金王八幡宮
堺市博物館
佐賀県立九州陶磁文化館
真田宝物館
静岡県立美術館
島津製作所 創業記念資料館
城西大学・水田美術館
住友史料館
象山記念館
鷹見家歴史資料
武雄市図書館・歴史資料館
玉川大学教育博物館
千葉市美術館
DNP アートコミュニケーションズ
東京藝術大学大学美術館
東京大学医学図書館
東京大学総合研究博物館
東京都立中央図書館特別文庫室
東芝未来科学館
東北大学附属図書館医学分館
トヨタ産業技術記念館
内藤記念くすり博物館
長崎歴史文化博物館
長浜市長浜城歴史博物館
奈良県立美術館
日本歯科大学新潟生命歯学部 医の博物館蔵
函館市中央図書館
浜松市美術館
福井市立郷土歴史博物館
福岡市博物館
福岡市美術館
町田市立国際版画美術館
松浦史料博物館
宮城県図書館
八坂神社
山口県立萩美術館・浦上記念館
郵政博物館
早稲田大学図書館特別資料室

国友正周
庄司千代松
（順不同・敬称略）

［参考文献］

『からくり』立川昭二　法政大学出版局　1969年
『江戸の科学者たち』吉田光邦　社会思想社　1969年
『火縄銃から黒船まで』奥村昭二　岩波新書　1970年
『紅毛雑話・蘭説弁惑』森島中良・大槻玄沢　八坂書房　1972年
『日本の天文学』中山茂　岩波新書　1972年
『江戸時代図誌』筑摩書房　1975年
『江戸時代の科学』東京科学博物館編　名著刊行会　1976年
『塵劫記』吉田光由　岩波文庫　1977年
『江戸学事典』弘文堂　1984年
『江戸諸国産物帳』安田健　晶文社　1987年
『江戸の動植物図』朝日新聞社　1988年
『日本文化総合年表』岩波書店　1990年
『新潮日本人名辞典』新潮社　1991年
『江戸事情』NHKデータ情報部　雄山閣出版　1992年
『長崎のおらんだ医たち』中西啓　岩波書店　1993年
『江戸さいえんす図鑑』インテグラ　1994年
『江戸博物学集成』平凡社　1994年
『江戸の好奇心』内山淳一　講談社　1996年
『日本大百科全書』小学館　1998年
『日本国語大辞典』小学館　2000年
『日本人名大辞典』講談社　2001年
『日本博物図譜』東海大学出版会　2001年
『おらんだ正月』森銑三　岩波文庫　2003年
『江戸時代の科学技術』長浜市長浜城歴史博物館
サンライズ出版　2003年
「太陽」1975年6月号　平凡社　1975年
「緒方洪庵と適塾」適塾記念会　1980年
「眼鏡絵と東海道五拾三次展」神戸市立博物館　1984年
「写実の系譜1 洋風表現の導入」東京国立近代美術館　1985年
「花のお江戸のエレキテル」サントリー美術館　1989年
「芸術新潮」1989年1月号　新潮社　1989年
「波涛万里を超えて」堺市博物館　1989年
「別冊太陽　平賀源内」平凡社　1989年
「芸術新潮」1992年10月号　新潮社　1992年
「司馬江漢百科事展」神戸市立博物館　1996年
「異国絵の冒険」神戸市立博物館　2001年
「芸術新潮」2001年7月号　新潮社　2001年
「司馬江漢の絵画」府中市美術館　2001年
「江戸大博覧会」国立科学博物館　2003年
「西洋の青」神戸市立博物館　2007年
「のぞいてびっくり江戸絵画」サントリー美術館　2014年

【監修】

太田 浩司（おおた ひろし）

一九六一年生まれ。長浜市長浜城歴史博物館学芸員・館長を経て、現在、長浜市曳山博物館館長。長浜城歴史博物館での特別展「江戸時代の科学技術～国友一貫斎から広がる世界～」を担当した他、「国友一貫斎関係資料」の重要文化財指定調査にも関わる。

勝盛 典子（かつもり のりこ）

一九五七年生まれ。元香雪美術館館長。専門分野は日蘭交流史、近世日本絵画。著書に『近世異国趣味美術の史的研究』などがある。

酒井 シヅ（さかい しづ）

一九三五年生まれ。順天堂大学名誉教授。「日本医学教育歴史館」（順天堂大学）名誉館長。著書に『日本の医療史』、『解体新書』（現代語訳）、『病が語る日本史』など多数。

鈴木 一義（すずき かずよし）

一九五七年生まれ。元国立科学博物館・産業技術史資料情報センター長。研究対象は日本における技術の発展過程で、特に江戸時代から現代にかけての技術の発展状況を調査、研究。

【企画・構成・解説】
編集室 青人社　濱田信義

【装幀・本文デザイン】
スパイスデザイン　谷平理映子

※本書は、小社より二〇一六年五月に刊行された『江戸の科学大図鑑』の判型をひとまわり小さくし、中面を組み直したものです。

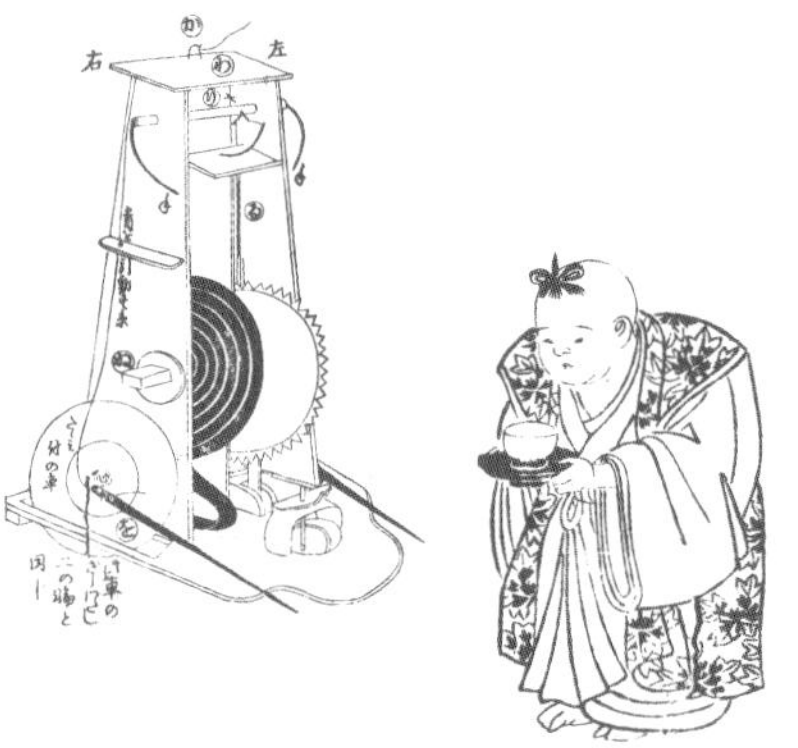

江戸の科学大図鑑 コンパクト版

二〇二四年一〇月二〇日　初版印刷
二〇二四年一〇月三〇日　初版発行

監修者　太田浩司・勝盛典子
　　　　酒井シヅ・鈴木一義

発行者　小野寺優
発行所　株式会社河出書房新社
〒一六二-八五四四
東京都新宿区東五軒町二-一三
電話：〇三-三四〇四-八六一一（編集）
　　　〇三-三四〇四-一二〇一（営業）
https://www.kawade.co.jp/

印刷　TOPPANクロレ株式会社
製本　加藤製本株式会社

Printed in Japan
ISBN978-4-309-22936-2